工商管理优秀教材译丛

会计学系列

管理会计

第 6 版

[美] 安东尼·A. 阿特金森（Anthony A. Atkinson）
罗伯特·S. 卡普兰（Robert S. Kaplan）
埃拉·梅·玛苏姆拉（Ella Mae Matsumura）
S. 马克·杨（S. Mark Young）
著

刘曙光 陈静 等 译

Management Accounting Sixth Edition

清华大学出版社
北京

北京市版权局著作权合同登记号　图字:01-2011-5337

Authorized translation from the English language edition, entitled MANAGEMENT ACCOUNTING, 6th ed, 9780137024971 by ANTHONY A. ATKINSON, ROBERT S. KAPLAN, ELLA MAE MATSUMURA, S. MARK YOUNG, published by Pearson Education, Inc, publishing as Prentice Hall, Copyright © 2012.

All Rights Reserved. No part of this book may be reproduced or transmitted in any form or by any means, electronic or mechanical, including photocopying, recording or by any information storage retrieval system, without permission from Pearson Education, Inc.

CHINESE SIMPLIFIED language edition published by PEARSON EDUCATION ASIA LTD., and TSINGHUA UNIVERSITY PRESS Copyright © 2012.

本书中文简体翻译版由培生教育出版集团授权给清华大学出版社出版发行。未经许可，不得以任何方式复制或抄袭本书的任何部分。

本书封面贴有 Pearson Education（培生教育出版集团）激光防伪标签，无标签者不得销售。
版权所有，侵权必究。举报：010-62782989，beiqinquan@tup.tsinghua.edu.cn。

图书在版编目（CIP）数据

管理会计：第6版/（美）阿特金森（Atkinson, A. A.）等著；刘曙光，陈静等译. —北京：清华大学出版社，2011.11（2024.7重印）

（工商管理优秀教材译丛. 会计学系列）

书名原文：Management Accounting

ISBN 978-7-302-27151-2

Ⅰ. ①管… Ⅱ. ①阿… ②刘… ③陈… Ⅲ. ①管理会计－高等学校－教材　Ⅳ. ①F234.3

中国版本图书馆 CIP 数据核字（2011）第 214502 号

责任编辑：王　青
责任校对：宋玉莲
责任印制：沈　露

出版发行：清华大学出版社
　　网　　址：https://www.tup.com.cn, https://www.wqxuetang.com
　　地　　址：北京清华大学学研大厦 A 座　　邮　编：100084
　　社 总 机：010-83470000　　邮　购：010-62786544
　　投稿与读者服务：010-62776969, c-service@tup.tsinghua.edu.cn
　　质 量 反 馈：010-62772015, zhiliang@tup.tsinghua.edu.cn
印 装 者：三河市龙大印装有限公司
经　　销：全国新华书店
开　　本：185mm×260mm　　印　张：30.25　　插　页：2　　字　数：721千字
版　　次：2011年11月第1版　　　　　　　　　　印　次：2024年7月第8次印刷
印　　数：10201～10900
定　　价：85.00元

产品编号：043363-02

作者简介 管理会计(第6版)

安东尼·A.阿特金森教授任教于加拿大滑铁卢大学会计学院。他先后获得位于安大略省金斯敦市的女皇大学(Queen's University)商学学士学位和工商管理硕士学位,以及位于美国匹兹堡的卡内基—梅隆大学产业管理硕士学位和博士学位。他是加拿大管理会计师协会会员,在业绩管理和成本核算领域发表或合作发表了两本专著、大量研究报告和35篇论文。1989年,加拿大会计学会授予阿特金森教授海姆·福克奖(Haim Falk Prize),以奖励他针对6家加拿大公司的转移定价实务研究报告对会计思想研究做出的杰出贡献。他是两份专业期刊和5份学术期刊的编委会成员,并曾是《管理会计研究》的主编。阿特金森教授还是加拿大政府成本标准咨询委员会的成员,由他开发的成本核算原则如今仍然是政府承建商必须满足的条件。

罗伯特·S.卡普兰教授在哈佛商学院执教27年。在此之前,卡普兰在卡内基—梅隆大学商学院任教,并曾担任Tepper商学院院长。卡普兰先后获得麻省理工学院电子工程学学士和硕士学位以及康奈尔大学运筹学博士学位。

卡普兰在将成本和绩效管理系统与战略实施联系起来方面做了大量写作、教学和咨询工作。他是作业成本法和平衡计分卡的开创人之一。他出版的14本著作被翻译成28种语言。卡普兰的最新著作是与大卫·诺顿(David Norton)合著的《平衡计分卡战略实践》(The Execution Premium)以及与斯蒂文·安德森(Steven Anderson)合著的《时间驱动的作业成本法》(Time-Driven Activity-Based Costing)。他还为《哈佛商业评论》撰写或与其他人共同撰写了21篇文章,并在其他刊物上发表了120多篇论文。

2006年卡普兰入选会计名人堂,并于2006年1月荣获美国会计协会管理会计分会终身成就奖。2008年,他与其他人合著的《失去关联性:管理会计的兴衰》(Relevance Lost: The Rise and Fall of Management Accounting)一书获得了美国会计协会(AAA)会计文献创意奖。他撰写的文章和书籍曾多次获得Wildman Medal和美国会计学会(AAA)会计文献优秀奖。

1988年卡普兰获得了美国会计学会(AAA)颁发的杰出会计教育家奖;1994年由于"对会计业的杰出贡献",获得了特许会计师协会(UK)颁发的CIMA奖;2001年由于对实业界和学术界的贡献,获得了管理会计师协会(IMA)授予的"杰出服务奖"。

埃拉·梅·玛苏姆拉是威斯康星大学麦迪逊分校商学院会计信息系副教授,也是学

1

校快速反应制造中心的成员。她在加利福尼亚大学伯克利分校获得了数学学士学位,在英属哥伦比亚大学获得了硕士和博士学位。玛苏姆拉在威斯康星大学麦迪逊分校两次荣获优秀教学奖,她还当选学校教学委员会终身会员,该委员会成立的宗旨是促进教学效果的提高。她还是校务会的成员,校务会负责分拨 IBM 全面质量管理协作专款用于开发课程,以提高全面质量管理教育水平。

玛苏姆拉是 2010 年管理会计文献杰出贡献奖的获奖者之一。她在美国会计学会(AAA)担任过多个领导职务,是《会计新视野》(*Accounting Horizon*)杂志的合作主编,并且担任过多个 AAA 委员会的主席或委员,其中包括财务处长和管理会计分会主席。她的研究论文集中在决策制定、业绩评价、报酬、供应链关系和可持续性等方面。她还与他人合著了一部探讨信用联盟的顾客赢利分析问题的专著。

S. 马克·杨 拥有南加州大学体育与娱乐管理专业终身教席,同时是马歇尔商学院的会计学教授、管理和组织专业教授,还是 Annenberg 信息学院的信息学教授。杨教授在欧柏林学院(Oberlin College)获得了学士学位,在俄亥俄州立大学获得了会计学硕士学位,并在匹兹堡大学获得了博士学位。

杨教授在各种杂志上发表了自己的研究成果,这些杂志包括《会计评论》、《会计》、《组织和社会》、《会计研究杂志》、《市场研究杂志》和《现代会计研究》。目前,他是几个重要杂志的编委,并曾经担任《会计评论》的副主编。2006 年他与香农·安德森(Shannon Anderson)共同荣获会计论文突出贡献奖,并两度荣获管理会计论文突出贡献奖——分别与弗兰克·塞尔顿(Frank Selto)(1994)和香农·安德逊(2003)同获此殊荣。2005 年他还因管理会计教育创新荣获吉姆·布洛克奖(Jim Bulloch Award)。杨教授具有丰富的教学实践和咨询经验。他曾荣获包括金苹果教学奖在内的多项杰出教学奖,并且是南加州大学教学精英中心的杰出成员。

杨教授对娱乐文化也有很大的兴趣,他与德鲁·平斯基(Drew Pinsky)博士共同撰写的《镜子效应:名人自恋效应是如何诱惑美国的》(*The Mirror Effect: How Celebrity Narcissism Is Seducing America*)一书登上了《纽约时报》的畅销书排行榜。他还经常在媒体上发表评论,并在多个电视栏目中露面。杨教授的言论曾被《纽约时报》《新闻周刊》《中国日报》《今日心理学》《伦敦时报》等多种报刊引用。

前　言 管理会计（第6版）

目标读者

本书是为本科生和 MBA 学生设计的管理会计课程用书，本版做了大量修订，并增加了很多新的话题。书中收录了管理会计近期的创新思想，其中包括：

- 平衡计分卡；
- 战略地图；
- 产品和客户赢利能力分析的时间驱动的作业成本法；
- 目标成本法；
- 环境成本法；
- 管理控制系统的设计。

本书创作团队包括为私营企业、非营利组织和政府部门中的大中小型组织充当顾问的顶级学者。他们为管理会计信息在帮助企业管理者制定重要的决策时提供参考，用战略目标将员工与组织单位联系在一起，推动持续的流程改善以及影响产品和服务设计等方面的作用提供了在概念上站得住脚的、在实际上相关的视角。本版给出了从作者们的实践经验中总结出来的问题和案例，其中包括来自哈佛商学院、管理会计师协会（IMA）的案例，帮助学生进行战略和组织分析。这种以行动为导向的写作方法使得本书非常适合从管理视角讲述的管理会计课程。尽管本书主要是为商科和会计专业的学生设计的，但是对管理人员也大有裨益，他们可以从理解会计如何驱动组织价值运动中受益。

所有的企业都需要管理会计

管理会计信息能为所有类型的组织创造价值，这些组织包括：试图为股东提供出色的、可持续的收益的私营企业，竭力为目标受众创造积极的社会影响的非营利组织和非政府机构（NGOs），积极改善市民生活水平的政府部门。上述各种组织中的一个共同线索是如何实施为自己的利益相关者创造长期价值的战略。战略实施所需要的前提包括：与战略目标相匹配的决策制定，关键流程的持续改善，激励员工努力实现组织制定的目标，开发新产品和新服务的创新。本书是唯一一本详细解释如何针对可持续的价值创造来使用测量和管理系统的管理会计教材。

第 6 版的创新

- 第 1 章介绍了作为容纳多重管理会计流程的组织框架的"计划—执行—检查—行动循环"。
- 第 2 章是对平衡计分卡和战略地图的更新，并且对其在书中的位置做了调整。本章包括一个从实际公司经验中提取的案例，说明了如何针对公司的新战略开发平衡计分卡和战略地图。将本章放在书的前面是为了帮助学生们理解将在后续章节介绍的测量、决策制定和控制等话题的战略背景。

- 第3章是一个全新的章节，帮助学生了解基本的成本概念。第3章讲解了可变成本、固定成本、增量成本、相关成本、沉没成本、可避免成本和机会成本。通过自制与外购、产品放弃、假设分析的财务建模以及约束资源条件下的产品组合最优化等决策案例来帮助学生理解这些概念。在这一章的最后给出了若干数值型例子，帮助学生测试自己对于各种背景下的基本成本概念的应用能力。此外，这一章还包括一个酿酒业的产品成本法和决策分析的新案例。

- 本版对第4章也做了极大的更新，提供了理解可以如何对成本系统进行设计来将直接成本和间接成本分配给成本对象（如产品、服务和运营部门）的基础。这一章对能力测量和成本法做了明确而广泛的讨论，为后续各章将介绍的作业成本法做了铺垫。

- 第5章讲述了通过时间驱动的作业成本法对产品成本进行测量和管理。这一近期的创新有助于以一种简单、透明、准确、灵活的方式进行产品的成本核算。这一章介绍了管理者可用来消除亏损和提高产品赢利能力的多种方法，前提是他们掌握了自己的产品和服务的基本经济情况。

- 第6章是本版全新推出的一章，介绍了对于客户关系的测量和管理。这一章的内容不仅对于本书来说是全新的，对于大多数管理会计课程来说也是新的。这一章讲述了了解并通过有关产品特性、产品组合、订单定价法和客户关系的决策对客户赢利能力进行转化的战略重要性。这一章给出的全新内容包括用来测量客户折扣、促销和补贴的定价瀑布以及关于如何为经营单位的平衡计分卡提取客户满意度和忠诚度的衡量指标的各种各样的方法。

- 第7章介绍了管理会计信息通过精益管理、改进成本法、约束理论、质量成本、六西格玛、适时制造和标杆基准法等持续增强的改善作业来促进战略实施。与第6章一样，新的资料也说明了如何为组织的平衡计分卡提取流程改善绩效指标。

- 第8章介绍了全面生命周期成本法。这一章说明了目标成本法可以如何为产品设计和开发阶段的决策提供支持。目标成本法能够帮助公司在可以实现目标利润率的成本下开发出符合客户对性能提出要求的产品。这一章中的新材料还介绍了用来测量产品开发流程的表现盈亏平衡时间概念以及公司可以在平衡计分卡中采纳的一系列其他创新指标。

- 本版删去了资本预算法和财务比例分析这两部分内容，因为我们的研究发现，这些内容现在通常在其他课程中介绍。本版保留并更新了第5版中有关管理会计的行为和组织方面、预算编制以及分权运营模式下的财务和管理控制等内容。

- 本版还保留了在第5版中首次出现的几个重要的哈佛商学院案例：
  * 西彼安（Sippican）（A）和（B）（将时间驱动的作业成本法、预算编制和平衡计分卡整合为一体的案例）；
  * 中西部产品公司（服务业中的时间驱动的作业成本法）；

* 查德维克公司(Chadwick Inc.)(为制药公司设计平衡计分卡);
* 国内汽车配件公司(编制平衡计分卡)。
- 第6版新增了一个哈佛商学院案例:
  * 花旗银行:绩效评估(使用多重业绩指标进行绩效评估的成本和收益)。
  * 所有案例简洁、便于学习,并且在教师指导手册中附有案例注释。
- 第6版中还保留了管理会计师协会(IMA)的下列案例:
  * 梅赛德斯—奔驰是如何利用目标成本法来研发新的SUV汽车的;
  * 精密仪器公司(Precision Systems,Inc.):借助价值链理念改善订单录入流程(对于客户、销售代表、制造部门以及订单录入信息的其他内部使用者的影响)。

教辅资料

选用本教材的教师可以申请获取下列教辅资料。要了解详细的情况,请登录 www.pearsonhigher.com。

- 教师指导手册:针对每章的教学指导和更为深入的资源。
- 习题库:提供了超过1 200道习题。
- 习题答案手册:针对每一道思考题、练习题、综合题和哈佛商学院案例研究的答案。
- 幻灯片:每一章的教学幻灯片。

目 录 管理会计（第6版）

第1章 管理会计信息如何支持决策 ·· 1
   1.1 什么是管理会计 ·· 1
      管理会计和财务会计 ·· 2
      管理会计的简单历史回顾 ·· 2
   1.2 战略 ·· 4
      计划—执行—检查—行动（PDCA）循环 ····································· 4
   1.3 管理会计信息的行为学暗示 ·· 7
   1.4 本章小结 ·· 8
   作业 ·· 8
      思考题 ·· 8
      练习题 ·· 9
      问题 ·· 9
      案例 ·· 10

第2章 平衡计分卡与战略地图 ·· 13
   2.1 平衡计分卡 ·· 16
   2.2 战略 ·· 19
   2.3 平衡计分卡的目标、指标和标杆 ·· 21
   2.4 编制战略地图 ·· 22
      财务视角 ·· 22
      客户视角 ·· 24
      业务流程视角 ·· 27
      学习和成长视角 ·· 29
   2.5 先锋石油公司的战略地图和平衡计分卡 ·· 31
      财务视角 ·· 31
      客户视角 ·· 32
      流程视角 ·· 34
      学习和成长视角 ·· 34

2.6　将平衡计分卡应用于非营利组织和政府机构 …………………………… 37
2.7　运用平衡计分卡进行管理 …………………………………………………… 40
2.8　有效使用平衡计分卡的阻碍 ………………………………………………… 41
2.9　尾声：先锋石油公司 ………………………………………………………… 42
2.10　本章小结 ……………………………………………………………………… 43
作业 …………………………………………………………………………………… 44
　　思考题 …………………………………………………………………………… 44
　　练习题 …………………………………………………………………………… 45
　　综合题 …………………………………………………………………………… 46
　　案例 ……………………………………………………………………………… 47

第3章　将成本运用到决策中 …………………………………………………… 57

3.1　管理会计如何支持内部决策 ………………………………………………… 58
　　定价 ……………………………………………………………………………… 58
　　产品规划 ………………………………………………………………………… 58
　　预算编制 ………………………………………………………………………… 58
　　绩效评估 ………………………………………………………………………… 58
　　签订合同 ………………………………………………………………………… 59
3.2　可变成本与固定成本 ………………………………………………………… 59
　　可变成本 ………………………………………………………………………… 59
　　固定成本 ………………………………………………………………………… 60
3.3　本—量—利分析 ……………………………………………………………… 61
　　开发并使用CVP公式 …………………………………………………………… 62
　　该主题的一些变体 ……………………………………………………………… 63
　　财务建模与假设分析 …………………………………………………………… 64
　　多产品企业 ……………………………………………………………………… 65
　　本—量—利分析中的假设 ……………………………………………………… 66
3.4　其他与成本相关的有用的定义 ……………………………………………… 67
　　混合成本 ………………………………………………………………………… 67
　　阶梯式可变成本 ………………………………………………………………… 67
　　增量成本 ………………………………………………………………………… 68
　　沉没成本 ………………………………………………………………………… 69
　　相关成本 ………………………………………………………………………… 71
　　机会成本 ………………………………………………………………………… 71
　　可避免成本 ……………………………………………………………………… 73
3.5　自制或外购——外包决策 …………………………………………………… 74
　　制造成本 ………………………………………………………………………… 75
3.6　产品停产决策 ………………………………………………………………… 77

3.7 核算订单的成本 ………………………………………………… 80
　　订单成本核算与应考虑的机会成本 …………………………… 82
3.8 相关成本与短期产品组合决策 …………………………………… 82
　　多种资源约束 …………………………………………………… 84
　　建立线性规划 …………………………………………………… 85
　　使用图形化方法解决线性规划问题 …………………………… 86
3.9 尾声：诺兰工业公司 ……………………………………………… 88
3.10 本章小结 ………………………………………………………… 92
作业 ……………………………………………………………………… 92
　　思考题 …………………………………………………………… 92
　　练习题 …………………………………………………………… 93
　　综合题 …………………………………………………………… 101
　　案例 ……………………………………………………………… 111
　　背景 ……………………………………………………………… 113

第4章 产品成本的累积和分配 …………………………………… 117

4.1 成本管理系统 …………………………………………………… 118
4.2 组织内的成本流 ………………………………………………… 118
　　制造型组织 ……………………………………………………… 118
　　零售型组织 ……………………………………………………… 119
　　服务型组织 ……………………………………………………… 119
4.3 一些重要的成本关键词 ………………………………………… 120
　　成本目标 ………………………………………………………… 120
　　可消费资源 ……………………………………………………… 120
　　与能力相关的资源 ……………………………………………… 120
　　直接成本和间接成本 …………………………………………… 120
　　成本分类和背景 ………………………………………………… 122
　　下一步 …………………………………………………………… 122
4.4 在制造业环境下处理间接成本 ………………………………… 122
　　多个间接成本库 ………………………………………………… 124
　　成本库同质性 …………………………………………………… 126
4.5 间接成本分配：进一步的事项 ………………………………… 128
　　使用计划能力成本 ……………………………………………… 128
　　实际能力成本与应用能力成本的对账 ………………………… 129
　　对实际能力进行估价 …………………………………………… 131
4.6 作业订单和分步系统 …………………………………………… 132
　　作业订单成本核算 ……………………………………………… 132
　　分步成本核算 …………………………………………………… 132

　　　　分步成本核算法的一些建议 …………………………………………………… 134
　　　　关于分步成本核算的最后说明 …………………………………………………… 137
　4.7　尾声：Strict's Custom Framing …………………………………………………… 137
　4.8　本章小结 ……………………………………………………………………………… 138
　附录　分配服务部门的成本 ………………………………………………………………… 139
　作业 ………………………………………………………………………………………… 143
　　　　思考题 ……………………………………………………………………………… 143
　　　　练习题 ……………………………………………………………………………… 144
　　　　综合题 ……………………………………………………………………………… 149
　　　　案例 ………………………………………………………………………………… 156

第 5 章　作业成本系统 ………………………………………………………………………… 158
　5.1　传统的生产成本系统 ………………………………………………………………… 159
　5.2　Madison 乳品公司现有的标准成本系统的局限 …………………………………… 161
　5.3　香草工厂和多口味工厂 ……………………………………………………………… 162
　5.4　作业成本系统 ………………………………………………………………………… 163
　　　　计算资源能力成本率 ……………………………………………………………… 164
　　　　计算每种产品使用的资源时间 …………………………………………………… 165
　　　　计算产品成本和赢利能力 ………………………………………………………… 166
　　　　更为准确的成本法所带来的可能的举措 ………………………………………… 168
　　　　衡量未使用资源能力的成本 ……………………………………………………… 170
　　　　作业成本系统下的固定成本和可变成本 ………………………………………… 171
　　　　利用 ABC 模型预测资源能力 …………………………………………………… 172
　　　　更新 ABC 模型 …………………………………………………………………… 175
　5.5　服务型企业 …………………………………………………………………………… 178
　　　　能力成本率 ………………………………………………………………………… 178
　　　　计算经纪人能力消耗的时间等式 ………………………………………………… 179
　5.6　执行问题 ……………………………………………………………………………… 180
　　　　缺乏明确的商业目的 ……………………………………………………………… 180
　　　　缺乏高级管理层的支持 …………………………………………………………… 180
　　　　把项目委托给顾问 ………………………………………………………………… 181
　　　　拙劣的作业成本模型设计 ………………………………………………………… 181
　　　　个人和部门对变化的抵制 ………………………………………………………… 182
　　　　人们感觉受到了威胁 ……………………………………………………………… 182
　5.7　尾声：Madison 乳品公司 …………………………………………………………… 182
　5.8　本章小结 ……………………………………………………………………………… 183
　附录　作业成本法的初始形态 ……………………………………………………………… 184
　作业 ………………………………………………………………………………………… 187

　　　　思考题 ……………………………………………………………………… 187
　　　　练习题 ……………………………………………………………………… 187
　　　　案例 ………………………………………………………………………… 196

第6章　测量和管理客户关系 …………………………………………………… 208

6.1　衡量客户赢利能力：对 Madison 乳品公司案例的延伸 ………………… 210
　　　　报告和展示客户赢利能力 ………………………………………………… 211
　　　　服务型企业的客户成本 …………………………………………………… 214

6.2　提升客户的赢利能力 ………………………………………………………… 215
　　　　流程改进 …………………………………………………………………… 215
　　　　作业成本定价 ……………………………………………………………… 215
　　　　管理客户关系 ……………………………………………………………… 215
　　　　定价瀑布 …………………………………………………………………… 216

6.3　对销售人员的激励 …………………………………………………………… 220

6.4　生命周期赢利能力 …………………………………………………………… 221

6.5　使用非财务标准来测量客户表现 …………………………………………… 223
　　　　客户满意度 ………………………………………………………………… 223
　　　　客户忠诚度 ………………………………………………………………… 224
　　　　净推荐值 …………………………………………………………………… 226

6.6　尾声：Madison 乳品公司 …………………………………………………… 227

6.7　本章小结 ……………………………………………………………………… 228

作业 ……………………………………………………………………………………… 228
　　　　思考题 ……………………………………………………………………… 228
　　　　练习题 ……………………………………………………………………… 229
　　　　综合题 ……………………………………………………………………… 233
　　　　案例 ………………………………………………………………………… 236

第7章　衡量和管理流程绩效 …………………………………………………… 241

7.1　流程视角与平衡计分卡 ……………………………………………………… 243

7.2　设施布局系统 ………………………………………………………………… 243
　　　　流程布局 …………………………………………………………………… 244
　　　　产品布局 …………………………………………………………………… 245
　　　　集群技术 …………………………………………………………………… 246

7.3　存货成本和生产时间 ………………………………………………………… 246
　　　　存货和生产时间 …………………………………………………………… 246
　　　　与存货有关的成本 ………………………………………………………… 247
　　　　采用新的生产部件带来的成本和收益：应用集群技术的一个例子 …… 247
　　　　成本和利润的总结 ………………………………………………………… 251

7.4 不达标成本和质量问题 ………………………………………………………… 253
　　质量标准 ………………………………………………………………………… 253
　　质量控制成本 …………………………………………………………………… 254
7.5 适时制造 ………………………………………………………………………… 255
　　适时制造的含义 ………………………………………………………………… 255
　　适时制造和管理会计 …………………………………………………………… 256
7.6 改进成本法 ……………………………………………………………………… 258
　　传统成本控制法与改进成本法的比较 ………………………………………… 258
　　应用改进成本法应注意的问题 ………………………………………………… 259
7.7 标杆基准法 ……………………………………………………………………… 259
　　步骤1：内部研究和初步竞争分析 …………………………………………… 261
　　步骤2：将标杆基准项目作为一项长期任务并组成标杆基准小组 ………… 261
　　步骤3：确定标杆基准法的合作伙伴 ………………………………………… 261
　　步骤4：收集和分享信息的方法 ……………………………………………… 262
　　步骤5：采取措施达到或超过标杆基准 ……………………………………… 263
7.8 尾声：Past Robot 公司 ………………………………………………………… 264
　　生产流程 ………………………………………………………………………… 264
　　对在产品存货的影响 …………………………………………………………… 265
　　对生产成本的影响 ……………………………………………………………… 265
　　返工成本 ………………………………………………………………………… 265
　　在产品存货的持有成本 ………………………………………………………… 266
　　销售增加带来的收益 …………………………………………………………… 267
　　成本和收益小结 ………………………………………………………………… 268
7.9 本章小结 ………………………………………………………………………… 268
作业 …………………………………………………………………………………… 269
　　思考题 …………………………………………………………………………… 269
　　练习题 …………………………………………………………………………… 270
　　案例 ……………………………………………………………………………… 275

第8章　测量和管理生命周期成本 ……………………………………………… 285

8.1 产品整个生命周期的管理 ……………………………………………………… 286
　　研发和设计阶段 ………………………………………………………………… 287
　　制造阶段 ………………………………………………………………………… 287
　　售后服务和处置阶段 …………………………………………………………… 288
8.2 目标成本法 ……………………………………………………………………… 289
　　目标成本法的一个例子 ………………………………………………………… 291
　　应用目标成本法应注意的问题 ………………………………………………… 296
8.3 盈亏平衡时间：新产品开发的综合指标 ……………………………………… 298

8.4	平衡计分卡的创新指标	302
市场调研和新产品创意的提出	302
设计、开发和推出新产品	303
8.5	环境成本法	306
控制环境成本	306
8.6	本章小结	310
作业	310
思考题	310
练习题	311
综合题	312
案例	315

第9章 管理会计与控制系统中的行为和组织问题 … 321

- 9.1 管理会计与控制系统 … 322
  - "控制"的含义 … 322
- 9.2 设计良好的管理会计与控制系统的特点 … 323
  - 技术方面的考虑因素 … 323
  - 行为方面的考虑因素 … 323
- 9.3 人力资源管理中的激励模型 … 324
- 9.4 组织的行为道德准则和管理会计与控制系统 … 325
  - 避免道德困境 … 325
  - 解决道德冲突 … 326
  - 有效的道德控制系统的要素 … 328
  - 制定道德决策的步骤 … 329
  - 动机与目标一致性 … 329
  - 任务和结果控制的方法 … 330
- 9.5 使用综合业绩评价指标：平衡计分卡方法 … 332
  - 使用综合业绩评价指标的必要性：与目标不一致的行为 … 332
  - 不正当的行为 … 332
  - 使用平衡计分卡将员工与企业目标和业务单元目标捆绑在一起 … 333
  - 变革管理 … 333
- 9.6 授权员工参与管理会计与控制系统设计 … 334
  - 参与决策制定 … 334
  - 进行培训以理解信息 … 334
- 9.7 预算编制的行为方面 … 335
  - 设计预算过程 … 336
  - 影响预算过程 … 337
- 9.8 建立奖励业绩的适当的激励系统 … 338
  - 选择内在报酬或外在报酬 … 338

　　　　基于业绩的外在报酬 ………………………………………………… 339
　　　　有效业绩评价与报酬系统 ……………………………………………… 339
　　　　顺利实施激励补偿的条件 ……………………………………………… 340
　　　　激励补偿与员工责任 …………………………………………………… 341
　　　　奖励成果 ………………………………………………………………… 341
　　　　管理激励补偿计划 ……………………………………………………… 341
　　　　激励补偿计划的类型 …………………………………………………… 342
　9.9　Advanced Cellular 国际公司案例的尾声及本章小结 …………………… 347
　作业 ……………………………………………………………………………… 348
　　　　思考题 …………………………………………………………………… 348
　　　　练习题 …………………………………………………………………… 349
　　　　综合题 …………………………………………………………………… 350
　　　　案例 ……………………………………………………………………… 357

第 10 章　利用预算进行规划和协调 …………………………………………… 362
　10.1　确定与生产能力相关的资源和弹性资源 ………………………………… 363
　10.2　预算编制过程 ……………………………………………………………… 363
　　　　预算的作用和预算编制 ………………………………………………… 363
　　　　预算编制的要素 ………………………………………………………… 365
　　　　预算编制中的行为因素考虑 …………………………………………… 365
　　　　预算要素 ………………………………………………………………… 365
　　　　经营预算 ………………………………………………………………… 366
　　　　财务预算 ………………………………………………………………… 367
　10.3　预算编制过程示例 ………………………………………………………… 367
　　　　牛津彩绘艺术公司浮标分部 …………………………………………… 367
　　　　需求预测 ………………………………………………………………… 369
　　　　生产计划 ………………………………………………………………… 370
　　　　编制支出计划 …………………………………………………………… 370
　　　　选择生产能力水平 ……………………………………………………… 371
　　　　处理不可行的生产计划 ………………………………………………… 373
　　　　说明生产计划 …………………………………………………………… 373
　　　　财务计划 ………………………………………………………………… 374
　　　　理解现金流量表 ………………………………………………………… 374
　　　　运用财务计划 …………………………………………………………… 378
　　　　使用预计的结果 ………………………………………………………… 379
　10.4　假设分析 …………………………………………………………………… 379
　　　　评价备选的决策方案 …………………………………………………… 380
　　　　敏感性分析 ……………………………………………………………… 380

10.5 比较实际情况与计划结果 …… 381
　　差异分析 …… 381
　　基本差异分析 …… 382
　　坎宁移动电话服务公司 …… 382
　　一阶差异 …… 384
　　分解差异 …… 384
　　计划和弹性预算差异 …… 385
　　材料和人工的用量与价格差异 …… 386
　　销售差异 …… 391
10.6 预算编制在服务业和非营利组织中的作用 …… 393
10.7 定期预算和滚动预算 …… 394
10.8 自主性支出的控制 …… 394
　　增量预算法 …… 394
　　零基预算法 …… 395
　　项目融资法 …… 395
10.9 预算编制过程的管理 …… 396
　　对传统预算模型的批判与"超预算"方法 …… 396
10.10 尾声：加利福尼亚州预算危机 …… 397
10.11 本章小结 …… 397
作业 …… 398
　　思考题 …… 398
　　练习题 …… 399
　　综合题 …… 402
　　案例 …… 416

第11章 财务控制 …… 423

11.1 财务控制环境 …… 424
11.2 财务控制 …… 424
11.3 分权的动机 …… 425
11.4 责任中心和评估单位绩效 …… 426
　　责任中心的协调 …… 427
　　责任中心和财务控制 …… 428
　　责任中心类型 …… 429
　　责任中心的评价 …… 432
11.5 转移定价 …… 438
　　转移定价的方式 …… 439
　　基于公平考虑的转移定价 …… 442
11.6 投资中心资产的分配和评估 …… 443

11.7　投资回报率的效率和生产率要素 ……………… 443
　　　运用财务控制评估生产率 ………………………… 444
　　　对投资回报率方法的质疑 ………………………… 445
　　　运用剩余收益 ……………………………………… 446
11.8　财务控制的效用 ……………………………………… 448
11.9　尾声：Adrian's Home Services ……………………… 450
11.10 本章小结 ……………………………………………… 452
作业 ………………………………………………………… 452
　　　思考题 ……………………………………………… 452
　　　练习题 ……………………………………………… 453
　　　综合题 ……………………………………………… 456
　　　案例 ………………………………………………… 461

译后记 ……………………………………………………… 464

第 1 章

管理会计信息如何支持决策

完成本章的学习后,你将能够:

1. 理解财务会计和管理会计的主要区别。
2. 理解管理会计的历史演进和一系列当前实践。
3. 理解管理会计信息如何用于制定战略和经营决策。
4. 理解计划-执行-检查-行动模式的步骤以及每个步骤是如何定义管理会计信息中的独特目的与角色的。
5. 对引入新的测量方法和管理体系导致的行为结果保持敏感。

RIM 公司

2010 年 9 月,黑莓智能手机的生产商——RIM 公司,宣布其平板电脑 PlayBook 将于 2011 年第一季度进入火热的平板电脑市场。这一声明造成了 RIM 的股价下跌 3%,分析家将其归咎于人们对 PlayBook 不能如之前所预期的那样在 12 月假日档上市表示失望。

曾经是智能手机的市场领先者的 RIM 正遭受越来越激烈的市场竞争。虽然黑莓产品在商用细分市场上取得了不俗的成绩,然而苹果等新的竞争对手已经威胁到 RIM 的市场领先地位。苹果的 iPhone 在最初设计时就定位于消费者市场。苹果的最新热卖产品 iPad 平板电脑自 2010 年 3 月上市以来就取得了巨大成功,RIM 在其自身平板电脑上面临巨大的市场压力。

RIM 在 2010 年面临的形势生动地展现了公司战略(选择将参与竞争的市场)和业务单元战略(选择如何在既定的细分市场的竞争)。RIM 面临的战略决策需要相关、及时的信息,而其中大部分信息都是由管理会计信息提供的。

 ## 1.1 什么是管理会计

管理会计(management accounting)是向组织内部管理者和员工提供用于制定决策、分配资源以及监督、评估和激励与绩效相关的财务和非财务信息的过程。管理会计信息

1

的一个例子是经营部门的报告费用,如汽车厂或者电子厂的组装部门。其他例子包括生产产品的成本、提供服务的成本、执行活动或者商业流程的成本,如开具客户发票或者服务客户。非财务的管理会计信息包括那些与客户满意度和忠诚度、流程质量和及时服务、创新以及员工激励有关的措施。

管理会计和财务会计

大部分学生在学习过基础财务会计之后才学习管理会计。由于这两门学科都以财务信息和其他关于企业经营的定量信息为基础,因此二者具有一些重要的相似之处。但是它们在重要的方面有所不同。

财务会计(financial accounting)具有下列特点。

(1) 财务会计具有历史属性,它用财务术语对过去的决策和交易结果进行报告和总结。

(2) 财务会计主要面向外部利益相关者,如投资者、债权人、监管者和税务当局。

(3) 财务会计必须符合一些规则制定者制定的准则。例如,美国财务会计准则委员会(FASB)、世界上其他很多国家尊崇的国际会计准则委员会(IASB)以及一些国家的地方性监管当局,如美国证券和交易委员会(SEC)等。这些标准制定者和管理当局具体规定了报告的内容以及应如何组织内容和陈述内容。

相反,管理会计信息具有下列特点。

(1) 管理会计信息既具有历史属性,又具有未来属性。它既对过去的经营结果提供反馈,又包含对未来事件的预测和估计。对于历史性报告和预测性计划,管理会计既使用财务措施,又使用非财务措施。

(2) 管理会计面向组织内部职工和管理者,满足其决策需要。理想状况下,管理会计系统可以成为公司竞争优势的来源。

(3) 管理会计信息在如何确立和陈述内容方面没有预先规定的形式或规则。关于什么能最好地满足可执行信息的需要都由管理者的判断和决策确定,并完全由管理者使用这种信息的需要决定。标准制定者或管理者不具体影响管理会计信息和体系的设计。

管理会计信息必须与管理者相关并且对管理者有用,适合多种目的。

管理会计的简单历史回顾

19世纪初期,管理会计由衡量生产单个产品(如一件衣服或一件武器)的成本的体系组成。随着企业规模和范围不断扩大,对产品精确成本的需要与日俱增。到19世纪中期,铁路公司管理者已经实施了复杂且庞大的成本系统。凭借该系统,可以计算运载不同类型产品的运费,例如在多种路线上运送煤和钢。这种信息支持了效率提升和定价决策。铁路行业是首个建立和使用大量财务统计来评估和监管组织业绩的行业。19世纪后期,安德鲁·卡耐基(Andrew Carnegie)在他的钢铁公司建立了用于记录各个工厂的材料和人工成本的详细的系统。卡耐基集中研究从该系统中获得的信息,持续不断地降低工厂成本,并关闭那些他认为效率低下而无法挽回的工厂。卡耐基发挥了他的成本优势,把价格降低到竞争者想要继续经营就无法达到的水平。因而,卡耐基杰出的成本系统给了他在市场上持续的竞争优势,并促进了公司的发展和成功。

20世纪初期,杜邦(DuPont)和通用汽车(General Motors)等公司将管理会计的范围扩大到成本会计以外的其他领域,如管理计划和控制。这些大公司在多条生产线上用内部资源分配取代了市场机制对资源的配置。管理人员需要每个业务单元的投资回报率等信息来协调和控制多个业务。他们使用管理会计信息使得管理层能够获悉看得见的手,以此来取代亚当·斯密所谓的市场力量看不见的手。[①]

这些组织通过将以前的公开市场业务内部化,消除外部代理的交易成本来寻求效率和利润率的提高。这些整合后的公司的兴起创造了一种对单个的组织单位经营业绩的衡量需求,通过从事相同任务的独立组织来评价这些公司的经营业绩。例如,一家汽车公司可能想要比较由内部部门制造变速器与独立供应商采购的成本性能,我们将在第3章讨论这种方法的应用。正如本书第11章所讨论的,管理者们想出了各种方式来衡量组织单元的赢利能力和经营水平,并持之以恒地将其应用到今天。

在这些创新之后,管理会计实践的演进放慢了。20世纪30年代,高层管理者的兴趣集中在根据监管当局颁布的新的报告和审计准则的要求出具和准备外部财务报表上。仅仅在20世纪70年代,当美国和欧洲公司面临来自日本制造商的激烈竞争压力时,管理者们才重新将注意力集中到建立新的管理会计工具上。这些工具包括一种对质量、服务和员工水平进行报告的系统,而不仅仅是对组织单元经营水平和财务状况的简单总结。另外,为了反映设计和生产产品、提供服务以及满足顾客需求所需要的间接成本和支持成本不断增强的重要性,管理会计在衡量产品和服务成本方面取得了重要进展。本书的这一特色实际上是围绕很多最近的成本、利润和绩效评估体系的创新展开的。

简言之,管理会计的历史表明:随着公司变得越来越复杂以及技术变更和新公司的出现,管理会计实践的创新受到新战略对信息需求的推动,未来还将持续受到这种驱动。当控制和降低成本很重要时,就会出现成本系统的创新。当组织从规模效应和多元化中获得优势时,富有创造性的管理者们提出了新的管理控制体系来控制和管理复杂的公司。当竞争优势转移到公司如何运用和管理其无形资产(如客户关系、流程质量、创新,特别是员工)时,成本和绩效管理的新体系就出现了。

实例

管理会计师协会发布的管理会计的定义(2008年)

管理会计是一门专业学科,它为管理层制定决策、编制计划和业绩管理系统提供指

---

① Alfred DuPont Chandler, *The Visible Hand*: *The Managerial Revolution in American Business* (Cambridge, Mass.: Belknap Press, 1977).

导,并在财务报告和控制方面提供专业意见,以协助管理层制定和实施组织战略。"

资料来源:"Definition of Management Accounting", one of a series of Statements on Management Accounting, published by the Institute of Management Accountants, 2008, accessed from http://www.imanet.org/PDFs/Secure/Member/SMA/SMA_DefinManAcct_0408_2.pdf, which may be limited to IMA members.

Gap 经营着多个零售品牌,如 Banana Republic、Gap 和 Old Navy,它们各自针对不同的细分市场。由于每个细分市场面向不同的客户群体,因此 Gap 各个业务部门的管理层需要不同的管理会计信息来评估自身的业绩。

Getty Images 公司——Getty News

 ## 1.2 战略

本书将管理会计作为有助于企业开发和实施其战略的指导原则。当然,这同时要求企业具有与汇报和提高经营能力有关的战略目标。

战略(strategy)就是一个组织在要做什么和不要做什么上所做的各种选择。而要做什么和不要做什么,对组织来说具有相同的重要性。在最高层面上,战略规划指的是选择一个在组织的环境和内部资源之间最合适而且能够实现组织目标的战略。战略的选择迫使管理层做出抉择:应当将哪些市场作为组织的目标,在这些市场上应如何竞争。有关如何进行战略规划、战略专家选择具体战略时所使用的信息和分析的类型的内容会在战略课程中予以介绍。不过,一旦组织选定了某个战略,就需要管理会计信息来协助实施这个战略、根据战略需要来配置资源、沟通战略内容并将员工和经营过程联系起来以实现战略目标。随着战略的执行,管理会计信息提供了关于战略的反馈——它在哪些方面是成功的,在哪些方面是失败的,同时指导提高战略水平的各种行动。我们可以通过**计划—执行—检查—行动循环**(plan-do-check-act cycle)来观察迭代战略的执行过程。计划—执行—检查—行动循环的目的是提高产品和过程的质量(参见图1-1)。

计划—执行—检查—行动(PDCA)循环

质量专家爱德华·戴明(W. Edwards Deming)帮助开发和推广了计划—执行—检查—行动(PDCA)循环,因此该循环也常被称为戴明循环。戴明打算把 PDCA 作为在开

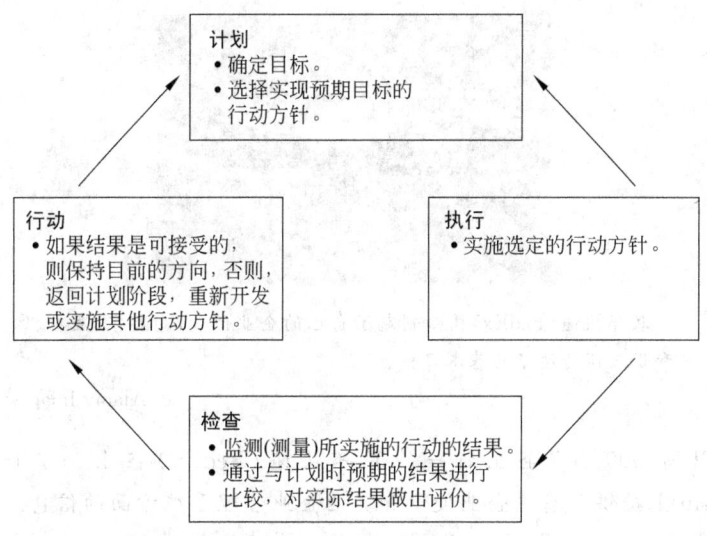

图 1-1　计划—执行—检查—行动循环（PDCA）

发、实施、监测、评价甚至改变行动方针方面的一个系统化递归方法。虽然戴明把重点放在改进产品和过程的质量上面，但是他的思想可以应用于任何决策行为。下面，我们将详细说明 PDCA 循环是如何扮演管理会计信息中的战略与经营角色的。

计划　PDCA 循环的第一步定义了组织的目标，选择了组织战略的重点和范围。许多组织通过重申或更新其使命来开始计划阶段，无论对组织内部还是外部的人员来说，都传递了一条强有力的信息，表明了组织的目标以及在社会中所创造的价值。随即，企业的规划者不断积累各类信息，包括组织的外部环境（政治、经济、社会、技术、环境和法律）、行业现状以及与竞争对手相比，组织内部存在的优势和弱点。执行官们利用这些信息做出战略（行动方针）决定，以实现组织的目标。在计划阶段，对管理会计信息的使用有多种方式。

实例

公司的使命

事实上，每家公司都有自己的使命，用于说明其基本目标，以及如何通过与客户、股东、雇员、供应商和社区的关系为社会创造价值。所有"财富 500 强"企业的使命都可以在 http://www.missionstatements.com/fortune_500_mission_statements.html 中找到。

联邦快递（FedEx）精心制定了自己的企业使命，向股东、雇员、客户和供应商传达了其基本目标。

——Alamy Images

例如，"财富 500 强"企业之一的联邦快递（FedEx）在 http://ir.fedex.com/governance.cfm 上提供了有关企业使命和其他企业管理系统方面的信息。

第 2 章将介绍战略地图和平衡计分卡，这是在战略计划、部署和沟通方面十分重要的两个管理会计工具。战略地图和平衡计分卡描述了管理层在成功实现组织目标的驱动力和动机方面的信心。此外，它们还提供了一个系统性方法，来确定哪些是管理会计信息在沟通、监测和评价所选定的战略时需要的内容。

战略计划阶段的另一个关键部分是估计由行动方针带来的成本和利润。在计划利润和财务建模时，管理人员会运用本—量—利（cost-volume-profit，CVP）分析，这是一个被广泛使用的财务管理工具，我们将在第 3 章予以介绍。在第 3 章，前面一部分介绍的是基本的成本概念和成本行为，这是 CVP 分析的基础。然后，在接下来的部分还将讨论相关的成本分析。管理人员可以借助成本分析处理正在进行的商业决策，例如是否应当自制还是外购某种产品零件、是否应当撤销或增加一个产品或部门，以及是否应当增加或减少资源容量。第 3 章将为读者揭示管理会计信息这一关键角色在协助组织中经常会出现的众多重要计划决策中发挥的作用。

战略的财务后果通常会体现在预算上，这或许是使用得最广泛的短期财务计划和控制工具了。为了编制预算，组织的财务计划人员会根据计划好的各项活动编写一份预测报告，对收入、成本和利润后果进行总结。第 10 章将讨论预算的范围和组成部分。无论你的职业生涯如何，预算都是你必然会遇到的一项活动。

除此之外，组织在开发全新的产品和服务时也需要一份计划。第 8 章将讨论管理会计在设计新产品、监测产品开发过程的效率以及评估在使用和处理产品时的整个生命周期成本后果中的重要角色。在产品生命周期即将结束时残值和回收利用的成本可能会非常高，有关项目的这些未来成本的信息目前都被作为所有新产品开发过程的一部分予以考虑。

执行 PDCA 循环的"执行"步骤涉及对所选定的行动方针的实施。在这里，管理会计信息将应用于第一线，为员工提供支持，通知他们日常决策和工作活动。员工使用成本、利润和非财务信息进行日常操作和改进生产流程；使用市场、销售和交付产品和服务方面的信息为客户服务；对客户的回馈作出适当反应。内部审计也经常会用到管理会计信息，确保计划好的战略和决策被认真地执行。管理会计信息的这种执法角色，作为企业监管的广泛角色之一，已经成为其对组织作出贡献的重要组成部分。

检查 PDCA循环的"检查"步骤包括两个部分：对正在进行的工作进行测量和监测，然后在经测量的工作基础之上采取短期行动。一般来说，管理会计的重点一直是对正在进行的活动的成本进行测量、评估和报告。第4章和第5章将对设计用来计算产品成本和利润率的系统的性质和构成进行分析。第6章将通过测量提供服务的成本和客户利润率介绍管理会计信息的一种扩展角色。对公司各种产品的客户的利润和损失的了解是知晓公司产品线和市场策略工作情况的关键因素。第7章将讨论对运营程序的分析和改善，这也是PDCA循环"检查"步骤的一部分。第10章将介绍方差分析的传统财务控制工具。第11章将解释管理会计信息是如何用于评估部门和单位的整体绩效的。

本书的一个创新之处是对管理会计信息的常见财务重点进行了补充，对绩效的非财务性测量的角色进行了扩展。第2章对平衡计分卡的介绍展示了非财务信息在管理者对决策进行规划和控制时的重要性和角色。**非财务信息**（nonfinancial information）对长期财务绩效的关键驱动力（客户、程序、员工、系统和文化）做了报告。对一个机构来说，最有用的非财务测量方式会因为行业和策略而有所不同，但是它们一般都会包括对客户忠诚度、流程质量、员工能力和动力进行的测量。

行动 在PDCA的最后一个步骤，管理者会采取行动降低成本、改变资源配置、改善流程的质量、周转时间和灵活性、修改产品组合、改变客户关系以及重新设计和介绍新产品。管理者会根据员工的表现对其进行嘉奖（偶尔会实施惩罚）。我们在整本书中都贯穿了这种决策制定，而不是仅仅使用单独的一章或两章来介绍PDCA的"行动"步骤，这就强调了一个事实，那就是管理会计应该能提供大量信息，而且在帮助机构实施自己的计划方面具有可行性。因为实施了这些新的活动，管理团队最终会回到规划步骤来评估先前的计划是否有效，是否值得继续进行，或者是否有时间对计划进行修改抑或是引入一种新的战略性计划。这样一来，企业将开始另外一轮的PDCA循环。

1.3 管理会计信息的行为学暗示

到目前为止，我们已经强调了管理会计信息在规划、资源配置、决策制定、行动、监测和改善方面的分析性角色。虽然管理会计信息在支持决策制定和解决问题方面的角色至关重要，但是信息永远都不是中立的。美国西方电器公司（Western Electric Company）霍桑发电厂（Hawthorne Plant）在20世纪20年代进行的一项著名的研究中得出一个结论：一旦员工和企业得知有人正在研究他们并对其工作表现进行评估时，他们就会改变自己的行为方式。人们在被研究的时候会做出回应。他们会关注正在被测量的变量和行为，忽视那些不被测量的部分。一些人宣称，"只要测量，就能解决"。这种说法夸张了上面的情况，更准确地说，应该是"如果不对其进行测量，你就不能对其进行管理和改善"。这一点可以作为研究和实施管理会计系统的一个根本准则。

但是,当管理者们介绍或者重新设计成本和绩效测量系统的时候,人们会抵制这些变化,因为他们更熟悉和适应先前的系统。这些人在使用(有时候是错误使用)旧系统的时候已经获得了专业技能,他们会担心自己的经验和技能能否转移到新的系统中。人们更愿意利用旧系统产生的信息来制定决策和采取行动。按照新安装的管理会计系统,这些行动可能已经不再有效,因此新的管理系统可能会产生一些令人尴尬的状况,而且可能会带来一些威胁,这会导致人们对变化产生抵触情绪。在设计和测量新的测量系统的时候,必须对测量带来的行为方式和组织方面的反应进行分析,我们将在第9章详细讨论这个问题。更重要的一点是,当测量不仅应用于信息、规划和决策制定,而且应用于控制、评估和奖励的时候,管理者和员工自己会更关注测量。管理者和员工可能会采取一些不适宜的行动来影响和改变他们在绩效测量上的分数。例如,如果管理者想要提高基于报告的利润的现有奖金数量,他们就有可能会省略随意性支出,如可能改善今后绩效的预防性维护、研究、开发和广告费用。

因此我们必须非常警惕,不仅要注意到管理会计信息中分析性的,或者说左脑部分的特征,同时还要注意到人们对信息(用于监测和评估他们的工作表现)的情感反应,或者说是右脑反应。

1.4 本章小结

本章介绍了 PDCA 规划和控制循环中的管理会计信息的角色和性质。管理会计必须反映管理者和员工做出的行动和决策,这就是为什么管理会计信息的产生和应用必须受到机构的战略性选择的驱动。管理会计信息还会对实施的决定所产生的结果进行监测和评估。它会产生新的行动,通过经营改善,有关产品、流程、客户、新产品引入的决策以及更有积极性和能力的管理者和员工(可能是最重要的)来改善策略的实施情况。但是在介绍所有新的测量和管理系统的时候,必须关注员工和管理者对测量行动的反应。

作业

思考题

1-1 什么是管理会计?

1-2 为什么公司的操作人员/工人、管理者和行政人员与股东和外部资本供应者对于信息的需求是不同的?

1-3 为什么单凭财务信息很可能无法满足操作人员/工人、管理者和行政人员持续不断的信息需求?

1-4 为什么高级管理人员除了财务指标以外还需要其他指标来评估自己的企业在最近一期的绩效?

1-5 举例说明管理会计系统针对公司变得越来越复杂、技术发生了变化或者是出现了新的竞争对手等引发的信息需求出现了哪些变化。

1-6　在战略已定的情况下，组织如何利用管理会计系统来实施该战略？

1-7　简单地解释计划—执行—检查—行动(PDCA)循环中四个步骤的每一步。

1-8　管理会计系统可以如何引起行为和组织方面的反应？

练习题

1-9　**管理会计的作用**　考虑本章对管理会计的描述。讨论为什么有关责任被看作"会计"？人们在完成所述的责任时如何与其他功能领域合作？为了完成这些责任，管理会计人员需要哪些技术和知识？

1-10　**计划—执行—检查—行动（PDCA）循环**　对于计划—执行—检查—行动（PDCA）循环中四个步骤的每一步，描述对于管理会计系统的可能的应用范例。

1-11　**不同的信息需求**　考虑一家在全国拥有上百家零售店的快餐公司的经营情况。考虑本章对管理会计的描述。为以下人群设定对管理会计信息的需求：

（1）当地的一家快餐分店的经理，该店将准备好的食物提供给进店的客人或通过窗口外卖给开车的顾客。

（2）地区经理，他负责监督三个州的所有零售店的经营情况。

（3）公司总部的高级主管。尤其需要注意主管公司经营和销售的总裁和副总裁的信息需求。

请注意不同的管理者对所需信息的内容、频率和及时性的要求。

1-12　**不同的信息需求**　考虑本章对管理会计的描述，并为以下人群设定管理会计信息需求：

（1）病人区(病人被治疗或从手术中恢复时所在的地方)的管理者；放射部门(病人接受 X 光或放射线治疗的地方)的管理者。

（2）护理服务的管理者，负责雇用护士并将她们分配到所有的病人区或者其他特殊服务区(如手术室、急诊室、恢复室和放射室)。

（3）该医院的主管。

请注意不同的管理者对所需信息的内容、频率和及时性的要求。

1-13　**质量因素**　为以下各种产品提出三个质量指标：
（1）电视机；（2）大学课程；（3）一家高级餐厅的膳食；（4）餐厅外卖；（5）牛奶容器；（6）看医生；（7）坐飞机旅行；（8）一条牛仔裤；（9）小说；（10）大学课本。

问题

1-14　**财务会计与管理会计的区别**　许多德国公司将管理会计部门作为生产经营团体的一部分，而不是公司财务部门的一部分。这些德国公司有两种不同的会计部门。一种为股东和税收机关行使财务会计功能；另一种为生产过程保持和运行成本核算。

要求：

拥有不同的财务会计和管理会计部门有哪些优势和劣势？

1-15　**财务会计与管理会计的区别**　一家德国机器工具公司的主计长认为，在将昂贵机器的使用成本分配到单个的部件或产品上时，使用历史成本折旧是不够的。每一年，他都会估计每台机器的重置成本，并在机器重置成本的基础上计算折旧，然后将折旧包含在机器小时率的计算中（按机器小时率将费用分摊到机器生产的零件中）。同时，主计长将利息费用（机器的重置成本的 50%）也列入机器工时率的计算。利息率是政府或高等级公司债券的 3~5 年利息率的平均值。

作为这两个决定（使用重置成本而非历史成本，设备的使用中计算投入资本的成本）的结果，公司内部使用的产品成本数据与财务报告和税务报告中的存货估价数据并不吻合。会计人员必须在每年年底进行耗费时日的对账，将利息和重置价值成本从销货成本和存货价值中扣除，这样才能准备财务报表。

要求：

（1）主计长为什么通过分摊重置价值的折旧成本以及将利息成本计入公司的零件和产品中而将多余的因素引入公司的成本计算系统？

（2）为什么管理会计师通过有意地采用与公认会计原则不同的内部成本计算方法，为组织制造额外的工作？

1-16　财务信息对持续进步的作用　考虑一个组织，其授予雇员特定的权力，要求他们提高重复性作业过程的质量、生产力和反应速度。这可能出现在制造业企业，如装配汽车或生产化学品，也可能出现在服务企业，如处理发票或对客户的订货或要求进行回应。很明显，工人们会从对其完成的工作的质量（缺陷、产出）和制造时间的反馈中受益，以便他们知道在哪里进行改进。确定分享财务信息的作用，也包括与这些雇员们分享信息，帮助他们提高质量、生产力和生产效率。明确哪些类型的财务信息会有帮助，用财务信息补充实物和经营信息会更好地做出特定的决定或行动。

案例

1-17　不同的信息需求　朱莉·马丁内兹（Julie Martinez）是高级印制公司（Super Printing）的新任零售店经理。她正在思考新工作岗位的管理挑战。高级印制公司是位于主城区的一家历史悠久的印刷公司。高级印制公司的新店坐落在西方商学院停车场旁边，这反映了高级印制公司正在努力进入发展迅速的数字影像业务领域。

高级印制公司零售店为商学院学生、员工和管理人员以及其他用户提供复印和数字影像服务。高级印制公司的主要产品是文件的黑白复印件。然而，随着顾客可能选择范围的扩大，如纸张颜色、尺寸和质量等，高级印制公司的主要产品也在悄悄地发生变化。高级印制公司最近购买了一台数字彩色打印机。各种尺寸、纸质和纸张，包括高射投影幻灯片和照片复印都可以进行彩打。其他印刷品包括名片、层压行李标签、会议徽章、管理计划和学生用印刷品。

除了实物印刷品以外，高级印制公司中心还提供传真服务（个人可以借助传真收发文件）。收到传真后，公司的店员就会打电话给传真收件人，由其到零售店领取。高级印制公司中心还有几台安装了 Windows 和 Macintosh 操作系统的个人计算机，这些计算机以小时计费的方式租给学生使用。学生们可以用这些计算机进行文档处理、上网、收发电子邮件、准备论文和简历等。每一台计算机都与高级印制公司的黑白打印机和彩色打印机连接，学生们可以用这些打印机打印论文和简历。

高级印制公司中心有两种可用的装订机器。店里还出售少量办公用品，如纸张、信封、纸夹、胶水、装订器、便签、钢笔、铅笔和标记笔等。

最近，主要营业时间（上午 8 点到下午 5 点）大约有 5 位雇员（包括朱莉）在零售店工作，另外，2~4 位雇员在晚上（晚上 5 点到午夜）轮班工作，这段时间临时业务量比较少。夜班工作人数由这个时段的预计复印工作量决定。

各种产品和服务的价格根据竞争者，如联邦快递金考（FedEx Kinko's）和史泰博公司（Staples）的价格制定。朱莉收到总销售报表，上面载明细分为现金销售、信用卡销售和针对商学院各项目的赊销情况。然而，她近期并没有收到费用方面的数据，如人工、原材料、每条生产线（黑白和彩色打印、计算机服务、文件准备、传真服务和办公耗材的销售）的设备等方面费用情况的报告。因此，朱莉不能确定每条业务线是否具有赢利性。朱莉也不能确定各项业务的效益如何。

再则，不同的业务线要求不同数量和类型的资本：设备，如复印机、打印机、计算机和传真机等；实物资本，如办公场所；各种存货，如纸张的类型、颜色、等级和尺寸，以及其他办公用品。

如果朱莉经营的试点店获得了成功，那么母公司有可能在商学院和全市的大学附近开设很多类似的零售店。因此，母公司想知道哪些业务赢利性最好，包括各个零售店的业务能够正常发挥作用所需的资本成本和场地。如果一些业务不具备赢利性，那么除非是为了建立零售渠道的需要，高级印制公司在新开的零售店将可能不提供这类服务。

要求：

确定下列人员所需要的管理会计信息：

（1）期望给顾客提供有效服务的员工；

（2）试点零售店经理朱莉·马丁内兹；

（3）高级印制公司的总裁。

请注意不同的人对所需信息的内容、频率和及时性的要求。

1-18 雇员授权的信息 一家美国汽车配件工厂最近进行了重组，以便使质量和团队合作成为经理和雇员们的纲领性原则。一名生产工人这样描绘改组前后的差异：

在过去的生产环境里，我们不必思考。领班告诉我们做什么，就算我们知道他是错的我们也会照做。现在，由整个团队决定做什么。我们的声音可以被听到。所有的中层管理人员都被裁掉了，包括领班和主管。管理活动依靠我们（整个团队）来做决定。财务人员帮助我们做出这些决定；生产和制造技师为我们工作。他们总是说："我们为你们工作。你们需要什么？"而且他们倾听我们的需要。

工厂的负责人做出如下评价：

在传统的工厂里，财务系统将人看成可变成本。如果你有生产问题，可以通过裁员降低可变成本。在这里，我们不裁员。我们的生产雇员被看作解决问题的人，而不是可变成本。

要求：

（1）在过去的环境中生产工人有哪些信息需求？

(2) 在这个强调质量、减少缺陷、解决问题和整体协作的新环境下,你建议向生产工人提供哪些信息?

1-19 财务信息对持续进步的作用 一家大型半导体生产部门的经理表达了对目前提供给他的信息的轻视:

成本差异对我来说没有用。① 我不想每个月或每周查看成本差异。每天,我都要查看销售额、预订货物情况以及准时送货的情况——准时送货的百分比。每个星期,我查看多种质量报告,包括在发货给客户前通过最后检验的产品质量报告、内部过程质量报告和产出报告。每个月,我还会查看财务报告。我仔细地查看固定费用,并将它与预算作比较,尤其是差旅费和杂费等自主性项目。我还会关注人员总数。

但是,财务系统仍然没有告诉我资金都浪费在了哪里。我想如果改善了经营,成本就能降低,但我并不过分关注两者之间的联系。组织的动态性使得我们很难将原因和结果准确地结合起来。

要求:

评价这位生产经理对其财务信息和成本信息的有限使用的看法。在什么情况下,成本信息和财务信息对经营者有作用?管理会计人员怎样决定为经营者提供搭配适当的财务和非财务信息?

1-20 公共和非营利组织的全面业绩衡量标准 公共和非营利组织,如政府机构和慈善性社会服务团体,拥有进行费用预算、监督和控制实际花费的财务系统。解释为什么这些组织应该考虑开发一个全面的业绩衡量方法(包括非财务方法)来监督和报告其业绩。在这样一套全面的衡量方法中应该有哪些不同的考察角度?

---

① 我们将在后面的章节中学习成本差异。对于本案例来说,我们只需知道成本差异代表了实际分配给一个生产部门的成本与该部门预计或预算的成本之间的差异。

第 2 章

平衡计分卡与战略地图

完成本章的学习后,你将能够:

1. 解释评价和管理公司的战略时为什么需要同时采用财务的和非财务的测量方法。
2. 理解平衡计分卡为什么可以代表对公司从财务、顾客、业务流程以及学习和成长角度的战略的因果分析。
3. 解释为什么清晰的战略对于公司而言是至关重要的。
4. 了解战略地图在将战略转化为财务、顾客、业务流程以及学习和成长目标方面的作用。
5. 为公司的平衡计分卡和战略地图的 4 个角度的战略目标选择测量方法。
6. 将平衡计分卡框架扩展到非营利组织和公共部门。
7. 意识到公司在实施平衡计分卡时有可能遇到的问题并给出解决这些问题的建议。

先锋石油公司

先锋石油公司(Pioneer Petroleum)是一家大型的全球石油公司设在美国的营销和炼油分部。先锋石油公司有 5 家炼油厂,并且在美国各地有 7 000 多个品牌加油站,每天销售的汽油大约有 2 500 万加仑。多年来,先锋石油公司经营范围广泛的产品和服务。然而,为了避免市场份额的流失,它不得不压低价格以与附近的折扣加油站竞争。先锋石油公司的 CEO 布赖恩·罗伯茨(Brian Roberts)前不久意识到自己的公司是美国同类企业中最不赢利的。他决定通过实施基于一项营销研究的战略来扭转公司的不利局面。这项营销研究显示,在购买汽油的公众中存在 5 个消费者细分市场(见表 2-1)。

表 2-1 先锋石油公司的 5 大汽油消费者细分市场

公路骑士(16%)	通常为收入较高的中年男性,每年驾驶里程为 25 000~50 000 英里,用信用卡购买高档汽油,从便利店购买三明治和饮料,有时候会在洗车房洗车。
真正的蓝调(16%)	通常为中高收入的人,对某个品牌具有忠诚度,有时候会专门到某个加油站加油;经常购买高档汽油,并用现金付款。

续表

F3 世代(27%)	(F3 是指汽油、食物和快速)事业蒸蒸日上的人——大约一半的人不满25 岁——经常行驶在路上；消耗汽油量大,在便利店的支出很高。
居家一族(21%)	通常是每天接送孩子的家庭,会选择镇上或者是行驶沿线的任何加油站。
价格敏感型消费者(20%)	通常对品牌或是是加油站都没有忠诚度,很少购买高档汽油;经常囊中羞涩;多年来一直是公司营销的重点。

先锋石油公司的管理层注意到价格敏感型消费者在美国所有购买汽油的人中仅占20%。另一个细分市场——居家一族对于品牌或者加油站的忠诚度较低。不过有三个细分市场想要购买的并不是大众商品。经过认真的讨论,先锋石油公司确定了一项战略,为公路骑士、真正的蓝调和 F3 世代这三个层次较高的细分市场提供出色的购买体验。此外,公司将不再试图通过降低价格与折扣加油站竞争来争取价格敏感型消费者。

罗伯茨面临的挑战是基于新的专注顾客的战略对先锋石油公司进行重组。重组不能仅在高层进行,而是必须在基层展开。这一战略要想取得成功,先锋石油公司必须让每一个人都知道这个战略并且为其成功付出努力。一项调查显示,员工认为内部报告方面的要求、繁文缛节的行政审批过程以及自上而下的政策压制了创造力和创新。与顾客的关系是敌对的,人们工作时目标狭隘,只是为了增强自己的以及所在职能部门的向上报告的业绩。罗伯茨是这样表述这些问题的:

我负责的是一个规模庞大的组织,而且分散在很大的一片区域。在每一天结束的时候,成功与否都取决于处于经营一线的人们。星期天的凌晨3点,在炼油厂的计算机屏幕前坐着一位操作员控制着一台加工设备,而管理层并不在他身边。我的命运是由他的态度决定的,取决于他是否用心工作。在紧要的时刻有30秒钟的溜号就有可能造成他所在炼油厂的停工,使生产停顿下来。要想让企业得到发展,你必须让处于第一线的员工感受到,让他们来决策。

几十年来,先锋石油公司采取的都是集中式的结构,按照采购、供应链、制造(炼油)、配送和营销等职能进行组织。在先锋石油公司的7 000名员工中仅有罗伯茨和执行副总裁两个人要对损益表负责。炼油、管线或配送设施的管理者负责实现成本目标;销售区的管理者负责实现收入目标。为了打造更为灵活的组织,罗伯茨将先锋石油公司分成为可以更紧密地接触顾客的17个战略业务单位(包括地区性汽油销售区以及诸如航油和机油等特殊产品单元)。每一个业务单位都有自己的盈亏责任。罗伯茨眼下面临的问题是如何提升各业务部门新任管理者的技能,他们都是从高度结构化、自上而下的职能型组织中成长起来的。

我们任用的是整个职业生涯都在大型的职能组织中工作的人,我们要求他们成为追求利润的创业企业的领导者,有些部门的资产高达10亿美元。我们如何才能帮助他们超越职能领域的专业技能,像一名以利润为导向的企业的宏观管理者那样从战略的角度去思考问题？

罗伯茨认为变革的最大阻力将来自公司过去对于实现短期财务绩效的重视:

财务指标让我们用主计长的思维来看问题,是在回顾过去,而不是展望未来。我想要的是能够宣传我们希望达成的目标的指标,从而让组织中的每一个人都能够理解并实施我们的战略。我们需要的指标是能够将我们的计划过程与行动联系起来的,鼓励人们投身组织眼下正在致力于实现的目标。

罗伯茨正在苦苦思索自己可以如何将先锋石油公司的绩效测评框架改造得能够更好地适应新的战略和组织结构。

公司利用绩效测量系统实现多种作用:
- 传递公司的多重战略目标。
- 激发员工帮助公司实现战略目标。
- 评价管理者、员工和经营单位的业绩。
- 帮助管理者将资源分配到产出最高、获利机会最大的地方。
- 就公司在改进程序以及满足客户和股东期望方面是否取得进展提供反馈。

挑战在于找到财务和非财务指标的恰当组合来发挥上述多重作用。19世纪和20世纪,类似先锋石油公司这样的企业仅使用财务指标来衡量自己的绩效。我们将在本书后面(第11章)介绍的财务控制系统依靠经营收入和投资回报率(ROI)等指标对绩效进行激励和评估。当公司的收入和价值主要是由不动产、厂房、设备和库存等实物资产,以及包括现金、有价证券和投资在内的金融资产带来时,上述财务指标是适当的。然而,到了20世纪末,企业仅靠实物资产和金融资产已经无法再创造价值了。它们需要凭借无形资产来创造价值。无形资产包括:顾客忠诚度和顾客关系;高效、高品质的经营流程;新产品和新服务;员工技能和动力;数据库和信息系统;以及最为无形的——组织的文化。

由于决定竞争成败的因素所发生的一系列变化,财务指标已经不足以测量和管理企业的绩效了。我们以一家公司为例。该公司在当期支出资金,通过下列举措增加无形资产:
- 提升员工的技能和动力;
- 扩展捕捉和分享关于流程、顾客和供应商的数据;
- 通过研发渠道加速新产品的推出;
- 提升生产、配送和服务流程的质量和速度;
- 加强与赢利性顾客和低成本供应商的彼此信赖的关系。

上述所有举措都有助于为企业创造价值。然而,财务系统将对于这些举措的支出视为当期的费用。因此,企业在其实际上增加了无形资产价值的时期所报告的赢利能力和财务绩效反而下降了。我们也可以考虑与此相反的情形:企业大幅削减在员工培训、信息系统建设、运营流程优化、新产品开发和顾客忠诚度培养方面的支出。随着上述支出的降低,报告的收入和ROI将上升,而此时企业由于竞争能力的削弱很可能出现了价值的降低。很明显,财务报告未能反映企业在加强或破坏自己的无形资产时价值的变化。

管理会计的一个基本原理是测量指标必须对企业的战略和经营构成支持。有些人指出,"如果不测量,你将无法对其进行管理和改善"。企业要想更好地管理和改善无形资产带来的价值,就需要针对这类资产设计的测量系统。

已经有学者提出了几种扩展的绩效测评框架[1],其中包括由美国和国际质量管理计划推介的几种评价系统,如为评价优良业绩而制定的马尔科姆·布德里奇(Malcolm Baldrige)全国质量计划[2]和EFQM绩优模型[3]。在各种旨在改善企业的绩效测评系统的提议中,基于**平衡计分卡**(balanced scorecard)的管理会计系统在全世界得到了最为广泛的采用(参见图2-1中给出的数据)。平衡计分卡提供了一个在继续测量财务成果的同时引入从企业的战略中得到的非财务指标的框架。此外,平衡计分卡并不局限于私营企业,很多非营利组织和公共部门也采用该框架来管理自己对社会价值的创造(我们将在本章的后面讨论这一话题)。

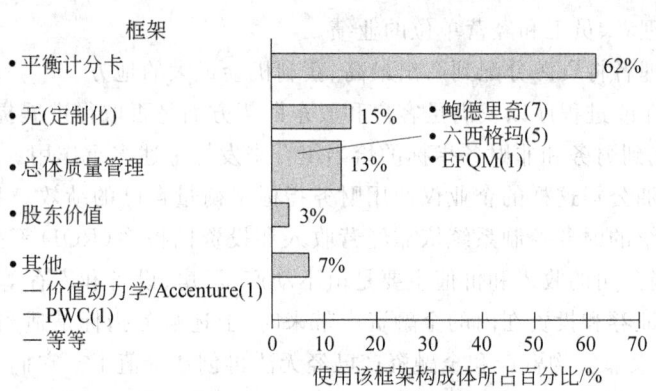

图2-1 绩效测评框架

资料来源:R. Lawson, D. Desrocher, and T. Hatch, *Scorecard Best Practices*:*Design, Implementation, and Evalnation* (New York:Wiley, 2008).

 ## 2.1 平衡计分卡

如图2-2所示,平衡计分卡从四个不同但又相互联系的视角衡量组织的绩效,它们与组织的愿景、战略和目标紧密相连。这四个视角可以解决下列基本问题:

- 财务视角。股东如何评价企业取得的成就?
- 客户视角。我们如何为顾客创造价值?
- 业务流程视角。为使顾客和股东满意,我们必须优化哪些业务流程?
- 学习和成长视角。为了持续改进业务流程和改善顾客关系,我们需要什么样的员

---

[1] 组织绩效测评方面的文献包括Richard L. Lynch and Kelvin F. Cross, *Measure Up! How to Measure Corporate Performance* (Cambridge, Mass.:Blackwell Business, 1995); Robert S. Kaplan and David P. Norton, *The Balanced Scorecard*:*Translating Strategy into Action* (Cambridge, Mass.:Harvard Business School Press, 1996); and Andy Neely, *Business Performance Measurement*:*Theory and Practice* (Cambridge, UK:Cambridge University Press, 2002)。

[2] NIST:Malcolm Baldrige Excellence Program home page, retrieved November 20, 2010 from http://www.nist.gov/baldrige/。

[3] The EFQM Excellence Model home page, retrieved November 2010 from http://www.efqm.org。

工能力、信息系统和组织能力?[①]

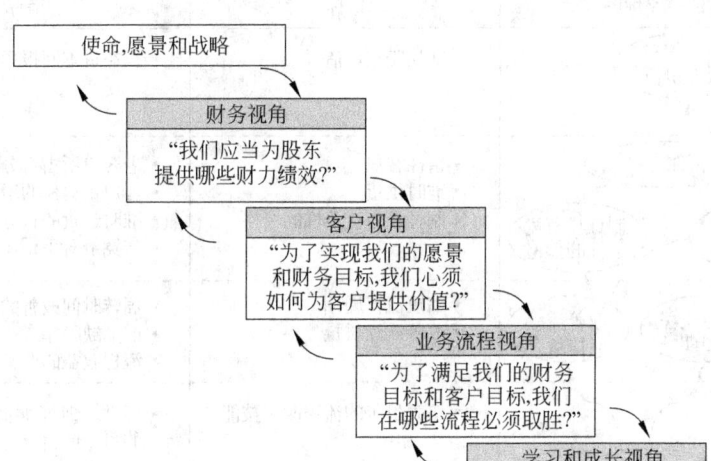

图 2-2 平衡计分卡的 4 个视角

应用平衡计分卡,公司在对财务结果进行追踪的同时可以对非财务指标进行监控,了解它们是有助于构建还是在破坏公司在顾客、业务流程、员工和系统方面的未来增长和赢利能力。财务指标通常滞后于战略,它们反映的是当前或前期做出的决策带来的财务影响。平衡计分卡另外三个视角中的非财务指标则是领先指数。这些指标的改善预示着未来财务绩效的改善,而非财务指标(如顾客满意度和忠诚度、流程质量、员工士气)的恶化则通常预示着未来财务绩效的恶化。

下面举一个某小型制造公司提供的不完全计分卡的简单的例子,说明平衡计分卡指标的因果联系。这家公司以低成本和高质量的产品获得了商业上的成功,并始终按时将货物发送给顾客(见图 2-3)。如图所示,该公司在**财务视角**(financial perspective)下的财务目标是增加投资回报(ROE)。公司希望通过对现有顾客保持和增加销售的方法增加收入,以改善 ROE 财务指标。因此,**客户视角**(customer perspective)中包括顾客忠诚度指标,它是通过(1)顾客保持率和(2)现存顾客销售增长率来测量的。公司的战略是基于其认为顾客非常看重及时按订单发货,因此改进按时发货方面的表现再加上有竞争力的价格将增加顾客的忠诚度,而顾客忠诚度的提高又会带来财务绩效的改善。因此,顾客忠诚度评价和按时发货的预测指标都归结为平衡计分卡的客户视角。

财务和顾客评价代表了公司战略结构的要素"是什么",也就是说,公司想与其两个最重要的外部因素——股东和顾客在什么方面达成一致。**业务流程视角**(process perspective)描述"怎样"实施公司战略,它能够辨别满足股东和顾客需要的一些最为重要

---

① 大多数实施平衡计分卡的组织发现 4 是描述自己战略的最合适的数字。一些组织增加了第五个视角来突出自己战略中尤为重要的方面,如供应商、员工、社区参与,对于非营利组织,可能还包括社会影响。使用少于 4 个的视角通常会牺牲对于战略来说非常重要的指标。

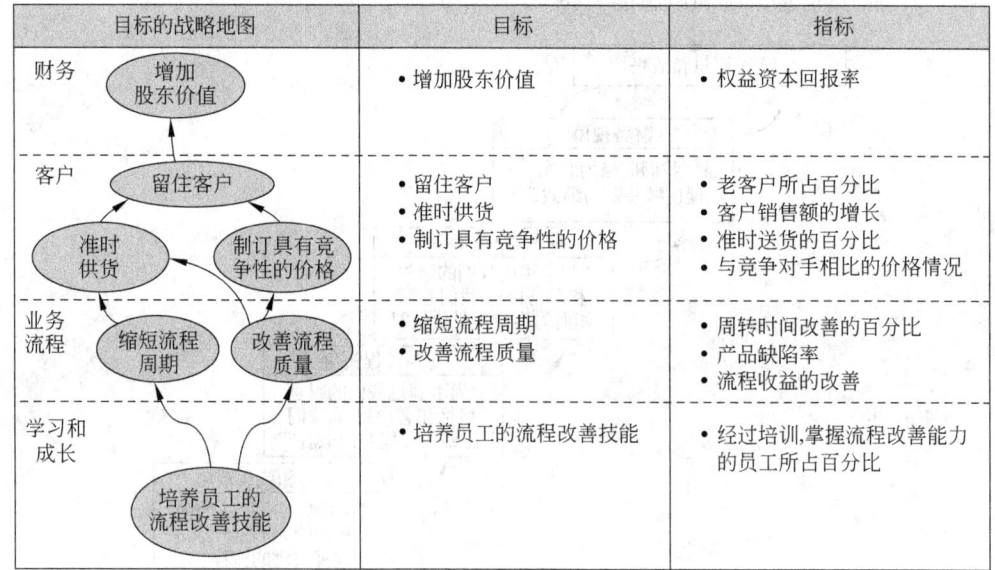

图 2-3　与目标和指标相联系的简单的平衡计分卡

的业务流程。例如,短周期和高质量的生产流程对于满足额外的及时发运货物是必不可少的。因此,诸如次品率和收益率,生产周期或将原材料转换成制成品的时间等指标可以确定为流程评价尺度。这些是顾客忠诚度的领先指数。平衡计分卡的第四个视角——**学习和成长视角**(learning and growth perspective)源于"怎么样"问题,即员工将如何获得能够改进公司生产流程质量和生产周期所必需的技能和知识。公司认识到必须对生产工人进行流程改进技术方面的培训。因此,员工流程改进方面的技术和能力的评价放在学习和成长视角。

上述简单的例子表明平衡计分卡用于业绩评价的 4 个视角组成的一个完整的因果关系链是如何表达公司战略的。平衡计分卡的目标和衡量指标确认并明确财务视角与客户视角的财务成果指标(如投资回报率和顾客忠诚度)与这些成果的业绩动因(如领先指数)之间的因果关系的一连串假设,例如,零缺陷程序假设、短业务周期假设、熟练并受激励的员工假设,其中,员工激励指标是在业务流程视角以及学习和成长视角衡量的。

图 2-4 提供了另一个业绩评价的例子,这些指标涵盖平衡计分卡的 4 个视角。折扣航空公司(Discount Airlines)通过向乘客提供低价机票和准点航班开展竞争。图的左边反映了平衡计分卡 4 个视角的因果关系,描述了折扣航空公司的一个关键战略因素:该公司如何通过高效率、低成本经营,以低价方式赚钱。高级财务评价的目标是提高财务绩效,这是由营运收入和资产回报率来衡量的。折扣航空公司明确了另外两个财务指标,即收入增长率和资产利用率(更少的飞机),这些指标有助于促进高级财务评价。如果折扣航空公司能够更加有效地利用其昂贵的资源(飞机和飞行员),它就能够赚取更高的收入而无须在这些资源上投入更多的资金。

折扣航空公司希望通过提供最低廉的价格和最准点的航班吸引更多的乘客(当然,这也意味着更多的收入)。图中在客户视角反映了这些目标,并通过与竞争对手的价格

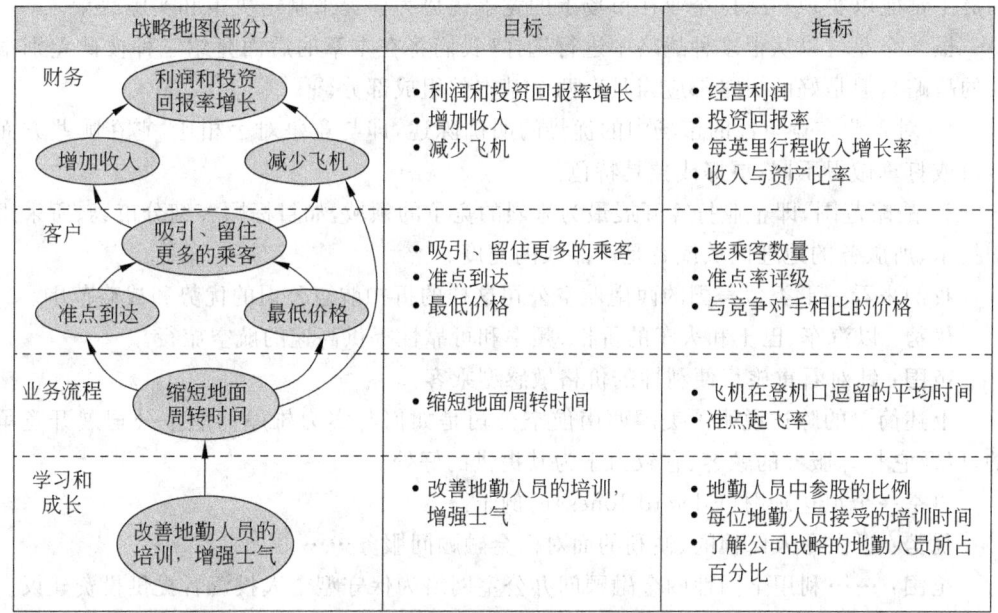

图 2-4 折扣航空公司的平衡计分卡

以及航班离岗和到岗准点率的比较进行衡量。同时对准点离港乘客指标和资产利用财务指标产生影响的一个关键流程是地面周转流程。折扣航空公司对这个关键流程使用了两个指标：飞机两次飞行间隙停留在跑道上的平均时间和准点离港航班率。通过减少飞机滞留地面的时间，折扣航空公司能够使飞机准点起飞（满足了一个关键的顾客期望），并能更好地利用极为昂贵的资源——飞机和飞行员，从而能够以航空业最低的价格（一个关键的财务指标）赚取利润。在学习和成长视角，折扣航空公司有一个训练和激励地面人员的方案，目的是加快地面周转，这很像在"印第安纳波利斯 500 传奇"游戏中对赛车服务站的工作人员进行培训，让他们能够在不超过 15 秒的时间内更换 4 个赛车轮胎。

折扣航空公司平衡计分卡的各种指标包括财务和客户视角的期望成果（更高的投资回报、更高的收入、更低的单位乘客飞行里程成本、更高的市场份额和顾客满意度）以及这些成果在业务流程、学习和成长视角的动因（领先指数）——更多的周转次数、更高的员工能力和动机。

上述平衡计分卡框架的介绍说明了管理会计平衡计分卡的财务和非财务指标可以如何反映公司战略的因果假设。

 ## 2.2 战略

企业要想基于自己的战略来开发计分卡，必须清楚**战略**（strategy）指的是什么。战略可以实现两个基本的职能。第一，它通过对企业在外部环境中的定位来打造竞争优势，使得企业的内部资源和能力能够为顾客提供有别于或优于竞争对手的产品或服务。第二，拥有明确的战略可以提供内部资源分配的明确的指导，从而确保组织的所有单位和员工都能以实现和保持企业在市场上的竞争优势为前提来制定决策和实施政策。

虽然企业可以从很多种战略中进行选择（我们将在本章的后面介绍三种彼此差别很大的战略），但是好的战略都应当具有两个基本的组成部分。①

1. 对企业在竞争性的市场中的优势的明确陈述，即与竞争对手相比，它在哪些方面做得或打算做得不同、更好或独具特色。

2. 战略范围，即企业打算开展最为激烈的竞争的领域，如目标顾客细分市场、所采用的技术、所服务的地理区域或者是产品线的宽度。

我们来看一下类似美国的西南航空公司这样的折扣航空公司的优势和战略范围。

优势：以汽车、巴士和火车的价格、频率和可靠性提供高速的航空旅行。

范围：针对看重旅行便利性的价格敏感型乘客。

上述简单的陈述说明了美国西南航空公司是如何与实力雄厚的航空公司展开竞争的，以及它打算服务的顾客、它致力于为其提供的好处。

再举一个恒达理财（Edward Jones）的例子。②

优势：提供令人信赖的、便利的面对面金融顾问服务……

范围：……利用全国性的金融顾问办公室网络为保守型个人投资者提供投资建议。

实例

Infosys开发平衡计分卡来描述和实施自己的战略

Infosys 1981年由7名工程师在印度创立。最初它是一家根据合约向客户派遣IT员工完成工作的企业。20世纪八九十年代，随着全球对IT系统和维护需求的增多，外聘程序师的业务得到了迅猛发展。Infosys很快发展了成为外包服务商所需的能力，从自己设在印度的服务设施为客户实施IT项目。Infosys在实施复杂的IT项目方面的成功促使一些客户聘请它来全程管理软件项目，从项目架构到详细的编程。不到10年时间，Infosys的经营模式就从提供单一部门的劳动力发展为设计、管理和提供完整的软件项目。

21世纪初，Infosys将服务组合扩展到超出传统的IT外包，与大型的全球客户结成合作伙伴，为其提供尖端的IT产品、服务和解决方案。2005年，Infosys超过5 000万美元的合约只有5个。到2008年年初，其收入大于等于5 000万美元的客户达18个，其中6个客户的收入超过1亿美元。这些业务通常涉及长达数年的多项服务。

作为公司从IT劳务企业和外包商到值得信赖的大型全球企业变革性合作伙伴的转变的一部分，Infosys的管理层开发了一个平衡计分卡来提供综合性的框架，可以据此编

---

① The Strategy statement was introduced in M. Rukstad and D. Collis, "Can You Say What Your Strategy Is?" *Harvard Business Review* (April 2008).

② Example taken from Rukstad and Collis, "What Is Your Strategy?"

制、沟通和监控公司的战略。Infosys 的 CEO 解释了平衡计分卡在公司近期发展中所发挥的作用：

> 平衡计分卡使得我们可以通过扩充目标来促进持续的变化。2002 年以来，我们成功地利用平衡计分卡指导公司度过了发展中的多个阶段。我们不断迎接新的战略挑战，这些挑战要求我们对变化进行管理。这些挑战要求我们在平衡计分卡的各种视角上更好地综合实施我们的战略。

资料来源：F. Asis-Martinez, R. S. Kaplan, and K. Miller, "Infosys's Relationship Scorecard: Measuring Transformational Partnerships," HBS No. 1-108-006（Boston: Harvard Business School Publishing, 2008）。

恒达理财的优势是成为愿意听从提供个人服务的职业顾问的意见的保守型投资者首选的金融顾问。恒达理财并不打算成为做短线者或自助式在线投资者所选择的中介公司。恒达理财的范围是所在的地理区域，通常是顾客所在的附近地区，可以设立由一位经验丰富的独立金融顾问组成的办公室，与客户培养关系。

2.3 平衡计分卡的目标、指标和标杆

公司构建平衡计分卡的第一步应当是编制战略目标的语言陈述，描述自己打算实现哪些战略**目标**（objectives）。公司选定了 4 个视角的目标之后，就可以为每个目标选择指标了。这些指标代表了对战略目标的表现进行评估的定量标准。例如，图 2-3 和图 2-4 的前两列包含了每个视角的目标。目标通常写成动宾句式——一个动词后面跟着一个目标，目标也可以包括方式、方法和期望的结果。下面是平衡计分卡的 4 个视角通常要达到的目标：

- 通过向现有顾客扩大销售来增加收入（财务视角）；
- 为目标顾客提供全面的解决方案（客户视角）；
- 通过持续的流程改进在订单完成方面取得优异的业绩（业务流程视角）；
- 将员工激励和报酬与公司战略挂钩（学习和成长视角）。

无论公司的战略目标写得有多好，员工们在日常工作中贯彻这些目标时仍会用自己的方式来进行理解和阐释。此外，如果目标无法被转化为具体的指标，那么员工们就不会知道当前的目标完成得如何，也搞不清楚公司在实现目标方面究竟有无进展。正如本章前面所述，对于无法衡量的东西是无法管理的。

指标（measures）用更为准确的术语描述了如何确定组织在实现目标方面所取得的成功。指标降低了语言陈述固有的模糊性。我们以按时将一件产品或一项服务交付顾客的目标为例。对供应商和顾客而言，"按时"的定义可能并不相同。制造商也许认为，在交货约定日一周以内交付，就是按时的。然而，丰田等公司采用适时制造流程，这种业务流程基本无材料或外购部件库存，只有在订货约定交付时间一小时内到货，它才认为交货是按时的。丰田公司并不在意卖方是否按时发货，它只希望所购货物按时到达工

厂。只有真正明确一个目标,如按时发货是如何衡量的,公司才可能消除供应商与顾客之间关于"按时"定义的模糊性。所选择的指标也向员工提供了明确的标尺,即如何评价他们的改进努力。因此,指标是一个有力的工具,它能够清楚无误地传递公司在关于战略目标、使命和愿景的语言陈述中要表达的意思。

将目标转化成指标后,管理者就会为每个指标选择**标杆**(targets)。标杆确立了一个指标所衡量的业绩水平或者改进程度。设置的标杆代表好的业绩,类似高尔夫比赛的标准杆得分。如果获得了成功,标杆将公司定位为同行业中业绩最出色的公司之一。更重要的是,管理者要选择为顾客和股东创造超额价值的标杆。折扣公司选择"在停机坪最多停留30分钟"和"90%的按时离港率"作为标杆,以服务于"快速地面周转"这一业务流程指标。这些数字代表行业的最佳业绩。

通过比较实际业绩与标杆业绩,员工和管理者能够断定公司是否正在取得其期望的业绩水平。因此,业绩评价指标服务于多重目的:沟通、解释、激励、反馈和评价。鉴于业绩评价指标的重要作用,应当认真选择业绩评价指标。平衡计分卡框架使得管理者够选择源自其战略的目标和计量指标,这些目标和指标以一种因果关系链的形式联系在一起。

 ## 2.4 编制战略地图

公司使用**战略地图**(strategy map)来说明贯穿平衡计分卡4个视角的战略目标之间的因果关系。战略地图的编制遵循一个逻辑顺序。首先,确定服务于最终战略目的的长期财务目标。其次,在客户视角,为新战略选择目标顾客,为能够提供吸引、保持和增加顾客业务的价值陈述选择目标。在业务流程视角,选择创造、传达顾客**价值陈述**(value proposition)并能提高生产率、效率以及与几个财务指标相关的关键动因的目标。最后,明确员工技能、信息需求、公司文化和有助于关键业务流程改进的协作。

图2-5给出了一张通用的战略地图模板。乍一看,该图有些复杂,但是我们将按顺序观察平衡计分卡的4个视角。图的上部是财务视角,图的下部是学习和成长视角,它是其他所有战略的基础。介绍了如何为平衡计分卡的4个视角选择目标以后,我们将举例说明本章开篇案例中的先锋石油公司是如何构建战略地图和平衡计分卡的。

财务视角

平衡计分卡的财务视角包含了反映以赢利为目标的公司的最终成果的目标和指标。财务业绩指标,如营业收入和投资回报,表明公司的战略和战略实施是否有助于增加股东价值。公司通过提高生产率和增加收入两种基本方法提高财务业绩(见图2-6)。

提高生产率有两种方式。第一,公司可以通过降低直接和间接费用的方式减少成本。成本的降低可以使公司用更少的人工、材料、能源和物料的消耗生产同样数量的产品。第二,通过更加有效率地使用金融资产和实物资产,公司可以减少支持某个业务水平所需的营运资本和固定资本。例如,通过实施适时制造流程,公司能够降低支持某个销量所需的存货水平。通过减少意外停工和计划外设备检修停工期,公司能够用同样的厂房和设备投资支持实现更高的销售。

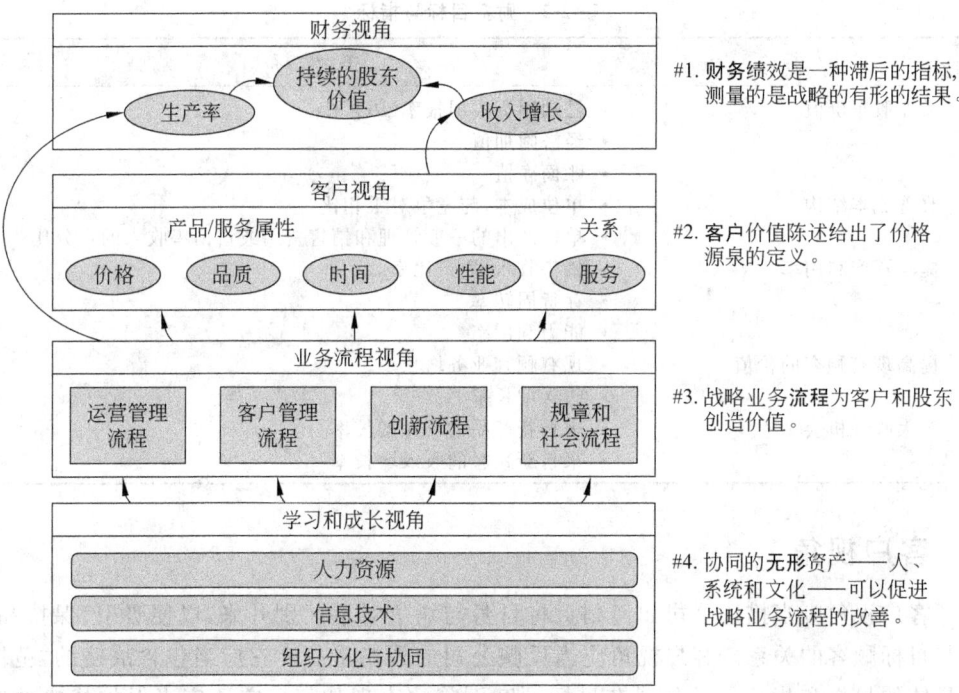

图 2-5 描述一个企业如何为股东和客户创造价值的战略地图

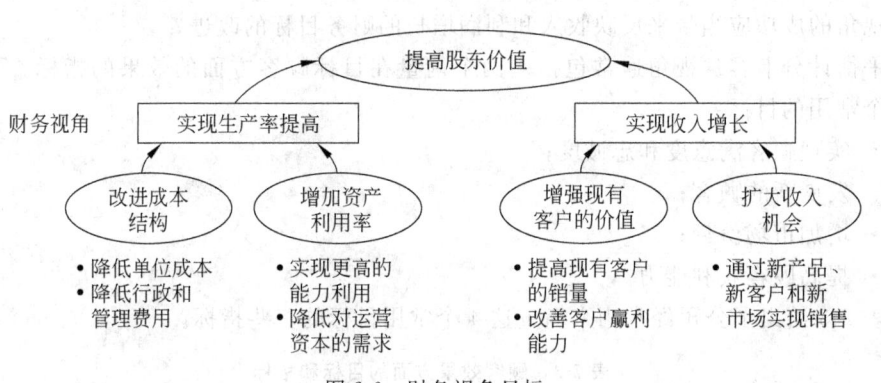

图 2-6 财务视角目标

增加收入同样有两种方式。第一，公司可以通过现有顾客实现更多的销售，如向他们提供首批购买产品和服务以外的产品和服务。例如，银行可以尝试让老客户办理信用卡、担保和汽车信贷。第二，公司还可以通过引进新产品、向新客户销售产品和开拓新市场实现收入增长。例如，亚马逊（Ammazon.com）现在不仅销售书籍，还售卖CD和电子设备；史泰博（Staple）既面向小企业销售，也向顾客零售；沃尔玛（Wal-Mart）则将业务从美国国内市场开拓到了国际市场，并且增加了新的经营业态。

表 2-2 给出了各种财务目标的常用测量指标。公司通常会为每个目标选择一个指标，而且有可能基于自己的战略决定不将所有 5 个可能的财务目标都放在战略地图或平衡计分卡中。

表 2-2 财务目标与指标

目标	指标
增加股东价值	• 已动用资本回报率（ROCE） • 经济附加值 • 账面净值
改善成本结构	• 单位成本，与竞争对手相比 • 单位产出的一般管理和销售费用或占销售收入的百分比
提高资产利用率	• 销售收入/资产比率 • 存货周转率 • 能力利用率
提高现有顾客的价值	• 现有顾客业务增长率 • 收入增长率
扩大收入机会	• 来自新产品的收入增长率 • 来自新顾客的收入增长率

客户视角

客户视角应当描述公司如何刻意将自身与竞争对手区别开来，以便吸引、保持和加深与目标顾客的关系。客户视角应当反映公司的战略重心。它应当包含战略的"范围"的具体的目标和指标——公司在目标顾客面前的表现如何。它还应当保护战略的"优势"——公司将提供比竞争对手更能满足目标顾客需要的产品性能、服务和顾客关系。客户视角的成功应当带来反映收入和利润增长的财务目标的改进。

平衡计分卡客户视角通常包括一两个衡量在目标顾客方面的效果的指标。下面列出几个常用的目标：

- 实现顾客满意度和忠诚度；
- 发展新的顾客；
- 增加市场份额；
- 提高顾客获利能力。

表 2-3 给出了公司经常用来衡量这 4 个常用目标的一些指标。

表 2-3 顾客效果方面的目标和指标

目标	指标
实现顾客满意度和忠诚度	• 目标细分市场的顾客满意度 • 老顾客所占的百分比 • 来自现有顾客的销售收入增长率 • 顾客向其他人推荐公司的意愿
发展新的顾客	• 发展的新顾客的数量 • 发展的每位新顾客的成本 • 来自新顾客的销售收入所占的百分比
增加市场份额	• 在目标顾客细分市场上的市场份额
提高顾客获利能力	• 不赢利顾客的数量或百分比

然而，事实上所有组织都竭力改进顾客满意度和顾客保留率等常用的顾客指标，所

以这些指标本身并不反映战略。只有当管理者将其用于客户视角，并用于竞争目的时，这些指标才与战略相关。战略通常要区分具体的顾客群，公司将这些顾客看作能够带来增长和获利能力的目标公众。例如，沃尔玛吸引看重其低价格的价格敏感的顾客。

内曼·马库斯公司（Neiman-Marcus）则将高可支配收入群体当作目标顾客，这些人愿意为高档商品支付更多的资金。拥有低可支配收入的价格敏感的顾客对于在内曼·马库斯公司的购物经历不太可能感到满意；同样，富人也会对沃尔玛提供的商品的档次、质地和款式感到失望，并且不会满意于自己在沃尔玛感受到的礼仪和销售人员的服务。因此，沃尔玛应当衡量价格敏感型顾客的满意度、忠诚度和市场份额，而内曼·马库斯公司则应将这些指标用于高可支配收入的特定顾客群。类似的，除了识别客户视角这些普通的结果指标外，公司还必须为自己向顾客提供的价值陈述确定目标和指标。价值陈述是一个公司向目标顾客群提供的独特产品、价格、服务、关系和形象的组合。价值陈述反映的是公司战略的"优势"，应当与公司向顾客提供更好的产品和服务相联系，将公司与竞争对手区别开来。

例如，西南航空公司、沃尔玛、麦当劳和丰田汽车等各类公司通过在各种领域向顾客提供"最优购买"或最低总成本获得了极大的成功。多年来，戴尔计算机公司通过为顾客提供方便、便宜的购买体验雄霸个人计算机销售第一名的宝座。低总成本价值陈述这个可衡量目标应当突出相对于竞争对手有吸引力的价格、产品的优良性能和稳定的质量、选购的便利性、订货和交货期短以及便于购买。

另一个为苹果公司、梅赛德斯公司（Mercedes）、阿玛尼公司（Armani）和英特尔公司遵循的价值陈述，则强调产品领导能力。因为其产品的良好性能，这些公司将价格定在行业平均水平之上。例如，阿玛尼等意大利时装设计公司向高端顾客提供产品，这些顾客愿意为出色的设计、高超的剪裁和高品质的布料支付高昂的价格。为这种价值陈述制定的目标强调产品的特点和功能，这能满足顶尖顾客的需求，使之愿意支付更高的价格。这些目标可以用速度、精度、尺寸、能耗或其他优于竞争产品并被重要的顾客细分市场所看重的特征来衡量。

第三种价值陈述强调提供完整的顾客解决方案。IBM是成功提供这种价值陈述的一家公司，它为顾客提供全套产品和服务的一站式购物体验。IBM为目标顾客提供完整的适合各个组织需要的解决方案，如咨询、硬件、软件、安装、专业服务和教育培训等。另一个例子是诺斯通（Nordstrom）。诺斯通百货商店的销售人员竭尽全力地了解顾客的品味、尺码和预算，以便为其推荐包括配饰在内的全套的服装。这种销售战略为其赢得了高度忠诚的顾客，并提高了每一笔销售的收入。很多银行努力了解自己的客户并归纳其特征，从而为其提供包括储蓄和存款账户、购车和购房类消费信贷、保险、投资和养老产品在内的一揽子金融服务，而这些都是与客户的终身金融服务联系在一起的。这类银行的客户在完成金融交易的过程中可以享受便利，既可以得到对自己了解得一清二楚的客户经理的帮助，也可以在一家分支机构通过通用的联网界面登录所有的账户，完成交易。提供这种客户解决方案公司的价值陈述强调与解决方案完整性（销售多样的或一揽子的产品和服务）、售前和售后的专门服务以及客户关系的质量等相关的目标。

图2-7列示了上述三种客户价值陈述目标。表2-4则列出了可以用来衡量每一个价

值陈述的战略目标的指标的例子。通过开发针对公司价值陈述的目标和指标,公司将其抽象的战略转化成公司员工都能理解并致力于改进的实用指标。

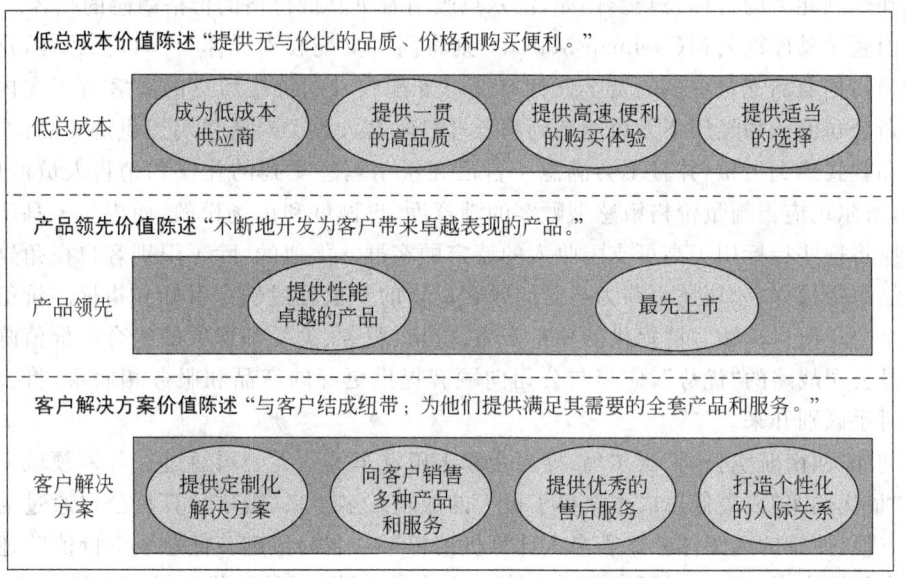

图 2-7 三种价值陈述的客户目标

表 2-4 顾客价值陈述目标和指标

总成本较低	指　　标
成为低成本供应商	• 与竞争对手相比的价格 • 顾客取得所有权的成本
一贯地提供高品质的产品	• 退货数量,退货金额 • 返修和现场维修次数
提供快速、简便的购买体验	• 按时送货的百分比 • 顾客的前置时间(从下单到发货) • 完美订单所占的百分比(按时按量送到正确的产品)
产品领导能力	**指　　标**
提供高性能的产品	• 顾客创新评级 • 具有竞争力的产品性能(速度、尺寸、准确性、节能……) • 毛利,新产品
第一个在市场上推出新产品	• 最先在市场上推出的产品的数量
顾客解决方案	**指　　标**
提供定制的解决方案 向顾客销售多种产品和服务	• 掌握其偏好的顾客的数量 • 每位顾客购买的产品和服务数量 • 年销售额超过××万美元的顾客数量
提供出色的售后服务 培养个性化的关系	• 来自保养、维修和物流服务的收入 • 唯一来源的合同的数量 • 顾客保留率

业务流程视角

财务与顾客目标和指标反映了一个成功战略的成果——股东满意度和顾客忠诚度。公司编制了一张清晰描绘其对股东和顾客使命的蓝图后,就可以确定战略方案,它是完成下列作业的关键流程:

- 开发并向顾客传递价值陈述;
- 提高生产率以实现财务目标。

业务流程视角识别了关键操作、顾客管理、创新、管制和社会流程。就社会流程而言,组织必须优先赢得顾客,实现收入增长和赢利目标。

经营管理流程(operations management processes)是基本的日常流程,通过该流程生产产品和服务并将其配送给顾客。经营管理流程包括下面一些典型的目标:

- 实现出色的供应商能力;
- 降低经营(生产)流程的成本,提高质量,并缩短周转时间;
- 提高资产利用率;
- 针对顾客的需求为其提供产品和服务。

从上面的清单的第一项开始,出色的供应商能力使得公司可以在规定的时间内获得价格具有竞争力的、无缺陷的产品和服务。降低生产成本对于制造公司和服务公司都是重要的一环。生产流程的卓越还要求对质量的改善和对流程时间的优化。资产利用率的提高使得公司可以从资源(设备和人员)的现有供应中实现更高的产出。最后,公司的战略可能需要将最终产品和服务发送到顾客的高绩效的流程作保障。

顾客管理流程(customer management processes)拓展并加深了公司与目标顾客的关系。我们可以识别公司在顾客管理流程方面的3个目标:

- 发展新的顾客;
- 让现有顾客满意并留在他们;
- 增加与顾客的经营往来。

发展顾客包括识别潜在顾客、并与潜在顾客进行联系、选择入门产品、对产品进行定价和完成销售。

让顾客满意和留住顾客要求优质的服务和对顾客要求的积极响应。公司下设顾客服务和呼叫中心以便对订单、交货和顾客咨询做出响应。顾客也许会摒弃那些不能对信息需求和问题解决做出响应的组织。因此,及时、专业的服务单位对于保持顾客忠诚度、降低顾客流失率是至关重要的。

要增加与顾客的经营往来,公司必须有效地管理与顾客的关系,搭售多种产品和服务,成为可信赖的顾客顾问和供应商。例如,公司可以通过提供额外的性能和售后服务的方式使其基本的产品和服务与众不同。一家日用品化学公司可以从顾客那里收集使用过的化学制品集中进行再加工,这种有利于环境保护和安全的做法会使公司的产品显得与众不同。这种售后服务让许多小顾客不用自行支付昂贵的环保费用。

增加与顾客的经营往来的另一种方法是向顾客销售入门产品之外的产品和服务。例如,银行想方设法向拥有活期存款账户的顾客推销保险、信用卡、现金管理服务和各种个人信贷服务,特别是汽车、教育和房产。那些贵重设备(如医学成像设备、电梯和计算机)的制造商向顾客推销维护保养、上门服务和维修,从而使设备的停工期降到最低。如果顾客从供应商那里购买的是一套完整的服务,顾客转换到其他供应商的成本就会很高,因此以这种方式增加业务也有助于保持顾客并获得更长的顾客赢利能力周期。

创新流程(innovation processes)开发新产品、新工艺和新服务,通常能使公司向新的市场和顾客群体渗透。成功的创新是顾客获得、顾客忠诚和顾客成长的动因,这些最终会促进经营利润的提高。如果没有创新,一个公司的价值陈述最终会被竞争对手仿效,从而导致单纯地依靠价格就无差别的产品和服务展开竞争。

我们可以识别两个重要的创新次级流程:

- 开发创新的产品和服务;
- 在研发流程中表现出色。

产品设计师和管理者通过增加现有产品和服务的功能、应用新发明和新技术以及听取顾客的建议产生新的设想。

研发流程是产品开发的核心,它能将新的理念引入市场。虽然很多人认为创新流程是内在具有创造力的并且是非结构化的,但是成功的产品创新公司实际上在将新产品推向市场方面有一套高度规范的流程,它们在特定的时间点对产品开发进行认真的评估,只有当仍然相信最终产品将具有期望的性能、对目标市场具有吸引力并且投产后能以稳定的质量和较低的成本赚取令人满意的利润时才会将产品推进到下一个阶段。研发流程必须符合自身的目标,即开发时间和开发成本。

规章和社会流程(regulatory and social processes)是整个流程的最后一环。公司必须持续在其生产和销售所在的社区和国家获得经营许可。全国和地方性法规(有关环境、员工健康和安全以及雇用活动等方面的法规)为公司的活动建立了强制性标准。为避免被关闭或昂贵的诉讼费用,将损失降到最低,公司必须遵守与公司业务相关的所有规章制度。然而,许多公司不仅仅满足于遵守最低限度的强制标准,它们希望做得更好,使自己成为经营所在地的每一个社区的最佳雇主。

公司可以从以下几个关键维度来管理和报告自己在遵守规章和社会流程方面的表现:

- 环境;
- 健康和安全;
- 招募活动;
- 社区投资。

在环境和社区方面进行投资不仅仅是出于利他动机。首先,在遵纪守法和承担社会责任方面的良好声誉有助于公司吸引和挽留高素质的员工,进而使人力资源管理流程更有效率和效果。其次,减少环境事故,促进员工安全、健康能够提高生产率,并降低经营成本。最后,具有良好声誉的公司通常可以加强在员工和社会潜在投资者心目中的形象。人力资源、经营、顾客和财务等业务流程的改进相互关联,显示了规章制度和社会责任方面的有效管理能够促进长期的股东价值创造。

表2-5总结了4个流程组的目标以及可用于衡量这些目标的可能的指标。

表 2-5　流程目标和指标

流程目标	指标
运营管理	
降低运营（生产）流程的成本，提高质量，并缩短周转时间	• 供应商平衡计分卡评级：质量、发货、成本 • 单位产出成本 • 产品和流程缺陷率 • 产品周期时间
提高资产利用率	• 前置时间，从下单到发货 • 能力利用率（%） • 设备可靠性、可得性百分比
顾客管理	
发展新的顾客	• 潜在顾客转化的百分比 • 发展的每位顾客的成本
让现有顾客满意并留住他们	• 解决顾客关注的问题或投诉的时间 • 愿意代为引荐的顾客数量
增加与顾客的经营往来	• 每位顾客购买的产品和服务数量 • 售后服务的收入或利润率
创新	
开发创新的产品和服务	• 进入产品开发阶段的基本的新创意数量 • 提交的专利应用申请或获得的专利数
在研发流程中表现出色	• 产品开发总时间：从创意到市场 • 产品开发成本与预算
规章和社会流程	
提高环境保护、健康和安全方面的表现	• 环境保护和安全方面的事故数量 • 不能工作的天数
增强作为"好邻居"的声誉	• 员工多样化指数 • 来自欠发达社区的员工人数

　　在开发平衡计分卡的过程中，管理者需要明确哪些目标和指标对公司的战略而言最重要。遵循产品领先战略的公司将强调卓越的创新流程。遵循低总成本战略的公司致力于在经营流程视角胜出。遵循顾客问题解决方案战略的公司将强调顾客管理流程。

　　一般来说，由改进战略流程带来的财务利益会在不同的期间内出现。由于经营流程改进带来的成本节约将短期收益（6～12 个月）转换成财务视角的生产率目标。由于改善顾客关系带来的收入增长会在中期（12～24 个月）自然发生。创新流程通常需要经过更长的时间才能产生顾客、收入和利润的增长（24～48 个月）。由于规章和社会流程带来的利润通常需要更长的时间才能获得，因为公司需要避免法律诉讼和倒闭，还要在所经营的地区树立作为雇主和供应商的良好形象。实现所有流程的优化需要公司的 4 个流程组都有改进流程的目标和指标，以便使每个流程组合在长时期内分阶段获得利润。

学习和成长视角

　　平衡计分卡的第四个视角——学习和成长视角，为员工、系统和组织的长期成长与进步确定目标。这些流程目标确定了公司为实现战略成功而必须完成的关键流程。学习和成长目标强调员工能力、技巧、技术及推动这些关键流程改进的组织协作(见图2-8)。

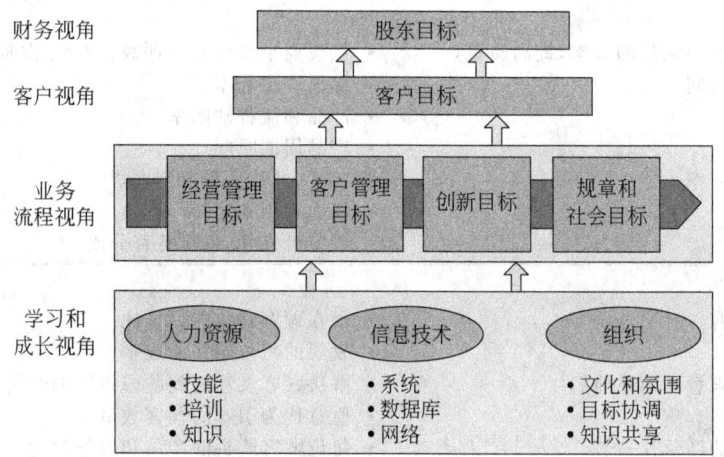

图2-8 学习和成长视角为战略提供基础

学习和成长目标将管理者的注意力引向提高员工技能、信息技术和系统以及组织协作等有助于公司战略目标实现的投资方面。在学习和成长计分卡方面,公司经理们调动其无形资产——人力资源、信息技术、组织文化和协作——驱动对实现公司战略而言最重要的流程的改进。

人力资源
- 战略能力有效性:公司员工都有一套适当的能力,包括为实现公司战略而开展各种活动必备的技能、天赋和技术诀窍。

信息技术
- 战略信息有效性:公司的信息系统和知识应用足以通过促进流程的改进以及加强与供应商和顾客的联系来支持公司战略。

组织文化和协作
- 文化和氛围:员工能够意识到并理解为实现公司战略所必需的共同愿景、战略和文化价值。
- 目标协调:员工目标和动机应当与整个组织层面的战略相一致。
- 知识共享:员工及其团队共同分享与战略实施相关的跨部门、跨组织边界的最好的经验和其他知识。

表2-6给出了学习和成长指标的例子。

掌握了识别平衡计分卡4个视角的目标和指标之后,我们就可以分析布赖恩·罗伯茨和他的领导团队是如何为先锋石油公司聚焦新顾客的战略编制战略地图和平衡计分卡的了。

表 2-6 学习和成长目标与指标

目 标	指 标
人力资源 开发战略能力 吸引和留住优秀人才	• 具有所需能力和技能的员工所占百分比 • 员工满意度 • 核心人员的离职率
信息技术 提供对战略形成支持的应用 开发顾客数据和信息系统	• 战略信息覆盖率：得到适当的系统应用支持的关键流程所占百分比 • 顾客信息的可得性(如顾客关系管理系统、顾客数据库)
组织文化与协作 营造以顾客为中心的文化 将员工的目标与成功联系在一起 分享最佳实践和顾客方面的知识	• 员工文化调查 • 个人目标与组织绩效相联系的员工所占百分比 • 分享和采纳的新实践的数量

2.5 先锋石油公司的战略地图和平衡计分卡

布赖恩·罗伯茨组建了一支由他自己、几个大型业务部门和职能部门(如人力资源、财务和信息技术)的负责人以及来自财务部门的一名项目经理组成的领导团队来开发战略地图和平衡计分卡。该团队在 3 个月内开了几次会，商定了战略地图及相应的计分卡指标的战略目标。

财务视角

领导团队首先为计划实现的战略设定了一个雄心勃勃的财务目标：3 年内将已占用资本回报率(ROCE)提高一倍，由目前较低的 6% 提高到 12%。① 公司将利用生产率和增长两个财务杠杆来实现这一 ROCE 目标。提升生产率涉及两个方面：成本降低和资产密集应用。成本降低可以通过经营现金成本与行业对比来测量(利用每加仑的金额来消除数量带来的影响)，其目标是在行业内拥有最低的单位产出经营成本。② 资产的利用率可以让先锋石油公司不惜扩大资产基数即可应付增长战略所带来的更高的产量。为了实现这个目标，它选取了资产销售率来反映利用现有资产带来更多收入(如生产量)的好处，以及库存降低所带来的好处。

先锋石油公司的收入增长杠杆也涉及两个方面。第一，销量增长是指基本的石油产品(以及家庭取暖用油和航油)的销售收入增长高于行业平均水平。除了单纯的数量增长以外，先锋石油公司还希望高端产品的销量在总销量中所占比例得到提升。因此，它

---

① 已占用资本回报率＝税后净收益/(附息负债＋股东权益)。税后利息费用[定义为利息费用×(1－税率)]通常会被加回 ROCE 比率的分子中以避免融资来源的不同对于这一赢利能力指标的影响。

② 注意：运营成本不包括原材料(如原油)的采购成本。因此，虽然先锋石油公司的运营成本可能是行业内最低的，但是可以用更低的成本搞到原油的竞争对手有可能所生产的每加仑的总成本要低于先锋石油公司。

为这一增长因素设定了两个指标：相对于行业增长率的销量增长率；高端产品在总销量中所占百分比。

第二个增长因素是指向零售客户销售除汽油以外的产品的机会。先锋石油公司增长主题中的一个重要组成部分是建立在便利店产品销售基础上的顾客驱动的战略。新的收入还可能来自类似洗车、润滑油、换机油、小修和更换常用部件等汽车维修服务和产品。先锋石油公司设定财务增长目标的目的是挖掘新的收入来源，它通过非石油收入和利润来衡量这一目标。因此，财务视角（参见图 2-9）中同时融入了生产率和收入增长的目标和指标。

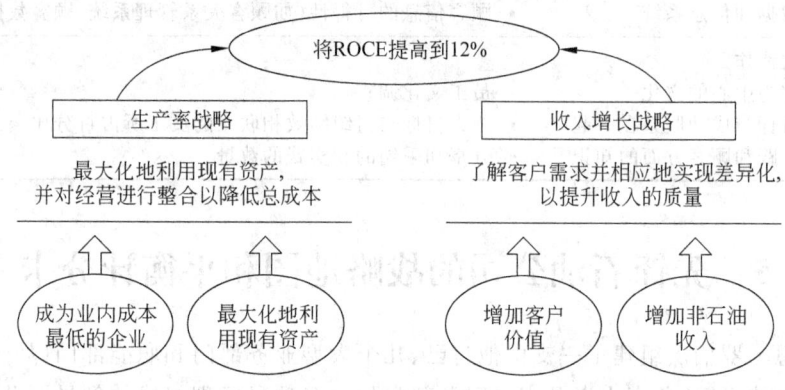

图 2-9　先锋石油公司的财务目标和指标

客户视角

在客户视角方面，先锋石油公司首先确定的目标是不断让三个目标细分市场上的顾客感到满意（见图 2-10）。领导团队决定用公路骑士、真正的蓝调和 F3 世代三个消费者细分市场上的市场份额来衡量这个目标是否成功。衡量整个市场份额反映的则是无差异的战略，甚至有可能是根本没有战略。

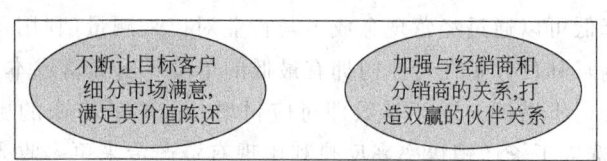

图 2-10　先锋石油公司的顾客目标和指标

先锋石油公司原本可以选择顾客满意度作为其细分市场份额目标的动因。但是领导团队想要的是更加适应新的战略的指标。先锋石油公司的市场调研发现了构成三个目标细分市场的美好的购买体验的属性，其中包括：
- 友善的员工；
- 经营新鲜、高品质商品的便利店；
- 马上就可以加油（不用排队等候服务）；
- 购买速度快，包括油泵处的自动付款装置（不用排队等待付款）；

- 加油区域有遮挡（避免顾客淋雨或雪）；
- 100％的产品供应，特别是高端产品（避免出现断货）；
- 洁净的卫生间；
- 加油站的外观令人赏心悦目；
- 加油站安全、照明设施良好；
- 在便利店附近有充足的停车场；
- 提供汽车的小型维修服务。

先锋石油公司将上述属性总结为向顾客提供"快速、友好的服务"。但是如何才能测量有关快速、友好服务的购买体验的所有属性呢？先锋石油公司决定，鉴于顾客购买体验对于战略的核心作用，应当投资创建一个全新的测量系统：神秘购物者。先锋石油公司聘请了一个独立的第三方，由其在每个月向先锋石油公司旗下的每一个加油站派出一位代表（神秘购物者）。这位神秘购物者在加油站加油并购买小食品，然后根据一次"完美的购买体验"的具体属性对这次经历进行评估。神秘购物者的评分代表了先锋石油公司希望为目标顾客提供的价值陈述。如果先锋石油公司的经验理念是正确的，那么神秘购物者给出的分数越高，则公司在三个目标细分市场上的市场份额也会越高。请注意，先锋石油公司并不指望自己的市场份额在价格敏感型消费者和居家一族这两个非目标细分市场上也会增加，因为这些细分市场很可能不会愿意为了改善的购买体验而支付先锋石油公司收取的更高的加油费用。随着时间的推移，先锋石油公司就可以利用这些新的数据来检验支持其新的战略的假设的有效性了。先锋石油公司拥有超过7 000家零售加油网点，从而可以用统计方法来验证那些获得了神秘购物者给出的高分的加油站是否由于公路骑士、真正的蓝调和F3世代增加了购买量而比神秘购物者给出的分数始终较低的加油站实现更高的收入和利润。这样一来，先锋石油公司就不仅能够获得战略在加油站的实施情况方面的有价值的反馈，而且能够了解改善了的购买体验与顾客忠诚度、收入和利润增加之间的联系。

然而，客户视角并不完整。先锋石油公司并不直接向终端顾客销售。与其他很多行业中的公司一样，先锋石油公司是通过批发商、分销商和零售商等中介机构接触产品的最终顾客的。先锋石油公司的直接顾客是加油站的独立的所有人以及其他以石油为基础的产品（如蒸馏油、润滑油、家庭采暖用油和航油）的分销商。特许加盟的零售商向先锋石油公司购买汽油和机油等产品，然后在挂着先锋石油公司牌子的加油站向消费者销售。要想让终端顾客获得出色的购买体验，独立的经销商/分销商必须认可先锋石油公司的新战略，并且有能力提供这样的体验。经销商显然是这项新战略中至关重要的一环。

先锋石油公司接受了一个目标，即提升经销商的赢利能力，从而可以吸引和留住最优秀的经销商。新的战略强调形成一个正和博弈，增加先锋石油公司与经销商可以分享的收益的规模，因此其关系将是双赢的。

更高的收益来自多个渠道。第一，先锋石油公司希望加油站可以收取的高价能够提高销售收入。第二，通过提高在三个目标细分市场上的市场份额，可以实现更高的销量，而且对于高端产品的购买所占的百分比将提高（尤其是来自真正的蓝调和公路骑士的购买）。第三，除了汽油以外，经销商还可以从便利店和汽车维修服务等其他产品和服务中实现更多的收入,先锋石油公司也可以分享其中的一部分。

先锋石油公司制定了一个打造与经销商的双赢关系的目标,并且用经销商/分销商的满意度评分和赢利能力来衡量这一目标。

流程视角

有了对于财务视角和客户视角的理想结果的清晰画面之后,先锋石油公司接下来研究的是流程视角的目标和指标。领导团队希望在下面4个流程主题上都设定战略目标:

- 提升先锋石油公司的所有采购、炼油和配送流程的效率、质量和响应速度的运营管理;
- 帮助经销商获取非石油销售带来的利润的顾客管理;
- 开发可以在先锋石油公司的加油站提供的新的产品和服务的创新;
- 环保、健康和安全经营,并且将先锋石油公司的所有加油站都打造成更出色的邻居和雇主。

先锋石油公司在基本的炼油和配送流程中包括了多个目标和指标。这些目标和指标强调降低成本、保持质量和减少设备停机时间。这些指标中的大多数都将促进财务视角的生产率指标的改善,不过其中有些指标与按时、按标准将产品递送给经销商/分销商有关。

顾客管理流程的目标既支持与经销商的新的双赢关系,也支持先锋石油公司的财务目标。经销商如果能够从汽油以外的产品获得更多的收入和利润,那么它们就会减少在实现利润目标过程中对汽油销售的依赖。这将使先锋石油公司获得更高的利润份额,同时保证经销商在业内最为赢利的地位。先锋石油公司还认识到,驱动经销商赢利能力的另一个重要流程是对经销商进行培训,帮助其更好地管理加油站、服务区和便利店。

创新流程目标显示了先锋石油公司通过在加油站推出新的产品和服务来提升顾客的购买体验和经销商的赢利能力的决心。

先锋石油公司还选取了与环保、健康和安全(EHS)经营有关的目标和指标。EHS经营方面的改善所带来的好处中有一些有助于成本降低和生产率主题。罗伯茨相信安全事故是一个重要的先导指标,他认为如果员工粗心大意使得自己受伤,那么他们对于公司的机器设备也不会用心。此外,EHS指标还有助于先锋石油公司成为它开展生产经营的所有社区的杰出公民,并且有助于提高公司员工的福祉。

总而言之,先锋石油公司的8个流程目标(参见图2-11)支持了其对于顾客和经销商的差异化战略、支持了其成本降低和生产率的财务目标以及社会责任感。

学习和成长视角

最后一组目标构成了先锋石油公司的战略的基石:提高员工的技能和工作热情;扩大信息技术的作用;让员工接纳战略。项目小组为学习和成长视角提出了3个战略目标。

开发核心能力和技能

- 鼓励和促进员工更为广泛地了解整个营销和炼油业务。

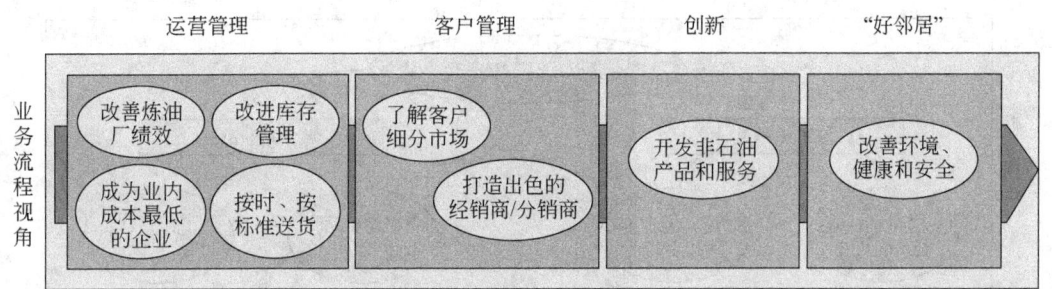

图 2-11 先锋石油公司的流程目标和指标

- 培养实施我们愿景所需的技能和能力。
- 开发阐明愿景、推进整合经营思维和培养员工所需的领导技能。

让员工有机会了解战略信息
- 开发实施我们的战略所需的战略信息。

吸引员工并向员工授权
- 通过加深员工对我们的组织战略的理解以及营造我们的员工获得激励和授权以努力实现愿景的氛围来帮助实现我们的愿景。

先锋石油公司明确了为了加强内部流程的绩效和为顾客提供价值陈述,每一位员工应当具有的特定的技能和信息。它不仅衡量目前具有充足的技能和知识的员工所占的比例,而且衡量可以获得在流程概述方面表现优异以及满足顾客期望所需的所有数据和信息的员工所占的比例。然而,先锋石油公司不得不推迟对这两个目标的衡量,因为它先要开发足以支持这两个新指标的数据。对于第三个目标,先锋石油公司开展了一项员工调查,该调查旨在测量员工对于新的战略的了解程度以及他们帮助公司实现这一目标的积极性。

确定了学习和成长视角之后,先锋石油公司的领导团队也就为新的战略找到了一个完整的代言。如图 2-12 所示的战略地图将公司的愿景和战略翻译成了 4 个视角的战略目标的因果联系的可视的代言。领导团队还编制了一个综合性的平衡计分卡(见表 2-7)来测量每一个战略目标的表现。罗伯茨和先锋石油公司的领导团队的其他成员现在可以明确地向所有的业务单位负责人以及公司上下的全体员工说明战略了。

先锋石油公司采用了一种系统流程来为其战略开发战略地图和计分卡。
- 评估竞争环境;
- 了解顾客偏好和顾客细分市场;
- 制定实现可持续的、优异的财务绩效的战略;
- 选择目标顾客细分市场;
- 为目标顾客确定价值陈述;
- 识别重要的内部流程以便为顾客提供价值陈述以及实现财务生产率目标;
- 识别成功提升重要的内部流程和顾客价值提供所需的技能、能力、动力、数据库和技术。

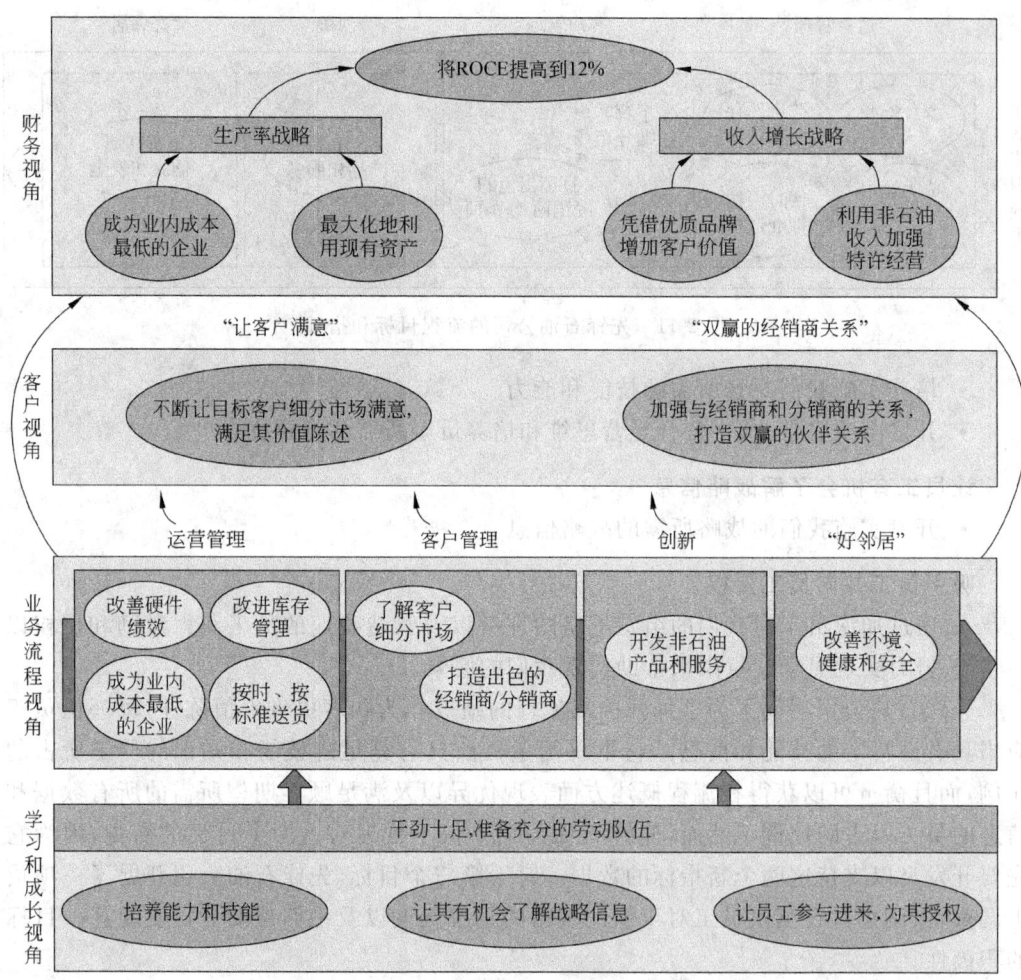

图 2-12 先锋石油公司完整的战略地图

表 2-7 先锋石油公司的平衡计分卡

战略目标	战略指标
财务视角	
• 提高已占用资本回报率	• 已占用资本回报率
• 成为行业内的成本领先者	• 净利排名(与竞争对手相比)
• 最大化地利用现有的资产	• 所提供的每加仑汽油的全部成本(与竞争对手相比)
• 提升顾客价值	• 资产销售率
• 创造非汽油收入	• 与同行业其他企业相比的销量增长率
	• 高端产品销售额占销售总额的比例
	• 非汽油销售收入和利润
客户视角	
• 持续不断地让目标顾客感到满意	• 在细分市场上的市场份额：公路骑士、真正的蓝调、F3世代
• 与经销商和分销商营造双赢关系	

续表

战 略 目 标	战 略 指 标
	• 神秘购物者评分 • 经销商毛利增长率 • 经销商满意度调查
业务流程视角 • 提高硬件的绩效 • 改善库存管理 • 成为行业的成本领先者 • 按照标准、按时供货 • 了解顾客细分市场 • 打造出色的经销商/分销商 • 开发非石油产品和服务 • 改善环保、健康和安全表现	• 计划外设备停工 • 能力利用率 • 缺货率 • 库存水平 • 作业成本与竞争对手的比较 • 完美订单的百分比 • 来自顾客焦点小组的反馈 • 经销商质量分数 • 新产品 ROI • 新产品接受率 • 环境事故的次数 • 误工的天数
学习和成长视角 • 开发能力和技能 • 提供接触战略信息的机会 • 吸引员工并向员工授权	• 战略能力偿付比率 • 战略信息偿付比率 • 员工文化调查

2.6 将平衡计分卡应用于非营利组织和政府机构

　　战略地图和平衡计分卡并不只是局限于先锋石油公司等营利性公司。非营利组织和政府机构(NPGOs)也需要构建战略和衡量体系来传播并帮助其战略的实施。在开发平衡计分卡之前,非营利组织和政府机构的业绩报告仅仅关注资金拨付、捐赠、开支和营业费用率等财务指标。然而,对非营利组织和政府机构的评价不能主要建立在财务指标上。诚然,它们必须在财务约束下监督费用支出和开展经营,但是它们的成功需要通过有效地向选民提供福祉来衡量,而不是根据其筹款能力、有效性或预算平衡来衡量。非营利组织和政府机构可以利用非财务指标评价其与选民有关的业绩。

　　然而,许多非营利组织和政府机构在开发第一个平衡计分卡的过程中都会遇到许多困难。首先,它们缺乏清晰的战略。有些组织有长达 50 页的"战略"文件。有些组织有一个包含一长串拟订计划和方案的战略,但是战略中从不提及计划和方案拟取得的成果。要应用平衡计分卡,非营利组织和政府机构的思维模式必须由"计划做什么"转向"计划完成什么",这是由行动向成果的转变。否则,任何新的平衡计分卡都将只是经营业绩的关键指标的摆设,而不是一个沟通和实施战略的系统。

　　由于财务成功并不是非营利组织和政府机构的主要目标,因此这些组织不能运用平衡计分卡的战略地图的标准结构。因为常用的平衡计分卡的战略地图将财务目标作为拟取得的最终高水平成果的评价标准。非营利组织和政府机构通常确立与其社会影响和使命有关的目标,如减少贫困、降低儿童失学率、降低某些疾病的发病率和后果,或者消除歧视,并将其置于组织的平衡计分卡和战略地图之中。非营利组织和政府机构的使命代表了其自身和社会的责任,也代表了其存在和继续获得支持的理由。非营利组织和政府机构的社会影响目标衡量方法的改进也许需要几年才能见成效,这就是平衡计分卡其他视角的评价指标提供短期到中期目标和反馈的原因,这对于年度控制和责任考评也是必要的。

非营利组织和政府机构还通过拓展顾客概念修改了私人部门的平衡计分卡框架。捐赠者和纳税人提供财务资源,为社会服务付费;而另一个社会群体(如居民和受益人)则享受服务。谁是顾客?是服务的支付者还是服务受益人?许多非营利组织和政府机构把这些人都看作顾客。它们把资金提供者(纳税人/捐赠者)和受益者的观点都放在平衡计分卡的使命部分(参见图 2-13)。通过这些变动,非营利组织和政府机构——如当地的一家歌剧公司、针对城市高危青少年的课后辅导项目、加拿大血液服务中心、美国联邦调查局和博茨瓦纳,都开发了描述自己的战略的平衡计分卡,并通过平衡计分卡将使命和战略更清晰地传达给资源提供者、员工和选民。

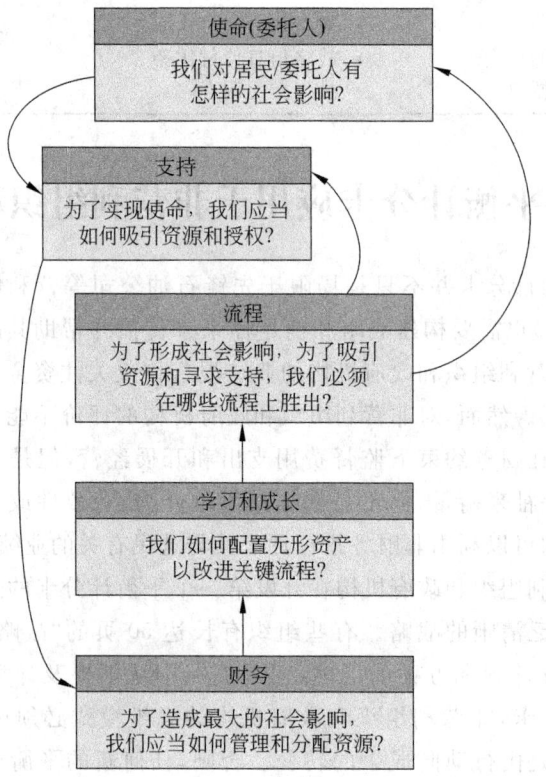

图 2-13 非营利组织和政府机构的平衡计分卡的模型

实例

一个非营利组织的平衡计分卡

1989年温迪·科普(Wendy Kopp)以自己在普林斯顿大学获奖的本科论文为基础创建了美国教师(TFA)组织。她的愿景是有朝一日让美国的所有儿童都有机会接受良好的教育。TFA招募了一个由才华横溢的、具有高度热情的大学高年级学生组成的全国性教师社团,这些学生将在城市和乡村的学校教两年书。TFA的战略是建立在一个明确的社会变革模型的基础上的,该模型要求社团成员扮演两种角色。第一,他们将通过两年的教学提升现有学生的受教育体验和生活经历。第二,他们将在毕生的职业和自愿活动中影响基本的教育改革。

TFA逐渐扩张成为全国性的组织,它开发了平衡计分卡来反映这一战略(见表2-8)。[①]社会影响视角包括两个高层次的目标:提升当今的学生的受教育水平和增加未来的学生的受教育机会。对于第二个目标,TFA制定了一个新的指标,它通过每年对校友的职业路径进行审视来确定它们是如何影响社会变化的,例如,竞选公职、为公共政策出力、加入学校或地区的领导层、成为正在出色的课堂教师或者是出版有关改善低收入社区的教育水平的文章和书籍。

表2-8 TFA的平衡计分卡

视角	目标	指标
社会影响	• 开阔低收入年轻人的视野 • 影响未来的低收入年轻人	• 提高学生成绩的社团成员的百分比 • 校长对社团成员表现的评价 • 参与或影响教育的校友人数
组成人员	• 培养积极投入的社团成员 • 培养受到激励的校友	• 对于TFA的经历感到非常满意的百分比 • 校友参与指数
经营流程	• 社团成员申请人的发展规模、质量和多样性 • 提高社团成员的效率 • 建立具有发展潜力的校友网络	• 具有高度资质的申请人的人数 • 非裔和拉丁裔社团成员的百分比 • 社团成员对于培训的满意度 • 参加活动的校友的百分比
财务	• 收入的增长和多样化 • 实施良好的财务管理	• 总收入 • 高净值捐助者的人数 • 每位社团成员的成本
组织能力	• 组建一个多样化团队 • 确保有效管理 • 增强信息技术能力 • 吸引全国董事会成员	• 员工多样化的百分比 • 完成关键目标的百分比 • 员工对于技术的满意度 • 通过董事会成员募集的资金数量

---

① TFA决定对标准的非营利模式进行修订,将5个视角依次命名为社会影响、组成人员、经营流程、财务和组织能力。

TFA 的组成人员视角致力于用出色的培训和教学经历来满足现有的社团成员以及让原来的 TFA 社团成员参与校友活动。TFA 的经营流程视角强调从知名的大学招募和挑选各种各样的高素质的申请人,在社团成员开始为期两年的教学体验之前为其提供高水平的培训,开展能够吸引校友参与的活动。财务视角的目标包括提高资金基础和降低单位成本(通过经营总成本除以社团成员的人数来衡量)。组织能力视角的目标包括加强员工的才华和多样性,以及提升 TFA 的信息技术,再加上增加全国董事会的支持力度这一新的目标。

这个例子说明了非营利组织可以如何为自己的战略制定目标和指标。这有助于非营利组织的管理者向捐助者、志愿者和员工说明非营利组织打算如何在其目标组成人员的有生之年创造社会价值。这个计分卡还为管理者提供各种反馈,如组织是否在实现自己打算提供的结果,以及它所期望的社会影响的经营流程、财务、技术、员工、董事会成员和志愿者等动因的绩效。

2.7 运用平衡计分卡进行管理

战略地图和平衡计分卡的编制仅仅是提高业绩之旅的开始。管理者必须将战略传达给所有员工,因为正如布赖恩·罗伯茨所说,员工才是最终实施战略的人。人们如果对战略一无所知或者是并不理解,那么就不会为战略的实施出力。

所有员工都理解了自己所在经营单位、分部和公司的战略后,管理者就可以要求他们参照上级要求制定个人目标。大部分组织将奖金与平衡计分卡联系在一起,特别是运用平衡计分卡管理一年以后。

沟通、制定目标以及对员工的补偿体系将在第 9 章详细介绍。

公司还必须将努力的重点始终放在对于战略实施的成败影响最大的流程上。因此,第 7 章中将介绍的流程改进方法在被用于实现平衡计分卡的业务流程视角的战略目标时,将发挥最大的影响。

要想实施战略,公司必须对自己的成本了如指掌。这也正是平衡计分卡的财务视角包括了用来提高生产率和降低成本的目标和指标的原因。业务流程视角的经营管理主题强调要降低产品和流程的成本。接下来的 3 章给出了一些基本的资料,有助于了解如何制定正确的成本系统来帮助管理者在流程和成本管理中降低成本并作出更明智的决策。第 6 章将成本扩展到消费者,这样一来,公司就可以管理为顾客提供服务的成本,从而可以实现更具赢利能力的顾客关系。第 6 章还将介绍如何针对公司的平衡计分卡的客户视角开发衡量顾客绩效的非财务指标。在这些流程的促进下,公司才得以推出新的产品改造和新的产品平台。第 8 章将描述可以帮助员工改进自己的创新流程的管理会计工具。

当然,管理者必须始终牢记自己的战略是否成功,最终是要基于财务表现是否出众来评判的。因此,将在第 10 章和第 11 章介绍的包括预算和资源分配在内的传统的财务控制方法对于21世纪的企业来说仍然是非常重要的。

2.8 有效使用平衡计分卡的阻碍

然而,并非所有公司在平衡计分卡的开发和应用方面都取得了成功。在围绕平衡计分卡设计业绩评价和管理系统时,有几个因素可能引起一些问题。一些公司在平衡计分卡中使用的指标太少——每个方面只设定一两个指标。如果只有少数几个指标,一个计分卡将不足以充分描述公司战略,也不能展示期望成果与这些成果的业绩动因之间的平衡。相反,另一些公司的平衡计分卡则包含了太多的指标,如将100多个指标融入计分卡,结果导致管理者的注意力被分散,以至于对那些能够产生最大影响的少数关键指标关注不足。

另一些组织则与先锋石油公司不同,其业绩衡量流程的一开始并没有对战略进行清晰的描述,也没有编制战略地图。相反,它们看了看眼下正在使用的指标,将其归为平衡计分卡的4个视角,然后宣布自己已经有了平衡计分卡了。这种关键业绩指标(KPI)计分卡通常会采用常用的指标,如顾客满意度、流程质量、成本、员工满意度和士气,这些当然是值得下力气予以改进的,但是它们并不反映公司的独特的战略。

然而,糟糕的计分卡设计并非是对成功地执行平衡计分卡的最大威胁。当计分卡的指标太少或者太多,甚至不正确时,这些设计的缺陷能够被识别和纠正。最大的威胁来自开发和执行计分卡过程中糟糕的组织流程。在组织中建立一套新的指标和管理系统是很复杂的,这个过程至少会受到4个方面的威胁。

1. 高级管理人员不介入

迄今为止,由中层管理团队领导平衡计分卡项目,或者将平衡计分卡项目委托给中层管理团队,是造成平衡计分卡开发和实施失败的最大根源。一个新的业绩评价系统的动力通常来自质量小组或金融部门。这些质量小组的成员看到了只使用财务指标进行管理的局限性,希望组织采用与操作联系更加紧密而不仅是与财务结果相联系的业绩评价系统。他们设法让高级管理人员批准开发一个新的评价系统,但是高级管理人员将其看作一个局部的、操作性的项目,而没有真正懂得改变正在使用的评价系统的需要。最终,由于高级管理团队缺乏理解和责任意识,不能运用新的业绩评价系统来沟通和推动战略,导致对由中层管理人员领导的这类项目的破坏。如果高级管理人员不积极介入项目,新的指标将集中于局部操作改进方面,而无法形成一个高级管理人员能够用来控制战略成功实施的系统。

2. 平衡计分卡的责任没有向下渗透

在一些公司,高层管理人员觉得只有自己才需要知道并理解战略。他们不能与中层管理人员、生产一线和后方的低级员工分享战略和计分卡。虽然一个计分卡的成功执行需要高层经理团队承担责任,但是也需要更多的人员参与。管理层必须将平衡计分卡传达给组织内的每一个人,目的是让所有的员工学习战略,让他们懂得如何为战略的成功实施贡献自己的力量。

3. 超标准设计解决方案，或者把计分卡设计当作一次性的事情

当项目小组奉行"不要更好，只要最好"的策略时，也可能出现失败。项目小组试图开发完美的计分卡。他们只有当确信每一个项目有了正确的指标和可靠的数据时才着手开发计分卡。项目小组以为只有一次开发计分卡的机会，他们希望这张计分卡尽可能完美。因此，他们花费几个月时间修订指标，改进数据收集流程，并为计分卡指标设定基准。计分卡项目启动18个月以后，管理人员仍未将其拿到会上讨论，也没有用它来支持决策的制定。在接受采访的时候，公司的几位管理者回答道："我想，我们去年就开始尝试开发计分卡，但是这件事没有持续多久。"问题不在于这件事没有持续下去，而是它压根就没有开始。

所有平衡计分卡开始时都会有一些尚无现成数据的新指标，有时，大约1/3的指标在开始几个月都无法获得，特别是那些与员工技能、信息技术的有效性和顾客忠诚有关的指标。管理者应当开始为这些指标建立新的数据收集流程，甚至在新的指标还没有专门的数据的情况下，仍应当将平衡计分卡用于审核和资源配置流程。

当数据可以获得时，管理者的讨论和决策就有了更好的基础。然而，管理系统应当是动态的，平衡计分卡的目标、指标和数据收集流程在组织的学习的基础上应该能够随时进行修改。

4. 平衡计分卡被视为一个系统或者咨询项目

当公司把平衡计分卡作为一个系统项目而不是管理项目加以应用的时候，将会出现一些极为昂贵的平衡计分卡的失败。实现现存数据自动化将不能识别组织战略的关键评价指标，有些指标在当前是无法计量的（回忆前面介绍平衡计分卡缺陷时提到的指标缺失问题）。此外，让管理者更方便地利用组织的数据库与建立结构化的战略地图有很大不同。结构化的战略地图反映了对企业战略表现最有影响的少数指标（20～30个）之间的因果联系。

上述缺陷都是能够被克服的。实际上，全世界有许多公司、非营利组织和政府机构已经引进这个新的业绩管理系统，并获得了巨大的成功。① 这些成功实施平衡计分卡的组织的领导者将战略目标和指标传递给所有员工，继而将员工个人目标和动机与计分卡指标的完善联系在一起。管理者在每个月的例会上讨论平衡计分卡的成果，从而可以不断学习和完善战略实施的方法。成功的组织将平衡计分卡作为核心的管理系统，将工作重心放在组织的战略上，动员所有员工、业务单位，并对资源进行配置，帮助股东和顾客实现显著的绩效改善。

2.9　尾声：先锋石油公司

布赖恩·罗伯茨与其领导团队完成了先锋石油公司的战略地图和平衡计分卡（见图

---

① 一个了解利用平衡计分卡成功实施战略的企业、非营利组织和政府部门的很好的资源是 *Palladium Balanced Scorecard Hall of Fame for Executing Strategy*, retrieved April 8, 2010, from http://www.thepalladiumgroup.com/about/hof/Pages/overview.aspx。

2-12和表2-7)之后不久,他们让所有17个战略业务单位新任命的负责人为自己的业务单位创建计分卡。他们并不要求所有的17个计分卡都是一样的,他们更愿意每个业务单位的管理团队在公司的计分卡的目标和指标的指导下,根据自己所在地区的具体情况来决定对自己最为重要的事项。他们可以删去与自己无关的目标和指标,增加能够更好地反映当地竞争情形的新的目标和指标。罗伯茨还开始积极向先锋石油公司的所有员工宣传公司的战略目标和指标,不到一年就推出了一个可变薪酬方案,根据公司和员工所在业务部门的计分卡的表现,最多可以让每位员工获得30％的奖金。他回忆说:人们拿出计分卡来算一算自己能够拿到多少钱。如果没有与薪酬相联系,那么平衡计分卡是不会获得如此多的关注的。

罗伯茨每个季度至少与17位业务部门的主管碰一次面,讨论该业务部门的平衡计分卡所反映的绩效。正如他在会议上所说的:

> 我去会面之前以为要耗费很长时间、很费心思。然而,我非常惊喜地看到这些会面实际上很简单。这些部门的管理者们都是有备而来。他们很关注自己的计分卡,以一种非常有效率的方式来使用这些计分卡,大力促进所在的部门来实现目标。
>
> 这个过程有助于帮助我了解业务部门管理者的想法、计划和实施。我可以看到他们之间的差异,通过了解他们的文化背景和思维方式,我为他们分别制定了具体的方案来帮助他们成长。

在两年内,先锋石油公司就从行业内最不赢利的公司发展成为获利最丰厚的公司。布赖恩·罗伯茨在公司成为行业领先的赢利企业5年之后从CEO的职位上退休了。他是这样总结自己所取得的成就的:

> 我们用与竞争对手相同的资产、利用标准的配送方式(船、管线和卡车)到公开的服务站点(没有任何秘密;每一个人都能看到你在做什么)以成熟的流程生产大众化的产品,而且我们的战略可以被很容易地复制。我们唯一的秘密是帮助我们在一个公开、透明的比赛中超越竞争对手的平衡计分卡。

 ## 2.10 本章小结

信息时代,公司通过无形资产投资和管理获取成功。由于组织投资旨在获得由这些资产提供的新能力,这些组织的成功不可能通过传统的财务会计模型来激励和评价。这种财务模型是为贸易公司和工业时代的公司开发的,它提供历史交易衡量,并不反映提供未来价值的各种投资。

平衡计分卡是更为综合性的业绩管理系统,它整合了各种战略指标。在保留反映历史业绩信息的财务指标的同时,平衡计分卡引入了未来财务业绩动因。这些动因存在于平衡计分卡的客户、业务流程、学习和成长等视角,这些业绩动因是从一个组织战略清晰严格地转变成无形资产目标和指标的过程中选出的。当组织将其新的评价系统融入管理流程的时候,人们才意识到计分卡的好处。该管理流程将战略贯彻到员工,将员工的个人目标和动机与成功的战略实施联系在一起,并使战略与以下管理流程融为一体:计划、预算、报告和管理会议。当管理层领导这些流程变革的时候,一个新的业绩评价和管理系统能够发挥最大的影响。

作业

思考题

2-1 为什么财务指标和非财务指标对于管理公司的战略都是必不可少的?

2-2 什么是平衡计分卡?

2-3 平衡计分卡的4个评价视角是什么?

2-4 解释为什么随着无形资产重要性的增加,对平衡计分卡的兴趣也在不断增加。

2-5 优秀的战略应当有哪两个不可或缺的组成部分?

2-6 为什么清晰的战略对于组织来说是至关重要的?

2-7 什么是战略地图?

2-8 解释并说明平衡计分卡战略地图中指标、目标和标杆的作用。

2-9 提高公司财务业绩的两个基本途径是什么?

2-10 描述公司可用于获得额外收入的两种主要方法。

2-11 描述公司可用于提高生产力的两种主要方法。

2-12 为什么试图改进顾客满意度、顾客保留率、顾客获利能力和市场份额等顾客指标并不一定能够形成一个战略?

2-13 描述最佳购买或最低总成本价值陈述,并列举一个成功实施该价值陈述的公司的例子。

2-14 描述产品创新和领先价值陈述,并列举一个成功实施该价值陈述的公司的例子。

2-15 描述顾客问题解决方案价值陈述,并列举一个成功实施该价值陈述的公司的例子。

2-16 解释平衡计分卡如何帮助识别和评价关键流程。

2-17 所有平衡计分卡流程指标都应当由执行流程操作的人员控制。你同意这个陈述吗?为什么?

2-18 在为平衡计分卡开发业务流程视角指标的过程中,哪4种流程是非常重要的?

2-19 什么是平衡计分卡流程视角中的经营管理流程?经营管理流程有哪些常见的目标?

2-20 公司的平衡计分卡的顾客管理流程中的3个重要的目标是什么?

2-21 创新流程是如何与平衡计分卡的客户视角和财务视角联系在一起的?

2-22 管理创新包含的4个重要的次级流程是什么?

2-23 平衡计分卡的流程视角中运营管理下面的规章和社会流程的几个关键维度是

什么？

2-24 公司怎样可以将其战略或顾客价值陈述与平衡计分卡中的具体流程的着重点联系起来？

2-25 各种流程改良的财务收益的时间框架一般来说是如何变化的？

2-26 平衡计分卡的学习和成长视角有哪 3 个组成部分？

2-27 平衡计分卡指标的几个可行特征是什么？

2-28 非营利组织和政府机构的平衡计分卡和战略地图顶部目标的本质是什么？

2-29 平衡计分卡开发中的 4 个缺陷是什么？

练习题

2-30 **平衡计分卡指标和最低总成本价值陈述** 确定一家采用最佳购买或最低总成本价值陈述的组织，并针对平衡计分卡的 4 个视角，为每个视角提出至少两个可行的指标。

2-31 **平衡计分卡指标和产品领先价值陈述** 确定一家采用产品领先价值陈述的组织，并针对平衡计分卡的 4 个视角，为每个视角提出至少两个可行的指标。

2-32 **平衡计分卡指标和完全顾客问题解决方案价值陈述** 确定一家采用完全顾客问题解决方案价值陈述的组织，并针对平衡计分卡的 4 个视角，为每个视角提出至少两个可行的指标。

2-33 **平衡计分卡目标，各种价值陈述的因果联系**

要求：

(1) 使用下列目标为最低总成本价值陈述中的平衡计分卡的 4 个视角编制相应的因果联系。

- 提高利润
- 降低流程中的缺陷
- 提高顾客满意度
- 提高员工的流程改进技能
- 降低为顾客服务的成本
- 增加收入

(2) 使用下列目标为产品领先价值陈述中的平衡计分卡的 4 个视角编制相应的因果联系。

- 增加最先推向市场的产品的数量
- 缩短从提出创意到推向市场的产品开发时间
- 提高利润
- 降低关键设计人员的离职率
- 增加新顾客的数量
- 增加收入

(3) 使用下列目标为顾客解决方案价值陈述中的平衡计分卡的 4 个视角编制相应的因果联系。

- 增加收入

- 在员工的帮助下提高顾客的满意度
- 增加对顾客的交叉销售量
- 提升员工与顾客培养关系的技能

2-34 平衡计分卡指标、环境保护和安全维度 讨论下列陈述的正确性:"因为平衡计分卡不包含环境绩效、员工健康和安全指标,所以平衡计分卡方法不完整。"

2-35 指标的数量 评价下列陈述:"如果平衡计分卡的每个视角包括4～7个指标,组织不可能将指标控制在25～30个以内。"

2-36 平衡计分卡和关键业绩指标 评价以下陈述:"我们组织有衡量诸如顾客满意度、产品和服务质量、成本、收入和员工满意度等财务和非财务业绩的关键业绩指标,因此我们有平衡计分卡。"

2-37 平衡计分卡和关键业绩指标 某金融服务公司以前都是用利润这一种财务指标来衡量业绩的,如今它决定引入4P计分卡来采用更为"平衡的"衡量方法。
(1) 利润(Profit);
(2) 投资组合(Portfolio)(贷款规模);
(3) 流程(Process)(符合质量资质标准的流程所占百分比);
(4) 人(People)(在招聘过程中秉承多样化目标)。

2-38 非营利组织和政府机构平衡计分卡 解释非营利组织或政府机构的平衡计分卡与营利组织的平衡计分卡有何不同。

2-39 业绩评价和管理系统 讨论平衡计分卡是一种业绩评价系统、一个管理系统,还是两者兼而有之。

综合题

2-40 设计平衡计分卡,差异化战略 为什么先锋石油公司这家执行差异化战略的公司有如此之多与成本削减和生产力相关的流程目标和指标?

2-41 设计平衡计分卡,新的战略,顾客指标 参见本章正文Infosys实例中的描述。
要求:
(1) 具有像Infosys这样的经历的公司为什么会认为平衡计分卡对于业绩的管理和监控会如此重要?
(2) 你建议Infosys在平衡计分卡中使用哪些顾客指标?
(3) 你建议Infosys在平衡计分卡中使用哪些员工指标?

2-42 设计平衡计分卡,新的战略,顾客指标 参见本章正文Teach for America实例中的描述。Teach for America可以如何利用战略地图和平衡计分卡来推行使命和战略?

2-43 设计平衡计分卡 假设有一位快餐店经理。创建一个平衡计分卡来评价他的业绩。

2-44 为一所大学开发平衡计分卡 为你所在的学校开发一个校长和系主任可以用来评估学校经营状况的平衡计分卡。你所开发的平衡计分卡应当清晰明了,并说明每个指标的目的。

2-45 为政府或非营利组织开发平衡计分卡 公共部门和非营利组织,如政府机构和慈善社会服务团体都有反映预算费用和控制实际开支的财务系统。选择一个政府机构或非营利组织,描述应当纳入其平衡计分卡的各个视角。平衡计分卡的各个视角应当包含哪些目标和指标?如何将这些目标和指标联系起来?

2-46 平衡计分卡实施中的缺陷 某公司试图创建一个平衡计分卡,并用公司目标、财务和非财务评价指标来衡量平衡计分卡的 4 个视角。解释这种方法也许不能开发出一个设计良好的平衡计分卡的原因。

2-47 平衡计分卡实施中的缺陷 某公司的首席执行官(CEO)希望公司开发一个平衡计分卡。他认真考虑了平衡计分卡开发的领导人选,并最终选择信息技术部负责人,因为平衡计分卡显然与收集必要指标所需的信息密切相关。评论他所采取的方法的潜在问题。

案例

2-48 与平衡计分卡和目标实现难度相联系的报酬问题[①] 20 世纪 90 年代中期,美孚公司(Mobil Corporation)的营销和精制(M&R)部门经历了一次重要重组,并确立了新的战略方向。为了配合这些变革,M&R 设计了围绕财务、顾客、内部业务流程以及学习和成长 4 个视角的平衡计分卡。随后,M&R 将报酬计划与平衡计分卡衡量标准联系起来。例如,M&R 正常营业单位的所有有薪水的员工领取其竞争市场工资如下百分比的工资:

	行业最差业绩/%	行业平均业绩/%	行业最优业绩/%
基本工资	90	90	90
基于公司财务业绩的奖金	1~2	3~6	10
基于 M&R 部门和业务单位平衡记分卡衡量业绩的奖金	0	5~8	20
总工资占市场工资的百分比	91~92	98~104	120

平衡计分卡包括很多方面的考核指标。M&R 财务考核指标包括资本回报率和赢利能力;顾客考核指标包括目标顾客群份额和经销商赢利能力;内部业务流程考核指标包括安全性和质量指数;学习和成长考核指标包括 M&R 的员工对工作环境的感觉指数。

各个营业单位设计自己的平衡计分卡。除了为计分卡各指标选择目标以外,这些营业单位还要选择百分比权重。这些权重确定了已完成的计分卡业绩对可分配的红利总额的贡献。这些百分比权重的总和必须是 100%。此外,与基于营业单位平衡计分卡指标的业绩奖励有关,营业单位分配业绩系数。即每个目标实现的难易程度。业绩系数概念类似跳水和体操比赛中的难度系数。在跳水和体操比赛中,表现得分取决于难度系数

[①] 资料来源:Roberts S. Kaplan based on analysis of "Mobil US M&R(A):Linking the Balanced Scorecard",Harvard Business School Case # 197025.

的高低。业绩系数要经过同行、上层管理人员以及那些业绩评价和补偿取决于该系数的员工的评价。业绩系数的范围从1.25(行业最高水平)到0.7(行业最低水平)。相当于平均行业业绩的业绩系数评定为1.0。

要求：

(1) 将报酬计划和平衡计分卡结合起来的主要优势和问题分别是什么？

(2) 评价M&R采用的将报酬计划和多重计量指标(平衡计分卡)联系起来的方法，包括M&R将难度分解到各个目标所用的分配系统。按照你的理解，考虑一个包含开发报酬计划的流程。

2-49 应用平衡计分卡 通过访问网站或公开发表的文章找到一个平衡计分卡应用描述。

要求：

(1) 详细记录平衡计分卡的各个要素(目标、指标和标杆)。

(2) 识别平衡计分卡每一个要素的目的。

(3) 描述(如果可以得到有关资料)或推断(如果不能得到有关资料)平衡计分卡各个要素是如何与组织战略相联系的。

(4) 评价平衡计分卡，指出你认为平衡计分卡的业绩评价指标选择是否完整，是否与组织计划和股东价值相一致。

2-50 应用平衡计分卡 访问利兹大学的网站，了解其战略地图，网址为：http://www.leeds.ac.uk/downloads/Strategy_map_aw.pdf。

要求：

(1) 利兹大学的战略是什么？

(2) 使利兹大学与众不同的是什么？

(3) 利兹大学的优势和范围是什么？

(4) 针对每一个战略目标，你会采取哪些指标进行衡量？

2-51 为一座城市设计平衡计分卡 北卡罗来纳州夏洛特市的愿景和使命如下：[①]

城市愿景

夏洛特市将成为把市民利益放在首位的优秀典范。技术熟练、动机明确的员工因在服务的整个地区提供质量上乘和有价值的服务而闻名遐迩。我们将成为一个赋予整个城市市场竞争优势的重要经济活动平台。我们将与市民和企业合作，共同把夏洛特市建设成为居民首选的生活、工作和休闲活动的社区。

城市使命

夏洛特市的使命是确保提供能够促进居民安全、健康和生活质量的公共服务。

经过讨论，该市的高级行政管理人员选择了如下应当努力取得优势的5个战略聚焦领域。[②]

[①] http://www.charmeck.org/Departments/Human+Resources+City/City+Mission+and+Vision.htm.

[②] 参见夏洛特市2010财政年度报告的第35页，网址为http://charmeck.org/city/charlotte/Budget/Documents/FY2010%20Strategic%20plan.pdf。

- 社区安全(由最初有关犯罪的焦点问题演变而来,如今包括当地的可居住性、稳定性和经济活力);
- 交通运输(包括最大化公共交通运力,建设和养护道路,采纳和实施为发展和转变目标提供支持的土地使用政策,以及确保步行和自行车出行方式的顺畅);
- 住宅与社区发展(包括加强执法监督,制定居者有其屋战略,以及促进社区和企业参与发现问题、解决问题);
- 环境(包括保护空气和水的质量,耕地保护以及能源和资源的保护);
- 经济发展(包括维持经济繁荣、保持夏洛特市的就业和税收基数,以及培养技术熟练的、具有竞争力的劳动力队伍)。

要求:

为夏洛特市开发一个平衡计分卡。详细说明你选择什么作为你构思的战略地图的顶部项目。记住,城市的平衡计分卡不必包含所有重要的服务。

2-52 设计平衡计分卡 富国银行(Wells Fargo)在网站(https://www.wellsfargo.com/pdf/invest_relations/VisionandValues04.pdf)上指出,银行的愿景是"满足我们所有客户的需要,给他们提供合理的财务建议,并帮助他们取得财务成功"。网站上还列举了下列10个战略领域。

(1) 投资、信托、经纪和保险;
(2) 努力获取"Gr-8"(将销售给每位客户的产品数量增加到 8);
(3) 为客户做正确的事情;
(4) 100%的银行与抵押/房产交叉销售;
(5) 让每个人的钱夹里都有一张富国银行的信用卡;
(6) 提供全方位的服务;
(7) 提供营销信息;
(8) 成为客户的支付处理者;
(9) 优质的客户;
(10) 有竞争力的员工。

要求:

请根据年报和你能找到的其他信息,为富国银行开发一个平衡计分卡。该平衡计分卡将帮助银行实现愿景,并监督其在执行战略行动方面的表现。

2-53 为一家制药公司设计平衡计分卡 查德威克(Chadwick)公司:平衡计分卡(节选)[1]

《平衡计分卡》一文[2]似乎解决了几位分公司经理的担忧,这些经理感到公

---

[1] Copyright © 1996 President and Fellows of Harvard College. Harvard Business School Case 9-196-124. 本案例是罗伯特·卡普兰教授出于课堂讨论的目的编写的,并不用于说明其管理的效率。本案例经哈佛商学院授权使用。

[2] Robert S. Kaplan and David P. Norton, "The Balanced Scorecard: Measures that Drive Performance," *Harvard Business Review*, January-February 1992, 71-79.

司过于强调短期财务成果。然而就应当使用的指标取得一致意见的过程比我的预期困难得多。

查德威克公司主计长比尔·拜伦（Bill Baron）

公司背景

查德威克公司是一家经营多种产品的生产商，生产个人消费产品和药品。查德威克公司诺沃克因子分部研制、生产并销售人和动物用处方药。该公司是市场上相互竞争的同等规模的五六家公司之一，无法对行业形成垄断。公司因为懂经营善管理以及生产高质量产品而受到尊敬。诺沃克因子分部不以提供品种齐全的产品的形式参与竞争。该公司专门生产几种产品，并通过不断为现有药品寻找新用途的方式努力为产品生产线寻求支持。

诺沃克因子分部通过几家重要的批发商销售产品。这些批发商向零售店、医药卫生服务组织以及兽医院等地方市场供货。诺沃克因子分部依靠与批发商的良好关系开展经营。这些批发商帮助诺沃克因子分部向终端用户推销产品并了解终端用户对新产品期望的反馈。

查德威克公司深知，其长期成功取决于批发商通过推广和销售诺沃克因子分部的产品获得的利润。如果批发商从销售诺沃克因子中赚取的利润高，那么批发商就会大力促销这些产品，同时诺沃克也能得到大量的未来客户需求信息。诺沃克分部曾经向市场销售了许多高利润产品，但是近期同类产品厂商的竞争正在侵蚀批发商的收入和利润率。诺沃克分部过去依靠生产一系列有吸引力、受欢迎的产品取得了成功，然而，20世纪80年代后半期新产品的审批流程延长了，而且诺沃克研发实验室推出的能够大获成功的产品也减少了。

研发

处方药开发流程长、花费高并且难以预期。目前这类药品的开发周期平均是12年。开发流程始于为潜在利益和用途筛选大量化合物。为了获得一种最终能够被批准使用的药品，在新产品开发周期的开始阶段，大约需要测试30 000种化合物。开发和测试流程分为许多阶段。开发周期始于发现具有理想特性的化合物，经过多年努力得出大量单调的测试和记录，以证明新药符合政府管理制度，开发周期才算结束。政府管理制度通常要求药品达到预期疗效，能够可靠地生产，并且没有有毒或有害的副作用。

经过批准并申请专利的药品能够为诺沃克及其批发商带来巨额的收入。诺沃克20世纪80年代的赢利能力由一种20世纪60年代后期开发的关键药品支撑着。然而，20世纪80年代没有招牌药品问世，现有化合物通过开发、评价和测试的供给线并非如诺沃克管理层期望的那么理想。管理人员正在给研发实验室的科学家施加压力，目的是增加期望的新产品问世从而降低产品开发周期的时间和成本。科学家们正在钻研新的生物工程技术以创造具有特殊活性的化合物，而放弃原来采取的在数万种化合物中随机搜索的方法。新技术始于对一种新药品应有的化学特性的详细分类，然后试图综合考虑可能用于这些特性测试的备选化合物。生物工程流程非常昂贵，需要在新设备和计算机基础分析方面进行大量投资。

一种旨在增加来自研发投资的财务收益的较为便宜的方法是从已经批准使用的现有化合物中发现新的用途。虽然仍然需要提交政府审批以便证明药品新应用的有效性，而且拓展现有产品新应用的成本很高，但是比起开发和发明一种全新的化合物要便宜得多。诺沃克该产品的销售人员提出了有关现有产品的几种可能的新应用的有价值的建议。销售人员们正在接受训练，他们不仅要销售核准新用途的现有产品，而且要听取终端用户的意见和建议。这些用户经常提出诺沃克的现有产品可以如何用作新用途的新颖而有趣的想法。

制造

诺沃克的制造流程被认为是同行业最好的流程。管理人员为公司的制造业务感到自豪：一旦他们弄清楚政府规定的流程，他们就能迅速有效地大批次投入药品生产。对仍处在测试和评价阶段的药品不得不采取小批次生产。

业绩评价

查德威克公司允许其几个分部以分散化方式运作。分部经理对研发、生产、市场营销以及融资、人力资源和法律行政管理职能等所有关键流程几乎完全拥有自主权。查德威克公司为各分部制定了具有挑战性的财务目标。这些目标通常表示为已动用资本回报率（ROCE）。作为一个多种经营公司，查德威克公司希望能够将目前赢利能力最高的分部的利润向最有希望实现赢利增长的分部转移。各个分部将月度财务总结送交公司总部。查德威克公司由首席执行官、首席经营官、两名执行副总裁以及首席财务经理组成的管理委员会每月都要与各分部经理一起评价已动用资本回报率（ROCE），并了解上个月的财务信息。

平衡计分卡方案

查德威克公司的主计长比尔·拜伦一直在寻找改进各分部绩效评价的方法。分部经理们抱怨实现某些业务的短期财务目标遭受了持续不断的压力。这些业务要求在风险项目上大力投资以便产生长期回报。拜伦被平衡计分卡的想法吸引了，因为平衡计分卡是一种建设性方法，它能够平衡短期财务目标和公司长期绩效。

拜伦找到这篇文章并把平衡计分卡的概念告诉查德威克公司的总裁兼首席运营官丹·丹尼尔斯（Dan Daniels）。丹尼尔斯被拜伦对于平衡计分卡的热情所感染，觉得平衡计分卡将使查德威克公司各分部的经理们在确定如何衡量并向公司总部管理人员呈报经营成果时更加游刃有余。他也赞同由分部经理负责改进各分部的长期绩效。

经过几天的思考，丹尼尔斯向查德威克公司所有分部发布了一个备忘录。该备忘录包含一个简单而直接的信息：阅读有关平衡计分卡的文章，各分部开发自己的平衡计分卡，准备90天后到公司总部向查德威克公司管理委员会提交平衡计分卡，并就平衡计分卡进行讨论。

诺沃克分部的经理约翰·格林菲尔德（John Greenfield）收到丹尼尔斯的备忘录，他对此有些担心和忧虑。原则上，格林菲尔德赞同开发能够对他的工作做出更为迅速反应的平衡计分卡，但是他不能确定他开发和使用平衡计分卡的自由度如何。格林菲尔德回忆道：

这看起来像公司声称的另外一种工作方式：他们分散了公司的决策和授权，同时他们还将最终控制权保留在公司总部。

格林菲尔德知道他将不得不开发一个行动计划以满足公司总部的要求，但是他对于查德威克公司管理委员会如何看待平衡计分卡缺乏清晰的认识，所以他不准备为这个项目占用自己和下属更多的时间。

第二天，在分部工作委员会的每周例会上，格林菲尔德分发了丹尼尔斯的备忘录，并任命了一个三人委员会负责创建诺沃克平衡计分卡流程。该委员会由分部的主计长员威尔·瓦格纳(Wil Wagner)牵头。

当天晚些时候瓦格纳主动找到格林菲尔德并说道：

我读了《平衡计分卡》这篇文章。根据我对平衡计分卡概念的理解，我们必须从一个清晰界定的业务愿景开始。我觉得我对诺沃克愿景和业务战略没有一个清晰的理解。如果缺乏这样的理解，我该如何开始建立计分卡？

格林菲尔德承认："这个意见很对，让我想办法帮助你着手建立平衡计分卡。"

格林菲尔德拿起一摞纸开始写东西。几分钟后，他为诺沃克起草了一个短期业务战略陈述(参见下表)。瓦格纳和他的小组拿着格林菲尔德的战略陈述，开始整理分部计分卡指标。

诺沃克制药分部：事业层战略

1. 管理诺沃克投资组合
   - 使经营现有业务基础的成本最小化
   - 在所有开发支出上实现回报/产出最大化
   - 投资开发新药
2. 满足客户需求
3. 将责任分解到最低层级
   - 使总员工费用最小化
4. 人力资源开发
   - 业务培训
   - 技术和商业技能的特殊组合

要求：

(1) 平衡计分卡方法与传统业绩评价方法相比有何不同？如果有区别的话，平衡计分卡方法与"如果能够衡量一切事物，你就可能将愿望变成现实"哲学的区别是什么？

(2) 为查德威克公司诺沃克制药分部开发一个平衡计分卡。约翰·格林菲尔德草拟的业务战略中的哪些部分应当包含在平衡计分卡中？是否有一部分内容应当排除在外，或者不具有可操作性？你将用于创建诺沃克制药分部计分卡的指标是什么？需要开发的新指标是什么？你将如何开发这些指标？

(3) 查德威克公司的平衡计分卡与各公司分部，如诺沃克制药分部开发的计分卡有什么不同？你预期公司及其分部的平衡计分卡之间会产生冲突吗？果真如此，这些冲突应当解决吗？如果应当解决，应当如何解决？

2-54 为一家汽车零部件制造公司设计平衡计分卡战略地图 国内汽车零部件公司（DAP）①

DAP是一家美国汽车零部件制造公司的子公司，专门为美国汽车制造商生产和销售原件以及售后市场零部件。它将产品直接配送给原始设备制造商和大型零售连锁店。DAP目前在美国的9个直接竞争厂商中，市场份额排名第四位，其9%的资本回报率比较可观，但是这个数字要低于同行主要竞争对手。

DAP现在拥有固定的产品生产线，但是过去3年它并未推出新产品。这导致其项目收入和市场地位同时下降。两年前，DAP在同行业排名第二位。其竞争对手西方汽车制造公司（Western Auto）和适时汽车制造公司（Just in Time Automotive）过去两年超过了它，如今DAP被挤到第四位。西方汽车制造公司运用制成品和零部件技术向市场推出高附加值产品。西方汽车制造公司的客户为公司改进的产品性能支付溢价。

相反，DAP在收入下降期间通过积极降低成本保持赢利。它成功地保持了总利润和经营利润水平，但代价是抑制了设备投资和制造设备的技术升级。DAP开始经受设备维护问题的困扰，如意外停工期的增加。另外，因为缺少竞争对手的弹性制造能力，它不得不根据存货而不是订单来安排生产，这导致存货成本上升到缺乏竞争力的水平。公司管理人员认识到近期的成本削减虽然在短期保持了利润，但是可能已经严重地影响了DAP参与长期竞争的能力。

为了帮助公司扭转这种局面，母公司最近任命埃伦·布赖特（Ellen Bright）出任首席执行官。她的任务清晰明了：在两年内扭转子公司的不利局面，否则关闭子公司。公司继续经营的最低要求是获得12%的已动用资本回报率（ROCE）以及比同行业更快的增长率，目的是使公司能够重新夺回第一或者第二的位置。

根据这一宗旨，布赖特召集执行团队开会，目的是说明形势并争取他们的支持。她以下面的陈述开始了这次会议：

> 我们实现目标的唯一途径是要求你们每个人和各个部门共同努力提高我们的资本回报率。过去，我们的产品质量出众，我们一定要重新恢复高质量地位，增加收入，并为母公司做出应有的贡献。DAP面临的经济和竞争形势要求我们必须做好三件事：我们需要增长；我们必须成为客户的亲密朋友；我们还必须表现优异。为了取得成功，我们必须立即做这三件事。
>
> 乔（布赖特新任命的首席财务执行官），我们一直在研究实现财务目标所需的经济原理。请你与大家分享一下我们的发现。

乔·内森（Joe Nathan）描述了公司变革时期的财务目标：

> 大致来说，我设计了一个简单的经济模型，目的是查明为实现我们12%的ROCE目标所必需的关键经济动因。我们必须通过创新和客户关系将产品收

---

① Copyright © 2005 President and Fellows of Harvard College. Harvard Business School Case 9-105-078. 本案例是罗伯特·卡普兰教授出于课堂讨论的目的编写的，并不用于说明其管理的效率。本案例经哈佛商学院授权使用。

入提高50%,我们必须更好地利用固定资产(包括在用的固定资产和新的固定资产)——现在我们的经营65%依靠旧固定资产,我们必须实现90%的固定资产升级换代。最后,我们必须使我们的总成本结构最小化——目前我们在高于竞争对手平均成本水平以上运营。我们必须在成本上处于后1/4才能参与竞争。这些是达到母公司期望财务成果所必需的关键动因。为了实现12%的ROCE总目标,我们必须逐一权衡以上各点要求。问题是我们如何能做到这些?我们必须做什么?我们必须设定和实现什么样的目标?

埃伦·布赖特打断了乔·内森的谈话,"为完成这些攻坚任务,我们打算开发一个战略。我需要你们参与并作出积极贡献。"她要求制造副总裁迈克尔·米尔顿(Michael Milton)发表看法。米尔顿说:

> 我承认,我们当然需要变得更有创造性,并给市场带来新的经过改良的产品。但是,我们需要把许多流程做得更好。供应管理、制造管理和产品配送需要更好地协调,以便我们能够有效地将新产品奉献给客户。我们需要及时而迅速地抓住机会销售新产品。我认为,关键是管理供货渠道和原材料——这些方面可以节省很多资金。
>
> 我们也需要权衡成本削减与流程改进投资、新设备投资和设备改良投资需求。意外停工和无力实现作业场所产品转换是我们的致命伤。资产改良既能降低成本,也能帮助持续、及时和快速配送产品。我们就防护性维护讨论了很多,但是我们需要将其付诸实施。这可能在成本和效率方面帮助我们节省大量的时间。如果我们不做好这些运营方面的事情,我们很难说服客户为我们的产品支付溢价。

配送部经理戴维·狄龙(David Dillon)描述了他面临的问题:

> 现在,我缺乏基础设施工具用于建设一流的批发和配送网络。我们需要实现配送流程现代化,我们的定位是成为一个能吸引并保持赢利性客户的强大商业伙伴。我们有许多有丰富经验的员工,也有许多能够取得这方面成功的好主意,但是我们部门比较大而且分散在各地,没有正式渠道分享这些最好的经验和想法。通过在合适的时间以合理的价格将这些产品投放市场,这些步骤将帮助我们实现收入增长目标。

生产营销副总裁玛丽·斯图尔特(Mary Stewart)补充说:

> 在与新客户建立密切关系的活动中,改进配送将成为一个重要因素。我们的具体做法是,向我们的配送客户提供双赢机会以及提高我们的效率和组织声誉。
>
> 另外,我们必须针对合适的客户搞好可行的市场定位。最近,我们研究了客户基本面,并有一些重要发现:当前客户基本面的情况是,直接销售部门和批发销售部门都有利可图。实际上,我们69%的客户提供了我们90%的利润。我们将继续确定这些客户想要什么,以及他们愿意为之支付什么价钱。直销部

门和批销部门这两个关键部门事实上在想同样的事情。他们希望我们按时快速地配送产品。然而,我们这个行业人人都希望如此。这是一个必须跨越的障碍,也是每一个实际的卖主都必须考虑的问题。区分的标志是,供应商要了解销售商的需求并通过持续地联络和建设性对话转换客户的需求。销售商希望与他们的供应商发展长期、互利和有益的关系。他们希望从行业中享有良好声誉和形象的供应商那里得到质量优良、技术尖端的产品。这样的供应商能够降低销售商的购买决策风险。

研发副总裁丽塔·理查森(Rita Richardson)针对提供具有最新技术的尖端产品的挑战回答道:

是的,我们研发组有一些有才能的人员,他们能够生产客户需要的产品。但是,如果缺乏营销努力,世界上所有的产品恐怕都没有人买。我们必须告诉人们,我们有什么,我们的产品将如何使他们从中受益。我们需要在营销方面努力,我们的定位是一个创新者,我们能够提供新颖而高级的产品。我想,我们的营销人员在研发部门花一些时间以获得一种预期感受也许大有裨益。当然,为实现我们的创新也许需要一些新技能,但是我想我们有坚实的研发专业人员基础。

这时,布赖特说:

丽塔,我想你们已经发现了问题,我们都要更加关注业务,而更少地关注职能。公司似乎困难重重,因为员工只知道他们自己工作领域发生的事情。团队必须引领跨职能工作观,比如我们说的话、我们做的事。

她在结束会议时向团队成员提出了进一步的挑战:

如果没有我们建设一支世界级员工队伍的庄严承诺,我们不可能实现目标。为了以改革者的姿态投入工作,我们必须改变想当然的组织工作方式。我们的员工必须重视改革,而不是抵制改革。我们必须更新组织大部分员工,而不是一些员工的工作技能。这就要求培训,而培训既费时间又费金钱。为了给新的劳动力提供支持,我们还需要提供工具,目的是让员工更精明、更努力地工作。通过使用适时技术,我们能够做到这一点,并将整个组织整合在一起。为了给予客户一定的好处以换取最终的财务回报,必须依靠人员和组织的承诺。

要求:

根据DAP高级经理会议精神,为DAP开发一个战略地图,该战略地图应包含目标和潜在平衡计分卡指标。

财务

1. 谁是股东,他们想要什么?
2. 在下面每个领域,股东的期望是什么?
（1）收入增长;

(2) 资产利用率；
(3) 成本改进。

顾客

1. 谁是顾客？
2. 顾客想要什么？DAP 如何为顾客创造价值？

流程

1. 对于为 DAP 股东和客户创造价值而言，哪些流程是最重要的？
2. 这里每个可识别流程的目标和指标是什么？

学习和成长

1. 为了在你识别的关键流程视角胜出，DAP 员工需要哪些特殊的技术和能力？
2. 如果 DAP 想在战略上取得成功，你能识别哪些可用于改进人力资源、信息传递和组织资本的其他目标？

第 3 章

将成本运用到决策中

完成本章的学习后,你将能够:

1. 理解并能够解释与成本有关的一些重要的管理会计概念。
2. 理解成本信息是如何支持产品定价、产品规划、预算编制和绩效评估等管理活动的。
3. 能够对简单组织的成本和利润的变化所带来的影响进行建模、解释和评价。
4. 理解并能够运用与自制或外购、产品和部门废弃、订单成本结算以及产品混合决策相关的成本概念;能够在简单的情况下运用相关的成本概念。

诺兰工业公司(Nolan Industries)

诺兰工业公司主要生产纸浆和造纸业所需的高速生产系统中的各种控制单元。公司目前有两种主要产品:XR244 和 XR276。公司的销售经理普尼特·沙(Punit Shah)正在编制下一年的生产计划,并评估一种新产品的市场前景。

普尼特正在研究公司的财务团队为他提供的下列摘要性信息:

产　　品	XR244	XR276
销售价格/美元	785.00	955.00
总成本/美元	470.00	595.00
利润/美元	315.00	360.00
最大销售量/件	10 000	15 000
机器小时/(小时/件)	2.50	3.00

近几年,两种产品在销售组合中所占的比例分别为:XR244 占 40%,XR276 占 60%。由于 XR276 的利润更高,普尼特想知道,是否可以构建一个新的产品组合,其中包含 XR276 的比例更高。诺兰工业公司共有 48 000 机器小时可用于这两种产品的生产。公司的会计人员告诉普尼特,产品成本中的 65% 是根据生产水平而变化的,而公司的固定成本为 750 万美元。

正当普尼特考虑这个商业机会的时候,他收到了一封来自客户的电子邮件。邮件中说,客户打算从诺兰工业公司购买2 000件产品。产品的单价为1 200美元,每件产品的成本为820美元,生产每件产品需要3.5个工时。

除了新产品的机会外,普尼特在思考:

(1) 每种产品他必须分别销售多少才能打破40∶60这一比例?

(2) 在现有的机器小时和40∶60的产品组合下,他最多能够销售多少件产品?获得的利润又是多少?

(3) 是否存在比40∶60更好的产品组合?

(4) 考虑到眼下面临的新产品的机会,他是否应当接受这一订单?如果接受的话,生产水平和利润又会是多少?

3.1 管理会计如何支持内部决策

第2章介绍了管理会计在战略决策的支持以及对经营成果的评价中所扮演的角色。本书的剩余部分将研究管理会计在支持战略开发、实施、监测和修订中所起到的各种作用。

本章我们将讨论成本信息及其在战略开发和对战略实施结果的监测中扮演的重要角色。在整个决策过程中,成本信息的使用贯穿始终。

定价

组织通过两种方式将成本信息运用到定价决策中。在由市场确定价格的市场上,组织使用产品的成本信息来确定目前的成本结构能否使自己在竞争中获利;而在由组织自己确定价格的市场上,组织往往通过在产品成本的基础上加成来确定价格——这种方式称为成本加成定价法。

产品规划

在产品规划中,组织会使用一种被称为目标成本法的工具,将重点放在对产品和流程的设计上,目标是开发一种从市场需求的角度来说具有良好赢利潜力的产品。

预算编制

预算编制有可能是成本信息运用最广泛的领域,它是反映和预测各级别生产和销售活动成本的管理会计工具。在规划时,预算至关重要,它确定了组织在预算期内的方向。预算还是高层管理人员向股票市场发布赢利预测的基础。

绩效评估

在绩效评估过程中,管理者通过比较预算期内的实际经营情况和预算所反映的预期结果,来评估组织的表现。

签订合同

在成本补偿合同中,组织会获得其在合同内所提供的货物或服务的成本,再加上一个加成的补偿。政府部门是成本补偿合同最频繁也是最大宗的使用者。由于存在成本操纵的风险,政府部门通常会规定组织在计算补偿成本时必须使用的成本计算标准。

3.2 可变成本与固定成本

可变成本

可变成本(variable cost)是指随着一些可变因素活动水平的变化而成比例增加的成本。举例来说,家具厂生产椅子时,需要消耗作为原材料的木材。对木材的需求和消耗使其具有了与椅子的生产量成比例增加的成本。

由于存在多种变量的类型,为了方便,人们往往把引起成本的变量称为**成本动因**(cost driver)①。因此,可变成本的计算公式为

$$可变成本 = 单位成本动因的可变成本 \times 成本动因的数量$$

注意,常规做法利用可变成本指代可变总成本,用可变单位成本指代单位成本动因的可变成本。

罗斯家具公司(Rose Furniture Company)只生产一种产品——摇椅。根据以往的经验,用来生产每把摇椅的木材的成本据估计为 25 美元。注意到这里的成本动因是摇椅,因此木材的可变成本的计算公式为

$$木材的可变成本 = 25 美元 \times 所生产的摇椅的数量$$

木材的可变成本图形如图 3-1 所示。我们注意到,可变成本是一条从原点出发的直线,其斜率保持不变,与单位成本动因的木材的可变成本(也就是摇椅的生产量)相等。

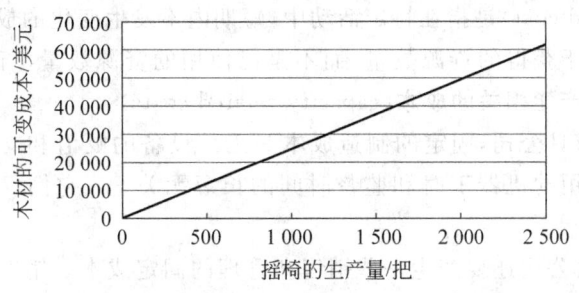

图 3-1 罗斯家具公司的木材的可变成本

另外,在罗斯家具公司,还有两种随摇椅的生产量变化(或者说驱动)的制造成本:
- 向负责成型和组装生产摇椅所需的各种零部件的工人所支付的工资;

---

① 我们在第 4 章将会看到,成本动因也普遍用于描述这样一种方法,它将间接成本分配到不同的成本对象,如产品、部门或客户当中。

- 供应成本,例如与摇椅生产量有关,按比例变化的钉子、胶水和染色剂等供应品。

根据以往的经验,生产每把摇椅所需的劳动力成本为 30 美元,供应品成本为 5 美元,则

每把摇椅的可变成本＝木材的可变成本＋劳动力的可变成本＋供应品的可变成本
＝25 美元＋30 美元＋5 美元＝60 美元

因此,摇椅的可变成本计算公式为

摇椅的可变成本＝60 美元×摇椅的生产量

最后,罗斯家具公司的每把摇椅还会产生 20 美元的销售和运输可变成本。因此,生产和销售一把摇椅总共需要的可变成本为 80 美元(生产的可变成本 60 美元,加上销售和运输的可变成本 20 美元)。从而,摇椅包括生产、销售、运输在内的所有可变成本的计算公式为

摇椅的可变成本＝80 美元×摇椅的生产量

图 3-2 给出了罗斯家具公司全部的可变成本。

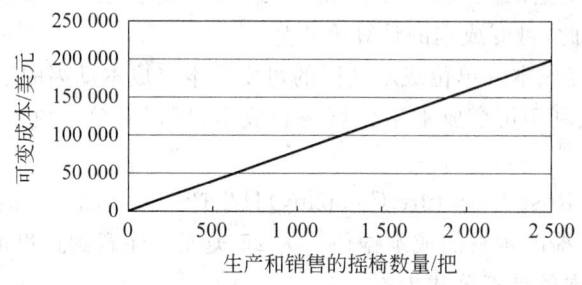

图 3-2　罗斯家具公司的全部可变成本

固定成本

固定成本(fixed cost)是指在特定活动中,短期内不发生变化的成本。固定成本的定义性特征是它取决于获得的资源数量,而不是已使用的资源数量。正因为这样,固定成本通常又被称为**与产能相关的成本**(capacity-related costs)。

例如,在罗斯家具公司,固定的制造成本为工厂设备的贬值和支付给生产主管的工资。这些成本与可用的机器工时和监督时间的长短无关——它们仅取决于获得的生产能力。

此外,罗斯家具公司还要产生一些销售和管理的固定成本。销售固定成本可能包括支付给销售经理的薪水(有一点要注意,支付给销售人员的回扣属于可变成本)。管理固定成本可能包括支付给总部行政人员的薪水以及总部办公大楼的折旧。

罗斯家具公司每年的固定成本为 40 万美元。罗斯家具公司的总成本计算公式为

总成本＝可变成本＋固定成本＝(80 美元×生产和销售的摇椅数量)
＋40 万美元

图 3-3 给出了罗斯家具公司的总成本。

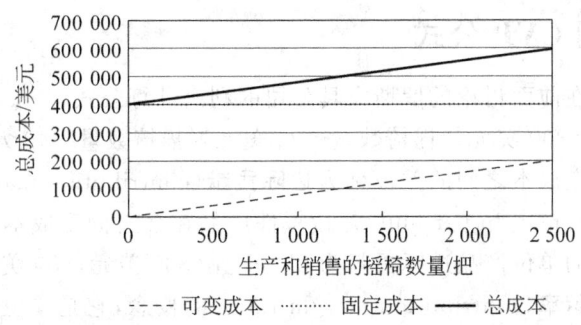

图 3-3 罗斯家具公司的可变成本、固定成本和总成本

 ## 3.3 本—量—利分析

规划者和决策者希望了解自己的决定可能会带来何种风险。许多决策者将至少能够实现盈亏平衡的可能性,或赚取某个目标利润作为项目风险的衡量标准。举例来说,一位电影制片人可能想知道一部新电影需要放映多少场才能收回自己的全部投资,并获得期望的目标利润。对那些了解一个项目的收入、成本和利润的决策者来说,充分理解成本和收入行为是至关重要的。

本—量—利(cost-volume-profit,CVP)分析使用可变成本和固定成本的概念,识别与各种层次活动相关的利润。假设罗斯家具公司的摇椅售价为 300 美元/把,那么该公司的收入计算公式为

收入＝300 美元×销售的摇椅数量

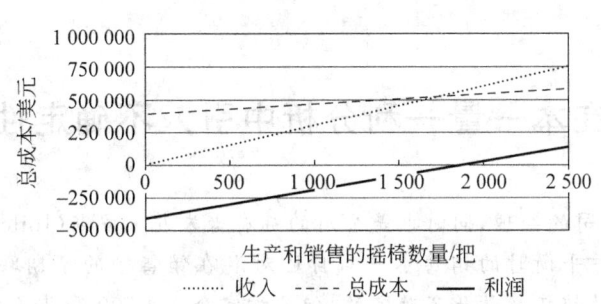

图 3-4 罗斯家具公司的收入、成本和利润

为方便起见,我们假设任何时候所生产的摇椅都成功地销售出去。我们可以简单地将摇椅数量作为成本动因。因此,罗斯家具公司的利润计算公式为

利润＝收入－总成本＝收入－可变成本－固定成本

利润＝300 美元×摇椅数量－80 美元×摇椅数量－40 万美元

图 3-4 被称为 CVP 图表,它显示了与生产和销售的摇椅数量相关的收入、总成本和利润。

开发并使用 CVP 公式

回忆一下我们在前面讨论的罗斯家具公司的利润计算公式

利润＝300美元×摇椅数量－80美元×摇椅数量－40万美元

总收入与总可变成本之间的差被称为**边际贡献**(contribution margin)。**单位产品边际贡献**(contribution margin per unit)是指每件产品在覆盖固定成本和创造利润时的贡献。罗斯家具公司的单位产品边际贡献为220美元(300美元－80美元)。另外，我们还会经常用到**边际贡献率**(contribution margin ratio)的概念，它是单位产品边际贡献与单位产品售价的比率。在罗斯家具公司的例子中，其边际贡献率为73.33%(300美元－80美元)/300美元。边际贡献率是可用于覆盖固定支出并产生利润的每一笔销售金额的一个分数。

我们可以把利润计算公式改写为

利润＝(300美元－80美元)×摇椅数量－固定成本

我们可以把对简单的制造型企业通用的 CVP 计算公式写为

利润＝销售量×(单价－单位可变成本)－固定成本

或

利润＝单位产品边际贡献×生产和销售的产品数量－固定成本

对罗斯家具公司来说

利润＝220美元×销售的摇椅数量－40万美元

实例

在本一量一利分析中引入不确定性

像罗斯家具公司的经理，同时也是公司的拥有者朱莉·罗斯(Juile Rose)这样的决策者，通常喜欢把盈亏平衡时的销售水平与自己对潜在销售额的预期联系在一起。例如，假设朱莉认为，虽然销售数量是不确定的，但是肯定介于1500和3000之间，而且售价是统一的。你可能还记得在统计学课程中学过，这样的假设意味着朱莉认为市场对她生产的摇椅的需求呈均匀分布，因此，摇椅的销售量很可能为1819把，销售率为78.73%＝(3000－1819)/(3000－1500)。

计划制定者通常对获得目标利润所需的销售量非常感兴趣。为此，我们可以把一般性的利润公式改写为下列形式

$$需要售出的产品数量 = \frac{目标利润 + 固定成本}{单位产品的边际贡献}$$

针对罗斯家具公司来说,具体的公式为

$$需要售出的摇椅数量 = \frac{目标利润 + 40\,万美元}{220}$$

该公式最常用于计划制定者计算盈亏平衡产量的情况。例如,假设朱莉担心商业风险,很想知道达到盈亏平衡必须生产多少把摇椅(换句话说,也就是边际贡献等于固定成本,利润为零)。

我们可以替朱莉算出盈亏平衡时的产量,如下

$$需要售出的摇椅数量 = \frac{目标利润 + 40\,万美元}{220} = \frac{0\,美元 + 40\,万美元}{220} = 1\,819$$

请注意,在进行此类分析时,我们始终将所需的销售量四舍五入。

由于在某些行业,特别是航空和制药领域,开发新产品需要巨额成本,因此高级管理者和分析家们都非常关注新项目的盈亏平衡销售量,并且经常运用对盈亏平衡销售量的估计来衡量项目存在的风险。

该主题的一些变体

我们假设朱莉将目标利润设定为收入的 20%,那么要实现该目标需要售出多少把摇椅?我们有

目标利润 = 单位产品边际贡献 × 需要的销售量 − 固定成本
20% × 收入 = 单位产品边际贡献 × 需要的销售量 − 固定成本
20% × 产品单价 × 需要的销售量 = 单位产品边际贡献 × 需要的销售量 − 固定成本
(单位产品边际贡献 − 20% × 产品单价) × 需要的销售量 = 固定成本

$$需要的销售量 = \frac{固定成本}{单位产品边际贡献 - 20\% \times 产品单价}$$

实例

项目开发时的盈亏平衡

由于开发一款新型飞机所需的成本极为高昂,因此飞机制造商以及与公司相关的分析人士都十分关注实现盈亏平衡所需要销售的新型飞机数量,同时也将其作为生产新机型所带来的企业风险。2010 年,EADS(空中客车的母公司)的首席财务官汉斯·彼得·林(Hans Peter Ring)曾经说过,公司于 2007 年投产的巨无霸——空客 A380-800,将在 2015 年实现盈亏平衡。之所以需要这么久才能实现盈亏平衡,是因为必须生产并销售出许多架新飞机才能覆盖开发成本以及每年固定的生产、销售和物流成本。

对罗斯家具公司来说,该公式为

$$需要的销售量 = \frac{40\ 万美元}{220\ 美元 - 20\% \times 300\ 美元} = \frac{40\ 万美元}{220\ 美元 - 60\ 美元}$$
$$= 2\ 500$$

到目前为止,我们一直假设罗斯家具公司是不需要缴税的。我们可以简单地让该公式反映所得税带来的影响。假设罗斯家具公司需支付的边际税率为30%,这将如何影响本—量—利和目标利润公式呢?我们假设朱莉想知道获得10万美元净利润(税后利润)需要生产和销售多少把摇椅,而她面临的边际税率为30%。现在的公式如下

$$目标利润 = [(单位产品边际贡献 \times 需要的销售量) - 固定成本] \times (1 - 税率)$$

整理后,得到

$$需要的销售量 = \frac{\frac{目标利润}{1 - 税率} + 固定成本}{单位产品边际贡献}$$

针对罗斯家具公司,需要的销售量为

$$需要的销售量 = \frac{\frac{10\ 万美元}{1 - 0.3} + 40\ 万美元}{220\ 美元} = \frac{142\ 857.15\ 美元 + 40\ 万美元}{220\ 美元}$$
$$= 2\ 468$$

财务建模与假设分析

我们在前面介绍的本—量—利分析属于财务建模的一个例子。通过一个公式为组织的财务环境建立模型,然后使用**假设分析**(what-if analysis)的方法提出各种问题,根据问题的答案对公式进行修改。决策者可以运用自己对成本行为的理解来完成各种重要的战略决策。

实例

本—量—利分析

假设现在的商业活动是为iPhone开发应用程序。这是一个非常有趣的商业活动,因为其可变成本几乎为零。我们假设,雇用程序员和图形设计员开发应用程序的成本是2万美元。如果应用程序的售价为0.99美元,苹果公司收取其中的30%,售出应用程序的边际贡献为0.693美元(0.99美元×70%)。通过计算,需要销售28 861美元的应用程序才能收回初始投资。

为了说明这一点,假设罗斯家具公司的销售经理约翰·琼斯(John Jones)认为,花费

25 000 美元进行广告宣传能够将现有的 3 000 把摇椅的销售水平提高 5%。那么,这项计划从财务角度来看是否具有足够的吸引力?

该建议产生的增量成本为 25 000 美元。增量收益等于单位摇椅的边际贡献 220 美元,乘以增加的摇椅销售量 150 把(3 000×5%)。因此,如果罗斯家具公司采纳广告投入的建议,那么预期增加的利润将为

增量利润=增量边际贡献-增量成本=150×220 美元-25 000 美元=8 000 美元

看起来约翰的建议很有吸引力,预期的回报是初始投资的 32%(8 000 美元/25 000 美元)。但是,所有的投资都具有风险,约翰需要考虑增加 150 把摇椅的销售量可能会带来哪些风险。

多产品企业

现在假设罗斯家具公司打算扩张生产,除了生产摇椅外还将生产餐椅。每把餐椅的可变成本为 60 美元,售价为 200 美元,因此,每把餐椅的边际贡献为 140 美元。由于生产餐椅的生产线需要新的机器设备,还需要新雇用生产监督人员,因此罗斯家具公司的固定成本增加了 20 万美元,达到 62.4 万美元。

这一次,朱莉仍然很想知道实现盈亏平衡所需的销售量。包含摇椅和餐椅两种产品的本—量—利公式为

利润=摇椅的边际贡献×摇椅的销售量+餐椅的边际贡献×餐椅的销售量-62.4 万美元
利润=(220 美元×摇椅的销售量)+(140 美元×餐椅的销售量)-62.4 万美元

在上面的公式中,有两个我们不知道的变量,这意味着有无穷多个摇椅和餐椅的销售量组合能够让公司实现盈亏平衡。

面对如何求解多个盈亏平衡的问题时,本—量—利公式的发明者使用了一种实用工具将分析扩展到多个产品的情况。为了说明这一点,我们仍以罗斯家具公司为例。朱莉决定将销售组合定为由 20% 的摇椅和 80% 的餐椅组成。

实例

估算销售量对股价的影响

一些组织和分析人士将本—量—利分析又向前发展了一步。与不再估算销售水平对利润的改变不同,这些组织改为预测最终利润对股价的上涨所能带来的影响。例如,2010 年 4 月,苹果公司开始生产 iPad,到 2010 年 6 月末,苹果公司对外宣布,iPad 上市的前 3 个月的平均销售量为 100 万台。据此,一些市场分析人士预计,每售出 10 万台 iPad 能给苹果公司的股价带来 1 美分的贡献。

根据销售组合,生产的餐椅数量应为生产的摇椅数量的 4 倍。现在,我们可以用摇椅从罗斯家具公司的利润公式中替换掉餐椅,如下

利润＝(220 美元×摇椅的销售量)＋[140 美元×(4×摇椅的销售量)]－62.4 万美元

整理后,得到

$$摇椅的销售量 = \frac{利润 + 固定成本}{220 美元 + (140 美元 \times 4)} = \frac{利润 + 62.4 万美元}{780 美元}$$

当利润为零时,我们可以得到盈亏平衡时的摇椅销售量为 800 把(62.4 万美元/780 美元)。因为餐椅的销售量为摇椅销售量的 4 倍,因此在该销售组合下,盈亏平衡时餐椅的销售量应为 3 200 把(4×800 把)。

虽然有多种方法可以用在本—量—利分析中,但是下面这种被称为捆绑法(bundle approach)的方法是其中最直接、最直观的。

在产品组合不变的前提下,罗斯家具公司将按照 20 把摇椅和 80 把餐椅的组合捆绑生产这两种产品。每批产品的边际贡献为 1.56 万美元,如表 3-1 所示。

表 3-1　罗斯家具公司产品的边际贡献

产　　品	摇　　椅	餐　　椅	捆绑组合
售价/美元	300	200	
可变成本/美元	80	60	
边际贡献/美元	220	140	
销售组合中所占的比例/%	20	80	
边际贡献总计/美元	4 400	11 200	15 600

在固定成本为 62.4 万美元的情况下,罗斯家具公司需要销售 40 份(62.4 万美元/1.56 万美元)捆绑才能实现盈亏平衡。请注意,捆绑中的产品并没有被实际售出——这只是为了便于计算。从而,每种产品的销售量为

生产和销售的摇椅数量 40×20＝800

生产和销售的餐椅数量 40×80＝3 200

表 3-2 是一张包含上述信息的小型损益表,显示了在该产品组合下,实现盈亏平衡所需的两种产品的产量。

表 3-2　罗斯家具公司的多产品盈亏平衡结果

	摇　　椅	餐　　椅	总　　计
数量/把	800	3 200	4 000
收入/万美元	24	64	88
可变成本/万美元	6.4	19.2	25.6
边际贡献/万美元	17.6	44.8	62.4
固定成本/万美元			62.4
利润/万美元			0

本—量—利分析中的假设

许多学生都会抱怨,在本—量—利分析中存在太多的非现实假设,对大多数组织来

说都不够实际。这些假设包括：

（1）在不同的生产水平下，产品的单价和单位可变成本（从而还包括了单位产品边际贡献）始终是一样的；

（2）所有的成本都可以被归类为固定成本或可变成本，或者是被分解为固定成本或可变成本的一个组成部分；

（3）在所考虑的全部生产水平下，固定成本保持不变；

（4）销售被视为与生产等同。

请注意，如果利用计算机上的电子表格进行本—量—利分析，上面这些假设都可以放宽。不过，依赖对成本和收入进行估算的财务建模，是最有价值，也是使用最广泛的管理会计工具之一。

3.4 其他与成本相关的有用的定义

与你想的一样，还存在其他一些对决策十分重要的相关成本。我们将通过对混合成本和可变成本的定义进行扩展，进而讨论其他一些在决策中十分有用的成本的定义。

混合成本

混合成本（mixed cost）既含有固定成本的成分，又含有可变成本的成分。例如，你的手机账单中可能包含固定的部分，如每个月的月租，这和你的通话时间无关；另外还可能包含可变的部分，如当月的通话量。

假设在朱莉的公司的取暖成本账单中，包括每个月固定的 500 美元再加上使用每百万个英国热量单位（BTU）需要支付的 16 美元。图 3-5 给出了朱莉的公司在使用不同的BTU 情况下的供热成本。

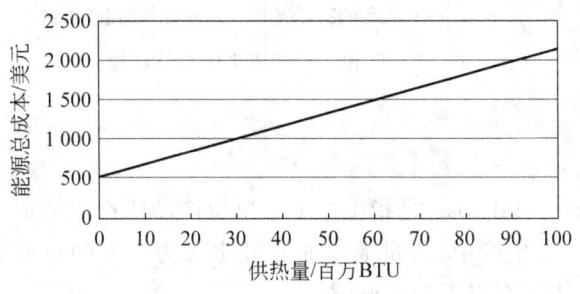

图 3-5　朱莉公司的供热总成本

组织会面对各种类型的混合成本。比如它可能包括了电力成本、劳动力成本（在支付雇员工资和加班费的情况下）、货运成本（每次运输包含固定费用部分，再加上根据货物重量确定的可变费用部分）。

阶梯式可变成本

我们经常会遇到阶梯式可变成本。**阶梯式可变成本**（step variable cost）随着产量的增加而以阶梯的方式增加。例如,假设某家工厂规定,每20名工人需要配备1名监督员。如果每名监督员的工资为6万美元,那么随着工人数量的增长,监督员工资的增长情况如图3-6所示。

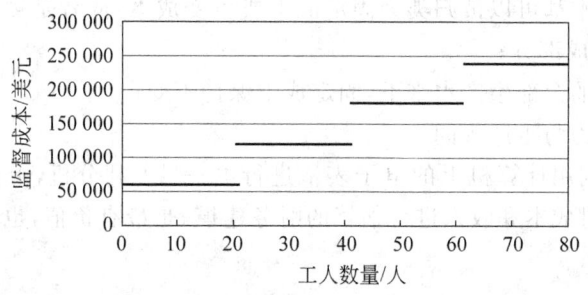

图3-6　用于监督的阶梯式变动成本

虽然可以在任意的电子表格中直接对这类成本行为进行建模,但是如果它属于可变成本,我们通常使用近似值表示。图3-7给出了实际的成本额以及经过线性近似之后的成本额,虽然这些成本有时候高于或低于近似后的值,但是平均来说,近似后的值是正确的。

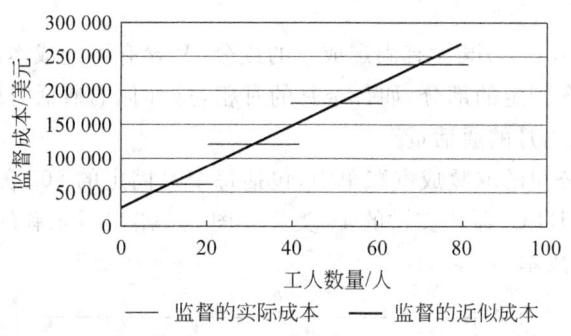

图3-7　阶梯式可变成本的线性近似

增量成本

增量成本(incremental cost)是指生产下一单位产品所产生的成本,它与经济学概念中的边际成本类似。在生产中,增量成本通常被定义为产量的可变成本。但是,其概念并没有这么简单,这主要有以下两点原因。

首先,单位可变成本有可能随着产量的变化而变化。例如,由于存在学习效应,劳动力可变成本会随着产量的积累而减少。此外,如果公司存在加班作业的情况,那么生产出来的产品的可变成本在加班时间内可能会提高50%(加班工资为正常工资的1.5倍)。

其次,如果成本是阶梯式可变的,那么将该成本视为可变成本会造成估计误差(参见图3-7)。在上面的例子中,从事生产的工人数量从0增加到1时,监督的增量成本为6万美元,而在从事生产的工人数量从10变为11之前,工人数量的增加所带来的增量成本始终为零。

考虑火车运输乘客时的增量成本情况。假设每节车厢可以乘坐50位乘客。在某次旅行中,增加一节车厢的增量成本为2 400美元,增加一位乘客在燃料方面造成的增量成本为0.05美元。

假设铁路公司预计火车上的乘客为1 825人。公司会为该列列车提供37节(1 825/50)车厢,此时,总共需要的成本为8.88万美元(37×2 400美元)。一旦作出这一决策,则这部分成本便成为固定成本。可变成本则等于实际的乘客数乘以每位乘客的可变成本0.05美元。

基本上所有与建造和运营图中大坝有关的成本都属于固定成本;额外生产一单位电力所带来的增量成本几乎为零。

——Shutterstock

沉没成本

沉没成本(sunk cost)是指由之前的活动产生且无法恢复的那部分成本。例如,建筑物的折旧反映了建筑物的历史成本,它属于沉没成本。另一个沉没成本的例子是长期租约所要求的租赁付款。

实例

沉 没 成 本

沉没成本效应会导致一种适应不良的经济行为,它的表现趋势是在已经投入了资金、人力或时间的事情上继续进行尝试。(作者)得出了相关的证据,说明儿童在处于某种类似于沉没成本的经济情况时,通常会表现出比成年人更加恰当的行为。

资料来源:Hal Arks and Peter Ayton,"The Sunk Cost and Concorde Effects: Are Humans Less Rational Than Lower Animals?" *Psychological Bulletin*, Vol. 125, No. 5 (1999): 591-600.

实例

克服沉没成本效应

高盛公司(Goldman Sachs)用来克服沉没成本效应的方法是每天都对其所持有的全部资产设定新的公允价值。这样做并不是为了让交易员继续持有资产到某个价格,而是为了将亏损向后推延。在获得了每天对收益或损失的确认之后,接下来要做的,就是由交易员决定是否要继续持有该资产到预计的价格。

对于飞机制造或新的武器系统的建立来说,一家公司在有所产出之前需要解决巨额的成本问题。通过增加开发成本来制造和销售计划的飞机数量,公司可能会尝试收回部分沉没成本。制药公司是另一个例子,它会花费 10 亿美元的成本研制一种新药,然后每生产一个药片需要 0.01 美元的成本。在考虑任何定价的时候,它是如何考虑收回这 10 亿美元成本的呢? 当然,这种考虑在很久之前就需要开始了,要在这 10 亿美元或飞机制造成本花出去之前。

有一点要注意,在接下来的决策中无需考虑沉没成本,因为沉没成本是无法改变的。不过,由于沉没成本在现实中往往会影响管理决策,所以演化出了**沉没成本现象**(sunk cost phenomenon)这一术语。一些人将沉没成本现象称作协和效应或协和谬误。这是因为,虽然事态像由英法两国共同制造的超音速协和飞机那样无利可图,但由于已经投入了巨额资金,仍然不得不继续投钱进去。心理学家把这种行为的部分原因归结为人们认为自己不应当浪费金钱。

让我们思考一下帕特·托斯特(Pat Toste)所面临的困境。帕特负责管理一间新仓库的建造工作。仓库的建造一切顺利,到目前为止,建造成本为 250 万美元。一名结构工程师刚刚发现了一处重要的设计缺陷。该缺陷有两种弥补办法:一种是再多花 400 万美元的成本;另一种是把在建的仓库拆除,重新建造一座新仓库,这样做的总成本仅为 300 万美元。虽然比推倒重来要多支出 100 万美元,但是帕特仍然打算采纳第一种办法,也就是修改目前的设计方案。帕特这样做可能是不想在公司的其他同事面前显得难堪(我们假设只有他自己知道第二种方案),或者是不想"浪费了"那 250 万美元的沉没成本。

尽管与大量证据所表明的情况恰恰相反,但是通过对现实情况的研究,沉没成本现象主要源于人们始终相信可能的成功。另一种比较流行的解释是,决策者们经常会去弥补由错误决策所导致的成本——因此,沉没成本成了一个无法解决由决策所造成的问题的决策因素。

实例

人类行为与沉没成本

丹·洛瓦罗(Dan Lovallo)和丹尼尔·卡尼曼(Daniel Kahneman)认为,成功的执行官们都会"例行公事地"做出"有错觉的"行为,这导致他们高估了自己的能力,即使在面对大量证据表明项目会失败的情况下仍然认为会最终获得成功。这种行为特点或许也是沉没成本的解释之一。

资料来源:Dan Lovallo and Daniel Kahneman, "Delusions of Success—How Optimism Undermines Executive's Decisions." *Harvard Business Review*, Vol. 81, No. 7 (July 2003):56-67.

相关成本

相关成本(relevant cost)是指会随着某些决策结果的变化而变化的那部分成本。假设你正在考虑今天晚上去参加一场音乐会。几周前,你花100美元购买了一张门票。如果去参加音乐会,你可能还会在交通和停车上花费50美元,在小吃和饮料上花费70美元。你真的负担不起今晚将要花出去的120美元,而你又不愿意"浪费"已经花出去的100美元门票钱。你参加音乐会的总成本为220美元(100美元+50美元+70美元)。然而,100美元的门票是无法挽回的,并且与今晚你决定是否参加音乐会的决定无关。因此,相关成本为120美元(也被称为增量成本)。

研究决策行为的经济学家理查德·塞勒(Richard Thaler)从音乐会这个例子的另一方面为我们举了一个有趣的例子。假设情况是这样的:参加音乐会的成本对你来说是微不足道的,但是你却把门票弄丢了。你会再买一张票吗?你已经表明了自己从音乐会获得的乐趣的价值要高于100美元,因此你应当会愿意重新购买一张门票(音乐会门票属于沉没成本),然而,许多人却选择不去参加音乐会。

机会成本

组织在开展活动时几乎很少有无限的资源可供使用。因此,决策者们会使用各种工具来充分利用有限的资源。我们将在后文介绍这些工具中的一部分。机会成本的概念便由此产生。**机会成本**(opportunity cost)是指在选定行动计划之后,所放弃的最大价值。

为了说明机会成本的含义,我们来看一下洛伊丝·梁(Lois Leung)面临的决策。她是 Rubinoff 制造公司的一名生产监督。洛伊丝正在考虑应当如何利用机器的剩余时间,这正是生产过程中的瓶颈部分。目前,机器还有能力再多处理一份订单,而留给洛伊丝的选择有两个:订单 X133,其边际贡献为 1.2 万美元;订单 M244,其边际贡献为 1.5 万美元。

如果洛伊丝将机器的剩余时间用来生产订单 X133,那么她将放弃生产订单 M244 的机会,从而放弃 1.5 万美元的边际贡献,这正是接受订单 X133 的机会成本。如果她将机器的剩余时间用来生产订单 M244,那么将放弃订单 X133 的机会,从而放弃 1.2 万美元的边际贡献,这正是接受订单 M244 的机会成本。

选择能够带来最大边际贡献的项目(本例中的订单 M244)的结果,永远与选择具有最小机会成本的项目(本例中的订单 M244)的结果是一致的。

如果洛伊丝的机器产能足以同时生产这两个订单,那么此时的机会成本为零。只要产能可以满足全部的生产需求,此时的机会成本就始终为零。

假设现在出现了第三份订单——N766,其边际贡献为 0.9 万美元。鉴于在选择订单 X133 或订单 M244 时,订单 N766 均不是最佳的替代选择,因此无论选择生产两份订单中的哪一个,都不会改变机会成本的水平。

在单个产品水平上,机会成本也为我们的理解提供了重要帮助。Tim Manufacturing 公司主要生产新奇的小型塑料饰品,产品基本上被客户用在促销活动当中。在编制好现有订单的生产计划后,生产监督玛格丽特·皮尔斯(Margaret Pierce)发现成型机尚有 500 小时的空闲时间可用,于是她琢磨着如何利用好这些时间。在与销售经理马克·汤姆森(Mark Thompson)交流过之后,玛格丽特确定了两种可生产的产品:案头文件箱或者笔筒。表 3-3 给出了这两种产品的相关信息。

表 3-3　边际贡献与生产中的限制因素

	案头文件箱	笔筒
对利润的增量贡献/美元	2.05	0.56
每件产品需要占用成型机的时间/分钟	2	0.5

马克倾向于生产案头文件箱,因为它能给公司带来更多的收益。不过,玛格丽特却显得比较谨慎。根据多年的生产经验,她认为在 500 小时内可生产的笔筒数量要多于案头文件箱的数量。玛格丽特很快算出,在 500 小时里,她能生产 1.5 万个案头文件箱[(500×60 分钟)/2],总收益为 3.075 万美元(1.5 万×2.05 美元);或 6 万个笔筒[(500×60 分钟)/0.5],总收益为 3.36 万美元(6 万×0.56 美元)。用成型机生产案头文件箱的机会成本为 3.36 万美元,而用其生产笔筒的机会成本则为 3.075 万美元。

评价替代选择的关键在于,考虑到产品对成型机空闲时间的消耗,要将重点放在每种产品能够为组织带来的贡献上。在介绍完更多的管理会计工具和术语之后,我们在本章的后面部分还会回到这个问题上来。

在决策时,处处都需要考虑到机会成本。然而,机会成本却经常被忽视。在考虑上大学时,大多数学生都会考虑付现成本,如学费和书本费等。有些学生甚至可能会考虑上大学的机会成本,比如利用上大学的时间去工作所能获得的工资。只有很少一部分学生会考虑上大学需要放弃4年工作经验的机会成本(相反,有些大学生却指出,不上大学的机会成本是放弃大学的经历)。夜校和在线大学教育项目的流行,可能也反映了学生们避免部分或全部由于接受教育所带来的机会成本的愿望。

可避免成本

通过开展某些活动而能够避免的成本被称为**可避免成本**(avoidable cost)。大多数可避免成本都属于可变成本。如果生产停止,那么所有与生产过程相关的可变成本都可避免。在现实中较为隐蔽且较难处理的是那些通过开展某些活动而能够避免的固定成本。

举个例子,Russell公司的产品经理约翰·达克(John Darke)正在考虑是否停止某种产品的生产。所有与产品停产相关的可变成本都不会发生(也就是说它们都是可避免的),而属于固定成本的该产品销售经理的工资也同样不会发生。但是,设备折旧等许多产品成本则属于沉没成本,在产品停产后仍然全部或部分地存在。约翰想知道哪些成本是可以避免的,例如用于生产该产品的设备的折旧,以及储存该产品所需的厂房和仓库的折旧。评估后面这几种可避免成本在现实中是很难做到的,这是因为有些设备和厂房可能同时用于其他产品的生产和销售。

当企业转型为根据市场需求来安排产品生产而非积累库存时,会有大量的厂房面积闲置下来。这类企业所面临的问题是如何衡量转型到适时生产模式后所避免的成本。

——Alamy Images

经过上述一番思考之后,现在,我们可以回过头来想一想在普通的管理决策中,这些成本概念(沉没成本、相关成本、机会成本和可避免成本)都出现在哪些地方。我们将介绍 4 种类型的决策,这些成本概念都深入其中。

(1) 决定自制、外购,还是外包。
(2) 产品停产决策。
(3) 成本估算决策——最低价。
(4) 短期产品组合决策(有条件的)。

3.5 自制或外购——外包决策

随着组织对其经营活动做出合理的改革,并将重点放在利用自身的核心竞争力上,它们开始将一些活动外包给其他能够做的更好或能降低自身成本的公司,如外包信息技术、后勤、洗衣服务和薪资处理等。这些外包公司通常专注于一个有限的活动领域,因此发展出了能够保证持续的高质量和低成本的专业能力。决定是否将某个产品或某项服务外包出去的过程被称为**自制或外购决策**(make-or-buy decision)。

在自制或外购决策中有许多定性的考虑因素,其中包括供应商在满足质量和送货要求上的可靠性,以及需要外包的活动的战略重要性(例如,竞争对手也可以从相同的供应商处购买任意外包出去的活动,这样的话,外包就不再具有竞争优势了)。在这里,我们的讨论重点仅放在外包的财务考虑因素上。

实例

外 包

据安大略省垃圾管理委员会 2007 年所进行的一项研究估计,多伦多市通过外包居民生活垃圾和再生分类,每年可节省至少 1 000 万美元。报告同时指出,该地区的私人垃圾处理公司提供相同的服务,收费却比公共部门大约低 20%,同时,私人垃圾回收工人的平均生产力是多伦多市所有工人平均生产力的两倍以上。

资料来源:Adam Summers, *San Diego Can Benefit from Private Trash Collection*, retrieved November 22, 2010, from http://reason.org/news/show/1003131.html.

我们以一个正打算将零部件或产品外包出去的组织为例。有哪些成本是它应当考虑的?下表简单地描述了自制或外购决策中的一些典型的相关成本。在自制或外购决策中,财务方面的考虑重点是组织所避免的内部成本是否高于从供应商处购买所发生的外部成本。

避免的内部成本	发生的外部成本
• 所有的可变成本 • 任何可避免的固定成本，如监督人员失业的成本或变卖机器的成本	• 购买零部件的成本 • 任何运输成本 • 任何与外包供应商、订购产品以及接收和检查产品相关的其他成本

后面的例子将给出进一步的解释，但是在此之前，我们需要先定义一些经常会遇到的制造成本类别，这将有助于我们理解后面的例子。

制造成本

在一个典型的制造成本体系中，制造成本被分为三个部分：直接材料、直接人工和间接制造费用。**直接材料成本**（direct materials costs）包括可轻易追溯到生产的产品以及在最终产品中具有重要经济价值的材料。简单来说，**直接人工成本**（direct labor costs）是指可轻易追溯到产品制造上的人工成本。直接人工的提供者指的是那些使用体力创造产品的人。**间接制造费用成本**（manufacturing overhead costs）是指由不属于直接材料成本或直接人工成本的制造设备所产生的全部成本。另外，对最终产品不具有重要经济价值的材料（如棉线或胶水）被视为间接材料，其成本属于间接制造费用成本。

Chaps 公司 Chaps 公司目前正在生产一种要用在其主要产品中的零部件。公司的会计人员报告了与该零部件相关的单位成本，如下所示：

美元

直接材料	12.54
直接人工	5.77
间接制造费用成本	10.00
总计	28.31

根据对以往数据的研究，公司的会计人员认为在与该产品有关的间接制造费用成本中，有 30% 属于可变成本。而且，如果停产这种零部件，则可以避免与该产品相关的固定成本中的 10%。

Rosa 公司提出签订一份长期供货合同，向 Chaps 公司提供这种零部件，单价为 21.80 美元。每个零部件运送到 Chaps 公司厂房的货运成本约为 0.12 美元。Rosa 公司在制造这种零部件时需要用到一种机床，而 Chaps 公司拥有这种机床，造价为 2.5 万美元。机床需要进行重新改造，费用为 0.5 万美元。Rosa 公司希望由 Chaps 公司承担这部分费用。在零部件生命周期的最后，该机床将不具有任何价值。预计未来对这种零部件的需求为 25 万个。

从财务角度来说，Rosa 公司的建议是否具有吸引力？

如表 3-4 所示，每个零部件可节省 0.07 美元，在零部件的剩余生命周期中可总共节省 1.75 万美元（25 万×0.07 美元）。唯一的成本，同时也是不相关成本，为机床 2.5 万美元的历史成本，它属于沉没成本。请注意，由于可以避免，因此与该产品相关的部分固定成本属于相关成本。这部分相关的固定成本与监督人员有关，如果零部件停产，那么便不再需要任何监督人员，而设备也可以通过变卖来处理。

表 3-4 Chaps 公司的产品外包

成 本 项 目	金额/美元	是否相关	为 何 相 关
直接材料	12.54	是	如外购,可避免
直接人工	5.77	是	如外购,可避免
可变的间接制造费用成本(30%×10.00 美元)	3.00	是	如外购,可避免
固定的间接制造费用成本(70%×10%×10 美元)	0.70	是	如外购,可避免
供应价格	(21.80)	是	如外购,则发生
运输	(0.12)	是	如外购,则发生
机床改造的单位成本(0.5 万美元/25 万美元)	(0.02)	是	如外购,则发生
金额总计(额外成本)	0.07		

以上分析仅考虑了该决策的财务方面。Chaps 公司同时还应当考虑 Rosa 公司能否供应高质量的零部件,以及能否满足生产进度的要求。

Anjlee 的餐饮服务公司 Anjlee Desai 是 Anjlee 餐饮服务公司的所有人,同时也是该公司的经理。Anjlee 提供的服务包括为需要餐饮服务的活动策划、准备、运送和提供食物。Anjlee 独一无二的技能和竞争优势,是她在创新设计上的个人能力,以及所提供食物的口味能够满足大多数文化背景的客户对饮食的要求。

业务需求增长得很快,Anjlee 不得不拒绝一些客户,这让她开始考虑将一些过去由自己完成的工作外包出去。Anjlee 正在考虑将食物的准备工作外包给其他公司。这样一来,她便可以有更多的时间与客户沟通,接受订单并策划和提供食物。此外,外包食物的准备服务还将让 Anjlee 可以通过与认证的犹太和伊斯兰供应商签订合同,为客户提供满足宗教要求的食物,从而扩大公司的业务范围。

目前,Anjlee 每年用在获得和采购食品方面的成本约为 18 万美元。厨房每个月的运营总成本为 1.5 万美元。Anjlee 租用了一间店面,每个月存储设备所需的店面租金为 0.9 万美元。如果将食物准备的成本外包出去,Anjlee 将在她叔叔拥有的一幢大楼内租一间办公室,租金为每个月 0.25 万美元。办公室目前受市政租金管制的约束,不过,两个月以后,当现在的店面租约到期时,市政府对租金管制的限额会提高 12%。Anjlee 每年支付给货车司机 6 万美元,用于从供货商那里取回食物,以及将做好的食物送给客户。货车每年的折旧为 0.35 万美元,保养和汽油每年要花费 0.75 万美元。货车目前的残值为 0.1 万美元。在很早之前,Anjlee 就答应如果不需要了,将把货车送给现在的司机。

根据目前的业务量,Anjlee 潜在的外部供应商为她报价每年 50 万美元,包括准备并将做好的食物送给客户。在与潜在客户进行了初步讨论后,Anjlee 认为,外包节省下来的时间可以更多地放在销售方面,这样每年她可以将销售额提高 15 万美元。她估计,有了外包供应商之后,新业务的边际贡献率应当可以达到大约 20%。随着销售额的增长,固定成本的增长将是微不足道的。

Anjlee 是否应当与外部供应商签订外包合同?

表 3-5 中的财务分析显示,根据 Anjlee 的预计,在与外包供应商签订合同后,每年的收入将增长 3.19 万美元。请注意,无论是货车的折旧还是货车的残值都属于相关成本。折旧的基础是历史成本,也就是沉没成本。由于 Anjlee 曾经许诺在不需要的时候将货车

送给现在的司机,这说明她不会将货车的残值变现。所以,货车的残值在该决策中是不相关成本。此外还应当注意,货车的成本在该决策中属于沉没成本,无论Anjlee的决定如何都不会改变这部分成本。在省去了获取和准备食物的时间后,Anjlee预计从新业务中获得的边际贡献是一个重要的相关项。在该决策中,需要Anjlee考虑的其他重要因素,还包括她对外包供应商能够确保质量并按时提供服务的信心。

表 3-5 Anjlee's 餐饮服务公司外包食物准备服务

成 本 项 目	金额/万美元	是 否 相 关	为 何 相 关
获得和采购食物	18	是	如外购,可避免
厨房成本(1.5万美元×12)	18	是	如外购,可避免
目前的店面租金(0.9万美元×12)	10.8	是	如外购,可避免
司机的工资	6	是	如外购,可避免
货车的运营成本	0.75	是	如外购,则发生
外部供应价格	(50)	是	如外购,则发生
新办公室的租金(0.25万美元×1.12×12)	(3.36)	是	如外购,则发生
新业务带来的收入(15万美元×20%)	3	是	如外购,则获得
金额总计(额外成本)	3.19		

3.6 产品停产决策

由于成本高于收入,或由于其他组织以优惠的价格购买了某个产品的使用权,当组织已经无法从一种产品中获得利润时,它便会停产这种产品。例如,为了提高利润,2009年,通用汽车公司宣布将放弃所持有的一些汽车品牌,其中包括庞蒂亚克(Pontiac)和悍马(Hummer)。2010年,通用汽车与一些潜在的买家开始商谈出售土星(Saturn)品牌事宜。

由于重点是产品的赢利能力,所以相关成本分析部分将涉及由放弃产品而节省下来的成本与放弃收入而损失的机会成本之间的比较。分析在停产某种产品时可以避免哪些成本是一件非常困难的事情。例如,计算通用汽车从停产庞蒂亚克品牌的汽车中节省下来的成本将会非常复杂,因为它牵扯到关闭一些工厂、支付给员工的遣散费、对环境的清理以及许多其他方面的成本。

Messi公司 Messi公司主要生产工业车床。最新的损益表如表3-6所示。

表 3-6 对 Messi 公司生产线的赢利能力分析   千美元

	模型 X355	模型 X655	模型 X966	总 计
销售收入	23 445	49 288	54 677	127 410
可变成本	4 722	10 001	14 987	29 710
固定成本	14 233	29 722	40 711	84 666
经营收入	4 490	9 565	(1 021)	13 034

分配给每件产品的固定成本既包括对产品有直接贡献的那部分固定成本,也包括如果产品停产可以避免的固定成本,以及无法避免的企业固定成本。在模型X355、X655和

X966 的固定成本中,可避免的固定成本分别占 55％、40％和 20％。

Messi 公司正在考虑停产模型 X966,因为它正处在慢性亏损当中。

停产模型 X966 能否提升公司的整体赢利能力?

利用与可避免的固定成本相关的信息,我们可以得到如表 3-7 所示的损益表。事实上,我们可以看到,在所有产品中,模型 X966 对赢利的贡献最大,如果停产该产品,将会使 Messi 公司的赢利减少 31 548 美元。

在这种情况下评估每种产品的赢利能力时,销售、可变成本和可避免的固定成本都属于相关成本。那些不可避免的固定成本在产品停产时也不会发生改变,因此与决策是不相关的。

表 3-7　Messi 公司的产品对公司固定成本的贡献　　　　　　　　　　　　　　千美元

	模型 X355	模型 X655	模型 X966	总　　计
销售收入	23 445	49 288	54 677	127 410
可变成本	4 722	10 001	14 987	29 710
可避免的固定成本	7 828	11 889	8 142	27 859
产品的贡献	10 895	27 398	31 548	69 841
固定成本				56 807
经营收入				13 034

如果对产品有贡献的成本(也就是它反映了该产品所专用的原材料的成本)仅在中长期的情况下是可以避免的,实际情况会变得比较复杂。让我们来考虑这样一种情况,通用汽车公司经营着一间工厂,该工厂仅用于生产庞蒂亚克牌汽车。既然该厂房除了生产庞蒂亚克品牌外不生产其他品牌,那么产生的全部成本都对该品牌做出了贡献。然而,如果庞蒂亚克汽车停产,并不是所有的成本在短期内都是可避免成本。从短期来看,必须对厂房进行维护,而且税金和保险也是必须缴纳的。从中长期来看,该厂房可能会被出售,或者经过重新装备用于生产其他品牌的汽车,相对于新建一间工厂来说,这样可以节省一些成本。这么看来,放弃该工厂对通用汽车公司的价值,在考虑是否放弃庞蒂亚克品牌的决策中应当是相关的。此外,关闭工厂时还需要支付其他一些新的成本(如环境清洁成本),只要工厂继续经营,这部分成本就可以被无限期地向后推延。

组织经常会销售一整条产品线的产品,其中一种产品的销售情况会对其他产品的销售产生影响。这时候,在决定是否停产某种产品时还需要考虑其他因素。

实例

需要谨慎确定哪个部门亏损

在许多商务酒店,健身房、游泳池,有时候还包括餐厅,为了给核心产品——客房服务的销售提供支持,往往会赔钱让客人使用。杂货店经常使用主要产品,比如牛奶和面包作为用来吸引顾客进入店内而亏本销售的商品。因此,牛奶和面包通常被摆放在商店靠里的位置。

Buddy 的烤肉酒吧　Buddy 的烤肉酒吧由三个经营部门构成:饭店、酒吧和游戏室。表 3-8 列出了 Buddy 最近一年的整体经营情况。有报告称游戏室一直处在亏损的状态,Buddy 正在考虑将其关闭,把游戏室腾出来的空间分别分配给饭店和酒吧使用。

对经营情况的一份研究得出如下一些结果。

(1) 固定资产由两部分组成。

① 第一部分是组织的一般性经营成本,为 34 万美元。这部分成本按每个经营部门所占的营业面积比例分摊到三个部门中。饭店、酒吧和游戏室的面积分别为 1 000m²、400m² 和 600m²。

表 3-8　Buddy 的烤肉酒吧:各经营部分的赢利性分析　　　　　　　　　　万美元

	饭店	酒吧	游戏室	总计
销售收入	120	80	10	210
可变成本	70	37.5	5	112.5
固定成本	32	11.8	20.2	64
利润	18	30.7	(15.2)	33.5

② 每个经营部门固定成本的第二部分,是与租赁设备有关,在关闭后可完全避免的那部分固定成本。

(2) 如果关闭游戏室,那么会将空出来的面积中的 400m² 分配给饭店,另外 200m² 分配给酒吧。扩大面积后,可归为饭店和酒吧的固定成本不会增加。

(3) 如果关闭游戏室而把空出的面积都留给饭店,那么饭店的销售额将会增长 10%,这主要是因为没有了游戏室的喧嚣,饭店会吸引更多的顾客。可变成本则会按照同样的比例增加。

(4) 对酒吧顾客的研究表明,游戏室的常客为酒吧带来了大约 50% 的销售额,如果关闭游戏室,那么将会损失这部分销售额的一半。可变成本则会按照同样的比例减少。

是否应当关闭游戏室?

我们可以按照两个步骤来解决这个问题。首先,从每个经营部门的贡献中剔除各自分配到的成本。例如,饭店分配到的成本为 17 万美元{34 万美元×[1 000/(1 000+400+600)]}。这表示与饭店有关的可归属且可避免的成本为 15 万美元(32 万美元-17 万美元)。我们可以使用相同的方法分别确定剔除了分配到酒吧和游戏室的成本之后的效果。得出的结果显示在表 3-9 中。

随着游戏室的关闭,饭店的销售额将增长为 132 万美元[120 万美元×(1+10%)],可变成本将增长为 77 万美元[70 万美元×(1+10%)]。另外,酒吧的销售额将减少为 60 万美元[80 万美元×(1-25%)],可变成本将减少为 28.125 万美元[37.5 万美元×

(1－25%)]。相关的概要信息见表 3-10。

表 3-9　Buddy 的烤肉酒吧：剔除了在公司层面分配的成本后的效果　　　万美元

	饭　店	酒　吧	游 戏 室	总　　计
销售收入	120	80	10	210
可变成本	70	37.5	5	112.5
可归属的固定成本	15	5	10	30
利润	35	37.5	(5)	67.5
公司的固定成本				34
利润				33.5

关闭游戏室会减少公司 0.625 万美元的利润(33.5 万美元－32.875 万美元)。虽然这个差别并不算大，但是分析表明了这样一种情况：一个组织部门的销售情况会影响另外一个组织部门的销售情况，而且在考虑是否放弃一个明显亏损的产品或业务时，需要对它们之间的关系进行评估。

表 3-10　Buddy 的烤肉酒吧：关闭游戏室的结果　　　万美元

	饭　店	酒　吧	总　　计
销售收入	132	60	192
可变成本	77	28.125	105.125
可归属的固定成本	15	5	20
利润	40	26.875	66.875
公司的固定成本			34
利润			32.875

3.7　核算订单的成本

订单的成本核算是指估算一份具体订单的成本。例如，对一家洗衣机制造企业的经理来说，他可能会被要求提供一份一次性购买 1 万台洗衣机的订单报价。通常，一家公司在计算订单的最低价格时都会利用相关的成本概念，主要就是考虑在接下订单的情况下，各种成本将会发生哪些变化。

Pepper 工业公司　Pepper 工业公司主要生产各式各样的陶艺咖啡杯，产品销往专业的礼品商店。销售经理近日收到一份特殊订单的报价请求，一家大型的咨询机构打算购买 5 万只马克杯用于促销和宣传。

销售经理让公司的会计人员编制一份该订单的成本估算。生产经理提出建议，说目前还有大量的机器闲置时间可以用于生产该订单。公司的会计人员提供的估算报告如表 3-11 所示。

此外，会计人员还提供了如下信息：与该订单有关的所有可变成本都是增量成本。固定的间接制造费用成本与 Pepper 工业公司生产所有咖啡杯时分摊到各产品中的固定的间接制造费用成本相同。固定的间接制造费用成本与生产各种产品的厂房设备有关，在短期内不会发生改变。设计成本指的是为该客户设计产品而估算的成本。该部分成本为 900 美元，并已经为补偿设计部门的间接固定成本而按照标准提高了 100%。运输成本指的是将成品送至客户处而估算的成本。其他管理性成本指的是为了反映 Pepper 工业公司的管理性固定成本而在每份订单中增加的那部分成本，其在短期内不会发生改变。

表 3-11 对 Pepper 工业公司利用空闲的机器时间生产一份特殊订单的全部成本分析

美元

项目	成本
直接材料——5 万美元，每单位为 0.66 美元	33 000
直接人工——5 万美元，每单位为 0.23 美元	11 500
可变的间接制造费用成本——5 万美元，每单位为 0.15 美元	7 500
固定的间接制造费用成本——5 万美元，每单位为 0.10 美元	5 000
设计成本	1 800
运输成本	3 600
其他管理性成本	1 500
订单成本总计	63 900

在为该订单报价时，Pepper 工业公司应当怎样确定每只马克杯的最低价格？

如表 3-12 所示，生产该订单的总相关（增量）成本为 5.65 万美元，合每支马克杯 1.13 美元。这是 Pepper 工业公司在对订进行报价单时应当考虑的最低价格。实际向客户收取的价格应当反映各种战略性因素，比如竞争对手的数量（企业的独特性越强，可能征收的价格越高）、机器空闲时间的容量、企业对新业务的渴望程度、该订单的报价是否会对与客户之间的关系造成影响，以及接到后续订单的可能性（与客户建立长期合作关系的可能性将影响对该订单的报价，不过，从长远来看，企业将需要补偿由此类订单产生的全部估算成本）。

表 3-12 对 Pepper 工业公司利用空闲的机器时间生产一份具体订单的增量成本分析

美元

项目	成本	增量成本
直接材料——5 万美元，每单位为 0.66 美元	33 000	33 000
直接人工——5 万美元，每单位为 0.23 美元	11 500	11 500
可变的间接制造费用成本——5 万美元，每单位为 0.15 美元	7 500	7 500
固定的间接制造费用成本——5 万美元，每单位为 0.10 美元	5 000	0
设计成本	1 800	900
运输成本	3 600	3 600
其他管理性成本	1 500	0
订单成本总计	63 900	56 500
每只马克杯的成本		11 300

订单成本核算与应考虑的机会成本

如果没有足够的剩余生产能力接下一份订单,那么在核算订单成本时必须考虑接受该订单的机会成本。

Maggie 公司　Maggie 公司主要生产为 8~12 岁学生专门设计的各种背包。背包上印有在该年龄段学生中间十分流行的各种人物图案,而且这些图案的使用均已得到相关方面的授权。产品的销售势头非常好,多年来公司一直处于满负荷的生产状态。表 3-13 给出了与该产品有关的各种单位信息。

最近,Maggie 公司收到一份来自一家大型邮购公司的订单,需要按照邮购公司的规格生产 1 万件背包,并要求报价。邮购公司订购的产品(暂时称其为"布袋")包含 Maggie 公司目前的产品设计元素,但还包括其他一些特性。每件布袋的其他特性相对于目前产品的总增量成本为:10 美元的材料和 5 美元的人工。由于布袋的新特性在生产时需要额外的生产能力,因此,Maggie 公司不得不为每 7 件该订单产品的生产,而放弃 1 件现有产品的生产和销售。不过,现有的固定成本不会发生改变。

表 3-13　Maggie 公司单件书包的利润　　　　　　　　　　　　　美元

价格	45.99
可变成本	24.78
固定制造成本	4.33
单位利润	16.88

Maggie 公司在考虑为布袋定价时,每件产品的最低价(底价)应为多少?
Maggie 公司现有产品的单位边际贡献为 21.21 美元(45.99 美元－24.78 美元)。因此,Maggie 公司每生产 7 件布袋,将会因放弃 1 件现有的产品而损失 21.21 美元的收益。从单位产品的角度来说,生产布袋的机会成本为 3.03 美元(21.21 美元÷7)。

布袋的相关成本总额,或者说底价为 42.81 美元,如表 3-14 所示。

表 3-14　Maggie 公司针对特殊订单的最低价格　　　　　　　　　美元

可变成本总计(24.78 美元＋10 美元＋5 美元)	39.78
机会成本	3.03
最低价格	42.81

3.8　相关成本与短期产品组合决策

像机械厂和咨询公司这样的组织,通常要面临根据有限的资源来计算需求的情况。它们必须在众多的机遇中做出选择。在选择时,会涉及对相关成本概念的运用。

Fred 木制品公司　Fred 木制品公司主要生产包括砧板在内的各种木质产品,并销往几家大型百货商场。公司的销售经理认为应当将现有的产品升级,并只在主要面向厨房用品的高档商店内销售。表 3-15 给出了现有产品和新产品的单位特性。新产品的高额利润是销售经理打算做出改变的原因。

表 3-15 对 Fred 木制品公司重新设计产品的成本估算   美元

	现有产品		新产品	
售价		20.00		35.00
直接材料成本	3.00		5.00	
劳动力成本	6.00		12.00	
销售成本	1.00		1.75	
间接制造费用	4.50	14.50	7.50	26.25
单位利润		5.50		8.75

Fred 木制品公司的会计人员还提供了其他一些信息，包括：公司所有工人的工资都是固定工资，与他们的工作时间长短无关；产品中的人工成本为 24 美元/小时；销售成本为产品售价的 5%；产品的其他成本为直接材料成本的 150%；可变的间接制造费用成本大约为直接材料成本的 10%。由于要同时生产其他产品，因此可用于生产砧板的工时数为 1 万个。

为了利于生产新产品，Fred 公司是否应当放弃生产现有的产品？

对相关成本的分析表明，在该决策中，仅需考虑因从现有产品变为生产新产品而改变的那部分成本。由于人工成本是固定的，而且不会因为该决策而发生改变，因此它属于非相关成本。同样，只有占直接材料成本 10% 的可变的间接制造费用需要被纳入该决策的考虑当中。最后，属于可变成本且相当于售价 5% 的销售成本是与该决策相关的，必须予以考虑。有了这些信息，我们便可以计算出现有产品和新产品的增量贡献，对应的值分别为 15.70 美元和 27.75 美元，参见表 3-16。看上去，新产品的生产仍旧具有不错的吸引力。

表 3-16 Fred 木制品公司重新设计一款新产品的边际贡献分析   美元

	现有产品		新产品	
售价		20.00		35.00
直接材料成本	3.00		5.00	
销售成本	1.00		1.75	
可变的间接制造费用	0.30	4.30	0.50	7.25
边际贡献		15.70		27.75

然而，我们应该还记得，目前可用的人工工时为 1 万小时，而且公司的会计人员还指出，分配到每种产品上的人工成本为每件产品每个工时 24 美元。表中的信息表明，每件现有产品需使用 0.25(6.00/24.00) 工时，每件新产品需使用 0.50(12.00/24.00) 工时。

我们可以换一种说法，现有产品在每个工时内可贡献 62.80 美元(15.70 美元/0.25)，新产品在每个工时内可贡献 55.50 美元(27.75/0.50)。这意味着，如果将 1 万工时用于生产现有的产品，总共能为公司带来 62.8 万美元(1 万×62.80 美元)的贡献，而如果将 1 万工时用于生产新产品，则总共能为公司带来的贡献是 55.5 万美元(1 万×55.50 美元)。显然，根据对相关成本的分析，我们可以看到，现有产品能够带来的贡献更大。表 3-17 给出了每种产品每工时的边际贡献。

表 3-17　Fred 木制品公司的重新设计产品决策

	现有产品		新产品	
售价/美元		20.00		35.00
直接材料成本/美元	3.00		5.00	
销售成本/美元	1.00		1.75	
可变的间接制造费用/美元	0.30	4.30	0.50	7.25
贡献/美元		15.70		27.75
工时/小时		0.25		0.50
每工时的贡献/美元		62.80		55.50

在上面的情况中,人工是生产中的限制因素。此时的办法,是将生产能力分配到每单位生产限制因素能够带来最大边际贡献的产品中去,也就是本例中的现有产品。

请注意,在本例中,Fred 木制品公司将会生产 4 万件(1 万/0.25)现有产品。假设公司只能卖出 3 万件该产品,那么,应当将前面的 0.75 万(3 万×0.25)工时分配到现有产品的生产,将剩余的 0.25 万(1 万－0.75 万)工时分配到新产品的生产中去。换句话说,Fred 木制品公司将生产 3 万件现有产品和 0.5 万件(0.25 万件/0.50)新产品。

多种资源约束

一家公司在面临多种资源的约束时,之前所介绍的资源分配方法就不再适用了。下面我们将通过说明如何解决一个简单的两种资源约束情况,来讨论另外一种资源分配的方法,随后,再转过头来总结一个更具一般性的方法。

Harris 化学公司　Harris 化学公司主要生产 X544 和 X588 两种产品,它们都用于金属涂料行业。两种产品都以 1 000 加仑为一个生产批次。公司通过将两种化学原料 Argo 和 Nevex 放入搅拌机内搅拌来生产这两种产品。表 3-18 给出了这两种产品在生产时各自需要的原材料数量、每个产品批次所需的搅拌机时间,以及原材料的成本和每个小时用在操作搅拌机上的成本。

表 3-18　Harris 化学公司的产品信息

	产品	
	X544	X588
每批次所需的 Argo/加仑	700	400
每批次所需的 Nevex/加仑	500	300
每个批次的收入/美元	33 000	24 000
每加仑 Argo 的成本/美元	12	
每加仑 Nevex 的成本/美元	18	
所需的搅拌机小时/小时	6	10
每小时的搅拌机成本/美元	1 200	

进一步的分析表明,固定成本占到了每小时搅拌机成本的 2/3。每次生产时,公司最

多可购买到 4.78 万加仑的 Nevex，而且最多有 900 个搅拌机小时可供支配。化学原料 Argo 的数量则没有限制。

与以前一样，我们先算出每种产品的贡献，如表 3-19 所示。请注意，只有用于操作搅拌机的 400 美元（1 200 美元×1/3）的可变的小时成本被包括在了对每个批次贡献的计算中。

表 3-19　Harris 化学公司的产品贡献

	产品			
	X544		X588	
每个批次的收入/美元		33 000		24 000
Nevex				
每批次的使用量/加仑	500		300	
每加仑的成本/美元	18	9 000	18	5 400
Argo				
每批次的使用量/加仑	700		400	
每加仑的成本/美元	12	8 400	12	4 800
搅拌机				
使用时间/小时	6		10	
每小时的成本/美元	400	2 400	400	4 000
每个批次的贡献/美元		13 200		9 800

现在，如果我们尝试使用适用于只有一种生产限制因素的方法，那么便会出现僵局。我们现在面对两种生产限制因素，因此必须同时考虑它们。这时，我们需要使用线性规划方法。

实例

选择成本最低的原材料组合

也许你会觉得很有意思，用在商业领域的第一个计算机决策应用是解决如何最小化乳牛饲料的成本问题。在考虑了可能在饲料中使用的各种营养的约束和各种配料的成本以后，线性规划确定了既能够达到营养要求，又能够实现成本最低的配料组合。

建立线性规划

在我们讨论的 Harris 化学公司的例子中，线性规划由三个部分组成。

（1）**目标函数**——目标函数是指通过生产由 X544 和 X588 两种产品组成的最优组

合,最大化边际贡献。无论生产计划如何,总的固定成本均保持不变,因此属于无关成本,可以被忽略。

(2) **决策变量**——决策变量是指将要生产的 X544 和 X588 的批次。

(3) **约束条件**——两个约束条件分别为搅拌机小时数(有 900 个小时可用)和 Nevex 的加仑数(有 4.78 万加仑可用)。

有了这些信息,我们便能够建立一个线性规划。为了方便讨论,我们用 A 表示生产 X544 的批次数量,用 B 表示生产 X588 的批次数量。于是,我们有

$$\max \quad 13\,200 \text{ 美元 } A + 9\,800 \text{ 美元 } B$$

(这是目标函数,表示产品计划的总边际贡献。)其约束条件如下:

(1) **6A+10B≤900**——这是搅拌机小时数的约束条件——不等式的左边表示用于生产 X544 和 X588 的搅拌机小时数,不等式的右边表示可用的搅拌机小时数。该约束条件的含义是,生产计划中要使用的搅拌机小时数不能超过可用的搅拌机小时数。

(2) **500A+300B≤47 800**——这是 Nevex 的约束条件——不等式的左边表示生产 X544 和 X588 所消耗的 Nevex 加仑数,不等式的右边表示可用的加仑数。该约束条件的含义是,生产计划中要使用的 Nevex 加仑数不能超过可用的 Nevex 加仑数。

(3) **A,B≥0**——这是非负的约束条件,表示产量不能为负数。

在实际应用中,线性规划都是由计算机运用专业化的软件来处理的。在微软的 Excel 和 Open Office 的 Calc 中,有一个名为 Solver 的工具可用于处理线性规划问题。不过在这里,我们将重点说明如何手动解决简单的线性规划问题,从而培养你使用线性规划寻找最优方案的直觉。下面,我们将使用图形化方法来解决线性规划问题。

使用图形化方法解决线性规划问题

第一步:在图形中画出约束条件 图 3-8 给出了搅拌机小时数的约束条件。图中,纵轴(Y)代表生产 X588 的批次数量,横轴(X)代表生产 X544 的批次数量。由于生产每个批次的 X544 需要使用 6 个搅拌机小时,因此,如果把全部的 900 个搅拌机小时都用于 X544 的生产,则总共可以生产 150 个批次(900/6);由于生产每个批次的 X588 需要使用 10 个搅拌机小时,因此,如果把全部的 900 个搅拌机小时都用于 X588 的生产,则总共可以生产 90 个批次(900/10)。图中,通过这两个点的直线表示可行的产品对(X544,X588)的集合边界。由于无法获得比可用的 900 个搅拌机小时更多的时间,因此,位于直

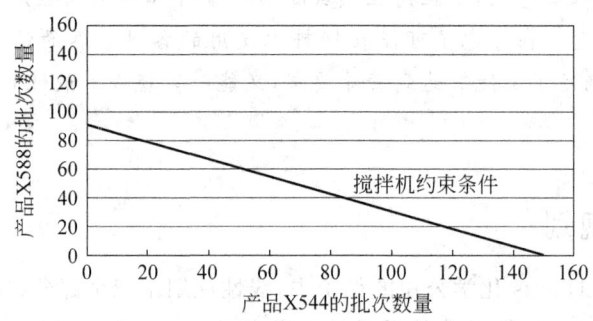

图 3-8　Harris 化学公司搅拌机约束条件的图形

线上或直线以下区域的任意产品 X544 和产品 X588 的批次组合都是可行的。

我们可以使用相同的方法计算在 Nevex 约束条件下的两个端点,最后的结果为 95.6 个批次(47 800/500)的 X544 和 159.33 个批次(47 800/300)的 X588。图 3-9 同时给出了上面的两个约束条件。到现在为止,我们已经完成了增加约束条件的过程。

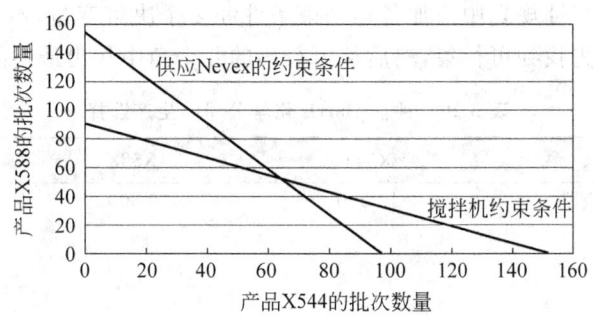

图 3-9　在 Harris 化学公司中加入 Nevex 的约束条件

请记住,可行的产品对(X544,X588)必须处于同时位于两条直线之上或直线以下的区域。换句话说,可行的产品对必须同时满足这两个约束条件。同时满足所有约束条件的区域称为可行的产品集,或简称可行集。图 3-10 给出了本线性规划问题的可行集。可行集包括图中处于约束线之上或处于约束线以下的所有的点。

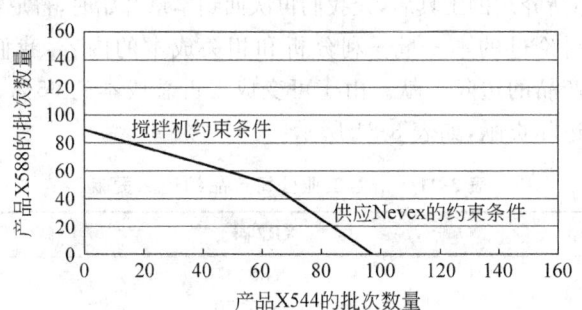

图 3-10　Harris 化学公司生产计划的可行集

第二步:从图形中找出最优解　在线性规划中有一个窍门,最优解永远都位于可行集的边界上。此外,在可行集中,任何处在边界上的产品对都不如四个角其中之一的产品对更优。这意味着,我们只需要查看可行集的四个角,然后从中找出最优解。

本例中的四个角为:
(1) 0 个批次的 X544 和 0 个批次的 X588;
(2) 95.6 个批次的 X544 和 0 个批次的 X588;
(3) 65 个批次的 X544 和 51 个批次的 X588[①];

---

①　我们得到两个等式,其中包含两个未知数:$6A+10B=900$ 和 $500A+300B=47\,800$。先将第一个等式乘以 30,然后从第二个等式中减去所得的方程,得到 $320A=20\,800$。因此,$A=65$。将 $A=65$ 代入任何一个最初的等式,可得到 $B=51$。

(4) 0 个批次的 X544 和 90 个批次的 X588。

由于已经知道了产品 X544 和产品 X588 的边际贡献,所以我们可以计算每个产品对的边际贡献,最后得到的最优解为生产 65 个批次的 X544 和 51 个批次的 X588,如表 3-20 所示。

决策者可以向线性规划中增加各种约束条件和多个决策变量,本例只说明了最基本的情形。线性规划先找到可行集,然后从可行集的几个角中找出最终的最优解。

表 3-20 评估 Harris 化学公司的生产选择 美元

	X544	X588	边际贡献总计
每个批次的边际贡献	13 200	9 800	
批次			
角 1	0	0	0
角 2	95.6	0	1 261 920
角 3	65	51	1 357 800
角 4	0	90	882 000

3.9 尾声:诺兰工业公司

在学习过了本章所介绍的工具后,让我们再次回到本章开始时,普尼特需要考虑的问题。

回忆一下我们讨论过的本—量—利分析和相关成本的内容,我们可以知道,普尼特首先应当计算两种产品的边际贡献。由于可变成本占总成本的 65%,因此普尼特可以计算两种现有产品的边际贡献,如表 3-21 所示。

表 3-21 诺兰工业公司产品的边际贡献 美元

	XR244	XR276
售价	785	955
可变成本	305.50	386.75
边际贡献	479.50	568.25

有了这些信息后,我们还记得销售组合由 60% 的 XR276 和 40% 的 XR244 组成,因此普尼特可以使用本章介绍的收入公式进行盈亏平衡分析。我们假设销售了 100 个批次的产品,那么

利润 =(40 × XR244 的边际贡献)+(60 × XR276 的边际贡献)
× 以 100 件产品为一个批次时售出的批次 − 750 万美元

注意到盈亏平衡时的利润=0,整理后,我们得到

以 100 件产品为一个批次时售出的批次 =750 万美元 /[(40 × 479.50)
+(60 × 568.25)]= 140.779

售出的 XR244 数量 = 5 631.16(140.779 × 40)
售出的 XR276 数量 = 8 446.74(140.779 × 60)

因此,在 40/60 的比例下,诺兰工业公司必须售出 5 632 件产品 XR244 和 8 447 件产

品 X276。

也许你已经意识到有一种更简便,或者从直觉上更容易找到的方法可以用来解决同样的问题:通过计算一种边际贡献为两种现有产品的平均值的假设产品来实现。这时候,该假设产品的边际贡献为 532.75 美元[(40%×479.50)+(60%×568.25)]。于是,为了实现盈亏平衡,应售出该种假设产品的数量为 14 077.9 个(750 万/532.75),从而,可以得出应售出的 XR244 产品的数量为 5 631.16 件(40%×14 077.9),而应售出的 XR276 产品的数量为 8 446.74 件(60%×14 077.9),当然,这和我们已经得到的结果是一致的。

表 3-22 给出了公司的利润概况。由于在所有的盈亏平衡计算中均进行了四舍五入,因此表中的利润额比 0 利润的目标稍高。

表 3-22 诺兰工业公司的盈亏平衡结果

	XR244	XR276	总计
销售量/件	5 632	8 447	14 079
售价/美元	785.00	955.00	
可变成本/美元	305.50	386.75	
售出的单位产品边际贡献/美元	479.50	568.25	
边际贡献总计/美元			7 500 552
固定成本/美元			7 500 000
利润/美元			552

这回答了假设比例为 40∶60 时,普尼特在盈亏平衡销售方面的问题。现在,他想知道如果保持 40∶60 的比例不变,可以达到的最大销售量为多少。这个时候,销售情况受到 4.8 万可用机器小时的约束。如果我们使用批次方法来解决这个问题,我们首先注意到,以 100 件产品为一个批次时,每个批次需要使用 280[(40×2.50)+(60×3)]机器小时。因此,可生产的最大批次数量为 171.43 个(48 000/280)。这就是说,产品 XR244 的最大产量为 6 857.14 件(171.43×40),产品 XR276 的最大产量为 10 285.71 件(171.43×60)。如表 3-23 所示,在四舍五入后的各种组合中,保持 40∶60 比例的最佳生产计划应为生产 6 856 件 XR244 和 10 286 件 XR276,总利润为 1 632 472 美元。

表 3-23 诺兰工业公司使用 40/60 销售组合时的利润情况

	XR244	XR276	总计
销售量/件	6 856	10 286	17 142
售价/美元	785.00	955.00	
可变成本/美元	305.50	386.75	
售出的单位产品边际贡献/美元	479.50	568.25	
边际贡献总计/美元			9 132 472
固定成本/美元			7 500 000
利润/美元			1 632 472
单位产品需要的机器小时数/小时	2.50	3.00	
总共需要的机器小时数/小时	17 140	30 858	47 998

请注意,使用假设产品的方法解决该问题的步骤为:生产每件假设产品应需要 2.8 [(0.4×2.5)+(0.6×3)]小时,这意味着假设产品的最大产量为 17 142.86 件(4.8 万/2.8)。这时,你应该可以完成接下来的分析了,使用假设产品方法计算出的结果与批次方法是一致的。

现在,普尼特想知道 40/60 是不是最佳的产品组合比例。由于在这个问题中仅包含一个生产限制因素,因此通过本章的讨论,你应当能知道我们需要先计算每种产品的单位机器小时边际贡献。计算结果如表 3-24 所示。

表 3-24　在生产限制因素下,诺兰工业公司产品的单位产品边际贡献

	XR244	XR276
销售量/件	6 857	10 285
售价/美元	785.00	955.00
可变成本/美元	305.50	386.75
售出的单位产品边际贡献/美元	479.50	568.25
单位产品需要的机器小时数/小时	2.50	3.00
单位机器小时数的边际贡献/美元	191.80	189.42

由于产品 XR244 的单位机器小时的边际贡献最高,因此我们知道应当尽可能多地生产 XR244。现有的生产能力可生产 1.92 万件(4.8 万/2.5)XR244,但是仅能售出 1 万件该产品。因此,我们应当分配 2.5 万(1 万×2.5)机器小时用于生产 1 万件 XR244。这样一来,我们可以用剩余的 2.3 万(4.8 万−2.5 万)机器小时来生产 7 666 件(2.3 万/3) XR276,从而,我们得到的生产比例为 56.6/43.4,此时的利润为 1 651 205 美元,如表 3-25 所示。

表 3-25　诺兰工业公司产品 XR244 和 XR276 的最佳生产组合

	XR244	XR276	总　计
占总销售量的百分比/%	56.61	43.39	
销售量	10 000	7 666	17 666
售价/美元	785.00	955.00	
可变成本/美元	305.50	386.75	
售出的单位产品边际贡献/美元	479.50	568.25	
边际贡献总计/美元	4 795 000	4 356 205	9 151 205
固定成本/美元			7 500 000
利润/美元			1 651 205
单位产品需要的机器小时数/小时	2.50	3.00	
总共需要的机器小时数/小时	25 000	22 998	47 998

最后,普尼特想知道生产新产品是否合算。我们需要再次计算每种产品的单位机器小时边际贡献,计算结果如表 3-26 所示。

表 3-26 对诺兰工业公司新产品的边际贡献分析

	XR244	XR276	新 产 品
售价/美元	785.00	955.00	1 200.00
可变成本/美元	305.50	386.75	533.00
售出的单位产品边际贡献/美元	479.50	568.25	667.00
单位产品需要的机器小时数/小时	2.50	3.00	3.50
单位机器小时的边际贡献/美元	191.80	189.42	190.57

实例

Excel 的 Goal Seek 和 Solver

普尼特的问题可通过 Excel 的工具很快解决。如果有兴趣,可以在 Excel 中建立一个表单,确定与生产计划相关的总贡献。然后,可以使用 Excel 的 Goal Seek 工具找到盈亏平衡点,并使用 Excel 的 Solver 工具找到最佳的生产计划。表 3-27 显示的就是由 Solver 找到的最佳生产计划。

表 3-27 诺兰工业公司生产新产品后的最佳产品组合

	XR244	XR276	新 产 品	总 计
销售量/件	10 000	5 333	2 000	17 333
售价/美元	785.00	955.00	1 200.00	
可变成本/美元	305.50	386.75	533.00	
单位产品边际贡献/美元	479.50	568.25	667.00	
边际贡献总计/美元	4 795 000	3 030 477	1 334 000	9 159 477
固定成本/美元				7 500 000
利润/美元				1 659 477
单位产品需要的机器小时数/小时	2.50	3.00	3.50	
总共需要的机器小时数/小时	25 000	15 999	7 000	47 999

如果按照单位机器小时的贡献顺序来分配机器小时,我们应先生产产品 XR244,然后是新产品,最后是产品 XR276。考虑到新产品最多能够售出 2 000 件,所以可以看出表 3-27 所示的就是最优的生产计划。

3.10 本章小结

本章介绍了管理会计中经常出现的各种成本概念,为本书后续章节的学习提供了重要基础。

本章表明,管理会计的重要角色是为组织内部的决策提供支持。因此,与由指定的会计机构和国家提出的报告要求驱动的财务会计不同,管理会计是由组织内部在决策时所需的信息驱动的。

本章介绍了本—量—利分析,它是基于电子表格的财务建模的基础,几乎所有的组织都在使用。实际上,许多分析人士在20世纪70年代末到80年代早期的个人计算机爆发时期,对可用于财务建模的电子表格软件(如 VisiCalc 和 Lotus 1-2-3)的开发都做出了贡献。本章所涉及的基础性本—量—利分析将成本分为可变成本、固定成本和混合成本。使用电子表格可以方便地为复杂的成本行为建模。

本章还介绍了决策的原则,只有决策中的相关成本会随决策的结果发生变化。相关成本的概念是在探讨自制或外购决策、放弃产品或部门决策、订单决策和短期产品组合决策的背景下进行的。

本章的讨论还指出,在实践中,经常会发生违背相关成本原则的行为——最常见的就是沉没成本现象。最重要的一点是,决策者需要避免将不相关的数据引入决策制定的过程。

作业

思考题

3-1 请举出一些成本信息在管理方面的不同应用。

3-2 解释可变成本与固定成本之间的差异。

3-3 单位产品边际贡献这一术语指的是什么?成本分析中使用的边际贡献是如何支持管理决策的?

3-4 解释边际贡献率与单位产品边际贡献之间的差异。

3-5 盈亏平衡点这一术语指的是什么?

3-6 混合成本与阶梯式可变成本有何相似之处?有何不同之处?

3-7 阶梯式可变成本与固定成本有何差异?

3-8 增量成本这一术语指的是什么?

3-9 为什么决策者在决策时应当只关注相关成本?

3-10 什么是沉没成本?解释它们是不是相关成本。

3-11 哪些行为因素有可能影响一些管理者对于沉没成本与自己的决策是否有关的判断?

3-12 固定成本是否总是相关成本?

3-13 什么是机会成本？

3-14 可避免成本是相关的吗？请解释。

3-15 举一个固定成本与自制或外购决策相关的例子，再举一个固定成本与自制或外购决策不相关的例子。

3-16 在自制或外购决策中，哪些定性的考虑因素是相关的？

3-17 在自制或外购决策中哪一项机会成本是相关的？

3-18 在分析是否应放弃某一产品或部门时，会遇到哪两个与其对于成本或收入的影响有关的难题？

3-19 "价格必须同时覆盖生产产品的固定成本和可变成本。"你是否同意上述说法？请解释。

3-20 "当生产能力受到限制时，通过每种产品的单位贡献进行排序来决定生产哪种产品。"你是否同意上述说法？请解释。

3-21 "当生产能力是有限的而且有可能获得更多的顾客订单时，企业必须考虑机会成本以评估这些新订单的赢利能力。"你是否同意上述说法？如果同意，在这一背景下存在哪些机会成本？

3-22 线性规划有哪三个组成部分？

练习题

3-23 区分可变成本与固定成本 将下列成本划分为单位产品的可变成本和固定成本。

(1)生产主管人员的薪酬；(2)汽车生产中使用的钢材；(3)家具制造中使用的木材；(4)工厂门卫的薪酬；(5)工厂机器设备的折旧；(6)机器的润滑剂；(7)运行某台机器所使用的电力；(8)生产工人的薪酬；(9)工厂厂房的租金；(10)家具制造中使用的胶水；(11)设备维护成本（每月维护一次）；(12)印制报纸时使用的纸张

3-24 区分可变成本与固定成本 将下列成本划分为单位产品的可变成本和固定成本。

(1)销售人员的佣金；(2)广告支出；(3)负责处理订单的员工的工资；(4)首席执行官的薪酬；(5)货运卡车的折旧费；(6)每单位产品的保护性包装；(7)公司总部的保险费；(8)产品递送过程中耗用的汽油

3-25 成本分类 珀西汉堡店（Percy's）规模很小，主要为附近一所大学的学生提供食物。它的营业时间是周一到周五的上午11点到夜里11点，出售汉堡包和蔬菜包。店主珀西·卢克（Percy Luk）雇用了两名厨师、一名服务生和一名兼职看门人为其工作。由于店内没有用餐的空间，珀西汉堡店经营的都是外卖业务。此外，几乎所有的订单都是购买一个汉堡包。珀西编制了上个月发生的部分成本的清单，如下所示。

汉堡包的用料
厨师的工资
服务生的工资
看门人的工资

厨房设备折旧费

纸张(包装纸、餐巾纸和纸袋)

租金

当地报纸上的广告费

要求：

根据上述成本与所销售的汉堡包的数量的关系，将其划分为可变成本和固定成本。

3-26 盈亏平衡分析 Klear 相机公司正在考虑是否引入一种新型的摄像机。该新机型的售价可能为 1 000 美元。每台摄像机的可变制造成本预计为 500 美元。可变的销售成本为售价的 10%。此外，公司预计该新机型每年的固定制造成本大约为 350 万美元。

要求：

(1) 计算 Klear 相机公司的单位边际贡献和边际贡献比率。

(2) 确定实现盈亏平衡时，Klear 相机公司必须出售的新产品的数量。

(3) Klear 相机公司正在考虑一项设计修改方案，可将每台摄像机的可变成本降低 50 美元。请说明，与最初的计划相比，这种变化是否会造成 Klear 相机公司盈亏平衡点的上升或下降。

3-27 对一家医院的盈亏平衡分析 莫顿医疗机构(Morton Medical Institute)是一家拥有 300 张床位、能提供一系列特殊医疗服务的医院。莫顿医疗机构的设施和设备通过长期租赁方式获得。医院每天平均向每位患者收取 2 000 美元。根据过去的成本资料，这家医院预测每个出诊日的可变成本为 500 美元，固定成本为每月 2 000 000 美元。医院的管理者预测每月会有平均 5 400 名患者来就诊。

要求：

(1) 莫顿医疗机构应向每位患者收取多少费用才能在这种作业水平上达到盈亏平衡？

(2) 参照与问题相关的原始资料。莫顿医疗机构平均每月需要有多少个出诊日才能实现每月 45 000 美元的目标利润？

3-28 盈亏平衡分析和目标利润、税收 Patterson Parkas 公司的销售收入为每件产品 30 美元，可变成本为每件产品 19.50 美元，固定成本为 147 000 美元。

要求：

(1) Patterson Parkas 公司每件产品的边际贡献是多少？

(2) 请计算 Patterson Parkas 公司需要销售多少件产品才能达到盈亏平衡。

(3) 请计算能使利润(税前)达到销售额的 20% 的销售收入。

(4) 如果税率为 35%，Patterson Parkas 公司需要销售多少件产品才能实现 109 200 美元的税后利润？

(5) 公司正在考虑将广告费提高 38 500 美元。它的销售量必须增加多少才能保证这笔广告费的增加是合理的？

3-29 盈亏平衡分析，目标利润 去年，爱珀公司(Able Co.)记录的销售收入是 1 260 000 美元，可变成本为 570 000 美元，固定成本是 480 500 美元。

要求：

(1) 爱珀公司实现 25 万美元的税前目标利润需要赚取多少销售收入？

（2）爱珀公司的盈亏平衡点销售额是多少？

3-30　多产品情形下的目标利润　A&Z公司同时在国内和国外销售产品。去年的固定成本总额为500万美元。为了提高总体的销售量，A&Z公司计划在下一年投入128万美元用于广告宣传。预计的平均价格和可变成本如下所示。

美元

	国内	国外
单价	50	40
单位可变成本	30	16

由于进行了广告投入，A&Z公司预计下一年的销售情况为：国内30万件，国外20万件。

要求：

使用预计的销售组合，为了在下一年收入20万美元，确定A&Z在国内和国外市场上必须售出的产品数量。

3-31　多品种产品的盈亏平衡分析　佛罗里达玩具公司(Florida Favorites Company)生产玩具鳄鱼和玩具海豚。每年的固定成本是129万美元。销售价格和可变成本如下：

美元

	鳄鱼	海豚
售价	20	25
单位可变成本	8	10

要求：

（1）假设该公司现在每年销售14万条鳄鱼和6万条海豚。并且假设销售组合保持不变，公司每年必须销售多少条鳄鱼和海豚才能实现盈亏平衡？

（2）假设该公司现在每年销售6万条鳄鱼和14万条海豚。并且假设销售组合保持不变，公司每年必须销售多少条鳄鱼和海豚才能实现盈亏平衡？

（3）请解释上述两种情况下的销售量为何并不一致。

3-32　定价及其对需求的影响　安德烈亚·金博尔(Andrea Kimball)最近获得了一家著名快餐连锁店的特许经营权。她正在考虑进行为期一周的促销活动，将汉堡包的价格下调0.4美元，从1.09美元降到0.69美元。为这次促销花费的本地广告费将为4 500美元。安德烈亚预期汉堡包和炸薯条的销量将分别增加20%和12%，但鸡肉三明治的销量将会下降8%。有些原本打算购买鸡肉三明治的顾客可能由于汉堡包降价转而购买汉堡包。下面是三种食品的售价、可变成本和周销量的资料。

产　　品	售价/美元	可变成本/美元	周销量/个
汉堡包	1.09	0.51	20 000
鸡肉三明治	1.29	0.63	10 000
炸薯条	0.89	0.37	20 000

要求：

评价这项促销活动对销售额和利润的影响。安德烈亚应该进行这项促销活动吗？还有哪些与这项决策相关的其他因素吗？

3-33 可变成本和固定成本，订单的赢利能力，机会成本 健康家庭公司（Healthy Hearth）专门从事营养午餐服务。公司每天提供的午餐都有一些新花样，可供选择的菜单每天都不相同，但是健康家庭公司对各种配菜收取相同的价格，因为它根据生产成本调整饭菜分量。健康家庭公司最近每月销售 5 000 份午餐。可变成本为每份午餐 3 美元，固定成本为每月 5 000 美元。某政府机构最近要求健康家庭公司下个月以每份 3.50 美元的价格为老年居民提供 1 000 份午餐，由志愿者无偿地将午餐递送给老年居民。

要求：

（1）假设健康家庭公司有足够的闲置生产能力供应下个月的政府订单。如果接受订单，新订单对健康家庭公司的经营收益有何影响？

（2）假设健康家庭公司将不得不放弃正常销售 500 份午餐，并以每份 4.50 美元的价格供应下个月的政府订单。如果接受订单，新订单对健康家庭公司的经营收益有何影响？

3-34 相关成本和沉没成本 唐·巴克斯特（Don Baxter）有一辆已使用了 6 年的 Impala 汽车需要维修，预计需要花费 5 400 美元。他的朋友艾伦·布鲁姆（Aaron Bloom）建议他花 5 400 美元买一辆已经使用 6 年的福特 Escort 汽车。艾伦估计了这两辆车的成本，如下所示。

美元

成 本	Impala	Escort
取得成本	24 000	5 400
维修成本	5 400	0
年运行成本：汽油、维修和保险	2 900	1 800

要求：

（1）在这一决策中，哪些成本是相关的，哪些是不相关的？为什么？

（2）唐应该怎么做？请解释。

（3）哪些定量因素和定性因素与这一决策是相关的？为什么？

3-35 相关成本和沉没成本 吉尔马克公司（Gilmark Company）有 1 万盏过时灯具的库存，每盏灯的成本是 12 美元。每盏灯目前的售价为 4 美元。也可以花费 5.5 万美元的总成本对其进行再加工，然后以每盏 10 美元的价格售出。

要求：

请分析是否应该对这些旧灯进行再加工。

3-36 相关成本和沉没成本 麦金农公司（McKinnon Company）的工厂经理正在考虑是购买一部新设备来代替旧设备，还是对旧设备进行检修以确保其符合工厂的高质量标准。现有以下资料。

	美元
旧设备	
初始成本	50 000
累计折旧	40 000
年运行成本	18 000
当前残值	4 000
第 5 年年末的残值	0
新设备	
成本	70 000
年运行成本	13 000
第 5 年年末的残值	500
对旧设备的检修	
检修成本	25 000
检修后年运行成本	14 000
第 5 年年末的残值	0

要求：

（1）对决策者来说哪些成本应该属于沉没成本？

（2）列举所有的相关成本，并指出它们在何时发生。

（3）工厂经理应该选择哪种方案？为什么？

3-37 相关成本和收入：替代决策 乔伊斯打印机公司（Joyce Printers, Inc.）正在考虑用更新、更快、更高效的打印设备来代替当前的旧打印机。有关资料如下。

项 目	当前设备	新设备
初始成本/美元	80 000	120 000
年运行成本/美元	50 000	30 000
剩余使用年限/年	5	5
第 5 年年末的残值	5 000	10 000

当前设备可以以 4 万美元的价格出售。继续使用旧设备将产生 2 万美元的维修和升级费用。

要求：

乔伊斯打印机公司应该继续使用当前设备吗？请解释。

3-38 自制或外购决策，相关成本 达文波特公司（Davenport, Inc.）的装配部门正在竞标一份 50 000 部智能手机的订单。装配部门很希望得到这份订单，因为该部门有大量闲置生产能力。除显示器和触摸屏以外每部智能手机的可变成本是 140 美元。该部门的采购经理已经收到了两份相关零部件的报价。一份来自公司内部的电子元器件部门，其要价是每个部件 35 美元，而其单位可变成本只有 30 美元。另一份来自外部供应商，要价是 34 美元。达文波特公司的电子元器件部门有充足的闲置生产能力来接这份订单。

要求：

（1）请分析对于装配部门来说，在两种情况下（自制和外购）这份订单的相关成本。

(2) 请分析对于达文波特公司整体来说，在两种情况下（自制和外购）这份订单的相关成本。

3-39 自制或外购 凯恩公司（Kane Company）正在考虑外购一批关键零件。一位可靠的供应商的要价是 64.50 美元。以下是公司自制该零件的单位成本。

	美元
直接材料	23.40
直接人工	16.10
可变的间接成本	26.70
固定的间接成本	6.90
总成本	73.10

要求：
(1) 关于凯恩公司的支持成本需要做哪些假设？
(2) 凯恩公司应该从外部购进该零部件吗？
(3) 还有哪些因素与这一决策是相关的？

3-40 自制或外购决策，机会成本 普瑞米尔（Premier）公司生产用于本公司出品的几种农业设备的零件 G37，年产量是 2 万个。G37 的单位成本如下。

	美元
直接材料成本	55
直接人工成本	30
可变的间接成本	25
固定的间接成本	15
总成本	125

普瑞米尔公司也可以选择从外部供应商处购进该零件，单价是 120 美元。如果公司外购 G37 零件，那么原来用于生产 G37 的设备可以用于生产另一种零件 G49。这样可以为普瑞米尔节省设备租金 113 000 美元以及当前发生的其他成本。请问普瑞米尔公司应该自制还是从外部购进 G37？

3-41 自制或外购决策，相关成本，机会成本 费伯机车公司（Fab Motors）位于美国印第安纳州 Pitcairn 的工厂过去 25 年一直在生产压缩机。现在，外部供应商高级压缩机公司（Superior Compressor Company）愿意以 200 美元的单价提供 C38 型压缩机。C38 的单位制造成本如下。

	美元
直接材料	80
直接人工	60
可变的间接成本	56
固定的间接成本	17
总成本	213

要求:

(1) 如果该公司的 Pitcairn 工厂目前有闲置生产能力,它应该接受高级压缩机公司提供的产品吗?

(2) 如果当前公司的设备已经充分利用,并且额外生产能力可用于生产其他型号的压缩机,那么可以接受的最高购买价格是多少?

3-42 放弃一个分部 乔治烧烤公司(George's Grill)分析了餐馆、酒吧和台球厅三个部门的赢利情况。每个部门的收入、可变成本以及可归属的固定成本(如果该部门撤销则可以避免的成本)如下所示:

美元

	餐 馆	酒 吧	台 球 厅
收入	320 00	150 000	40 000
可变成本	120 000	35 000	10 000
可归属的固定成本	80 000	25 000	15 000

公司的所有者乔治正在考虑将台球厅场地用来扩大酒吧的营业面积。

要求:

(1) 根据上述部门的利润分析(各个部门的收入减去直接成本),并且不考虑转换经营带来的成本,酒吧的收入必须增长多少才能保证公司的利润和现在一样多?

(2) 在决定将台球厅场地用来扩大酒吧的营业面积之前,乔治还应该考虑哪些因素?

3-43 特殊订单定价 麦吉公司(McGee Corporation)位于 Oympia 的工厂生产用于汽车制造的组件。公司的实际生产能力是每周 4 000 件。每件售价为 900 美元。本季度每周产量为 3 000 件,而且每周都能将组件销售一空。组件的市场需求有望保持稳定。本周 3 000 件组件的总成本是 300 000 美元的固定成本,外加 2 400 000 美元的可变成本。

假设一个新的供应商迫切要求下周发运 1 500 件组件,而工厂无法安排加班生产。麦吉公司为此将不得不放弃目前的销售以满足新订单。如果麦吉公司接受新订单,总的销售和管理成本将不会改变。

要求:

麦吉公司为新订单索取的最低价格应该是多少?

3-44 特殊订单的定价 海滨森林鞋业公司(Shorewood Shoes Company)生产和销售多款儿童皮鞋。就目前所生产的各种款式和尺码的产品组合而言,每双鞋的平均售价和成本如下。

项 目	金额/美元
价格	20
成本	
直接材料	6

续表

项　　目	金额/美元
直接人工	4
可变的间接制造成本	2
可变的销售成本	1
固定的间接成本	3
总成本	16

鞋以每批 100 双的形式组织生产。生产一批产品需要花费 5 机器小时。工厂每个月总计有 4 000 机器小时的生产能力,但目前的月产量仅消耗了大约 80% 的生产能力。

一家折扣店向海滨森林公司定制 10 000 双鞋,下个月交货,并要求在鞋上加印折扣店的商标。加印这些商标需要花费 0.50 美元/双的成本。然而,这份特殊订单不会使公司发生可变销售成本。

要求:

计算海滨森林公司为这份订单收取的最低价格。在这个决策中,还有其他哪些相关因素?

3-45 出口订单 贝里公司(Berry Company)每年生产和销售 30 000 箱保鲜水果。下面是其成本信息。

美元

成 本 项 目	每 箱 成 本	总　成　本
可变的生产成本	16	480 000
固定的生产成本	8	240 000
可变的销售成本	5	150 000
固定的销售和管理成本	3	90 000
总成本	32	960 000

贝里公司在完全生产成本的基础上加价 40%。公司还有剩余的生产能力可以再生产 15 000 箱。一家法国的超市提出购买 10 000 箱产品,价格是 40 美元一箱。为了完成该订单,贝里公司的每箱产品将产生附加的运输和销售成本 3 美元。

要求:

如果公司接受该订单,将对公司的营业利润产生何种影响?

3-46 订单的赢利能力,附加班次决策 里特旋转器公司(Ritter Rotator Company)的车间设备每季度可以生产 60 000 个旋转器。今年第一季度的经营成果如下。

美元

销售额(36 000 个,单价 10 元)	360 000
可变的制造和销售成本	198 000
边际贡献	162 000
可变成本	99 000
营业利润	63 000

一家国外分销商提出要在今年第二季度以 9 美元的单价购买 30 000 套旋转器。国内需求预期与第一季度相同。

要求：

(1) 确定里特公司接受该订单对其营业利润的影响。与这项决策有关的其他因素是什么？

(2) 假设里特公司决定加班，以便在不影响对此前国内客户的销售的前提下接受这份国外订单。如果增加班次，生产能力将增加 25%，固定成本将增加 25 000 美元。确定如果里特公司增加班次并接受该订单对其营业利润的影响。与这项决策相关的其他因素是什么？

3-47 货架组合决策 超级市场（Superstore）是一家大型折扣超市。由于利润下滑，管理者收集了有关不同食品分类的收入和成本资料。以下是关于超级市场所销售的一些冷冻食品的资料。为了便于比较，管理者根据平方英尺的包装列出了每类食品的平均价格和成本信息。

	冰激凌	果汁	速冻食品	速冻蔬菜
单价（平方英尺包装）/美元	12.00	13.00	24.00	9.00
单位可变成本（平方英尺包装）/美元	8.00	10.00	20.50	7.00
需要的最小平方英尺货架	24	24	24	24
可提供的最大平方英尺货架	100	100	100	100

管理者计划上述 4 类食品最多可占用 250 平方英尺的货架。

要求：

(1) 要满足管理者的计划限量，同时假设超市可以卖出货架上的所有商品，对于上述 4 类食品，什么样的货架组合（即每种食品各占多少平方英尺的货架）才能使 4 类食品给超级市场带来最大的边际贡献？

(2) 在决定每类食品占用多少空间的时候，管理者还应考虑其他哪些因素？

3-48 产品组合决策 博伊德木器公司（Boyd Wood Company）生产普通和豪华两种木地板。普通地板每平方码售价 16 美元，豪华木地板每平方码售价 25 美元。普通地板的可变成本是每平方码 10 美元，而生产豪华地板的可变成本比普通地板多 5 美元。每生产 100 平方码的普通地板需要 15 个工时，而同样数量的豪华地板需要 20 个工时。每周公司有 4 600 个工时可用于生产。普通地板和豪华地板每周的最大销量分别为 30 000 平方码和 8 000 平方码。每年的总固定生产成本为 600 000 美元。

要求：

所有的销售成本都是固定成本。两种地板的最优产量是多少？

综合题

3-49 成本分类和目标利润 沃尔特木制品公司（Walt's Woodwork Company）制作和销售木架。沃尔特木制品公司的木匠在租赁的房子里制作木架。沃尔特在另一个地方还有一间办公室和一间陈列室，在那里顾客可以参观木架样品，还可以向销售人员提各种问题。公司每年都能销售完生产的木架。假设公司没有存货。以下是沃尔特木制品公司过去一年的有关信息。

(1) 产销量 50 000 架
(2) 单价 70 美元
(3) 制作木架的木匠工时 600 000 小时
(4) 制作木架所用的木材 450 000/单位
(5) 销售人员的工资 80 000 美元
(6) 办公室和陈列室的租金 150 000 美元
(7) 木工设备折旧 50 000 美元
(8) 广告费 200 000 美元
(9) 按销售数量支付的销售佣金 180 000 美元
(10) 杂项固定制造费用(支持性)150 000 美元
(11) 木架加工场地租金 300 000 美元
(12) 杂项可变制造费用(支持性)350 000 美元
(13) 办公设备折旧费 10 000 美元

要求：

根据上述信息，就成本习性做适当的假设，同时假设直接人工成本随着生产数量的变化正向变化。公司为了赚取50万美元的税前利润需要销售多少件木架？

3-50 引进新产品,赢利能力 桑托斯公司(Santos Company)正在考虑生产一种单价为105美元的新型个人CD播放机。公司的主计长在预计新产品的年销量将达到120 000台的基础上提供了下列边际成本信息。

美元

直接材料成本	3 600 000
直接人工成本	2 400 000
可变制造成本	1 200 000
销售佣金	销售额的10%
固定成本	2 000 000

销售经理预计引进这项新产品将会使现有产品的销量从300 000台下降到240 000台。原有产品的边际贡献是每单位20美元。

要求：

(1) 计算引进该新产品对桑托斯公司总体利润的影响。

(2) 公司应该引进这项新产品吗？请解释。

3-51 成本习性,成本分类 香农·奥赖利(Shannon O'Reilly)正在考虑是继续乘坐公共交通工具上班，还是买辆汽车，开车上班。在决定之前，她要先比较这两种选择的成本。

要求：

(1) 香农在估计使用汽车的成本时应该采用哪种衡量方法？

(2) 香农应该把哪些成本视为开车上班的增量成本(可变成本或付现成本)？

(3) 开车的固定成本是什么？

(4) 假设香农买了辆汽车，她将开着这辆车度假两周。那么香农应该使用什么衡量方法来估计旅行和住宿的费用？

3-52 成本习性与决策 第二城市航空公司(Second City Airlines)每周在纽约和芝加哥之间往返飞行 35 次,每次航班可搭载 150 位乘客,单程机票固定为每位乘客 200 美元。每飞行一次,燃料和其他与飞行有关的成本为 5 000 美元。飞机上的餐点成本为每位乘客 5 美元。纽约—芝加哥航线的飞行人员成本、地勤人员成本、广告支出以及其他管理支出合计为每周 40 万美元。

要求:
(1) 为达到 70 万美元的周利润,平均每次单程航班必须搭载多少乘客?
(2) 如果每次航班中的上座率都是 60%,那么为达到 50 万美元的周利润,第二城市航空公司在纽约和芝加哥之间每周要飞行多少次?
(3) 燃料成本是可变成本还是固定成本?
(4) 如果为避免座位空置而接收临时乘客,第二城市航空公司在航班上额外安排一名乘客的可变成本是多少?

3-53 盈亏平衡点和竞争性边际贡献分析 约翰逊公司和史密斯公司是为查尔斯堡(Charlesburg)机场提供豪华轿车服务的两家相互竞争的公司。约翰逊公司对大部分雇员根据每趟行程支付报酬,而史密斯公司则向雇员支付固定的薪水。有关这两家公司的每趟行程销售收入和成本结构如下。

美元

成 本 分 类	约翰逊公司	史密斯公司
每趟行程售价	30	30
每趟行程可变成本	24	15
每趟行程边际贡献	6	15
年固定成本	300 000	1 500 000

要求:
(1) 根据行程数据为两家公司计算盈亏平衡点。
(2) 为两家公司绘制利润与发车次数间关系的曲线图。
(3) 说明哪一家公司的成本结构更具赢利性。
(4) 说明哪一家公司的成本结构更具风险性。

3-54 多重盈亏平衡点 上个月,科普迪尼电容器公司(Capetini Capacitor Company)以每台 250 美元的价格向分销商销售电容器。在位于圣地亚哥的工厂,每月 3 000 台的销售量低于其单条生产线每月 4 400 台的生产能力。每台电容器的可变生产成本为 100 美元,每月固定成本为 200 000 美元,此外,可变的销售和辅助分销成本为每台 20 美元,而固定(与生产能力相关的)销售和分销辅助成本为每月 62 500 美元。根据市场部门的建议,公司本月将售价调低到 200 美元,并将每月广告预算增加到 17 500 美元。销售量预期会增长到 6 800 台/月。如果需求量超过单条生产线 4 400 台的生产能力,公司需要开动两条生产线生产。这样将会使每月固定成本增至 310 000 美元。

要求:
(1) 计算上个月每台电容器的毛利。

(2) 计算电容器销出多少台才可以达到10%的销售利润率(利润占销售额比率)。

(3) 计算本月的两个盈亏平衡点。

(4) 计算本月出售多少台电容器才能使其销售利润率与上个月相等。是否存在不止一种的可能销售额使该等式成立?

3-55 数量变化对成本的影响 卡伯兰诺容器公司(Capilano Containers Company)生产高质量的容器。公司与工会协议,保障雇员的月薪(共计80 000美元)和其他额外福利。这一协议使公司获得每月4 000小时的人工生产能力。但按协议要求,即使没有工作任务,工人处于空闲状态,仍必须按月足额支付工资。如果工作任务紧急,需要增加工时,那么超时工作的成本为30美元/小时。

生产中,机器调试工作需要4小时,每件容器的生产需要0.05小时。可变成本由以下部分组成:每件容器的材料成本为1.60美元,制造支持活动的成本为8美元/工时。此外,公司每月还必须支付20 000美元的销售和管理费用以及36 000美元的设备和工具租赁费。

4月,公司共接到了90份订单,其中有60份订单每份订购800个容器,30份订单每份订购1 600个容器。

要求:

计算4月份公司的总成本。

3-56 订单的赢利能力和机会成本 唐森公司(Dawson Company)每年生产和销售80 000个特制的食品盒。每个盒子包装同类食品。公司计算的年度成本数据如下。

美元

成 本 项 目	合　　计
可变生产成本	400 000
固定生产成本	480 000
可变销售成本	320 000
固定销售和管理成本	200 000
总成本	1 400 000

唐森公司每盒食品的正常售价为25美元。一个新食品批发商提出以每盒22美元的价格购买8 000盒食品。为了满足该订单的要求,唐森公司将为每盒食品承担1美元的包装费。

要求:

(1) 假设唐森公司有过剩的生产能力用来生产额外的8 000盒食品。如果接受该订单,将对唐森公司的收益产生什么影响?

(2) 假设唐森公司的过剩生产能力不足以用来生产额外的8 000盒食品,而只能用来生产额外的3 000盒食品。如果接受该订单,将对唐森公司的收益产生什么影响?

3-57 订单的成本核算,赢利能力,机会成本 韦德马克公司(Wedmark Corporation)在加利福尼亚州库比蒂诺市(Cupertino)的工厂生产个人计算机芯片。工厂实际生产能力为每周2 000个,每周固定成本是75 000美元。每个芯片的售价为500美元。本季度工厂每周生产了1 600个芯片。在这个生产水平上,可变成本是720 000美元。

要求:

(1) 如果工厂按实际生产能力生产,工厂每周的利润将是多少?

(2) 假设有一位新客户表示,愿意在本季度内每周以480美元的单价订购200个芯片。如果公司接受了这位客户的订单,周产量将从1 600单位上升到1 800单位。公司的利润将会发生什么变化?

(3) 假设上一题中的客户是以480美元的单价每周订购600个芯片,而韦德马克公司无法安排超负荷生产。因此,韦德马克公司必须放弃某些销售以满足该客户每周600个芯片的需求。在这种情况下公司的利润又会发生什么变化?

3-58 相关成本与设备更新决策 安德森百货商场(Anderson Department Stores)正在考虑更换商场现有的电梯系统。有人建议采用新的电梯系统,新系统与现有电梯系统相比速度更快、故障更少,从而可以节省大量运行成本。以下是现有电梯和新电梯的有关信息。

项　　目	现有电梯系统	新电梯系统
初始成本/美元	300 000	875 000
剩余使用年限/年	6	6
年现金运行成本/美元	150 000	8 000
当前残值/美元	100 000	—
6年以后的残值/美元	25 000	100 000

要求:

(1) 哪些成本与决策是不相关的?

(2) 哪些成本是相关成本?

3-59 增量收入和成本,特殊订单 基尼斯电池公司(Genis Battery Company)正在考虑是否接受一份来自折扣零售店的50 000节电池的特殊订单。该订单指定的价格是4.00美元,比公司的正常售价4.50美元低0.5美元。公司的会计部门提供了如下分析,以反映由于额外销售带来的成本节约。

成　　本	没有额外销售时的单位成本(100 000节)	有额外销售时的单位成本(150 000节)
可变成本/美元	3.30	3.30
固定成本/美元	0.90	0.60

接受这份订单不会增加额外的固定成本,因为公司有闲置生产能力。因为平均单位成本将从4.20美元下降到3.90美元,公司总裁认为这份订单指定的4.00美元单价是可接受的。

要求:

(1) 应该接受这份单价4.00美元的50 000节电池的订单吗?这对公司的营业收入有什么影响?

(2) 会计部门的分析是评估该决策的最好方法吗?如果不是,你能给出其他建议吗?

(3) 对于这个案例来说,还有其他应该考虑的因素吗?为什么?

3-60 相关成本,沉没成本,产品替代决策 福州公司(Fuchow Company)的生产经理希德·杨(Syd Young)去年为公司购买了一台切割机。6个月以后,希德发现了一台比他购买的那一台更优良的切割机。以下是关于这两台机器的资料。

项目	旧机器	新机器
取得成本/美元	300 000	360 000
剩余使用年限/年	4	4
目前的残值/美元	100 000	—
4年以后的残值/美元	4 000	6 000

旧机器的年运行成本是140 000美元。新机器将年运行成本降低了60 000美元。这个金额不包括折旧费用。福州公司采用直线折旧法。这些运行成本的估计不包括返工成本。新机器还会使废品率从当前的5%降低到2.5%。所有不合格品将返工,单位返工成本是1美元。公司的年平均产量是100 000台。

要求:
(1) 希德应该用新机器来更新旧机器吗?请解释,并列出所有的相关成本。
(2) 对于该决策而言,哪些成本应被视为沉没成本?
(3) 还有哪些因素会影响希德的决策?

3-61 自制或外购决策 博的餐厅(Beau's Bistro)以价廉物美而著称。餐厅的糕点师所做的甜点是最具特色的一道菜。糕点师提出他将在一个月内搬到另一座城市,并主动提出向接替他工作的糕点师传授甜点制作方法。博对餐厅利润的不断下滑一直很关注,但由于面临激烈的竞争,又无法提高售价。他认为,现在正是考虑从外部购买甜点的时候。博对这种甜点的生产和配送进行了招标。在比较两家公司的投标时,他也在考虑雇用一名新的糕点师在店里自制甜点。第一份投标来自一位美食生产商,他愿意以每月5 500美元的价格提供产品以满足餐厅的现有需求,并且愿意定期引进新的美食点心。第二份投标来自另一位美食生产商,他愿意以每月5 000美元的价格为餐厅提供高质量的传统口味的点心来满足其现有需求。如果自制,博预计每月会发生下列成本。

	美元
原料	500
糕点师的工资	3 500
助手的工资	1 500
直接支持成本	200
总计	5 700

要求:
(1) 与这项决策相关的定性因素有哪些?
(2) 你会建议博外购甜点吗?请解释。

3-62 外包,道德因素 霍伦贝瑞公司(Hollenberry, Inc.)是一家成功地面向全球顾客提供目录邮购服务的企业。公司总部设在一个远离商业区的小城。在过去几年中销量稳步增长，目前的呼叫中心设备无法满足现有的销售水平。管理者正在考虑将呼叫中心的业务外包给另一家专营呼叫业务的公司。如果外包，当前的大部分员工将失去工作，因为他们不愿意被重新安排到新的靠近商业区的呼叫中心。这些员工大部分都已经在该公司工作了20多年。无论呼叫中心设在哪个地区，顾客都会拨打一个免费电话号码。但是如果将呼叫中心外包，可以获得更多通晓多种语言的呼叫员。公司明确了自营呼叫中心会发生如下成本。

美元

| 人工成本 | 650 000 | 房屋租金 | 60 000 |
| 电话费 | 35 000 | 其他支持成本 | 42 000 |

如果将呼叫中心外包，相关的办公设备将以20 000美元的价格出售给新的呼叫中心。这些设备的初始购买成本是100 000美元。同时，公司不必再租用房屋，呼叫中心的雇员有机会转到外部呼叫中心，从而他们的工资也将由外部呼叫中心支付。其他支持成本是与目前的呼叫中心的房屋和办公设备有关的支持成本。

如果该公司将呼叫中心外包，并且下一年呼叫的数量和模式不变，公司每年将付给新的呼叫中心700 000美元。

要求：
(1) 哪些成本对于外包呼叫中心的决策是相关的？
(2) 在制定这项决策时，应考虑哪些重要的定性因素？
(3) 公司应该怎么做？请给出你的建议的理由。

3-63 终止生产某种产品 商业公司(Merchant Company)生产和销售三种型号的电子打印机。公司总裁肯·盖尔(Ken Gail)正在考虑是否停止JT484打印机的生产，因为该产品在前三个季度连续亏损。下面是最近一个季度的产品经营资料。

美元

项目	总计	JT284	JT384	JT484
销售总额	1 000 000	500 000	200 000	300 000
可变成本	600 000	300 000	100 000	200 000
边际贡献	400 000	200 000	100 000	100 000
固定成本				
租金	50 000	25 000	10 000	15 000
折旧费	60 000	30 000	12 000	18 000
水电费	40 000	20 000	5 000	15 000
监管费	50 000	15 000	5 000	30 000
维修费	30 000	15 000	6 000	9 000
管理费	100 000	30 000	20 000	50 000
固定成本总计	330 000	135 000	58 000	137 000
经营损益	70 000	65 000	42 000	(37 000)

另外还有如下信息：
- 停止生产JT484打印机对公司的厂房租金和折旧费没有影响。

- 如果停止生产JT484将使每个季度的水电费从40 000美元降低到31 000美元。
- 如果停止生产JT484可以避免JT484的监管成本。
- 如果停止生产JT484,那么维修部门每个季度的成本可以降低7 000美元。
- 如果停止生产JT484,那么可以少雇用两名管理人员,他们每个季度的工资总计为30 000美元。

要求:

(1) 商业公司应该停止生产JT484吗?

(2) 商业公司的销售经理认为,为了维持一整条产品线,继续生产JT484非常重要。他预计如果停止生产JT484,将会使其他两种产品的销量分别减少5%。这一信息会改变你对问题(1)的答案吗?请解释。

3-64 放弃亏损的产品或部门 在互联网上或电子图书馆里搜索"关闭表现不佳的部门"、"亏损产品"或类似的短语,找到一个公司关闭不赢利的店面,或放弃亏损的产品或服务的实例。描述在该实例中,公司在做决策时需要考虑的产品、收入和其他事项。

3-65 产品组合和加班决策 优胜公司(Excel Corporation)生产三种产品。工厂的生产能力在一班制的基础上是每年120 000机器小时。直接材料和直接人工都是可变成本。以下材料有助于制订计划。

产品	下一年的总需求	售价/美元	直接材料/美元	直接人工/美元	每单位可变间接成本/美元	机器小时/小时
XL1	200 000	10.00	4.00	2.00	2.00	0.20
XL2	200 000	14.00	4.50	3.00	3.00	0.35
XL3	200 000	12.00	5.00	2.50	2.50	0.25

要求:

(1) 给定生产能力约束,确定使公司利润最大化的三种产品的产量水平。

(2) 如果公司决定加班生产,每单位产品的直接人工成本将由于加班补贴而增加50%。单位材料成本和变动支持成本将保持不变。有必要加班生产吗?

3-66 订单的赢利能力,机会成本,生产能力 位于纽约州特洛伊的哈德森循环系统公司(Hudson Hydronics, Inc.)生产和销售高质量的循环控制设备。公司生产HCD1和HCD2两种产品,产品信息如下。

美元

单位产品成本	HCD1	HCD2
直接材料	60	75
直接人工	80	100
可变支持成本	100	125
固定支持成本	80	100
单位总成本	320	400
价格	400	500
销量/台	2 000	1 200

包括额外福利在内的平均工资率为每小时 20 美元。工厂有 15 000 直接人工工时的生产能力,但是目前的生产只利用了 14 000 直接人工工时的生产能力。如果需要,哈德森循环系统公司可以雇到额外的直接人工来满足 15 000 直接人工工时的生产能力。

要求:

(1) 如果哈德森循环系统公司把 HCD2 的价格降到每套 400 美元,一位新的客户愿意购买 200 套。生产 200 套 HCD2 将花费多少直接人工工时?如果接受该计划,公司的利润会上升或下降多少(假设其他所有价格保持不变)?

(2) 假设顾客愿意每套出价 400 美元购买 300 套 HCD2。如果接受该订单,公司的利润会上升或下降多少?假设公司不能将生产能力增加到 15 000 直接人工工时以上来满足额外的需求。

(3) 假设工厂可以加班生产。重新回答(2)中的问题。加班的直接人工成本仅增加到每小时 30 美元。加班情况下与正常生产相比,可变支持成本上升了 50%。

3-67 生产能力和产品组合决策,线性规划 徐公司(Xu Company)生产两种木门:标准木门和高级木门。生产木门的工厂由切割、装配和磨光三个部门组成。每个部门的生产均消耗人工和机器小时。

在计划下个月的生产进度时,管理层面临的事实是劳动力短缺,而且有些机器必须停产进行大修。下面是关于三个部门下个月可用的直接工时和机器小时的资料。

可利用的生产能力	部门		
	切 割	装 配	磨 光
机器小时/小时	40 000	40 000	15 000
人工工时/小时	8 000	17 500	8 000

每单位产品所需的直接人工和机器小时如下所示。

可利用的生产能力	部门		
	切 割	装 配	磨 光
标准木门			
直接人工工时/小时	0.5	1	0.5
机器小时/小时	2	2	1
高级木门			
直接工时/小时	1	1.5	0.5
机器小时/小时	3	3	1.5

估计下个月标准木门的需求为 10 000 件,高级木门为 5 000 件。单位成本和价格信息如下所示。

美元

项 目	标准木门	高级木门
单价	150	200
单位成本		
直接材料	60	80

续表

项　目	标准木门	高级木门
直接人工	40	60
可变支持成本	10	15
固定支持成本	10	5

平均工资率为 20 美元/小时。各部门的直接人工和机器生产能力不能转移到其他部门。

要求：

（1）确定直接人工工时和机器小时生产能力能否满足下个月的需求。

（2）每种产品的产量为多少时才能使公司的利润最大化？

（3）假设由于流程改进，如今高级木门的磨光工序只需 1.2 机器小时，切割工序只需 0.8 机器小时。要想实现利润最大化，每种产品的产量应当为多少？

（4）提出一些可用以满足所有顾客需求的其他方法。

3-68　客户组合决策　斯潘塞·格兰特（Spencer Grant）是一位财务咨询师，与当地居民联系和会面，为他们做财务计划，并帮助他们在斯潘塞的雇主公司投资。斯潘塞对财务规划建议不收取任何费用。佣金的比率因不同的投资产品而不同。斯潘塞的雇主支付场地费和电话费，以及斯潘塞的差旅费。满意的客户会把斯潘塞推荐给自己的朋友，现在斯潘塞发现他每周工作 40 小时已经无法为这么多客户服务了。为了分析将时间花在哪里最能赢利，斯潘塞把现有的客户分为三类。花在每个客户身上的时间包括直接联系的时间、用于交通的时间以及调查研究和后续追踪的时间。斯潘塞将把一部分自己没有足够时间提供服务的客户介绍给他的同事。

	客户群体		
	A	B	C
每月对公司产品的平均投资额/美元	900	600	200
每月花在每位客户上的时间/小时	3	1.5	0.5
平均佣金率/%	6	5	4
现在的客户数量	20	60	120

A 类客户通常有兴趣听斯潘塞介绍公司提供的新投资产品，而且在和斯潘塞会面或在电话中交换意见后，会对新产品进行大额投资。B 类客户也会投资新产品，但通常投资金额比 A 类客户少。C 类客户喜欢和斯潘塞碰面，因为斯潘塞可以提供优秀的退休金计划和其他未来支出的计划，但是很少有可自由支配的资金用于投资。C 类客户通常会投资于佣金率较低的产品。然而，斯潘塞依然和这些客户保持联系，因为他预期当这些客户的事业有所发展后会进行更多的投资。

要求：

（1）根据上述资料，假设斯潘塞每月工作 160 小时，那么哪种客户组合可以使他的月佣金最大化？

（2）在制定客户组合决策时，斯潘塞还应考虑其他哪些因素？

案例

3-69 估计人工总成本 芭芭拉·班森(Barbara Benson)博士是巴灵顿医疗中心(Barrington Medical Center)病理实验室的负责人。班森博士将实验室的病理检验工作分成三类：简单的常规性检验、简单的非常规性检验、复杂检验。她预计简单的常规性检验需要2小时、简单的非常规性检验需要2.5小时、复杂检验需要4小时。芭芭拉博士估计了6月到8月3种检验工作的需求量，具体如下。

月份	简单的常规性检验	简单的非常规性检验	复杂检验
6月	800	250	450
7月	600	200	400
8月	750	225	450

实验室工作人员的报酬每月平均为3 600美元，每名工作人员每月工作150小时。当实验室的工作量过大以至超出所有员工所能提供的工作时间时，班森博士就会将一些检验工作交给附近的一家私人病理实验室处理。该私人实验室对这些检验的收费情况为：一次简单的常规性检验80美元、一次简单的非常规性检验100美元、一次复杂检验160美元。

班森博士考虑雇用20~27名工作人员。由于在雇用熟练员工方面存在一定的困难，巴灵顿医疗中心的主管要求芭芭拉博士对于员工的雇用期限至少为一个季度。

要求：

(1) 为了在完成工作的基础上实现成本最小化，班森博士应雇用多少名工作人员？最低成本是多少？

(2) 假设在雇用熟练员工方面不存在限制，巴灵顿医疗中心可以根据每月的工作需要随时调整雇员的数量，在这种情况下，班森博士每月应雇用多少名工作人员？这时的最低成本是多少？

3-70 价值陈述，本—量—利分析，固定成本，机会成本 诺斯通公司(Nordstorm Inc.)(http://www.nordstrom.com)和萨克斯第五大道(Saks Fifth Avenue)(http://www.saksfifthavenue.com)是高端零售商。利用下列资料来源回答后面的问题。

- 每家公司在网站上报告的公司历史（从公司主页上的"关于我们"链接进入公司的历史）。
- 每家公司的愿景或使命陈述。
- "Nordstrom Accelerates Plans to Straighten Out Business," *Wall Street Journal* (October 19, 2001)。
- "Nordstrom Regains Its Luster," *Wall Street Journal* (August 19, 2004)。
- "Struggling Saks Tries Alterations in Management," *Wall Street Journal* (January 10, 2006)。

要求：

(1) 根据本书第2章的内容，两家公司的价值陈述各是什么？

（2）诺斯通公司采取了哪些措施来降低成本？成本降低对诺斯通公司实现价值陈述将产生怎样的影响？

（3）为了实现长期赢利，诺斯通公司要承担哪些固定成本？这些赢利实现了吗？

（4）诺斯通公司的努力对于本—量—利分析中的售价、可变成本、固定成本和销量等要素有何影响？

（5）每家公司是如何努力扩大其顾客基础的？成效如何？诺斯通公司的"重塑自我"活动或萨克斯第五大道的"疯狂开司米"活动中涉及机会成本吗？

3-71 产品组合决策 阿拉米斯香料公司（Aramis Aromatics Company）以940美元/吨的价格生产产品AA100并销售给著名的化妆品公司。营销经理正在考虑将AA100进一步加工成香水，然后再卖给化妆品公司。预计产品AA101的市场价格是1 500美元/吨，产品AA102的市场价格是1 700美元/吨。AA101和AA102的最大期望销量分别是400吨和100吨。

工厂的年生产能力是2 400小时，目前已全部用来生产600吨AA100。营销经理建议公司在下一年销售300吨AA100、100吨AA101和75吨AA102。生产1吨AA100需要4小时，将AA100加工成AA101需要2小时，将AA100加工成AA102需要4小时。公司的会计人员编制了下面的成本表。

成本项目	每吨成本/（美元/吨）		
	AA100	AA101	AA102
直接材料			
化学制品和芳香剂	560	400	470
AA100	0	800	800
直接人工	60	30	60
生产性支持成本			
变动	60	30	60
固定	120	60	120
总制造成本	800	1 320	1 510
销售成本			
变动	20	30	30
固定	10	10	10
总成本	830	1 360	1 550
建议销量/吨	300	100	75
最大需求量/吨	600	400	100

要求：

（1）确定每种产品的边际贡献。

（2）在目前的生产能力约束下，确定总贡献最大时三种产品的产量。

（3）假设科斯莫斯香水公司（Cosoms Cosmetics Company）对新产品AA101非常感兴趣，希望签订长期合同购买400吨AA101。如果工厂的全部生产能力都用来生产AA101，它还愿意出更高的价钱。对于阿拉米斯公司来说，如果把全部的生产能力用于

AA101 的生产,则 AA101 的价格至少为多少才有利可图?

(4) 另外假设,AA101 的价格是 1 500 美元/吨,工厂的生产能力可通过加班暂时增加 600 小时。付给工人和管理员的加班工资将会增加直接人工和可变的生产性支持成本,对于所有产品而言,增幅为 50%。其他成本保持不变。是否值得加班?如果公司加班 600 小时,则三种产品的最优产量水平是多少?

3-72 葡萄酒行业中的可变成本、固定成本和决策的制定　A Votre Santé：葡萄酒行业中的产品成本定价与决策分析[①]

背景

A Votre Santé（AVS）是一间小型葡萄酒厂,所有人是凯·阿普鲁彻（Kay Aproveche）。凯与一家种植商有业务联系。该种植商共培育两种可供酿酒的葡萄：霞多丽（Chardonnay）和普通的白葡萄。当葡萄在藤上成熟时,AVS 会购进这些葡萄。公司负责摘葡萄以及全部的后续加工工序,直至生产出葡萄酒。2010 年,AVS 的销售额为 84.8 万美元,营业毛利约为 10 万美元,比例约为 11.6%（参见下表）。

销　　售	价格/(美元/瓶)	瓶数/瓶	销售额/美元	占总收入百分比/%
霞多丽—庄园	22	24 000	528 000	
霞多丽(非庄园)	16	9 000	144 000	
白葡萄酒	11	16 000	176 000	
总收入		49 000	848 000	
产品成本				
葡萄			124 000	
瓶子、标签、软木塞			122 500	
采摘葡萄的劳动力			14 500	
压榨葡萄的劳动力			2 400	
非直接材料			6 329	
折旧			8 100	
实验室支出			8 000	
生产办公室			12 000	
公共事业			5 500	
垃圾处理			2 000	
葡萄酒师			15 000	
监督人员			55 000	
木桶			4 725	
生产成本总计			380 054	44.8
毛利			467 946	55.2
行政与销售成本				
行政租金与办公室			20 000	
酒税			147 000	

[①]　© 2010 Priscilla S. Wisner. 经 Priscilla S. Winner 授权改编并使用。

续表

销售	价格/(美元/瓶)	瓶数/瓶	销售额/美元	占总收入百分比/%
销售佣金			98 000	
销售经理的工资			30 000	
行政人员的工资			75 000	
固定成本总计			370 000	
营业毛利			97 946	11.6

尽管需要非常注意加工中的细节,但是葡萄酒酿造过程还是比较简单的。葡萄在收获后,被送到酿酒厂清洗和压榨。通过压榨,葡萄汁与果肉、葡萄皮和枝茎部分分离。得到的葡萄汁用于酿酒;其余的果肉、葡萄皮和枝茎部分,在可能的情况下会倒回农田以循环利用,或者被直接处理掉。葡萄的出酒量取决于每年具体的气候与生长条件,包括温度、生长季节的长短、根茎以及所使用的肥料。

葡萄汁在榨出来后进入发酵过程。霞多丽葡萄使用橡木桶发酵,桶中的橡木味会进入霞多丽葡萄酒中。橡木桶的价格不菲(每只 500 美元),不过在使用 4 年后,可以以每只 200 美元的价格转卖给其他的小型酿酒厂。每只发酵桶中的葡萄汁可出产 40 箱葡萄酒。普通的白葡萄使用容纳罐发酵,一整罐的葡萄汁可出产 1 500 箱葡萄酒。发酵过程需要在一个温度可控的环境下进行,不过,每种发酵方法都会导致葡萄汁在发酵过程中因水分蒸发而出现少量的损失。凯·阿普鲁彻估计,在发酵过程中,霞多丽葡萄的总量大约会损失 10%,而普通白葡萄的总量大约会损失 5%。葡萄的收获季节从夏末一直延续到早秋;从收获开始,到最后的销售环节,通常要持续 11 个月的时间。

产品信息

AVS 共灌装三种葡萄酒:霞多丽-庄园、普通霞多丽和白葡萄酒。三种葡萄酒的相关信息如下。

- 霞多丽—庄园葡萄酒全部使用仅供 AVS 的霞多丽葡萄,预期售价为 22 美元/瓶。2010 年市场对霞多丽—庄园葡萄酒的需求预计为 24 000 瓶;
- 普通霞多丽葡萄酒由霞多丽—庄园葡萄酒灌装完后剩余的霞多丽葡萄酒,与经过发酵的普通葡萄酒混合而成,混合的比例为两份霞多丽葡萄(经过发酵)添加一份普通葡萄(经过发酵)。两种葡萄的发酵过程是相互独立的,直到灌装时才混合在一起。普通霞多丽葡萄酒的预期售价为 16 美元/瓶;
- 白葡萄酒由剩余的全部普通白葡萄制成,预期售价为 11 美元/瓶。

三种葡萄酒都在 AVS 灌装,并使用同一条生产线。通常,AVS 每年都会灌装足够满足市场需求的霞多丽—庄园葡萄酒,然后用剩余的全部霞多丽—庄园葡萄汁与必要数量的普通白葡萄汁按比例混合,灌装出普通霞多丽葡萄酒。最后,使用剩余的全部普通白葡萄汁来灌装白葡萄酒。凯期望今年的葡萄酒能够再一次全部售出。

与运营与成本有关的其他数据

霞多丽葡萄

- 2009 年的采摘量:10 万磅。
- 购入价为 8.55 万英镑。

- 预计在发酵和灌装过程中损失的葡萄汁比例：10%。

普通白葡萄
- 2009年的采摘量：6万磅。
- 购入价为3.85万英镑。
- 预计在发酵和灌装过程中损失的葡萄汁比例：5%。

葡萄酒的酿造
- 霞多丽葡萄在橡木桶中发酵，每只桶中的葡萄汁可生产40瓶葡萄酒。
- 每只桶的成本为500美元，可使用4年，在第4年年末可以200美元一只的价格售出。我们假设2009年的木桶必须全部重新购入。木桶的折旧年限为4年。
- 普通的白葡萄在容纳罐中发酵，每只容纳罐所装的葡萄汁可供生产1 500箱葡萄酒。

灌装
- 每箱(12瓶)葡萄酒需要使用36磅的葡萄(发酵后)。
- 在灌装过程中，葡萄酒装入酒瓶后，还需要塞上软木塞并打上标签。酒瓶、软木塞和标签的材料成本预计为2.5美元/瓶。

直接劳动力
- 采摘劳动力的成本为7.25美元/小时，预计每小时可采摘80磅的葡萄。
- 压榨劳动力的成本为8.00美元/小时，压榨全部葡萄预计总共需要300小时。

非制造成本支出
- 行政租金与办公室支出：预计为2万美元/年。
- 设备的折旧情况如下表所示。

设备名称	成本/美元	预期使用寿命/年
拖拉机	15 000	10
压榨机	6 000	10
容纳罐	40 000	20
灌装生产线	10 000	10
其他生产设备	15 000	5

- 非直接材料：部分葡萄酒酿造过程需要用到酵母和其他添加剂，它们有助于发酵并平衡葡萄酒的味道。每箱葡萄酒的平均非直接生产材料成本为1.55美元。
- 实验室支出：8 000美元的实验室支出包括实验室的日常用品和设备。生产监督人员和葡萄酒师使用实验室测试各生产阶段的葡萄和葡萄酒情况。
- 酒税：AVS需要为售出的每瓶葡萄酒支付3美元的消费税。
- 生产办公室：AVS雇用了一名兼职人员来帮助管理生产职能。此人负责订购日常用品，审核和批准生产发票，以及履行其他行政方面的职能。预计生产办公室的预算统一为12 000美元。
- 销售：凯的妹妹玛丽亚(Maria)受聘来销售AVS生产的葡萄酒，薪水为30 000美元/年。她的工作需要通过分销商来完成，分销商每售出一瓶葡萄酒会支付2美元给玛丽亚。
- 监督：凯的哥哥刘易斯（Luis）负责监督从采摘到灌装的整个葡萄酒生产过程。他的薪水和奖金每年共计 55 000 美元。
- 公共事业：公共事业成本主要发生在发酵过程中，发酵时需要保持恒定的温度。这部分成本预计为 5 500 美元。
- 垃圾处理：必须对压榨过程后剩余的果肉、葡萄皮和枝茎部分进行处理。其中的一半可以倒回农田作为堆肥循环利用，而另一半必须送到垃圾场掩埋，其成本为 2 000 美元。
- 葡萄酒师受雇帮助公司开发和测试葡萄酒。这部分成本以合同为基础，葡萄酒师每开发出一种新的葡萄酒，AVS 将支付 5 000 美元。
- 凯的主要工作是管理 AVS 的业务，她每年的薪水和奖金共计 75 000 美元。

问题

（1）为 AVS 编制一份单独的边际贡献损益表（参照表 3-2 中的"总计"一栏），其中要包含每一项支出。计算每瓶葡萄酒的平均收入和净收益（注意：不要按照葡萄酒的类型划分可变成本或固定成本）。

（2）另一家种植商还剩余 2 万磅 2009 年收获的霞多丽葡萄。AVS 现在有机会购入这些葡萄汁（这些葡萄已经过采摘和压榨）。如果 AVS 可以把这些葡萄与普通的白葡萄混合（按照 2∶1 的比例），新生产出的霞多丽葡萄酒如果售价定为 14 美元/瓶，则需要销售该葡萄酒带来 15% 的回报，那么，AVS 最多可为每磅霞多丽葡萄支付多少钱？

（3）除了在（2）中所说的葡萄成本，你还会考虑哪些因素来支持购入这批葡萄，而哪些因素又会阻止你购入这批葡萄？

第 4 章

产品成本的累积和分配

完成本章的学习后,你将能够:

1. 描述制造型组织、服务型组织和零售型组织中发生的成本流。
2. 理解直接成本和间接成本的概念,并能够使用这些概念对某种成本进行适当分类。
3. 制定间接成本率来计算产品的间接成本。
4. 对一个成本系统进行评估,确定其是否有可能歪曲产品成本。
5. 意识到产品和程序的特征是如何确定一个成本核算系统的适当结构的。
6. 设计和解释基本的作业订单和分步成本核算系统。
7. 了解向生产部门分配服务部门成本的方法。

Strict 的装裱服务

Strict's Custom Framing 提供高端的照片装裱服务。有一家银行需要给高级管理人员装裱照片,找到 Strict's Custom Framing 的所有者兼总裁达纳·斯特里克(Dana Strict)。这家银行想要在未来 5 年内装裱 400 幅照片,想要询问一个报价。

为了向银行提供报价,达纳要求公司的装裱负责人伊尼德·皮尔斯(Enid Pierce)编制成本预算。伊尼德的初期研究提供了以下信息。专业的肖像摄影师会经客户允许提供一张照片,每位管理人员可能需要 700 美元。银行会和摄影师签订合同,并直接向摄影师支付费用。

银行为所有的肖像指定了标准的相框尺寸和材质。装框成本包括木框、玻璃、衬垫、胶水、背衬、悬挂相框的五金件以及刻有管理人员名字的牌子。这些成本加在一起每幅照片需要 350 美元。伊尼德对这笔成本非常肯定,因为这是 Strict's Custom Framing 与现有供应商的合同固定价格。Strict's Custom Framing 的员工已经通过快递托运了一个相框模板,快递包装和运费(包括保险费用)为 100 元。

伊尼德现在不肯定的是照片装裱的其他成本。

装裱程序的第一步是从供应商提供的木材上切下木制相框所需的材料。工人们会使用线锯、胶水和钉子将材料安装在一起。一旦相框制作完成，工人们会在相框内添加肖像、玻璃、衬垫和背衬。最后，工人们会安装上悬挂照片所需的五金件。

对于是否需要在每一张照片的装裱成本中增加生产相框所需的其他成本（如机器和人工成本），伊尼德也不确定。

实例

了解餐馆行业成本的重要性

"你必须非常清楚定价，绝对不能要高价或者要低价，这两种后果都非常严重。这就意味着你要清楚地知道每一道菜的成本，然后收取相当于成本 2.5 倍的价格。"这是餐馆老板里昂·戈尔茨坦（Leon Goldstein）对著名厨师和餐馆咨询师戴维·阿德杰（David Adjey）说的话。

4.1　成本管理系统

在本章和后面的两章，我们将会讨论成本管理系统是如何测量产品、服务和客户的成本的。根据过去的经验，业界一般使用两种成本管理系统——作业订单成本核算和分步成本核算来测算产品和服务的成本。很多公司仍在继续使用这两种系统。20世纪80年代中期以来，有些公司已经开始采用作业成本法来测量产品、客户和服务的成本。成本管理系统因其向成本主体分配间接成本的方式而不同。本章我们将重点讨论两种传统的方式：作业订单成本核算系统和分步成本核算系统。

4.2　组织内的成本流

要计算产品成本，管理会计系统应该反映组织内的实际成本流。制造型组织、零售型组织和服务型组织有不同的成本流模式，这些模式会导致不同的管理会计优先级。

制造型组织

图 4-1 概括了简单组织中的制造程序。根据第 3 章讨论的内容，制造成本一般分为三类：直接材料、直接人工和间接制造成本。制作开始的时候，首先要从原材料中取出制作用材料，进入生产环节的原材料成本按照在制品库存账户已经从原材料中扣除。制作

程序需要人工和间接项目(如机器加工时间和工厂设施),这些项目的成本将记入在制品库存账户,因而被划入生产成本。间接成本的分配(或者划拨或安排)由成本核算系统确定。制作完成之后,工作随即转移到成品库存中,成本从在制品库存账户转移到成品库存账户。最后,商品被售出时,它们的成本就从成品库存账户转移到销售成本中。

虽然大多数组织的生产和成本程序通常比上述情况复杂很多,图 4-1 仍展示了所有制造成本核算系统的基本原则:根据产品在制作过程中消耗的资源来确定它们的成本。我们在本章的后面还会回到图 4-1 中来,详细讨论制造成本。

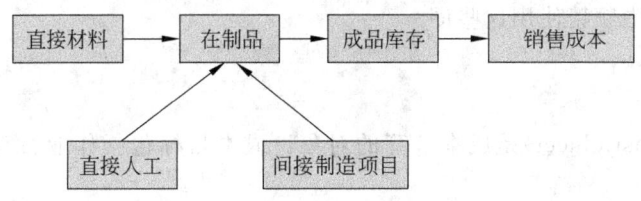

图 4-1 制作组织中的成本流

零售型组织

图 4-2 概括了零售型组织中的活动流。商品被购买的时候,它们的成本就进入一个累计商店商品库存成本的账户。商店运营会产生各种间接成本,如人工、商店折旧、照明和取暖。零售运营的重点是产品线或者百货商店的利润率。因此,与制造业一样,零售业的重点是如何分配各种间接成本来确定购买和销售产品的成本或者部门成本。但是,与制造业不同的是,制造业的间接成本通常占商品成本的一半以上,而零售型组织的商品成本占到购买和销售商品的 80% 以上。因此,在零售型组织内部,通过不适当的间接成本分配来篡改购买和销售成本的可能性要小于制造型组织。

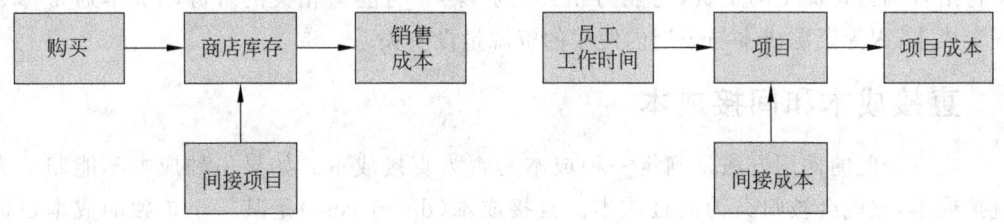

图 4-2 零售型组织内的成本流　　　　　图 4-3 服务型组织内的成本流

服务型组织

图 4-3 概括了承担大型项目的服务型组织(如咨询机构)的活动流。零售业的主要成本项目是商品,而服务型组织的主要成本项目通常是员工工资。在这种服务型组织中,重点就是确定一个项目的成本。因为员工工资通常占到项目总成本的 80% 或以上,而且它们很容易被分配到不同的项目或服务之中,在这种服务型组织中,成本系统发生扭曲的可能性要小于制造型组织。第 6 章讨论了服务业的成本核算问题,在服务业,与一位额外客户交易的成本比较低,这种情况包括银行业、空中旅行和电信。

因为在制造业,与处理生产间接成本有关的事项更为复杂,所以在下面的讨论中,我们将着重讨论制造型组织的成本核算问题。制造型组织成本核算的概念、工具和原则也适用于零售型组织和服务型组织。

4.3 一些重要的成本关键词

在讨论成本核算的关键事项之前,我们需要研究一些重要的成本核算关键词,我们将在后面的讨论中频繁使用这些词。

成本目标

成本目标(cost object)是成本核算的对象。成本目标包括作业、产品、产品线、部门甚至是整个组织。

可消费资源

又称为**灵活资源**(flexible resource)的**可消费资源**(consumable resource)的关键特征是,它的成本取决于使用的资源量。可消费资源包括家具厂的木材和钢铁厂的钢铁。可消费资源的成本通常被称为可变成本,因为总成本量取决于使用了多少资源。

与能力相关的资源

与能力相关的资源(capacity-related resource)的关键特征是,其成本取决于要求的资源能力的量,而不是需要使用的能力。如果某家工厂或者仓库的规模增加,与能力相关的成本就会增加。与能力相关的资源包括生产设备的折旧(与能力相关的资源)以及支付给咨询公司员工的工资(与能力相关的资源)。与能力相关的资源的成本通常称为固定成本,因为资源成本与短期内使用的资源量没有关系。

直接成本和间接成本

成本分配的常用方法是确定一种成本是否为直接成本。如果一种成本不能归类为直接成本,它就会被归类为间接成本。**直接成本**(direct cost)是某一个单独的成本目标的独有的且明确的成本。

实例

成 本 目 标

大多数人都曾为某个成本目标计算过成本。如果你的车要修理,或者你需要看牙医，又或者从某个餐馆订餐，你所获得的服务已经按照某种方式计入你的工作成本中。

这家印刷厂向所有者提供了为自己或客户印刷报纸的能力。印刷能力是由其计划运作的时间来确定的。

如果一个单独的成本目标消耗了一种可消费资源，则可消费资源的成本就是这个成本目标的直接成本。家具工厂里用于制作桌子的木材成本就是桌子的直接成本。

可消费资源有时会被视为间接成本，这种情况很少见，但也是可能的。例如，卡车使用的汽油是可消费资源，但是，汽油成本由车上所载的所有产品分担，因此，如果成本目标是车上的某一个产品，汽油成本对产品来说就是间接成本，因为车上的所有产品要共同分担汽油费用。

任何不能划分为直接成本的成本都是**间接成本**(indirect cost)。这听起来可能很简单，但是在成本核算中，关于直接成本和间接成本的纠纷是出现频率最高的纠纷之一。

大多数与能力相关的成本都是间接成本。与能力相关的成本也可能是直接成本，但是这种情况非常少见。例如，某个产品所需的生产设备的成本或者一家工厂的管理者的工作成本就是该产品的直接成本。要判断一种能力资源的成本是否为间接成本取决于如果成本目标被废弃，这家组织是否还需要使用这种资源。

实例

间接成本

从工业革命到 20 世纪早期，制造业主要靠人工驱动，其直接成本也大多由产品成本构成。自那之后，以自动化形式出现的间接成本逐渐取代了人工成本，对很多产品来说，间接成本现在是产品总成本的主要构成部分。制造业中间接成本的增加也相应增加了对成本核算系统的需求,因为成本核算系统能适当地处理间接成本。

简而言之,请记住,我们将可消费资源的成本称为可变成本,而且大多数的可变成本都是直接成本。我们将能力资源的成本称为固定成本,几乎所有的固定成本都是间接成本。

成本分类和背景

将一种资源(也就是其成本)分为直接或者间接是视情况而定的。假设你所在的大学拥有多个校区,你修的一门课程是管理会计课程,该课程由商学院的会计系提供,该门课程的教师教授 6 门课。让我们来重点看看教授管理会计的教师的工资。

如果成本目标是整个大学、大学校园、商学院或者会计系,则教师的工资就是一项直接成本。如果成本目标是你所参加的这门课程,这位老师的工资就是一项间接成本。为什么?因为你的课程和其他课程分享了一个与能力相关的资源(课程老师)。你可能会想到一个显而易见的方法,就是将教师的工资分成 6 份,其中 1 份分配给你参加的课程。但是在实际操作中,这样就会不可避免地出现关于成本分配的纠纷,即使是看起来很合理的分配方式也是如此。表 4-1 概括了一般可变成本和固定成本及其分类。

表 4-1 直接成本和间接成本的分配

资 源 特 征	资 源 名 称	成 本 名 称	一 般 分 类
在生产过程中消耗。资源的总成本和消耗的资源量成正比。例子包括:印刷报纸的印刷成本、洗衣篮的盖子所需的塑料以及早餐麦片所需的谷物	可消费资源	可变成本	直接成本
提供用于生产程序的性能。资源的总成本和所需资源的量而非所用资源的量成比例。例子包括:律师的工资、工厂设备折旧以及工厂资产的税费	与能力相关的资源	固定成本	间接成本

下一步

成本核算系统首先将成本分为直接或间接成本。直接成本会分配给适当的成本目标。间接成本会合理地分配给成本目标,这就意味着,这种分配方式应该反映成本目标对一种能力资源的长期使用以及与该种长期使用相关的成本之间的因果关系。

为了平衡本章的内容,我们假设直接成本可以进行合理确认并分配到适当的成本目标之上,这样我们就能主要讨论成本目标的间接成本的分配问题。

 ## 4.4 在制造业环境下处理间接成本

图 4-4 简单概括了我们到目前为止所讨论的内容。第一步是将成本分为直接成本和间接成本。如果成本为直接成本,它将直接分配给适当的成本目标。如果成本为间接成

本,它将分配到一个间接**成本库**(cost pool)(可能有一个或多个),然后将从这个间接成本库中划分出一个适当比例的间接成本给成本目标(一个或多个)。

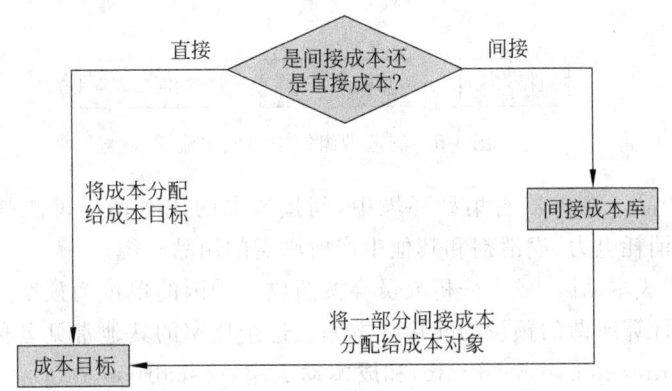

图 4-4　成本核算系统结构

我们现在来考虑一些有关间接成本库的设计和使用的细节问题。

制造系统的一种最简单的结构就是一个针对整个制造运营的单一的间接成本库,这是图 4-1 中描述的设置。通常称为**固定间接制造成本**(fixed manufacturing overhead)的工厂的间接成本的例子包括取暖、照明、工厂设备折旧、工厂税费和监管人员工资。在如图 4-1 所示的简单的成本核算系统中,这些间接成本都累计在一个单一的间接成本库中。

一些组织会创建另外一个被称为**可变间接成本**(variable overhead)的类别,这个类别包括机器电力消耗、归属为**间接材料**(indirect materials)的少量材料(线、胶水等)以及机器供应。可变间接成本实际上是那些价值过高或者过低以至于不能分配给某一个成本目标的直接成本,有一个例子就是用于家具制造的胶水。这些可变成本都累计在可变成本账户中。可变间接成本可能被划分为直接成本。另外一种情况是,在开发将间接成本分配给成本目标的方法时,简单起见,可变间接成本会与固定间接成本归为一类。在本章中,我们仍继续使用"间接成本"这一术语来强调在将固定的间接制造成本分配给成本目标时遇到的挑战。

组织会使用不同的账户(例如,图 4-5 中的"应用的间接成本")来记录**应用的间接成本**(applied indirect costs)(也就是说,本年中用于生产的间接成本)。这种情况所导致的结果就显示在图 4-5 中。图中显示了一个累计本年实际发生的间接成本的间接成本账户,还有第二个累计用于生产的间接成本的间接成本账户。我们会在后面讨论这两个账户之间的对账情况,但是现在我们仍然要重点强调这个应用的间接成本账户是如何运作的。

因为直到年终的时候才能知道本年的实际间接成本,当所有的成本累计之后,组织会使用一种预设的间接成本率将间接成本分配给本年的生产活动。制定这个间接成本率的第一步通常被称为成本动因,成本动因用于将间接成本分配给生产活动。成本分析人员尝试选择一种能最好地解释间接成本的长期行为的成本动因。在劳动力密集型环境中,间接成本的成本动因可能是人工工时,因为工厂工人使用工厂场所、设备和其他间

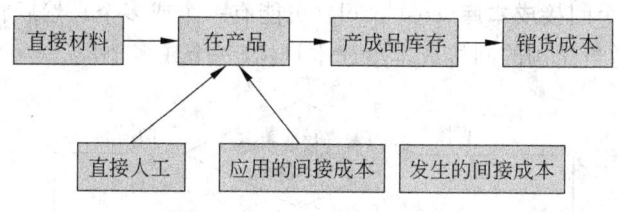

图 4-5 制造型组织中的成本流

接资源来制造产品。在机器密集型环境中,间接成本的成本动因可能是机器的工作小时,因为机器会消耗电力、润滑剂和其他生产所必需的用品。

一旦选择了成本动因,成本分析人员会按照成本动因的单位为预期的间接工厂成本分类,并以此来计算所谓的预设的间接成本率。这个比率的其他常见名称包括**预设间接成本率**(predetermined overhead rate)和**成本动因率**(cost driver rate)。在本章,这些词汇可以相互替代。

用于确定预设间接成本率的成本动因数量的选择引起了很多争议。我们将暂时回避这个争论,假设用于确定预设间接成本率的成本动因单位是工厂的**实际能力**(practical capacity)。我们现在可以按照下面的方式计算预设间接成本率:

预设间接成本率＝工厂预计总间接成本/成本动因的实际能力

例如,假设 Tim 公司的预计工厂总间接成本为 1 400 万美元。成本分析人员已经决定使用工时作为成本动因,工厂的实际性能按照工时表示是 250 000。预设间接成本率为 56 美元/直接人工工时。因此,对于工厂里用于生产的每个小时,56 美元的间接成本将应用于产品。这个例子使用了所谓的预设全厂间接成本率,因为全厂只使用了一个间接成本率。表 4-2 给出了产品 X456 的成本概要。

表 4-2 产品 X456 的成本概要　　　　　　　　　　　美元

	单位成本
直接材料	27.89
直接人工(2 小时@每小时 25 美元)	50.00
间接制造成本(2 小时@每小时 56 美元)	112.00
总制造成本	189.89

多个间接成本库

大多数组织会使用多个间接成本库来改善成本核算。成本核算得到改善的标志是成本核算系统能更精确地反映成本目标与成本目标使用的资源成本之间的因果关系。

间接成本库设计被认为是成本核算系统设计中一个最重要的选择,它要求具备大量技能,而且要对组织内的制造程序有充分了解。设计多个间接成本库时所广泛使用的两个方法就是将其建立在组织单位(如部门)或者作业(有时候是流程)(如调试和制造)的基础上。

很多产品要求对空气湿度进行控制,空气中不能有颗粒。这些干净的房间造价不菲,而且维护的成本也很高。这些成本应该分配到那些要求这种环境的产品中。

我们将继续 Tim 公司的例子来解释围绕组织单位设计的多个成本库。生产涉及两个主要的活动,它们被安排进制造和组装部门之中。制造部门的工人们将大块的金属材料送进计算机控制的机器之中,机器将这些材料切割成产品所需的部件。

组装部门的工人将金属部件组装起来,并进行最后的操作,如打磨和涂层处理。在制造部门,机器承担了大多数的工作(称为机器调节作业),而在组装部门,工人负责大部分的工作(称为人力调节作业)。Tim 公司的生产总监穆塔兹·可汗(Mumtaz Khan)认为,当前的系统有可能歪曲产品成本,因为公司的两个最重要的产品对制造系统有不同的要求,如表 4-3 所示。

表 4-3　产品 X456 和产品 X458 的生产要求

	产品 X456		产品 X458	
	机器制造部门	组装部门	机器制造部门	组装部门
直接人工工时	0.25	1.75	0.30	0.75
机器工作小时	0.15	0.05	0.25	0.06

这两种产品之间的主要区别是,产品 X458 的组装部件相对于产品 X456 来说数量更少,但是规格更大,因此,相对于 X456,制造部门需要更长的时间来切割 X458 的组装部件,但是在组装部门,X456 耗费的时间更少。

要记住一点,成本核算系统的歪曲现象与间接成本的处理有关。与间接成本处理有关的不适当的成本核算系统设计所导致的成本歪曲现象不会影响直接成本。因此,下面我们将只讨论对产品间接成本的处理。

假设工厂的会计人员建议将工厂间接成本中的 900 万美元分配给机器制造部门,将工厂间接成本的 500 万美元分配给组装部门。

机器制造部门的实际性能按照机器工作小时(该部门的成本动因)来表示就是 30 000,组装部门的实际能力按照人工工时(该部门的成本动因)来表示就是 200 000。因此我们可以按照下面的方式为两个部门计算预设间接成本率:

机器制造部门预设间接成本率=9 000 000/30 000=300(美元)
组装部门预设间接成本率=5 000 000/200 000=25(美元)

表 4-4 概括了因两个部门系统所产生的间接成本分配。

表 4-4　产品 X456 和产品 X458 的间接成本分配　　　　　　　　　　美元

产品 X456 的间接成本	
来自机器制造部门(0.15×300 美元)	45.00
来自组装部门(1.75×25 美元)	43.75
	88.75
产品 X458 的间接成本	
来自机器制造部门(0.25×300 美元)	75.00
来自组装部门(0.75×25 美元)	18.75
	93.75

请注意,产品 X458 在全厂间接成本率下的间接成本分配为 58.80 美元[(0.30+0.75)×56 美元]。我们前面按照全厂间接成本率系统计算了产品 X456 的工厂间接成本分配,我们将在表 4-5 中对两者进行对比。

表 4-5　产品 X456 和产品 X458 使用全厂间接成本率分配的
间接成本与使用多种间接成本率分配的间接成本

	产品 X456		产品 X458	
	计算	总额/美元	计算	总额/美元
全厂间系统	(0.25+1.75)×56	112.00	(0.30+75)×56	58.80
多个间接成本率系统	(0.15×300)+(1.75×25)	88.75	(0.25×300)+(0.75×25)	93.75

这两种间接成本率的系统对两种产品使用能力资源(机器小时和人工工时)的情况进行了更准确的追踪,因此,对于两种产品使用的能力资源成本提供了更准确、更有意义的分配。请注意,对产品 X458 来说,分配到的间接成本增加(相对于全厂间接成本率方法),因为产品 X458 消耗了更多的机器小时(成本更高的资源)。而产品 X456 分配到的间接成本则降低了,因为其消耗的资源成本更少。

成本库同质性

如果间接成本库中包含了拥有不同成本动因的成本,那么成本核算就会出现歪曲现象。下面的例子对这个现象进行了解释。

剑桥化学公司(Cambridge Chemicals)　剑桥化学公司生产两种用于消毒敏感表面(如医院的手术室)的产品。这两种产品的主要区别是,其中一种产品含有活性成分,因此这种产品的保质期只有 60 天左右,而另外一种产品的保质期则相当长。

该公司每个会计年度的间接工厂成本大约为 3 500 万美元。工厂的会计人员认为,产量最能体现工厂的实际能力,也就是 200 万升产品。

这就导致每升产品的预设工厂间接成本率为 17.50 美元/升(3 500 万美元/200 万升)。表 4-6 概括了每一种产品的每升预计成本,在计算每一种产品的销售价格的时候可以将这个成本加倍。

表4-6 剑桥化学公司：建立在全厂间接成本率之上的成本　　　　　　　　　　美元

	产　品	
	X234	X334
直接材料	35.00	44.50
直接人工	12.00	14.25
可变间接成本	4.25	6.75
固定间接成本	17.50	17.50
总成本	68.75	83.00
价格	137.50	166.00

因为有人反映,产品X234与其竞争对手相比价格过高,而产品X334又定价过低,工厂于是进行了一项成本研究。该项研究显示,总成本中大约800万美元的间接成本都与提供调试生产运行性能有关。而调试费用之所以很高是因为用于包装的机器必须进行仔细清洁和消毒以保证产品的纯净度。产品X234通常批量生产,每批平均10 000升,而产品X334每批约为1 000升。

有了这些信息,工厂的会计人员将固定间接制造成本分成两个成本库。第一库中的2 700万美元的成本按照产量进行分类,第二个库中的800万美元用于提供每阶段1 000批的调试能力。产量动因和调试动因的预设间接成本率分别为13.5美元/升(2 700万美元/200万/升)和8 000美元(800万美元/1 000)。这就产生了表4-7中报告的产品成本预测。

表4-7 剑桥化学公司：基于产量动因和调试动因间接成本率的成本　　　　　　美元

	产　品	
	X234	X334
直接材料	35.00	44.50
直接人工	12.00	14.25
可变间接成本	4.25	6.75
间接成本		
产量动因的间接成本(13.5美元/升)	13.50	13.50
调试动因的间接成本(8 000美元/10 000)	0.80	
调试动因的间接成本(8 000美元/1 000)		8.00
总成本	65.55	87.00
价格(总成本×2)	131.10	174.00

这个案例解释了因拥有不同成本动因的成本库以及使用能力不同的产品而造成的间接成本差异会导致成本核算中的歪曲现象。在这个案例中,产品X334涉及大量调试活动,在基于产量的系统中其成本被低估,因为大量的成本是受调试而不是产量驱动。

劳尔公司（Raul Company） 下面的例子能够解释我们现在讨论的问题。

劳尔公司生产木门。其生产分成三个步骤。第一步,工人们将木材用胶水黏合起来形成门,然后将门按照规定尺寸进行修整。第二步,门被放置在一个框架中,一台由计算机控制的槽刨机会按照客户的要求在门上刻槽。第三步,按照客户要求进行对门最后处理,然后包装运送给客户。第一步和第三步的工作主要由人工完成,第二步的工作主要由机器完成。每一步都有自己的成本动因和成本动因率。

表 4-8 概括了使用的资源和每一步的成本以及产品总成本,也就是 73.75 美元(29.25 美元+15.25 美元+29.25 美元)。

表 4-8 劳尔公司的作业订单成本核算

	成本类型	第一步	第二步	第三步
直接成本	材料/单位	5	无	1.5
	成本/(美元/单位)	2.5		3.5
	人工/小时	0.5	0.25	0.75
	成本/(美元/小时)	22.5	28.00	18.00
间接成本	成本动因	人工工时:-05	机器小时:-0.15	?
	成本动因率	11 美元/人工工时	55 美元/机器小时	14 美元/人工工时
成本计算	材料/美元	12.50	0.00	5.25
	人工/美元	11.25	7.00	13.50
	间接成本/美元	5.50	8.25	10.50
	总成本/美元	29.25	15.25	29.25
	产品总成本/美元	73.75		

4.5 间接成本分配:进一步的事项

使用计划能力成本

在早些时候,我们提到成本分析人员使用计划的,而非实际的与能力相关的成本来计算成本动因率。原因有如下几点。

1. 直到会计期(通常是一年)结束的时候才能得知年度实际的与能力有关的成本,而成本分析人员又想要在年底之前计算成本目标(如客户、产品和工作)的成本。

实例

为什么成本计算很重要

美国国防部说,他们已经暂停为洛克希德·马丁公司的一个系统出具证明。该系统用于分析航空项目(其中包括 F-35)的成本。暂停的原因是该系统未能有效解决其内在的缺陷。五角大楼确定,要收回对洛克希德位于得克萨斯沃斯堡的"挣值管理系统"的使用,从而保证公司及时采取纠正措施。国防部发言人谢里尔·欧文(Cheryl Irwin)在一次发言中如是说。

公司一般使用挣值管理系统(又称为 EVMS)来计划、控制和分析项目成本并确定可能的超支现象。五角大楼在尝试结束武器项目方面常年的超支现象时采取了上述行动。

资料来源:Adapted from Reuters, *Update 1—Lockheed Cost-Tracking System Loses Certification*, retrieved October 6, 2010, from http://www.reuters.com/article/idUSN0523484020101005

2. 使用计划的与能力相关的成本而不是实际成本为在会计期结束时比较实际的与能力相关的成本设定了一个基准。

实际能力成本与应用能力成本的对账

根据前面的讨论,为了管理一个使用基于计划成本的成本动因分配间接成本的系统,成本分析人员为每一个与能力相关的成本都使用两个成本库。一个成本库累计会计期间发生的实际的与能力相关的成本。第二个成本库累计应用于生产的与能力相关的成本。在年度结束时,两个账户的余额必须进行对账。

假设沃茨公司(Watts Company)使用一个单独的间接成本库,而且已经预测出与性能相关的成本为 1 000 万美元。沃茨公司使用能力资源的实际能力(也就是 50 000 机器小时)计算出了 200 美元(1 000 万美元/50 000)/机器小时的成本动因。

在本年中,实际的与能力相关的成本为 950 万美元,这是累计实际成本的间接成本库的余额。生产要求 45 000 机器小时。应用于生产的间接成本库的余额将为 900 万美元(45 000×200 美元)。这两个账户必须进行对账,这样就产生了一个问题,那就是成本分析人员将如何处理这 50 万美元的差额。请注意,实际成本比应用于生产的成本多出了 50 万美元。成本分析人员必须将未分配的 50 万美元的实际成本转移到某个对象之上。

方法 1:将实际间接成本与应用间接成本之间的差额转移到销售成本之上。

最简单的方法就是将 50 万美元转移到当前会计期的销售成本之上,也就是说销售商品的成本增加了 50 万美元。

方法 2:将实际间接成本与应用间接成本之间的差额分摊到在制品、成品和销售成本之中。

方法 2 是将 50 万美元的差额按比例分摊到在制品、成品和销售成本中。例如,如果应用间接成本在这些账户中的最后余额中所占比例为:在最终在制品中的比例为 25%,在成品库存中的比例为 30%,在销售成本中的比例为 45%。这 50 万美元的成本将分别为在制品库存、成品库存和销售商品库存增加 125 000 美元(25%×50 万美元)、15 万美元(30%×50 万美元)和 225 000 美元(45%×50 万美元)的余额。

方法 3：将实际间接成本与应用间接成本之间的差额分解成两个部分：(1)实际间接成本与预算间接成本之间的差额；(2)预算间接成本与应用间接成本之间的差额。

这种方法是最为复杂的一种方法。但是它强调了开发有助于确定实际成本与应用成本之间差额的原因的信息，因此与内部的决策制定目的相关。

1. 实际间接成本与预算间接成本之间的差额是 50 万美元(950 万美元－1 000 万美元)，这反映了一个有利的间接成本开销差异(请记住在短期内这种成本是固定的)。更低的实际成本对收入产生了有利影响，这种影响与预算成本相关。这个差额将直接转移到销售商品的成本之上。请注意，这种转移会将销售成本的余额减少 50 万美元。

2. 预算间接成本与应用间接成本之间的差额为 100 万美元(1 000 万美元－900 万美元)。这种差额源自闲置生产能力。前面提到，机器小时的实际能力为 5 000，而使用的实际机器小时为 45 000，这就意味着闲置生产能力为 5 000 机器小时(5 000－45 000)，其相关成本为 100 万美元(5 000×200 美元)。这个闲置生产能力成本将会直接转移到销售商品成本中。

这两步的净效应是使得销售成本余额增加 50 万美元(100 万美元－50 万美元)。虽然这种净效应与方法 1 的净效应相同，然而在方法 3 中，管理层得到了关于差额产生原因的更详细信息。

成本动因水平　到目前为止，实际能力为适当的成本动因水平。实际能力是四个常用的活动水平之一，这些活动水平都用来计算成本动因率。其他三个为(1)实际运营水平；(2)计划运营水平；(3)平均运营水平。

使用实际成本和实际成本动因活动　使用成本动因的实际水平来计算成本动因率会导致所谓的实际成本核算，因为成本动因率将会在会计期结束的时候按照成本动因的实际水平进行计算。那些认为所有的成本分配都应该反映"实际"成本的人比较支持这种方法，它也因此受到下面这种看法的驱动：任何使用实际成本和实际成本动因率之外的方法来分配间接成本的方法将会导致损益表和资产负债表存货估价报告的成本歪曲。可以说，大多数管理会计人员拒绝使用这种方法的原因是：第一，所有的成本都是估计成本；第二，这种方式使用实际成本掩盖了其他方法提供的管理益处。

使用计划成本和成本动因的计划水平　那些提倡将计划间接成本除以成本动因的计划水平来计算成本动因的人认为，这种方法提供了一种分配计划间接成本的实际尝试，也就为精确的产品成本计算提供了一种实际和适当的基础。这种方法的支持者中的大多数都希望在损益表和资产负债表的库存估价中提供他们所谓的"精确"的成本。

反对这种方法的原因与反对上面提及的实际成本核算方法的原因一致，也就是说，所有的成本分配都是随意的，因此讨论一个实际的或者精确的成本都是不切实际的。

第二种反对意见(可能是更重要的一点)是，这种方法在经济上说不通。关于成本是否用于财务报告或决策制定，大多数观察者都认为它们应该在经济上具有合理性。这种方法的问题在于现有的与能力有关的成本都是固定的，当计划的生产水平下降的时候，成本动因率将会上升，从而导致产品成本上升。当计划的生产水平上升的时候，成本动因率就会下降，导致产品成本下降。鉴于与能力相关的成本受到要求的能力（而不是使用的能力）的驱动，变动的成本动因率这个概念不能与某种现实情况保持一致，那就是与能力相关的成本是不变的。

第三种反对意见是管理层使用成本加成定价法的后果。请注意，当预期需求下降的时候，成本动因率将会上升，导致成本加成价格上升。在需求下降的时候提高价格绝不是什么好的策略，而且会导致所谓的"**死亡螺旋**"（death spiral）。上升的价格导致需求下降，而这又会进一步导致价格上升，因为成本动因率增加了成本加成价格。同样还要考虑下面这种状况，那就是政府与一家供应商在成本加成的基础上签订了合同。任何一个有理智的政府承包商都会同意在对能力的需求下降的时候增加成本，从而增加价格。

使用计划成本和平均活动水平　　从表面上看，在能力的有效期内使用计划间接成本和平均活动水平计算成本动因就是处理上面提及的两个问题。使用能力的平均水平实际上就是用于解释获得能力的作业率，因此这种方法似乎反映了能力水平和成本的经济基础。

这种方法的主要问题是，它掩盖了产品成本中闲置生产力的成本，没有明确地刺激管理层增加对闲置生产力的使用。另外，如果使用这种方法计算产品成本，所计算的这个成本必须与长期市场价格进行比较，那么这个价格就是不可靠的，因为没有客户会仅仅因为能够通过价格比其竞争对手（闲置生产力成本更低）收回更多的闲置生产力成本而向供应商支付更多的钱。

最后，使用实际能力来预估产品成本提供了一种实际的方法，而且这种方法为决策制定提供了清晰的指导并且刺激了管理层对闲置生产力进行处理。

对实际能力进行估价

要对实际能力进行估价首先要对理论能力进行估价。假设一台机器每周能工作100小时，那么设置实际能力最基本的原则就是，实际能力应该相当于理论能力的80%。换句话说，要保留大约20%的理论能力，在上述情况中，就是20小时的作业时间，例如，维护、调试和修理。

如果是一年内的人工工时，其理论能力是2 080小时（52周，每周40小时）。但是，工人一般每年会休假3周，而且每周工作大约35小时。因此，人工的实际能力为1 715小时（49周，每周35小时）。在这种情况中，实际能力就占理论能力的82%（1 715/2 080）。

Texas Metal Works　　Texas Metal Works（TMW）使用液压成型为客户生产多种金属部件。TMW的一个关键资源（也是关键瓶颈）是液压成型机器。这种机器按计划每天要工作16小时，一周工作5天。根据过去两年间对这种机器的研究，这种机器平均每天需要0.45小时进行维护，在调试时需要闲置1.25小时，每周需要3.75小时进行维修，还有因为材料缺乏导致的1.8小时闲置。如表4-9所示，这种机器的理论能力是每周80小时，实际能力是每周65.95小时。换句话说，实际能力占理论能力的82.44%。

表 4-9 Texas Metal Works：理论能力和实际能力

		小时数/小时	占理论能力百分比/%
理论能力（每周）	每天 16 小时×每周 5 天	80.00	100.00
实际能力扣除			
维护经费	每天 0.45 小时×每周 5 天	2.25	2.81
调试时间损失	每天 1.25 小时×每周 5 天	6.25	7.81
计划外修理和停机时间	每周 3.75 小时	3.75	4.69
材料缺乏导致的时间损失	每周 1.8 小时	1.80	2.25
每周损失的时间总和		14.05	17.56
实际能力		65.95	82.44

4.6 作业订单和分步系统

作业订单成本核算

作业订单成本核算(job order costing)是成本核算的一种方法，它能对具体的订单进行估算，因为每位客户的作业订单各有不同。在某些极端情况下，每一种产品或者服务都有独特的要求。有可能使用作业订单成本计算的例子包括客户的咨询预约，为发电厂建立一个核反应堆，按照餐馆菜单提供食物或者治疗医院里的某位病人。在上面的每一种情况下，提供产品或服务的组织一般都会将所有的直接材料和人工成本分配到工作中去。然后组织将使用我们先前讨论的处理间接成本的方法之一来分配间接成本。

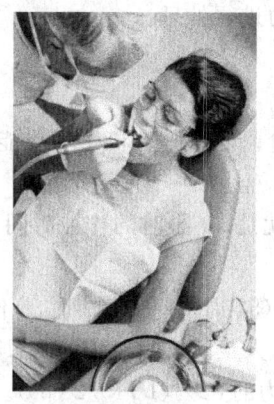

牙医诊室的员工会维护一份表格，表格上记录了这位病人所接受的所有治疗，以便制作一份关于实际提供服务的账单。

——Alamy Images

作业订单成本核算系统的目的之一是累计作业成本，因为作业各有不同，成本都各不相同。每一种作业的成本核算都是合计所有用于完成该作业所需的部门及活动的直接成本和间接成本。

分步成本核算

分步成本核算(process costing)是成本核算的一种方法，它一般用于所有产品都相同的情况。可以将所有产品的直接成本和间接成本相加获得所有产品的总成本，然后将总成本除以产品数量获得单位产品的成本。适用于分步成本核算的例子包括苏打水、早餐麦片、塑料水瓶和常规的服务(如在诊所提供疫苗注射服务)。

在这种情况下,成本分析人员会强调产品总成本的构成部分。让我们来看一个例子,这个例子描述了一个简单的分步成本核算环境。

The National Mint The National Mint 生产货币和纪念币。生产纯银纪念币的步骤如下:

(1) 熔化和铸型——将银熔化,然后倒入模块。

(2) 打磨和精轧——将银块在打磨机上打磨,然后使用精轧机将其切成银条,宽度等同于纪念币的宽度。

(3) 冲压切料——银条经过冲压裁断机,冲压出用于制作纪念币的扁圆形的银块。

(4) 镶边——圆形银块要使用镶边机镶边。

(5) 韧化——在圆形银块制作的过程中要进行几次退火韧化操作使得银币更有韧性。

(6) 清洁——银币会放置在一个清洁盆中用水和研磨料混合清洗打磨。

(7) 压印——银币会放置在压印机中进行正反两面的同时压印,压印要进行两次。

要制作纯银纪念币就要完成上面七个步骤。成本分析师会累计每一个步骤的成本来计算每一个铸造银币所需程序的成本。表 4-10 说明了制作 10 万枚纯银纪念币的分步成本核算系统的大致情况。

表 4-10 The National Mint:纯银纪念币的分步成本核算 美元

成 本	程 序						
	熔化和铸型	打磨和精轧	冲压切料	镶边	韧化	清洁	压印
先前工序转移来的成本							
本工序增加的成本	0	2 363 000	2 425 000	2 467 000	2 494 000	2 625 000	2 679 000
材料	2 300 000	6 000	1 000	3 000	75 000	23 000	4 000
直接人工	18 000	24 000	16 000	9 000	19 000	18 000	25 000
间接成本	45 000	32 000	25 000	15 000	37 000	13 000	45 000
本工序总成本	2 363 000	62 000	42 000	27 000	131 000	54 000	74 000
本工序中单枚银币的成本	23.63	0.62	0.42	0.27	1.31	0.54	0.74
到目前为止单枚银币的总成本	23.63	24.25	24.67	24.94	26.25	26.79	27.53
转移到下一工序中的总成本	2 363 000	2 425 000	2 467 000	2 494 000	2 625 000	2 679 000	2 753 000

The National Mint 的经理们将使用这个分步成本核算信息来确定减少工序成本的可能性。例如,管理层可能会感觉韧化工序中使用的燃料成本太高,他们或者会寻找一

种可以取代当前燃料的新燃料,或者会购置一个更节能的新熔炉。

简而言之,分步成本核算就是确定生产一个产品所需的每一个工序或作业的成本,这些成本累加起来就是产品的总成本。成本的信息可以被用来找出通过调整工序或者将一个或几个工序外包来减少产品成本的机会。

分步成本核算法的一些建议

正如你可能会想到的,分步成本核算法通常比表 4-10 中显示的更为复杂。为了解释分步成本核算中的一个更重要的实际问题,请看下面的例子。

Donald's Ducks　Donald's Ducks 刚刚开始营业,主要生产手工雕刻的木制鸭子。木制鸭子的制造过程是这样的:首先要准备一段实心的松木,然后工匠们使用凿子、小型磨砂机进行雕刻,最后用打磨机加工成品,使之光亮。

最近,大约有 3 500 块木材运进了工厂的加工车间,在本期生产结束的时候,工厂完成了 2 500 件产品,并将其运送给客户。表 4-11 概括了这段时间发生的成本。直接材料成本几乎全部由松木材构成。直接人工指的是支付给生产木制鸭子的工厂员工的工资。工厂可变间接成本指的是消费品,如凿子、打磨盘和染色剂。固定的工厂成本涉及管理成本、其他工厂员工以及与工厂相关的其他成本,如制热、电力、折旧和工厂设备。

表 4-11　Donald's Ducks:生产成本　　　　　　　　　　　　　美元

成 本 项 目	金 额
直接材料	42 000
直接人工	80 000
可变工厂间接成本	8 000
固定工厂间接成本	94 000
本期总成本	224 000

如果所有的加工工序都已经完成,那么分步成本核算就会变得很简单,因为每一只木制鸭子的成本就是 64 美元(224 000 美元/3 500 只)。分步成本核算中出现的问题,尤其是与财务报告有关的问题,是如何说明正在进行中的工作。为了解决这个问题,我们使用一个被称为**约当产量**(equivalent unit of production)的概念。这个概念表示根据期末在产品的投料和加工程度,将在产品按一定标准折合为相当于完工产品的数量。例如,100 个单位中完成了 40%的约当产量为 40(100×40%)。

分步成本核算使用两个成本术语:直接材料成本和转换成本。**转换成本**(conversion costs)包括除直接材料成本之外的所有制造成本,也就是说,转换成本包括人工和工厂间接成本。

在 Donald's Ducks 这个案例中,直接材料成本为 42 000 美元,转换成本为 182 000 美元(80 000 美元+8 000 美元+94 000 美元)。为了对这个简单的案例进行分步成本核算,我们首先要确定物理流程,如表 4-12 所示。

表 4-12 Donald's Ducks：物理流程

物 理 流 程	物理单位
期初在制品	0
本期开始	3 500
需要说明的单位	3 500
已完成并转出	2 500
期末在制品	1 000
已说明的单位	3 500

下面我们要计算约当产量。对任何一个已经完成的单位来说，约当产量的数字都等于物理单位的数量。所以我们的重点是期末在制品。请注意，因为所有材料在生产开始的时候就已经进入生产程序，所以在制的材料所有单位将为100%。因此，材料约当产量等于物理单位，即为1 000。现在假设，平均来看，期末在制品完成了10%（相对于将木材变成成本所需的全部工作）。因此，在这1 000块木头上进行的工作在期末库存中等于100(1 000×10%)单位的转换工作。表4-13概括了到目前为止完成的工作。

表 4-13 Donald's Ducks：约当单位

物 理 流 程	物理单位	约当单位	
		材料	转换成本
已完成工作的百分比			
期末库存/%		100	10
期初在制品	0		
本期开始	3 500		
需要说明的单位	3 500		
已完成并转出	2 500	2 500	2 500
期末在制品	1 000	1 000	100
已说明的单位	3 500		
本期已完成的所有工作		3 500	2 600

下面介绍需要解释的成本。表4-14概括了表4-13中提及的成本。

表 4-14 Donald's Ducks：约当单位和生产成本

物 理 流 程	物理单位	约当单位	
		材料	转换成本
已完成工作的百分比			
期末库存/%		100	10
期初在制品	0		
本期开始	3 500		
需要说明的单位	3 500		
已完成并转出	2 500	2 500	2 500
期末在制品	1 000	1 000	100

续表

物理流程	物理单位	约当单位	
		材料	转换成本
已说明的单位	3 500		
本期已完成的所有工作		3 500	2 600
	生产总成本	材料	转换成本
期初库存成本/美元	0	0	0
本期发生的成本/美元	224 000	42 000	182 000
到目前为止的成本/美元	224 000	42 000	182 000

下面一步是计算每个约当工作单位的成本。我们需要用全部的材料成本除以约当材料单位,用全部的转换成本除以约当转换单位。表 4-15 列出了上述计算方法。

表 4-15 Donald's Ducks:约当单位成本

物理流程	物理单位	约当单位	
		材料	转换成本
已完成工作的百分比			
期末库存/%		100	10
期初在制品	0		
本期开始	3 500		
需要说明的单位	3 500		
已完成并转出	2 500	2 500	2 500
期末在制品	1 000	1 000	100
已说明的单位	3 500		
本期已完成的所有工作		3 500	2 600
	生产总成本	材料	转换成本
期初库存成本/美元	0	0	0
本期发生的成本/美元	224 000	42 000	182 000
到目前为止的成本/美元	224 000	42 000	182 000
除以本期约当工作单位		3 500	2 600
约当单位成本/美元	82	12	70
需要说明的总成本/美元	224		

表 4-15 提供了重要的管理信息,因为它准确地指出了每一项主要生产作业的单位成本。计算显示,每一只木制鸭子的材料成本是 12 美元,将木材变成木制鸭子的全部制造成本为 70 美元。

最后一步是利用约当成本计算将全部制作成本分配到期末在制品和成本中。表 4-16 概括了成本是如何分配到期末在制品和成品中的。请注意,所有的制作成本都已得到说明。

关于分步成本核算的最后说明

在实践中,当生产涉及不同的部门和残品时,分步成本核算就会变得更复杂。但是,原则和目标仍然保持不变:计算制造过程每一个部分的约当单位成本,来确定哪些工作程序(如降低成本)需要改善。这些复杂问题的处理将留待管理会计的高级课程讨论。

表4-16 Donald's Ducks:分配给期末在制品和成品的成本

物理流程	物理单位	约当单位	
		材料	转换成本
已完成工作的百分比			
期末库存/%		100	10
期初在制品	0		
本期开始	3 500		
需要说明的单位	3 500		
已完成并转出	2 500	2 500	2 500
期末在制品	1 000	1 000	100
已说明的单位	3 500		
本期已完成的所有工作		3 500	2 600
	生产总成本	材料	转换成本
期初库存成本/美元	0	0	0
本期发生的成本/美元	224 000	42 000	182 000
到目前为止的成本/美元	224 000	42 000	182 000
除以本期约当工作单位		3 500	2 600
约当单位成本/美元	82	12.00	70.00
需要说明的总成本/美元	224 000		
成本分配			
期末在制品库存			
材料/美元	12 000	=1 000 约当单位×12 美元/单位	
转换成本/美元	7 000	=100 约当单位×70 美元/单位	
全部在制品/美元	19 000		
已完成并转出			
材料/美元	30 000	=2 500 约当单位×12 美元/单位	
转换成本/美元	175 000	=2 500 约当单位×70 美元/单位	
已转出的总成本/美元	205 000		
已说明的总成本/美元	224 000		

4.7 尾声:Strict's Custom Framing

伊尼德用于预估相框制作的其他成本的方法如下。首先,她要确定完成相框制作的三个部门。第一个部门是制造部门。该部门的员工对供应商提供的木材进行切割,然后将其组装成相框。伊尼德估计生产部门的所有间接成本(其中包括人工、机器和其他供应品)大约为 675 000 美元。因为制造部门的工作通过人工完成,伊尼德确定这个部门的成本由人工工时来驱动。伊尼德预估制造部门的人工工时为 15 000 小时,同时,她预估每一个人工工时的转换成本为 45 美元(675 000 美元/15 000)。伊尼德对工人们制造相框的过程进行了观察,她认为,这个部门制作相框所需的合理时间大约为 0.20 小时。

负责相框制作的第二个部门是精整部门。该部门的员工在相框中装上照片、衬垫、玻璃、背衬和悬挂相框的五金件。伊尼德估计包括人工、机器、取暖设备等在内,精整部门的间接制造成本总额大约为 625 000 美元。由于该部门的工作是劳动力密集型,是受劳动力驱动的,伊尼德认为该部门的成本是由人工工时决定的。伊尼德估计精整部门的人工能力为 25 000 小时,因此她估计每人工工时的转换成本为 25 美元(625 000 美元/25 000)。通过观察工人们对原型相框的工作过程,伊尼德认为该部门完成一个相框的制作大约需要 0.30 小时。

负责相框制作的第三个部门是包装部门。在该部门,相框被放到一台小型机器上,首先被裹上一层泡沫材料,再放上纸板,然后在缠上胶带之前再裹上一张纸。伊尼德估计,该部门包括人工和机器间接成本在内的间接总成本大约为 150 000 美元。由于包装部门的工作是机器驱动的,因此伊尼德认为该部门的成本是由机器小时决定的。伊尼德估计包装部门的生产能力为 5 000 机器小时,每个机器小时的转换成本估计为 30 美元(150 000 美元/5 000)。包装一件成品(工人将成品放在机器上)大约要花费 0.25 分钟,每平方英尺的照片包裹各种材料要花费 0.30 分钟,将包装好的照片从包装机器上拿下来并放到待运库中则需要 0.50 分钟。这些照片的尺寸大约为 2 平方英尺。

根据上述信息,伊尼德编制了如表 4-17 所示的成本摘要。

表 4-17 Strict's Custom Framing：成本摘要   美元

直接成本		
材料	350.00	
运输	100.00	450.00
转换成本		
制造部门(0.20 小时@45.00 美元)	9.00	
精整部门(0.30 小时@25.00 美元)	7.50	
包装部门{[0.25+(0.3×2)+0.50]/60}小时@30 美元	0.68	17.18
制造成本总额		467.18

 ## 4.8　本章小结

本章对成本核算系统的基本要素做了总结。成本核算系统旨在计算成本目标的成本。常见的成本目标包括产品、顾客、产品线、部门,甚至是整个组织部门。可以直接、清楚地归为某个成本目标的成本被称为直接成本。大多数直接成本是用来生产产品的原材料等可消耗物资的差别化。判断直接成本的一个重要特征是它取决于具体使用的资源的数量。

间接成本与机器设备和工厂监督等能力资源的成本相关。间接成本的一个重要特征是它取决于所获取的资源的数量,而不是所使用的资源的数量。

成本分析人员对直接成本进行了分配,并将间接成本分配给成本目标。间接成本的分配通常使用一个预设的间接成本率(也称为预设间接成本率或成本动因率),这个比率是将预计的能力资源成本除以实际能力得到的。间接资源的成本累计在成本库中,成本通常按照部门或者作业进行安排。

大多数组织都有所谓的服务部门。这种部门通常不从事直接生产,也不向消费者提供服务,而是向从事生产和服务的部门提供服务。服务部门的成本一般会分配给生产部门,与生产部门的成本累计在一起,然后再分配给成本目标。本章附录介绍了将服务部门的成本安排给生产部门的过程。

 ## 附录　分配服务部门的成本

方便起见,本附录中,我们将直接生产产品或提供服务的部门称为生产部门,工厂的服务部门包括机器加工、组装和精加工。大多数组织还有一个所谓的服务部门,这个部门不直接生产产品或提供服务,而是向直接生产产品和提供服务的部门提供服务。例如,工厂服务部门包括维护和制订生产计划。在医院里,医院的维护和人事部门就属于服务部门范畴。

服务部门的成本一般会分配给生产部门,并与生产部门的成本累计在一起,然后分配给成本目标。本附录解释了将服务部门成本分配给生产部门的三种方法。

将服务部门的成本进行分配的过程最好能使用具体案例进行解释。对服务部门成本进行解释,首先要累计每一个服务部门的成本,然后将所有的服务部门成本分配给生产部门。

Wellington 地区医院

Wellington 地区医院(WRH)是一家郊区医院,医院一共有 4 个部门:内科、外科、维护和管理。(WRH 已经将管家和咖啡馆的服务外包出去了)。内科和外科是生产部门,维护和管理部门是服务部门。对即将开始的会计期来说,维护和管理部门的预计成本分别为 10 000 000 美元和 25 000 000 美元。

WRH 的院长拉莫纳·纳瑟(Romona Nasser)决定,维护和管理部门的成本动因应该分别按照占地面积和员工人数进行计算。拉莫纳之所以提出一个加权的成本动因是因为,虽然外科的占地面积是内科的 1/6,但是向外科提供的服务却是内科的 4 倍。

内科和外科都要计算下一个会计期的预设间接成本率。拉莫纳打算使用计划的服务水平来分配计划的服务部门成本。

表 4-18 给出了下一个会计期的计划结果,表中包括计划的服务单位和每一个服务部门的计划成本。

表 4-18　Wellington 地区医院计划的服务单位和成本　　　　　　　美元

	维护	管理	内科	外科	总计	总成本
维护	1 500	2 500	30 000	20 000	54 000	10 000 000
管理	110	50	250	150	560	25 000 000
						35 000 000

拉莫纳同时建议,维护部门的实际性能为 60 000 平方米的占地面积,管理部门的实际能力为 750 名员工。因此,这两个部门的计划闲置生产能力分别为 10%×[(60 000－54 000)/60 000]和 20%×[(700－560)/700]。因此,拉莫纳将维护部门成本的 1 000 000(10%)和管理部门成本的 5 000 000 美元(20%)计入闲置生产能力账户的成本,表 4-19 给出了需要分配的余额。

表 4-19　Wellington 地区医院:闲置生产能力的调整　　　　　　美元

	维护	管理	内科	外科	总计	总成本
维护	1 500	2 500	30 000	20 000	54 000	9 000 000
管理	110	50	250	150	560	20 000 000
						29 000 000

分配服务部门成本的方法

直接方法　分配服务部门成本的**直接方法**(direct method)忽视了提供给服务部门的服务。忽视提供给维护和管理部门的服务会导致服务、成本和每个服务单位成本的分散。

因为维护部门向内科和外科提供了总计 50 000 单位的服务,待分配的总成本为 9 000 000 美元,每个服务单位的成本为 180 美元(9 000 000 美元/50 000)。因此,需要分配给内科和外科的维护部门的成本分别为 5 400 000(30 000×180 美元)美元和 3 600 000(20 000×180 美元)美元。

按照相同的方法,管理部门提供的服务的单位成本为 50 000 美元(20 000 000 美元/400),分配给内科和外科的维护部门成本分别为 15 000 000 美元(300×50 000 美元)和 5 000 000 美元(100×50 000 美元)。表 4-20 概括了上述结果。因此,分配给内科和外科的所有服务部门的成本分别为 20 400 000 美元和 8 600 000 美元,如表 4-20 所示。

表 4-20　直 接 方 法

	向医院提供的支持单位				总计	服务率
	维护	管理	内科	外科		
直接成本/美元	9 000 000.00	20 000 000.00			29 000 000.00	
维护						
待分配成本/美元	9 000 000.00					
提供的支持单位			30 000	20 000	50 000	180.00
分配/美元	9 000 000.00		5 400 000.00	3 600 000.00		

续表

	向医院提供的支持单位				总计	服务率
	维护	管理	内科	外科		
期末余额/美元	0.00					
管理						
待分配成本/美元		20 000 000.00				
提供的支持单位			300	100	400	50 000.00
分配/美元		(20 000 000.00)	15 000 000.00	5 000 000.00		
期末余额/美元		0.00	20 400 000.00	8 600 000.00	29 000 000.00	

虽然直接方法非常简单,但是其缺陷是,如果忽视提供给服务部门的服务,这种方法就有可能导致成本歪曲。

顺序法 使用**顺序法**(sequential method)(也称为贯序法)分配服务部门成本在一定程度上克服了上述缺陷,也就是直接方法所忽视的提供给服务部门的服务。

按照顺序法,其中的一个服务部门被选出来首先分配其成本。服务部门不考虑为自身提供的服务,然后将成本按照获得的服务的比例分配给剩余的部门。

如果一个服务部门的成本已经进行了分配,那么就不用再考虑它,而接着进行下一个步骤。直到所有的服务部门都完成了成本分配,这个过程就可以结束了。表4-21解释了使用顺序法分配维护部门成本的结果。

首先要计算维护部门的服务率(171.43美元),方法是将待分配的总成本(9 000 000美元)除以提供给剩余部门的总服务单位(52 500),然后使用这个比率将维护部门的成本分配给剩余的部门。例如,内科分配到 5 142 857.14 美元(30 000×171.43 美元)(如果你正在尝试这种计算方法,请注意,表中的数字都是使用计算机进行的精确计算,而不是表 4-21 中显示的约态比率)。

正如你所看到的,维护部门将其成本的 428 571.43 美元分配给管理部门。管理部门自己的直接成本为 20 000 000 美元,加上维护部门分配的成本,其待分配总成本为 20 428 571.43 美元。请注意,现在就可以从分配程序中剔除维护部门了。下面是维护部门使用的步骤,你应该能按照表 4-21 来计算管理部门待分配的成本。至此,服务部门的成本分配程序就结束了。

表 4-21 顺序法:首先进行分配的维护部门

	向医院提供的支持单位				总计	服务率
	维护	管理	内科	外科		
直接成本/美元	9 000 000.00	20 000 000.00			29 000 000.00	
维护						
待分配成本/美元	9 000 000.00					
提供的支持单位		2 500	30 000	20 000	52 500	171.43
分配/美元	(9 000 000.00)	428 571.43	5 142 857.14	3 428 571.43		
期末余额/美元	0.00					

续表

	向医院提供的支持单位				总计	服务率
	维护	管理	内科	外科		
管理						
待分配成本/美元		20 428 571.43				
提供的支持单位			250	150	400	51 071.43
分配/美元		(20 428 571.43)	12 767 857.14	7 660 714.29		
期末余额/美元		0.00	17 910 714.29	11 089 285.71	29 000 000.00	

成本分析人员对顺序法有两点不满。第一个不满是,虽然顺序法考虑了提供给服务部门的支持性服务,但是并不全面。第二个不满是,服务部门成本分配的顺序会对分配结果造成影响。表 4-22 中给出了首先对管理部门的成本进行分配的顺序法。你可以利用表 4-22,首先检测你对顺序法的理解,然后比较表 4-21 和表 4-22 的结果,就能发现,成本分析的顺序确实会带来不同的结果。

表 4-22 首先对管理部门成本进行分配的顺序法

	向医院提供的支持单位				总计	服务率
	维护	管理	内科	外科		
直接成本/美元	20 000 000.00	9 000 000.00			29 000 000.00	
维护						
待分配成本/美元	20 000 000.00					
提供的支持单位		50	250	150	450	44 444.44
分配/美元	(20 000 000.00)	2 222 222.22	11 111 111.11	6 666 666.67		
期末余额/美元	0.00					
管理						
待分配成本/美元		11 222 222.22				
提供的支持单位			30 000	20 000	50 000	224.44
分配/美元		(11 222 222.22)	6 733 333.33	4 488 888.89		
期末余额/美元		0.00	17 844 444.44	11 155 555.56	29 000 000.00	

交互分配法 交互分配法(reciprocal method)解决了直接分配和顺序分配的弊端,因为它考虑了所有的支持性服务。

交互分配法分两个步骤。第一步是计算每一个服务部门的交互成本。第二步使用每个部门的交互成本来分配其成本。

第一步,成本分析师首先要为每一个服务部门找到一个交互成本公式。每一个部门的交互成本就是直接成本和部门在所有服务部门(包括部门本身)的交互成本之中的比例(基于使用的支持性服务的比例)之和。在这里,我们用 RC 代替交互成本,则每一个服务部门的交互成本公式为

$$RC_{维护} = 9\ 000\ 000 \text{美元} + (1\ 500/54\ 000)RC_{维护} + (110/560)RC_{管理}$$

$$RC_{管理} = 20\ 000\ 000 \text{美元} + (2\ 500/54\ 000)RC_{维护} + (50/560)RC_{管理}$$

两个等式中有两个未知数(交互成本),分析人员可以使用代数方法或者计算机来计

算，结果如下：

$$RC_{维护} = 13\ 836\ 226.42\ 美元$$
$$RC_{管理} = 22\ 664\ 150.94\ 美元$$

这样就完成了第一步。

第二步，使用这些交互成本将服务部门成本分配给生产部门。这些成本会按照服务部门向生产部门提供的服务进行分配。下面是服务部门的分配公式：

分配给内科的服务部门总成本 = $(30\ 000/54\ 000)RC_{维护} + (250/560)RC_{管理}$
$$= 17\ 804\ 716.98(美元)$$

分配给外科的服务部门总成本 = $(20\ 000/54\ 000)RC_{维护} + (150/560)RC_{管理}$
$$= 11\ 195\ 283.02(美元)$$

在实践中，交互分配法可以使用微软的 Excel 或者 Open Office 的 Calc 来完成，因为这些对照分析表的编程很方便用来求解方程组。

小结

表 4-23 概括了四种方法的成本分配结果。

表 4-23 成本分配概要：四种方法

支持部门成本分配方法		成本分配	
	内 科	外 科	总 计
直接方法	20 400 000.00	8 600 000.00	29 000 000.00
顺序法 1	17 910 714.29	11 089 285.71	29 000 000.00
顺序法 2	17 844 444.44	11 155 555.56	29 000 000.00
交互分配法	17 804 716.98	11 195 283.02	29 000 000.00

你会发现，顺序法的两种方法所得出的服务部门成本分配结果与交互分配法的结果非常接近。遗憾的是，现在还无法预测这些方法在何时能够提供一个与交互分配法计算的成本分配比较接近的结果。但是，正如我们在前面提及的那样，交互分配法可以很容易地使用计算机上的对照分析表实施，因此，在选择服务部门成本分析方法的时候，计算是否方便应该不会成为一个考虑因素（实际上，编辑一个计算机对照分析表来进行顺序法的计算是这三种方法中最为复杂的一种）。

作业

思考题

4-1 描述从原材料的成本到制造企业出售的产品的成本的流动。

4-2 零售型组织或服务型组织中的成本流与制造型组织中的成本流有何差异？

4-3 给出几个成本对象的例子。

4-4 对比可消费（灵活）资源和与性能相关的资源的关键特征和成本行为。

4-5 给出直接成本和间接成本的定义,并各举一个例子。

4-6 是什么增加了对于可以准确核算间接制造成本的成本系统的需求?

4-7 在计算预设间接成本率的时候,成本动因是什么?

4-8 在实践中,预设间接成本率通常被称为什么?

4-9 为什么要估计具体作业的成本?

4-10 间接成本率是如何确定的?

4-11 具体作业的间接制造成本是如何确定的?

4-12 什么是间接成本库?

4-13 企业为什么会使用多重间接成本库?

4-14 如果成本动因率是基于计划的或实际的短期用途设定的,会出现什么问题?

4-15 在记录作业成本时为什么会使用预设间接成本率?

4-16 "当间接成本库中包括不同的成本动因(造成成本的原因)时使用单一的成本动因率会导致对作业成本的扭曲。"你是否同意上述说法?请解释。

4-17 面对实际能力(间接制造)成本与应用能力(间接制造)成本之间的差异时,有哪三种选择?

4-18 为什么使用计划的成本动因水平来计算成本动因率有可能导致死亡螺旋?

4-19 机器和人工的实际能力是如何计算的?

4-20 转换成本这一术语的含义是什么?

4-21 在流水线加工的工厂中确定产品成本时的基本步骤是什么?

4-22 作业订单成本核算系统与多步骤分布成本核算系统之间的相似点和不同点分别是什么?

4-23 生产部门与服务部门有何差异?

练习题

4-24 间接成本率和死亡螺旋 Famous Flange 公司为各种类型的客户生产不同的轮缘。该公司一年内与能力相关(间接制造成本)的成本为 400 万美元,机器小时的实际能力水平为 12 万小时。公司使用计划及其工作时间作为成本动因来确定全厂间成本动因率。直到去年,公司每年大约使用了 10 万机器小时。去年,竞争激烈,市场对轮缘的需求减少。面临持续的竞争,公司预计要在来年使用 8 万机器小时。公司将其产品价格设定为每个生产单位成本的 150%。

要求:

(1) 如果市场需求继续减少,Famous Flange 公司继续使用相同的方法来计算成本动因率,那么会发生什么呢?

(2) 向公司提供用于计算成本动因率的成本动因数量的建议,并说明你为什么要建议选择这个数量。

4-25 实际性能和机器小时 Calla 制造公司的工厂里有 40 台机器。这些机器每天轮两班。除了机器维护和机器操作人员的休息时间,每台机器每天平均工作6.5小时。假设工厂每月工作22天,那么Calla制造公司每台机器每月的实际性能工作小时是多少?

4-26 实际性能和人工工时 Kappa公司每天轮两班,每班30名工人。工人们每年平均休息4周,除去培训和休息时间,工人们平均每周工作34小时。那么Kappa公司每年人工工时的实际性能数量是多少?

4-27 作业成本 Ernie's电子公司向客户Video Shack发售了1 000个定制的计算机显示器。下面有关成本的信息就是按照这次订单编制的:

使用的直接材料

部件A327:一个单位的成本为每台显示器60美元

部件B149:一个单位的成本为每台显示器120美元

使用的直接人工

组装:每台显示器6小时,每小时人工成本10美元

检查:每台显示器1小时,每小时人工成本12美元

另外,公司的生产间接成本为每个直接人工工时5美元,每台显示器的售价为350美元。

要求:

(1) 确定该工作的总成本。

(2) 确定每台显示器的毛利润。

4-28 作业成本 贝克汽车用品店(Becker Auto Shop)生产批次923的成本信息如下。

	数 量	价 格
直接材料		
发动机汽油	11盎司	2美元/盎司
润滑剂	2盎司	3美元/盎司
直接人工	3小时	15美元/小时
支持性成本(以直接人工工时为基础)		10美元/小时

确定批次923的总成本。

4-29 作业订单成本核算和咨询 麦肯吉咨询公司(Mackenzie Consulting)计算其咨询业务的成本时,在每项咨询业务的咨询人员人工成本的基础上,再加上一定比例公司层次的支持性成本。向每项咨询业务分配支持性成本时使用的成本动因率,是以咨询人员的人工成本为基础的。麦肯吉咨询公司的支持性成本为500万美元,总的咨询人员人工成本预计每年为250万美元。

要求:

(1) 麦肯吉咨询公司的支持性成本动因率是多少?

(2) 如果一项咨询业务的咨询人员人工成本为2.5万美元,麦肯吉咨询公司计算的该项咨询业务的总成本是多少?

4-30 作业订单成本核算,成本动因率 布林克尔公司(Brinker Company)在当地工

厂运用作业订单成本核算法。工厂有一个加工部门和一个抛光部门。公司用机器小时将加工部门的支持性成本分配给各个批次,用直接人工成本将抛光部门的支持性成本分配给各个批次。今年的成本估算资料如下:

	加工部门	抛光部门
生产性支持成本/美元	350 000	280 000
直接人工工时/小时	14 000	1 400
机器小时/小时	3 500	15 400
直接人工成本/美元	105 000	350 000

要求:
(1) 为各个部门确定成本动因率。
(2) 批次101的成本记录如下。

	加工部门	抛光部门
直接材料成本/美元	8 000	1 400
直接人工成本/美元	250	800
直接人工工时/小时	7	35
机器小时/小时	50	6

确定批次101的总成本。

4-31 单一比率与部门比率 东部木材公司(Eastern Wood Products)有切削与装配两个生产部门。公司使用单一的预定成本动因率,以整个工厂的直接人工工时为基础计算,即整个工厂的支持性成本除以整个工厂的直接人工工时就得到整个工厂的成本动因率。今年公司对支持性成本和成本动因的实际能力数量的预计如下:

	切削	装配	合计
生产性支持成本/美元	25 000	35 000	60 000
直接人工工时/小时	1 000	3 000	4 000
机器小时/小时	4 000	2 000	6 000

要求:
(1) 计算全厂间成本动因率。
(2) 对切削部门以机器小时为基础,对装配部门以直接人工工时为基础计算部门成本动因率。
(3) 东部木材公司应该使用上面哪种成本动因率?说明原因。

4-32 变动的成本动因率,对成本加成定价的影响 莫里森公司(Morrison Company)以生产的产品的成本为基础给商品定价,因此公司对成本数据作了认真的记录。莫里森公司还认真记录了机器的使用情况和其他生产运营信息。公司按月计算生产成本,下个月的商品价格在本月生产成本的基础上加上20%的成本加成比率来决定。支持性作业的成本动因率以机器小时为基础计算,具体如下:

月份	实际机器小时/小时	月份	实际机器小时/小时
1	1 350	7	1 400
2	1 400	8	1 400
3	1 500	9	1 500
4	1 450	10	1 600
5	1 450	11	1 600
6	1 400	12	1 600

公司的利润直到去年一直很令人满意，不断上升。但最近莫里森公司面临的竞争加剧了。市场部经理报告说莫里森公司的销售人员发现公司的产品定价很令人困惑——当需求高涨时，产品价格很低；而当需求低落时，产品的定价却很高。莫里森公司的正常生产能力是 1 500 机器小时/月。有些月份的生产活动超过了公司的正常生产能力，机器在超时工作。每月与机器相关的（也是与生产能力相关的）成本为 70 000 美元。

要求：

（1）计算莫里森公司上一年使用的每月成本动因率。

（2）为莫里森公司建议一种更好的方法来计算成本动因率，解释原因。

4-33 分步成本 特色食品公司（Fancy Foods Company）生产并销售罐装蔬菜汁。产品的各种成分先在配料部门混合，然后在装罐部门包装。以下是配料部门 1 月份的一些信息。

项 目	每加仑的价格/美元	产量/加仑
成分 A	0.40	10 000
成分 B	0.60	20 000
蔬菜汁		27 000
材料损失		3 000

1 月份配料部门的转换成本为 0.55 美元/加仑。

要求：

计算蔬菜汁在完成配料工作但未装罐前每加仑的成本。

4-34 分步成本 皮特曼化学公司（Pitman Chemical Company）生产并销售剥线钳，售价为 10 美元/磅。生产过程中每生产 10 磅剥线钳就会产生 1 磅废品。废品的处置成本为 1 美元/磅。3 月份，公司共生产了 200 000 磅剥线钳，总制造成本如下。

美元

直接材料	232 000
直接人工	120 000
生产性支持成本	60 000
总成本	412 000

要求：

计算每磅剥线钳的成本。

4-35 分步成本法下的约当产量 下面是波特公司（Porter Company）涂料厂 7 月份的产品信息，该厂生产家庭内部装修用涂料。具体内容如下。

	产量/加仑	原材料完工/%	加工/%
7 月 1 日在产品	3 000	30	20
7 月投入生产	7 000		
合计	10 000		
完工和转出数	6 000	100	100
7 月 31 日在产品	4 000	25	10
合计	10 000		

要求：

运用加权平均法确定 7 月份原材料和加工成本约当产量。

4-36 服务部门成本分配，直接分配法 圣拉菲尔公司（San Rafael Company）有两个生产部门——装配部门和抛光部门，还有两个服务部门——设备调试部门和检验部门。设备调试成本的分配以调试次数为基础；检验成本的分配以直接人工工时为基础。以下是从 4 个部门摘录的信息。

项目	直接成本/美元	调试次数	直接人工工时/小时
设备调试	40 000	0	0
检验	15 000	0	0
装配	25 000	300	200
抛光	20 000	100	500

要求：

（1）使用直接法计算分配到两个生产部门的设备调试成本。

（2）使用直接法计算分配到两个生产部门的检验成本。

4-37 顺序分配法 卡尔顿公司（Carleton Company）有两个服务部门和两个生产部门。每年生产性支持成本和成本动因的信息如下。

项目	服务部门		生产部门	
	S1	S2	P1	P2
支持性成本/美元	65 000	55 000	160 000	240 000
直接人工工时/小时	2 000	1 500	2 000	3 000
平方英尺	800	1 200	2 400	2 600

公司使用顺序分配法分配服务部门成本。首先，以直接人工工时为基础分配 S1 的成本；然后，以平方英尺数为基础分配 S2 的成本。在顺序分配法下，假设 S1 的平方英尺为 0。

要求：

计算分配到每个生产部门的支持性成本的总额。

4-38 服务部门成本的直接分配法、顺序分配法和交互分配法 明公司（Ming Company）有两个服务部门（S1 和 S2）和两个生产部门（P1 和 P2）。去年，S1 和 S2 两个服务部门直接确定的支持性成本都是 30 万美元。服务耗费信息如下。

服务提供部门	服务使用部门			
	S1	S2	P1	P2
S1	0	40	30	30
S2	25	0	25	50

要求：
（1）使用直接分配法将服务部门的成本分配给两个生产部门。
（2）从分配 S1 部门成本着手使用顺序分配法将服务部门的成本分配给两个生产部门。
（3）使用交互分配法将服务部门的成本分配给两个生产部门。

综合题

4-39 实际能力成本与应用能力成本的对账 Hoyt 公司使用一种全厂间成本动因率，其机器小时为成本动因。年初的时候，Hoyt 公司预估其与能力相关的（间接）成本为 1 500 万美元，其实际能力为每年 10 万机器小时。当年，公司的实际间接成本为 1 420 万美元。而生产需要 9 万机器小时。

要求：
（1）确定 Hoyt 公司去年的全厂间成本动因率并计算应用于生产的间接成本。
（2）假设公司将实际间接成本与应用间接成本之间的差额划到当年年底的销售商品成本之中，请计算两者之间的差额，并解释这种方法增加还是减少了销售商品的已记录的成本额。
（3）现在假设公司将实际间接成本与应用间接成本之间的差额分摊到在产品、成品和销售商品的成本中，如果应用间接成本在本期期末余额中的比例是在产品 20%、成品库存 45%、销售成本 35%，那么这三个账户相对于它们之前记录的数额是上升还是下降？
（4）现在假设公司想要将实际间接成本与应用间接成本之间的差额进行拆分来进一步了解导致差额的原因，请计算实际间接成本与预估间接成本之间的差额，以及预估间接成本与应用间接成本之间的差额。
（5）与方法（2）和（3）相比，公司管理层能从方法（4）中得到什么启发？

4-40 用作业订单成本核算法计算服务成本 希曼公司（Hillman Company）销售草坪修剪机、扫雪机和其他设备，并提供相应服务。服务部门运用作业订单成本核算确定每批次的成本，如油料更换成本、发动机调试成本和维修成本。服务部门以直接人工成本为基础确定成本动因率，并以此对加工成本进行分配。附加成本动因率包括 25% 的加工成本加成，目的是为希曼公司提供一个合理的利润。顾客发票逐条记录零件和人工价格，这里规定的工资率是部门成本动因率，具体包括直接人工成本、分配的制造费用和

25%的加工成本加成。希曼公司估计今年的成本信息如下。

机修工工资/美元	120 000
其他业务利润/美元	54 000
管理费用/美元	18 000
折旧/美元	42 000
发票中列示的直接人工工时/小时	4 500

要求:

(1) 以发票列示的直接人工工时为基础,确定希曼公司服务部门的成本动因率,并将其用于分配加工成本。

(2) 批次 254 需要消耗 47.40 美元的原材料和直接人工工时 0.7 小时。为批次 254 确定收费价格。

4-41 作业订单成本核算,部门成本动因率 莱布浪公司(The Leblanc Company)使用的是作业订单成本核算系统。公司有 3 个生产部门,每个部门需要的支持性作业有很大差别,因此各部门分别使用不同的成本动因率。所有的生产批次都要经过 3 个生产部门。下表列示了公司的直接人工工资率(每小时)、成本动因率以及 6 月生产的 3 个批次的信息。批次 101 和 102 在 6 月完工,而批次 103 截至 6 月 30 日仍未完成。月末未完工产品的成本计入该月的期末在产品存货(也是下个月的期初在产品存货)。

生产部门	直接人工工资率/(美元/小时)	成本动因率	
部门 1	12	直接材料成本的 150%	
部门 2	18	8 美元/机器小时	
部门 3	15	直接人工成本的 200%	
生产批次	**101**	**102**	**103**
期初在产品	25 500	32 400	0
直接材料/美元			
部门 1	40 000	26 000	58 000
部门 2	3 000	5 000	14 000
部门 3	0	0	0
直接人工工时/小时			
部门 1	500	400	300
部门 2	200	250	350
部门 3	1 500	1 800	2 500
机器小时/小时			
部门 1	0	0	0
部门 2	1 200	1 500	2 700
部门 3	150	300	200

要求:

(1) 计算批次 101 的总成本。

(2) 计算批次 102 的总成本。

(3) 计算 6 月 30 日批次 103 的期末在产品的价值。

4-42　服务成本的分配　机场巴士服务公司（Airport Coach Service Company）提供从波士顿洛根（Logan）机场到波士顿市区和剑桥镇（Cambridge）的长途客运服务。洛根机场的一个服务中心负责两条线路的售票工作和客户服务。公司平均每周有 2 400 名乘客：其中 2/3 的乘客乘坐波士顿洛根机场到波士顿市区的路线，1/3 的乘客乘坐波士顿洛根机场到剑桥镇的路线。服务中心的正常成本为每周 7 200 美元，但在客运需求高涨而需要额外服务的时候，服务中心的成本会高于正常水平。以下是 8 月份的 5 周中公司服务部门的成本和乘客数。

周次	成本/美元	波士顿市区乘客/人	剑桥镇乘客/人
1	7 200	1 600	800
2	7 200	1 500	900
3	7 600	1 650	800
4	7 800	1 700	850
5	7 200	1 700	700

要求：

服务中心的成本中有多少应该分配到波士顿市区路线？多少应该分配到剑桥镇路线？

4-43　作业成本，成本加成，单一比率与部门比率　现代五金制品公司（Modern Metalworks Company）有两个部门——碾磨部门和装配部门。公司采用作业订单成本核算，使用单一的工厂层次的支持性成本动因率（以直接人工工时为基础计算）将支持性作业的成本分配到生产批次中。即工厂层次的支持性成本动因率是用整个工厂的支持性作业成本除以工厂中总的直接人工工时得出的。以下是 10 月的估算数据：

	碾磨部门	装配部门
支持性成本/美元	12 000	160 000
直接人工工时/小时	8 000	12 000
机器小时/小时	12 000	6 000

10 月公司开始生产并完工了生产批次 714。有关批次 714 的信息如下：

	碾磨部门	装配部门
直接人工工时/小时	10	40
机器小时/小时	18	8
直接材料成本/美元	800	50
直接人工成本/美元	100	600

要求：

(1) 确定批次 714 的作业成本。

(2) 假设公司不再使用单一的工厂层次的支持性成本动因率，而是对碾磨部门使用机器小时,对装配部门使用直接人工工时作为成本动因分配支持性成本。计算这几个部门的成本动因率并确定批次 714 的作业成本。

(3) 如果现代五金制品公司在制造总成本的基础上加成 25%,分别用(1)和(2)中得出的成本数据计算现代五金制品公司的投标价格。

(4) 你认为现代五金制品公司更喜欢(1)还是(2)中的方法?解释原因。

4-44 单一比率与部门比率 喝彩钢铁公司(Bravo Steel Company)为建筑企业提供建筑钢材。它的工厂有 3 个生产部门:切割、碾磨和钻孔。公司对今年各生产部门的支持性成本、直接人工、机器小时的估算值如下:

	切割部门	碾磨部门	钻孔部门
支持性成本/美元	504 000	2 304 000	2 736 000
直接人工工时/小时	60 000	96 000	144 000
机器小时/小时	960 000	480 000	360 000

生产批次 ST101 消耗的直接人工工时和机器小时如下:

	切割部门	碾磨部门	钻孔部门
直接人工工时/小时	2 000	2 500	3 000
机器小时/小时	20 000	3 000	2 000

要求:

(1) 假设单一的工厂层次的预计成本动因率是用工厂层次的支持性成本除以工厂层次的直接人工工时得出的。试计算生产批次 ST101 的支持性成本。

(2) 假设计算成本动因率时切割部门以机器小时为基础,碾磨部门和钻孔部门以直接人工工时为基础。试按部门计算支持性成本动因率和批次 ST101 的支持性成本。

(3) 你认为喝彩钢铁公司更愿意使用单一的工厂层次的成本动因率还是部门成本动因率?解释原因。

4-45 作业订单成本核算 冈萨雷斯公司(The Gonzalez Company)在位于威斯康星州格林湾的工厂使用作业订单成本核算。工厂有一个切削部门和一个抛光部门。公司使用两个成本动因率向生产批次分配生产性支持成本:一个以机器小时为基础分配切削部门的支持性成本,一个以直接人工工时为基础分配切削部门的成本。今年的估算数字如下:

	切削部门	抛光部门
生产性支持成本/美元	500 000	400 000
机器小时/小时	20 000	2 000
直接人工工时/小时	5 000	22 000
直接人工成本/美元	150 000	500 000

要求:

(1) 计算两个部门的成本动因率。

(2) 上个月,生产批次 511 的成本记录如下,计算批次 511 的总成本。

	切削部门	抛光部门
直接材料成本/美元	12 000	2 000
直接人工成本/美元	300	1 200
直接人工工时/小时	10	50
机器小时/小时	80	8

(3) 解释为什么冈萨雷斯公司的作业订单成本核算中使用两个不同的成本动因率。

4-46 分步成本法 柯勒化学公司(Connor Chemical Company)的工厂按批次加工有机化学产品,该厂的加工过程从原材料开始,经过混合、反应以及研磨和包装三个阶段。柯勒化学公司估计的三个阶段总加工成本如下表所示。这些成本包括分配给各个阶段的生产工人工资、执行各项任务的支持性作业人工成本(如搬运以前阶段的产品和为新的生产阶段做准备)和试验成本。在研磨和包装阶段,还需要额外的包装材料。

	混合	反应	研磨和包装
生产人工/美元	253 000	1 144 000	396 000
工程支持/美元	22 000	50 600	24 200
材料搬运/美元	19 800	19 800	29 700
设备维修/美元	11 000	35 200	8 800
试验费用/美元	22 000	22 000	4 400
折旧费/美元	44 000	176 000	52 800
电力/美元	35 200	85 800	26 400
管理费用/美元	17 600	17 600	17 600
总加工成本/美元	424 600	1 551 000	559 900
总加工小时数/小时	8 760	35 040	8 760

要求:
(1) 为各个阶段估计每小时的加工成本动因率。
(2) 考虑柯勒化学公司的两个代表性产品 C206 和 C208。这两种产品是醋酸乙酯的副产品,都是在生产开始阶段投入相同的主要原材料。运用以下信息确定 C206 和 C208 一个批次的总成本。

	C206	C208
材料/美元		
开始阶段投入原材料	1 488.00	1 488.00
包装材料	175.20	280.80
加工工时/小时		
混合	6	6
反应	24	24
研磨和包装	4	8

4-47 分步成本约当产量和产品成本 以下是新巨公司(Zippy Company)玻璃瓶厂

10月的生产信息,该厂生产和包装运动饮料。每单位产品含12瓶饮料。

	单位	原材料	加工
10月1日在产品	2 000	70%完工	60%完工
10月投入生产	10 000		
合计	12 000		
完工和转出	8 000	100%完工	100%完工
10月30日在产品	4 000	40%完工	25%完工
合计	12 000		
10月初成本		1 050	3 240
10月增加		8 200	22 620
合计		9 250	25 860

要求:

(1) 运用加权平均法确定10月生产用原材料和加工约当产量。

(2) 确定10月每单位约当产量的原材料成本和加工成本,并确定单位约当产量总成本。四舍五入,保留小数点后两位。

(3) 说明本月约当产量的原材料及加工成本与以前月份相比是增加还是降低了。

4-48 作业投标单,直接分配法和顺序分配法 桑德斯制造企业(Sanders Manufacturing Company)生产电子配件,并根据作业订单核算成本。公司大部分业务的取得是通过投标的形式。很多与桑德斯竞争的公司使用的投标价格是全部生产成本加上30%的成本加成。最近,为了取得更多的销售量,桑德斯将其加成率由40%降到30%。公司有两个生产部门和两个服务部门,每个部门的生产性支持成本和正常作业水平如下:

项 目	服务部门		生产部门	
	人事	维修	加工	装配
支持性成本/美元	100 000	200 000	400 000	300 000
雇员人数/人	5	5	5	40
维修小时/小时	1 500	200	7 500	1 000
机器小时/小时	0	0	10 000	1 000
直接人工工时/小时	0	0	1 000	10 000

人事部门的支持性成本按雇员数量分配,维修部门的支持性成本按维修小时分配。向产品分配成本时使用部门比率:加工部门使用机器小时,装配部门使用直接人工工时。

公司准备投标于生产批次781。该批次中每件产品需要花费加工部门3个机器小时和装配部门5个直接人工工时。预计每件产品的直接材料和直接人工成本为450美元。

要求:

(1) 使用直接分配法将服务部门的成本分配到生产部门。

(2) 使用直接分配法计算批次781的单位投标价格。

(3) 假设服务部门数额最大的支持性成本最先被分配。使用顺序分配法将服务部门的成本分配到生产部门。在分配人事成本的时候，假设维修部门的雇员人数是零。

(4) 使用(3)中的顺序分配法计算批次 781 的单位投标价格。

4-49 直接分配法，顺序分配法和交互分配法 波士顿纸箱公司（Boston Box Company）有两个服务部门——维修和场地，还有两个生产部门——制造和装配。管理人员决定按照各部门使用的机器小时数分配维修成本，按照各部门的占地面积分配场地成本。以下是公司去年的一些记录：

项　　目	维修	场地	制造	装配
机器小时	0	1 500	12 000	6 000
平方英尺	3 000	0	15 000	20 000
支持性成本/美元	18 000	14 000	45 000	25 000

要求：

(1) 使用直接分配法将服务部门的成本分配到生产部门。

(2) 假设服务部门数额最大的支持性成本最先被分配。使用顺序分配法将服务部门的成本分配到生产部门。

(3) 使用交互分配法将服务部门的成本分配到生产部门。

4-50 工作投标单，直接分配法，顺序分配法和交互分配法 舍曼公司（Sherman Company）生产并销售小型水泵。公司有两个服务部门和两个生产部门。今年公司的一些营运信息如下：

项　　目	服务部门		生产部门	
	维修	电力	浇铸	装配
支持性成本/美元	750 000	450 000	150 000	110 000
机器小时	0	80 000	80 000	40 000
千瓦时	40 000	0	200 000	160 000
直接人工工时/小时	0	0	100 000	60 000

管理人员按机器小时分配维修部门成本，按千瓦时分配电力部门成本。计算成本动因率时浇铸部门以机器小时为基础，装配部门以直接人工工时为基础。生产一个水泵需要耗用浇铸部门 1 机器小时和装配部门 0.5 人工工时。每个水泵的直接材料和直接人工成本之和为 32 美元。

某客户向公司发出投标邀请，希望与公司签订一份为期 2 年的合同，每月购买 1 000 个水泵。公司在制定投标价格时使用 25% 的加成率。

要求：

(1) 使用直接分配法时投标价格是多少？

(2) 使用顺序分配法时投标价格是多少（先分配维修部门的成本）？

(3) 使用交互分配法时投标价格是多少？

案例

4-51 实际性能,成本动因率和死亡螺旋 Youngsborough 产品公司是汽车行业的供应商,因其客户不断要求降价,其运营利润已经下降到 20%。Youngsborough 产品公司在其工厂生产四种产品,公司决定停止生产那些不赢利的产品。全厂间接总成本每年为 12.2 万美元。下面是四种产品的详细信息。

	产品			
	A	B	C	D
产量(单位)	10 000	8 000	6 000	4 000
售价/美元	15.00	18.00	20.00	22.00
每单位消耗的材料/美元	4.00	5.00	6.00	7.00
每单位的直接人工工时/小时	0.24	0.18	0.12	0.08
总直接人工工时/小时	2 400	1 440	720	320

Youngsborough 产品公司将总直接人工工时除以总间接成本,获得了全厂间接成本率。假设当年全厂间接成本是固定的,但是直接人工却是可变成本。直接人工成本是每小时 30 美元。

要求:

(1) 计算全厂间成本动因率,并使用这个比率将间接成本分配到产品中。计算每一个产品的毛利,并计算总毛利。

(2) 如果位于 A 中的任何一个产品不赢利,则将其从产品组合中消除,在新的总直接人工工时基础上重新计划成本动因率,使用这个比例将间接成本分配到剩余的 3 个产品之中。计算每一个产品的毛利,同时计算总毛利。

(3) 按照新的成本分配方法消除不赢利的产品,再使用上述程序消除每一个阶段中不赢利的产品。

(4) Youngsborough 产品公司正在经历什么?为什么会这样?怎样避免这种情况发生?

4-52 选择性作业成本核算系统 经过 15 年的经营,安东尼汽车修理厂(Anthony's Auto shop)以可靠的维修服务赢得了声誉,从只有 1 个人的修理厂发展成有 9 个人的修理厂——包括 1 名主管和 8 名技工。然而近年来,来自大型修理厂的竞争使得公司的业务量和利润受到侵蚀。公司的老板安东尼要求工厂主管对修理厂的成本结构进行检查。

工厂主管认为直接材料(组件和零配件)的消耗与个别生产批次有关,可以直接向客户收取。直接人工(技工)也与个别生产批次有关,可以按预定的比率向客户收取。一名资深技工的薪水和福利为每年 6.5 万美元,而一名初级技工的薪水和福利为每年 4.5 万美元。每年每名技工可以提供的工时为 1 750 小时,但如果没有足够的工作可做,支付给工人的报酬也不能变化。管理人员的薪水和福利为每年 7.5 万美元。此外,每年还有下列固定成本:

	美元
租金	40 000
保险	7 000
公共支出	7 000
补给	10 000
设备维护	9 000
设备折旧	23 800
总成本	96 800

由于直接材料的成本是直接向客户收取的,所以赢利能力取决于业务的数量和向客户收取的人工劳动的报酬。现阶段,安东尼汽车修理厂对所有工作收取的报酬都是每小时51.06美元。安东尼说他不会辞退4名资深技工中的任何一位,因为他认为找到一名技术纯熟又忠于公司的技工并不容易;但他考虑要辞退1~2名初级技工。

现行的作业订单成本核算对所有生产批次使用的都是单一的加工率。成本动因率的计算用估算的总人工成本和支持性成本除以预期为顾客工作的小时数。预计8名技工在其所提供的总的工作时间里有95%的时间是有工作可做的。每小时51.06美元的价格是在成本动因率的基础上加上一个$x\%$的加成率,即51.06美元 $=(1+x/100)\times$ 成本动因率。注意,现在的做法中所有职员的成本都包含在加工成本中。

工厂主管正在考虑改变现行的做法,使用两种比率:一种用于A级别的维修;另一种用于B级别的维修。对电子点火装置和内燃机汽化器的维修属于A级别的维修。A级别的维修需要对设备进行精细的检查和调试,如示波器或红外线气体分析器等。B级别的维修是简单的维修,如更换减震器和排气系统。A级别的维修只能由资深技工完成,而B级别的维修主要由初级技工进行。预计工作中有一半是A级别的维修,一半是B级别的维修。由于资深技工的全部工作时间和大部分机器的使用都用于A级别的维修,所以总成本(包括职员的成本)的60%归到A级别的维修中,剩下的40%归于B级别的维修。

要求:

(1) 计算现在所使用的加成率$x\%$。

(2) 计算两种新的比率:一种用于A级别的维修,另一种用于B级别的维修。使用(1)中得出的加成率$x\%$。

(3) 以下是对两个批次的作业估计的工时:

批次号	A级别的维修	B级别的维修
101	4.5	1.5
102	无	2.0

分别在现行的核算系统和新的核算系统下计算对每个批次收取的价格。

(4) 新旧核算系统下向客户收取的服务价格的变化可能会导致公司的服务业务发生哪些变化?

(5) 安东尼汽车修理厂会保持现有的成本核算系统还是会实施新的成本核算系统?解释原因。

第 5 章

作业成本系统

通过本章的学习，你应该能够：

1. 理解以数量为基础的成本系统是如何扭曲产品成本的。
2. 简述产品多样、工艺复杂的工厂比生产单一产品的工厂成本高的原因。
3. 设计一套作业成本系统，使其将资源成本直接追踪至产品。
4. 利用作业成本系统所提供的信息改善经营状况，制定更好的产品决策。
5. 理解计量资源的实际生产能力和闲置能力成本的重要性。
6. 领会作业成本在服务型企业中的角色。
7. 讨论实施作业成本系统的阻碍以及克服这些阻碍的方法。

Madison 乳品公司

Madison 乳品公司的主计长克里斯汀·李(Christine Lee)面对公司利润率的不断下滑，忧心忡忡。近年来，Madison 乳品公司实施多样化战略，上了很多新的产品线，然而利润却并未随着销量的上涨而增加。很多克里斯汀·李本以为是固定的成本却被证明是可变的。事实上，工厂费用、仓储费用、分销费用和管理费的增长速度远远高于销量的增长速度。克里斯汀·李被公司各项间接费用和支持性费用的持续上涨给搞糊涂了。

20世纪90年代，Madison 乳品公司经历了客户群的大规模调整，因为很多小型的独立零售商在沃尔玛、SuperValu、Target 和 Sysco 等巨头的竞争压力下或者被吞并了，或者被迫停业。大型分销商和零售商作为买家的强大实力使得供应方的利润率被大大地压缩了。

为了满足批发和零售客户的需要，Madison 乳品公司还引进了专业化的包装、分销、仓储和 JIT 补货服务系统。Madison 乳品公司的运输体系非常复杂，可以为客户提供多种选择。卡车为超市及其分销中心整车运送，为便利店和其他小型零售店运送非整车的产品。双层集装箱车横跨美国，为各分销中心运送冷藏状态下的冰激凌。此外，Madison 乳品公司还向设置在居民住宅外的奶箱投递小批量的牛奶、冰激凌和酸奶。

针对顾客和客户对于多种产品的需求，Madison 乳品公司的生产流程较为复杂，除了大批量的标准产品外,还生产小批量的特殊口味的冰激凌、酸奶和牛奶。

Madison乳品公司的标准成本系统掌握了部门一级的原料成本和工厂经营费用的准确数据。该系统将工厂费用按照各部门的直接制造成本的百分比进行分摊。然而,标准成本并不能反映批量的效果,因为该系统并不掌握改换口味、产品和包装时设备调试和拆卸方面的信息。无论一个生产批次持续了10分钟还是10小时,产品的单位成本都是一样的。

产品改换的成本很高,因为每一个生产批次的开始都会损失一些产品,直到流程稳定下来,在每一个生产批次的最后也会损失一些产品,因为必须将设备停机并进行清洁,以便为下一个生产批次做准备。除了在每一个生产批次开始和结束时的原料损失外,公司还要承担很高的机会成本,因为造价高昂的设备在此期间无法生产可以销售的产品。在灌装生产线,工人们在设置客户特制的标签和包装罐时也需要进行设备改换。

李意识到这套成本系统是在公司的产品线比现在简单很多,而且运输和包装选择也少得多的时候编制的,如今已经无法反映实际成本了。现在的经营流程是:繁多的产品线生产出来的产品在仓储车间储存和提取,然后通过各种运输方式运送给高度多样化的客户群,其中既包括每周仅购买一夸脱牛奶的家庭,也包括沃尔玛、Target等大型客户。她思索着在Madison乳品公司如今面临的比以往复杂得多的环境下应如何获取准确的成本和利润信息。她相信,如果能够对公司的成本结构有更为准确的理解,那么公司可以就产品组合、定价和经营流程制定更为明智的决策。

5.1 传统的生产成本系统

第3章和第4章介绍了成本核算的基本概念。第3章讲解了增量成本、可避免成本、沉没成本和机会成本以及使用这些概念提升决策质量的方法。第4章讨论了成本体系设计、在不同的成本批次中分摊服务部门的成本的方法、生产成本和支持性成本以及如何将服务部门的成本归集到生产成本以计算通过成本中心处理的产品和服务的费用率。

本章我们将讨论将生产成本分配到具体产品的系统。产品成本核算系统非常重要,因为产品的数量和组合可以解释公司所发生的成本中的很大一部分比例。如果公司希望影响自己的成本,就必须搞清楚所生产的产品的数量和组合与所产生的成本之间的关系。产品成本是经营费用和产出之间的桥梁。如果设计不当的产品成本核算系统给出的产品成本不准确,那么公司就有可能在资源供给、产品组合、定价、订单处理和客户关系等方面作出错误的决策。

产品成本核算系统的第一步是将直接人工成本和直接材料成本归集到产品上。这一工作比较简单明确,大约一个世纪以来一直正常运行。在材料成本和人工成本方面,成本会计人员或产业工程师要进行下列计算:

(1) 计算产品所使用的每一种材料的单位(磅、克或平方米)成本以及产品生产过程中每一类直接人工每小时的成本。

(2) 对于所生产的每一单位产品,确定所使用的每一种材料的数量(磅、克或平方米)以及所需的每一类人工的数量(小时)。

(3) 对于每一类人工和材料，将单位（或小时）成本乘以每个产品使用的数量，如下式所示

材料成本／单位 ＝ 材料数量／产出单位 × 每单位材料的成本

人工成本 ＝ 人工小时数／产出单位 × 每小时人工成本

(4) 将各种材料成本和人工成本加总，得到每单位产出的总人工成本和总材料成本。

只要保有工时和材料使用标准以及各种材料和人工的标准或实际价格方面的准确记录，公司就可以清楚地知道自己所生产的每一种产品的直接人工成本和材料成本。

本章主要关注间接费用对产品的归集。间接费用包括机器设备费用、计划、质量控制、采购、保养维修、监控及管理费用（如建筑物折旧、保险、水电煤气和房屋维修）。间接费用又被称为共同成本，因为它们对所有产品的生产提供支持，而且它们无法像直接材料成本和直接人工成本那样可以简单地归集到具体的成本上面去。

传统上，制造公司将通常被其称为"管理费用"的间接成本按照各个部门耗费的直接工时等简单比例或者是通过在第 4 章介绍的更为准确的分配方案归集到生产部门。生产成本系统接下来用分配给各个生产部门的间接成本除以该部门作业量的简单指标（如总工时或总机器工时）得出该部门的费用分配率。生产成本系统利用这一基于部门的费用分配率将间接费用分配给各个部门的产品。

我们以 Madison 乳品公司为例来说明这种简单的产品成本核算系统。Madison 乳品公司最初仅生产香草冰激凌和巧克力冰激凌两种产品，利润率超过销售额的 15%。几年前，工厂经理注意到了通过把产品线延伸到售价很高的新口味产品来扩张生意的机会。Madison 乳品公司引进了草莓冰激凌生产线，它的基本生产技术与香草和巧克力冰激凌相同，却能以高出 10% 的价格出售。去年公司又引进了摩卡—杏仁冰激凌生产线，它能够以更高的溢价出售。产品种类的增加造成了工厂费用的上升。这些成本基于其直接成本的内容被分配给具体的产品。目前，费用分配率是直接人工成本的 240%。

Madison 乳品公司的主计长克里斯汀•李对工厂最近的经营业绩非常失望。表 5-1 给出了近期一个对工厂的经营情况具有代表性的月份的产品线损益表。新引进的草莓和摩卡—杏仁口味的冰激凌是赢利的，但高产量商品香草和巧克力冰激凌却勉强收支相抵，而且公司的利润率现在还不到销售额的 2%。李在考虑公司是否应该降低香草冰激凌和巧克力冰激凌的产量，并继续引进新口味冰激凌，因为毕竟这些产品的营业利润是正的。

表 5-1　Madison 乳品公司：总赢利和产品赢利（2010 年 3 月）

	香草	巧克力	草莓	摩卡—杏仁	总计
产销量/加仑	10 000	8 000	1 200	800	20 000
单位售价/美元	3.00	3.00	3.30	3.50	
销售额/美元	30 000	24 000	3 960	2 800	60 760
直接材料成本/美元	6 000	4 800	720	520	12 040
直接人工成本/美元	7 000	5 600	840	560	14 000
管理费用 240%/美元	16 800	13 440	2 016	1 344	33 600
全厂总费用/美元	29 800	23 840	3 576	2 424	59 640
利润总额/美元	200	160	384	376	1 120
总利润率（占销售额的百分比）/%	0.7	0.7	9.7	13.4	1.8

Madison 乳品公司的生产经理评价了新口味冰激凌的引进是如何改变生产环境的。

5 年前,生活相对简单,我们长期生产香草和巧克力冰激凌,每一件事情正常运转,没有什么干扰。引进草莓冰激凌后,困难来了,我们不得不做出更多的改变。这需要我们停止生产香草味和巧克力冰激凌,清空大缸,清除余味,然后开始草莓冰激凌的生产。生产巧克力冰激凌很简单:只要我们添加足够多的巧克力糖浆,甚至不用清洗设备就可以覆盖前期产品的余味,但是对于草莓冰激凌,任何一点其他口味的痕迹都会产生质量问题。因为摩卡—杏仁冰激凌含有坚果,许多人对此会产生严重的过敏反应。所以,在摩卡—杏仁冰激凌生产流程结束以后,我们必须对大缸进行彻底消毒。

我们在销售、生产计划以及对过去、现在和未来的定位追踪方面花费了大量精力。我们去年引进的新计算机系统帮助减轻了很多麻烦。但是我听到了有关将来会引进更多新口味的传闻,这让我很担心。我认为,我们没有更多的能力去处理经营中额外的麻烦和复杂的问题。

Madison 乳品公司的冰激凌生产包括生产准备和在大缸里为各种口味的产品混合原料。在后续阶段,用半自动机器将冰激凌打包装入容器。最后的包装和装运阶段完全是手工的。

每一种产品有一张关于所需材料和人工的数量的材料单。根据这一信息,很容易计算每种口味冰激凌的直接材料和直接人工成本。Madison 乳品公司的间接费用(每个月大约 34 000 美元)如下。

费用分类	费用金额/美元
间接人工	12 068
边际利润	6 517
机器	15 400
合计	33 985

Madison 乳品公司的成本系统将工厂的间接费用按照每种产品所耗费的直接人工分配到产品中。目前,管理费用是直接人工成本的 240%。工厂中的大多数人回忆,仅仅几年前,也就是新口味(草莓和摩卡—杏仁冰激凌)引进前,管理费用率还不到直接人工成本的 140%。①

5.2 Madison 乳品公司现有的标准成本系统的局限

Madison 乳品公司的标准成本系统对于存货计价的财务报告是足够用的。它简单,容易理解和运用,年复一年,保持着稳定性。Madison 乳品公司的管理会计师几年前在

---

① 表中预算的间接费用 33 985 美元与分配给产品的费用(33 600 美元)之间的差异是由于 Madison 乳品公司在向产品分配费用时使用了近似的费用率 240%,而不是实际分配率 242.75%。

设计这套系统时,生产操作以手工为主,而且总间接成本低于直接人工成本。Madison乳品公司的两种产品拥有相似的生产量和批次规模。由于计量和记录信息的高昂成本,管理会计师正确地判断,一套复杂的成本系统的运作成本将高于公司从中获得的利益。

然而,Madison乳品公司的环境已经发生了改变。由于自动化的实现,直接人工成本减少了,间接费用增加了。随着定制的、小批次口味的引进,Madison乳品公司需要更多的人来规划进度表、进行质量控制和维持产品规格。在间接费用较低且产品种类有限时使用的成本系统,现在却扭曲了Madison乳品公司不同品种产品的赢利能力。

信息的扭曲是由于Madison乳品公司现有的成本系统将生产成本分配给产品的方式有问题。许多制造公司,如Madison乳品公司,仍在采用单一的成本动因,如用直接人工成本、直接工时数或机器小时数,把生产中心的费用分配给各个产品。在一个产品高度多样化的环境下,使用单一的动因分配间接费用将导致产品成本的扭曲,正如下面的例子所示。

5.3 香草工厂和多口味工厂

香草工厂生产100万加仑的冰激凌,口味都相同并且所有冰激凌都用半加仑容器包装。多口味工厂也生产100万加仑的冰激凌,但是这些冰激凌具有不同的口味、配方、商标名称和包装尺寸(半品脱、一品脱、一夸脱、半加仑、一加仑和两加仑容器)。多口味工厂将每一种口味、配方、商标名称和包装尺寸的组合看作不同的产品(称为SKU)。通常,多口味工厂一年生产2 500多种不同口味或者包装的产品,有的年产量只有50~100加仑,有的则高达10万加仑,比如半加仑一盒的香草冰激凌或巧克力冰激凌。

即使两家工厂生产相同的基本产品,多口味工厂却需要更多的资源去支持其高度多样化的产品。多口味工厂拥有一支比香草工厂庞大得多的生产支持雇员队伍,因为它需要更多的人去安排机器和生产流程,在混合和包装两条生产线之间执行更换和装配工作,在每个生产流程的开始阶段检查各项设备,转移材料,发送和处理订单,开发新口味配方,改进现有产品,与供应商谈判,设计材料收据,订购,查收,检验材料和零件,更新、维护规模大得多的计算机信息系统。多口味工厂运作会存在更多的闲置时间、调试时间、加班时间以及更多的存货、返工和废料。由于两家工厂有相同的实物产出,对于小批次特殊成分、口味和其他材料的订单而言,它们拥有几乎相同的材料成本(忽略多口味冰激凌稍高的购置成本)。实际生产中,由于所有加仑冰激凌的复杂程度相同,不论香草工厂还是多口味工厂,实际生产均需要相同数量的直接工时和机器小时(不包括多口味冰激凌工厂较长的闲置时间和组装时间)。像香草工厂一样,多口味工厂也面临相同的财产税、安全成本和账单处理成本;但是由于工厂多样化的产品混合和复杂的生产任务,它拥有更高的间接成本和支持成本。

现在考虑两个工厂传统成本系统的运作。香草工厂不需要一套成本系统去计算半加仑香草冰激凌的成本。在每个经营核算期间,财务经理只是简单地用总成本除以总产量即可得到半加仑包装香草冰激凌的成本。每年,用总工厂费用除以百万加仑生产能力即可得到每加仑成本(或者,用总工厂费用除以200万加仑得到半加仑产品成本)。对于多口味工厂,传统成本系统首先将间接成本和支持费用归集到生产成本集,如第 3 章所述。一旦可追溯和分配的支持费用被归集到每个生产成本集,成本核算系统将按照成本中心的成本动因数量将成本集的成本分配到各个产品,这些成本动因可以是直接人工、机器小时、生产数量或加工的材料数量。以每单位为基础,高产量的标准半加仑包装香草和巧克力冰激凌需要与低产量 SKU(包括以特别尺寸包装的特别口味和配方的冰激凌)相同数量的成本动因(人工和机器小时、生产数量、材料数量)。因此,多口味工厂的制造费用将按产品数量分配到各产品。分别占有工厂总产量 10% 的半加仑包装的香草和巧克力冰激凌,将分配工厂总费用的 10%。低产量产品,仅占产量的 0.01%(每年 100 加仑),将分配工厂费用的 0.01%。传统成本系统以每加仑作为计算基础,本质上对所有产品报告相同的产品成本,而不管各个口味、配方和包装组合的相对产量。

然而很明显,在多口味工厂中,对于那些低产量的,尤其是新研制的产品所需支持性资源的考虑要多于高产量、标准化的成熟产品——香草冰激凌和巧克力冰激凌。传统成本系统,即使拥有多生产成本中心,也总是系统地低估特殊、低产量产品所需资源的成本,高估高产量、标准产品的资源成本,如半加仑一盒的香草冰激凌或巧克力冰激凌。

5.4 作业成本系统

Madison 乳品公司的克里斯汀·李想知道自己为什么不能用标准成本系统将材料成本和人工成本分配给产品的同样方式将间接成本分配给产品。也就是说,为什么她不能通过使用每单位费用或间接资源以及工厂生产的每个产品所使用的每种间接资源的数量来得出成本。

李先做了些调研,了解到有一种被称为**时间驱动的作业成本**(time-driven activity-based costing,TDABC)或称时间驱动的 ABC 方法刚刚被提出来。[①] 这种新的成本系统与人工和材料一样,需要顾及两个参数。

(1) 第一个参数是每一类间接资源的费用率。首先,找出为了提供该资源所发生的全部成本(如机器设备、间接的生产工人、计算机系统、工厂场地、仓库或卡车)。其次,找出该资源提供的能力。该能力是机器设备或生产工人的工时数或者是仓库或卡车提供的空间。对于大多数资源(人和机器设备),能力是用供应时间来衡量的,通常用小时成本或分钟成本来表述。对于仓库、生产场地和卡车来说,费用率是通过可利用空间的每平方尺(或平方米)成本来衡量的。对于计算机内存,资源的费用率则是每兆字节或 10 亿字节的成本。

(2) 第二个参数是估计生产各种产品和服务的活动所使用的各种资源的能力的数量。

估计了各种资源和产品的上述两个参数之后,成本分配就可以像直接材料成本和人工成本的分配一样简单地完成了:

产品 j 所使用的资源 i 的成本
= 资源 i 的能力费用率 × 产品 j 所使用的资源 i 的能力的数量

---

① The new approach was described in R. S Kaplan and S. R. Anderson, Time-Driven Activity-Based Costing (Boston: Harvard Business Press, 2007).

例如,假设有一位负责在从一种产品转换成另一种产品时对机器进行调试的非直接生产工人。这名工人的薪酬总额是每月 4 800 美元。他每个月可用于进行产品更换的机器调试的时间是 120 小时。这个数字是通过他每月出勤大约 20 天,每天按 7.5 小时计酬,然后再减去每天用于工间休息、培训、质量会议和日常机器维护的 90 分钟。因此下一个生产班次这名工人用于进行产品转换的机器调试的时间大约是 6 小时。这名工人的能力费用率是 40 美元/小时(每月 4 800 美元/每月 120 小时)。现假设有一种产品每月生产 3 个批次,每个生产批次的机器调试时间为 1.5 小时。该产品占用了这名非直接生产工人 4.5 小时的时间,因此本月由于占用他的时间而需分摊 180 美元的成本(40 美元/小时×4.5 小时)。[①]

李决定在 Madison 乳品公司的冰激凌车间实施时间驱动的作业成本法。

计算资源能力成本率

额外福利 李先从额外福利着手,很快意识到额外福利事实上是直接人工资源和间接人工资源的成本的一部分。6 517 美元的额外福利占了支付给直接人工和间接人工的 26 068 美元工资的 25%。她决定将额外福利成本按照简单的 25% 加成的方式计入直接人工成本和间接人工成本总额中。

间接人工 李接下来开始研究间接人工成本。Madison 乳品公司有 7 名生产工人,他们既负责制造冰激凌的实际工作,又负责所有的生产支持性工作。标准的会计成本系统对员工的区分是:如果他们负责生产流程,则将其视为"直接人工";如果他们负责其他的事情,如将设备生产线从一种产品批次更换为另一种产品批次,订购并接收原材料以及维护各种产品的记录,则将其视为"间接人工"。工厂的成本会计系统对每个月生产产品的实际数量和品种组合所需的直接人工工时进行估计,然后将其他时间均视为"间接人工工时"。

Madison 乳品公司向生产工人支付固定的工资,为每个月 3 724 美元。李又加上了 25% 的额外福利(等于 931 美元),得到了每个月支付给每位生产工人的薪酬总额,即 4 655 美元。据李估计,平均而言,每个月员工来上班的时间大约为 19 天。[②] 员工每天按 8 小时工作计酬,但是这些时间并非都会用来从事生产工作。员工每天的工作时间中大约有 1 小时用于工间休息、培训和开会,每天可以干活的时间只有 7 小时。因此,每个月每位员工可以工作的时间为 133 小时,从而得出下列的计算结果:

每位员工的成本率 =(4 655 美元 / 月)/(133 小时 / 月)= 35 美元 / 小时

设备(15 400 美元) 冰激凌工厂有两条相同的产品线。工厂所有的设备都是从一家外部供应商处租赁来的,目前每月支付的租金总计为 15 400 美元。生产设备在每个月

---

① 对于所生产的每单位产品,直接材料成本和直接人工成本是可以计算的,但是给定期间的间接费用则需要被分摊到产品生产总额中。

② 对于每个月工作的天数的估计是按照如下的方式计算得出的。员工每年大约工作 228 天[一年 365 天减去员工不工作的 104 天的周末休息日(52×2)、28 天的节假日以及 5 天的病假和事假]。将每年 228 天除以 12 个月,就得到了每月 19 天的估计数。

的工作日均可使用，也就是每个月约为 22 天。Madison 乳品公司每天的运营为 8 小时工作制。每天要花费 1 小时进行日常的维护和小修理，因此每条生产线每天开工的时间为 7 小时。也就是说，每条生产线的可用能力总额为 22 天×7 小时每天，或每个月 154 小时。① 因为工厂有两条生产线，因此每个月的可用设备时间为 308 小时。② 因此

设备的成本率 =（15 400 美元／月）／（308 小时／月）= 50 美元／小时

计算每种产品使用的资源时间

李现在需要确定每种产品使用每种生产资源（间接人工和设备）的时间。

间接人工工时 对于间接人工工时的需求来自三个方面。第一，负责安排生产班次的间接人工，他们负责生产班次的采购、准备物料并在生产班次开始前将物料运到生产线。他们还对生产班次中最初生产出来的产品进行检验以确保其符合产品规格。李让一位工业工程师用几周的时间对这一流程进行观察。这名工程师报告说，用来订购物料、安排生产计划以及为生产批次进行准备工作所需的时间大约是 4 小时，该时间与生产的冰激凌口味或者是生产批次的规模都没有关系。

第二，负责从一种产品向另一种产品转换的员工。工业工程师为这些转换设定了时间标准，因此这方面的信息是现成的。

产　　品	转换时间／小时
香草冰激凌	2.0
巧克力冰激凌	1.0
草莓冰激凌	2.5
摩卡—杏仁冰激凌	4.0

转换到巧克力冰激凌的生产所需时间比较短，因为不需要彻底清洗掉前期产品的余味；香草冰激凌和草莓冰激凌则需要更为精心的准备；摩卡—杏仁冰激凌所需的准备时间最长，因为该口味的特殊口感要求很高的质量标准，并且每一个生产批次后都需要彻底清除留下的所有过敏源（坚果）。3 名员工一组来实现生产转换，因此一个新的生产批次的香草冰激凌需要 6 小时的间接人工工时（3 名员工花费 2 小时进行设备调试）。

第三，员工每个月还需要为每个口味的冰激凌提供产品支持作业。这些作业包括整理和更新产品的物流清单及计算机系统中的生产流程，监控并维护原材料和每种产品的产成品库存的最低供应量，改进生产流程，根据顾客的反馈对配料比例进行调整。这项作业每个月每种产品大约需要 9 小时。

---

① 从每天 8 小时的轮班时间中减去 1 小时，得到了每天每条生产线的可用时间为 7 小时。将每个月 22 天乘以每天 7 小时乘以 2 条生产线，即可得到每个月的可用设备时间为 308 小时。

② 实际能力的计算可能比我们在这里列举的 Madison 乳品公司的例子复杂。例如，Madison 乳品公司如果采取两班倒或三班倒方式，那么其设备的能力会有所增加。通用的原则是根据公司平时采取的每周轮班数量来估计设备的能力。如果公司决定增加轮班次数，那么生产线的生产时间就会增加。另一个使得问题复杂化的因素是高峰负荷或季节能力。有关实际能力估计中更为复杂的问题的进一步讨论可以参见 R. R. Kaplan and R. Cooper, *Cost & Effect* (Boston: Harvard Business Press, 1997): 126-132。

李利用下面的时间等式对每种产品所需的间接人工进行了加总：

间接人工工时/产品＝（4 小时＋产品转换时间）×生产批次数＋9

例如，如果每个月香草冰激凌的生产批次为 10 次，那么其使用的间接人工工时总计为

香草冰激凌间接人工工时＝（4＋6）×10＋9＝109（小时）

表 5-2 汇总了间接人工的总需求。

表 5-2　各种产品的间接人工工时

	香草冰激凌	巧克力冰激凌	草莓冰激凌	摩卡一杏仁冰激凌
间接人工工时——安排生产批次/小时	4.0	4.0	4.0	4.0
每个生产批次的调试时间/小时	2.0	1.0	2.5	4.0
每次调试所需的员工人数/人	3.0	3.0	3.0	3.0
每次调试的间接人工工时/小时	6.0	3.0	7.5	12.0
每批次的间接人工工时：安排和调试	10.0	7.0	11.5	16.0
间接人工——产品支持	9.0	9.0	9.0	9.0

设备时间　按照产品来估计设备时间相对容易。设备不是在生产产品就是在为生产下一个批次的产品而进行调试。估计设备使用的时间等式为

每种产品的设备时间＝产品生产时间＋产品转换时间

＝产品数量（加仑）×生产时间/加仑

＋产品转换时间×批次数

例如，如果香草冰激凌在一个月中有 10 个生产批次，产量为 8 000 加仑，每 1 000 加仑的加工时间为 26 设备小时，那么其设备使用小时数为

香草冰激凌设备时间＝8×26＋2×10＝228（小时）

计算产品成本和赢利能力

李现在已经收集到了计算准确的产品成本所需的所有信息——每种资源的能力成本率和每种产品对于资源的能力需求。她总结了上一个月 4 种产品的生产数据，见表 5-3。

表 5-3　Madison 乳品公司冰激凌工厂的生产数据（2010 年 3 月）

生产统计数据 （2010 年 3 月）	香草冰激凌	巧克力冰激凌	草莓冰激凌	摩卡一杏仁冰激凌	总计
产量和销量	10 000	8 000	1 200	800	20 000
每加仑直接人工工时	0.025	0.025	0.025	0.025	
直接人工总工时	250	200	30	20	500
每 1 000 加仑设备时间/小时	11	11	11	11	
设备运行总时间/小时	110	88	13	9	220
生产批次数量	12	12	8	6	38
每批次的调试时间/小时	2.00	1.00	2.50	4.00	
调试总时间/小时	24	12	20	24	80
设备时间总计/小时	134	100	33	3	300

接下来,李将生产数据代入求解间接生产人工工时和设备工时的两个时间等式来获得4种产品的资源需求,见表5-4。

表5-4 各产品的资源需求(2010年3月)

资源使用时间	香草冰激凌	巧克力冰激凌	草莓冰激凌	摩卡—杏仁冰激凌	总计	成本/(美元/小时)
直接人工/小时	250	200	30	20	500	35
间接人工/小时	129	93	101	105	428	35
设备/小时	134	100	33.2	32.8	300	50

例如,香草冰激凌的间接人工工时中含有下列组成部分:

每个批次的采购和计划时间	4小时
每个批次的设备调试时间	6小时(3名调试员工调试2小时)
每个批次的间接人工工时	10小时
生产批次的数量	12
生产批次间接人工	120
每种产品的产品支持时间	9小时
香草冰激凌的间接人工总工时	129小时

李通过将表5-4中的资源使用时间乘以表5-4中最后一列给出的每种资源的能力成本率,从而得到了每种产品的成本。她总结了如表5-5所示的产品损益表的结果。

表5-5 Madison乳品公司冰激凌工厂调整后的产品赢利能力

产品赢利或亏损	香草冰激凌	巧克力冰激凌	草莓冰激凌	摩卡—杏仁冰激凌	总计
销售收入/美元	30 000	24 000	3 960	2 800	60 760
直接材料/美元	6 000	4 800	720	520	12 040
直接人工(包括福利)/美元	8 750	7 000	1 050	700	17 500
间接人工使用/美元	4 515	3 255	3 535	3 675	14 980
设备使用/美元	6 700	5 000	1 660	1 640	15 000
毛利(亏损)/美元	4 035	3 945	(3 005)	(3 735)	240
毛利(亏损)(占销售收入的百分比)/%	13	16	(76)	(133)	2

李刚看到表5-5所显示的结果时大吃一惊。她发现自己原本认为最赢利的草莓冰激凌和摩卡—杏仁冰激凌事实上是最不赢利的,甚至亏损达到了销售收入的很大比例。相反,她曾经认为是勉强达到盈亏平衡的香草冰激凌和巧克力冰激凌事实上是赢利的,毛利率超过了销售收入的10%。进一步思考之后,李意识到了利润排序发生这种反转的原因。香草冰激凌和巧克力冰激凌是长线产品,因此相对于实际产量其对于间接人工和设备调试时间的使用是较少的。摩卡—杏仁冰激凌这种特殊产品属于短线产品,其间接人工和设备调试时间的使用超过了产品的直接人工和设备调试时间(参见表5-2中的数据)。尽管摩卡—杏仁冰激凌的单价要比香草冰激凌和巧克力冰激凌高出15%以上,但是该价格远远未能弥补其使用间接人工和设备调试时间所带来的成本。一般来说,新的成本方法明确地揭示了草莓冰激凌和摩卡—杏仁冰激凌这两种特殊口味产品的销售收

入未能弥补与其生产相关的所有成本。

Madison乳品公司先前的标准成本系统是按照比例将间接成本分摊到直接人工成本中,因此给香草冰激凌和巧克力冰激凌这两种高产量的简单产品分配了过多的间接成本,而给产量较低、更为复杂的草莓冰激凌和摩卡—杏仁冰激凌分配了过少的间接成本。一般来说,这种情况不只存在于Madison乳品公司冰激凌工厂的这个简单例子中,企业生产复杂的、低产量的产品,每单位需要多出很多的资源来完成调试、组织生产批次以及设计和支持。

我们可以确切地预测标准成本系统将导致产品成本估计中的严重错误。在下面两种情况下,基于所生产的每种产品的直接人工工时(或者任何产量测量)向产品分配间接成本(间接费用和支持性费用)将导致高产量产品的成本高估和低产量产品的成本低估。

(1) 间接费用和支持性费用比较高,特别是当它们超过了分摊基数(如直接人工成本)本身的成本时;

(2) 产品多样性很高:工厂同时生产高产量的产品和低产量的产品、标准产品和定制产品、复杂产品和简单产品。

当间接成本较高且产品多样性高时,标准成本系统总是会造成高度扭曲的产品成本,正如Madison乳品公司冰激凌工厂的简单的例子所表明的。

更为准确的成本法所带来的可能的举措

表5-3和表5-4中提供的更为准确的消费和成本信息为Madison乳品公司冰激凌工厂的管理者提供了提升工厂的赢利能力的大量思路。他们可以试着提高不赢利的特殊口味冰激凌的价格来弥补其更高的单位生产成本和支持性成本。目前,这两种口味冰激凌的生产批次处理成本和设备调试成本高于其直接材料和人工成本。消费者如果真的喜欢这两种特殊口味的冰激凌,他们可能愿意为其支付更高的价格。同时,Madison乳品公司的销售经理可以考虑对于公司的零售客户设定最低订单数量的限制,从而提高特殊产品一个生产批次的数量以降低它们所需的间接资源的数量。当然,既然知道香草冰激凌和巧克力冰激凌是赢利的,可以加大力度提升其销量,而根据如表5-1所示的利润报告这是根本不可能的,因为这两种产品才勉强实现盈亏平衡。因此,这一更为准确的产品赢利数据显示,Madison乳品公司的管理者应当考虑立即在定价、产品组合和最低订单规模方面采取行动。

还可以采取改善流程的举措,尤其是间接作业和支持性作业的流程。在原来采用的标准成本系统下,采购原材料、安排生产批次、进行调试和为产品提供支持性作业的成本被混在了间接费用这个大池子里,从而看不出改善的余地。当时的工作重点是降低直接人工和材料成本,因为这些成本是影响标准成本的主要因素。现在,克里斯汀·李可以激励Madison乳品公司的生产人员将工作重心转向学习如何减少调试时间,从而降低特殊口味冰激凌的小批次生产的成本(减少所需的资源)。他们还可以想办法降低生产订单的采购和计划时间,以及每个月用来进行不间断的产品维护的时间。这些都会减少对于间接人工的需求。

借助流程改善、定价调整、产品数量和组合变化等的共同影响,Madison乳品公司的管理者可以在继续向顾客提供大批量的标准口味冰激凌和小批量的特殊口味冰激凌的同时，大幅提高赢利能力。新的、更为准确的成本系统为 Madison 乳品公司的管理者们提供了很多可以被用来将目前不赢利的经营转化为赢利的发展的思路。

实例

利用作业成本法提升银行的赢利能力

ATB 金融公司是位于加拿大埃尔伯塔（Alberta）的一家银行。它为旗下 160 个支行的 200 万名客户提供 200 种产品，并且每个月要处理超过 1 200 万次交易。ATB 金融公司的个人服务集团提供信用卡产品、抵押服务、网上银行、旅行保障、贷款和养老产品。企业服务集团提供投资产品、纳税服务、商业事务服务、中介服务、海外联系和债务融资。新近成立的投资服务集团则提供共同基金、定期储蓄以及教育和养老储蓄计划。

ATB 金融公司通过类似呼叫中心和信息技术中心这样的地区性资源以及集中的资源为上述产品提供支持。然而，其现有的成本系统无法将地区资源和公司资源的成本分摊给交易、产品和顾客。首席运营官认为公司在经济高速增长时期对于收入增长的重视已经影响了其对于底线的关注："当利润快速增长时，很容易隐藏大量问题——我们在冒过度建设和放弃赢利能力的风险。"

ATB 金融公司的一个项目小组开发并安装了时间驱动的作业成本系统。该系统可以准确地计算每个月支行的赢利能力以及各种产品的赢利能力。新的系统促进了一系列成本和收入改良举措，其中包括：

- TDABC 模型中的时间等式反映了呼叫中心的处理时间因不同类型的呼叫而存在的差异。例如，出于密码重置目的的呼叫很耗费成本，出现的频率也很高。项目小组开发了一个新的流程来从根本上解决这些呼叫。这类呼叫的数量和成本因而很快出现大幅下降。
- 回复顾客要求追踪他们无法回忆起来的项目的要求是一个成本高得惊人的流程。这些成本往往高于这项服务的收费，而且经常比存在争议的金额还高。ATB 金融公司制定了一个流程，或者提高收费，或者授权对小额项目的追踪处理请求进行调整。
- 凭借 TDABC 模型，项目小组发现能力应用方面的差异能够解释支行效率方面的大部分差异。该模型通过各个支行内部的流程揭示了存在额外能力的地方。管理层可以据此针对期望的需求对支行服务和递送平台进行规模削减。
- 项目小组注意到各个支行间人工处理的交易的成本差异要远远高于电子交易的成本。支行处理的一项人工交易往往会引发另一项人工交易，例如已经在排队等待支付账单的顾客很可能同时希望办理存取款业务。最有效率的支行会安排"接待人员"引导顾客借助自助银行设备或网络终端办理常规交易。

ABC 项目推出不到一年，ATB 金融公司就通过提高营业收入和降低成本使得年利润提升了将近 200 万美元。一位高级管理者说："ABC 如今是我们打造强大的商业能力来促进和管理赢利能力这一改革的重要组成部分，它帮助我们制定提升业绩的正确的决策。"

资料来源："ATB Financial: Guiding Profitable Growth," Chapter 11 in R. S. Kaplan and S. R. Anderson, *Time-Driven Activity-Based Costing: A Simpler and More Powerful Path to Higher Profits* (Boston: Harvard Business Press, 2007): 197-208.

衡量未使用资源能力的成本

克里斯汀·李注意到表 5-5 中显示的总利润（1 240 美元）高于表 5-1 中根据传统的标准成本系统得到的 1 120 美元。表 5-5 中给出的时间驱动的作业成本法结果使用的是根据每个月给出的资源（人工和设备）能力计算的资源能力比率。但是如表 5-6 所示，Madison 乳品公司在 2010 年 3 月的经营并没有完全达到能力。

表 5-6　Madison 乳品公司冰激凌工厂的资源能力利用情况（2010 年 3 月）

资源	单位量	供应的小时/每个月的单位量	总供应小时/小时	使用小时/小时（2010 年 3 月）	未使用能力/小时	每小时成本/美元	未使用能力/美元
生产人工	7	133	931	928	3	35	105
设备	2	154	308	300	8	50	400

在时间驱动的作业成本法下，**未使用能力的成本**（cost of unused capacity）并未被分配给产品，但是它不应当被省略。未使用能力仍然要由某个人或某个部门负责。我们通常可以在分析了授权能力供应水平的决策之后对未使用能力进行分配。例如，如果能力是为了满足某个顾客或者是某个细分市场的需求，那么由于需求低于预期所造成的未使用能力的成本就可以被分配给负责该顾客或细分市场的人或者是组织单位。这种分配是建立在组织内部单位一次性完成的基础上的，它不应当进一步分摊给各单位相应期间所实际生产的产品。

管理者总是可以将未使用能力的成本分配给一条产品线、一个部门或一名管理者。例如，如果未使用能力与某条产品线相关（例如，某种生产资源专门是用于某条产品线的），那么当需求最终未能实现时所造成的未使用能力的成本将分配给这条产品线。假设一位部门经理事前就知道资源的供给量会超过需求量，但是希望保留目前未使用的这部分资源以备今后的发展和扩张。此时，这些未使用能力就属于部门支持性成本，应分配给决定保留这部分未使用能力的部门。在对未使用能力进行上述分配时，我们会在组织层面上追踪影响资源供给能力以及对这些资源的需求的决策是在哪一个环节做出的。未使用能力的成本的一次性分配为管理者提供了其供求决策的反馈。

作业成本系统下的固定成本和可变成本

我们已经看到作业成本系统是如何将间接成本和支持性成本分摊给产品的。有些人认为这种彻底的成本分摊将间接成本和支持性成本视为"可变的",因为它们将随着产品产量或者调试的次数或者生产批次的短期变化而增加或减少。Madison 乳品公司冰激凌工厂的例子清楚地说明,这是一个错误的推断。所有的生产人员无论是在运行生产线上或在调试设备,都会拿到薪水;无论设备是否在生产冰激凌,每个月的设备租赁费用都是要支付的。公司少进行一次调试或少运行一个生产批次,其总成本并不会发生变化,这也是很多人将间接成本和支持性成本视为"固定成本"的原因。不过,我们将这类成本称为约束性成本,而不作为固定成本。

ABC 系统所分摊的大多数费用都是约束性的,因为管理者在确切知道产量和产品组合之前就已经制定了这些资源的供应决策。因此,这些资源的成本在当月不会随实际产量和产品组合而发生变动。不过,管理者可以通过在未来的月份改变资源的供应量来调整资源成本。仅当管理者未能针对需求和能力利用率的变化作出反应时,这类成本才会维持固定。因此,一项成本究竟是固定的还是可变的并不是成本自身的属性。它是由管理者调整资源供应的敏感性和意愿决定的。这种调整既可能是增加也可能是减少,具体取决于对于资源所发挥的作用的需求的变化。约束性成本可以通过下列过程发生变化。

(1) 对于能力资源的需求发生变化,既有可能是因为对于所执行的作业的数量的变化(如生产批次的数量或所支持的产品发生了变化),也可能是因为执行作业的效率的变化。例如,如果调试时间缩短了,那么完成相同次数的调试所需的资源(员工和设备时间)将减少。

(2) 管理者可以决定改变约束性资源的供应量,既可以是提高也可以是降低以满足对于这些资源所实施的作业的新的需求水平。

如果对于一项资源的需求量超过了它的供给量,就会造成瓶颈,这有可能导致工作速度加快、误工或者是工作质量的下降。这种能力短缺经常出现在设备上,不过 ABC 方法却清楚地说明在执行类似设计、计划、订购、采购、维护以及负责产品和顾客事宜的支持性作业的人力资源也会出现短缺。面临这种短缺的企业将通过增加完成工作的资源的供应来提高约束性成本,这也是很多间接成本在长期内会出现增长的原因。

对于间接资源和支持性的资源的需求也有可能出现下降,既可能是由于管理者有意识的行动,如设定最低订单规模和缩短调试时间,也有可能是由于竞争或宏观经济因素导致销量的下跌。如果对于资源的需求出现下降,并不会有明显的立竿见影的支出削减。人员已经被雇用,场地已经被租用,设备、计算机、电话和家具也已经准备就绪。尽管这些资源完成的工作减少了,其成本却是不变的。对于组织资源的需求的降低的确会减少产品、服务和顾客所使用的资源的成本,但是它却会被未使用能力成本的等量上升所抵消。

未使用能力出现以后,当且仅当管理者积极采取措施降低未使用资源的供应时,约束性成本才会出现下降。使得资源成本得以被降低的并非资源自身的属性,它取决于管理层的决策——首先要降低对资源的需求,其次要降低在该资源上的支出。

组织通常会由于诸如流程改进、出于产品组合调整目的进行调价以及针对顾客设定最低订单规模等举措而产生未使用能力。然而,即使对于资源所从事的作业的需求出现大幅下降,企业仍会保留现有的资源。此外,组织也无法为得不到使用的现有资源找到新的用途。在这种情况下,组织并没有因为降低对资源的需求的决策而获得任何好处。然而,未能从决策中受益并不是因为成本是固定的,而是因为管理者不愿意或者是不能利用自己所造成的未使用能力,例如通过减少在能力资源方面的支出或者是增加能力资源完成的工作量。当且仅当管理者没有利用自己造成的未使用能力所带来的机会时,这些资源的成本才是固定的。

因此,完全基于资源利用(ABC系统)制定诸如减少产品多样性等决策,如果管理者并未做好减少支出以配合未来的需求下降调整资源供应的准备,则很可能无法带来利润的提升。例如,如果一项举措使得生产批次的数量减少了10%,除非此前用于完成生产批次的一部分资源被取消或者是重新分配给能带来更高收入的用途,否则就不会带来任何经济方面的利益。因此,在基于ABC模型制定任何决策之前,管理者应当搞清楚自己的决策对于资源供应意味着什么。我们可以通过Madison乳品公司冰激凌工厂的管理者所作的决策来予以说明。

利用ABC模型预测资源能力

克里斯汀·李组织了一个由跨部门成员组成的任务小组,其中包括销售、营销、生产、工业工程和人力资源部门的代表。这个任务小组将就如何改善Madison乳品公司冰激凌工厂的赢利能力给出建议。生产人员和工业工程师认为可以对调试流程作出极大的改进,同时可以减少为生产批次进行准备和维护产品信息所需的时间。他们相信,新的工作程序将确保工厂将负责调试的工作人员由3个人减少到2个人。类似的,对于质量管理工具的积极应用将使草莓冰激凌和摩卡—杏仁冰激凌的调试时间都缩短20%。生产人员和工业工程师还研究了可以将生产批次准备时间由4小时缩短到2.5小时,将每个月维护产品信息的时间由9小时缩短到8小时的流程改进。他们将自己在流程改进方面所做的所有工作总结如下。

	香草冰激凌	巧克力冰激凌	草莓冰激凌	摩卡—杏仁冰激凌
每个批次的调试时间	2.0	1.0	2.0	3.2
间接人工调试时间(每个批次的小时数)	4.0	2.0	4.0	6.4
生产批次的处理(每个批次的小时数)	2.5	2.5	2.5	2.5
产品支持性工作(每个月的小时数)	9.0	8.0	8.0	8.0

生产人员指出,除了在进行设备调试和为生产批次做准备时的大幅改进外,如果每个生产批次至少可以生产350加仑,那么工厂的效率将得到提升。任务小组中的销售人员和营销人员认为自己可以要求对每种口味冰激凌的每次订购量最低定为350加仑,否则要同意等待小批次订购的数量累计到最低350加仑的生产批次。

销售人员认为香草冰激凌和巧克力冰激凌的价格弹性较大。他们认为每加仑小幅降价0.10美元将带来15%~20%的销量增长。他们还认为如果小幅提高特殊口味冰激凌的价格,其需求也不会出现明显的下降。考虑到价格弹性,他们致力于追求不会要求进行大量的小批量生产的销售。经过广泛的讨论,任务小组就销售和生产计划达成了一致意见,如下所示。

	香草冰激凌	巧克力冰激凌	草莓冰激凌	摩卡—杏仁冰激凌	总计
售价/美元	2.90	2.90	3.40	4.00	2.96
销量/加仑	12 000	9 200	1 100	700	23 000
销售收入/美元	34 800	26 680	3 740	2 800	68 020
生产批次的数量	15	12	3	2	32

新的销售预测反映了销量 15% 的增长以及销售收入 12% 的增长,从 60 760 美元 (2010 年 3 月)增长到 68 020 美元。高产量产品的价格下降和销量上升将使平均售价(从 2010 年 3 月每加仑 3.04 美元的平均售价)降低到每加仑 2.96 美元。

每个人都因为流程改进可以带来的预计的销量增长和潜在的成本下降感到兴奋异常。但是李无法确定工厂现有的两条生产线能否应付得了 15% 的产量提升。她还想知道流程改进实际上将带来怎样的成本降低,特别是如果工厂为了应付产量的提升最终需要更多的人员和设备。幸运的是,如今她可以利用工厂的时间驱动的 ABC 模型来预测新的销售和生产计划下所需的资源能力。

李估计了新的生产计划下所需的直接人工工时。

	香草冰激凌	巧克力冰激凌	草莓冰激凌	摩卡—杏仁冰激凌	总计
产量和销量/加仑	12 000	9 200	1 100	700	23 000
每加仑的直接人工工时	0.025	0.025	0.025	0.025	
直接人工总工时	300.0	230.0	27.5	17.5	575.0

接下来,她估计了对于间接生产人工工时的需求。

	香草冰激凌	巧克力冰激凌	草莓冰激凌	摩卡—杏仁冰激凌	总计
生产批次的数量	15	12	3	2	
处理生产批次/(小时/批次)	2.5	2.5	2.5	2.5	
间接人工——处理批次	37.5	30.0	7.5	5.0	80.0
每个批次的调试时间/小时	2.0	1.0	2.0	3.2	
每个批次的间接人工工时/小时	4.0	2.0	4.0	6.4	
间接人工——总调试时间/小时	60.0	24.0	12.0	12.8	108.8
间接人工——产品维护/小时	8.0	8.0	8.0	8.0	32.0
间接人工总工时/小时	105.5	62.0	27.5	25.8	220.8

满足新的生产计划对于生产人工的总需求是 795.8 小时。李注意到 6 名员工可用于工作的能力为 798 小时(133 小时/员工×6 名员工)。当得知产量提升 15% 的新的生产计划下实际上需要的员工数量反而减少了一个人时,她感到非常惊喜。更少的、规模更大的生产批次,加上来自转化为两名调试工人和其他流程改进所带来的效率使得工厂可以用更少的资源实现更高的产量。

李还需要完成最后一个计算：公司是需要新增一条生产线，还是需要超过正常工作时间利用现有设备，抑或再增加一个班次来获得额外的设备能力来完成更高的产量？她进行了下列计算来估计新的生产计划下的设备时间。

	香草冰激凌	巧克力冰激凌	草莓冰激凌	摩卡—杏仁冰激凌	总计
产量	12 000	9 200	1 100	700	23 000
每1 000加仑的设备小时/小时	11	11	11	11	
设备运行总时间/小时	**132**	**101.2**	**12.1**	**7.7**	**253**
生产批次的数量	15	12	3	2	
每个批次的调试时间/小时	2.0	1.0	2.0	3.2	
设备调试时间/小时	**30.0**	**12.0**	**6.0**	**6.4**	**54.4**
设备总小时/小时	**162.0**	**113.2**	**18.1**	**14.1**	**307.4**

李知道凭借两条生产线，每个月每条生产线的能力为154h，现有的生产能力将足以应付产量15%的增长。草莓冰激凌和摩卡—杏仁冰激凌生产批次数量减少以及调试时间缩短20%的节约将在不增加生产线，也不需要加班或增加班次的前提下产生提高产量所需的足够的新的设备能力。这是一个生动的例子，说明了流程改进可以如何提升产量而不需增加总生产成本(除了直接材料以外)，甚至可以通过减少一名生产员工来降低成本。

李很快通过将每种产品的机会资源消耗量乘以每种资源的成本率(表5-3的最后一列)，编制了一份预计(预测)月度产品损益表(见表5-7)。所有的产品都将是赢利的，而且总利润率如今超过了销售收入的16%，这与2010年3月时利润率不足2%相比是一个巨大的进步。所有的产品都将是赢利的，而且香草冰激凌和巧克力冰激凌将实现公司达到销售收入15%的目标利润率。

表 5-7 Madison 乳品公司冰激凌给出的预计产品赢利

	香草冰激凌	巧克力冰激凌	草莓冰激凌	摩卡—杏仁冰激凌	总计
售价/美元	2.90	2.90	3.40	4.00	2.96
销量/加仑	12 000	9 200	1 100	700	23 000
销售收入/美元	34 800	26 680	3 740	2 800	68 020
直接材料/美元	7 200	5 520	660	455	13 835
直接人工(包括福利)/美元	10 500	8 050	963	613	20 125
间接人工/美元	3 693	2 170	963	903	7 728
设备/美元	8 100	5 660	905	705	15 370
毛利/美元	5 308	5 280	250	125	10 962
毛利率(占销售收入的百分比)/%	15.3	19.8	4.5	4.5	16.1

李还注意到如下所示的 Madison 乳品公司的月度整体损益表与表5-7的最后一列稍有不同。

		美元
销售收入		68 020
直接材料		13 835
生产人工：6@4 655 美元		27 930
设备：2@7 700		15 400
经营利润		10 855

107 美元的差异是由于如下所示的人工和设备资源的少量未使用能力。

	供应的小时/小时	使用的小时/小时	未使用能力/小时	成本率/（美元/小时）	未使用能力的成本/美元
生产人工工时	798.0	795.8	2.2	35	77
设备工时	308.0	307.4	0.6	50	30
总计					107

这一未使用能力的成本并非当期实际生产的产品的成本。它属于由于生产能力稍微超出了当期生产的产品数量和产品组合所需的实际能力而产生的期间成本。在本例中，工厂在超过99%的生产能力下运行。在其他情况下，未使用能力的成本可能非常高。如果企业不注意将未使用能力的成本从产品成本中区分出来，那么它就有可能错误地报告产品亏损，而实际上该亏损是由于对过剩能力成本的武断的分配而不是效率低下的生产或者是缺乏超出生产成本的足够的利润空间所导致的。管理者可能在错误的时间试图提高价格来弥补增加了的成本，此时企业已经有了未使用能力，这说明在经济中存在某种程度的需求疲软或者说企业处于竞争的弱势。这种提价很可能导致未来期间销量的进一步降低、未使用能力的进一步增加，造成第4章所介绍的死亡螺旋的效果。

更新 ABC 模型

对于任何一个成本模型来说，如何根据需要对其进行更新以适应企业运营的变化都是一个重要的问题。时间驱动的 ABC 模型可以很容易地作出调整以反映这种变化。例如，Madison 乳品公司的管理者可能了解到生产人员所从事的诸如产品包装和运送或者是直接从顾客处接收订单等作业，而这些作业在原来的模型中并未得到反映。这些额外的作业可以通过估计一名员工从事新的作业所需的时间（例如，将冰激凌包装在纸箱里所需的时间或者是接收并处理顾客订单所需的时间）很容易地整合在时间驱动的 ABC 模型中。生产人员的能力成本率是已知的，因此系统可以通过将估计的时间乘以能力成本率，很快得出新的作业的成本。

管理者还可以很容易地对能力成本率进行更新。引起成本率发生变化的因素有很多。所供应的资源的价格如果发生变动，那么小时成本率将受到影响。如果生产人员的薪酬增加8%，那么他们的小时成本率将从每个供应小时的 35.00 美元增加到每小时 37.80 美元。如果在流程中采用新设备替换了原有设备或者是增添了新设备，那么也应对成本率进行调整以反映与新设备引入相关的运营费用的变化。

当分母，即**实际能力**（practical capacity）发生变化时，能力成本率也将发生变化。如果工作条件发生变化,如节假日或病假或事假的天数增加了,或者是每天工作的小时数发生改变,抑或用于培训、会议和茶歇的时间出现了变化,那么负责成本系统维护的人应当重新计算每个月可以用来进行生产性工作的小时数。这种计算并不难完成。

我们已经从 Madison 乳品公司冰激凌工厂的例子中看到了员工的质量和持续的改进方面的努力是如何以更短的时间或者是更少的资源完成同一项作业的。当流程中实现了永久的、可持续的改进时,成本系统的管理人员将调低对单位时间(以及资源需求)的估计以反映流程的改进。

遵循上述步骤,时间驱动的 ABC 模型是由需要对模型中的估计进行调整的事件激发的。无论何时,分析人员只要了解到所供应资源的成本或者作业所需的资源发生了重大变化,他们就会对成本率估计进行更新。无论何时,只要了解到所实施的作业的效率发生了重大且持久的变化,他们就会对单位时间估计进行更新。

时间等式 我们已经看到对于完成某项作业(如为了新的生产批次对设备进行转换)的时间估计可以如何基于此前刚刚生产的产品或即将生产的产品而有所差异(如,生产摩卡—杏仁冰激凌后需要进行充分的清洗和消毒以清除所有可能的过敏源)。因此,加工时间由于特定的订单和任务的特殊属性可能有所差异。时间驱动的 ABC 模型利用**时间等式**(time equations)来适应实际运营中的复杂情况。凭借时间等式这一属性,时间驱动的 ABC 模型能够反映某个具体的订单和作业特征会如何促使加工时间发生变化。

我们举一个处理顾客订单的例子来说明。有些顾客订单是通过电话,有些是通过传真,而更多的是通过网页自动生成的电子订单。以不同方式接到的订单需要公司员工予以处理的时间有可能存在差异。在冰激凌工厂的例子中,我们假设每个生产批次目前所需的 9 小时(很快将缩短为 8 小时)中包括接收并处理具体的顾客订单所需的时间。ABC 项目小组可能按照如下所示的时间等式来估计处理某个顾客订单所需的时间以反映订单到达工厂的方式:

接收顾客订单的间接人工工时
$= 1$ 小时 $+ 2$ 小时(如果是电话订单)$+ 1$ 小时(如果是传真订单)
$+ 0.2$ 小时(如果是电子订单)

时间等式使得具体订单的细节可以很容易地得到捕捉并整合到模型中。

再举一个为运送订单做准备的作业的例子。如果货物本身是装在标准包装中的标准品,那么可能只需 0.5 分钟即可做好发运准备。如果货物需要特殊包装,那么还需要 6.5 分钟做准备。如果货物要采取空运的形式,那么还要额外花费 0.2 分钟将其装入一个专门的袋子里。包装流程的时间等式可以表示为:

包装时间 $= 0.5 + 6.5$(如果需要特殊的包装)$+ 0.2$(如果需要采取空运的形式)

时间等式所需的数据(如订单类型、运输方式以及其他所有生产特征)通常在订单被录入的公司的企业资源规划系统中都可以找到。与具体订单相关的数据使得任何订单所需的时间都可以通过简单的代数运算很快计算出结果,该代数运算会对影响资源处理时间的每一种特征进行试算。这样一来,时间驱动的 ABC 模型就可以准确而简单地反映订单、产品和顾客的多样性和复杂性。

实例

W.S.工业公司运用作业成本信息实现持续改进

W.S.工业公司的总部位于印度钦奈(Chennai),供应绝缘体、避雷器、变压器、电容器和断路器等输电和配送电力设备。随着20世纪90年代竞争的加剧,公司不能再以提高价格的方式补偿成本的增加。公司不得不保持恒定的价格,甚至降低价格。W.S.工业公司想保护其在印度的强势市场地位,该公司积极开拓亚洲、欧洲、非洲和美国市场,同时在印度的市场份额占有率排名前三位。公司的一个主要目标是"取得生产力的重大进步"。而ABC系统正是实现这一目标的重要工具。

公司组建了一个作业成本项目小组,该项目小组包括来自经营、研发、质量和信息系统的中层经理以及仅有的一位财务代表。W.S.工业公司希望操作人员拥有新系统的所有权,他们不会感到系统是由财务部门开发和管理的。项目小组将所有的流程和作业创建为数据库,将每一个流程和作业区分为增值作业或者非增值作业(非增值作业是指能够在不破坏产品属性的前提下可予以消除的作业,如将零件搬进搬出仓库)。

员工小组运用新的作业成本信息提出持续改进项目建议(CIPs)。这些项目有的将消除非增值作业,有的将降低执行价值增值作业的成本。例如,一个小组得到许可拆除一堵墙,这堵墙的存在增加了额外的内部搬运。小组通过作业成本分析发现,减少材料搬运成本的收益超过了拆墙的成本。

起初,通过工会高度组织起来的工人担心改进项目会导致他们失业。公司保证持续改进项目收益是通过高销售增长实现的,而不是以失业为代价。为了加强持续改进计划以及员工对此的认知,公司制订了以下激励计划:

- 只有当改进计划被一个小组顺利实施,而且节约的成本没有任何副作用时,这个改进项目建议才会被采纳;
- 在计算实际取得的节约额时,实施项目的费用将被扣除;
- 如果节约是可持续的,雇员将收到节约金额的一个固定比例作为奖励,可以是一次性发放,也可以每年发放;
- 所有的报酬将在一个全员公开论坛上平均支付给所有的小组成员。

在第一个3年,公司完成了56个持续改进计划。这些计划节约资金1.362万卢比(大约相当于30万美元)。更为重要的是工厂的生产能力从每年9 000吨增长到每年11 700吨。材料搬运量每天减少了15 200吨·米;浪费的降低、废料的减少和存货产生的节约每年为1 000万卢比;可用的机器时间由不到85%增长到95%。对顾客的及时配送也得到了极大提高。

资料来源:V.G. Narayanan, "Activity-Based Management at W. S. Industries (A)," HBS No. 101-062 (Boston: Harvard Business School Publishing, 2001)。

5.5 服务型企业

尽管作业成本起源于制造型企业,当今许多服务型企业也从这种方法的采用中获得了巨大的收益。实际上,作业成本模型的基本架构在这两类企业几乎是一致的。这并不奇怪,因为即使是在制造型企业,作业成本关注的也是公司的服务部分,而不是制造阶段的直接材料和直接人工成本。作业成本法针对的是支持生产过程的支持性资源——购买、计划、检查、设计、支持产品和流程,并处理客户及其订单。

服务型企业总的来说是作业成本法理想的选择对象,甚至比制造型企业更适合。首先,服务型企业的所有成本几乎都是间接的,但表面上好像是固定的。制造型企业能够追踪重要的成本组成部分(如直接材料和直接人工)到单个产品。服务型企业没有多少或者根本没有直接材料,其大部分员工对产品或客户提供间接的,而非直接的支持。因此,服务型企业没有直接的可追溯成本作为适当的分配基础。

服务型企业固定成本的很大一部分增长主要来自短期变动成本,这与制造型企业不同,它们确实没有材料成本。在每个阶段,服务型企业在具备为客户服务的能力之前就必须提供其所有的资源。单个产品和顾客对于各种作业(作业的完成取决于这些资源)的需求变动,短期内并不能影响资源的供给成本。

因此,很多服务型企业的变动成本(即由于增加的交易或客户而增加的消耗)几乎为零。例如,在银行自动取款机上的一笔交易只需要一张纸来打印收据的费用,而没有其他任何费用。对于银行来说,增加一个客户可能只需按月邮寄对账单,每月仅发生纸张、信封和邮票的费用。航班增加一名乘客仅需额外增加一听苏打水、两袋花生(对于如今美国的大多数经济舱来说是这样的),以及增加极少量的燃料而已。电信公司多处理一个客户电话或者数据传送根本不会发生增量成本。因此,基于短期变动成本制定有关产品和客户的决策的服务公司可能在价格甚至为零的情况下提供任何业务范围内的产品和服务。在这种情况下,公司当然无法就自己为客户提供服务所消耗的所有资源的成本得到补偿。

服务型企业的作业成本系统可以采用与制造型企业相同的方法进行开发。我们将举一个简单的例子,而不是像 Madison 乳品公司冰激凌工厂那么复杂的例子。(注意:在本章的章末给出了这方面的习题供读者进行练习。)假设一家零售经纪公司为顾客提供股票和共同基金交易、账户管理以及金融规划服务。该公司的资源中包括各种各样的员工:经纪人、账户经理、金融规划师以及负责信息技术、电信设备和支持工作的人员。除此之外,其资源还包括办公场所和家具。我们以其中一种资源——公司 225 名经纪人中的一个为例。前文曾经介绍过,我们需要计算两个参数:

(1) 这名经纪人的能力成本率;
(2) 这名经纪人为产品和顾客所从事的各种作业所使用的能力。

能力成本率

能力成本率的分子包括这名经纪人的薪酬总额以及为其提供支持的其他所有资源

的成本。这名经纪人包括额外福利在内的年薪是 65 000 美元。她在一间 80 平方英尺的办公室工作,其成本据估计为每年每平方英尺 125 美元。此外,她还使用着一台租赁来的计算机,享有若干金融规划和分析软件包的使用权,可以实时登录股票定价和股票研究系统,并且得到了公司内部信息技术团队的支持。计算机硬件、软件以及内部咨询支持的总成本大约为每年 6 120 美元。我们可以得出这名经纪人的全部成本为:

	美元
年薪	65 000
办公场所(80 平方英尺@125 美元/平方英尺)	10 000
计算机技术和支持	6 120
全年总成本	81 120
月均成本	6 760

能力成本率的分母等于这名经纪人可以为顾客工作的时间。她每年到岗 240 天,即每个月 20 天。工作日为每天工作 7.5 小时,其中 1 小时用于茶歇、培训、调研和内部员工会议。因此,这名经纪人每个月可用于生产性工作的时间大约为 130 小时(20 天/月 × 6.5 小时/天)。这名经纪人的能力成本率现在可以计算如下:

$$经纪人能力成本率 = (6\,760\ 美元\ /\ 月)/(130\ 小时\ /\ 月)$$
$$= 52\ 美元\ /\ 小时(或大约相当于 0.87\ 美元\ /\ 分钟)$$

计算经纪人能力消耗的时间等式

这名经纪人从事三种活动:根据顾客的要求进行股票交易;为新顾客开立账户;与顾客通过电话或者是亲自会面来讨论金融计划和账户管理事宜。研究显示,上述每种活动的常用时间为:

	分钟
进行股票交易	5
开立新账户	60
与顾客会面	20

上一个月,这名经纪人完成了 912 次股票交易、开立了 4 个新的股票交易账户,并与顾客会面 6 次。这名经纪人与股票交易产品线相关的总时间可计算如下:

$$经纪人用于股票交易类活动的时间 = 912 \times 5 + 4 \times 60 + 6 \times 20$$
$$= 4\,920(分钟)$$
$$= 82\ 小时$$
$$经纪人用于股票交易产品线的成本 = 82 \times 52 = 4\,264(美元)$$

股票交易类活动占用了这名经纪人每个月可用于工作的 130 小时中的 82 小时。这名经纪人剩下的时间中有些可能用于共同基金销售和赎回等其他产品,另一些可能代表了当月的未使用能力。当建立了所有产品线的资源消耗和成本计算的更为完整的模型之后才能确定她的时间都用在了哪些地方。

上述关于一名经纪人的计算可以复制到公司的全体 225 名经纪人身上,对于公司中为股票交易类活动提供支持的其他每一种资源均可进行类似的计算。接下来,可以加总所有资源的成本并与经营收入(主要来自为顾客提供股票交易服务赚取的佣金收入)进行配比以确定该产品线的盈亏情况。

建立了完整的成本和赢利报告之后,服务型企业的管理者就可以像制造型企业一样进行定价、产品组合、流程改进、顾客交易最低量限定等一系列决策。目前,金融服务(银行、保险公司)、交通运输(航空、汽运和铁路)、电信、批发和零售、医疗卫生等行业的企业,甚至包括很多政府部门都在使用这种 ABC 分析来了解和改善自己的经营情况。

5.6 执行问题

尽管作业成本为很多公司的经理提供了关于作业、流程、产品、服务和客户成本的大量有价值的信息,但并非所有作业成本项目都能得以维持,或对公司产生很高的利润有所帮助。企业在构建和使用作业成本与赢利模型时会遇到很多困难和障碍。我们将说明几种常见的问题,并给出解决这些问题的途径。

缺乏明确的商业目的

作业成本通常是由财会部门提出的,并被宣传为"更精确的成本系统"。项目小组为该项目收集资源,建立初始化的作业成本模型,接下来却没有人来考察这套新的作业成本和赢利信息,也没有人据此采取行动,小组成员此时会感到失望和气馁。

为了避免这种综合征,所有的作业成本项目都应当有一个明确的商业目的。这个目的可能是重新设计或改进流程,对产品设计施加影响,使产品组合合理化,或者改进客户关系。通过预先确定商业目的,项目小组可以根据信息确定哪些管理人员或部门的行动和决策需要做出调整。决策者可以是生产或运营经理(以改进流程为目的)、工程经理(以产品设计决策为目的)、销售部门(以管理客户关系为目的),也可以是营销部门(以定价和产品组合为目的)。

对作业成本的运作能力保持谨慎的态度也是有必要的。某些项目小组被自己的热情冲昏了头脑,承诺作业成本将能解决公司的所有问题,至少是成本和财务问题。作业成本是一项战略性成本系统,它只侧重于流程、产品和客户成本问题,不能执行运营控制以及提供关于生产流程、部门效率和改进方面的反馈信息的职能。

缺乏高级管理层的支持

如果财务部门在没有获得高级管理层支持和赞成的情况下就开展项目,则会出现与第一个问题相关的另一个问题。组织中的其他人将会认为这个项目是由财务人员实施的也是为其服务的。所以,财务部门以外的人员对这个项目都漠不关心。由于财务部门没有被授权作出关于流程、产品设计、产品组合、定价和客户关系的决策,所以无法采取任何有用的措施来提高赢利能力。

如果在构建作业成本模型时有一个明确的商业目的,并且有高级管理人员领导大家来实现这个目标(或者至少是理解和完全支持这个目标),那么这个作业成本项目就应该是最成功的。由来自不同职能小组和经营单位的高级管理者组成的指导委员对项目进行指导和监督,每月召开一次会议,检查项目的进程,对改进模型提出建议,并准备制定模型完成之后的相关决策。

即使在作业成本方案最初是由财务部门提出来的情况下,也应组建一个跨职能项目小组。这个小组除了应包括管理会计师或其他财务部门的代表外,还应包括操作人员、营销/销售人员、工程人员和系统人员。这样,来自各个团体的专家就可以参与模型的设计并且每个成员都可以在其部门和团体的职能范围内为项目提供支持。

把项目委托给顾问

有些项目由于被委托给外部咨询机构来完成而惨遭失败。咨询专家可能拥有关于作业成本的丰富经验,但是他们对特定企业的经营问题的熟悉程度有限。他们既无法与组织内部的管理层达成一致并获得支持,也无法利用作业成本信息做出决策同时维护并更新模型。更为严重的是,有些公司认为自己可以通过购买作业成本软件包来建立作业成本系统。软件包虽然能够提供输入、加工和报告信息的模式,但是无法提供建立有效的作业成本模型的思路。

作业成本顾问和作业成本软件对于许多公司来说确实发挥了很大的作用,但是他们都无法解决上文提到的两个问题。成功的作业成本项目需要高级管理层的领导和发起,还需要一个具有奉献精神的跨职能内部项目小组。不能因为有了外部顾问和软件,就忽视这些要素的重要性。

拙劣的作业成本模型设计

有时候,虽然有高级管理层的支持和发起,但因为作业成本模型难以理解而无法建立和维护,同时对于经理们来说,理解和执行起来也过于复杂,所以项目小组会在模型开发或实施的细节中迷失方向。在其他一些情况下,模型有可能使用了武断的分配方式,通常是百分比法,而不是定量的作业成本动因来分配作业成本至产品和客户。这种武断的分配方法扭曲了模型并降低了其在各级经理心目中的可信度。模型经常需要其他部门提供新的数据和信息,这增加了这些部门的工作量,却不向其提供任何相应的收益。由于模型的设计水平低,作业成本系统会因此而崩溃。

如前所述,作业成本模型设计应当与任何一个设计项目或工程项目一样。项目小组可以先开发一个简单的高层级的原型,即版本1.0。等到公司内的很多人都有机会看到该模型的产出并研究了模型建立背后的假设之后,项目小组可以进行更细致的分析,并就版本1.0中过于简单的部分进行扩展。随着时间的推移,模型的设计将得到完善,并在公司上下赢得信赖。正如一位销售副总裁在担任成本作业项目小组的顾问委员会成员时所坚持认为的:

> 要想与我们赢利能力最差的客户进行开诚布公的讨论,我们绝对需要可信的、实实在在的数字。出色的成本数据还可以帮助我们加强与赢利能力最高的

客户的关系。

ABC项目小组应当把模型的最终使用者放在心里,并经常向高级管理指导委员会寻求建议,最终做出有效的成本设计决策。这些决策将有助于避免形成过于复杂或不透明的成本系统。

个人和部门对变化的抵制

并不是所有的管理者都欢迎技术上更先进的解决方案。人们经常会抵制新的想法和变化,部门的惰性则更强大。对作业成本模型的抵制或许不是公开的。经理们可能耐着性子看完关于产品和客户赢利的作业成本陈述,但是仍继续按照过去的方式行事。或者,他们会要求项目组站在现在或其他公司的视角重新估计模型。然而这种抵制,有时可能更为公开。经理们会声称公司在现有的成本系统下已经取得了成功,为什么还要引进新方法?或者,如果该项目是由财务部门牵头的话,他们就会指责财务人员不理解公司经营的复杂性,或者怀疑他们想经营公司。

人们感觉受到了威胁

个人和部门的抵触来自模型建议其改进工作,人们因此感觉受到了威胁。我们或许认为模型不会造成这种抵触,但事实上,正如我们在本章前面所讨论的,作业成本模型能够揭示下列内容:
- 没有赢利能力的产品;
- 效率低下的作业和流程;
- 大量闲置的生产能力。

由于经理们在任期内的管理不善将被揭示出来,对这些问题负责的经理会感到很不安,感觉受到了威胁。他们并不认为作业成本模型有效从而尝试纠正问题(问题或许产生于先前不适当的成本系统,而不是因为他们自身的疏忽和不称职引起的),而是否认新方法的有效性,并怀疑带来改变的人动机不纯。类似这样的防备行为将抑制任何有效的行动。

第9章将讨论有关推行新的成本控制、绩效评估和管理控制系统而引发的行为问题。并不是作业成本模型才会引发抵制行为,抵制行为也可能由引进任何新的评价和管理系统而引起,甚至任何管理上的变化都足以引发抵制行为。但是,作为一项成本革新,在激发个人和部门对变革的消极反应方面,作业成本系统则是首当其冲的。解决这类问题需要一些识别和克服抵制行为的技巧,而对于没有经验的管理会计师来说,这些技巧在其学生时代和以前的工作中是不曾接触过的。

5.7　尾声:Madison乳品公司

Madison乳品公司将时间驱动的ABC系统从单一的冰激凌工厂推广到整个经营中。凭借该系统,Madison乳品公司得以追踪生产和包装所有产品时的转换成本以及面向分散的顾客群拣货、装货和送货的成本。时间驱动的 ABC 模型突出了 Madison 乳品公司从顾客处接收订单(顾客通过电话订购、销售人员打电话拉订单、传真、货车司机接订单、电子数据交换或者是互联网)、对订单进行包装(由 6 盒组成的整包、独立的盒或者是针对小批量订单的非整盒)、对订单进行运送(商业承运人或公司自己的车队,以及运送里程)以及司机花在每一个顾客所在地的时间的差异。该模型还突出了特别促销以及针对特定顾客制作的标签和促销活动的额外包装成本。

Madison 乳品公司主动利用时间驱动的 ABC 模型,成功地转变成为一个全国性大客户最主要的奶制品供应商。Madison 乳品公司证明自己可以根据实际订单的特征识别为该客户服务所需的具体的制造、分销和订单处理成本。实际订单的特征包括:是 DSD (直接送达店铺)还是送到分销中心;运送的数量是以加仑计还是品脱计;产品的数量和组合。ABC 模型帮助 Madison 乳品公司确定了与竞争对手相区别的与供应商和顾客之间的公开的、值得信赖的关系。

Madison 乳品公司还意识到有一个便利店客户总是过度订购,然后在产品过期时办理退货。为了节省这些销售退回和折让产生的高昂成本,Madison 乳品公司为零售商提供了 2% 的折扣,前提是零售商自行管理存货而不采取退货的方式。通过这种方式,Madison 乳品公司将过期退货降低了 95%,每年节约的资金达到 12 万美元。

资料来源:Madison 乳品公司的案例是根据真实公司的案例改编的。参见:"Kemps LLC:Introducing Time-Driven ABC," HBS No. 106-001(Boston:Harvard Business School Publishing,2006)。

 ## 5.8　本章小结

本章介绍了作业成本系统,包括为什么作业成本系统会比标准成本系统得出更精确的成本,后者按照产量的比例分配间接生产费用。作业成本系统通过对每种产品和每个生产批次对于组织的各项资源的需求进行建模,更为直接地把间接成本和支持性资源成本(生产资源以及营销、销售、分销和管理资源)分配给产品。

作业成本模型包括两个基本的参数:供给每种资源的能力的产品以及每种产品和生产批次对于各种资源能力的需求。模型的开发人员在设计模型时要在复杂模型的高成本与高精确性之间进行适当的权衡。

管理者可以利用作业成本的相关信息来提高组织的赢利能力。他们能够识别高成本和无效的工序,这是经营改进的首选项目。管理者还可以识别产品、服务和客户是否具有赢利能力,并利用这一信息在定价、产品组合、产品设计、客户和供应商关系以及技术等方面做出更好的决策,把没有赢利能力的产品和客户转变为具有赢利能力的产品和客户。

尽管作业成本法在提高信息的精确性和管理相关性方面具有很强的吸引力,个人和部门仍会产生抵制情绪,从而阻碍该系统的有效运用。财务管理人员必须对引起抵制行为的各种情绪保持高度敏感,并采取有效措施来克服这些问题。

附录　作业成本法的初始形态

本章介绍的作业成本法是20世纪80年代提出的最初的作业成本法（ABC）的现代版本。① 最初的版本采用的是两阶段的估计方法。在第一阶段，项目小组对员工进行访谈和调查，了解他们所从事的所有主要的作业，并让员工估计他们用在每种作业上的时间所占的百分比。项目小组利用这些百分比将员工的成本分摊到他们所从事的作业上（这也是"作业成本法"这一名称的由来）。在第二阶段，项目小组根据在每种产品的生产中所使用的各种作业的数量的估值将作业成本分配给各种产品。

我们以Madison乳品公司冰激凌工厂为例来说明初始的作业成本法。项目小组首先询问作为间接人工的员工从事的是哪些作业。得到的回答是下列三种作业：安排生产批次；为生产批次进行调试；进行产品维护。项目小组接着询问这些员工用在三种作业上的时间所占的百分比，得到的答复为：

		%
安排生产批次		30
为生产批次进行调试		60
进行产品维护		10

2010年3月，间接人工成本加上额外福利为15 000美元。② 因此，项目小组对三种作业的成本估计如下：

		美元
安排生产批次		4 500
为生产批次进行调试		9 000
进行产品维护		1 500

通过估计每种作业的时间所占的百分比，将资源成本分配给作业的计算使得成本系统的第一阶段告一段落。在第二阶段，项目小组利用每种作业的作业成本动因将作业成本进一步分配给具体的产品。成本动因是指每种作业的产出，例如下列由间接人工从事的三种作业。

作　　业	成　本　动　因	成本动因量
安排生产批次	生产批次的数量	38
为生产批次进行调试	调试小时数	240
进行产品维护	产品的数量	4

项目小组通过用每种作业成本除以其成本动因量得到了作业成本动因率。作业成

---

① R. Cooper and R. S. Kaplan, "Measure Costs Right: Make the Right Decisions," *Harvard Business Review* (September-October 1988), 96-103.
② 间接人工工资大约为12 000美元，加上25%的额外福利；15 000美元的估值也可以从表5-5中得出，该表显示所使用的间接人工的成本略低于15 000美元，其中不包括少量的未使用劳动能力成本。

本动因率是指每一次进行作业时所使用的资源的成本。

作业	作业成本动因率
安排生产批次	每个生产批次 118.42 美元
为生产批次进行调试	每个调试小时 37.50 美元
进行产品维护	每种维护产品 375 美元

在最后一步,项目小组将每种产品的成本动因量乘以其作业成本动因率,从而得到间接成本对单个产品的分配。具体的计算过程如下所示。[1]

间接人工使用	香草冰激凌	巧克力冰激凌	草莓冰激凌	摩卡—杏仁冰激凌	总计	作业成本动因率/美元
生产批次的数量	12	12	8	6	38	118.42
调试小时数/小时	72	36	60	72	240	37.50
产品的数量	1	1	1	1	4	375.00
生产批次的成本/美元	1 421	1 421	947	711	4 500	
调试的成本/美元	2 700	1 350	2 250	2 700	9 000	
产品维护的成本/美元	375	375	375	375	1 500	
产品成本:间接人工/美元	4 496	3 146	3 572	3 786	15 000	

这里将间接人工成本分配给产品的成本分配方法与本章中所使用的时间驱动的ABC方法(参见表5-4)非常近似,因为员工们对于自己花在三种作业上的时间的估计(30%、60%和10%)与实际上的时间分配(通过计算可知,为36%、56%和8%)极为接近,而且作为间接人工的员工几乎是在满负荷工作。这个例子说明在条件适当的时候,初始的作业成本法与时间驱动的作业成本法在将间接成本分配给产品时可以得到相同的结果。然而,初始的作业成本法过于依赖员工们对于自己花在各种作业上的时间所占百分比的主观估计,而且无法很好地进行未使用能力的估计。大多数员工所估计的时间百分比加起来都刚好是100%。

初始的作业成本法的不足

虽然当包括未使用能力在内的时间百分比估计准确时初始的作业成本法与时间驱动的作业成本法在本质上是一样的,但是企业基于员工们对于时间分配的主观估计在整个组织内部实施这种估计方法时却遇到了无数的问题。首先,对员工进行访谈和调查以了解他们的时间分配既耗时间,成本也很高。在一家大型的货币中心银行的经纪部门,ABC模型要求位于100多个分支机构的70 000名员工每个月就自己的时间分配情况提交报告。公司不得不让14名全职员工专门负责管理ABC数据收集、整理和汇报。一家市值达200亿美元的分销商为了更新内部的ABC模型,耗费了十几名员工好几个月的时间。员工们对于要没完没了地估计自己花在各种作业上的时间感到很厌烦,觉得受到了冒犯。估计ABC模型所需的大量时间和成本以及通过再次进行访谈和调查来予以维持成为ABC模型得到大范围采用的主要障碍。此外,由于持续更新ABC模型所需的高

---

[1] 回忆一下,在调试阶段利用了三种间接人工;此外,所有的成本都被四舍五入到个位。

昂成本，很多 ABC 系统得不到及时的更新，从而导致过时的作业成本动因率以及对于流程、产品和顾客成本的估计失真。

其次，管理者还很怀疑基于个人对自己的时间分配的主观估计的系统的准确性。除了员工尽力回忆自己的时间分配所带来的测量误差外，由于可以预期自己提供的数据会被用于哪些目的，人们可能故意给出有偏差的回答。在很多公司，管理者将更多的时间用在了争论模型给出的估计成本和赢利能力的准确性上，而不是着手解决模型所揭示的效率低下的流程、不赢利的产品和顾客以及大量的剩余能力等问题上。

在初始的作业成本法下，管理者发现很难增加新的作业或者是在现有的作业中增加更多的细节。例如，考虑一下"发运顾客订单"这一作业的复杂程度。企业可能并不希望假设所运送的每一个订单的成本是固定的，而是想要搞清楚订单以整车发运和以拼车(LTL)方式发运，以及通过隔夜送达快递服务和商业承运人等不同方式发运的成本差异。此外，运送订单既可以由手工录入也可以通过电子方式生成，其交易流程既可以是标准的也可以是加急的。由于每一种运送安排所需的资源存在明显差异，必须在 ABC 模型中加入新的作业，并且要重新对相关人员进行访谈，了解其时间分配，从而将装运费用重新分配给各种类型的装运作业。

这种扩展超出了很多初始的 ABC 系统自带的电子表格工具（如 Microsoft Excel®，甚至是商用的 ABC 软件包）的处理能力。这些系统往往要花费数日之久来处理一个月的数据，这还是在假设计算结果不自相矛盾的情况下。例如，某个市值为 1 200 万美元的制造商的自动 ABC 模型用了 3 天时间为其 40 个部门的 150 项作业的 10 000 份订单中的 45 000 个产品计算成本。

最后，员工们在估计自己花在各种作业上的时间时，很自然地会让各项作业所占的时间加总起来为 100%。很少有人会报告说自己有很大一部分时间是无所事事的或者是未利用的。因此，成本动因率的计算是在基于所有资源都在满负荷运作的条件下进行的。然而，很明显，满负荷运营实际上并不是经常发生的。如果将未使用能力分配给产品，并且管理者采取提高赢利能力（减少亏损或高价产品的产量，增加生产批次的规模，提高流程的效率）的惯常举措，那么未使用能力会被进一步提高。但是，除非新增的未使用能力在未来将成本分配给产品时被扣除，那么从这些明显可取的举措中得到的明显的好处就会被重新分配给剩下的产品，从而提高其成本，降低其报告的赢利。

总而言之，通过访谈、观察和调查计算作业成本的流程需要一个耗费时间的、容易出错的、成本高昂的数据收集流程，一个用于运行模型的昂贵的信息系统以及一个基于不断变化的环境对模型进行更新的困难的流程。另外，它在理论上也是不正确的，因为它在计算成本动因率时包含了未使用能力的成本。上述所有问题都通过时间驱动的作业成本法的引入而得到了解决。时间驱动的作业成本法具有下列优势：

(1) 即使是为大型企业编制一个准确的模型也很容易、很迅速；

(2) 它利用的是 ERP 系统提供的详细的交易数据；

(3) 它利用具有特定的订单、流程、供应商和顾客等特征时间等式将成本分配给交易和订单；

(4) 它提供了能力利用率和未使用能力的成本的透明度；

（5）它使得管理者可以预测未来的资源需求，能够基于预测的订单数量和复杂程度制定资源能力的预算；

（6）随着资源成本和流程效率的变化，可以很容易地对模型进行更新。

作业

思考题

5-1 为什么传统的基于数量的成本分配系统可能系统地扭曲了生产成本？

5-2 在哪两个条件下传统的基于数量的产品成本系统更有可能扭曲产品成本？作业成本系统可以如何克服这种现象？

5-3 "当一家公司同时生产大批量产品和小批量产品时，传统产品成本系统可能对大批量产品的成本造成高估。"你是否同意这种观点？请解释。

5-4 为什么生产多种复杂的产品组合的公司与只生产少数几种产品的公司相比，成本更高？

5-5 当资源成本增加或者是运作中发生改变时，时间驱动的作业成本系统是如何更新的？

5-6 在时间驱动的作业成本法中必须估计哪两组参数？

5-7 作业成本系统信息可以如何指导改进经营和产品、客户决策？

5-8 为什么在计算生产能力成本率时建议采用实际能力？

5-9 为什么甚至在用作业成本法来获得工艺进步和成本降低的机会之后，某个组织的财务状况仍然得不到改善？

5-10 为什么服务组织通常很适合采用作业成本法？

5-11 在为服务组织设计成本核算系统时需要特别考虑哪些因素？

5-12 为什么有些人会抵制实施作业成本法？

5-13 时间驱动的作业成本法与传统作业成本法相比有哪些优点？

练习题

5-14 **产品成本系统和生产赢利能力** 波特公司（Potter Corporation）最近几年由于其产品特色、低产量和复杂的工艺获得了可观的市场份额，但该收益由于其高产量、简单工艺产品的市场份额的丧失而受到削弱，使得最终产品的净利润下降。请向管理层说明其成本核算系统需要做哪些特殊变动，并解释为什么现有的系统不够充分。

5-15 **修订时间驱动的作业成本系统，增加产品** 参见本章描述的Madison乳品公司的案例。

要求：

（1）假设与生产有关的每月18 000美元的计算机资源费用由于疏忽未计入成本系统。解释应当对时间驱动的作业成本模型做何更新以反映这一成本。

（2）假设每月4 000美元的机器运转的能源成本也由于疏忽未计入成本系统。应当如何更新作业成本模型以反映这一成本？这对机器工时会有何影响？

(3) 如果公司希望引入一种新的口味，要想确定引进这种新口味的成本需要哪些信息？

5-16 修订时间驱动的作业成本系统，增加产品 参见本章描述的 Madison 乳品公司的案例的时间驱动的作业成本分析。

要求：

(1) 假设间接人工成本在原来的基础上增加了 10%，其他所有条件不变。在考虑间接人工成本增加 10% 的基础上，确定分配给 4 种口味的产品中每种产品的总时间驱动的作业成本并编制一张类似表 5-5 的损益表。

(2) 假设除了(1)中的变化以外，处理一个生产流程的单位时间由 4 小时减少到 3 小时。确定分配给 4 种口味的产品中每种产品的新的总时间的驱动作业成本并编制一张类似表 5-5 的损益表，同时给出总的闲置生产能力成本。

5-17 制造业作业成本的分配，未使用的能力，收入 Halifax Brass 公司生产水泵和阀门，并且采用时间驱动的作业成本(TDABC)系统。去年，Halifax Brass 公司记录了下列用于将间接生产成本分配给具体产品的数据。

	单位成本估值 （小时费率）	单位总时间估值 （分配给产品的小时数）/小时		未分配给产品 的实际能力 /小时
		水泵	阀门	
机器调试和运行时间	20.00 美元/机器小时	1 500	1 800	300
调试、接收和包装的劳动	30.00 美元/机器小时	5 000	6 000	200
工程（特殊产品）	80.00 美元/工程小时	200	400	50

Halifax Brass 公司编制了除间接生产成本以外的收入和成本信息：

	美元
收入总额	890 000
直接人工成本总额	120 000
直接材料成本总额	90 000
SG&A 费用	100 000

要求：

(1) 利用公司的 TDABC 系统，分配给水泵的间接生产成本是多少？分配给阀门的间接生产成本是多少？

(2) 公司的净收入是多少？（假设公司售出了生产的所有产品）

5-18 生产能力成本 肯开设的角落餐厅(Ken's Cornerspot)是一家在竞争市场中广受欢迎的大学餐厅，其拥有的座位和人员可为约 600 人供应午餐。过去两个月，相对先前几乎满员的水平，需求有所下降。出于对利润下降的关心，肯决定仔细分析成本。他得出的结论是食物是主要成本，随供应食物量的变化而变化，余下的每天 3 300 美元是固定成本。过去两个月每天的平均需求是 550 人次，肯认为用承担的固定成本除以目前平均 550 人次的午餐需求得到每餐 6 美元的估计支持性成本是合理的。他注意到每餐的支持性成本已经增长了，因此打算提高食物的价格。

要求：

（1）如果需求进一步下降，肯继续用相同的方法重新计算成本，将会发生什么情况？

（2）建议肯选择一个成本动因量来计算每餐的支持成本，并说明你为什么建议选择这一数量。

5-19　分配企业支持成本，作业成本法　Zeta百货商店想为应收账款部门开发一个时间驱动的作业成本模型，因此收集了下列信息：

作　　业	完成作业所需的估计工时/小时
发票和现金收入的手工处理	1.0
发票和电子资金转账的电子处理	0.1
保管客户档案	0.5

处理客户付款发票的时间取决于客户是以手工方式还是电子方式予以支付（如上表所示）。维护每位客户的档案的时间对于所有客户来说都是相同的。应收账款部门的年成本为50万美元，与应收账款相关的人工的实际能力为10 000小时。应收账款部门有6名员工。

要求：

（1）应收账款部门的能力费用率是多少？

（2）Zeta百货商店的部门1有1 000个中小规模的客户，每年带来的销售总额为1 000万美元，共计4 000份发票。这些客户均采用手工方式付款。与部门1的客户相关的年作业成本是多少？

（3）Zeta百货商店的部门2有200个大规模的客户，每年带来的销售总额为1 000万美元，共计400份发票。这些客户均采用电子方式付款。与部门2的客户相关的年作业成本是多少？

（4）假设Zeta百货商店的部门1的客户有一半来年将把付款方式由手工改为电子。要处理1 000个客户的2 000份手工发票和2 000份电子发票需要应收账款人工的多少工时？应当就应收账款职能向部门1收取多少费用？Zeta百货商店的成本是否会由于部门1的客户中有一半将付款方式由手工改为电子而有所下降？

5-20　计算作业成本率，时间等式　CAN公司销售多种产品并且采用时间驱动的ABC系统。CAN公司的产品在装运前必须单独包装。包装和装运部门雇用了24个人。每一个人每个月平均工作20天。该部门的员工每天工作8小时，其中共计75分钟用于工间休息和就餐。包装和装运部门的每一位员工包括额外福利在内的薪酬总额为每个月4 050美元。

要求：

（1）利用本章介绍的各种原理和时间驱动的ABC，CAN公司的包装和装运部门的每一位员工的人工费率是多少？

（2）平均而言，无论每次装运的数量或者是产品的种类，准备一份包装和标签要耗费一名包装和装运员工15分钟的时间，另外针对每件产品还要花6分钟进行防碎包装并将其放入纸箱。利用CAN公司的时间驱动的ABC系统计算，对于包括40件产品的订单705,分配给它的包装和装运成本是多少?

5-21 利用时间驱动的 ABC 系统预测资源能力　参见本章描述的 Madison 乳品公司冰激凌工厂的案例关于预测资源能力的时间驱动的作业成本分析。假设除了下面所列的数据外,其他所有信息都是相同的。

	香草冰激凌	巧克力冰激凌	草莓冰激凌	摩卡—杏仁冰激凌	总计
销量/加仑	15 500	13 000	1 600	1 200	31 300
生产批次量	18	16	4	3	41

要求:

(1) 假设只能雇用全职员工,确定完成这一生产计划所需的生产工人的人数。此外,确定完成这一生产计划所需的机器设备的数量。

(2) 编制一张类似表5-7 的预计月度生产线损益表。

(3) 考虑了未使用能力的成本之后,Madison 乳品公司的毛利和毛利占销售收入的比例是多少?

5-22 平衡计分卡与作业成本法的关系　解释作业成本法模型可以如何与平衡计分卡方法联系起来。

5-23 平衡计分卡还是作业成本法　假设某个组织既未实施作业成本法也未采用平衡计分卡,但是认为这两种方法对于组织来说都将是有益的。然而,目前管理层只愿意尝试一种重大的改变。就实施作业成本法模型还是平衡计分卡方法为管理层的决策提供建议。

5-24 高峰期与非高峰期能力使用的费用率　XZ Discount Brokerage 正在试图确定计算资源的供应成本以便搞清楚针对每一笔交易应当收取多少费用。XZ Discount Brokerage 的成本分析非常复杂,这是因为:它在上午9点到下午5点的业务高峰期需要使用80台服务器,而在其余时间则只需要20台服务器。每台服务器的成本为每个月3 696 美元。每台服务器每天24 小时运转,每个月平均运转22 天。

要求:

(1) 你认为高峰期能力消耗的每小时成本应当是多少?解释为什么你认为应当采用这一费率。

(2) 你认为非高峰期能力消耗的每小时成本应当是多少?解释为什么你认为应当采用这一费率。

5-25 传统作业成本法和时间驱动的作业成本法　加伯公司(Garber Company)运用传统的作业成本核算系统分配 60 万美元的客户服务约束资源,其依据是与客户服务人员访谈得到的下列信息:

作　业	时间百分比/%	估计成本动因量
处理客户订单	75	8 000 份客户订单
处理客户投诉	10	400 起客户投诉
实施客户信用检查	15	450 次信用检查
	100	

要求：

(1) 用传统的作业成本系统计算作业成本动因率。

(2) 假设加伯公司改用时间驱动的作业成本法将 60 万美元的约束资源成本分配给 3 种作业。计算时间驱动的作业成本动因率，假设有效工作时间为 10 000 小时，单位耗用时间估计如下：

作　业	单位时间/小时
处理客户订单	0.75
处理客户投诉	3.50
实施客户信用检查	3.00

(3) 假设本期作业数量是：8 000 份客户订单、400 起客户投诉和 450 次信用检查。利用(2)中的信息和作业成本动因率确定分配给每个作业和闲置生产能力的估计小时数及相关成本。依据上述信息，经理们可能会采取什么措施？

(4) 假设下一期作业数量发生了变化：8 500 份客户订单、350 起客户投诉和 500 次信用检查。利用(2)中的信息和作业成本动因率确定分配给每个作业和闲置生产能力的估计小时数及相关成本。依据上述信息，经理们可能会采取什么措施？

(5) 解释为什么(1)和(2)中得出的作业成本动因率不相同。

5-26　某医疗机构的作业成本法　里弗戴尔骨与关节外科医院(Riverdale Bone and Joint Surgery)擅长医治与骨头和关节有关的损伤，以及开展膝关节置换和髋关节置换等手术。除了开展手术外，医院还提供术后护理服务。为了获取关于来就诊的各类患者的准确的成本，医院希望制定作业成本核算系统。

要求：

(1) 你建议里弗戴尔骨与关节外科医院采取哪些资源单位来制定作业成本核算系统？

(2) 确定了资源单位后，要想搞清楚具体患者的成本还需要采取哪些步骤？

5-27　生产性支持成本动因率(节选自 CMA，1990 年 12 月刊)　莫斯制造公司(Moss Manufacturing)刚刚完成了质量控制(QC)制度的重大改革。此前，质检人员在每道主要工序的最后对产品进行检测。公司的 10 名质检人员的作业被计入直接人工成本。为了提高效率和质量，公司花费 25 万美元购买了一套计算机质量检测系统。该系统包括一台微型计算机、15 部摄像头以及其他一些硬件和软件。

新系统主要通过摄像头进行质检。这些摄像头由质检工程师安装在生产工序的关键环节。每当出现新的操作业务变化时，摄像头就会移动，同时将一幅新的主要图像存入计算机。摄像头对生产流程中的产品拍照，然后将它们与优质品的图像进行比较。如果出现异常，产品会被送给质检工程师，他将会取出不合格产品，并与生产监督讨论这一瑕疵。新的系统用两名质检工程师代替了原来的 10 名质检人员。

新系统的操作成本，其中包括质检工程师的工资，已经作为生产性支持成本包括在生产性支持成本动因率中了，而动因率是以直接人工为基础的。

公司总裁约瑟芬·吉列尔莫(Josephine Gugliemo)感到很困惑。因为主管生产的副总裁告诉她新系统的效率很高,然而生产性支持成本动因率却大幅上升。自动化前后的动因率如下所示:

项　目	自动化以前	自动化以后
预算支持性成本/美元	1 900 000	2 100 000
预算直接人工成本/美元	1 000 000	700 000
预算成本动因率/%	190	300

总裁叹息说:"300%,我们如何用这么高的成本与别人竞争?"

要求:

(1) 定义生产性支持成本并列举属于它的三个典型成本例子。解释为何众多公司都在使用生产性支持成本动因率。

(2) 解释成本动因率的增长为什么对莫斯制造公司没有负面影响。

(3) 详细说明莫斯制造公司应如何改变其核算方法来消除对于产品成本的困惑。

(4) 讨论作业成本法是如何让莫斯制造公司受益的。

5-28 共享服务、外包和实施问题的传统作业成本法 史密瑟斯公司(Smithers Inc.)生产并销售大量消费产品。这些产品被认为具有很高的赢利性,但最近一些产品经理抱怨自己负担的处理客户投诉的电话中心的费用过高。目前各产品生产部门是根据其销售收入来负担电话中心的支持性成本的。X产品的部门经理尤其感到沮丧,因为他收到了一份包含去年的下列信息的报告。

	产品 X	产品 Y
咨询电话数量/次	2 000	4 000
咨询电话平均时间/分钟	3	5
投诉电话数量/次	200	1 000
投诉电话平均时间/分钟	5	10
销售量/美元	400 000	100 000

产品 X 使用简单,顾客也不用担心对健康会有负面影响。产品 Y 使用较复杂,在其说明书上有很多关于对健康有害的警示。史密瑟斯公司目前根据净销售收入的 5% 来分配电话中心的支持作业成本。产品 X 的部门经理认为目前的制度没有将电话中心的成本追踪到具体的产品。例如,产品 X 承担了相当于产品 Y 4 倍的电话中心成本,但是关于产品 X 的电话很少,通话时间也远远少于产品 Y。

要求:

(1) 你认为哪种成本动因有助于将电话中心支持成本分配给各产品?为什么你的方法是一种改进?

(2) 假设史密瑟斯公司宣布现在使用作业成本法来分配电话中心的支持性成本,将通话时间作为成本动因率,同时假定分配率为每分钟 70 美分。比较原有的成本法和作业成本法下电话中心成本在产品 X 和产品 Y 之间的分配。

（3）在两种不同的系统下，部门经理应当采取什么措施来减少自己部门承担的电话中心成本？其他哪些相关部门可以帮助减少产品 Y 的通话时间？

（4）哪些人有可能抵制新的作业成本系统的推行？从你的角度讨论电话中心员工以及其他可能受到影响的员工的反应。

（5）从公司的角度来说，作业成本法如何能够帮助评估是否将电话中心作业外包出去？

5-29 成本扭曲，初始作业成本 恩度电子公司（Endo Electronics Company）在明尼苏达州杜鲁斯（Duluth）的制造厂生产 X21 和 Y37 两种产品。多年来公司以直接人工工时作为单一的生产作业成本动因。工厂一位新上任的会计师建议公司使用作业成本系统更准确地把支持性成本分配给产品，这种作业成本对于构成支持性成本的每项生产作业都使用不同的分配率。

在研究了工厂的生产作业和成本之后，这名会计师收集了去年的下列相关数据。

项　　目	X21	Y37
已生产并销售的数量	50 000	100 000
使用的直接人工工时	100 000	300 000
直接人工成本/美元	1 000 000	4 500 000
已加工时间	40 000	20 000
零件数量	12 000	8 000
设计变化次数	2 000	1 000
产品调试次数	8 000	6 000

他同时确定了去年实际发生的生产性支持成本如下。

成本类型	作业成本/美元
加工	3 000 000
零件数	2 400 000
设计变化	3 300 000
调试	2 800 000
总计	11 500 000

产品 X21 的直接材料成本是每单位 120 美元，产品 Y37 的直接材料成本是每单位 140 美元。

（1）利用直接工时分配所有的生产性支持成本，以确定每种产品的单位成本。

（2）利用作业成本法确定每种产品的单位成本。

（3）哪种方法得出的工作成本估值更精确？说明原因。

（4）假设恩度公司在报告的成本上加成 25% 作为产品的价格。以（1）和（2）中得出的产品成本为基础计算产品价格。关于产品定价，你会给恩度公司提出什么样的建议？

（5）以作业成本分析为基础，你认为产品水平应有哪些变化？在这个过程中涉及哪些人员？

5-30 传统成本法下的产品成本扭曲，初始作业成本分析 曼哈顿公司生产两种型号的 CD 机：豪华型和普通型。多年来公司一直生产普通型 CD 机，最近才开始生产豪华型 CD 机，以在一个新的市场中获取一定的份额。自从引进新的型号以来，公司的利润一直在下降，管理层越来越关注成本核算系统的准确性。豪华型 CD 机的销量则在迅速增加。

目前的成本核算系统是以直接工时为基础把生产性支持成本分配给两种产品。公司估计今年的生产支持性成本是 100 万美元，可以生产 5 000 台豪华型 CD 机和 40 000 台普通型 CD 机。每台豪华型和普通型 CD 机分别需要 2 小时和 1 小时的直接人工。每台 CD 机的材料和人工成本及售价如下所示。

美元

项目	豪华型	普通型
直接材料成本	45	30
直接人工成本	20	10
售价	140	80

要求：

(1) 计算今年的生产性支持成本动因率。

(2) 计算每种型号的单位生产成本。

(3) 公司决定将生产性支持成本追踪到 4 项作业。今年可追踪的 4 项作业的生产性支持成本数量如下。

作业	成本动因	成本/美元	所需成本动因量		
			总计	豪华型	普通型
购货订单	订单数量	180 000	600	200	400
质量控制	检测数量	250 000	2 000	1 000	1 000
产品调试	调试次数	220 000	200	100	100
设备维修	机器小时	350 000	35 000	20 000	15 000
		1 000 000			

计算每种型号的单位生产成本。

(4) 比较每台普通型和豪华型 CD 机所需的生产性作业资源。为什么旧的成本系统低估了豪华型 CD 机的成本？

(5) 豪华型 CD 机是否像在原有的成本系统下那样赢利？请解释。

(6) 要想提高利润，曼哈顿公司应该做些什么？在你的建议中要考虑价格和生产水平的变化。实施你的建议时应涉及哪些人？

5-31 **传统作业成本法，作业管理**（节选自 CMA，1992 年 6 月刊） 阿莱热公司（Alaire Corporation）生产几种不同型号的印刷电路板，但只有其中两种型号是公司的主打产品。第一种是电视电路板，多年来一直是行业中的标准。这种电路板的市场竞争激烈，因此价格弹性较高。阿莱热公司计划今年以 150 美元的单价销售 65 000 件电视电路板。第二种是计算机电路板，是公司最近新增的生产线。因为计算机电路板应用了最新技术，因此能够定高价,公司计划今年以 300 美元的单价销售 40 000 件计算机电路板。

阿莱热公司的管理层正在开会讨论今年的战略,目前的议题是明年如何花费销售推广资金。销售经理认为如果公司大力促销,电视电路板的市场份额可能会增加。对此,生产经理说:"为什么不尽量提高计算机电路板的市场份额?我拿到的成本报表显示计算机电路板的贡献是电视电路板贡献的两倍。我知道计算机电路板定价很高。销售它会有助于整体利润的提高。"

阿莱热公司使用标准的成本系统,以下是电视电路板和计算机电路板的数据。

项 目	单位需求	
	电视电路板	计算机电路板
直接材料/美元	80	140
直接人工/小时	1.5	4
机器时间/小时	0.5	1.5

直接人工成本是每小时 14 美元。公司在直接工时的基础上应用了变动生产性支持成本。今年变动生产性支持成本预计为 1 120 000 美元,直接工时预计为 280 000 美元。公司材料成本的 10% 是材料加工费,该费用不包括在变动生产性支持成本中。今年材料费的预算总额是 10 600 000 美元。

公司的主计长埃德·韦尔奇(Ed Welch)认为在开会讨论对每项产品进行销售和推广资金分配前,有必要从生产过程中各项作业的角度来关注这些产品。韦尔奇为管理层准备了如下所示的计划表。

成 本	预算成本/美元	成本动因	成本动因的年度作业量
材料支持成本			
采购	400 000	零件数量	4 000 000
生产计划	220 000	电路板数量	110 000
包装和运输	440 000	电路板数量	110 000
总成本	1 060 000		
变动支持成本			
设备调试	446 000	安装数量	278 750
有毒废物排放	48 000	废物重量	16 000
质量控制	560 000	检测次数	160 000
总供给	66 000	电路板数量	110 000
总成本	1 120 000		
其他生产性支持成本			
机器加工	1 200 000	零件数量	3 000 000
手工加工	4 000 000	零件数量	1 000 000
电焊	132 000	电路板数量	110 000
总成本	5 332 000		

单位需求	电视电路板	计算机电路板
零件	25	55
机器加工	24	35
手工加工	1	20
设备调试	2	3
有毒废物/磅	0.02	0.35
检测	1	2

韦尔奇解释说:"看一下这些信息吧,我们可以用作业成本法计算各种电路板的成本,然后将它们与我们使用的标准成本进行比较。对于两种成本法来说,唯一相同的成本是直接材料成本。各种成本动因将代替标准成本下的直接人工、机器时间和支持性成本。"

要求:

(1) 至少列举作业成本法的 4 个优点。

(2) 应用标准成本法,分别估算阿莱热公司今年生产电视电路板和计算机电路板的预期利润。

(3) 应用作业成本法,分别估算阿莱热公司今年两种产品的预期总利润。

(4) 解释两种成本方法结果的比较会如何影响阿莱热公司管理层的决策。

案例

5-32 繁多的配件:作业成本法的作用 1993 年 6 月 23 日《华尔街日报》上刊登的一篇由尼尔·坦普林(Neal Templin)和约瑟夫·怀特(Joseph B. White)撰写的文章报道了通用汽车公司(General Motors)发生的重大变化。董事会要求前任首席执行官罗伯特·施佩尔(Robert Stempel)辞职,任命约翰·史密斯(John Smith)接任他的职位。

约翰·史密斯领导下的北美战略委员会指定了 1994 年车型中可以简化的 30 个零件。通用汽车公司有 64 种方向控制/转向指示灯,计划在下一年减少到 24 种,在接下来的一年再减少到仅 8 种。加工每种零件都会花费通用汽车公司 A.C. 罗切斯特分部大约 25 万美元。史密斯说:"过去 25 年来我们一直在说具有相同功能的零配件太多了,但是却没有集中精力解决这个问题。"(注:繁多的零配件不仅带来了加工成本,还涉及每种零配件的设计费、工程费、采购费、安装和调试费,以及包括布斯公司在内的全国各地的汽车经销商的储存和服务成本。)

通用汽车公司繁多的零配件种类是令人难以置信的,仅自行制造或购买的发动机罩铰链就有 139 种,而福特公司只有 1 种。塞基诺 6 厂(Saginaw's Plant Six)为 167 种驾驶杆生产配件,尽管与前一年的 250 种相比已经减少了很多,但是距离 10 年内减少到 40 种以下的目标仍然相差甚远。

通用汽车公司的成本因此急剧增加。公司不仅比竞争者付出更多的工程师费用来设计这些驾驶杆,还需要更多的工具和人员来移动这些零配件。由于员工很容易弄混这么多的驾驶杆,因此也导致了质量问题。

要求:

(1) 不准确的、扭曲的产品成本核算系统是如何造成通用汽车公司生产中零部件繁多的局面的？

（2）新的成本系统应该具备哪些特点才能为产品设计师、市场研究人员提供个性化产品和产品多样性的成本信息？

5-33 作业成本系统在战略实施过程中的作用 考特公司（Cott Corporation）是加拿大一家生产高品质可乐饮料的专属商标企业。考特公司试图让零售商以比国际品牌（可口可乐和百事可乐）低的价格采购其可乐饮料。国际品牌（如可口可乐和百事可乐）直接向零售商的商店运送产品并将其产品摆放在货架上。相反，考特公司将产品运送到零售商的仓库或销售中心，然后由零售商将这些产品转移到各个零售点的货架上。考特公司给零售商提供很低的价格，而且愿意与零售商合作，根据零售商的要求将可乐饮料客户化，为零售商设计特殊的包装，包括将饮料标以零售商的名称，这种做法被称为"零售商品牌"（如"塞弗威精选可乐"），为其提供种类齐全的汽水（无糖、不含咖啡因、多种口味，其容量和包装各异），为零售商的专用商标饮料设计营销和销售战略。

要求：

考特公司应该怎样衡量和管理作业活动以及与供应者和客户的关系？考特公司是怎样建立起帮助其成功实施战略的成本体系的？

5-34 财务会计和管理会计：作业成本系统在政府服务私有化过程中的作用 高谭市（Gotham City）的市长不满意市政工人的服务：成本越来越高而质量却不断下降。这种情况在交通部门铺路、维修坑洞和清洁街道等工作中表现得尤为突出。他正在考虑将这些服务外包给独立的私人承包商，从而实现政府服务的私有化。市长要求工作人员在实行他的私有化计划之前为市政服务设计一个作业成本系统。他说："将竞争和私有化引入政府服务需要真正的成本信息。如果你的资金使用不诚实，就不能在竞争中取胜。"高谭市目前的财会系统只根据支出的类型——薪金、福利、材料、车辆、设备（包括计算机和电话）和供应品来报告每个部门的花费。

要求：

（1）在外包给私人承包商之前，市长为什么要对目前的市政服务进行作业成本核算？

（2）建立作业成本法模型以后，是否要与市政工人共享信息？为什么？工人们能如何利用基于作业成本法的信息？

5-35 两种成本系统的比较，初始作业成本，实施变革 克里门森零件公司（Crimson Components Company）的红木市（Redwood City）工厂生产两种汽车发动机的旋转器：R361和R572。工厂原有的成本核算系统将支持性成本分配到4个成本集：

成本集	支持性成本/美元	成本动因
S1	1 176 000	直接人工成本
S2	1 120 000	机器小时
P1	480 000	
P2	780 000	
	3 556 000	

成本集S1包括与安装、生产计划、工厂管理、警卫服务、材料处置和装运相关的服务

作业成本。成本集 S2 包括与设备维护、修理、租赁、保险、能源和动力相关的作业成本。成本集 P1 和 P2 包括浇铸和车床加工这两个生产部门的管理人员的工资、停工时间和间接材料。

原有的核算系统分别采用直接人工成本和机器小时作为成本动因将成本集 S1 和 S2 中的支持性成本分配给两个生产部门,然后用直接工时将归集到成本集 P1 和 P2 中的支持性成本分配给产品,如下所示。两个生产部门采用不同的比率。浇铸车间直接人工的工资率是每小时 15 美元,车床加工车间是每小时 18 美元。

直接工时(DLH)

部门	R361	R572	总计	直接人工成本/美元
浇铸(P1)	60 000	20 000	80 000	1 200 000
车床加工(P2)	72 000	48 000	120 000	2 160 000
总计	132 000	68 000	200 000	3 360 000

机器小时(MH)

部门	R361	R572	总计
浇铸(P1)	30 000	10 000	40 000
车床加工(P2)	72 000	48 000	120 000
总计	102 000	58 000	160 000

项目	R361	R572
单价/美元	19	20
销售和生产量	500 000	400 000
订单数量	1 000	1 000
调试次数	2 000	4 000
单位产品材料成本/美元	8	10

目前工厂实行了作业成本法。下表列出了将以前的成本集中的成本分配至新的作业成本集中的量。

原有的成本集   美元

作业成本动因	S1	S2	P1	P2	总计
P1-DLH	120 000	0	120 000	0	240 000
P2-DLH	240 000	0	0	120 000	360 000
调试小时	816 000	80 000	240 000	540 000	1 676 000
P1-MH	0	260 000	120 000	0	380 000
P2-MH	0	780 000	0	120 000	900 000
总计	1 176 000	1 120 000	480 000	780 000	3 556 000

R572 的调试比 R361 复杂 50%,即 R572 的调试时间是 R361 的 1.5 倍。

要求:

(1) 用原有的系统确定产品的单位成本。列出详细的计算步骤,包括部门成本动因

（2）用新的系统确定产品的单位成本。

（3）解释在两种系统下产品成本存在差异的直观原因。

（4）克里门森零件公司应该采取什么措施来提高红木市工厂的赢利能力？你的介绍应包括营销和相关产品的变化。

（5）描述有经验的生产和销售经理对新产品成本可能产生的反应。

5-36 时间驱动的作业成本和作业成本管理 西彼安公司（Sippian Corporation）(A)[①]

> 利润的下降幅度已经到了让人难以忍受的程度。水泵大削价使我们的税前利润下降到不足2%，远远低于历史边际利润15%。幸运的是，我们的竞争对手忽略了流量控制器上的赢利机会。最近，我们的流量控制器涨价10%，而我们并没有因此遭受业务的流失。
>
> ——西彼安公司总裁罗伯特·帕克（Robert Parker）

罗伯特·帕克正在与公司主计长佩吉·奈特（Peggy Knight）和制造经理约翰·斯科特（John Scott）讨论上个月的经营成果。这个三人会议是在一种略带忧虑的气氛中开始的，因为其竞争对手已经对水泵实施降价，而水泵是西彼安公司的主要产品。因为水泵是一种日用品，帕克发现别无选择，只能与竞争对手竞相降价以维持销售量。但是削价导致公司利润降低，特别是水泵生产线利润降低（2006年3月的经营成果总结见表5-8～表5-9）。

表5-8　西彼安公司：2006年3月经营成果　　　　　　　　　　　　　　美元

销售收入	1 847 500	100%
直接人工费用	351 000	
直接材料费用	458 000	
边际贡献	1 038 500	56%
制造费用		
与机器相关的费用	334 800	
安装人工费用	117 000	
收货和生产控制	15 600	
工程成本	78 000	
包装和运输费用	109 200	
总制造费用	654 600	35%
毛利	383 900	21%
一般、销售和管理费用	350 000	19%
营业收入（税前）	33 900	1.8%

---

① Copyright © 2006 President and Fellows of Harvard College. Harvard Business School Case 9-106-060. 本案例是罗伯特·卡普兰教授出于课堂讨论的目的编写的，并不用于说明其管理的效率。本案例经哈佛商学院授权使用。

资料来源：Robert S. Kaplan.

表 5-9 产品赢利性分析（2006 年 3 月） 美元

	阀门	水泵	流量控制器
直接人工成本[a]	12.35	16.25	13.00
直接材料成本	16.00	20.00	22.00
制造费用（185%）	22.85	30.06	24.05
标准单位成本	51.20	66.31	59.05
目标销售价格	78.77	102.02	90.85
计划毛利率/%	35	35	35
实际销售价格	79.00	70.00	95.00
实际毛利	27.80	3.69	35.95
实际毛利率/%	35	5	38

a 直接人工成本按照 32.50 美元/小时计算。平均工作日工资是 195 美元/天（3 900 美元/月除以每月 20 个工作日）。小时工资率的计算方法是：用 195 美元除以每天工作小时数 6。

资料来源：Robert S. Kaplan.

西彼安公司为水净化设备制造商提供产品。公司开始进行一种独特的水阀门设计，这种阀门的耐受力可以超过行业内其他任何阀门。帕克依靠生产的高质量阀门迅速建立了一个忠实的客户基础。他和斯科特认识到西彼安公司的现有劳动技能和机器设备也可用于生产水泵和流量控制器，而这些产品也是客户会购买的。他们很快建设了一条高流量水泵生产线和高度顾客化的流量控制器生产线。

西彼安公司的生产流程始于从几家供应商那里购入半成品部件。西彼安公司根据要求的耐受力加工这些部件，然后将其安装到公司现代化的制造设备上。同样的设备和劳动力被用于所有三条生产线，生产流程安排与客户运输要求保持一致。供应商和客户同意采取 JIT 方式发运货物，产品完工后立即包装和运输。

安装四个不同的机械部件就可以生产一个阀门。斯科特设计了一种组装零部件的机械装置，依靠它能够自动组装阀门。阀门是标准化产品，能够大批次生产和运输。虽然斯科特觉得几个竞争对手在阀门质量上现在能够与帕克的产品匹敌，但是还没有一个竞争对手努力通过削价赢得市场份额，毛利一直维持在 35% 的标准上。

水泵的制造流程实际上与阀门的制造流程相同。将 5 个零部件组装在一起就能得到成品。组装好以后，水泵被运往工业品销售商。最近，似乎每个月都有水泵削价的新报告。西彼安公司随行就市按照更低的价格销售水泵，目的是不至于放弃自己作为主要水泵供应商的地位。最新的月度资料显示，水泵销售的毛利率已经降低到大约 5%，远远低于公司计划的毛利率 35%。

流量控制器是控制化学液体流动速度和方向的装置。流量控制器的每件成品要比水泵和阀门使用更多的零部件。另外，工业上流量控制器的品种很多。因此，比起阀门，流量控制器生产线有更多的生产流程和运输流程。西彼安公司最近将流量控制器价格提高了 10%，这并没有对需求产生明显影响。

西彼安公司一直使用一种简单的成本核算系统。每单位产品根据直接材料和直接人工成本确定价格。原材料成本根据支付的零部件价格计算，而零部件价格以年度购货协议为基础。包括额外福利在内的工资率是 32.50 美元/小时①。每个月直接员工和间接员工(不含工程师)包括额外福利在内的工资总额是 3 900 美元。雇员每个月平均工作 20 天(每个月节日和休假为 2~3 天)。根据每件产品的标准生产时间,可以确定产品应当分担的工资额(见表 5-10)。公司只有一个生产部门,在这里既可以加工零部件,也可以将零部件组装成成品。该部门的制造费用以生产流程直接人工成本的一定比率分配给产品。目前,制造费用率是 185%。因为人工成本出于准备工厂的工资单的需要必须记录,所以这种将制造费用向产品分配的方法并不昂贵。

表 5-10 生产数据

生 产 线	阀门	水泵	流量控制器
单位原材料	4 个组件	5 个组件	10 个组件
	2×2=4	3×2=6	4×1=4
	2×6=12	2×7=14	5×2=10
			1×8=8
单位材料成本/美元	16	20	22
单位直接人工成本/小时	0.38DL	0.50DL	0.40DL
单位机器小时/小时	0.5	0.5	0.3
每个流程的调整时间/小时	5	6	12

资料来源:Robert S. Kaplan.

奈特注意到一些公司不把任何制造费用成本分配给产品,而是作为期间费用。对于这些公司而言,产品的赢利能力是以边际利润水平衡量的——价格减所有的变动成本。西彼安公司的变动成本仅仅是直接材料和直接人工。因此,包括水泵在内的所有产品将对制造费用和利润产生重要影响。她认为也许西彼安公司的一些竞争对手正在遵循这个程序,并按照这种方法定价以补偿变动成本。

奈特最近领导了一个工作组研究西彼安公司的制造费用,因为西彼安公司的制造费用数额现在比直接人工费用还高。研究揭示了如下一些信息。

(1) 每当生产线加工一批零部件的时候,就需要组装一次。生产中每一个零部件需要一台不同的生产机器,以便将原材料或者购入的部件加工成产品所需的规格。一旦启动机器,工人们往往要同时操作几台机器。因为组装数量巨大,西彼安公司大约 25% 的生产能力集中投入组装作业。一些生产工人并不操纵任何设备,他们仅仅从事手工装配工作。他们的单位产品装配时间包含在为单位产品估计的直接工时中。

西彼安公司每周生产转换耗费 7.5 小时。每个班次要动员 45 名生产和装配工人,以及 15 名组装工人。工人们每天可以休息两次,每次休息 15 分钟。他们平均每天要接受 30 分钟的培训,而且包括生产工人、装配工人和调试工人在内的所有的工人,每个班次要花费 30 分钟从事一些预防性的和小型的修理工作。

(2) 公司有 62 台机器用于组件加工。通常这些机器每班次可运转 6 小时,期间生产

---

① 直接员工和间接员工(不包括工程师)包括额外福利在内的薪酬总额为每个月 3 900 美元。员工们每个月平均工作 20 天(剩下的每个月 2~3 天为节假日)。

工人在机器上从事生产和调试作业。这些机器是西彼安公司租用的。每台机器的运营费用每个月大约是 5 400 美元,包括租赁费、物料费、公用事业费、维护费和修理费。

(3) 每两个班次,收料部门和生产控制部门雇用 4 名工人。这些人为每个生产流程订购、加工、检查和搬运组件。对于所有必要作业而言,订购、验收组件并将其运至机器加工总共要花费 75 分钟。这个时间与组件是用于长时间生产流程还是短时间生产流程无关,也与组件昂贵与否无关。

(4) 过去几年,包装和运输区的工作增加了,因为西彼安公司增加了服务客户的数量。每次运输要花费 50 分钟准备包装和标签,这与运输的数量或项目类型无关;纸板箱的打捆和包装还需花费 8 分钟。以上项目无论对阀门、水泵还是流量控制器都一样。两个班次中每个班次包装区和运输区分别要雇用 14 名工人(合计 28 人)。

在接收、生产控制、包装和运输部门,雇员每班次工作 7.5 小时,包括工人们每天两次休息,每次休息 15 分钟。另外,他们平均每天接受 30 分钟的培训。

(5) 西彼安公司雇用了 8 名工程师设计和开发新产品。每个月工程师的总工资是 9 750 美元。他们大部分时间在修改产品控制流程以满足客户的要求。工程师们每个班次工作 7.5 小时。除了休息、培训和专业活动,工程师们每个班次的有效工作时间大约为 6 小时。

奈特的小组根据 2006 年 3 月的运营情况收集了如表 5-11 所示的资料。工作组认为本月运营正常。

要求:

(1) 假设西彼安公司的成本系统存在一些明显的问题,经理们应当完全放弃将制造费用分配给产品转而采用一种贡献边际法,并将制造费用看作一项期间费用吗?为什么?

(2) 为西彼安公司的每种资源计算实际能力和能力成本率:生产和调试工人、机器、接收和产品控制工人、装运和包装工人以及工程师。

(3) 利用表 5-10、表 5-11 中的生产能力成本率和生产资料为西彼安公司的三条生产线计算修正后的成本和利润。你的成本分配对报告产品成本和赢利能力有何影响?是什么引起了成本和赢利能力的变化?

(4) 这种方法能够推广到服务型企业和比西彼安公司更大、更复杂的公司吗?实践中,实施时间驱动的作业成本法的障碍和困难是什么?

(5) 根据修正后的成本和赢利能力估计,西彼安公司的管理团队应当采取什么行动来提高公司的赢利能力?

表 5-11 月度生产和经营统计(2006 年 3 月)

	阀门	水泵	流量控制器	合计
产量/个	7 500	12 500	4 000	24 000
机器小时(运转时间)/小时	3 750	6 250	1 200	11 200
生产流程	20	100	225	345
调试时间(人工和机器)/小时	100	600	2 700	3 400
运输数量	40	100	200	340
工程师工作时间/小时	60	240	600	900

资料来源:Robert S. Kaplan.

5-37 作业预算,平衡计分卡和战略　西彼安公司(B)[①]

参照案例 5-36,西彼安公司案例(A),时间驱动的作业成本法分析。

西彼安公司高级管理委员会正在考虑时间驱动的作业成本模型。坦率地说,当得知公司最高边际利润的产品线——流程控制器,因为发运量过多、生产流程过短和设备过度使用实际上是在赔钱时,所有人都感到震惊。委员会认真审核作业步骤以期重建赢利性。

经过深思熟虑,委员会草拟了一个新战略,主要包括下列原则。

提高收入质量:产品重点和菜单定价

- 关注核心产品:阀门和水泵
- 通过对大额订单给予折扣的方式提高阀门的市场份额
- 减少对水泵的销售折扣,尤其是对小额订单
- 大幅提高流程控制器小额订单的价格

生产率

- 减少调试时间

基于新的战略,佩吉·奈特制订了预计的月度销售和生产计划(见表 5-12)。她想知道产品组合的转变、新的定价模式以及调试时间的预计效率提高是否足够重新实现西彼安公司的历史利润。西彼安公司的设备按月租赁,而且接近期满;奈特认为自己能进行 10%~15%的调整以适应机器设备需求的变化。同时,奈特认为人工的规模和组成存在弹性。公司近期雇用了大量生产工人和短期合同工以满足新引入的流程控制器生产线扩大的需求。

表 5-12　预计月度销售和生产计划

	阀门	水泵	流程控制器	总计
预计价格/美元	75	80	110	
预计销量/个	10 000	12 000	2 500	24 500
生产批次/次	40	40	50	130
发运次数/次	40	70	100	210
总直接人工工时/小时	3 800	6 000	1 000	10 800
每批次的调试工时/小时	4.0	4.8	9.6	
总调试工时/小时	160	192	480	832
机器工时:批次+调试/小时	5 160	6 192	1 230	12 582
工程工时/小时	60	240	400	700

资料来源:Robert S. Kaplan.

要求:

(1) 预测表 5-12 中奈特预计的销售生产计划中的资源需求。

(2) 根据新计划,编制产品线的试算损益表。

[①] Copyright © 2006 President and Fellows of Harvard College. Harvard Business School Case 9-106-060. 本案例是罗伯特·卡普兰教授出于课堂讨论的目的编写的,并不用于说明其管理的效率。本案例经哈佛商学院授权使用。

(3) 说明与原有计划下生产和销售的变化相对应的新计划带来的利润变化的幅度。

5-38　作业成本法，服务型企业　Towerton Financial Services[①]

Towerton Financial Services 是一家证券经纪公司，最初的业务以股票买卖和共同基金为主。随着业务的发展，Towerton Financial Services 又增添了两项新的业务——投资账户管理和金融规划。尽管新的业务使得营业收入有所增长，但是公司的管理层对于公司的赢利能力并不满意(参见反映公司日常情形的最近一个月的损益表，即表 5-13)。

表 5-13　Towerton Financial Services 月度损益表

营业收入/千美元	4 024
专业人士	
经纪人/千美元	1 246
账户经理/千美元	136
金融规划师/千美元	141
支持性员工	
负责人/千美元	325
客户服务专员/千美元	146
办公场地/千美元	300
计算机服务器的费用/千美元	241
其他信息技术/千美元	169
总成本/千美元	2 704
毛利/千美元	1 320
毛利率/%	32.8
销售和管理费用(未分配的公司费用)/千美元	1 300
经营收入/千美元	20
经营利润率/%	0.5

资料来源：Robert S. Kaplan.

Towerton Financial Services 有三组专业人士就四种产品和服务业务与客户直接打交道。经纪人负责股票买卖和共同基金交易，并为客户提供意见和建议。不过，Towerton Financial Services 经纪业务的客户自行作出买卖决策。Towerton Financial Services 根据客户在公司的保证金的总数量就每次股票买卖收取固定的费用。上个月，这些费用平均为每笔交易 8.80 美元。对于共同基金交易，Towerton Financial Services 收取所购买的共同基金的价值的 1.5% 作为手续费。上个月，这种费用平均为每笔交易 41.45 美元。客户此后出售这些共同基金时不必支付任何费用。

投资账户经理根据客户的目标为其买卖股票，从而主动管理客户的投资。投资账户经理首先会与客户见面以了解他们的投资目标、喜好和风险容忍度。接下来，投资账户经理每个季度向客户介绍其账户的表现及具体的投资策略。Towerton Financial Services 每年向每位客户收取的管理费相当于客户委托其管理的资产的 1.5%。

金融规划师为客户制订金融计划。金融规划师帮助客户编制预算，并确定节省多少

---

① 资料来源：Robert S. Kaplan.

资金以及购买多少保险。Towerton Financial Services 对第一份金融计划收取 1 200 美元,此后的投资建议则按照每小时 125 美元收费。金融规划师通常每季度与客户会面讨论计划的变动。

支持性人员中的负责人的职责是管理和监督经纪人、投资账户经理和金融规划师。客户服务专员的职责是通过电话处理客户提出的买卖和账户服务要求。

Towerton Financial Services 使用两类计算机设备:服务器和台式机。采取中央布局的服务器处理客户的交易、维护客户的账户并执行各种管理职能。服务器的能力是通过百万计算机指令处理(MIPS)来衡量的。Towerton Financial Services 还为每一位员工租赁了一台台式计算机。

Towerton Financial Services 剩余的费用包括办公场地租赁费用以及公司杂费。办公场地包括每一位专业人士和支持性员工的办公室以及与客户会面办理开立账户和为现有账户提供服务的会议室。杂费则包括财务、人力资源、审计、税务、专业人员费等的管理费。

由于公司管理层对于赢利能力的关注,Towerton Financial Services 的会计人员收集了如下信息。

(1) 考虑到周末、节假日,专业人士和支持性员工平均而言每个月大约工作 20 天。

(2) 经纪人、账户经理、金融规划师和负责人每天的上班时间为 8 小时,不过每天平均有 1.5 小时用于茶歇、培训、接受教育和专业活动,剩下的时间则用于与客户的交流。

(3) 与其他人员一样,客户服务专员每天的上班时间也是 8 小时,不过他们每天用于茶歇、培训和受教育的时间平均为 1 小时。

(4) 每一台服务器每个月的成本为 3 168 美元。每个月服务器运行 22 天,每天运行 24 小时。因此,每台服务器的成本为 6 美元/小时。服务器的处理能力是每小时 50MIPS。服务器每天有 8 小时的高峰期,在这段时间,所有的 76 台服务器都在运行。在非高峰时间,只有 19 台服务器运行。Towerton Financial Services 计算了每 MIPS 的成本,为非高峰期 0.12 美元、高峰期 0.30 美元。

(5) 表 5-14 中列出的每个月的成本包括薪酬、额外福利以及基于所占用的办公场地面积和除了与客户相关的活动以外每一个人使用的信息技术资源而分配的费用。

Towerton Financial Services 的企业资源规划(ERP)系统提供的活动报告、平均时间利用以及高峰期和非高峰期交易,分别参见表 5-15、表 5-16 和表 5-17。

表 5-14 每个人的月度资源和成本

	人数	每个人每个月的成本/美元
专业人士		
经纪人	230	6 787
账户经理	18	8 954
金融规划师	20	8 828
支持性员工		
负责人	30	12 932
客户服务专员	42	4 192

资料来源:Robert S. Kaplan.

表 5-15　每个月的活动水平

	股票买卖	共同基金交易	账户管理	金融规划
交易数量	305 288	26 325	5 400	
平均账户余额/美元			60 000	
开立的新账户数	595	255	175	130
总账户数	29 750	12 750	1 200	900
客户服务中心接到的电话数量(不包括新产品销售)	47 600	11 475	1 320	540
服务于现有账户而与客户会面的数量	3 570	765	480	569

资料来源：Robert S. Kaplan

表 5-16　时间利用：接触的分钟数　　　　　　　　　　　　　　　　　　分钟

	股票买卖	共同基金交易	账户管理	金融规划
经纪人				
新账户(每个新账户开立时间)	60	60		
现有账户(每笔交易时间)	5	5		
与现有客户的会面(每次会面时间)	20	20		
账户经理				
新账户(每个新账户开立时间)			240	
现有账户(每笔交易时间)			10	
与现有客户的会面(每次会面时间)			60	
金融规划师				
新账户(每个新账户开立时间)				600
现有账户(每笔交易时间)				
与现有客户的会面(每次会面时间)				90
负责人				
新账户(每个新账户开立时间)	10	10	20	60
现有账户(每笔交易或每个新开账户时间)	0.5	0.5	4	
客户服务专员				
新账户(每个新账户开立时间)	12	12	18	18
现有账户(每次会面时间)	5	5	7	10

资料来源：Robert S. Kaplan

表 5-17　服务器处理的交易数量

交易	每笔交易的 MIPS	股票交易		共同基金交易	
		高峰期	非高峰期	高峰期	非高峰期
下单,交易,订单结算作业	1.4	305 288	0	0	26 325
账户余额查询	0.1	52 695	23 730	52 695	23 730
询价	0.1	332 400	177 100	249 300	132 850
余额转账	0.7	0	75 000	0	60 000
编制财务报表	0.9	0	29 750	0	12 750
总计		690 383	305 580	301 995	255 630

续表

交　易	投资账户管理服务		金　融　规　划		总计	
	高峰期	非高峰期	高峰期	非高峰期		非高峰期
下单,交易,订单结算作业	54 750	31 000	0	0	360 038	57 325
账户余额查询	35 130	15 820	35 130	15 820	175 650	79 100
询价	166 200	88 550	83 100	44 275	831 000	442 750
余额转账	0	15 000	0	0	0	150 000
编制财务报表	0	8 750	0	6 500	0	57 750
总计	256 080	159 120	118 230	66 595	1 366 688	786 925

要求：

（1）计算 Towerton Financial Services 的每一种人力资源（经纪人、账户经理、金融规划师、负责人和客户服务专员）的实际能力和能力费用率。

（2）利用表 5-15 和表 5-16 中给出的数据，计算四种产品线所涉及的每一类员工的时间利用情况。

（3）利用表 5-17 中给出的数据，计算每一种产品线在高峰期的 MIPS 和非高峰期的 MIPS。

（4）假设每一笔共同基金交易的平均收费为 41.45 美元。编制一张损益表来反映 Towerton Financial Services 的四种产品线中每一种的成本和利润，以及未使用能力的成本。各种产品线之间为什么会存在如此巨大的差异？

（5）Towerton Financial Services 的管理层可以采取哪些措施来改善公司的赢利能力？

第 6 章

测量和管理客户关系

通过本章的学习,你应该能够:

1. 将市场营销、销售、分销和管理成本分配给客户。
2. 衡量客户的赢利能力。
3. 解释服务于客户的低成本与高成本之间的差别。
4. 计算并解释累计客户收益率的"鲸鱼曲线"。
5. 解释为什么衡量客户的赢利能力对于服务型企业来说尤其重要。
6. 描述一家公司实现盈亏平衡和将客户转变成赢利客户可以采取的措施。
7. 了解价格瀑布的价值以追踪向客户提供的折扣和补贴。
8. 提高销售人员实现客户赢利能力和忠诚度的积极性。
9. 了解对一项业务来说计算客户的终生价值是非常重要的。
10. 解释为什么公司需要测量客户满意度和忠诚度的非财务指标。

Madison 乳品公司的一位不赢利的客户

Madison 乳品公司的首席执行官杰罗尔德·布朗(Jerold Browne)刚刚收到一份季度报告,报告给出了公司所有客户的赢利能力。他惊讶地发现,公司的老客户 Verdi——一家拥有 133 家冰激凌连锁店的公司已经成为最不赢利的客户。虽然每年面向 Verdi 的销售收入高达 400 万美元,Madison 乳品公司在最近一个季度与该公司的经营损失却达到 10 万美元。布朗发现,为 Verdi 生产冰激凌成本很高,因为它们的冰激凌配方独特,口味很多,而且要直接运送到各个门店去。但是,在看到这份季度报告之前,布朗始终认为向 Verdi 收取的更高的价格(每加仑冰激凌)超出了这些特殊服务的额外成本。现在他发现,小批量生产、标签、少量直接送货以及高频率的售后服务导致了上述的不赢利状况。Verdi 的所有者兰肯托尔(Rancantore)先生对自己创立的成功的连锁商店倍感自豪。布朗在想该如何将这个消息告诉兰肯托尔先生。

第 5 章解释了如何使用作业成本法将工厂的开销(如间接人工和机器成本)分配到

每一个产品中。但是一家企业的开销不仅仅包括其工厂的开销,除了生产产品和提供服务的成本以外,还会有**营销、销售、配送和管理(MSDA)费用**[marketing, selling, distribution, and administrative(MSDA) expenses]。这些费用中的大多数都独立于公司生产的产品数量和组合,因此,它们不能通过与产品的因果关系进行追踪(就像我们在第5章所做的那样)。很多费用是在通过多种分销渠道向客户营销和销售产品的过程中发生的。正如产品对工厂资源有不同的要求一样,客户和销售渠道使用 MSDA 资源的方式也大相径庭。

我们以一家共同基金公司为例。该公司直接向企业客户销售退休投资项目,还面向数以百万计的零售客户推销投资和退休项目。联系企业客户的成本要远远低于营销、销售、支持其数以百万计的零售客户的成本。除此之外,与企业合作的规模通常比单个客户的零售账户大很多。公司需要了解通过不同渠道来拓展客户群的成本。本章我们将说明如何对作业成本法进行拓展以便将 MSDA 费用直接追溯到客户订单和单独的客户。

本章对客户的关注也将与第2章中介绍的平衡计分卡策略框架联系起来。第3章、第4章和第5章介绍的成本核算概念使得公司可以计算与产品成本和分步成本相关的财务指标。类似毛利和产品线赢利能力这样的指标可能会出现在平衡计分卡(BSC)的财务信息视角,而生产流程视角则可能包括与生产成本及购买工序相关的指标。但是,如果管理者对客户的了解仅限于它们的财务表现,就会实施在短期内改善客户的财务状况,而有可能破坏与客户的长期关系的举措。因此,要想管理与客户之间的业务关系,管理者不仅需要财务指标,还需要非财务指标。本章我们将介绍一些会在 BSC 的客户视角中出现的非财务的客户指标。我们将介绍一些常见的客户指标,如客户满意度、忠诚度和推荐意愿。很多公司都选择这些指标作为平衡计分卡的客户视角。这些指标也成为财务视角中未来赢利情况和利润表现的主要指标。

现在,很多公司已经使用客户满意度和忠诚度的非财务指标量化了自己的客户关系,但是它们还没有将 MSDA 成本追溯到客户身上,实现对客户赢利能力的精确测量。虽然非财务的客户指标非常有价值,我们稍后将在本章详细介绍,但是仅仅依赖这些指标过分地强调改善客户绩效可能会导致财务状况恶化。公司为了实现较高的客户满意度和忠诚度,可能会提供特殊服务(如客户定制产品和服务以及体贴及时的客户服务),这些都会提升客户满意度和忠诚度。但是这么做的代价又是什么呢?公司往往会陷入由关注客户而变得过分关注客户的要求的泥潭,不管客户对公司有何要求,它们都会不假思索地满足甚至超越客户的要求。

为了缓解这种因为要满足和超越客户要求的压力,公司应该衡量向每位客户提供服务的成本与所获利润。了解不赢利客户的比例以及因此带来的经济损失能为公司策略以及平衡计分卡提供极有价值的权衡标准。对这种标准的精确计算意味着,作业成本法在公司的平衡计分卡中扮演了非常重要的角色。

6.1 衡量客户赢利能力：对 Madison 乳品公司案例的延伸

我们来关注 Madison 乳品公司（一家生产和销售多种奶制品的公司，产品包括酸奶、酸奶油、牛奶和冰激凌，其客户包括大型批发商、分销商和零售商）的另外一个部门，解释将营销、销售、配送和管理费用分配给客户的过程。目前，这个部门的年收入为 300 万美元，MSDA 费用大约为 90 万美元，占收入的 30%。这个部门有两个重要的客户——Carver 公司和 Delta 公司，它们的销售收入大致持平。过去，这个部门的主管吉恩·邓普西（Gene Dempsey）按照销售收入将 MSDA 费用分配给客户，从而生成了下面针对两个客户的赢利能力报表。

	Carver 公司	Delta 公司
销售收入/美元	320 000	315 000
销售成本/美元	190 000	195 000
毛利/美元	130 000	120 000
MSDA 费用，占销售收入的 30%/美元	96 000	94 500
经营利润/美元	34 000	25 500
利润率/%	10.6	8.1

这两个客户的赢利能力看起来都不错，但是邓普西不认为这两个公司具有相同的赢利能力。他知道，Delta 公司的客户经理在账户上花了大量时间，而且他一直要求 Madison 乳品公司对产品进行修改来满足自己的具体要求。除了营销资源，公司还动用了很多技术资源以满足 Delta 公司的要求。Delta 公司还想在某些特别的产品上下少量订单，而且要求快递送货，但是它们付款又不及时，对 Madison 乳品公司的订单程序、发票和应收账款程序有诸多要求。而 Carver 公司只订购了少量的几种产品，但订单数量很大，对订单预测准确，前置期也较长，而且它们对销售和技术方面的支持要求也很少。邓普西认为，Carver 公司是赢利能力更高的客户，而不是像财务报表现在所显示的那样。

邓普西展开了一项针对公司的 MSDA 费用的作业成本研究。他组建了一支跨职能的项目团队，项目团队中包括来自营销、销售、技术和管理部门的代表。项目团队为所有这些支持部门（如应收账款部门）的资源制定了一个能力动因率。接下来，项目团队预估了获取和处理客户订单、将订单发送给客户并为每一位客户提供服务所需的时间。Carver 公司和 Delta 公司的相对赢利能力从而发生了巨大的变化，如下所示。

作业成本法客户赢利能力分析

	Carver 公司	Delta 公司
销售收入/美元	320 000	315 000
销售成本/美元	190 000	195 000
毛利/美元	130 000	120 000
毛利率/%	40.6	38.1

续表

	Carver 公司	Delta 公司
营销及技术支持/美元	7 000	54 000
到客户处的差旅费/美元	1 200	7 200
为客户提供服务/美元	4 000	42 000
处理客户订单/美元	1 400	26 900
运费/美元	12 600	42 000
MSDA 费用总额/美元	26 200	172 100
经营利润/美元	103 800	52 100
利润率/%	32.4	16.5

正如邓普西所预期的那样，与之前报告中计算的结果相比，Carver 公司的赢利能力要高很多。先前的报告是按照固定的利润率来分配 MSDA 费用的。Carver 公司的订单和支持作业对 Madison 乳品公司 MSDA 资源的要求较少，所以向其销售产品所获的毛利都降至经营利润的底线。而 Delta 公司现在则被发现是 Madison 乳品公司最不赢利的客户。虽然邓普西和 Madison 乳品公司的其他管理者觉得 Carver 公司的赢利能力比 Delta 公司强，但是他们都不清楚两者之间的差别有多大。

表 6-1 中概括了高成本服务客户和低成本服务客户之间的一些区别。

表 6-1 高成本服务客户和低成本服务客户的特点

高成本服务客户	低成本服务客户
• 订购定制产品	• 订购标准产品
• 订单量小	• 订单量大
• 下单时间很难预测	• 下单时间容易预测
• 特别的交货要求	• 标准交货
• 改变交货要求	• 交货要求不变
• 手动处理：订单错误率高	• 电子处理（EDI），错误率为 0
• 大量的售前支持（市场营销、技术和销售资源）	• 售前支持很少甚至没有（标准定价和订单）
• 大量的售后支持（安装、培训、质保和实地服务）	• 无售后支持
• 付款较慢（有大量应付账款）	• 付款及时（应付账款较低）

我们将在本章后面学习到，公司仍然可能从高成本服务客户那里获得利润，或者在低成本服务客户那里损失利润，但是每一位客户的 MSDA 费用信息对客户关系的有效关系来说是至关重要的。

报告和展示客户赢利能力

商业和经济领域的一个最为重要的经验性规律就是 80-20 原则，该原则最早是 100 多年前由一个意大利的经济学家维尔弗雷多·帕累托（Vilfredo Pareto）建立的。最初的说明是，帕累托发现，当地 20% 的人口拥有了 80% 的土地。后来，这个原则延伸为，少数的 20% 的人掌握了 80% 的财富。对于我们现在讨论的问题来说，帕累托的有趣发现同样适用于产品和客户（参见图 6-1 中给出的分销情况）。如果公司按照数量对产品和客户进行从高到低的排序,它们会发现,公司最热销的前20%的产品和客户创造了80%的销售额。有趣的是,这种80-20的曲线同样创造了40-1原则。仔细观察图6-1之后,你会发现,最后40%的产品和客户仅创造了总销售额的1%。

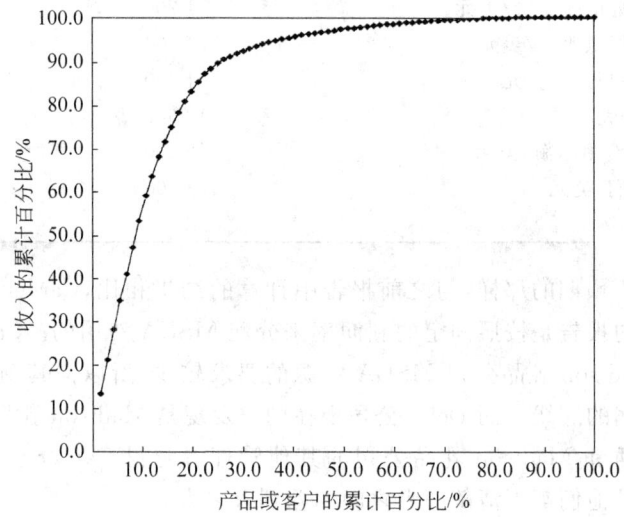

图6-1 产品和客户多样性:帕累托的80-20原则(或者40-1原则)

虽然80-20原则同样适用于销售收入,但它并不适用于利润。根据作业成本法客户赢利能力分析所构造的累计利润对客户的图形通常会显现大不相同的形状,我们把它称为**鲸鱼曲线**(whale curve)。图6-2展示了典型的客户累积赢利能力的鲸鱼曲线。在这张图中,客户按照赢利程度高低排列在横轴上。图6-2中的累积赢利能力鲸鱼曲线显示,赢利能力最高的20%的客户大约创造了总利润的180%,这是最高点,或者说是鲸鱼曲线的背部。中间60%的客户大致持平,最后20%的客户导致了80%的利润损失,使得公司只得到100%的总利润(鲸鱼曲线中的"海平面"代表了一家公司的实际报告利润)。累积赢利能力的顶点(或者最高处)一般能达到总利润的150%~250%,而这个高度一般是由赢利能力处于前20%~40%的客户完成的。

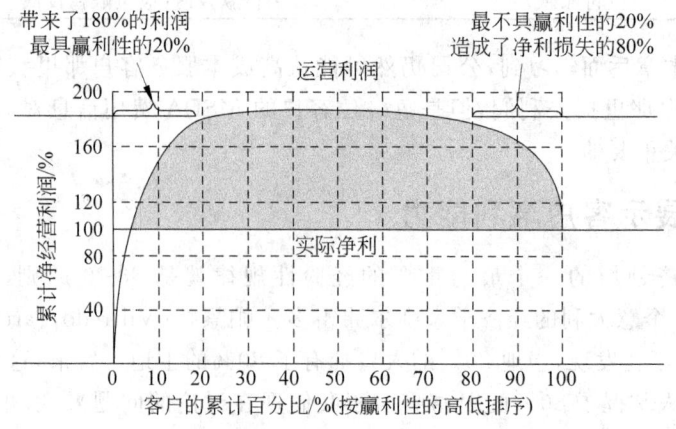

图6-2 一个典型的客户累计赢利能力鲸鱼曲线

关于大多数公司的鲸鱼曲线,还有一个有趣的发现,那就是一些最大的客户(如Madison乳品公司的Delta公司)落在曲线的最右边,它们是公司最不赢利的客户。事后看来,这一发现其实并不让人感到奇怪。一家公司不会在一个小客户身上损失太多,因为小客户交易量较小,不容易导致太大的损失。只有大客户才会成为最不赢利的客户,因为其对一家公司的技术、销售、分销和管理资源提出了很高的要求,而且会要求大量的价格折扣。大客户一般都是一家公司获利最高或者最低的客户。它们很少出现在鲸鱼曲线的中段。

高利润的客户,例如Carver公司,会出现在利润率鲸鱼曲线的左段(参见图6-2)。公司会很愿意向这样的客户销售产品和服务,因为公司能从中获取高额利润。公司应该珍惜和保护这些客户。因为这些客户在竞争中比较脆弱,向这些客户提供服务的经理应该随时向其提供折扣、奖励和特殊服务来维持这些客户的忠诚度,尤其是在竞争对手也想争取这个客户的时候。

像Delta公司这样的客户会出现在鲸鱼曲线的右段,将公司的利润率拖到海平面,因为这些客户的利润低,服务成本又很高。造成服务这些客户成本较高的原因有很多,例如订单模式不可预测、订单量很小的定制产品、非标准的物流和快递要求以及对技术和销售人员提出的大量要求。一家电信设备公司在进行了客户赢利能力研究之后发现,上一年20%的订单的先期投入(为了获得订单所投入的营销、销售、技术资源)已经超过了订单的金额。即使公司可以以0成本生产、交付和安装产品,仍然会在订单上损失利润。一家公司从作业成本系统中的最大获益是,发现不赢利的客户并将其转化成赢利的客户。

实例

构造客户赢利能力的鲸鱼曲线

计算了每一位客户的利润(或亏损)之后,客户(或产品)赢利能力的鲸鱼曲线很容易构造。先创建一个两列的电子表格(spreadsheet),A列是客户名称或者是识别码,B列则是该客户的利润或亏损。电子表格的行的数目应当等于你所拥有的客户的数量。假设某公司有2 000个客户,因此电子表格就有2 000个有效的行。利用电子表格的数据排序(Data Sort)指令根据B列中的数据将客户按照最赢利到最不赢利的顺序进行排列。执行该指令后,赢利能力最强的客户应当位于第1行,赢利能力仅次于他的客户应当位于第2行,而赢利能力最差(或者说是最不赢利)的客户则位于第2 000行。将赢利能力最强的客户的利润复制到C列的第一行。C列中每一行的输入值是位于该行之前的所有客户的累计利润加上B列同一行给出的该行的客户的利润。例如,C10单元(第10行,C列)的计算公式为"=C9+B10"。

将这一等式继续复制到 C 列第 2 行,直到第 2 000 行(最后一行),C2000 中的输入值应当是公司的经营利润总额(来自所有 2 000 个客户的利润总和)。在 D 列,计算 C 列中的输入值除以 C2000 单元的输入值的比例。D10 单元的计算公式为"＝C10/C＄2000"。第 2 000 行输入值前面的 ＄ 符号是为了确保 D 列的每一个输入值都除以最后一个单元的输入值,也就是公司的经营利润总额。对 D 列进行格式化,使其输入值呈现百分比"％"而不是小数的形式。D 列包含的是各种客户数量下的累计赢利能力。

D10 单元中的数字代表了从公司赢利能力最强的 10 个客户那里赚取的利润占公司利润总额的百分比。D 列中的输入值在具有赢利能力的客户中逐行增加,随着加入不赢利的客户,逐渐下降回 100％(它应当是 D2000 单元的输入值)。在 E 列,计算客户的累计百分比,方法是将每一个客户的排序除以 2 000。对于赢利能力最强的客户来说,这个值等于 1/2 000。对于后面的每一位客户,依次在累计总额上加上 1/2 000。利用电子表格的制图功能生成一条曲线,y 轴代表 D 列中的输入值,x 轴代表 E 列中的输入值。鲸鱼的背部的高度代表了所有具有赢利性的客户所带来的利润总额(通常为 150％～250％),曲线从背部回落到海平面(代表利润的 100％)的下降部分就是那些不赢利的客户所造成的损失。

服务型企业的客户成本

服务型企业必须比制造型企业更关注客户的成本和赢利能力,因为与制造型企业相比,服务型企业对组织资源需求的变动更多地是以客户为驱动的。生产标准产品的制造型公司不需要考虑客户如何使用这种工具即可计算产品的成本,即生产成本是独立于客户的。可能只有营销、销售、订单处理、产品的送货或维修是与客户相关的。而对于服务型企业来说,客户行为决定了生产产品和为客户提供服务所需的组织资源的数量。

为了便于说明,我们以服务型企业的标准产品(如银行的支票账户)为例。使用作业成本法可以相对容易地计算与支票账户相关的所有成本。收入,包括月底结余的利息收入以及向客户收取的服务费收入,也很容易归结到这种产品上。这种分析仅仅揭示了该产品大体上是否赢利,却没有揭示这种产品对不同客户而言在赢利上的巨大差异。某位客户可能在其支票账户中留有高额的现金余额,很少存取款、查询余额或者提出服务要求,并且仅利用电子渠道(如自动柜员机和互联网)。另一位客户可能很仔细地管理其支票账户,在手头留有最少的现金量,经常性地通过银行职员人工进行小额存取款。第二位客户的支票账户在现行的定价体系下可能是非常不具赢利性的。客户的账户余额或销售额在反映赢利能力方面可以说是糟糕的指标。余额较低的客户可能具有很强的赢利能力,而余额很高的客户则可能是非常不具赢利性的。

再举一个例子,电信公司的客户可以通过不同的方式要求提供基础服务,如通过电话、信件联系或直接到当地零售机构购买。客户可能要求一次安装两条或一条电话线,电信公司的工程师可能需要去客户那里安装新的电话线,也可能只须在当地的交换中心做一下调换。客户还可能提出其他要求,并通过互联网、电话银行转账或者邮寄支票甚至亲自开支票等不同方式付款。在这种情况下,每一个选择的成本是非常不同的。因此,与按产品计量成本和收入相比,按客户计量收入和成本能为公司提供更为相关、更有价值的信息。

6.2 提升客户的赢利能力

制造型企业和服务型企业在将盈亏平衡客户或亏损客户转换为赢利客户方面都有很多种方法。

- 改善用来生产、销售、传递和服务客户的流程;
- 实施基于菜单的定价方式,让客户能够自行选择自己希望获得并为之付款的产品属性和服务;
- 加强客户关系以提高服务客户的利润率和降低成本;
- 整顿给予折扣和折让的政策。

流程改进

管理者首先应当检查内部的经营,看看能够在哪些地方改进流程以降低服务客户的成本。如果大多数客户都转向小规模订货,公司就应当努力降低批次成本,如组装和订单处理,从而无须提高产品价格即可适应客户偏好的改变。例如,Madison 乳品公司通过鼓励客户登录采购网站并通过网络提交订单,而竭力提高处理客户订单工作的效率。这将极大地降低处理大量小额订单的成本。如果客户倾向于要求供应商提供高度多样化的服务,制造型企业可以尽量推迟产品定制化的阶段,还可以使用信息技术来巩固从设计到制造这条纽带的联系,最终实现在不增加成本的条件下提供更多的定制化的产品和服务。

作业成本定价

产品定价是公司把非赢利客户转变为赢利客户的一个强有力的工具。**作业成本定价**(activity-based pricing)为生产和运输标准数量的标准化产品建立了基础价格。除了这个基础价格以外,公司为顾客的特殊服务要求提供了价格选择清单,清单上特殊服务的价格设置只要能补偿提供服务的作业成本,允许客户从清单中选择他所需要的产品特征和服务,同时让提供该产品和服务的公司补偿其成本。或者,公司可以通过确定特殊服务的毛利率,以高于服务的成本对服务定价。为满足客户的特殊需要而设计和生产特殊产品时,价格应定得高一些。当一个客户的订购模式降低了公司的供货成本时,公司则可能给客户提供折扣。

因此,作业成本定价是确定订单价格,而不是确定产品价格。当经理根据有效的成本信息确定订单价格的时候,客户通过改变订购、装运和配送方式来降低供应链总成本,进而增加供应商和客户自身的利润。

管理客户关系

公司可以通过说服客户使用公司更多的产品和服务等方式进行**客户关系管理**

（managing customer relationships），从而把非赢利客户转化为赢利客户。因购买量的增加而获得的毛利可以补偿不随数量成比例增加的与客户相关的成本，如负责该客户的销售人员的成本。公司可以针对不赢利的客户规定最低订单规模，从而确保销量增加带来的额外利润不仅能够弥补订单的处理成本，而且能为客户设定一个生产批次。

服务型企业的客户与企业的关系往往不止一种。我们以一家开办商业贷款业务的商业银行为例。由于激烈的竞争和客户较少使用贷款，这类贷款的利息（银行有效的存贷款利率差额）也许不足以弥补银行经营贷款业务的成本。然而，银行可以从客户使用的其他服务上赚取足够的利润，例如投资银行服务和公司货币管理，即总的来看，该客户是一个高赢利能力的客户。然而，如果一个小的借款者不使用其他商业银行和投资银行业务，则有可能是相当不具有赢利性的。在这种情形下，银行可以要求客户扩大使用贷款额度（贷更多的款项）和使用银行提供的其他更具有赢利性的服务。

电信公司的某个客户除了安装普通电话以外，还有可能在该公司购买了高速数据线、开立长途电话账号、签订服务合约以及提供设备租赁等服务。因此，在对一位仅要求不赢利的普通电话服务的客户采取行动之前，公司的经理应该搞清楚这位客户与公司之间的所有关系，并基于这种关系的总体赢利性而不是单个产品的赢利性来采取行动。

我们以某商业银行与一位不赢利的客户之间的交往为例。贷款官员打算中止与一个不赢利的企业客户的合作。该客户与银行之间的联系是单一的，而且并不集中性地使用银行的各项金融设施。这位官员向客户谈了这种不赢利的关系对银行的财务影响，并建议其寻找其他金融机构来满足自己的借款需求。然而，该客户希望与银行保持业务往来，提出会尽可能提升对银行的利润贡献。该客户的 CFO 提出会到纽约进行阶段性会晤，而不再让贷款官员到客户位于中西部的总部会晤。他还提出将使用银行更多的产品和服务，从而让自己成为银行的赢利客户。

一些客户之所以不具有赢利性，可能是因为刚刚开始与公司发生业务联系。为了争取这些客户，公司也许已经承担了高额成本，而客户最初购买的产品和服务不足以弥补对该客户的获得和维持成本。此时公司无须采取任何措施。公司预期并希望客户购买产品和服务的数量将会增加，不久即可赢利，还能弥补业务开始阶段发生的损失。与已服务 10 年甚至更长时间仍亏损的客户相比，公司对新发展的不赢利客户应当抱有更多的耐心。在本章的后面，我们将介绍客户生命周期赢利能力，这是用来管理新发展的不赢利客户的更为正式的方式。

定价瀑布

除了我们已经讨论过的因素，大力度的折扣和特别津贴同样会导致那些利润持平或者高度不赢利的客户。在通知客户涨价之前，公司应该探索已经减少客户支付的实际价格的多种方式。图 6-3 展示了一个厨房用具生产商是如何向其最大的客户（某家居装饰零售商）提供多种折扣和补贴的。该图通常被称为**定价瀑布**（pricing waterfall），因为里面出现了因获取订单和建立客户忠诚度而提供的特别补贴和折扣所导致的多种收益减损。在图 6-3 中，最初的定价为 105 美元。因为零售商至少订购 10 个单位的产品，销售人员向其提供了 2% 的总折扣额。此外，销售人员又向其提供了另外 3% 的折扣额，客户声称公司的一个竞争对手曾向其提供过这个具有吸引力的折扣,这样一来,发票价格就降至每单位 100 美元。但是这些折扣仅仅是进一步减价的开始。

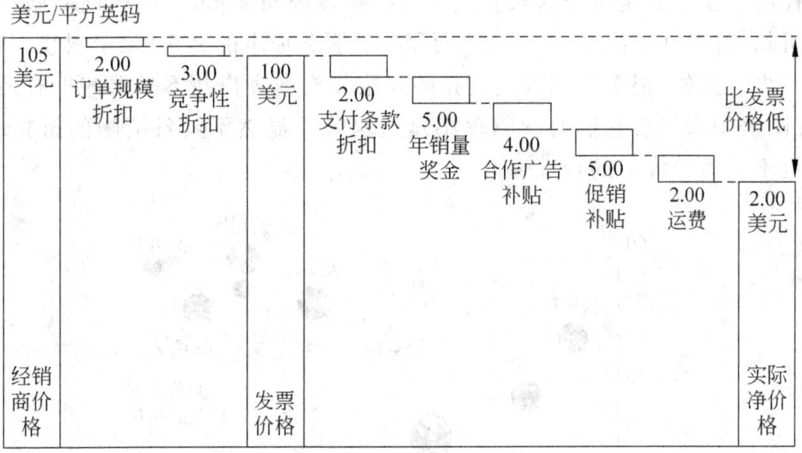

图 6-3 定价瀑布表

如果零售客户能在 10 天内付清发票款额,公司将给予客户 2% 的折扣(2 美元)。另外,为了鼓励当年的大宗购买,公司还提供了一个年度销量奖金,该奖金建立在零售商当年购买的产品总量之上,奖金额度可达销售额的 5%。如果零售商们在自己的广告中宣传公司的产品还可以得到最高为 4% 的补贴。公司希望在季度结束之前增加销售额,如果客户能在季度结束之前完成订单,它们将得到最高 5% 的促销补贴。最后,公司已经同意支付将货物运送到零售商分销中心的运输费用。运输费用可达每单位 2 美元,相当于从发票价格中扣除额外的 2%。

这些折扣和补贴中的每一个看起来都像是为了获取订单、刺激销售以及及时收回货款的小小妥协。这些折扣都是由公司的各个组织单位提供的:销售人员可以自行决定是否可以在竞争压力很大的情况下提供折扣以获得订单;财务部门为了鼓励及时付款而提供折扣,但是有些客户会因为财务状况欠佳而不得不放弃这一具有吸引力的折扣;公司首席执行官想要在报告季度的最后增加一些销售收入,市场营销部门希望能够从客户身上赚到一整年的高额利润。但是如图 6-3 所示,单笔产品订单所提供的所有折扣和补贴会导致 23 美元(大约为 23%)的总收入减损。

正如我们上面所讨论的公司一样,很多公司无法看到所有的收入减损,因为它们是在不同的系统中记录折扣和补贴,而且它们是在一年之中的不同时候给予这些折扣。例如,财务部门会在一个合并损益表(销售扣除额)中记录及时支付的折扣;财务部门还会将所有的运输成本放进一个名为运输开销的通用财务报表。这样的系统不会将购买折扣或运输开销追溯回某一个客户或者某一个订单。折扣如果累积到某个额度,就会返还给某一个客户或订单,但是不会与构成这个折扣的某笔交易联系起来。因为折扣和补贴是在不同时间记录到不同的账户中,管理者们不可能看到如图 6-3 所示的整体状况,所以没有人能意识到在与某个客户的交易过程中,公司承受了多少收入损失。

有一家公司想要更好地了解折扣政策,于是制作了如表 6-2 所示的表格。从表中可知,前一年向客户提供的折扣额与销售额或者服务客户的成本没有任何关系。下降的对角斜线表示一个可行的折扣政策,按照该政策,高服务成本的客户只能得到很少的折扣,甚至没有任何折扣。但是位于这条斜线上部的很多公司显示,它们曾向高服务成本客户提供大量折扣(有时甚至高达60%),然而那些低服务成本的客户(位于斜线下部)得到的折扣反倒较少。另外,很多得到大量折扣的高服务成本客户并不是那些拥有最高销售额的客户(在图上用来代表它们的圆圈较小),这家公司显然不具备清晰的折扣政策,其执行的折扣也不具备经济上的合理性。

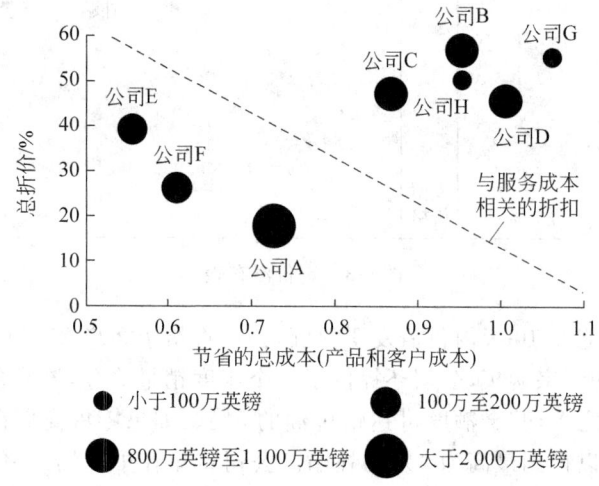

图 6-4 一家公司的折扣政策与向客户提供服务的成本没有关系

为了解决这个问题,公司正在扩展作业成本核算系统,将所有的收入减损以及促销成本和补贴追溯到单独的订单和客户之上,以便计算由客户带来的实际的已实现的利润或损失。表 6-2 展示了一家公司是如何为每一个客户计算运营收入表的。该公司每季度为每一个客户进行这种计算,这样公司就能掌握每一位客户的实际利润和损失,包括所有的收入减损和补贴。在这家公司,一位销售人员抱着一摞详细注解的文件,也就是他所有客户的运营收入损益表,告诉一位财务部高级管理人员,他非常感谢财务部制作了季度概要:"这就是我的圣经,我可以用它来管理我的工作"。

表 6-2 客户运营收入表

		客户 A	占销售百分比/%
销售	总收入	1 518	104.8
	减去:销售调整		
	销售收入和补贴	1	0.1
	销售折扣	27	1.9
	服务折扣	0	0.0
	广告展示折扣	0	0.0
	客户具体计划	21	1.5
	回扣	9	0.6

续表

	客户 A	占销售百分比/%
重新进货费用	1	0.1
收入	9	0.6
其他减损	2	0.1
销售调整总额	70	4.8
净销售额	**1 448**	100.0
生产成本		
材料	680	47.0
支持	30	2.1
准备工作	78	5.4
绘图和锻造	182	12.6
完工	205	14.2
与产量有关的成本	35	2.4
存储(原材料)	14	1.0
运输成本	7	0.5
运费(向内运输)	17	1.2
总生产成本	**1 248**	86.2
毛利	200	13.8
其他费用		
分销	52	3.6
佣金	69	4.8
营销	44	3.0
销售支持	27	1.9
总销售费用	**192**	13.3
销售服务	10	0.7
公司和 IT	15	1.0
管理	107	7.4
总管理费用	**132**	9.1
运营收入	**(124)**	(8.6)

图 6-5 显示了一种概括每一位客户对公司的净贡献额的方法。每个客户在图中的位置由 X 和 Y 坐标两个参数决定。Y 或者说垂直位置是由向客户销售的所有商品的毛利决定的。毛利等于净收入(在减去定价瀑布中所有的折扣和补贴之后)减去客户在此期间购买商品的所有成本。这个成本额来自公司的作业成本核算系统,因此它们能代表客户对公司资源(用于开发和生产客户所购买的产品)的实际需求。X 或者说水平位置代表了与服务客户、处理和完成订单相关的所有成本。斜线之上的客户是赢利的客户,斜线之下的则是不赢利的客户,也就是说,向客户销售的产品和服务所获的毛利不能超过营销、销售、分销和向客户提供服务的成本。

如图 6-5 所示,公司可以通过多种方式从客户那里赢利。对于位于右上角的客户来说,公司可以投入大量的交通、技术支持和服务成本,因为向这类客户销售产品和服务能获得高额毛利。对于处于左下角的拥有大量折扣的客户,公司一样可以获得高额毛利,

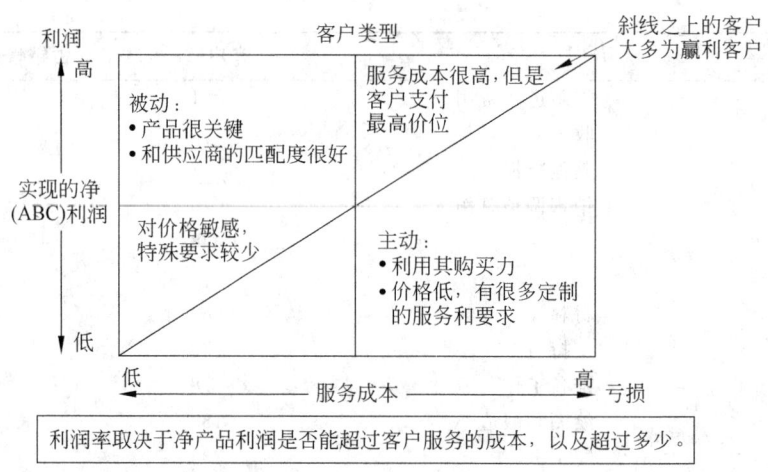

图 6-5 客户赢利能力图

如沃尔玛或某"超霸级"零售商,条件是向其提供服务的成本保持较低。让我们再回过头看看表 6-1,沃尔玛具备很多低服务成本客户的特征:它所购买的产品品种较少,但购买量很大,订单具有可预测性,使用标准送货方式送至其分销中心,而且能在 30 天内付款。所以,即使沃尔玛要求供应商提供大量折扣,它仍然是供应商最具赢利能力的客户,因为其进行大宗购买,而且服务成本很低。

公司很欢迎图 6-5 中位于左上角的客户。这些客户对价格敏感,几乎没有折扣要求,而且服务成本很低。公司应该珍惜和保护这样的客户,具体措施包括向其提供良好的服务团队,随时准备与对手竞争以留住它们。图 6-5 右下角区域的客户则问题较多,它们一般会利用其规模要求公司提供折扣以及很多其他具体的服务和技术支持,它们都是累计客户利润率鲸鱼曲线右下角的公司。如果一家公司拥有这样极其不赢利的客户,则必须尝试所有可能的行动来将其转变成斜线西北方向的客户,逐渐保持盈亏平衡,然后变成赢利的客户。具体措施包括基于订单的定价,合理化产品组合,取消折扣和补贴,实现更大的订单、更标准的包装和运送方式。当所有这些方法都失败的时候,公司可以鼓励客户从其他供应商那里购买产品和服务来"摆脱"它们。

6.3 对销售人员的激励

上面讨论的诸如重新定价、调整折扣和补贴、提高最低订单数量、购买范围更广的产品和服务等所有办法都是为了弥补由不赢利客户带来的损失。更好的方法就是在最开始的时候避免这些客户的出现。之所以出现这些盈亏平衡甚至不赢利的客户关系,是因为公司鼓励销售人员创造销售额而不是利润。一个典型的销售人员补偿计划会在销售收入的基础上设置最低定额和佣金,它将奖金和奖励(包括豪华假期)与实现设定在某个较高目标基础之上的销售收入联系起来。这种**销售人员激励**(salesperson incentives)和补偿计划鼓励销售人员急于完成订单,而不考虑满足该订单的成本以及为签下订单而给予客户的折扣和补贴的影响。

在一家办公用品公司,一位销售人员和一个著名的客户签订了公司历史上最大的一笔订单。虽然得到了订单,但是为了实现对客户的承诺,公司必须将每一批产品运送到指定的办公桌上,不管是一沓书写纸、一小捆笔还是一包打印纸。当公司将这个合同的所有成本都进行计算并联系到这个客户关系上时却发现,这位销售人员其实给公司带来了公司历史上最不赢利的客户。

公司将销售人员的补偿和奖励建立在销售收入之上是因为这是一种简单的方法,也便于计算(虽然经常会忽视合同中规定的折扣和补贴),并且与销售人员努力增加销售收入的目标一致。另外一个原因是,在不久前作业成本法被开发出来之前,公司还没有能力将 MSDA 成本以及实际的产品利润追溯到单独的客户身上。因为缺乏一个有关客户赢利能力的有效的、可计算的方法,公司会更强调从客户那里创造更多的销售收入而不是利润。

公司现在可以使用时间驱动的作业成本核算系统来创建客户的损益表,即使公司有成千上万的客户(如某些财务服务公司)。大幅增强的计算能力、新的企业资源规划(ERP)和客户关系管理(CRM)软件(可以使用电子手段获取销售和产品订单的所有特征)也促进了公司上述能力的发展。公司如今使用这样的信息将销售人员的激励政策建立在订单和客户利润而不仅仅是销售收入之上。但是,销售人员仍然可以接收盈亏平衡订单甚至是亏损订单,目的是创建新账户或使一个从整体上看高度赢利的忠诚客户感到高兴。他们这样做的目的是实现今后的利润,但是他们同时也知道,这些不赢利的订单不会构成他们的销售业绩,也不会增加他们的奖金。现在,计算订单和客户赢利能力的管理会计能力为管理层提供了一种新的工具,将销售人员的激励政策与公司的财务表现联系起来。

 ## 6.4　生命周期赢利能力

很多服务型企业在营销方面投入大量资源以吸引新的客户。如果公司不知道赢利客户的特征,那么它就会花费大量金钱去吸引很多不赢利的客户。一旦了解了赢利客户的特征,公司就能将自己的营销资源放在那些最有可能产生赢利客户的领域。

因为建立一个广泛而深入的客户关系(如通过提供多种产品)所需的购置成本和时间都很多,即使是具有吸引力的新客户,在合作的早期也是不赢利的。在客户关系早期发生的高额的购置成本导致该客户成为如图 6-5 所示的非赢利区的客户。公司需要将新客户的经济状况与老客户的经济状况区分开来。因此,除了意识到客户需求的不同之外(通过多种产品和服务),公司必须预测客户长期的纵向变化来计算它们的总生命周期赢利能力。

下面来看一个具体的例子,一家公司刚刚花费 500 万美元争取了一批新客户。这场竞争一共争取到 5 000 个新客户,获得一个客户的成本是 1 000 美元。

- 客户 A 购买的产品和服务每年能创造 300 美元的净利润(在扣除建立这个客户关系所需的所有生产和 MSDA 成本之后)。但是客户 A 在 3 年之后离开公司,转向公司的一个竞争对手。
- 客户 B 购买的产品和服务能创造每年 275 美元的净利润,但是 5 年后,该客户离开了公司。

公司的会计系统记录到,客户 A 比客户 B 的利润率更高,因为客户 A 的利润每年比客户 B 多 25 美元。但是这个系统没能看到,每年 300 美元的利润,连续 3 年所获的总利润并没有超过公司为了争取客户 A 所花的 1 000 美元的购置成本,因此,客户 A 在它与公司的生命周期内实际上是一个亏损客户。而客户 B 在与公司建立关系的 5 年内所创造的利润超过了争取它的购置成本。[①]

如果你熟悉代数和净现值方法,你可以研究下面的等式,这是一个计算**客户生命周期价值**(customer lifetime value,CLV)的常见方法。

$$\mathrm{CLV} = \sum_{t=1}^{t=n} \frac{(M_t - c_t) \times (保留率_t)^{t-1}}{(1+i)^t} - 先期购置成本$$

其中,

$M_t = t$ 年从客户那里获取的利润(收入减成本)

$c_t = t$ 年中任何额外的服务客户的成本(保留客户)

$i =$ 资本成本(如 10%)

如果 M_t、c_t 和 r_t 都是关于同一年的,而且 n 的值很大:

$$\mathrm{CLV} \approx \frac{M-c}{i+(1-r)} - 购置成本$$

式中 $r =$ 各期之间的保留率。

这个等式假设该公司可以预测将一个客户保留到下一年的利润率,也称为保留率 r。这个客户每年的利润是 M,也就是净收入(减去所有折扣、促销和补贴)减去所有用于生产、营销、分销和销售的成本,再减去任何为了保留客户的额外的促销 c。比较该客户在和公司保持关系期间所有的折扣净现金流与公司为了获得客户所投入的购置成本。

很多服务型企业(银行、移动电信公司、网络服务提供商)花费大量金钱争取新的客户,尤其是大学里的年轻客户,即使这些客户在购置当年以及几年之内的利润都是负数,最好的情况也只是微利润。这些服务型企业做出上述投资的原因是,它们想要成为上述客户的终身服务提供商,因为这些客户有可能会得到很好的工作,并在工作中取得成功,这对公司来说都是潜在的利润。如果一家公司正在使用这样一种客户生命周期价值的策略,那么它就应该追踪争取每一个客户所需的成本,并计算每年从这种客户关系中获取的利润。计算客户生命周期价值的关键参数是:

- 早期购置成本;
- 每年获取的利润或损失;
- 每年在保留客户的过程中发生的任何额外成本;

---

① 为了进行正确的计算,公司应该计算来自客户 B 的现金流的折扣价值以确定每年 275 美元(连续 5 年)的净利润是否不仅能快速抵偿先期 1 000 美元的购置成本,而且能抵偿在关系建立早期公司投入其中的时间和金钱价值。本教材并未介绍计算折扣价值的方法,你将在第一门金融课程中学到这种方法。如果你已经熟悉了这种方法,你就可以证实,客户 B 是公司的赢利客户,它的资本成本低于 11.6%。

- 客户关系的维持。

一些银行拥有非常复杂的分析系统,这种系统可以使它们在一位潜在客户或新客户的人口统计数据的基础上对这些参数进行评估。这种分析方法帮助银行的促销策略和宣传活动吸引那些具有最高生命周期价值的客户。例如,加拿大的 RBC 金融集团使用一种分析模式根据客户的年龄、与银行打交道的时间、产品数量、已经使用产品数量、客户购买额外产品和服务的可能性、账户余额以及创造的费用收入[①]来分析一个客户今后的利润率。银行给被评估具有高生命周期价值的客户安排了一个个人账户代表,保证客户的电话能得到快速回复,向其提供优惠且快速的信贷服务。

另外一个为所有客户计算生命周期机制的金融机构创建了如表 6-3 所示的表格。该表解释了该机构成功的营销计划。最初看上去(图的最上面一栏),银行好像今年表现欠佳,因为它损失了 5 000 个客户,但是下面的内容显示,这反倒是一件好事,因为新获得的客户拥有更高的账户余额,每个账户的收入也更高,而且这些新客户比流失的客户使用更多的银行服务。银行的市场总监说:"新家庭的质量从各个方面来说都优于流失的家庭。"这是一个吸引和保留高生命周期赢利能力的公司的很好例子。

表 6-3 一家零售银行的客户收购和保留年度变化概要

类 别	损失	获得	差额
家庭数量(HH)	45 310	40 249	(5 061)
每个家庭的贷款和存款/美元	39 051	77 883	38 832
每个家庭每月的收入/美元	61	108	47
每个家庭享受的服务数量	1.8	2.5	0.7
只选择一项服务的家庭比例/%	52	33	+19

6.5 使用非财务标准来测量客户表现

本章到目前为止的内容都仅仅强调了与一家公司的客户关系有关的财务指标(如服务成本、折扣、补贴和利润率)。介绍客户生命周期赢利能力的那一小节内容帮助我们意识到,针对客户成本和利润率的短期标准会使得一家公司采取行动来提高客户赢利能力标准,但是也会导致公司与客户的长期关系面临风险。让我们回到第 2 章关于平衡计分卡的讨论,一家公司不能仅仅使用财务标准来测量和管理它的客户关系,即使是那些有价值而且精确的标准(如利润率)也不行。公司还需要使用非财务手段对财务手段进行补充来测量它们的客户关系。

客户满意度

现在,大多数公司都尝试计算一些关于客户满意度的标准。一家公司,或者一个独

---

① V. G. Narayanan, "Customer Profitability and Customer Relationship Management at RBC Financial Group," HBS NO. 102-043(Boston: Harvard Business School Publishing, 2002).

立的市场调查公司,会向近期购买或使用公司商品或服务[1]的客户发出一份问卷。Madison 乳品公司等公司发放的这种问卷一开始会提出以下问题。

	5. 非常满意	4. 比较满意	3. 一般	2. 不满意	1. 非常不满意
根据您最近的购买经验(获得服务),您对 Madison 乳品公司的产品和服务感觉如何?					

　　这份问卷还会继续询问用类似的 5 个满意程度(从非常满意到非常不满意)来描述的问题。此外,还有关于购买产品以及服务体验的具体问题,例如,产品或服务的质量,下订单的顺利程度,Madison 乳品公司销售人员、技术人员和管理人员的服务态度与质量以及公司处理客户意见和问题的及时程度。

　　创建一份客户满意度调查表可能看起来很简单,但是要从大多数客户手中获得有效回馈则需要专业的技能。公司一般会使用三种方法:邮寄问卷、电话采访和亲自采访。这些方法的成本依次递增,但是回应率和问卷回馈价值也依次递增。专业的市场调查公司会提供有关心理、市场调研、统计、提问技巧方面的专业知识,此外它们还会提供大量的专业人员和可以处理客户满意度调查的计算机设施来概括和处理调查结果。

　　一些客户满意度调查问卷变成了公共信息。J. D. Power 及其助理进行了一次消费者(最近购买了新汽车的消费者)满意度调查。J. D. Power 每年对汽车消费者的满意度排名成为大家热切关注的焦点,调查结果会进行公布,而且会对下一年的汽车品牌销售形成巨大影响。2010 年,丰田在 J. D. Power 的排名中下跌了 15 位,从第 6 名跌至第 21 名,很大一部分原因是丰田召回了出现刹车、突然加速和不合适的脚垫等问题的汽车。因为在汽车评估和排行上取得了巨大成功,J. D. Power 现在也为消费者提供轮船、家用电器、信用卡、零售银行、住宅施工、保险公司、电信运营商、航空公司、机场、旅馆和租车代理的评估和排名。美国顾客满意度指数(ACSI)每年都对 45 个行业的 200 多家公司进行客户满意度测量。一些研究发现,一家公司的 ACSI 分数与其未来的股票价格之间存在重大联系,这意味着,一家公司的满意度分数的变化预示了其今后的业绩表现。

客户忠诚度

　　虽然客户满意度的分数很重要,但是专家们现在一致认为,如果客户满意度是一家公司唯一的客户标准,那么这将是一个错误。客户的满意只是一种态度或者感觉,表示货物或者服务已经成功送达客户手中,而且基本满足客户预期。但是态度和感觉不是行动,客户对待一个产品或者一家公司的态度不会直接立刻转化为反复购买产品和服务的行为,或者称为**客户忠诚度**(customer loyalty)。20 世纪 90 年代[2]的一份颇有影响力的

---

[1] 您可以在 http://www.loyaltyrules.com/loyaltyrules/acid_test_customer.html(accessed August 19,2010)上找到创建客户满意度调查问卷的模板。

[2] T. O. Jones and E. Sasser, "Why Satisfied Customers Defect," *Harvard Business Review* (November-December 1995): 88-99.

研究发现,在高度竞争的行业(特征是产品差别不大、有很多可替代品、转换成本低,如汽车和个人计算机行业),只有当客户给公司打了最高的满意度分数(5分制里的5分,10分制里的9分或10分)时,他才有可能再次购买该公司的产品或服务。表示"比较满意"或者"一般"态度的客户可能会转向提供更低价位或者更具吸引力的特征的竞争公司。

忠诚的客户非常具有价值,原因如下:

(1) 忠诚的客户更有可能再次购买产品或服务,保留他们的成本一般来说比吸引新客户要低很多;

(2) 忠诚的客户可以说服其他人成为新客户,他们可能成为潜在客户的参考;

(3) 其他公司提供更低价格的时候,忠诚客户离开公司的可能性较小;

(4) 忠诚的客户通常愿意支付溢价来维持与一个关键供应商现有的互相信任的关系;

(5) 忠诚的客户愿意与供应商合作来改善绩效并开发新产品。

公司可以通过实际的重复购买行为来测量客户忠诚度。那些可以很快确认所有客户的公司,如工业公司、分销商、批发商、报纸、杂志社、在线服务公司、银行、信用卡公司和长途电话供应商可以立刻测量某段时间的客户保有情况。除了保留客户以外,很多公司还希望通过与现有客户的业务增长比例以及账户份额(代表了客户在公司产品和服务上花费的开销的比例)来测量客户的忠诚度。例如,一家服装零售商可能会评估公司服装在客户衣橱中所有服装中所占的比例,一家银行可能会测量其管理的客户财产的比例,或者一家食品公司会计算它的食品占客户所有食品的比例。

如果公司不能很快确定客户来测量他们的保留程度和重复购买的行为,它们通常会开展忠诚度项目,向客户提供激励政策,让他们在购买产品或服务的时候说明自己的身份。例如,赌场(如 Harrah's)和零售商(如 Staples)给那些重复购买公司产品的客户提供折扣或者现金或服务返还。忠诚度标准可能包括上一阶段的客户在这一阶段至少进行过一次购买的比例以及目标客户在上一阶段到这一阶段的购买增长。

一位学者曾经提出,公司可以将客户满意度和忠诚度按照五个层次进行排列。[①]

(1) 满意的客户,按照在一次性交易或者长期合作关系中客户的预期是否被满足或者超越来进行测量。

(2) 忠诚的客户,按照客户是否将越来越多的**钱包份额**(share of wallet)投入购买相同商家的产品上。

(3) 坚定的客户,这些客户不仅经常从某一个供应商处购物,还会告诉他人有关该供应商的产品和服务的信息。

(4) 信徒一样的客户,这些客户属于坚定的客户,而且他们在向朋友、邻居或者同事宣传推荐供应商的产品或服务时具有很强的说服力和权威。例如,备受尊重的外科医生在证明他们对某一种新的医疗设施的满意度方面非常具有说服力。

(5) "王牌"客户,这类客户会主动帮助供应商实现产品和服务的持续性发展。例如,西南航空公司的一些最忠诚的客户愿意对未来的空乘人员进行面试以帮助航空公司选择最具服务精神的工作人员。宝洁公司已经建立了一个互动网站,这样那些忠诚的客户

---

① J. Heskett,"Beyond Customer Loyalty," *Managing Service Quality*, Vol. 12, No. 6 (2002): 355-357.

就可以提供对现有产品的回馈和改善建议,甚至是提出一些全新产品的设想。

一家公司会竭尽全力获得更多的第(3)、(4)和(5)类的客户,因为他们更愿意向其他人推荐公司,而且愿意与公司合作来持续改善产品质量和服务,这使得这些客户更具价值。相对于仅仅满足于近期交易的客户,这类客户的生命周期价值也更高。为了测量他们的客户是否超越了"忠诚"而发展成坚定客户、信徒客户或者"王牌"客户,很多公司正在使用一种新的标准,也就是净推荐值。

净推荐值

由于企业过于强调让客户满意,并测量一家公司在客户满意度标准上的表现,客户处于无休无止的调查问卷轰炸之中,而且有些问卷过长或者过于复杂,很难通过电话调查完成。尽管 ACSI 和其他调查组织声称客户满意度分数与今后收入的增长之间存在很大联系,但是一些调查员却发现,这两者之间关系并不密切。著名的策略咨询师弗雷德·赖克海尔德(Fred Reichheld)根据广泛的调研经验,认为客户保留率是一个传统的客户忠诚度标准,但是目前它在反映客户忠诚度方面效果极不理想。客户往往因为惯性、转换成本或者没有其他选择而使用现有的供应商。例如,20 世纪 90 年代,互联网服务提供商 AOL 拥有较高的市场份额,损耗率很低。但是当电信公司开始提供低成本、可靠且快速的互联网接入之后,很多 AOL 的客户快速地转而使用其他供应商。AOL 未能创建真正忠诚的客户基础。还有一个类似的例子,全美航空在费城机场有很高的市场份额,但是当西南航空公司选择费城作为其新的枢纽的时候,全美航空公司的很多长期客户都立刻转到价格更低、更可靠的航空公司。全美航空公司也没有在其原先大量的客户群中打造真正的忠诚度,一旦出现一个有吸引力的选择,全美航空要想弥补这个损失就为时已晚了。

赖克海尔德认为,与公司今后的发展及赢利最密切相关的变量是客户"向他人推荐的意愿"。他认为一家公司在向客户询问其忠诚度[①]的一个最好的问题是"您是否愿意向您的朋友或者同事推荐 X 公司的产品?"。赖克海尔德和他的同事为这个问题设计了如下所示的 10 阶答案。

1.	2.	3.	4.	5.	6.	7.	8.	9.	10.
极不可能				无所谓					极为可能

他们将选择 9 或者 10 的客户称作"拥护者",将选择 7 或者 8 的客户称作"被动满意",而将那些选择 1 到 6 的客户称作"贬低者"。有证据显示,被称为"拥护者"的客户才是真正的忠实客户,而"贬低者"则可能破坏公司声誉和品牌价值。根据这一研究,很多公司现在都在计算**净推荐值**(net promoter score,NPS)。这个值就是"拥护者"(选择 9 或者 10)的比例减去"贬低者"(选择 1 到 6)的比例。一家航空公司的净推荐值可以说

[①] F. Reichheld, "The One Number You Need to Grow," *Harvard Business Review* (December 2003),46-54; F. Reichheld, *The Ultimate Question: Driving Good Profits and True Growth* (Boston: Harvard Business Press, 2008)。

明其在3年之内的发展率。如果不增加拥护者的比例,并同时减少贬低者的比例,没有一家航空公司能够实现利润增长。根据1999—2002年在28个行业400家公司的130 000个客户中进行的一项调查,中间的NPS只占16%,而且有相当数量的公司的NPS为负数。2002年以来,受调查公司的平均NPS都跌至10%以下。Intuit(Quicken Software 制造商)、e-bay、Amazon.Com以及专业保险公司USAA拥有最高的NPS。净推荐值的意义在于,客户要向朋友或者同事推荐该公司,这家公司必须在两个方面满足他们的要求:①产品或服务必须提供较高的性价比,客户必须对与公司建立的关系感到满意和高兴;②客户必须坚信,一旦出现问题,公司会妥善帮助朋友和同事来解决问题。在发现了这一点之后,Quicken仅仅使用了为数不多的销售人员就实现了数百万美元的销售增长。其成千上万的客户在向自己的朋友、同事和邻居介绍产品功能并帮助他们解决使用时遇到的问题时,事实上是主动承担了销售的职责。

在本章的前面,我们已经讨论了使用作业成本法来计算单笔订单和客户的赢利能力是如何使一家公司将其销售激励政策从收入转变成利润的。此外,很多公司现在正在使用客户满意标准和净推荐值来奖励销售和服务人员。如果向你销售了一辆汽车的销售人员或者负责向你提供服务的服务经理在电话或者网络上询问你,是什么原因使你没有给他们的服务打最高分,你就可以肯定,他们的奖金就取决于你在交易过程中的满意度。一家酒店在床边的桌子上放置一张卡片,如果客人在酒店入住期间对酒店的满意度不能达到9或者10,酒店希望客人能和酒店经理进行沟通。虽然这样要求客人并不可取,但是使用客户满意和忠诚度标准来决定销售和服务员工的报酬一定能引起一线员工的重视,使其在今后的工作中更加注意,努力打造良好的客户体验。

6.6 尾声:Madison乳品公司

Madison乳品公司的首席执行官杰罗尔德·布朗邀请Verdi冰激凌零售连锁集团的所有者兰肯托尔先生共进午餐。在愉快的午餐之后,兰肯托尔先生问杰罗尔德·布朗这次午餐的目的是什么。布朗解释说,Madison乳品公司刚刚安装了新的客户赢利能力系统。他发现,在为Verdi生产和销售产品并按照某些门店经理的要求提供服务时,Madison乳品公司出现了大量的亏损。但是布朗让兰肯托尔先生不要过分担心,因为他将提出几个方案来解决这个问题。

布朗解释了方案1,即继续以往的业务来往,但要在交付和服务上进行一些小的修改,而且要在原价上增加11%以弥补Madison乳品公司为满足Verdi提出的所有特殊要求而发生的成本。兰肯托尔不确定自己能否接受这么大的价格变化,他思考了一会儿,问还有没有别的方案可选。

布朗说第二个方案保持价格不变,但是Madison乳品公司将不再使用Verdi的特殊配方、材料和标志来生产产品,而将向Verdi提供自己品牌下的产品,该产品在很多超市已经拥有大量的客户。Madison乳品公司还将使用标准包装并进行每周配送。这样一来,使用大量现有的产品和标志所节省的成本就能使Verdi成为一个有较高赢利能力的客户,而且价格不作任何调整。兰肯托尔又思考了一会儿。他想,如果放弃自己的差异化产品特色而供应 Madison 乳品公司的大众化产品,客户就会去超市购买更便宜的冰激凌。因此,他询问是否还有别的方案。

布朗很快回应说,Verdi 可以按照现有的价格去寻找别的供应商来满足其特色要求,但是如果要保持与 Madison 乳品公司的业务关系,Verid 必须在第一个和第二个方案之间进行选择。几天之后,兰肯托尔打电话说他接受涨价的方案。他想要保留 Madison 乳品公司提供的高品质、风味独特的产品和服务,他感觉即使价格有所上涨,还是会有忠诚的客户愿意购买这些产品。布朗对这次谈判的过程和结果都非常满意。他与 Verdi 的这次交谈使得公司在留住这个重要客户的同时解决了亏损问题。他通过这次富有建设性的交谈,在两家公司关系的赢利能力的基础上提出了与 Madison 乳品公司保持业务往来的两个方案。数据帮助布朗了解自己可以从哪些方面获得补偿来弥补 Verdi 这个客户如果流失将要承受的每年 400 万美元的损失,这使得布朗在交涉中得以采取了强势和主动的姿态。

6.7 本章小结

一家公司的长期可持续性成功取决于它是如何对待客户的。但是,从过去的经验来看,管理会计信息一直强调对产品和流程绩效的测量,而很少关注公司与客户的关系。实际上,这些公司活在一种幻想之中,这是一种只关注产品的思维方式:只要我们制造产品,就会有客户来买。这种想法在 20 世纪 70 年代可能还行得通,当时世界各地的生产力也确实有限。但是从第二次世界大战的创痛中恢复之后,当今的世界已经是消费者的世界。虽然对大多数公司来说,运营效率仍然非常重要,但是它们需要更加关注目标客户。公司需要了解,客户对产品和服务的预期是什么,并且要测量公司是否满足和超越了这些预期。客户的满意度、忠诚度、账户份额以及向他人推荐公司产品的意愿是一家公司需要进行持续关注和分析的重要标准。

公司必须努力让客户满意和高兴,同时也必须从客户身上获利。精确计算向一个客户销售产品所获的毛利并追踪与每一个客户相关的折扣、补贴和 MSDA 成本有助于公司发现最具赢利能力的和最不具赢利能力的客户关系。这个信息进而会成为目标明确的行动的基础,如改善流程、作业定价、限制折扣和补贴以及改善客户关系。这些行动可以实现盈亏平衡或者将不赢利客户变成赢利客户。关于高度赢利的客户的信息可以使公司更加关注这样的客户,提供更好的服务来保留和发展优秀的客户。测量和管理客户关系的能力确实是公司从卓越的管理会计信息中获得的最大益处。

作业

思考题

6-1 为什么在管理与客户的关系时,单独使用非财务方法是不够的?

6-2 举例说明低服务成本客户与高服务成本客户的区别。

6-3 你是否赞同"企业应当避开高服务成本客户,因为从他们身上无利可图。"这样的说法？请解释。

6-4 什么是销售收入的 80-20 法则？

6-5 累计利润相对客户比例，按照从最赢利客户到最不赢利客户排序，其典型图形是什么样的？

6-6 为什么服务型企业与制造型企业相比，必须更加关注客户成本与赢利性？

6-7 举例说明客户在使用一家公司的资源或服务时可能会有哪些不同。

6-8 管理人员会使用哪四大类活动将非赢利客户转换为赢利客户？

6-9 定价瀑布图所描述的内容是什么？

6-10 销售人员的激励措施或补偿计划的结构，对与非赢利客户的关系可能产生什么影响？

6-11 生命周期赢利性分析为客户赢利性和各客户群体的期望提供了哪些见解？

6-12 "我们公司应当重视的唯一一种非财务性客户关系方法就是客户的满意度。"你是否同意这种说法？请解释。

6-13 请说出客户忠诚度可以为企业带来利润的三种原因。

6-14 客户保持率为何对客户忠诚度来说可能是一个糟糕的方法？

6-15 列举并说明客户满意度和忠诚度的五个分类。你所了解或作为客户所接触的哪些公司，让你对其保有极高的忠诚度？

6-16 什么是净推荐值？为什么建议企业使用净推荐值？

练习题

6-17 **将营销、销售、配送和管理费用分配给客户** 泰特拉公司（Tetra Company）的成本系统使用销售收入 33% 的比率将营销、销售、配送和管理费用分配给客户。新上任的主计长发现泰特拉公司的客户订购方式大不相同，客户对泰特拉公司销售能力的影响也大不相同。她认为泰特拉公司的成本系统不能准确地将营销、销售、配送和管理费用分配给客户，因此开发了一个作业成本系统将这些费用分配给客户。然后，她为两个客户艾什顿（Ashton）和布朗（Brown）核定了下列营销、配送和销售成本：

美元

	艾什顿	布朗
销售代表的差旅费	9 000	42 000
客户服务	15 000	110 000
处理客户订单	1 000	12 000
将货物运给客户	24 000	72 000

以下是其他可用信息：

美元

	艾什顿	布朗
销售收入	430 000	350 000
销售成本	220 000	155 000

要求：

(1) 运用现行成本系统按照销售收入的 33% 将营销、销售、配送和管理费用分配给客户，并确定与艾什顿和布朗有关的经营利润。

(2) 利用提供的作业成本信息，确定与艾什顿和布朗有关的经营利润。

(3) 在将营销、销售、配送和管理费用分配给客户的过程中，哪种方法得出的分配结果更准确？请解释原因。

6-18 订单录入成本的作业成本法 Hampstead 公司的订单录入部门共有 20 名订单录入操作员。与这些订单录入操作员有关的成本（工资、额外福利、监督以及所使用的面积和设备成本）每年共计 873 600 美元。算上假期和节日，Hampstead 公司算出每名操作员每年大约工作 1 920 小时。再除去午休、培训和其他被占用的时间，每名操作员每年的实际有效工作时间为 1 560 小时。Hampstead 公司在订单录入操作上采用的是时间驱动的作业成本法。

要求：

(1) 在 Hampstead 公司的作业成本核算系统中，每名订单录入操作员的小时率为多少？

(2) 平均来说，在录入手写的客户订单时，每张订单大约需要 0.1 小时来录入客户的基本信息。另外，手写订单还需要一名操作员花 0.02 小时填写订单上的各个条目。操作员需要 0.06 小时来核对电子订单上的内容，而不必录入具体条目的信息。下面两份订单中，与订单相关的订单录入成本分别为多少？

① 包含 10 个条目的手写订单；

② 包含 10 个条目的电子订单。

6-19 鲸鱼曲线 Wright 公司是一家新系统咨询公司，目前很关注其客户在去年的赢利性。公司收集了下列信息。

客户编号	利润/美元	客户编号	利润/美元
1	221 000	14	83 000
2	−40 000	15	−179 000
3	−143 000	16	14 000
4	217 000	17	50 000
5	22 000	18	−191 000
6	9 000	19	−90 000
7	101 000	20	30 000
8	−200 000	21	−10 000
9	259 000	22	87 000
10	96 000	23	−158 000
11	208 000	24	−100 000
12	233 000	25	75 000
13	264 000		

要求：
（1）画出鲸鱼曲线；
（2）赢利性最强的 20% 的客户为公司带来了总利润的百分之多少？
（3）赢利性最差的 20% 的客户为公司带来的亏损占总利润的百分之多少？

6-20 提高客户的赢利性 在下列每个分类中，举例说明一家公司如何将其盈亏平衡或亏损客户转变为赢利客户：
（1）流程改进；
（2）作业成本（基于菜单的）定价；
（3）妥善管理的客户关系；
（4）严格遵守的折扣与补贴。

6-21 定价瀑布图 参见图 6-3 中的定价瀑布图。
要求：
（1）何种环境会造成企业忽视客户订单中的全部折扣与补贴？
（2）企业开始注意到销售折扣比预期更高的定价瀑布图以后，会采取何种措施以更加严格地管理折扣？

6-22 折扣管理带来的利润 最近，Saunders 公司开始关注其订单中较高的总折扣额，想知道这会对利润造成何种影响。公司的经营利润参见下表。

美元

折扣后的净销售额	200 000
可变成本	80 000
边际贡献	120 000
固定成本	70 000
经营利润	50 0000

要求：
（1）假设 Saunders 公司可以通过降低销售折扣来增加 10% 的净收入，但是却不改变可变成本或固定成本。那么经营利润会增长几个百分点？该增长率与净销售收入的增长率相比如何？
（2）回到本题中的初始条件。假设 Saunders 公司的销售人员又给出了 2% 的折扣，同时并未改变可变成本或固定成本。那么经营利润会下降几个百分点？该增长率与收入折扣的增长率相比如何？
（3）考虑经营利润与销售额的比例。在给定净销售收入变化的百分比下，该比例与经营利润的百分比变化有何关系？

6-23 销售人员的激励措施，客户赢利性 关于销售激励措施如何在销售额增长的情况下可能造成利润的下降，Chan 公司的财务主管提供了下表中的信息。表中给出了公司去年的销售情况，包括两位从公司购买了多种产品的客户。

	客户	
	Carlson	Donner
		美元
销售收入	450 000	400 000
销售成本	180 000	80 000
营销、销售、配送和管理费用,不包括销售佣金	320 000	65 000

要求：

(1) 对公司来说,哪位客户的赢利性更好？

(2) 比较两种激励计划：支付销售收入的 2% 和客户利润的 4%。每种激励计划对销售人员提高每位客户的销售额分别有何影响？

6-24 计算客户的终身价值 根据下表中给出的前 6 年客户关系的相关数据计算客户 421 的客户终身价值。第 1 年到第 6 年,为了将客户保持率提升至 0.8 所发生的成本为 c_t。

	客户 421
初始购置成本/美元	600
$n=$ 客户保持年数	6
$r=$ 每年的客户保持率	0.8
资本成本/美元	0.1
$M_t=$ 客户在第 t 年的毛利/美元	
M_1/美元	250
M_2/美元	300
M_3/美元	325
M_4/美元	350
M_5/美元	375
M_6/美元	400
c_1/美元	60
c_2/美元	50
c_3/美元	50
c_4/美元	50
c_5/美元	40
c_6/美元	40

6-25 计算净推荐值 Stan's 是一家百货连锁店。它最近开展了一项调查,主要收集有关客户满意度以及客户对其商品和服务的看法方面的数据。下表给出了顾客对问题"您向朋友或同事推荐 Stan's 的可能性有多大？"的回答情况。

得分	票数
10	641
9	1 265
8	1 254

续表

得分	票数
7	228
6	548
5	493
4	357
3	63
2	42
1	109
总计	5 000

要求：

Stan's 的净推荐值为多少？

综合题

6-26　客户赢利水平　一家信用卡公司根据客户赢利水平分析将客户分为如下几类：

（1）由于较低的初始利率而申请信用卡并把余额转入新账户，但是当该利率到期时，这类客户就会将余额转到提供更低的初始利率的另一家信用卡公司。

（2）这类客户大量购买商品，而且每月能按时足额还款。

（3）保持较高的余额，只支付最低还款额，但会按规定还款，偶尔会拖延还款。

（4）保持较高的余额，平时至少支付最低还款额但不是足额支付，通常按时还款。

（5）卡中的余额较少，至少支付最低还款额但不是足额支付，通常按时还款。

（6）不使用账户也不注销账户。

以下事项与信用卡公司的经营有关：

- 商家就每笔信用卡销售业务向信用卡公司支付一定百分比的手续费。
- 如果持卡人每个月按时足额还款，则不必支付购物手续费。
- 如果客户不按时还款，信用卡公司将收取滞纳金。
- 信用卡公司向不经常发生交易的客户寄送账单需要花费一定的成本。

要求：

根据上述信息，你认为从长期来看信用卡公司的哪种类型的客户是最理想的或最具赢利性的？哪种类型的客户的赢利性次之？以此类推。说明理由。

6-27　客户赢利分析，初始作业成本法　克罗内克公司（Kronecker Company）是一家具有成长性的服装和装饰品邮购公司。公司非常关注其不断增加的营销、分销、销售和管理费用。公司因而检查了过去几年的客户订货方式并确定了4种客户类型，如下表所示。克罗内克公司每年向所有客户多次寄送产品目录和宣传单。客户可以采取邮寄或电话的方式订货。公司开通了免费电话以方便通过电话订货的客户。克罗内克公司对通过电话订货的客户提供很人性化的关照。付款可以用支票也可以用信用卡。如果客户对于收到的商品不满意，公司允许退货。但客户必须支付运费，同时公司将全额退回客户的购货款项。

	客户 1	客户 2	客户 3	客户 4
初始销售额/美元	1 000	1 000	2 500	3 000
退货数量	0	4	2	24
退货金额/美元	00	200	500	1 500
每年订货次数	1	6	4	12
电话订货次数	1	0	0	12
电话订货所用时间/小时	0.25	0	0	1
连夜运输次数	1	0	0	12
常规运输次数	0	6	4	0

产品的价格已经确定,已售产品的平均成本约为售价的75%。客户须支付实际的运费,需要连夜运输时还需支付额外的费用。克罗内克公司为各项支持性作业确定了以下作业成本动因率。

作 业	作业成本动因率
处理邮寄订单	每订单 5 美元
电话订单	80 美元/小时
处理退货	处理的每件退货 5 美元
连夜运输要求	4 美元/次
维持客户关系(寄送目录及处理客户意见和批评)	50 美元/年

要求：

(1) 用作业成本法确定上述 4 种客户的年赢利能力。
(2) 说明哪种客户最具赢利能力。为什么？
(3) 关于如何处理与上述 4 种客户的关系,你有何建议？

6-28　80-20 法则与鲸鱼曲线　写一篇短文,说明如何绘制销售收入的 80－20 法则的图形,并描述产品与有销售贡献的客户比例方面的典型结果。此外,说明如何绘制鲸鱼曲线,并描述有销售贡献的客户与累计客户赢利比例方面的典型结果。

6-29　定价瀑布模型　过去几年,Randolph 公司的产品组合变得越来越多样化。于是公司尝试使用作业成本法,以便精确地计算在生产、营销、销售、分销和行政方面的成本。公司设定了一个价格表,无论客户订单是定制的还是按照常规组合销售的,都会为公司带来一定的利润。然而,利润却一直呈现下降的趋势。公司的管理团队决定审核给予客户的折扣情况,以确定这是否导致了糟糕的利润表现。

管理层感到十分震惊的是,客户利用了大量可获得的折扣与补贴,具体情况如下：

(1) 如果订购的数量达到 20 件或超过 20 件,可获得的数量折扣为　　　　2%
(2) 如果在 15 日内支付全款,可获得的折扣为　　　　3%
(3) 如果客户的广告中出现了公司的产品,则合作性广告补贴为　　　　4%
(4) 如果在季度末,发送的货物数量超出了季度预期的需求增长,折扣为　　　　5%
(5) 在线购买,可获得的折扣为　　　　2%

(6) 在特殊的促销期内,可获得的销售折扣为 2%

管理层认为,有些折扣对于吸引和留住大批客户来说是必要的。经过更深入的调查,他们发现,公司的一些小型客户对成本非常敏感,利用了所有的折扣优惠。为了比较客户获得的折扣或补贴,公司比较了客户 1 和客户 2。

客户 1 是一位长期客户,其在价格表上的销售额为 20 万美元。该客户利用了上表中所有的折扣优惠。而且,这位客户从 Randolph 公司建立之初就是公司的客户,具有很高的忠诚度。为了提升业绩,Randolph 公司销售代表为该客户提供了免运费的优惠,这可以为客户减少的成本相当于 Randolph 公司向其开出的价格的 3%。

客户 2 最近才成为公司的客户,其按照价格计算的销售额为 100 万美元。该客户只利用了上述的折扣(1)、(3)和(5)。

要求:

(1) 比较客户 1 和客户 2 的总体销售折扣比例。

(2) Randolph 公司的管理团队为何会忽视客户可获得的潜在的大量折扣?

(3) 你在管理折扣和补贴方面,对 Randolph 公司有何建议?

6-30 计算客户的终身价值 KEM 公司已经着手研究其客户的终身价值,并针对某些客户编制了下表。为了方便起见,管理层假设给定的客户,其每年的保持率恒定,直至其与公司的合作终止。对客户 4 来说,在第 1 年和第 2 年,为了提升客户保持率而产生了成本(c_t)。

	客户			
	1	2	3	4
初始购置成本/美元	1 000	1 000	1 000	1 000
$n=$客户保持年数	5	3	5	5
$r=$每年的客户保持率	1	1	0.9	1
资本成本/美元	0.1	0.1	0.1	0.1
$M_t=$客户在第 t 年的毛利				
M_1/美元	275	300	275	275
M_2/美元	275	300	275	275
M_3/美元	275	300	275	300
M_4/美元	275	—	275	300
M_5/美元	275	—	275	300
$c_t=$第 t 年的额外服务成本和客户保持成本				
c_1/美元	0	0	0	50
c_2/美元	0	0	0	25
c_3/美元	0	0	0	0
c_4/美元	0	—	0	0
c_5/美元	0	—	0	0

要求:

(1) 计算每位客户在如上所示的时间内的终身价值。

（2）讨论客户 1 与客户 2、客户 1 与客户 3、客户 1 与客户 4，以及客户 3 与客户 4 之间，其终身价值为何不同。

（3）计算客户 1、客户 2 和客户 3 的终身价值，假设 n 的值非常大，而每年的数值与表中显示的一致。

（4）预计的客户终身价值如何有助于公司管理客户拓展和客户忠诚度？

6-31　净推荐值　你认为，净推荐值在哪些行业中，对重复购买和销售增长具有最强的预测能力？在哪些行业中，对重复购买和销售增长具有最差的预测能力？

案例

6-32　定价，客户赢利能力，管理客户关系　阅读《华尔街日报》2002 年 9 月 18 日刊登的蒂莫西·阿派尔（Timothy Aeppel）撰写的名为《生存战略：成本降低之后公司倾向于提高价格》的文章。这篇文章介绍了"尽力寻找在不提高售价的前提下获取更多利润的新方法"。

要求：

（1）杰根斯公司（Jergens, Inc.）可以如何运用作业成本法为一份特殊尺寸的金属纽扣订单确定价格？

（2）在固特异轮胎公司（Goodyear Tire & Rubber）对批发商的定价中出现了什么问题？固特异轮胎公司的反应如何？

（3）爱默森电气公司（Emerson Electric）不基于成本定价的后果是什么？产品成本核算系统如何有助于降低产量低的定制化产品的成本？

（4）韦尔戴克公司（Wildeck）如何影响客户来购买对公司来说更具有赢利性的产品和服务？韦尔戴克公司对竞争者用低价占据货架的保护性策略作何反应？成本系统在这类决策中扮演哪种角色？

（5）为什么联合太平洋公司（Union Pacific）对于是否失去微利客户并不关心？放弃亏损客户一定会立即带来利润的迅速增长吗？

6-33　时间驱动的作业成本法，作业成本管理　中西部办公用品公司（Midwest Office Products, MOP）[①]

约翰·马隆（John Malone）是中西部办公用品公司的总经理，他对 2003 年度的财务状况感到很忧心。虽然销售收入较上一年有所增长，但公司却出现了有史以来的第一次亏损（见表 6-4 所示的损益表）。

中西部办公用品公司是一家地区性的销售商，向一些机构和商业公司销售办公用品。公司提供全方位的产品服务，从简单的书写工具（如钢笔、铅笔和书签）和夹子到高速复印机和打印机专用纸。中西部办公用品公司在客户服务和快速反应方面有着良好的声誉。

[①] Copyright © 2004 President and Fellows of Harvard College. Harvard Business School Case 9-104-073. 本案例是罗伯特·S. 卡普兰教授出于课堂讨论的目的编写的，并不用于说明其管理的效率。本案例经哈佛商学院授权使用。

表 6-4 中西部办公用品公司：损益表，2003 年 1～12 月

项 目	金额/美元	增幅/%
销售收入	42 700 000	122.0
购货成本	35 000 000	100.0
毛利	7 700 000	22.0
人工费用（仓储人员、卡车司机）	2 570 000	7.3
仓储费用（不包括人工）	2 000 000	5.7
运费	450 000	1.3
运输车辆费用	200 000	0.6
订单录入费用	840 000	2.4
管理费用和销售费用	1 600 000	4.6
利息费用	120 000	0.3
税前净收入	(80 000)	(0.2)

资料来源：Robert S. Kaplan.

中西部办公用品公司配送中心的仓储人员将从制造商那里运来的产品从货车上卸下来，然后将纸板箱搬到指定的储存地点，再等待客户订购这些商品。每天，在收到客户订单以后，公司员工开动叉车巡视仓库四周，将纸板箱集中起来并准备装运。

中西部办公用品公司向许多制造商订购货物。公司为终端用户确定产品价格，具体办法是：在购货成本的基础上加价 16% 以补偿仓储、订单处理和运输成本；然后，增加 6% 的加价以补偿一般费用、销售费用和管理费用，并预留一些利润空间。"加成"是在年初确定的，其依据是上一年的实际费用、全行业和竞争对手的价格趋势。中西部办公用品公司根据长期关系和竞争形势调整对客户的实际报价，但是除了桌面装运方式外，定价通常与客户要求的具体服务无关。

中西部办公用品公司通常用商用卡车将产品运给客户。近来公司引入了一种桌面装运选择权。根据这个选择权，中西部办公用品公司员工可以将货物直接发往客户所在地。中西部办公用品公司为提供桌面装运服务租赁了 4 台卡车并雇用了 4 名司机。中西部办公用品公司收取了一个价格溢价（额外增加 5 个百分点的"加成"），因为它为客户提供了便利，并节约了提供给客户的直接发运单。公司认为在高度竞争的办公物品销售行业，桌面运输选择权有助于增加利润并培养客户的忠诚度。

中西部办公用品公司 1999 年引入了电子数据交换（EDI），2000 年开通了新的网站，客户订单可以自动提交，不再需要员工手工录入数据。为了享受这种便利，有些客户已经转而使用这种电子服务了。然而公司的成本仍在不断上升。马隆担心即使引入了桌面装运和电子订单录入系统等革新项目，公司可能仍然无法赢利。他不知道需要采取什么措施才能帮助他实现赢利。

配送中心：作业分析

马隆向公司主计长玛丽莎·邓希尔（Melissa Dunhill）和经营主管蒂姆·坎宁安（Tim Cunningham）寻求帮助。蒂姆给他提出如下建议：

> 在正常情况下，如果我们能够判断配送中心将发生怎样的变化，也许我们

就能够勾勒出处理订单和给客户提供服务的花费。

配送中心经理韦尔博·史密斯(Wilbur Smith)与玛丽莎和蒂姆谈论中心的经营状况:

> 我们所做的就是储存纸板箱、处理订单和备妥货物发给客户,具体运输方式可以是商业运输,也可以使用桌面装运选择权。

韦尔博描述了这些作业的一些细节:

> 我们需要的仓储面积和将纸板箱搬进搬出仓库以及准备就绪等待装运所需的人数取决于纸板箱的数量。所有项目具有大致相同的存货周转率,因此仓储空间和处理成本与需要运送的纸板箱数量成正比。
>
> 我们使用商业运输作为正常运输方式,运输成本在很大程度上基于运输数量,而不是其他任何东西。我们通过商业运输每一个纸板箱耗费的成本大致相同,而与运输重量或距离无关。当然,我们通过桌面装运服务自己发运的纸板箱避免了商业运输费用,但是使用了我们自己的卡车和司机。

小组与一名从事桌面发运业务的卡车司机进行了交谈:

> 平均发运时间大约为 3 小时。但是对于附近的客户而言,发运时间可以缩短到 30 分钟,而发往距离较远的地方的客户需要长达 8 小时的时间。当我们到达客户所在地的时候,我们花费的时间也不相同。有些客户只有一个卸货点,而另一些客户则要求我们将一个个纸板箱卸在不同的地点。

接着,玛丽莎和蒂姆检查了配送中心录入和确认客户订单资料的有效性。订单录入费用包括数据加工系统、数据录入操作人员和检查人员费用。他们与黑泽尔·纳特里(Hazel Nutley)攀谈,他是一名数据录入人员,已经在办公用品公司工作 17 年了。

> 在订单处理的过程中,我做的是关键的工作,我得一行一行地处理。我的工作从录入客户 ID 和确认我们客户信息有效性开始。此外,唯一真正重要的是我录入了多少行订单。订单上的每一项都得分别录入。当然,通过 EDI 系统或网站提交的订单会自动建立信息而无须由我经手。我只需快速做个核查,确保客户没有犯明显的错误。对所有电子订单而言,有效性检查花费的时间几乎一样,并不取决于订单有多少个项目。

玛丽莎和蒂姆从公司数据库收集信息,并得到如下资料:

- 2003 年配送中心处理了 80 000 个纸板箱。在这些纸板箱中,75 000 个是通过商业方式运输的。剩余的 5 000 个则是通过桌面装运选择权方式运输的。当年中西部办公用品公司实施了 2 000 次桌面装运方式(每次平均运送 2.5 个纸板箱)。
- 人们认为以现有的人力资源和场地资源每年处理、加工和运输纸板箱的能力是 80 000 个。
- 卡车司机每年的总报酬是 250 000 美元。每位司机每年大约从事 1 500 小时的桌面装运服务工作。这也是除去维修时间以后每辆卡车所能利用的最长时间。

- 中西部办公用品公司雇用了 16 名订单录入员。公司损益表中的 840 000 美元订单录入成本包括工资、额外福利、管理费用、席位占用费和设备操作成本。
- 包括假期加班,每位录入员每年工作 1 750 小时。但是考虑到停工、训练和其他停顿,订单录入主管认为录入员每年提供大约 1 500 小时的生产时间。
- 对于手工客户订单,录入员要花费 9 分钟(0.15 小时)录入基本信息。对于手工订单,除了建立基本信息的时间,录入员还要花费 4.5 分钟(0.075 小时)录入订单各行的项目。录入员平均花费 6 分钟(0.10 小时)验证电子订单信息。
- 一些客户在 30 天内支付货款,而其他客户则在 90~120 天内付款。中西部办公用品公司最近用一笔营运资本贷款来帮助缓解日益增长的应收账款余额问题。这笔贷款平均余额的月活期利率是 1%。

理解订单成本和赢利能力

玛丽莎检查了最近的订单,找到了能够代表去年订单特点的 5 份订单(见表 6-5)。这些订单都涉及包装商品的纸板箱。这些纸板箱的成本是 500 美元,正常情况下加成 22%。要求直接发运的订单还要加收 4%~5%的额外费用。每份订单都以成本补偿和利润边际为定价标准,玛丽莎很想知道这些订单真正为公司赚取了多少利润。

表 6-5 中西部办公用品公司:5 份订单

订单	1	2	3	4	5
价格/美元	610	634	6 100	6 340	6 100
成本/美元	500	500	5 000	5 000	5 000
订单中纸板箱的数量	1	1	10	10	10
纸板箱的商业运输成本/美元	1	0	10	0	10
桌面装运时间/h	—	4	—	4	—
手工订单	否	是	否	是	是
订单项目数	1	1	10	10	10
电子订单	是	否	是	否	否
付款期/月	1	4	1	4	4

资料来源:Robert S. Kaplan.

要求:

(1) 根据案例中的面谈情况和数据资料,估计以下内容:

① 通过设备处理纸板箱的成本;

② 录入电子订单和手工订单的成本;

③ 以商业运输工具运输纸板箱的成本;

④ 桌面发运方式的小时运输成本。

(2) 运用成本动因信息,计算表 6-5 中 5 份订单的成本和利润;说明作业成本系统与公司现有成本系统计算的 5 份订单利润差异的原因。

(3) 根据你的分析,约翰·马隆应采取何种行动改进中西部办公用品公司的赢利能力?

(4) 假设眼下中西部办公用品公司每年处理 40 000 份手工订单(总计录入的条目为

200 000)和 30 000 份电子订单。

① 中西部办公用品公司的未使用实际能力是多少？

② 如果中西部办公用品公司鼓励那些原本使用手工方式下订单的客户转而使用电子订单之后，每年的手工订单为 20 000 份（录入条目为 100 000）和 50 000 份电子订单，那么公司需要多少名订单录入员？如果订单录入的资源成本可以根据员工的人数成比例降低，那么上述变化将节省多少成本？

③ 如果公司在流程改善方面的努力使得三种订单录入作业的完成时间减少了 20%，重新考虑（4）中的初始信息，公司此时需要多少名订单录入员？如果订单录入的资源成本可以根据员工的人数成比例降低，那么上述变化将节省多少成本？

管理会计(第6版)　　　第 **7** 章

衡量和管理流程绩效

通过本章的学习,你应该能够:

1. 解释制约理论。
2. 比较不同类型的设施布局:流程、产品和群组技术。
3. 解释精益制造。
4. 描述质量成本的概念。
5. 证明 JIT 制造系统的价值。
6. 解释改善成本法。
7. 讨论标杆基准法的各种类型。
8. 计算因存货减少、生产周期缩短、生产改进、返工率降低带来的成本节约。

Blast from the Past Robot 公司

10 年来,位于美国俄亥俄州沃辛顿(Worthington)的 Blast from the Past Robot 公司(BFTPR)一直在生产高质量的锡制玩具机器人复制品。这些玩具机器人的原型是 20 世纪五六十年代由日本生产的。这些玩具机器人中有很多,如机器人罗比(Robby the Robot)和戈特(Gort)是与《惑星历险》(*Forbidden Planet*)和《地球停转之日》(*The Day the Earth Stood Still*)等著名的科幻电影联系在一起的。

在当今的市场上,原版玩具机器人价值数千美元,只有最为狂热的收藏者才愿意支付这么高的价格。BFTPR 生产的玩具机器人复制品售价远远低于原版玩具机器人,从而可以满足那些预算有限的富有怀旧情绪的人。

BFTPR 以忠实地复制这些玩具机器人为傲。利用原版玩具机器人的零部件,BFTPR 仿制出单个的部件,然后进行组装。公司销路最好的玩具是一款名叫机械先生的玩具机器人。这种机器人有很多功能,如发光、前后晃动手臂向前和向后移动。这款机器人也被"做旧"以显得更为古老,其原型是《惑星历险》中的机器人罗比。这款机器人占据了 40% 的市场份额。然而,2006 年年初,机械先生的销售额和市场份额却出现了大幅下滑。经调查，原因是产品质量严重下降以及送货的普遍延迟。顾客抱怨玩具机器人不能完成其本应具有的很多功能，而且经常用几天就坏了。退货数量极大。

高级管理层认为只有大幅提高玩具机器人的质量，才能挽回公司的声誉和赢回市场份额。显然，产品质量问题是因为设备的老化和过时的生产流程。工人的士气也非常低落。公司要求制造部门的高级经理尼娃·多明格斯（Neva Dominguez）对生产流程进行彻底调查，并提出改进建议。

经过几个星期的研究，尼娃与一个由管理人员和一线工人组成的跨职能团队提出了车间中存在的很多问题：

(1) 杂乱无章、松散的生产体系：一堆堆的在产品和原材料散放在车间地板上。

(2) 冗长而复杂的生产流程。

(3) 过时设备仍在使用。

除此之外，还发现控制机器人从事多种功能的计算机芯片的质量极不稳定，造成有一半的产品不合格，被退回重新加工。尼娃一直是敏捷生产的支持者。敏捷生产致力于用最少的浪费和无效率生产最高质量的产品。尼娃刚刚对另一家实施适时(JIT)制造理念的公司完成了标杆基准研究。她相信BFTPR可以通过实施适时制造系统获得巨大利润。适时制造系统看上去有很多优点，如平滑生产流程、改进设备规划、消除浪费、减少原材料和在产品存货，从总体上创造一种激励生产高质量产品的环境。而且，如果公司拥有设计良好、易于理解的生产流程，成本将更容易控制。尼娃在给高级管理层的报告中提出了以下问题：

(1) 包括大型注塑模具设备在内的大量现存设备是否应当更新？

(2) 公司对于那些提供存在质量问题的计算机芯片的当地供应商应采取什么措施？

(3) 实施全新的生产流程（如适时制造系统）是否有意义？

经过一个月的研究，高级管理层决定实施适时制造系统。执行成本和员工培训成本高达30万美元。管理人员希望根据对适时制造系统的投入成本来评估回报。他们要求尼娃和她的小组认真监控产品质量和返工量的变化。公司在确定所谓的质量成本时要计算返工成本。

一年以后，尼娃绘制了一张主要的返工率图（见图7-1），图中包含需要拆毁机器人的

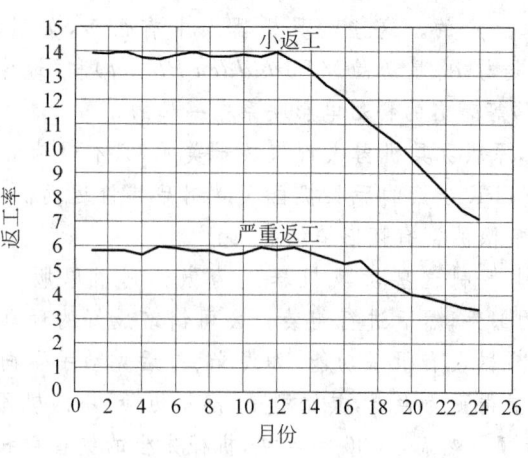

图7-1　BFTPR：严重返工率和小返工率

严重返工以及只需更换部件和齿轮的较小的返工。如图所示,严重返工率下降了大约2.5%,而小的返工率则有高达6.6%的大幅下降。

尼娃认为提高生产率可以缩短生产周期(cycle time)——从开始生产到结束生产的时间。平均来看,她发现,生产周期确实从16.4天降到了7.2天,并且,在产品存货从1 774 000美元降到了818 000美元,节约了956 000美元。

尼娃知道向适时制造系统转变需要花费一些时间,但是她仍然想搞清楚适时制造系统当年给公司利润带来的最低影响是多少。返工率的下降、产量的增加以及生产周期的缩短和存货的减少所带来的利润能否抵消30万美元的实施成本?

本章我们将讨论很多关于如何运用管理会计信息来测量和管理流程决策的问题。本章介绍设施布局的三种类型:(1)流程布局;(2)产品布局;(3)集群技术。上述三种类型都有助于组织降低成本。接下来我们将讨论组织可以如何通过利用精益生产方法来降低成本。精益生产方法的目标是提高流程的质量,缩短周期。最初由丰田公司开发的适时制造系统将本章讨论的很多思想串联了起来。我们还将介绍标杆基准法。组织可以通过标杆方法来了解自己的竞争对手们在做什么,并根据观察结果采取最佳方法。

7.1 流程视角与平衡计分卡

如第2章所述,平衡计分卡的流程视角识别了关键的运营管理、客户管理、创新以及规章和社会流程,组织必须在这些方面表现优异,以实现客户、收入增长和赢利能力目标。本章我们将讨论保障组织生产产品和服务并向客户提供产品和服务的运营管理流程。这些流程的目标包括通过精益生产对运营流程进行精简;利用标杆基准法获取有关竞争对手的信息。这些工具组成了有关组织的活动和流程的决策基础,正如我们在BFTPR公司的例子中所看到的。

7.2 设施布局系统

确定运营流程的设施布局是运营管理的一个重要组成部分。管理者必须考虑一个设施内部的整个运营流程、所需的空间、对于产品或服务的需求以及所需的运营数量。本节将讨论三种常见的设施布局类型:(1)流程布局;(2)产品布局;(3)集群技术。

无论采取哪种设施布局类型,布局的中心目标都是使操作流程合理化,从而提高营业收入。**约束理论**(theory of constraints,TOC)对于三种布局下的生产过程都有指导作用。该理论认为通过仔细管理生产中的流程瓶颈可以提高营业收入。瓶颈是指任何阻碍或限制生产过程有效进行的情形,可以通过找出积压过多在产品的环节来确定瓶颈所在。存货的增加还会延长生产周期。

约束理论取决于以下概念的使用:(1)生产贡献;(2)投入量;(3)经营成本。**生产贡献**(throughput contribution)是已出售产品收入和直接材料的差额;**投入量**(investments)等于原材料、在产品和完工品存货包含的材料成本;**经营成本**(operating costs)是除直接材料成本之外的其他所有成本,是用来获得生产贡献的。经营成本的例子是折旧、工资和公用事业成本。

约束理论强调生产贡献的短期最优化。计划期通常为一个月。在这么短的时间内,组织内几乎所有的成本都是固定的、不可避免的,这解释了约束理论为什么致力于生产贡献的短期最优化。乍一看,这与第5章和第6章所介绍的作业成本法(ABC)的观点是相悖的,不过作业成本法的计划期是一个季度、一年,甚至更长。在这些计划期内,管理者有能力削减超额供应在当前或未来的生产中并不需要的资源,也有可能增加资源的供应以避免瓶颈的出现。管理者针对当前和未来需求对资源供应进行调整的能力解释了作业成本法将资源能力成本作为与产品和客户决策相关的因素的原因。因此,事实上,约束理论和作业成本法是完全兼容的,约束理论提供了短期利润最优化,而成本作业法为管理者提供了在更长的期间内优化绩效的方法的信号。从这个角度看,约束理论和作业成本理论是可以同时使用的。

流程布局

为了探究在传统生产过程中存货不断累积,进而延长生产周期的原因,我们必须了解工厂或车间传统的设施摆放方法。在**流程布局**(process layout)(有时又称作业车间或职能布局)中,所有类似的设备都摆放在一起。小批次生产特制产品的工厂一般采用流程布局。产品通常按照批次在经过工厂和办公场所等漫长的路径之后被生产出来。除了这些漫长的生产路径外,流程布局的另一个特征是较高的存货水平,因为每一个生产环节都必须为下一个环节准备好在产品。一件产品往往要在工厂内经过几英里的路程,才能从原材料转变为最终产成品。

例如,一家银行的贷款申请可能会按下面的流程进行:客户去银行(移动作业);银行从客户手中接过申请表(处理作业);贷款申请表累积起来(存货作业);呈交给贷款员(移动作业)批准(处理和审查作业);违背标准贷款指南的贷款累积起来(存货作业);呈递(移动作业)给地区主管批准(处理作业);决策制定(处理作业)后,与客户签订合同;如果贷款被批准,贷款将被存入顾客的账户(处理作业)。

在大多数银行,在产品会累积在每一个处理点或处理站。贷款申请书也可能在银行出纳员、贷款员以及地区主管处累积。传统组织中的在产品存货,如银行存款申请单,在处理站的累积有三个方面的原因。

(1) 批次处理工作是流程布局系统中在产品存货产生的最明显的原因。组织利用批次减少配置、移动和处理成本;但是批次处理增加了系统中的存货水平,因为在每一个处理站,一个批次中所有的项目都必须等到指定的雇员处理完整个批次,才能转向下一个处理站。

(2) 如果每一个处理区的处理工作效率不平衡(因为一个区可能比较慢,或者因为设备、材料或人的原因已经停止了工作),工作量就会在较慢的处理站累积。这种时间上的延误构成了流程布局系统存货水平增加的另一个原因。

(3) 因为主管对众多处理区管理者的评价是基于他们满足生产标准的能力,处理站的管理者会努力避免设备闲置的风险。很多管理者故意在处理过程中维持大量的存货,以便向他们供货的处理站被关掉后,他们还能够继续工作。类似地,为了避免下一个流程的闲置,承担由此导致的责任,管理者也可能储存完工品,以便他们的处理站因为一些问题被关闭后,仍能继续向下一个处理站提供产品。

一些组织找到了创新性的方法来降低与转移、存储相关的大量成本,这些是与流程布局系统相关的明显的非增值成本。

产品布局

在产品布局中,设备的布置是为了满足特定产品的生产需要。例如,汽车装配线或者食品或牛奶的包装线就属于产品布局。产品布局主要存在于大批量生产的企业。产品沿着装配线移动,在装配线旁边储存了将装配到产品上的零部件。设备和零部件的摆放都是为了缩短产品移动的距离。

产品布局系统的计划人员常常会安排适时地将原材料和外购的零部件直接运至生产线。假设一条装配线计划在一天内装配 600 辆汽车。采购部门知道 600 辆汽车需要 2 400 个轮胎和 600 个备用轮胎。在理想的情况下,采购组会根据装配线所需,尽可能频繁地以小批量的方式将这些轮胎送到装配线上。然而,由于每外购一批轮胎都要发生与批次相关的订购、运输和配送费用,计划人员也可能安排一次运送供若干天使用的轮胎。

我们以自助餐厅布局下的在产品为例。人们走过盛满食物的容器,取用他们喜欢的食物。雇员们从事食物准备工作,以便食物被拿光的时候,容器能够重新装满,而不是一次只装满一个容器。例如,厨师不会为了替换一个空碗而一次只做一碗汤,因为在这种方式下,做汤产生的与批次相关的配置成本将非常惊人。然而,减少配置成本的同时也允许减小产品线上批量的大小(容器的大小)。这减少了系统内的存货水平,降低了成本,提高了服务质量,从而增加了顾客满意度。最终目标是把配置成本降为零,尽量将生产时间减少到接近零的程度,以便系统可以生产并配送顾客需要的独特的产品。

实例

CD 的生产过程

CD 或称光盘是一种光线数码音频碟片,内含最高达 74 分钟的高保真立体声。CD 最早是 1983 年引入美国市场的。CD 是在一面记录数据的塑料盘,可以存储 650~700MB 的信息。音频轨道是从碟片中心开始刻在凹槽里的极微的凹洞,呈螺旋形扩散到边缘。

生产 CD 通常需要涉及 6 个主要步骤的流程设计。第一步是制作一张玻璃母盘,它是源材料(如一首歌曲)的一模一样的复制品。母盘的制作过程是取一张覆盖了薄薄的一层光活性剂的玻璃碟片。数字数据 1 和 0 通过激光被作为凹洞(低点)和平面(高点)。

第二步是在碟片内容的金属压模中制作铸模。碟片本身过于脆弱,不能用于复制过程。接下来将金属压模放入注模设备。在第三步,将金属压模放在一个铸模中,并向其中注入聚碳酸酯塑料。铸模将数据凹洞刻制到塑料上。第四步包括直接将光活性剂涂层放置到聚碳酸酯塑料上,以便激光可以读出碟片上记录的内容。接下来将铝放置到碟片的背面形成反射面。在第五步,这一涂层被覆上亚克力喷漆作为防护,并经过UV光的处理。

最后一步包括利用丝网漏印技术将盘面标签用经过UV光处理的墨水印到经过处理的喷漆上,从而完成最终的CD。

集群技术

第三种设施布局方法是**集群技术**(group technology),有时又称单元化生产,是指把一个工厂设定成多个单元,在每个单元内,所有的机器都用来生产相似的产品,而且所有的机器距离都很近。如图7-2所示,单元的形状类似U形,有利于工人方便地拿到所需的零部件。在单元化生产布局中的机器通常非常灵活,可以方便地进行调整甚至是自动调整以生产不同的产品。通常在引进单元化生产之后,生产工人的数量能够因为新的生产布局而减少。U形的生产布局还有助于对生产流程进行更好的监控,因为雇员可以更直接地看到同事们正在做什么。

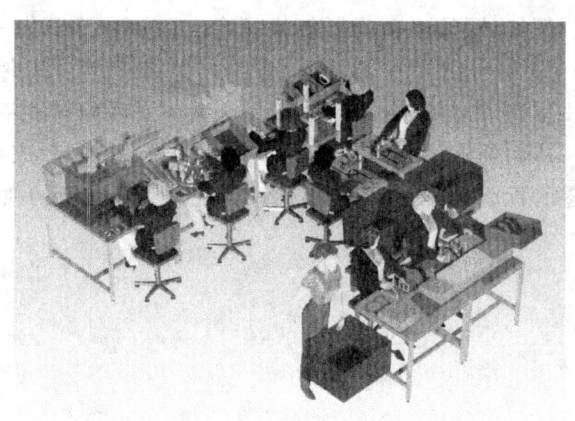

图7-2 单元化生产

 ## 7.3 存货成本和生产时间

存货和生产时间

批次生产不仅产生了存货成本,也造成了储存、搬运存货方面的延误。这些延误延长了生产周期,因此减少了为顾客提供的服务。延误会发生在生产周期的任何阶段,甚至在生产开始之前。例如,因为高昂的调整成本,制造商可能要求某个产品按照最小的批次生产。如果顾客的订单数量少于最小批次,而且现有的产成品存货不能满足该订单,他就必须等待,直到有足够的累积订单满足了最小批次的要求。银行的贷款员可能只需 5 分钟就可以审批一份贷款申请;然而,贷款申请可能要滞留几个小时甚至几天才能送到贷款员手里,因为银行每收到一份贷款申请都送给贷款员审批的话成本太高。

与存货有关的成本

对存货的需求导致了组织的巨大成本,除了废品成本和损坏成本,还包括转移、处理和储存在产品的成本。很多组织发现,生产布局和必须持有在产品存货的低效率还会掩盖其他问题,并导致额外的返工成本。

例如,在批次生产中,处在流程下游的工人常常可以发现上游的某些工人造成的批次问题。然而,当一次连续生产一个部件时,下游的工人几乎能够立刻发现这个部件由上游造成的缺陷,并及时消除缺陷,避免生产更多有缺陷的部件。

采用新的生产部件带来的成本和收益:应用集群技术的一个例子

Pinsky 电气公司是小型家用电器和工业电器制造行业的领导者。公司在其位于加州帕萨迪纳的工厂生产多种电子控制阀。直到不久前,工厂仍分为 5 个生产部门:铸造、切割、装配、检验和包装。现在工厂布局可以被称为生产流水线,并引进了集群技术。在下面的部分,我们将进一步考察新旧两种布局,分析新布局带来的好处,并比较二者的成本和收益。

工厂生产 128 种产品,出于会计核算的考虑,根据产品的共同特性和生产工艺将其归入 8 个生产线。在旧的工厂布局中,128 种产品在制造流程中都遵循相同的步骤(见图 7-3)。电子控制阀仪表板在铸造部门以大批量的形式组织生产。然后,铸造好的仪表

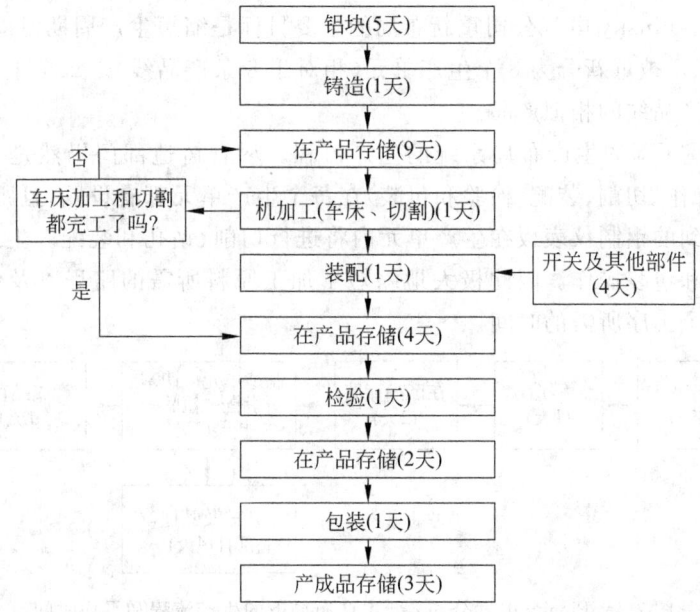

图 7-3 Pinsky 电气公司:旧生产布局下的生产流程和平均时间

板被存放在靠近切割部门的在产品储存区内，等待工人用车床和钻孔机对其进行加工。

完成切割工序后，仪表板被储存起来等待装配。在装配部门，外购的开关和其他零件将被安装到每个仪表板上。设在靠近装配部门的另一个储存区用来存放等待检验和包装的在产品。之后仪表板将被包装运出。最后，包装好的控制阀仪表板将存放在产成品仓库，直到发往分销商和其他客户。

在这个生产线中，每个流程开始之前，都会发生多次在产品的长时间存储。如前所述，生产周期的计算从收到供应商的原材料开始，到产成品发给分销商和其他客户为止。在 Pinsky 电气公司，旧的生产布局系统下生产周期是 28 天（5＋1＋9＋1＋1＋4＋1＋2＋1＋3）。开关和其他零件作为存货的保存时间 4 天并没有算入**生产时间**（processing time），即为了制造某个产品花费的时间，这是因为这个存货时间和其他生产作业的时间是平行的，如在产品存货和加工的时间。因此，开关和其他零件的储存要求并没有延长工厂整个生产作业的时间。

为了评估生产周期中到底有多少时间用在存货上，我们需要知道组织如何评价制造生产流程的效率。一个广泛应用的标准是**生产周期效率**（processing cycle efficiency，PCE），其计算公式如下

PCE ＝ 制造时间 /（制造时间 ＋ 转移时间 ＋ 储存时间 ＋ 检验时间）

在 Pinsky 电气公司旧的生产布局要求的生产周期 28 天中，只有 4 天真正用在生产上（1 天铸造＋1 天切割＋1 天装配＋1 天包装）。其余 24 天全部用于非增值作业，如运送、储存和检验。材料储存时间竟然多达 24 天。生产周期效率揭示出生产时间仅为整个生产周期的 14.28％（4/28）。这个结果代表了其他很多工厂制造机械和电子产品的状况。我们很快将看到 Pinsky 电气公司在重新进行生产设施布局后生产周期效率发生了怎样的变化。

重新布局 Pinsky 电气公司重新布局的主要目标是缩短生产周期时间。因此，除了铸造部门外，工厂被重新分为 8 个生产单元（相对于 8 条产品线）。每个生产单元集中生产属于同一条产品线的相似产品。

图 7-4 描述了新的生产布局系统的生产流程。尽管铸造部门仍然是一个独立的部门，其他四项操作（切割、装配、检验和包装）在每个生产单元都有设置，且距离都非常近。从铸造部门得到的铝制仪表板在生产单元内将进行切削、钻孔和装配。生产单元内的工人也负责检验和包装操作。因此极大地缩短了加工原料所需的路程以及仪表板从一个工序转入下一个工序所需的时间。

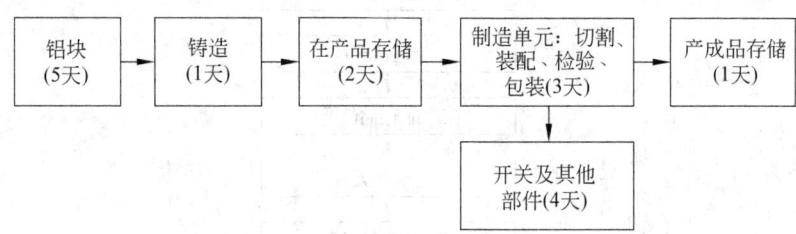

图 7-4　Pinsky 电气公司：新生产布局下的生产流程和平均时间

Pinsky 电气公司还在向适时制过渡。这种过渡要求在生产单元的各个生产步骤中均没有在产品存货,因为仪表板生产在旋削、钻孔、装配、检验和包装这几个步骤间快速而连续地进行。结果是各操作流程之间的时间由于以订单为基础的生产在各步骤间快速进行而大大减少了。

比较图 7-3 和图 7-4,我们会发现,Pinsky 电气公司虽然改变了生产布局却没有减少用于实际生产的时间。改变布局后用于生产流程的时间(见图 7-4)与变化前相等(见图 7-3)。然而,生产周期在新的生产布局下却从 28 天减少到了 12 天。因此,生产周期效率也从 14.28% 上升到了 33.33%(4÷12)。这种效率上的巨大改进源于消除了各生产流程之间的在产品存货需求。

相关成本和收益分析 这些改变有助于提高帕萨蒂纳工厂的赢利能力吗?工厂的主计长凯莉·杨(Kaylee Young)确认了下列与实施生产布局改变有关的成本:

美元

机器移动和重新安装	600 000
为单元化生产培训员工	+400 000
成本总计	1 000 000

凯莉还确认了工厂重新布局所带来的三种收益:(1)因为生产周期的缩短带来的销售增长;(2)因为在产品存货的数量和处理量减少,与存货有关的成本下降;(3)由某一生产环节造成的产品缺陷能够在很多缺陷产品被生产出来(下一个生产步骤)之前就被发现,因此产品质量有很大提高。

凯莉与几位生产和销售经理进行了面谈,以评估这些收益的程度。她首先与维基·马利根(Vicki Mulligan)进行了谈话。维基是在 Pinsky 电气公司有着 17 年工作经验的高级销售经理。

凯莉·杨:生产周期的缩短是否使销售量有所增加?

维基·马利根:是的,因为现在我们可以为客户报出更短的从订货到发货的配送时间,我们已经从竞争者手中赢得了很多客户。而且我们还能保留现有的部分顾客,因为我们可以缩短配送时间。我们委托别人做了一项市场调查研究,以确定配送时间的降低给销售量造成的影响。在这项研究的基础上,我们最乐观的估计是,由于生产周期的改变,今年销售额将增加 88 万美元。这项研究还提供了对单个产品销售额增长的估计。我想你会对它感兴趣的。

凯莉接着找到了分析师鲍勃·菲利普斯(Bob Philips),以收集必要的信息来评价销售增长对 Pinsky 电气公司利润的影响。凯莉让鲍勃计算帕萨蒂纳工厂产品的边际贡献。鲍勃几天后拿回了几份详细的成本会计报告。

鲍勃·菲利普斯:我已经对所有产品的增量成本进行了详细分析。这里有一份 128 种产品的总结报告(见表 7-1)。我首先估计了 128 种产品中每种产品的销售增长。下面是产品 TL32 的例子(见表 7-2)。我用增加的 800 单位销售量乘以单位产品的直接材料成本 7 美元、直接人工成本 4 美元,以及与单位有

关的支持成本 5.5 美元。10 000 美元的利润增长是 23 200 美元的销售增长与 13 200 美元的成本增长的差额。表 7-3 的汇总资料给出了 128 种产品的类似收入和成本的总和。

表 7-1　Pinsky 电气公司销售额的增长对利润的影响　　　　　　　　　　　　　　　　美元

销售收入增加额		880 000
成本增加额		
直接材料	245 000	
直接人工	140 000	
支持成本	194 000	579 000
利润净增加额		301 000

表 7-2　Pinsky 电气公司：TL32 产品销售额的增长对利润的影响　　　　　　　　　美元

销售收入增加额	(800 单位×单价 29 美元)		23 200
成本增加额			
直接材料	(800 单位×单价 7 美元)	5 600	
直接人工	(800 单位×单价 4 美元)	3 200	
支持成本	(800 单位×单价 5.50 美元)	4 400	13 200
利润净增加额			10 000

凯莉·杨：鲍勃，感谢你的努力。我发现最乐观的估计是，今年生产周期缩短带来的销售增长能实现 301 000 美元的毛利增长。

凯莉接着与工厂的生产和存货经理梅根·麦克德莫特（Megan McDermott）进行了面谈，以分析在产品存货水平的降低是如何影响支持作业的资源耗费量的。

凯莉·杨：工厂设施布局的改变是否带来了在产品存货管理和储存方面的变化？

梅根·麦克德莫特：是的，发生了很多变化。我们不再需要专门安排一名材料管理员在切削设备、钻孔设备和仓储区之间运送在产品存货。我们也不再需要在装配、检验和包装阶段运送和储存在产品。我们没有立即减少材料管理人员的数量，但是等工厂设施布局改变几个星期，工作方式固定下来之后，我们将把材料管理人员从 14 个人减少到 8 个人。

凯莉·杨：从事支持作业的工人的工作量有其他变化吗？

梅根·麦克德莫特：在产品存货减少了大约 70%，从 2 270 000 美元降到了 690 000 美元，与存货有关的交易也相应地减少了。我们不再需要那么多关于原材料入库和出库的记录。我们预期可以减少 75% 的车间仓储人员，即从 4 个人降到 1 个人。目前我们给其中一个工人重新分派了工作，另外两个人将在下个星期被分派去做其他生产性的工作。

凯莉·杨：迄今为止，我们都在讨论人事方面的问题。其他资源的耗用量有没有因为在产品存货的减少而有所下降呢？

梅根·麦克德莫特：是的，我们现在的在产品的仓库面积仅相当于原来的1/3。然而，我们还没有为另外2/3的空间找到其他用途，目前额外的空间暂时闲置着。在上个月制定的3年期设备计划中并没有关于如何使用这些额外空间的建议，但随着生产的扩张，我们早晚会在这些过去储存在产品的地方设置新的生产单元。

凯莉·杨：但是你不期望这些额外的储存空间能带来即时的好处吗？

梅根·麦克德莫特：是的，但是还有一个好处是不能忽略的。当一些仪表板被大批次地生产出来并等待进入下一个生产流程时，我们经常会发现有一些仪表板在传递过程中发生了损坏，有时候有一部分仪表板会因为客户已不再需要而成为废品。在生产单元里采用适时制生产以及大量减少在产品存货，使废料和废品成本从原材料成本的0.32%下降到了0.12%。

凯莉·杨：谢谢你，梅根。你提供的信息将非常有助于评估工厂设施布局变化所带来的影响。

凯莉和梅根坐在凯莉的办公室里分析她们目前收集到的信息。与工厂占地有关的设施维护成本包括厂房折旧费、保险费、供暖费、照明费、门卫服务费、厂房维修和保养费。这种作业的辅助费用率为每平方英尺108美元。然而，凯莉和梅根认为，与额外的储存面积有关的成本目前属于沉没成本，并没有通过空间的闲置而实现任何成本节约。

一项对原材料处理作业成本的调查结果显示，与之相关的工人的年平均工资为21 000美元，以及35%，即7 350美元(21 000×0.35)的福利费用。因此，原材料处理成本节约额总计为170 100美元(28 350×6)，因为雇员的人数减少了6个人。

以同样的方式，梅根认为仓库人员的年平均工资为26 400美元。加上35%的福利率，以及预期将减少3名工人，总的年成本节约额为106 920美元(26 400×1.35×3)。

与存货相关的融资成本有可能很高。凯莉估计以隐含融资购买存货的年利率为12%。在产品存货减少了1 580 000美元(2 270 000−690 000)，相应地减少了189 600美元(1 580 000×0.12)的存货融资成本。

最后，凯莉确定，年材料成本总计为31 000 000美元。如果废料、废品成本率保持在原来的水平，即原材料的0.32%，这项损失将为99 200美元(31 000 000×0.003 2)。但是因为这个比率下降到了0.12%，因此废料和废品成本也下降到仅为37 200美元(31 000 000×0.001 2)。这将带来62 000美元(99 200−37 200)的成本节约额。

成本和利润的总结

凯莉接下来汇总了关于因工厂设施布局变化带来的成本节约信息(见表7-3)。她估计年收益为829 620美元。与该收益相比，一次性的实施成本仅为1 000 000美元。如果改变设施布局带来的收益能够以相同的比例持续增长3个月，总收益(829 620×15/12＝1 037 025)就会超过Pinsky电气公司对该项目的投资。换句话说，投资带来的流程改进将在1.205年内补偿所有的成本。

Pinsky 电气公司的案例研究引入了几个重要的概念。我们已经找到了新的设施布局提高工厂赢利能力的几种不同的方式。特别是，我们发现融资成本是与存货有关的主要成本。尽管融资成本在很多传统的成本核算系统中并未受到重视，但它是应当考虑的一个重要因素。生产过程合理化、高效化也减少了很多支持作业的资源消耗量。因此，作业分析对于评价更有效的生产流程所带来的潜在成本节约额是很有用的。

表 7-3　Pinsky 电气公司：工厂设施布局变化带来的年收益　　　　　　　　　　美元

销售收入增加带来的贡献			
销售收入增加额	（表 7-1）	880 000	
增量制造成本	（表 7-1）	579 000	301 000
在产品存货减少带来的成本节约			
在产品存货的融资成本		189 600	
原材料处理人工成本		170 100	
原材料储存人工成本		106 920	
废料和废品成本		62 000	528 620
总收益			829 620

很多新的制造流程是为了通过员工学习和创新来促进制造工作的持续改进而设计的。在这个例子中，采用生产单元化布局提高了产品的产量和质量，从而提高了整个工厂的生产效率。除此之外，发货时间的缩短也增加了收入。

精益生产(lean manufacturing)是另一种新的生产方法，经常被简称为"精益"。精益生产的核心理念是任何不能为最终用户创造价值的资源消耗都是浪费的，必须予以消除。价值被定义为用户愿意为之付款的任何行动或过程。精益生产是从与适时制造相关的富有传奇色彩的丰田生产体系中得出的一种一般过程管理理念。我们将在本章的后面更为深入地讨论这一话题。

实例

精益生产的历史

精益生产的历史可以通过下面的图很好地得到总结。精益生产最早可以追溯到发明了织布机并提出通用部件概念的伊莱·惠特尼(Eli Whitney)。包括弗雷德里克·泰勒(Frederick Taylor)和弗兰克·吉尔布雷斯(Frank Gilbreth)的时间和动作研究、亨利·福特(Henry Ford)的装配线、大野耐一(Taiichi Ohno)和新乡重夫(Shigeo Shingo)基于无库存生产的 JIT 系统，以及由爱德华兹·戴明(Edwards Deming)和约瑟夫·朱兰(Joseph Juran)发起的质量运动在内的早期先驱者的工作对于精益生产的发展均有着重要的作用。

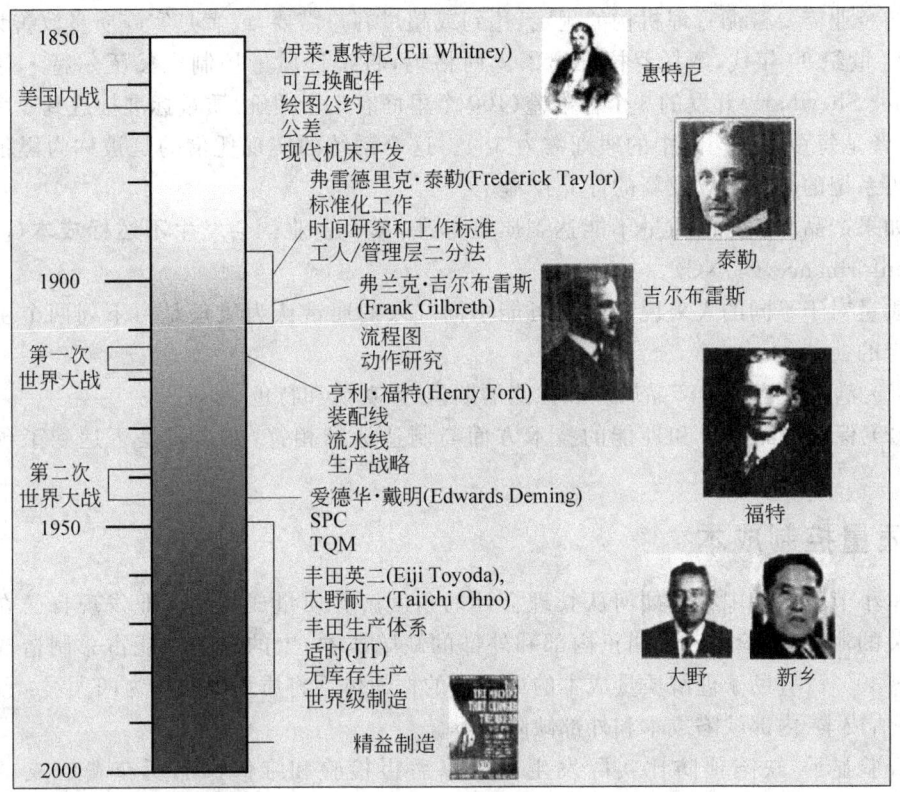

资料来源：http://www.strategosinc.com/lean_manufacturing_history.htm.

7.4 不达标成本和质量问题

上面的例子表明降低成本已经成为大多数企业的一个重要的管理因素。然而，降低成本并不仅仅是寻找削减产品设计成本的办法，例如，使用更廉价的材料。如今降低成本的准确内涵是指，为了更具竞争力，在维持或者提高产品质量的前提下降低成本。

20世纪80年代质量圈（通常由自愿加入某个小组不拿薪酬解决质量问题的工人组成）和如今被称为持续质量改善（CQI）的全面质量管理（TQM）被开发出来以后，全球的商界都将重视质量作为工作重点。CQI对于质量持有系统的观点，并且关注如何利用客观数据改善与客户相关的内部流程和外部流程。

质量标准

全球化竞争促进了1987年由总部位于瑞士日内瓦的国际标准化组织（ISO）制定的ISO 9000标准体系的发展。这些标准先后进行了多次修订，新的标准被称为ISO 9001—2008。由这些国际质量标准组织颁发的认证可以向顾客证明，企业是按照能够保证最高质量的产品和服务的生产要求组织生产的。这些标准都是综合性的，希冀得到ISO 9000

认证的企业需要遵循管理机构的规定,达到或超过客户需要,或者是实施质量改善计划。

20世纪90年代,摩托罗拉推出了六西格玛,将统计质量控制之父沃尔特·休哈特(Walter Shewhart)开发的3个标准差(100个里面有1个瑕疵)质量标准推进到6个标准差,或者是每百万个产品中的瑕疵数为3.4。这个系统的实现凭借的是被称为黑带的六西格玛系统的培训师以及新的计算技术。

如果产品和服务的质量不能达到质量标准,那么企业就会发生**不达标成本**(cost of nonconformance,CONC)。

质量对于不同的人来说其含义可能不同。人们通常认为质量是由下列两个主要因素决定的:

(1) 满足顾客关于产品属性和性能的期望,如功能和特色;

(2) 保证产品设计和性能的技术方面与制造标准相符,如产品是否达到了预期的标准。

质量控制成本

本小节我们的中心是如何从管理会计的角度解释质量成本。企业发现自己在与质量有关的流程(如检测以及纠正内部和外部的缺陷成本)上的花费可能占总制造成本的20%~30%。有助于理解质量成本的最著名的框架体系将质量成本分为四大类:预防成本、评估成本、内部缺陷成本和外部缺陷成本。

经验显示,缺陷预防比实际发生缺陷以后再检验和维修产品所花费的成本要低得多。

预防成本 **预防成本**(prevention costs)是指为了确保企业产品符合质量标准而产生的成本。质量工程、培训员工使用确保质量的方法,以及统计流程控制都是预防成本的例子。预防成本还包括对供应商的培训和认证,以便供应商能够配送没有缺陷的部件和材料,或者更好、更具竞争力的产品设计。这些供应商获得了**认证供应商**(certified supplier)的称号。

评估成本 **评估成本**(appraisal costs)是指检验产品以确保产品不论内在和外表均能满足顾客要求所发生的成本。外购部件和原材料的检测成本以及装配线上的质量检测成本也被认为是评估成本。例如,新购入原材料的检验、检测设备的保养以及过程控制监控。

内部缺陷成本 **内部缺陷成本**(internal failure costs)是指在有缺陷的部件或产品被运给外部顾客之前,在生产过程中对其进行检测所发生的成本。对有缺陷的部件或产品进行返修是内部缺陷成本的重要组成部分。生产停工成本是内部缺陷成本的另一个例子。工程师们估计,由于缺陷产生的成本,会按照未检测出的缺陷的每个生产阶段逐渐上升。例如,将价值1美元的电子元件投入装配线,如果在第一阶段就被检测出来会导致10美元的废料成本,如果下一阶段才被检测出来会产生100美元的废料成本,如果两个以上的阶段均未被检测出来,其损失可能高达10 000美元。

外部缺陷成本 **外部缺陷成本**(external failure costs)是指当顾客发现产品缺陷时发生的成本。所有用于更正这类问题的成本,如产品维修、质量保证成本、服务热线和产品责任召回都是外部缺陷成本的例子。对于许多企业来说,这是应该极力避免的质量问题。对于外部缺陷来说,不仅在短期内需要花费成本来解决问题,而且从长期来看,客户的满意度、未来的销售额以及生产企业的声誉都会受损。表 7-4 提供了每一个分类的质量成本的例子。

表 7-4 与质量有关的成本的例子

预防成本	评估成本
质量工程	购入原材料的检验和测试
质量培训	检测设备的保养
统计流程控制	流程控制监督
供应商认证	产品质量监督
消费者需求研究	
内部缺陷成本	**外部缺陷成本**
缺陷导致的停工	产品责任导致的法律诉讼
废料	实地维修成本
废弃净成本	退货
返工成本	产品责任召回
	服务热线
	质量保证声明

这些信息浓缩在质量成本报告(cost-of-quality,COQ)中。编制质量成本报告有几个原因。第一,它揭示了质量因素的财务重要性。管理者通常并不清楚返工给成本带来的巨大影响。第二,质量成本信息有助于管理者明确他们需要优先解决的质量问题。例如,管理者不希望看到的一种趋势是,质量成本中有很大一部分是由产品的外部缺陷造成的,因为要花费昂贵的成本去解决外部质量问题,而且会极大地影响产品或产品生产商的声誉。第三,质量成本报告有助于管理者了解质量问题的总体情况,使他们能够努力找出质量问题的根本原因。从根本上解决问题会在整个组织范围内产生正面的联动效应,因为很多质量问题都是互相联系的。

7.5 适时制造

适时制造(just-in-time manufacturing)是一个综合了本章讨论的诸多观点的广泛有效的制造系统。本章开篇案例中 Past Robot 公司就实施了这一系统。

适时制造要求仅当内部或外部的消费者有了需求以后才生产产品或提供劳务。它采用一种具有连续性生产特点的生产布局,即一旦开工就不应存在延误。这意味着,为了消除批次生产需求,必须从本质上降低调试成本。因此,制造系统必须是可靠的。

适时制造的含义

适时制造理论上很简单,但实施起来非常困难。有些组织实施适时制造比较犹豫,因为在没有在产品的情况下,系统内的任何问题都可能使整个生产陷入停顿。因此,使用适时制造的组织必须消除系统内的所有缺陷源。生产流程必须进行再设计，以便每次生产一个或小量产品的时候不至于太昂贵。这通常意味着要缩短在产品移动的距离，使用非常具有适应性的工人和机器处理所有类型的工作。

经过高度培训的员工是适时制造流程的核心，员工的任务是用最高的质量标准完成作业。当员工发现收到的部件有问题时，他有责任立即关注该问题以便纠正。供应商必须在需要的时候，能够生产和提供没有缺陷的原材料和零部件。很多情况下，公司是在和同类部件的供应商竞争，比拼谁能提供质量最高的产品。在执行期的最后阶段，能够提供最高质量的供应商将获得长期合同。同时必须进行日常性的预防性维护，从而避免设备出现故障。

思考一下适时制造如何在快餐厅应用。一些快餐厅使用适时的、连续的生产布局，而其他一些快餐厅则采用批量生产方式。实际上，一些快餐厅将两种方法合二为一，即以批次的方式生产，同时保留预先界定的存货水平。例如，快餐厅可能使用货架或货柜盛放准备出售的食物，而当现有的存货水平低于设定的货架或货柜界限时，则让员工开始准备另一批食物。在非高峰时期，快餐厅在有人就餐时才开始准备。

使用适时制造方法的动机是提高食物的质量，并减少那些因为在食物柜中放置时间过长而不得不扔掉的食物量，以此减少浪费。使用批次生产的动机在于维持一个特定的存货水平，减少顾客等待时间。随着生产时间和调整成本的下降，组织可以更接近适时制造，并减少因批次生产带来的浪费和质量问题。

适时制造和管理会计

适时制造在管理会计中有两个主要的含义。第一，管理会计必须支持向适时制造的转变，要监督、确认并与决策制定者沟通系统内资源的延误、错误和浪费。适时制造系统的可靠性的重要标准包括下列生产周期效率的标准：缺陷率；生产周期；准时发货率；订单准确性；实际产量与计划产量的比率；实际机器时间与计划机器时间的比率。

传统的生产系统强调人工和机器利用率，这能鼓励大批次生产和较高的产量。结果是大量存货导致较长的生产周期。因此，传统的人工和机器生产率与适时制造理念并不一致。在适时制造理念下，具体操作者只在有需求的时候，按时生产需要的产品。第二，适时制造减少了需要监督和报告的存货数量，从而大大简化了管理会计的簿记流程。

适时制造已经给很多组织带来了好处。那些有兴趣实施该系统的公司必须记住几件事情。第一，任何重大的管理创新，如作业成本或者适时制造，都要求对组织文化进行较大的调整。因为适时制造理念的核心思想是使生产合理化以及减少浪费，而公司内部的很多人并没有为这种变化做好准备。适时制造还会改变工作节奏，以及组织的整体工作规范。这将导致结构上的变化，如车间的布局。最后，因为适时制造依靠团队工作，通常个体不得不把自己的兴趣融入团队中。一些员工发现很难做到这一点，尤其是当他们原来是在一个相对孤立的工作环境中专门从事某一部件的制造工作，或者他们的个性不适合团队导向时。

实例

在医院环境下应用精益生产

弗吉尼亚梅森医院(Virginia Mason Hospital)的CEO加里·卡普兰(Gary Kaplan)医生对医院的基础设施进行研究之后指出,弗吉尼亚梅森医院的高级领导层认为这些设施是为他们自己而不是患者设计的。患者们抱怨说,自己为了不耽误预约的就诊时间,匆匆忙忙地赶到医院,却不得不等上很久才能看上病。

医院的管理层决定找到更好的办法来提升质量、安全和患者满意度。弗吉尼亚梅森医院将最早由丰田公司开发的精益生产系统这一日本的模式进行了改造,使之适应医疗行业。

多年来,卡普兰和医院的200名员工访问了丰田公司和雅马哈公司的生产车间。他们的时间主要花在了解如何降低浪费上。按照精益生产体系的理论,共有7种浪费。最为严重的3种浪费是时间浪费,如患者等待医生或者是化验结果;库存浪费,即资料和信息超出需要;过度生产浪费,即产量超出了所需。

减少浪费的一个例子是医院所保有的各种小册子的数量。弗吉尼亚梅森医院过去会超出需要订购大量的小册子,然后塞满橱柜。安装了在需要重新进货时给出信号的看板系统后,节省了数千美元的资金,也降低了过度储备小册子造成的混乱。

医院还研制了标准的手术和检查用医疗器械托盘。这一举措节省了数百美元,因为不需要的器械不会被使用。在过去,未使用但已拆封的器械不得不被丢弃。

另一项革新是记载了接受物理治疗的患者的活动能力的活动挂图。活动挂图会说明患者可以做什么、不能做什么。每一位走进病房的护士或医生看到活动挂图就会清楚患者的情况,而不必再浪费时间寻找图表或者是询问问题。

此外,医生们如今每看完一位患者就会立即写下意见和建议,然后才去看下一位患者,而不是要等到一天的诊疗结束后再看厚厚的一摞病历。节省下来的时间可用于增加医生用在每一位患者身上的时间。

弗吉尼亚梅森医院还重新设计了基础设施,让患者和员工能够更为顺畅地在其中就诊和工作。在一年之内,加班和人工成本就减少了50万美元,生产率提高了93%。医院的整体效率得到了极大的提升。

资料来源:Cherie Black, "To Build a Better Hospital, Virginia Mason Takes Lessons from Toyota Plants," *Seattle Post-Intelligencer* (March 15, 2008), retrieved November 30, 2010, from http://www.seattlepi.com/local/355128_lean15.html.

7.6 改进成本法

精益生产方法已经在很多公司获得了成功的实施。然而,财务和成本管理系统并未跟上经营变革的步伐。**改进成本法**(Kaizen costing)在降低产品成本方面与目标成本法是类似的,但它把降低成本的注意力集中在产品生命周期的制造阶段。改进(Kaizen)一词是日本人的术语,表示通过较少数量的、渐进的过程而不是大的变革来实现完善。改进的目标是合理的,因为在产品的制造阶段为降低成本而进行大的改变是困难的、代价高昂的。

改进成本法与利润计划体系是相连的。例如,在日本的汽车行业,年度利润预算目标被分解到每个工厂。每辆汽车都有预先定下的成本基数,即这辆车上一年的实际成本。所有的成本降低都以这个基数为出发点。改进成本法的目标是确保产品符合或超过客户对于质量、功能和价格的要求以开展有效的竞争。

目标降低率是目标降低额与成本基数的比率。这个比率适用于所有的变动成本,据以确定原材料、零部件、直接和间接人工、其他变动成本的目标降低额。然后,管理者逐一比较预先设定的变动成本项的目标降低额与实际降低额。如有差异,则确定了整个工厂的差异。改进成本法的目标是确保实际生产成本低于成本基数。然而,如果由于使用改进成本法造成的生产报废损失超过节约的成本,该方法则不适用。表 7-5 是一个例子,说明了日本的一家汽车厂是如何确定多家工厂改进成本法下的成本总额的。

表 7-5 多个工厂的成本计算

在日本的汽车厂,成本节约涉及降低约束(固定)成本和弹性(变动)成本两个方面。由于固定成本被认为是成长所必需的,因此重点是降低变动成本。
在本例中,由一次改进计划会议所确定的所有工厂改进成本总量以 C 替代,计算公式如下:
$$上期车均实际成本(A)=上期实际成本总额÷上期实际产量$$
本期所有工厂预计实际成本(B)=上期车均实际成本总额$(A)×$本期预计产量
本期所有工厂改进成本目标(C)=本期所有工厂预计实际成本总额$(B)×$预计成本的目标成本降低率
预计成本的目标成本降低率是建立在实现当年目标利润的基础之上的。
每一个工厂改进成本目标由以下方式决定:
$$分配率(D)=由每个工厂直接控制的成本÷全部工厂直接控制成本总额$$
$$每个工厂的改进成本总额=本期所有工厂改进成本目标(C)×分配率(D)$$
每个工厂的改进成本总额被细分到每个部门和子部门作为成本降低的目标。

传统成本控制法与改进成本法的比较

改进成本法与传统成本控制法有明显的不同。后者的目的是在达到成本标准的同时避免不利差异,而前者的目的是实现降低成本的目标,这个目标是连续向下调整的。在传统成本法下,差异分析通常只是比较实际成本与标准成本的变化。改进成本法下,差异分析则是比较目标成本与实际成本降低额。改进成本法独立于传统成本法,部分原因是在日本,传统成本法一直遵从财务会计准则。

传统成本法和改进成本法的另一个主要区别是在假设方面,即谁有改进过程和降低成本的最佳知识。传统成本法认为工程师和管理者知道得最多,因为他们有技术专长,能确定流程,而工人被要求按预定的标准和流程进行生产。在改进成本法下,工人被认为在改进流程方面有知识优势,因为他们直接从事产品生产,因而知道如何改进生产流程。为使成本管理顺利实施,很多公司将实际成本信息与一线员工分享,这是一个有意义的变化。因此,改进成本法的另一个重要目的是让工人在生产过程中负起责任,从而改进生产过程,控制和降低成本。表7-6总结了传统成本法和改进成本法在观念上的不同。

表7-6 传统成本法和改进成本法的比较

传统成本法的概念	改进成本法的概念
成本控制系统概念	成本降低系统概念
假设当前的生产过程稳定	假定不断改进生产过程
目的是满足成本业绩标准	目的是达到成本降低标准
传统成本法的技术	改进成本法的技术
每年或每半年制定标准	为实现全年目标,每月制定和实施成本降低目标并且不断改进方法
成本差异分析是将实际成本与标准成本进行比较	成本差异分析是将目标改进成本和实际成本降低额进行比较
当没有实现标准成本时进行成本差异调查	在目标成本降低额没有完成时进行成本差异调查
谁更懂得如何降低成本	谁更懂得如何降低成本
因为有技术专长,管理者和工程师负责制定标准	工人最接近生产过程,更知道如何降低成本

应用改进成本法应注意的问题

出于与目标成本法在研发和工程阶段(将在第8章讨论)同样的理由,改进成本法也受到了批评:为了降低所有已知的成本,员工承受了太大的压力。为了解决这一问题,某些日本汽车公司在一款新车上线之前,实行一个生产缓冲期,称为成本承受期,以便在公司实施改进成本法和目标成本法之前为员工提供了解新的生产流程的学习机会。

另一个不足是,改进成本法采用增量成本法达到逐渐完善的目的而不是实施彻底的变革。这有可能导致管理上的短视行为:过于注重细节而忽视了全局。

 ## 7.7 标杆基准法

在本章的开篇案例中,尼娃·多明格斯利用标杆基准法发现竞争对手在使用适时制造来组织产品的生产。通过与当地厂商的研究和讨论,她获得了许多信息。下面将讨论这些信息。

1. 第一种方法是聘请外部顾问,根据顾问的建议实施特定的方法可能很有效,但成本较高。

2. 第二种方法是组织内部的成员在较少或没有外部咨询者帮助的情况下自行开发系统。虽然这种方法可能更实用,但成本较高而且耗时较长,尤其是在初期改革失败的情况下。

3. 第三种是被称为**标杆基准法**(benchmarking)的方法。这种方法要求组织的成员首先理解所从事业务目前的营运情况和管理方法,然后借鉴其他组织最佳的实践经验来指导本组织的变革。

标杆基准法对组织而言是收集关于其他组织最佳实践的信息的一种方法。由于可以避免其他组织犯过的错误,借鉴其他组织已经开发和测试过的流程或方法,从而节约时间和资金,该方法通常成本效率较高。最为明显的是,原本要耗时6~9个月才能完成的烦琐的过程如今得到了优化,成为一种快捷而灵活的工具。因此,选择适当的标杆基准对象(如下所述)是这种方法的关键。标杆基准法过程通常由5个步骤组成,包括组织、决策、业务和信息等方面的因素。下面将通过列出这些重要因素来论述每一个步骤。表7-7描述了标杆基准法的步骤。

表7-7 标杆基准过程的步骤

标杆基准过程的步骤	需要考虑的因素
步骤1:内部研究和初步竞争分析	初步的内外部竞争分析 确定研究的重点领域 确定研究的范围和意义
步骤2:将标杆基准项目作为一项长期任务并组成标杆基准小组	把标杆基准项目作为长期的任务 　得到高级管理层的支持 　形成一组清晰的目标 　授权员工参与变革 组成标杆基准小组 　任命有经验的协调者 　培训员工
步骤3:确定标杆基准法的合作伙伴	合作伙伴的规模 合作伙伴的数量 在业内和其他行业的相对地位 合作伙伴之间的信任度
步骤4:收集和分享信息的方法	标杆基准信息的类型 　产品 　功能(过程) 　战略(包括管理会计方法) 信息收集的方法 　单边的 　合作的 　数据库 　间接/第三方 　小组 确定业绩指标 确定标杆基准的业绩与公司业绩指标之间的差距
步骤5:采取措施达到或超过标杆基准	对业绩指标进行比较

步骤1：内部研究和初步竞争分析

在这一步骤，组织确定哪些重要的领域（如公司的作业、产品或管理会计方法）要进行标杆基准的研究。然后确定组织目前在相应领域中的水平，根据公司内部的数据进行内部竞争分析，通过同行业的质量比较，如《消费者报告》或 J. D. Powers and Associates 报告所提供的数据进行外部竞争分析。内外两方面的分析是为了确定每个领域研究的范围和深度。另一个重要因素是这些分析不仅限于同一个行业，因此，虽然凯莉·杨在玩具行业工作，她仍可以对任何类型的组织进行竞争分析。

步骤2：将标杆基准项目作为一项长期任务并组成标杆基准小组

在这一步骤，组织必须将标杆基准项目作为一项长期的任务来看待，同时应组成一个标杆基准小组。由于组织重要的变化（如采用完全生命周期成本法）需要花费几年的时间，因此实施标杆基准法是长期而不是短期的行动。长期的任务要求：(1)高级管理层支持并授权标杆基准小组实施变革；(2)为指导标杆基准法的实施确定一组清晰的目标；(3)激励员工参与变革。

标杆基准小组应当由来自组织中各个职能领域的人组成。例如，开发目标成本系统从完全生命周期成本的角度看将受益，这要求来自许多职能领域的员工的参与。一个有经验的协调者在组织小组成员及研究标杆基准程序培训方面是必不可少的。缺乏培训通常会导致计划无法付诸实施。

步骤3：确定标杆基准法的合作伙伴

标杆基准法的第三步是确定标杆基准法的合作伙伴，即了解愿意参与这些过程的人。下面是一些需要考虑的重要因素：

(1) 合作伙伴的规模；
(2) 合作伙伴的数量；
(3) 在业内和跨行业的相对地位；
(4) 合作伙伴之间的信任度。

规模 标杆基准合作伙伴的规模取决于进行标杆基准研究的特定行为或方法。例如，一个组织如果想了解一家拥有若干分部的大型组织是如何与供应商进行协调的，该组织就很有可能寻找一个有相似规模的组织作标杆基准。然而，规模并不总是一个重要的因素。例如，戴姆勒—克莱斯勒是家大公司，它研究了 L. L. Bean 公司自动仓储管理办法中的废品处理流程，实施了一项引起重大变革的方法，通过这种方式使员工参与解决组织的问题。

数量 对组织来说，在开始时选择宽泛的标杆基准合作伙伴是很有用处的。然而，组织必须意识到，随着合作伙伴数量的增加，所有者信息披露中的有用性、及时性和可靠性等问题也会出现。研究者认为，当今不断变化的商业环境有可能鼓励企业拥有大量合作伙伴，因为日趋激烈的竞争和信息处理的技术进步使得参与标杆基准会获益良多。

在业内和跨行业的相对地位 另一个因素是组织在行业内的相对地位。在许多案例中,行业的新进入者和那些关键性业绩已开始下滑的企业,比同行业的龙头企业更有可能寻求广泛的标杆基准合作伙伴。行业中的龙头企业为了不断改进经营业绩,也会实施标杆基准法。

信任度 从实施标杆基准法的组织的角度来看,在合作伙伴之间增强相互间的信任,对于获取真实、及时的信息是非常关键的。大多数组织,包括行业龙头企业,都实行互利原则,以期获得有用的信息。

步骤4:收集和分享信息的方法

从字面上讲,信息的收集和分享有两方面的含义:(1)实施标杆基准法的组织所收集信息的类型;(2)收集信息的方法。

信息的类型 企业在实施标杆基准法时,主要应关注三种信息。产品标杆基准是细致地考察其他组织产品的长期实践。职能的(过程的)标杆基准是对其他组织的职能或过程(如装配或分销)的实践和成本的研究。战略标杆基准是研究其他组织的战略和战略决策,如为什么组织会选择某个战略而不是另一个。由于管理会计方法已经成为许多公司整体战略的一部分,标杆基准法作为管理会计功能的组成部分,也会发挥作用。

收集信息的方法 管理会计师在收集和整理标杆基准信息方面起着重要作用。对标杆基准法来说主要有两种信息收集方法。最常用的方法是**单边(隐蔽)标杆基准法**(unilateral(covert) benchmarking),即公司单独收集在其感兴趣的领域处于领先地位的一个或几个其他公司的信息。单边(隐蔽)标杆基准法主要靠公司从行业贸易协会或信息交换系统获取资料。

第二种方法是**合作式标杆基准法**(cooperative benchmarking),即自愿通过相互间的协议分享信息。合作式标杆基准法的主要优点是信息可以在行业内或跨行业共享。这种方法又可以细分为数据库、间接/第三方、小组三个子类。

使用**数据库标杆基准法**(database benchmarking)的企业需要向数据库拥有者付费,得到数据库的使用权。在将数据库提供给用户使用前,数据库的拥有者收集和编辑信息。在大多数情况下,不直接与其他企业联系,数据的来源通常也不披露。数据方法的优点是在一个地方可以容纳大量信息,然而通常很难了解这些数据对企业而言究竟意味着什么和如何应用这些信息。

间接/第三方标杆基准法(indirect/third-party benchmarking)是聘请外部顾问作为参与标杆基准法的企业间的联络人。顾问将一方的信息提供给其他方,在企业之间进行沟通。顾问通常要参与合作伙伴的选择。因为成员之间可能是竞争对手,他们通过顾问传递信息,彼此是匿名的。这种方法要求信息来源是保密的。

小组标杆基准法(group benchmarking)的参与者召开会议公开讨论标杆基准方法。他们协调各自的行动,确定相同点,互相拜访,一般都有长期的交往。实施合作式标杆基准法的企业通常要遵守事先达成的协议并将其作为行为准则。在大多数互动中,由于直接接触为参与各方之间的彼此理解提供了很好的机会,所以它通常是最有效的标杆基准法。同时这种方法的实施成本也是最高的,因此,企业必须权衡成本和收益。

在信息收集过程完成以后，标杆基准法的参与者将自己的业绩与收集到的数据中的最佳业绩进行比较，以此确定**标杆基准（业绩）差距**（benchmarking（performance）gap）。业绩差距被定义为企业希望改进的特定业绩指标。业绩指标可以是降低缺陷率、更快捷的适时送货、增加职能部门、降低生命周期产品成本。其他更为定性的指标包括员工参与涉及工作或解决问题的决策，提高员工积极性和满足感，改善工作团队与员工之间的合作关系。

诸如降低产品成本之类的财务收益通常表现为某些相关的非财务计量方法的结果。因为大多数财务上的收益要经过相当长的时间才能感受到，组织在短期内应该监控非财务变量。在短期简单地用财务指标判断实行标杆基准法的效果，可能导致过早地放弃在标杆基准项目中所学到的东西。

步骤5：采取措施达到或超过标杆基准

在最后阶段，组织将采取措施并开始实施标杆基准的变革。实施这种变革后，组织根据选定的业绩指标进行比较。在大多数情况下，组织决定使自己的业绩比标杆基准的业绩更有竞争力。实施阶段，特别是变革阶段，也许是标杆基准法过程最困难的阶段，因为组织成员的积极参与是成功的关键。

实例

设定移动网络体验的标杆基准

标杆基准可以应用于很多种情况。dotMobi 的 CEO 特雷·哈文（Trey Harvin）在其最近发表的一篇文章中指出："标杆基准可以让企业看到自己的网站与同行业其他网站的对比情况，这也有助于创建更多供消费者使用的更好的网站。"

例如，dotMobi 开发了一种五维的方法来设定用户在使用移动技术登录网站时的移动网络体验的标杆基准。dotMobi 设定的 5 个关键的指标如下。

- 可发现性：用户使用不同的 URLs 发现移动网站的容易程度。
- 便利性：移动网站在热门的移动设备上的表现如何。
- 可得性：成功交易的百分比或者网页是否容易打开。
- 响应时间：下载每一个网页所需的时间以及整个交易过程花费的时间。
- 一贯性：移动网站在各种移动载体、各种地理区域和时区的表现。

哈文说："正如 dotMobi 在最近的一项研究中指出的，如今有 110 万个专门为移动用户设计的网站，而且这一数字还在以惊人的速度增长。帮助消费者更好地了解这些网站中的哪些能够为其提供出色的体验——无论他们使用的是哪种手持式设备或运行环境——都将有助于提升移动网络的应用。标杆基准可以让企业看到自己的网站与同行业其他网站的对比情况,这也有助于创建更多供消费者使用的更好的网站。"

资料来源:dotMobi,"Benchmarks that Measure Five Critical Dimensions of Success for Mobile Websites," *CircleID* (April 21, 2009), retrieved November 30, 2010, from http://www.circleid.com/posts/20090421_gomez_dotmobi_benchmarks_measure-mobile_websites

7.8 尾声:Past Robot 公司

我们现在回头看一下 Past Robot 公司采用适时制造系统后的进展。Past Robot 公司成功地将重大返工率从 5.8% 降到了 3.3%,较小的返工率从 13.6% 降到了 7.0%。重大返工需要拆毁机器人。较小的返工要求重新装配机器人的部件,调整传动装置的工作方式,需要在专门设计的返修工作区完成。较小返工不需要返回流程的起点,只需转入一个不同的加工领域,在这里发生直接人工成本和间接人工成本。

返工率的改进使得平均生产周期降低了 9.2 天,从 16.4 天降到 7.2 天。平均在产品存货从 1 774 000 美元降到了 818 000 美元。Past Robot 公司的高级制造经理尼娃·多明格斯现在必须向首席执行官提交报告,详细说明这些改进会如何影响公司的利润。

生产流程

尼娃首先绘制了新的流程图(见图 7-5)。她准备对采用适时制造系统带来的进步进行评估。第一步,机器人的胳膊和腿是用注塑模具生产的。为完成这项生产任务,公司为每一个部件设计了金属模具。一定量的聚丙烯以颗粒状注入水平加热的汽缸,然后被活塞推入一个密闭的冷却模具。液体塑料通过管道直接进入模具。操作人员把管道填满,把液体塑料移到每一个空洞内。经过冷却,塑料就凝固成了模具的形状。这个流程的设计使得每个管道都能为 60 个机器人生产足够的部件。

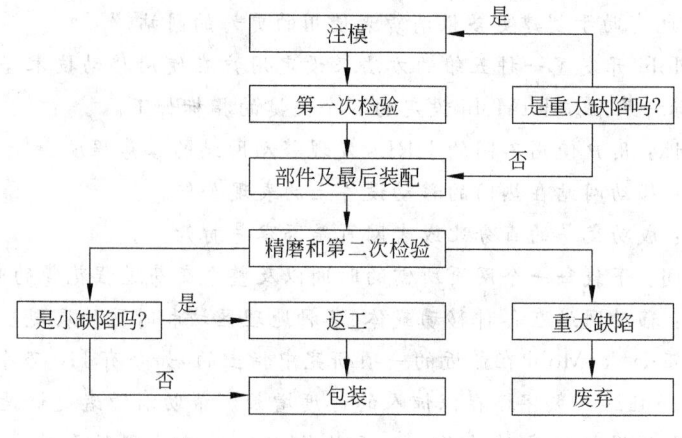

图 7-5 BFTPR 公司:生产流程图

工人现在开始用适时制造系统安装各种部件。其他部件,如计算机芯片、尼龙齿轮、轮子和其他一些零件是在接下来的工序安装的。尽管Past Robot公司试图通过适时制造流程减少有缺陷的机器人的数量,但实现这个目标还需要一些时间。因此,在生产流程的最后,任何有缺陷的机器人都会被退回,并根据缺陷程度决定对其进行返工或销毁。接下来会进行几轮抛光操作和检查,消除在铸模阶段产生的多余塑料或者光点。之后将对玩具机器人进行打磨,使之产生闪亮的光泽。在这个阶段,每个机器人都要接受检验。公司还辟出了专门的返工区域,返修有缺陷的机器人,并确保检修过的机器人不再存在缺陷。在返修前或返修后通过检验的机器人被包装起来准备发送给顾客。尼娃认为,总体上看,贯穿这个生产流程的适时制造系统是比较成功的。

对在产品存货的影响

尼娃接着把注意力转向在产品存货记录。她发现,平均在产品存货在实施适时制造系统后降低了956 000美元。她通过与生产人员接触断定,在一些前后连续的生产阶段,仍然维持了一定水平的在产品存货,因为每批机器人的生产都必须等待上一批的完工。尼娃没能发现用来确认在产品存货变化的具体记录。然而,重大的和较小的缺陷数量直接影响了在产品的变化。当缺陷率上升时,由退回的机器人形成的存货就会积累起来,等待返工或拆毁。更重要的是,生产监督员试图在两次检验步骤之后的其他生产阶段储存大量的在产品存货,这样即使有很多机器人被退回,这些生产阶段仍能持续工作。因此,生产经理把在产品存货的减少完全归因于缺陷率的降低。

对生产成本的影响

尼娃评估了缺陷率的改进对生产成本的影响,这在尼娃的分析中是一个重要的部分。直接材料成本包括机器人的塑料、齿轮和计算机芯片的成本。这种芯片的平均成本是58美元。

尼娃还收集了生产过程每一阶段的直接人工信息、与单位有关的支持成本信息以及与批次有关的支持成本信息。表7-8列出了这些以单位机器人为基础的成本信息。与单位有关的支持成本包括人工监督、塑料、齿轮、芯片和电力成本。

表 7-8 Past Robot 公司:生产阶段产生的每个机器人的增量转化成本　　　　　美元

	注塑	第一次检验	零部件和最后装配	抛光和第二次检验	包装
直接人工(包括福利)	14	10	20	8	6
支持成本	14	4	14	3	10
总成本	28	14	34	11	16

返工成本

返工成本被视为内部缺陷成本,那么,哪些成本属于注塑工序之后由第一个检验阶段检查出来的重大缺陷成本?因为有重大缺陷的机器人不能再加工,所有在这个机器人身上发生的增量转化成本都浪费了,所有的操作都必须重复一遍,会再次产生增量转化成本。尼娃汇总了与弥补重大缺陷有关的成本,发现这个成本平均分配给每个机器人之后大约是 42 美元(见表 7-9)。

表 7-9　Past Robot 公司:每单位(机器人)的重大缺陷纠正成本

成 本 类 型	金额/美元
注塑转化成本	
直接人工	14
支持成本	14
第一次检验成本	
直接人工	10
支持成本	4
总成本	42

这个估计包括与单位和批次有关的支持成本。为弥补重大缺陷,需要重新注塑、浇铸和进行第一次检验,大部分成本是由于这些重复性操作引起的。因为工厂有闲置生产能力,重复进行上述操作时不会增加产品和设备的维护支持成本。因此,在分析中它们是无关成本。然而,如果工厂和机器的生产能力已经被充分利用,即已经没有闲置生产能力进行这类重复性操作,因此为获得额外的生产能力而发生的增量成本就是必须考虑的因素。尼娃又做了一些分析,并得出结论,每个机器人的成本或返工成本为:

	美元
返工的直接人工	24
支持成本	+12
总成本	36

Past Robot 公司每年生产并销售 18 万个机器人。在实施适时制造系统之前,每年平均有 10 440(180 000×0.058)个重大缺陷,以及 24 480(180 000×0.136)个较小的缺陷。现在仅有 5 940(180 000×0.033)个重大缺陷,以及 12 600(180 000×0.070)个较小的缺陷,分别减少了 4 500 个和 11 880 个。因此适时制造系统内较少的缺陷带来的成本节约为大返工节约 189 000 美元(42×4 500),小返工节约 427 680 美元(36×11 880)。

	重大缺陷	较小缺陷
实施适时制造前	10 440	24 480
实施适时制造后	5 940	12 600
减少额	4 500	11 880
单位纠正成本	×42	×36
适时制造成本降低额	189 000	427 680

在产品存货的持有成本

尼娃接下来开始分析由于在产品存货减少所带来的成本节约额。投资在存货上的银行贷款平均年利率为 12.5%。随着在产品存货减少 956 000 美元(1 774 000－818 000)，融资成本也降低了 119 500 美元(956 000×0.125)。

除此之外，尼娃估计各生产阶段中与批次有关的支持成本为 30 美元/批(60 个)，该成本从属于在产品、存货处理和储存等作业。在产品存货减少了 53.89%[100×(956 000÷1 774 000)]，尼娃预期与存货相关的成本也会降低 30% 左右，或者说每批降低 9 美元(30×0.30)。公司每年生产 3 000 批(180 000÷60)总计 180 000 个机器人，尼娃希望在产品存货的处理和储存成本能够减少 27 000 美元(9×3 000)。然而，与 Pinsky 电气公司的案例相似的是，尼娃预计由于在产品存货的减少将带来对这类作业的需求下降 27 000 美元。长期来看，这些成本应该按照这个数字递减；但是对于实际发生的减少额，工厂管理人员必须确定用于这项作业的人员和其他资源，并剔除那些因作业减少而不再需要的资源。

销售增加带来的收益

尼娃最后决定分析生产周期的缩短是否真的导致了收入利得。为此，她会晤了营销经理艾玛·罗思柴尔德(Emma Rothschild)。艾玛指出，过去 3 年公司的年销售量很稳定，每年均为 18 万个机器人；然而，她认为生产周期的缩短的确给销售带来了影响。因为机器人市场日益激烈的竞争，艾玛原本预期会减少 2 000 个机器人的销量。但是生产周期缩短了 6.5 天后，她能够对市场需求做出迅速反应，她可以向消费者提供更短的订货发货时间。克利斯蒂认为生产周期的缩短使公司保住了原本会丧失的 2 000 个机器人的销量。结果是，在这个细分市场上，Past Robot 公司没有失去任何市场份额。

尼娃认为这 2 000 个机器人的平均净售价(销售佣金和运输成本的净额)为 250 美元。表 7-10 列出了这部分机器人的生产增量成本。注意在表 7-10 中，返工成本分配给了合格品。例如，重大返工的增量成本为每个机器人 42 美元。对于生产的每 1 000 个机器人，平均有 33(1 000×3.3%)个机器人需要重大返工。因此，公司得到了 967(1 000－33)个合格的机器人。33 个机器人的重大返工增量成本总计为 1 386 美元(42×33)，这些成本将由 967 个合格机器人以 1.43 美元(1 386÷967)的单位分配率承担。

表 7-10 Past Robot 公司：每个机器人的增量成本　　　　　　　　　　　　美元

成 本 类 型	每个机器人的成本
直接材料	
芯片	58.00
其他材料	32.00
增量转化成本	
注塑	28.00
第一次检验	14.00
零部件和最后装配	34.00
第二次检验	11.00
包装	16.00

续表

成 本 类 型	每个机器人的成本
分配的返工成本	
重大缺陷[a]	1.43
较小缺陷[b]	2.71
增量成本总计	197.14
平均净售价	250.00
每个机器人的边际贡献	52.86

[a] 33/(1 000－33)×42 美元＝1.43 美元
[b] 70/(1 000－70)×36 美元＝2.71 美元

预计每个机器人的边际利润为 52.86 美元,或者 2 000 台机器人为 105 720 美元 (52.86×2 000)。如果不采用适时制造系统,也不降低生产周期,则会失去这一边际利润。

成本和收益小结

表 7-11 给出了尼娃总结的由于质量改进而带来的收益。预计年总收益为 868 900 美元,大大高于本章开篇部分介绍的花在适时制造以及员工培训方面的一次性成本 300 000 美元。

表 7-11　Past Robot 公司：适时制造系统带来的年总收益　　　　　　　　美元

返工成本减少额		
重大返工	189 000	
较小返工	427 680	616 680
与在产品存货有关的成本减少额		
资金成本	119 500	
存货处理和储存作业成本	27 000	146 500
生产周期缩短带来的销售增长贡献		105 720
年收益总额		868 900

7.9　本章小结

管理者需要各类成本和其他功能性信息以评估流程决策的影响,例如能够优化生产运营的流程决策改善。对于实施行动的深入分析可能有助于了解从中可以得到的更多的好处。有三种设施设计类型可供管理者选择:(1)流程布局,即将所有相似的设备或者是功能集中在一起;(2)产品布局,即设备的布置是为了便于某种产品的生产;(3)单元化生产,即将工厂分为一个个的单元,在每个单元内,所有的机器都用来生产相似的产品,而且所有的机器距离都很近。管理者还可以应用适时制造法、精益生产法、成本改进法和标杆基准法来改善经营效果。

最后,适时制造或精益生产系统对在产品存货水平、处理和储存在产品作业的支持成本,以及重大返工和较小的返工成本都有很多正面的影响。而且,它缩短了生产周期,从而使公司有可能在更短的时间里完成订单任务并交货。所有这些变化都是显而易见,而且可以计量的。

 作业

思考题

7-1 约束理论依赖于三种测量方法:生产贡献、投入量和经营成本。在约束理论的背景下给出这三种测量方法的定义。

7-2 流程布局体系与产品布局体系有何区别?

7-3 什么是集群技术?

7-4 描述精益生产法。

7-5 不达标质量成本这一术语的含义是什么?

7-6 浪费、返工以及废料成本属于哪一类质量成本?

7-7 质量设计、质量培训、统计过程控制以及供应商评估属于哪一类质量成本?

7-8 就下列每一类质量成本列举三个例子:预防成本;评估成本;内部缺陷成本;外部缺陷成本。

7-9 适时制造系统与传统的制造系统有什么不同?

7-10 为什么要维持在产品存货?为什么在产品存货在集群技术、适时制造和质量改善计划的实施过程中有可能降低?

7-11 为什么生产周期与在产品存货水平是正相关的?

7-12 请列举两项在实施集群技术布局时发生的成本。

7-13 改用集群、适时制造和持续质量改善会带来哪两项财务收益?

7-14 什么是改进成本法?

7-15 在改进成本法中,何时进行成本差异调查?

7-16 为什么说改进成本系统是在标准成本系统的外部运行的?

7-17 什么是标杆基准法?为什么要采用该方法?

7-18 标杆基准法的五个步骤是什么?

7-19 企业在标杆基准法中,感兴趣、值得关注的信息类型是什么?请分别描述。

7-20 标杆基准法过程中的哪个阶段对标杆基准管理会计方法来说最重要?为什么?

7-21 在从事标杆基准法的实践中,收集和分享信息的两种常用方法是什么?

7-22 在合作式标杆基准法中,信息收集和共享的三种类型是什么?

7-23 什么是标杆基准(业绩)差距?

7-24 在检验和评估阶段替换一个不合格品的额外成本是什么?

7-25 如果经检验被退回的不合格品通过额外的加工能达到质量标准,那么额外成本是什么?试举两个关于成本和决策环境的例子,其中成本在短期是不相关的,而在长期是相关的。

7-26 在评估销量增加对利润的影响时,哪些成本和收入是相关的?

练习题

7-27 **设施布局** 你会将一家大型食品店归类为哪种布局形式?为什么你会认为它属于这种布局形式?你能够想出哪些改善传统杂货店布局的方法?请解释。(提示:考虑适时制造、生产周期等)

7-28 **质量成本分类** 在质量成本分类中,预防成本和评估成本有何不同?内部缺陷成本和外部缺陷成本有何不同?

7-29 **质量成本分类** 在4类质量成本中,哪一类质量成本对公司的损害最大?请解释。

7-30 **适时制造和成本节约** 鲍里斯公司(Boris Company)去年引进了适时制造系统,并提供了以下资料来评估这一改变带来的收益:

项 目	变化前	变化后
生产周期/天	50	25
在产品存货/美元	220 000	40 000
销售总额/美元	1 000 000	1 500 000
成本占销售额的百分比/%		
直接材料	25	20
直接人工	20	15
支持成本	27	17

存货融资成本是每年12%。支持成本是根据时间驱动的作业成本分析得出的。试估计由于公司采用适时制造系统带来的总的财务收益。

7-31 **库存持有成本** SMY公司每年生产60 000个视频电话。SMY公司预计其生产的视频电话的直接材料成本为每部300美元,加工成本(直接人工加支持成本)为每部400美元。并未包含在上述成本中的年库存持有成本据估计为10%。

SMY公司的平均库存水平估计如下。

直接材料	2个月的生产量
在产品(材料已100%备足,加工完成50%)	2个月的生产量
完成品	1个月的生产量

计算SMY公司的年库存持有成本。

7-32 **作业成本法和约束理论** 讨论作业成本法和约束理论的相似点和不同点,并讨论在什么情况下使用一种方法会优于另一种。

7-33 **相关成本和收入:设施布局的变化** 为了促进向JIT系统的转变,AB公司正在考虑改变工厂的设施布局。工厂的主计长安妮塔·本特利(Anita Bentley)收到指示对改变工厂设施布局的成本和收益进行评估。在与生产部和市场部的经理面谈后,安妮塔做了如下估计：
- 移动和重新安装设备将花费 100 000 美元。
- 由于新的工厂布局所要求的生产周期缩短，总销售额将增加 20%，增加到 1 200 000 美元。平均边际贡献（销售收入减变动成本）占销售额的 31%。
- 与存货相关的成本将降低 25%。目前，在产品存货的年平均价值是 200 000 美元。年存货融资成本是 15%。

要求：
AB 公司应该对工厂的设施布局进行改变吗？请解释。

7-34 生产周期效率和适时制造系统 沃克兄弟公司（Walker Brothers Company）正在考虑引进适时制造系统来提高公司整体的制造效率。以下是公司在传统系统和适时制造系统下生产 Nosun 产品的估计资料：

时间类别	传统系统	适时制造系统
库存/h	4	1
检验/min	40	5
传送/min	80	20
加工/min	120	75

要求：
（1）分别计算传统系统和适时制造系统下生产 Nosun 产品的生产周期。
（2）根据你所计算的生产周期效率，沃克兄弟公司应该实施适时制造系统吗？请解释。

7-35 适时制造和集群技术 假设你是一个生产部门的经理，面临改进生产过程和提高生产效率的决策。你已经研究过适时制造和单元化生产系统。你的老板希望你能编制一份关于每种方法的成本和收益的报告。

要求：
写一份详细的备忘录，比较适时制造和集群技术的成本和收益。

7-36 质量改善计划和成本节约 Gurland 阀门公司生产符合精确规格标准的铜阀门。所有完工的阀门在被包装和运给顾客之前都要接受检验。不合格的阀门将被送到初始的生产部门进行熔化和重铸。这种返工不再需要新的铸造材料，但是需要新的抛光材料。下面给出了该产品的直接材料、直接人工以及时间驱动的作业成本（ABC）法下的支持成本等成本数据。

美元

成本	铸造	抛光	检查	包装	总计
直接材料	225	12	0	8	245
直接人工	84	121	24	16	245
支持成本	122	164	30	20	336

由于质量改善计划的实施，产品的不合格率已经从 6.4% 降低到了 5.1%，不合格产

品的数量已经降低了(6.4%－5.1%)×10 000单位,不合格率方面的改进使得在产品存货从386 000美元降低到270 000美元。存货持有成本预计为每年15%。

要求:

假设时间驱动的作业成本法下的支持成本所确定的能力成本在不需要的时候可以削减,请估计由于质量改善每年可以节约的成本。

7-37 集群技术与制造生产周期效率 雷·布朗(Ray Brown)开设的低语系统公司(Whisper Voice Systems)正在努力提高生产周期效率(PCE)。由于雷的预算非常有限,他一直在寻找办法通过采用单元化生产来提高公司的生产周期效率。公司生产部门的经理玛丽亚·洛佩兹(Maria Lopez)一直在研究单元化生产,她声称自己能够以最低成本来重新配置机器和工人,从而提高生产周期效率。雷对此表示怀疑,决定允许玛丽亚先对公司的一小部分进行重新配置。雷提出公司的生产周期效率必须提高12%才能满足他的需要。以下是重新安排前后公司的生产周期效率数据。

分钟

生产阶段	重新安排之前	重新安排之后
检测	30	15
运输	45	10
加工	70	30
储存	55	20

要求:

生产周期效率的变化是否达到了雷的要求?为什么?

7-38 设施布局 麦当劳快餐店设施布局的特点之一是顾客进了快餐店之后可以排成几队,等待接受服务。相反,在温迪的快餐店(Wendy's),顾客需要在柜台前排成长长的一队,等待接受服务。

要求:

(1) 两种方法的理论依据各是什么?

(2) 从顾客的角度和从管理层的角度,你更支持哪一种方法?请解释。

7-39 顾客服务质量 阅读《华尔街日报》2006年2月27日B1版刊登的文章"Everyone Likes to Laud Serving the Customer; Doing It Is the Problem",作者卡罗尔·希莫威茨(Carol Hymowitz)。

要求:

(1) 根据这篇文章,企业通常采用哪些指标评价顾客服务代表?应当采用哪些指标?

(2) 请说明如何将预防成本、评估成本和外部缺陷成本构成的质量成本框架运用于顾客服务流程。你的回答包括这样一个讨论:公司应当着重关注以上三个方面中的哪一个方面?并举例说明评价指标如何影响顾客服务流程的绩效。

7-40 质量成本:平衡各类成本 管理者在考虑提高质量时,常常会在如何权衡给定的4类质量成本这个问题上遇到困难。作为一名新的经理,你正在制订一项价值为2 000 000美元的质量成本的管理计划。你的质量成本总额不能超过销售收入的4%。

要求：

你需要研究每一类质量成本。你将如何分配这些成本？分配这些成本时你将如何权衡？

7-41 编制一份质量成本报告 Madrigal公司去年的质量成本信息如下。

项 目	金额/美元
质量工程	600 000
质量保证声明	2 814 000
产品责任诉讼	5 400 000
顾客需求研究	90 000
实验设备维护	420 000
退货	1 440 000
返工成本	1 440 000
质量培训	150 000
流程控制	1 200 000
购进原材料的检验和测试	480 000
现场维修成本	1 020 000
统计流程控制	300 000
产品召回	2 400 000
废料	840 000
废弃净成本	762 000
产品质量审计	570 000
缺陷导致的停工期	150 000
供应商认证	108 000

全年总销售收入为100 000 000美元。

要求：

(1) 编制一份质量成本报告，把上述成本分别归入预防成本、评估成本、内部缺陷成本和外部缺陷成本。同时列示成本/销售收入百分比。

(2) 对数据进行解释，并向Madrigal公司的管理层提出建议。

7-42 编制一份质量成本报告 理想公司去年的质量相关成本数据如下。

项 目	金额/美元
产品召回	325 000
缺陷导致的停工期	600 000
质量保证声明	420 000
购进原材料的检验和测试	300 000
产品责任诉讼	500 000
产品质量审计	350 000
返工成本	2 000 000
质量培训	150 000
流程控制	350 000

续表

项目	金额/美元
现场维修成本	375 000
统计流程控制	300 000
废料	900 000
废弃净成本	1 500 000
供应商认证	350 000
质量工程	200 000
退货	380 000

去年全年总销售收入为 75 000 000 美元。

要求：

(1) 编制一份质量成本报告，把上述成本分别归入预防成本、评估成本、内部缺陷成本和外部缺陷成本。同时列示成本/销售收入百分比。

(2) 对数据进行解释，并向理想公司的管理层提出建议。

7-43 改进成本法与标准成本法 造成改进成本法和标准成本法不同的因素是什么？

7-44 改进成本法：知识 根据改进成本法，在降低成本方面谁掌握全面的知识？为什么？

7-45 改进的含义 术语"改进"和"改进成本法"的含义是什么？

7-46 改进成本法 在什么情况下，由于改进成本法而产生的成本节约不能应用到生产中去？

7-47 改进成本法：管理问题 改进成本法被许多日本公司视为降低成本的有效方法。

要求：

(1) 实行改进成本法的最大问题是什么？

(2) 管理者如何克服这些问题？

7-48 标杆基准法的合作伙伴 确定标杆基准法合作伙伴的关键因素是什么？解释这些因素的重要性。

7-49 标杆基准法移动网络体验 假设你作为一名管理者被要求针对另一家公司为用户提供的移动网络体验进行标杆基准设置，你会基于哪些要素来收集信息？为什么？

7-50 标准成本法和改进成本法 许多公司对用改进成本法来降低成本很感兴趣。然而，它们不知道用什么方式将现行的标准成本系统用于改进成本法。

要求：

标准成本法与改进成本法有何不同？这两个成本系统可以共存吗？解释原因。

7-51 标准成本法和改进成本法 你的公司位于俄亥俄州沃辛顿，正在考虑引进改进成本法以帮助降低成本。由于你具有管理会计方面的知识，公司要求你提出建议。你的一些同事特别希望搞清楚标准成本法与改进成本法的区别。

要求：

写一个报告讨论下列问题：

(1) 标准成本法和改进成本法的共同点和区别。

(2) 对美国的组织而言,在哪些条件下可以应用改进成本法？

7-52 标杆基准法：与其他学生现场实习 假设你是一名中等生,希望成为班上最好的学生之一。你的教授建议你把班上最好的学生的学习习惯作为标杆基准。你有些迟疑,但决定接受挑战。

要求：

你准备如何实施这项标杆基准法训练？在回答这个问题时,描述你将对最好的学生实施标杆基准法的步骤、需要研究的因素以及你将如何改变自己的学习习惯。

7-53 标杆基准法：在公司现场实习 对一个产品、过程或管理会计方法实施标杆基准法需要花费大量的时间和精力。公司想从事标杆基准法研究时,可以有多种选择。例如,按照标杆基准过程的5个步骤,公司要决定如何进行、挑选谁作为标杆基准法的合作伙伴以及希望获取和共享哪些信息。

要求：

在附近的社区选定一家实施过标杆基准法的公司。安排去公司进行访问(可以通过你的教授、亲戚或朋友),对参与了标杆基准法的员工进行访谈。根据5个基本步骤,评价公司所实施的方法。公司采取的实际步骤与本章描述的有何相同和不同之处？详细而明确地说明实际的步骤和考虑的变量。最后,该公司实施标杆基准法的效果怎样？成功还是失败？为什么？

案例

7-54 设施布局,增值作业 聚木家具制造厂（Woodpoint Furniture Manufacturing）生产各种松木家具。工厂的布局方式是将类似的功能操作安排在同一个工作区,如图7-6所示。大部分家具的生产以10件为一个批次。

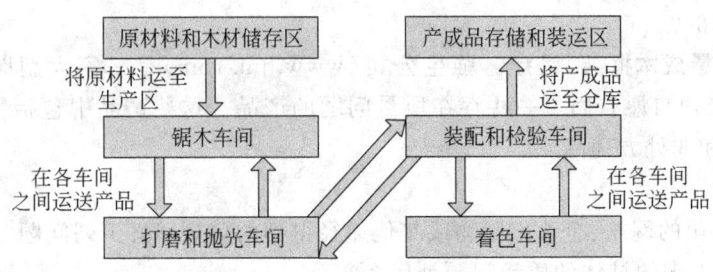

图7-6 聚木家具制造厂

原材料订购后将存储在原材料储存区。当客户订购一批产品时,需要将生产所需原材料从储存区运至锯木车间。在那里木材被锯成符合批次生产要求的木块。

然后,将木块运至砂纸打磨和抛光加工区,木块暂时存放在这里等候加工。等有机器空闲下来则可以对各批次的木块进行抛光和打磨。因抛光和打磨而损坏的木块重新从储运地调运。该批次的其他木块则存放在储存区以备再次订购之需。

所有的木块都经过打磨和抛光处理后,将被运到装配车间,它们先被放置在一个大箱子里。随着装配的进行,陆续将木块从箱子中取出。有缺陷的木块将被送回锯木或打磨和抛光车间重新加工。

在装配过程中或完工后,根据产品的性质送到着色车间着色。需要着色的木块由电车在装配车间和着色车间之间运输。装配随时停顿下来等候送去着色的木块,同批次余下的木块被放进存储箱等候着色木块运回后再行组装。

装配完毕后,由质检员检验产品质量。任何残次品都要送到相应的车间返工。产品通过检验后将进行包装,并运到产成品仓库等待顾客订购。

要求:

(1) 绘制聚木家具制造厂的家具制造流程图(即详细说明自始至终所运用的作业)。从顾客的角度看,你认为哪些作业是增值作业?

(2) 你认为从顾客和公司的角度,分别应使用哪些关键业绩指标来评价其经营?

7-55 设施布局,精益生产,品牌管理,增值作业 时尚业中的一些企业为了保持或提高竞争优势,采取了精益生产或者 JIT 方法。阅读下列文章或者是从其他途径来解答下面的问题。"Brand-New Bag: Louis Vuitton Tries Modern Methods on Factory Lines"(C. Passariello, *The Wall Street Journal*, October 9, 2006, p. A1) and "Zara Thrives By Breaking All Rules"(K. Capell, *BusinessWeek*, October 20, 2008, p.66).

要求:

(1) 对比路易威登(Louis Vuitton)过去和现在生产包的流程。例如,需要多少人和多少天,工人的专业化程度以及由此得到的改进。

(2) 路易威登过去生产包的流程在支持公司的价值陈述方面表现如何?

(3) Zara 等竞争对手的做法是如何改变了路易威登对于自己的目标顾客想要的是什么的看法的?路易威登的价值陈述发生了改变吗?如果发生了改变,这一新的流程在支持公司的价值陈述方面表现如何?

(4) 你认为,从消费者和公司的立场来分别评估这一生产运营的绩效时哪些绩效指标是至关重要的?

7-56 质量成本框架,医疗 强生公司(www.jnj.com)是一家大型医疗和制药企业。2010 年公司自愿召回了一些存在质量问题的产品。这些产品中包括臀部修复植入物、隐形眼镜和非处方药品。

要求:

利用从公司的网站、企业出版物或其他途径得到的信息回答下列问题。

(1) 报道出来的具体的质量问题是什么?

(2) 与此次召回有关的外部缺陷成本的一些例子是什么?可以找到哪些财务估计?

(3) 强生公司在回应这些质量问题时将面临哪些新的避免成本或评估成本?

7-57 相关成本,定性因素,质量成本结构,环境问题 维客洗衣店(Kwik Clean)既为商业机构提供洗衣服务也承揽个人干洗业务。维客洗衣店当前的干洗程序会向空气中排放污染物。此外,在进行大批量洗衣和干洗的时候会产生一些沉淀物和其他物质,这些物质在丢弃前必须经过特殊的处理。洗衣店的店主帕特·波利(Pat Polley)正在考虑处理日益严格的法律和环保法规带来的成本。最近的立法要求维客洗衣店降低空气污染物质的释放量。

为了减少污染物质的释放量,波利正在考虑以下两种方案:

方案1:购买通过过滤减少污染物排放的设备。该设备需要大量的资本支出,但是可以使维客洗衣店符合当前环保法规的要求。

方案2:投资于一种新的干洗程序,这种技术部分通过采用新的洗衣液来降低空气污染物的排放。这种方案比方案1需要更高的资本支出,但是这种新的干洗过程能够降低经营成本。而且,维客洗衣店还可以通过宣传它的环保安全性来扩展业务。

为了评估这两种方案和目前采用的设备情况,波利列举了下列事项:

(1) 目前的生产流程及方案1中使用的洗衣液的价格和数量。
(2) 方案2中所使用的新的洗衣液的价格和数量。
(3) 方案1和方案2中新设备的购买成本。
(4) 方案2中处置旧设备,安装新设备需要花费的成本。
(5) 方案1中需要的过滤设备的购买成本,以及设备的使用年限。
(6) 当前使用的设备的购买价格和剩余使用年限。
(7) 当前使用的设备的残值,如果采用方案2这些设备将被出售。
(8) 波利的工资和额外福利。
(9) 现有生产流程、方案1和方案2中的人工成本;方案2中的人工成本低于方案1。
(10) 方案2中与使用新设备相关的培训成本。
(11) 采用目前干洗程序带来的有害物质引起的诉讼费。采用方案2中的设备会产生同样的沉淀物。
(12) 与清洁作业排放的沉淀物相关的存储和处置成本。
(13) 设备和工人的保险费。方案2中的保险费低于当前水平。

波利很关心当地近来报道的几起事件。一家报纸报道了美国职业安全和健康管理委员会对波利的竞争者之一处以几千美元的罚款,因为该洗衣店的雇员工作环境和相关的处理程序不符合安全标准。另外一起事件是对一家洗衣店偶然发生的有害废物泄漏导致农田污染处以重罚。这次有害物质泄漏事件引起了当地电视和广播媒体的关注,并且成了当地报纸的头条新闻。

要求:
(1) 波利在方案1和方案2之间作决策时,哪些属于相关成本?
(2) 在方案1和方案2之间作决策时,波利可能考虑哪些定性因素?
(3) 解释质量成本结构的预防成本、评估成本、内部缺陷成本和外部缺陷成本是如何应用到环境污染的处理上的。在此"缺陷"定义为有害物质的偶然泄漏,或者非达标污染物的排放。你会建议波利主要关注质量成本中的哪一类?

7-58 顾客服务流程,非价值增值作业 丹尼尔·莫里斯(Daniel Morris)从当地一家商店购买了一台 TVCO 制造的等离子电视机,他有权在30天内退回残次品。大约在丹尼尔购货50天以后,这台电视机开始不停地出现故障。因为丹尼尔无法将电视机退回当地商店,他从产品保修单上查找信息,发现产品保证包括维修店从顾客家里取走大

约100磅重的电视机,等电视机修理好以后,维修店再将电视机送回。TVCO处理保修业务的顾客服务流程如下:

(1) 顾客打电话给顾客服务部(CS)要求电视机保修服务。
(2) 顾客服务部要求顾客邮寄或传真收据、电视机型号和序列号。
(3) 收到信息后,顾客服务部指定附近的维修店进行维修。
(4) 顾客服务部将维修请求提交保修部门批准。
(5) 经过批准,保修部门通知顾客服务部,以便顾客服务部能够通知顾客并将维修授权传真给指定的维修店。
(6) 顾客与指定的维修店联系并安排搬运电视机。维修店搬走电视机。
(7) 维修店进行问题诊断和分析并订购零件。
(8) 收到零件后,维修店修理电视机并将电视机送还顾客。
(9) 如果电视机无法修理,TVCO将用新电视机换回次品电视机。

因此,丹尼尔给顾客服务部打电话要求保修这台电视机,并将收据、电视机型号和序列号传真给顾客服务部。顾客服务部指定了一家维修店(RS1),该店距离丹尼尔所在城市30英里。接到保修部门的批复后,顾客服务部将维修授权传真给指定的维修店。丹尼尔与RS1联系,并安排RS1来取电视机,但是RS1拒绝了,声称丹尼尔住得太远。丹尼尔又给顾客服务部打了几个电话,等了一会儿后,丹尼尔与顾客服务部的代表谈了25~45分钟,顾客服务部才安排另一家维修店(RS2)来取电视机。丹尼尔告诉RS2,他两个星期以后要搬到其他城市,希望届时电视机已经修理完毕。8天以后,丹尼尔打电话了解维修进度时,RS2还没开始修理这台电视机。接下来RS2分析了电视机的问题,并与TVCO联系维修所需的零件,对方告诉RS2几个星期以后才有零件。因为就要搬到其他城市,丹尼尔要求RS2送还电视机,打算将来在其他城市修理电视机。

搬到新的城市以后,丹尼尔再次给顾客服务部打电话要求保修电视机。在与顾客服务部取得联系之前,丹尼尔打了好几次电话,等了很久。在此期间,顾客服务部和保修部之间多次错误地传递信息,迫不得已,丹尼尔给主管打了电话。最后,顾客服务部为丹尼尔指定了新的维修店(RS3)。然而,RS3一再推脱,声称至少一周以后才能提走电视机。RS3只在工作日正常工作时间提取电视机。而且,技术员至少在电视机到达维修店10天以后才会开始对电视机进行诊断。距离丹尼尔第一次与顾客维修部联系已经过了很长一段时间,丹尼尔觉得无法接受这种情形,因此给顾客服务部打电话,要求与主管谈谈。主管建议安排其他特约店维修。

丹尼尔找到维修店(RS4),该店愿意在通知日提取电视机,并尽快诊断电视机存在的问题,以便订购零件。丹尼尔给顾客服务部打电话安排保修事宜,顾客维修部承诺尽快答复。然而一周以后丹尼尔仍然没有得到答复,丹尼尔给顾客服务部打电话,并被告知,保修部拒绝授权RS4对电视机进行维修,因为他们不知道丹尼尔已经搬家了,认为RS4距离丹尼尔所在地太远。丹尼尔再次给主管打电话,一周以后,主管安排RF4对电视机进行维修。RF4提走了电视机。迄今为止,距离丹尼尔第一次与顾客服务部联系维修,已经过去两个多月,而且RF4还不能提供完成维修的确切日期。然而,正如RF4承诺的那样,在电视机运抵维修店以后,RF4及时诊断出电视机存在的问题,并订购了合适的零件。令人失望的是,更换零件并不能消除电视机存在的问题。TVCO 建议 RF4 尝试更换另一个零件,但是不能提供零件送达的估计日期。在丹尼尔进一步打电话催促以后,TVCO 同意用新的电视机更换这台残次电视机。至此,距离丹尼尔第一次与顾客服务部联系已经过去 3 个月了。

要求:

(1) 假如 TVCO 有一个针对顾客服务部的业绩评估体系,你认为公司该用什么指标评价顾客服务部的业绩?

(2) 什么指标能反映顾客关心的问题?

(3) 从顾客的角度看,要改进服务流程可以对保修服务审批流程做哪些改动?

(4) 比较 RS3 和 RS4 的维修流程设计,并向 RS3 说明如何才能减少花费在非增值作业上的时间。

7-59 相关成本:更新决策 罗斯曼仪器公司(Rossman Instruments)正在考虑租用一台新设备,年租金成本是 900 000 美元。新设备的预计使用年限是 4 年。现在使用的设备是一年前租的,年租金成本为 490 000 美元,租期是 5 年。提前终止租赁合同要支付 280 000 美元罚金。没有其他固定成本。

由于使用新设备可以提高材料产出率、运转速度、降低直接人工、监督、材料处理、质量检测等成本,预计新设备会使单位变动生产成本从 42 美元降到 32 美元。销售价格仍将保持在 56 美元。质量的提高、生产周期的缩短以及客户满意度的增加将使年销量从 36 000 增加到 48 000。

前面所说的变动成本不包括存货持有成本。由于新设备会影响存货水平,因此有以下估计。由于新设备的速度和精确度的提高,生产周期将缩短一半,在产品存货水平也将从 3 个月降低到 1.5 个月,产成品存货从 2 个月降低到 1 个月。产出率的提高和机器性能可靠性的增加将使原材料存货从 4 个月降低到 1.5 个月。存货的年持有成本占存货价值的 20%。

美元

项目	旧设备	新设备
原材料存货的平均单位成本	12	11
在产品存货的平均单位成本	25	20
产成品存货的平均单位成本	46	36
单位变动成本	42	32

要求:

(1) 计算新设备带来的总的年收益,包括存货持有成本的变动。

(2) 罗斯曼仪器公司应该用新设备置换现有的设备吗?请阐明你的观点,列出计算相关成本和收入的详细步骤。

(3) 如果管理者基于罗斯曼仪器公司的净收益来进行评估,是否仍会制定(2)中评估得出的正确决策?

7-60 顾客服务流程，非增值作业 精密仪器公司(Precision Systems, Inc., PSI)[1]

PSI 生产经营已经超过 25 年，多年来其净利润多半为正。该公司生产和销售高科技仪器(系统)。PSI 每条产品生产线只生产几种标准产品，但是可以对配置和附件进行调整，只要这些变化与标准系统没有差得太远。

面对日益加剧的竞争和顾客日益增长的质量需求，PSI 在 1989 年采用了全面质量管理。许多雇员得到了训练，并开展了多项质量活动。像大多数企业一样，PSI 集中精力改进制造功能，并取得了重大进展。然而，对其他部门则没有改革举措。

1992 年年初，PSI 决定将全面质量管理推广到订单录入部门，该部门的职能很重要，包括为潜在的顾客准备报价单和处理订单。在收到顾客订单以后，订单处理是操作流程的第一个环节。订单录入部门的高质量工作能够提高后续流程的质量，保证 PSI 提供更快、更经济的高质量系统，从而达到及时传递和低成本传递的目的。

PSI 首先在订单录入部门启动了一个质量成本研究。该研究包括两个目标：
- 开发识别订单录入错误的系统；
- 确定订单录入错误的成本。

PSI 的订单录入部门

国内订单录入部门负责为潜在的顾客准备报价和处理实际销售单。即使直接从顾客那里收到实际的系统订单，PSI 的销售代表也需要向订单录入部门提出报价请求。零件订单也是直接从顾客那里收到的。然而，与服务有关的订单(请购零件和要求维修)通常由服务代表处理。当 PSI 开展质量成本研究的时候，订单录入部门有 9 名员工和两名主管，主管受订单录入经理领导。9 名员工中有 3 个人专门负责承接零件订单，其余 6 个人负责系统订单。在 1992 年 8 月以前，这 6 个人平均分为两组，一组负责准备报价，另一组负责接受订单。

订单录入部门的最终产品是报价和订单确认或"绿单"。制造部门和仓库使用绿单对订单做进一步处理。

订单部门的主要供应者是：(1)销售和服务代表；(2)给他们提供基本加工信息的顾客；(3)技术信息和市场营销部，它们提供配置指南、价格向导及其他类似文件(一些打印成表格，一些在网上提供)作为补充信息。有时，订单录入员和销售代表所用的有关价格、零件数量或配置信息存在一些差异。这些差异通常会引起订单录入员、销售代表和制造商之间沟通的中断。

一位订单录入员提供了销售代表与制造商之间缺乏订单信息沟通的一个例子。

> 如果销售代表与顾客进行了交谈，并确定我们的标准配置并非顾客所需，顾客也许会在订单中放弃某个部件。(有一次)我接到制造部门的电话，说系统已经设定成这样，必须加上这个部件……这个部件基本上没什么成本，因此我把它加上去了(更换订单)，并给销售代表打电话，告诉他"制造部门让我加上这个部件"。销售代表回电话说，"不，[顾客]不需要那个部件，他们准备装别的东

---

[1] 资料来源：Institute of Management Accountants, *Cases from Management Accounting Practice*, Volume 12. Adapted with permission.

西……因此他们不需要这个。"接着,我再次更换了订单(订单2),并取消了订单1,因为销售代表说他们不需要这个部件。然后,制造部门给我回话说,"我们真的需要增加那个部件(更换订单3)。如果销售代表不想要这个部件,那么我们将不得不做工程上的特别处理,而这要再等45天……"因此,销售代表和制造部门并没有直接要求我就订单做三次变更,其中的两次可能是没有必要的。

常见的一系列事件也许从销售代表会见顾客和与顾客讨论期望系统类型开始。销售代表填写表格,将表格通过传真或电话提交给订单录入员,订单录入员随后可能要给销售代表、潜在的顾客或制造部门打几个电话,才能准备好报价单。这些电话处理的是诸如部件的可替换性、部件的数量、部件的现价或允许的销售折扣等事宜。订单录入员然后录入期望系统的配置,包括部件的数量,并将报价通知销售代表。每一个报价都要注明具体的金额。为了保证生产的平稳进行,制造部门通常会根据预期近期会收到的系统报价设计标准配置系统。这个系统通常包括将特殊要求加入标准结构中。然而,因为顾客常常忘记在订单中注明报价编号,在接到订单前安排生产有时会导致生产的重复。当订单录入系统收到一份订单时,订单的信息重新进入计算机并生成订单确认信息。当订单确认信息传到发票开具部门的时候,信息再次经过审核并生成发票,最终将发票递交给顾客。

PSI的许多部门直接使用订单录入部门的信息(这些部门订单目录的内部顾客)。这些信息使用者包括制造部门、服务部门(维修部)、仓库、货品计价部门和销售管理部门。销售部门办理委托付款并跟踪销售业绩。运输、顾客支持(技术支持)和收款部门(也属于内部顾客)间接使用订单录入信息。系统安装完毕后,相关的书面工作送交顾客支持部门以便做好有关数据库的维护工作,并为解决可能出现的各种问题提供帮助。顾客支持也对系统安装负责。一个好的订单确认系统(即一个没有任何错误的系统)能够极大地减少下游流程错误的发生,并防止下游流程发生非增值成本。

质量成本

之所以发生质量成本,是因为低劣的质量有可能或者是确实存在。对PSI订单录入部门而言,低劣的质量或者不符合标准的产品是指低劣的继续加工订单或报价的信息(见表7-12)。这里的低质量成本适用于订单录入员和其他部门相关员工(信息提供者,如销售部门或技术服务部门)纠正错误花费的时间。

第一类失败

如果非一致性的产品在离开订单录入部门之前被识别出来,则发生第一类失败成本。订单录入部门的工作人员或主管也可能识别错误报价或错误订单。第一类失败产生的一个重要原因是缺少信息。从订单录入员那里收集的样本显示他们在处理订单的过程中会遇到十几种问题(见表7-12)。样本数据分析表明,平均花费2.3小时(包括等待时间)纠正报价错误,花费2.7个工作日纠正订单错误。在确定成本方面,质量成本研究仅仅说明花费在解决问题方面的时间(即剔除等待时间)。因为员工利用这个时间从事其他作业或处理其他订单,所以要剔除等待时间。第一类失败成本只包括纠正错误花费的工资和其他员工福利,其金额达到订单录入年度工资和其他福利预算的4%(见表7-13)。

表 7-12　失败的例子

1. 订购单信息不完全
2. 订购单价格的调整
3. 在仅需要一个部件号码时,订单确认的部件多于一个
4. 订单确认的错误业务单位代码(用于追踪产品线的赢利能力)
5. 订购单遗漏运费条款
6. 订单确认的错误部件数量
7. 订单确认造成的错误运输或订单地址
8. 信用审查的遗漏(在加工订单以前,所有的新顾客都要经过信用审查)
9. 订单确认造成的部件号码的遗漏
10. 顾客号码在计算机数据库中遗失(如果顾客号码遗失,无法进行订单处理)
11. 订单确认造成错误的收入所得税计算
12. 零件号码与订购单不相符

表 7-13　估计的年度失败成本

（以订单录入作业年度工资和额外福利预算的一定比例计算）

	订单录入	其他部门	总成本
第一类失败成本			
报价	1.1	0.4	1.5
订单	0.9	1.7	2.6
第一类失败总成本	2.0	2.1	4.1
第二类失败成本			
订单确认	2.6	4.4	7.0
更换订单	2.6	—	2.6
最终顾客	0.02	0.1	0.12
反向授权	1.9	—	1.9
第二类失败总成本	7.12	4.5	11.62
失败总成本	9.12	6.6	15.72

第二类失败

当非一致性的原材料转出订单录入部门时,则发生了第二类成本。对 PSI 的订单录入部门而言,"非一致性"是指不正确的订单确认(具体由 PSI 的内部信息使用者确认)。订单录入错误对最终(外部)顾客的影响程度较低,因为经过确认的订单还要经由几个部门检查。因此,绝大多数错误可以在发票(包含一些可用的订单确认信息)送达最终用户之前得到纠正。订单录入错误的纠正并不能保证顾客收到一个高质量的系统,但是订单录入的最初错误不至于影响最终的顾客。其他部门(例如,制造部门和运输部门)的人则可能犯影响最终顾客的错误。

从 PSI 订单录入部门的信息使用者那里收集的样本资料表明可以在确认的订单中找到 20 多种错误(见表 7-12)。纠正这些错误的成本(订单录入员及 PSI 其他部门相关人员的工资和额外福利)大约占订单录入年度工资和额外福利预算总和的 7%(见表 7-13)。

除了花费在纠正错误上的时间外,订单录入员必须为几种第二类错误准备更换的订单。而且,其他几个并非由订单录入程序控制的原因也表明必须有可用来更换的订单。这样的例子包括:(1)由顾客运往目的地或销售代表运往目的地方式的变化;(2)取消订货;(3)发票说明的变化。不管更换订单的原因是什么,订单录入部门都要发生相应的成本。样本数据显示,对于每 100 份新订单,订单录入部门要准备 71 个可用来更换的订单。这项作业成本占订单录入年度工资和额外福利预算总和的 2.6%(见表 7-12)。

虽然订单录入错误并未对最终顾客造成重要影响,但在发票上发现错误的顾客常常以此作为延迟付款的借口。纠正这些错误需要订单录入、收款和发票部门的共同努力;这些成本占订单录入年度预算的 0.12%(见表 7-12)。

当终端顾客将商品退回 PSI 时,订单录入员也要花费大量时间处理退货核准工作。有趣的是,超过 17% 的退货都是因为运输过程中造成的问题,49% 以上的退货是由于两类原因:(1)订单错误;(2)30 天的退货权。对后者的深入分析发现,这种退货大多能够追溯到销售或服务失误。订单录入部门承担处理这些退货核准的成本,这些成本占订单录入部门年度工资和额外福利预算的 1.9% 以上(见表 7-13)。第一类失败和第二类失败的总成本占订单录入部门年度工资和额外福利总和的 15.72%。虽然 PSI 的订单录入信息使用者知道自己部门的问题有时候是由于订单录入错误引起的,他们却很少向订单录入部门反馈所遇到的订单录入错误及其影响。

PSI 订单录入部门的变化

1992 年 10 月,研究的初步调查被提交给发起该研究的三位关键人士:订单录入经理、主管制造系统的副总裁以及主管服务和质量的副总裁。1993 年 3 月最终的研究结果被提交给 PSI 的执行理事会,这是该公司的高层决策实体。1992 年 10 月至 1993 年 3 月,PSI 开始谋求让订单录入和制造作业获得国际标准化组织 ISO 9002 认证。1993 年 6 月它通过了认证。

获得 ISO 9002 认证的努力表明 PSI 相当重视订单录入并投入了巨大努力改进订单录入流程。不过,正如订单录入经理所说,如果不提供成本信息,这些改变将不能有效地贯彻。质量成本信息发挥了加速改进努力催化剂的作用。然而,在实际对流程做出变化的过程中,与各类错误有关的信息比成本信息更有用。

要求:
(1) 请描述向订单录入错误分配成本在 PSI 的质量改进努力中的作用。
(2) 绘制一张反映订单录入部门与供应者、内部顾客(PSI 内部的顾客)和外部顾客(PSI 之外的顾客)之间作业流动的图形。
(3) 将表 7-12 中订单录入部门的失败项目分成内部失败(发往内部顾客和外部顾客之前发现的缺陷)和外部失败(发往内部顾客或外部顾客的非一致性产品)。对于每一个外部失败项目,识别哪些订单录入内部顾客(即 PSI 内部使用订单确认信息的其他部门)将受到影响。
(4) 对于订单录入流程而言,你如何能够区分内部失败和外部失败?记录这些失败及其相关成本将涉及哪些人?哪些人和部门应当参与订单录入流程的改进工作?

(5) 除了工资和其他福利以外,你会将哪些成本纳入纠正错误成本计算范围?

(6) 举例说明订单录入流程可能取得的改进或突破性改造。特别地,识别能够用来降低错误数量的预防作业。描述如何区分你的各种改进建议的优先次序。

(7) 对订单录入部门而言,有哪些有用的非财务指标? 数据收集和信息报告的频率应当如何? 你能比较质量成本信息与非财务质量指标的有用性吗?

第 8 章

测量和管理生命周期成本

通过本章的学习，你应该能够：

1. 描述管理产品成本的完全生命周期成本法。
2. 描述目标成本法。
3. 计算目标成本。
4. 计算新产品开发项目的盈亏平衡点。
5. 为产品开发流程选择非财务指标。
6. 识别环境成本问题。

Chemco 国际公司

马雷·杨（Marais Young）刚被任命为一家专用化学公司的主计长，此前很多年她一直担任生产部门的高级经理。尽管她在生产部门的表现非常出色，但是公司过于狭窄的管理会计系统始终让她很头疼。

该系统完全集中于将生产过程的成本分配给产品，而不提供有关任何制造前和制造后的成本的信息，如开发产品的成本、处置生产过程中产生的有毒废弃物的成本以及客户退回的使用过的化学品。由于化学行业的竞争日益激烈，马雷知道自己需要了解与公司所生产产品的生命周期相关的所有成本。

她听说行业内有些公司采用了一种来自日本的被称为目标成本法的方法。这种方法可以帮助工程师降低设计和开发阶段的产品成本。此外，公司所生产的各种产品都有各种各样的危险和毒性。由于环境成本增长越来越快，马雷希望能够将安全、回收、循环利用和处置成本归集到具体的产品，就像眼下可以利用作业成本法将生产成本归集到具体产品，将 MSDA 成本归集到集体顾客一样。她相信更好的成本系统可以帮助公司的管理者以及产品工程师和流程工程师就产品整个生命周期的设计、生产、循环利用和处置制定更有效的决策。

8.1 产品整个生命周期的管理

在前面的章节中,我们一直关注的是策略以及提高产品、客户和流程绩效。然而,公司不仅应当提升现有产品的赢利能力,而且应当开发新的产品和服务。成功的创新可以推动客户培养和发展、提高利润率和提升客户忠诚度。离开了创新,公司在市场上的实力终将受到限制,从而不得不仅仅依靠产品和服务的价格来开展竞争。

像苹果这样的公司就是凭借高速而有效地推出创新性产品而成为行业的领导者并赚取了丰厚的利润。这些公司推出的创新性产品与目标顾客的需求和预期实现了完美的匹配。对于医药、专用化学品、半导体、电信和传媒等以技术为基础的发展迅猛的行业,产品创新甚至是在行业立足的先决条件。

不断向市场迅速推出新产品的公司还必须关注自己的创新对于环境的影响,因为消费者会丢弃自己手中变得过时的产品。整个社会对污染的关注促使施乐、惠普和索尼等公司对产品的完全生命周期成本进行测量,其中包括原材料耗用、产品使用过程中的能源消耗以及最终的残余物、循环利用和处置所产生的影响(见图8-1)。生命周期成本管理又被称为"从摇篮到坟墓"的成本管理。

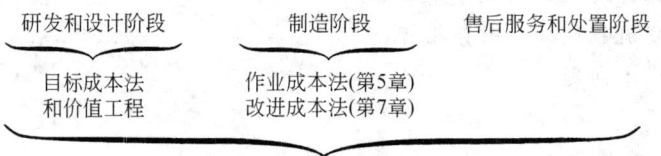

图 8-1 完全生命周期成本循环

创新过程本身是代价高昂的。某个汽车零部件供应商发现,在产品设计和开发阶段的费用占到了总费用的10%,而直接生产成本加起来才占总费用的9%。该供应商对于直接人工成本的监控虽然非常严格,但是其设计和开发团队则几乎没有任何管理会计系统可用以监控研发支出或者是测量其为生产部门提供的新产品的表现。

除了管理产品开发的成本外,产品设计和开发阶段一经结束,工程师和经理们就必须提前规划产品的生产成本。产品到了制造阶段,大幅降低成本的可能性可能就受到限制了。公司了解到产品的绝大多数成本是在研发阶段决定的。如今很多公司还在规划生产后成本,即顾客使用完产品后回收、循环利用和处置产品的成本。

考虑如下的情况:Burleson公司的管理者刚刚听说一种有可能对公司的经营产生革命性影响的新的产品概念,他们相信这将极大地改善公司的经营状况。初始的研究表明,他们能以相当低的成本生产这种产品,特别是采用他们刚获得的一项新技术后效果更好。他们开始考虑怎样重组作业流程以适应新产品的生产。由于他们只是对产品设计的可行性有些初步的想法,所以要求研发和设计部门(RD&E)实施进一步的调研。研发和设计部门提交的报告显示,该产品是可以生产的,但是开发模具的成本是平均模具成本的20倍。然而,研发和设计部门确信,等一年以后Burleson公司掌握了应用新技术的经验,生产这种产品的实际成本会非常低。因此,在产品生命周期中,初始成本有可能相当高,但生产成本相对较低。在这种条件下,部门管理者要从整个公司的长远利益出发,基于较高的开发成本、较低的生产成本以及让作为公司稀缺资源的工程师把时间和精力放在该项目上的机会成本,决定是否继续进行新产品开发。

公司价值链上的每一个组成部分——新产品开发、生产、分销、营销、销售、售后服务和处置——通常由不同的职能部门负责。虽然可以收集各类成本信息并将其归集到各个职能部门,但是公司需要从完全生命周期的角度出发,将长期内各个职能部门的权衡和业绩整合起来。从公司的角度来看,完全生命周期产品成本整合了研发和设计阶段、制造阶段以及售后服务和处置阶段的成本。接下来我们分别介绍。

研发和设计阶段

研发和设计(RD&E)阶段(research, development, and engineering stage)有三个组成部分:

(1) 市场研究。评估潜在消费者的需求,构思新产品。
(2) 产品设计。科学家和工程师从技术上开发新产品。
(3) 产品开发。公司根据消费者需求设计产品特征、样品、生产过程及其他特殊工艺。

据估计,完全生命周期的产品成本有80%~85%取决于研发和设计阶段的决策(见图8-2)。在这一阶段制定的决策对后续阶段的成本会产生巨大的影响。每多花费1美元以提出更好的设计,将使制造和制造后(如设计更改成本、服务成本、回收成本和循环利用成本)作业至少节约8~10美元。

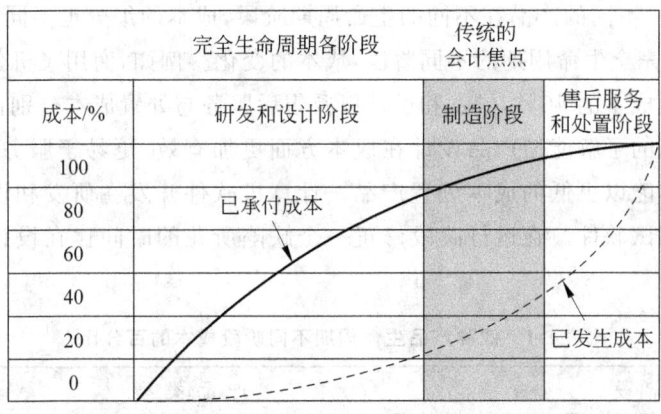

图 8-2 完全生命周期成本法:约束成本与实际成本的关系

制造阶段

研发和设计阶段之后,公司就进入了**制造阶段**(manufacturing stage)。在该阶段,公司为了生产和分销产品,会在材料、人工、机器设备和间接成本上支出资金。该阶段通常没有通过工程技术来改变产品成本和产品设计的余地,因为在上一阶段大多数成本已预先设定了。在图 8-2 中,较低的曲线说明了在研发和设计阶段以及制造阶段实际成本的变化过程。对于中长生命周期的产品来说,研发和设计阶段发生的成本不足全部产品生命周期的 10%。但是研发和设计阶段所做的决策将决定后续阶段 80% 的成本。传统的成本会计和流程改善方法关注的是制造阶段。这要解决的是产品和流程成本、设施布局、成本改善、标杆基准和 JIT 制造(参见第 4 章到第 7 章)。这些方法有助于减少制造阶段的生命周期产品成本。但是它们忽视了研发和设计阶段有效的成本管理可以发挥的作用。

售后服务和处置阶段

第三阶段是**售后服务和处置阶段**(postsale service and disposal)。虽然售后服务和处置成本在研发和设计阶段就被决定了,但实际的服务阶段在第一件产品交到消费者手中时才开始。

因此,这个阶段和制造阶段有交叉。服务阶段一般由三部分组成:

(1) 从产品出售到销售增长的快速增长期。

(2) 从销售高峰期到服务高峰期的转换。

(3) 从服务高峰期到销售结束的成熟期。处置始于产品生命周期的最后阶段,直到消费者消耗完最后一件产品为止。

处置成本包括为消除随着产品有效寿命的结束而带来的有害影响的成本。核废料或其他有毒的化学制品等产品的处置可能对环境产生不利的影响,从而具有很高的残余物、循环利用和处置成本。

不同的行业,不同的产品在不同的生命周期阶段,成本的细分也不同。表 8-1 列出了 4 类产品以及在完全生命周期的不同阶段,成本的变化。例如,商用飞机公司的制造成本大约占全部实际成本的 40%,研发和设计以及售后服务与处置成本分别占 20% 和 40%。对完全生命周期的了解能使产品设计在成本方面更加有效、更易于服务,在产品的寿命结束时更容易或能以更低的成本处置产品。计算机软件开发在研发和设计阶段需要大量时间开发和调试软件。在运行阶段修正一个缺陷所花的时间比在设计阶段所花时间多 100 多倍。

表 8-1 四种产品生命周期不同阶段成本的百分比

生命周期中的阶段	产品类型			
阶段	战斗机	商用飞机	核弹	计算机软件
研发和设计/%	21	20	20	75[a]
制造/%	45	40	60	[a]
售后服务和处置	34	40	20	25
平均生命周期/年	30	25	2~25	5

[a] 对于计算机软件来说,研发和设计阶段与制造阶段通常是紧密联系在一起的。

8.2 目标成本法

20世纪60年代,日本的工程师开发了一种被称为**目标成本法**(target costing)的方法来帮助在设计决策中尽早考虑生产成本。目标成本法有助于工程师设计能够满足顾客期望,并且可以按较低的成本制造新产品。目标成本法是一种重要的管理会计方法,可以在产品生命周期的设计阶段降低成本,并且可以明确地帮助对于完全生命周期成本的管理。

表8-2的第一栏给出了美国和其他西方国家的公司所遵循的传统的产品开发方法。传统方法始于市场调研,了解消费者对于新产品的需求,以及他们对于符合其需求的产品所愿意支付的价格。工程师根据市场调研结果,确定产品达到消费者期望的标准所需要的技术规格。接下来,工程师会进行具体的产品设计和工程,让产品达到这一技术规格。

表8-2 美国传统成本法与日本成本加成法的比较

美国传统的成本降低方法	日本的目标成本法
通过市场研究确定消费者需求	通过市场研究确定消费者需要和价位
⇩	⇩
产品规范	产品规范和设计
⇩	⇩
设计	目标售价(S_{tc})
⇩	(和目标销售量)
工程	—
⇩	目标利润(P_{tc})
供应商定价	=
⇩	目标成本(C_{tc})
估计成本(C_t)	⇩
(如果太高,返回设计阶段)预期的边际利润(P_t)	价值工程 供应商定价压力
=	(为了减少成本,价值工程和供应商定价压力都会被使用,它们是目标成本法的组成部分)
期望售价(S_t)—估计成本(C_t)	
⇩	⇩
制造	制造
⇩	⇩
期间成本降低	持续的成本降低

产品的设计彻底完成后,产品开发团队向原材料和零部件供应商询价,并向生产工程师了解生产成本的估计值。这里得出的是对产品成本的第一个估值(C_t),其中下标t表示根据这一传统的连续设计和开发流程估计的产品成本。产品开发团队接下来估计产品的边际利润(P_t)。具体方法是用在最初的市场调研阶段得到的期望售价(S_t)减去估计的成本。新产品的边际利润就是期望售价与估计的生产成本之间的差额[①],用等式

---

① Robin Cooper developed the structure for comparing costs in this manner in "Nissan Motor Company, Ltd.: Target Costing System," HBS No. 9-194-040 (Boston: Harvard Business School Publishing, 1994).

表示如下：

$$P_t = S_t - C_t$$

另一种广泛应用的传统方法是成本加成法，即将期望边际利润（P_{cp}）加上期望产品成本（C_{cp}），这里下标 cp 表示用成本加成法得出的数据。售价（S_{cp}）等于这两个变量之和。用等式表示如下：

$$S_{cp} = C_{cp} + P_{cp}$$

在传统成本法和成本加成法这两种方法下，产品的设计者都并不打算达到具体的成本目标。公司或者接受由市场决定的售价与估计的生产成本之间的差额得出的边际利润，或者是尽可能地抬高定价来赚取超出生产成本的期望的边际利润，而并不太关注消费者的支付意愿。在这两种方法下，产品开发工程师都不打算主动影响产品的成本。他们按照符合产品技术规格的思路进行产品设计，并接受其设计和开发决策所带来的成本。

与传统成本法和成本加成法不同，目标成本法在研发和设计阶段就致力于积极采取措施来降低产品的成本，而不是等到产品进入生产阶段才开始降低成本或改进成本的流程。如前所述，在制造阶段降低成本远比在研发和设计阶段降低成本代价昂贵，而且缺乏效率。在目标成本法下，确定产品成本的思维方式和步骤与传统成本法有显著的不同（见表 8-2 第二栏）。虽然在初始阶段，通过市场调研确定消费者需求和产品规范在表面上与传统成本法类似，但实际上存在一些重要的区别。第一，目标成本法下的市场调研与传统方法不同，它不是一个单一的事件。更准确地讲，一旦在较早的市场调研过程中获得了消费者的信息，这种信息收集将在整个目标成本过程中持续进行。第二，产品工程师尽可能在设计和研发结束并进入制造阶段前在设计中减少产品的成本。这种做法的效率非常高，因为正如前面提到的，产品完全生命周期的成本中有 80% 甚至更多是在研发和设计阶段就决定了的（参见图 8-2）。第三，目标成本法使用完全生命周期概念，采纳的是产品的拥有者在产品的有效寿命期内成本最小化的视角。因此，不仅要考虑最初的购买成本，还要考虑产品的运行、维护和处置成本。

在目标成本这一创新方法下，工程师们为产品设定一个可以接受的成本，从而在消费者愿意支付的价格水平下取得产品的预期边际利润。使用该方法时，公司根据对消费者认知的产品价值的估计确定目标售价和目标产品销售量。目标边际利润则依据基于销售回报率（净收入÷销售额）的长期利润分析得出。由于销售回报率与每个产品的利润率紧密相连，因此它是广泛使用的指标。**目标成本**（target cost）是目标售价与目标边际利润之差（请注意下标 tc 表示用目标成本法得出的数据）。目标成本法可用等式表示如下：

$$C_{tc} = S_{tc} - P_{tc}$$

目标成本确定之后，工程师接下来需要确定目标成本的各个组成部分。**价值工程过程**（value engineering process）是指对产品的每个组件进行考察，确定在维持产品功能、性能不变的情况下，能否降低成本。在某些情况下，工程师可能会更改产品设计，更换生产中的原材料，或者是调整和完善制造阶段。例如，产品设计的更改意味着可以使用更少的零件，或者在可采用通用件时，减少专用件的使用。回顾前面关于作业成本法的讨论。

利用现有的生产批次多生产10%远比转换到生产专用件的低效生产批次节省成本。向现有的供应商多订购10%的零件,远比向新的供应商订购一小批专用件节省成本。上述所有决策和权衡最好在研发和设计阶段作出,此时仍然可以对产品设计进行更改,而不要拖延到制造阶段,因为到那时候对产品进行重新设计的成本要高昂得多。在最终确定目标成本以前,可能要重复实施价值工程。

目标成本法流程还有两个特征。第一,整个过程受**跨职能团队**(cross-functional product teams)的指导。这个团队的成员来自组织的内部和外部,代表整个价值链。例如,这样的团队很可能由来自组织内部的人(如设计工程、制造操作、管理会计和营销)和来自组织外部的代表(包括供应商、消费者、分销商和废品处理商)组成。

第二,供应商在制定目标成本时发挥重要的作用。企业经常请供应商来帮助自己寻找降低特殊组件、整个部件装配或模块的成本。企业可以制定激励政策来鼓励供应商尽量降低成本。随着企业在研发和设计阶段与供应商越来越紧密的合作,它们会使用**供应链管理**(supply chain management)方法。供应链管理加强了供需双方合作、互惠的长期关系。这种方法有很多好处。例如,由于供需双方彼此信任,双方可以在不同的业务领域做到信息共享,就如何降低成本的问题达成共识。需求方甚至可以为供应商的员工提供某些业务方面的免费培训,而供应商也可以安排员工到需求方工作,帮助其了解新产品。这种互动与传统意义上的供求双方短期的对抗关系是截然不同的。

目标成本法的一个例子

目标成本法在实际工作中是如何发挥作用的?[①] 我们以虚构的厨房帮手公司(Kitchenhelp, Inc.)为例说明目标成本的具体应用过程。

厨房帮手公司生产咖啡壶等一系列产品。市场调研发现,顾客看重咖啡壶的8个特征:

(1) 咖啡口感和气味像意大利式浓咖啡。
(2) 各个部件容易拆卸和清洗。
(3) 容量至少6杯。
(4) 咖啡壶外观漂亮。
(5) 咖啡壶设有定时器,可在指定时间自动开始工作。
(6) 研磨器能研磨各种咖啡豆。
(7) 咖啡煮好以后咖啡壶能保温。
(8) 咖啡壶能在设定时间自动关闭。

顾客的这些要求是咖啡壶设计制造的基础。工程师必须保证设计的产品包含顾客看重的这些特点。假设厨房帮手公司咖啡壶目前的制造成本是50美元。管理层决定降低咖啡壶的制造成本。[②] 为了降低成本,产品工程师将成本分析和价值工程引入咖啡壶

[①] Shahid Ansari, Jan Bell, Tom Klammer, and Carol Lawrence. *Target Costing* (Boston: Houghton Mifflin Company, 2004).

[②] 为了简化起见,我们假设销售成本、一般成本和管理成本不变,尽管实践中这些成本也会发生变动。

每一个部件的制造和设计之中。

成本分析 对厨房帮手公司而言,成本分析包括按成本降低目标确定咖啡壶的各部件(加热器、控制器和研磨器),以及将成本降低目标分配到各部件。成本分析还注重各部件之间的相互作用。一个部件成本的降低通常会被其他部件成本的增加所抵消。例如,减少外壳的尺寸以降低咖啡壶外壳成本也许会增加控制面板、电子线路和加热器成本。成本分析包括5个次级作业。

1. 编制一份产品部件和功能清单。降低成本工作的第一步是列出产品的各个部件,明确各部件的功能和目前的估计成本。最初的产品设计和成本估计提供了这方面的信息。清单告诉我们满足顾客要求的必要部件和功能是什么,它还告诉我们为了提供这些功能可能需要花费多少成本。图8-3给出了假想咖啡壶的各个部件。

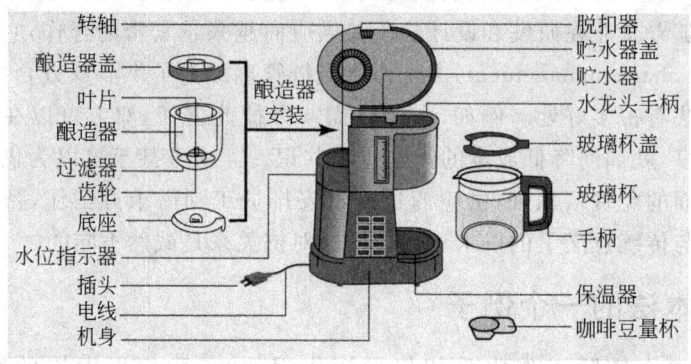

图8-3 厨房帮手公司拟议中的咖啡壶的主要部件

2. 编制功能—成本细目分类。咖啡壶的每一个零部件都执行一个具体的功能。下一步是识别功能和估计成本。功能—成本细目分类见表8-3。例如,酿造器的功能是研磨和过滤咖啡。酿造器目前的估计成本是9美元,占整个咖啡壶制造成本的18%。为了简便起见,我们经过合并处理,将咖啡壶分成几个功能和结构。进一步细分,可将酿造器或电子控制面板分成几个次级结构。所有零部件的总成本是50美元。

表8-3 厨房帮手公司咖啡壶功能成本细目分类

部件	功能	成本	
		金额/美元	百分比/%
酿造器	研磨和过滤咖啡	9	18
饮料瓶	保温	2	4
恒温控制加热器	保温	3	6
储水器	加水、储水	9	18
加热器	加热	4	8
电子显示面板	控制研磨/时间	23	46
合计		50	100

3. 确定顾客需求的相对等级。工程师根据产品的功能审视产品,而且常常与顾客观点相反。回想一下,厨房帮手公司确定了顾客看重的咖啡壶的 8 个特征。工程师看待产品功能的观点必须与顾客的观点相一致。我们必须将产品的功能与顾客需要的产品特点联系起来。为此,我们首先评估顾客看待产品各个特征的相对重要性。一个正式的调查可用于对顾客需求进行排序,该调查反映了预期顾客看待这 8 个特征的重要性顺序。根据调查结果,将各个特征的假定顺序列示在表 8-4 中。重要性顺序是根据利克特(Likert)5 分刻度计算出来的。5 分表明特征最重要,1 分表明特征最不重要。如表所示,咖啡的口感和气味是最重要的特征,而复合研磨设备是最不重要的。

表 8-4 顾客给厨房帮手公司咖啡壶特征的排序

顾客需求	顾客给咖啡壶特征的排序					相对顺序
	1			5		
	不重要			很重要		百分比/%
口感像意大利式浓咖啡					5	20
咖啡壶易于清洁				4		16
外观漂亮		2				8
6 杯容量			3			12
在规定时间自动启动				4		16
可加工任何咖啡豆	1					4
咖啡保温			3			12
自动关闭			3			12
合计						100

表 8-4 的最后一栏将特征重要性的最初评分转化成特征相对排序。总计功能评分为 25(5+4+2+3+4+1+3+3=25),每一个功能评分换算成累计得分 25 分的百分比。例如,咖啡口感得 5 分,累计分数是 25 分。因此,得分比例是 20%(5/25=20%)。这意味着,咖啡壶提供顾客价值的 100%,其中 20% 来自咖啡口感。

4. 将特征与功能联系起来。工程师们现在可以将特征的相对顺序转换成各个功能的重要性排序。因为部件执行产品功能,同时也是关键设计参数,这个步骤将顾客排序与最大限度满足顾客特定要求的部件结合起来。一种被称为**质量功能分配矩阵**(quality function deployment,QFD)的工具通常用于系统排列这三个变量信息(在一个矩阵中同时反映特征、功能和竞争力评价)。

功能分配矩阵强调了竞争性供给、顾客需求和设计参数之间的关系。表 8-5 举例说明了一个典型的厨房帮手公司咖啡壶功能分配矩阵。这个功能分配矩阵概括了如表 8-3 所示的产品功能信息和如表 8-4 所示的顾客排序信息。该矩阵还增加了市场研究阶段收集的其他两条信息:结构或设计参数与顾客需求之间的相关性信息;顾客如何评价竞争者提供的产品特征的信息。

该矩阵表明"像意大利式浓咖啡一样的口感"要求与咖啡酿造器和加热器设计有高度相关性。同样,咖啡壶能够盛装的咖啡杯数与储水器和卡拉夫瓶容量相关。该矩阵还

表 8-5 厨房帮手公司咖啡壶的功能分配矩阵

部件或功能→ 顾客需求↓	酿造器	卡拉夫瓶	咖啡保温器	储水器	加热器	控制面板	竞争者与我们的产品比较					顾客特征排序
							1	2	3	4	5	
口感像意大利式浓咖啡	▲			▲				■	□			5
易于清洁	●	●		▲				□	■			4
外观漂亮			▲		▲				□		■	2
6 杯容量		▲										3
按时自动启动						▲						4
加工各种咖啡豆	○			▲	▲			■	□			1
保温		●	▲						■	□		3
自动关闭						▲				□	■	3

设计参数和顾客要求相关系数
▲=强相关
●=中相关
○=弱相关

与竞争对手相比的等级:
■=竞争对手的等级
□=我们的等级

表明,对顾客而言最重要的特征是口感,我们口感的等级是 3,而竞争对手的等级是 2。厨房帮手公司由此可知,虽然公司咖啡壶的口感等级高于竞争对手,但是还远远没有达到顾客希望的口感等级。从表面上看,竞争明显导致外观漂亮的产品,其外观等级为 5。然而,这个特征的顾客等级是 2,这说明不值得花费太多的资源用于改进咖啡壶的外观。

5. 编制用相对值表示的顾客等级。功能分配矩阵提供了将特征等级转换成如表 8-5 所示的功能和结构等级的信息。这一点是非常重要的,工程师还需要另一条信息,即每一个部件对顾客特征的贡献百分比(见表 8-6)。如表所示,"口感像意大利式浓咖啡"这个特征是酿造器和加热器设计的一项功能(表 8-5 也能证实这一点)。工程师觉得酿造器和加热器对"口感"特征的贡献一样大。因此,他们给每一个结构分配 50% 的口感贡献率。"口感"特征的相对价值等级是 20%。因此,由于以上两个结构贡献度相同,我们给这两个结构分别分配 10% 的价值等级。表 8-6 的最后一行将各部件的价值贡献度用于各个特征,目的是得出部件的近似顾客价值。现在,酿造器的近似顾客价值是 15%,卡拉夫瓶的近似顾客价值是 10%,等等。注意,最后一行和最后一列的合计数分别是 100%。它们代表了不同的顾客价值观:最后一列代表特征价值,而最后一行代表提供特征价值的各个部件的价值。

实施价值工程 成本的 5 个分析步骤均完成以后,工程师将开始价值工程(VE)活动。在实施价值工程时,工程师集中分析产品各个部件的功能,试图在不降低产品必要的性能、可靠性、可维护性、质量、安全、再生性和有用性的前提下以最低的成本实现这些功能。例如,加热器的目的或功能是将水加热到一个特定的温度。价值工程要求实现以最低的成本在 3 分钟内将水温升高到 110 度这样的功能。价值工程既要分析产品,又要分析制造流程设计,同时通过产生简化产品和流程设计的创意降低成本。价值工程是目标成本的核心,它包括以下两个次级活动。

1. 识别成本可降低的部件。选择需要计算价值指数的部件。**价值指数**(value

表 8-6 厨房帮手公司咖啡壶：顾客要求的每个部件贡献百分比

部件→ 顾客要求↓	酿造器	卡拉夫瓶	咖啡保温器	储水器	加热器	控制面板	相对特征等级/%
意大利式浓咖啡	50％×20=10					50％×20=10	20
易于清洁	30％×16=4.8	10％×16=1.6		60％×16=9.6			16
外观漂亮				60％×8=4.8		40％×8=3.2	8
容量大于6杯		50％×12=6		50％×12=6			12
按时自动启动						100％×16=16	16
加工各种咖啡豆	5％×4=0.2					95％×4=3.8	4
保温		20％×12=2.4	80％×12=9.6				12
自动关闭						100％×12=12	12
转换部件等级	15.0	10.0	9.6	20.4	10.0	35.0	100

index)是顾客价值（重要性）和各个部件占产品总成本百分比的比率。对咖啡壶而言，价值信息列在表 8-6 的最后一行，而相对成本信息列在表 8-3 的最后一列。这两个数字都是以百分比的形式表示的。表 8-7 给出了价值指数的计算，并给出了成本降低的含义。价值指数小于 1 的部件是价值工程的备选项目。高价值部件是有待提高的备选项目，因为我们在这些部件上为顾客看重的产品特征花费太少。这些部件呈现了提高产量的机会。图 8-4 描绘了成本和相对重要性。

表 8-7 厨房帮手公司咖啡壶的价值指数

部件或功能	部件成本/% （占总成本百分比）（表 8-3）	相对重要性 （表 8-6）/%	价值指数 （第 3 栏÷第 2 栏）	隐含行动
酿造器	18	15.0	0.83	降低成本
卡拉夫瓶	4	10.0	2.50	提高产量
咖啡保温器	6	9.6	1.60	提高产量
储水器	18	20.4	1.13	维持现状
加热器	8	10.0	1.25	提高产量
电子显示面板	46	35.0	0.76	降低成本
合计	100	100		

图 8-4 的最优价值带表明，在这个价值段不必采取行动。最优价值带是基于经验和目标成本组成员的意见确定的。通常，价值指数图底部的最优目标价值带比较宽，这表示低重要性和低成本；价值指数图顶部的最优目标价值带比较窄，这表示产品特征比较

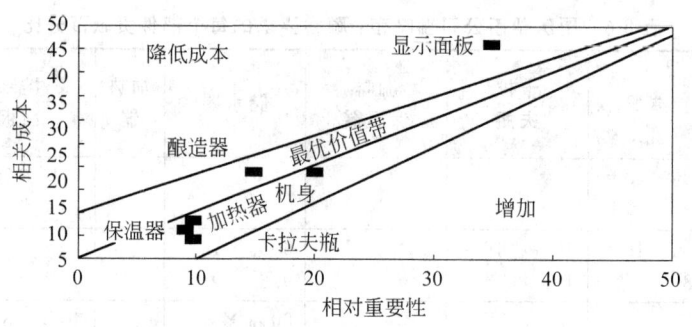

图 8-4 厨房帮手公司咖啡壶的价值带

重要,也表示成本变动更大。图中最优价值带上部区域表示成本有待降低的备选部件。图中最优价值带下部区域是有待提高的备选部件。

2. 提出降低成本创意。工程师们借助创造性思维和集思广益来设法确定什么可以降低,什么可以消除,什么可以合并,什么可以替代,什么需要重新安排,什么可以提高,从而以更低的成本提供相同水平的部件功能。表 8-8 列举了一些降低成本的创意,厨房帮手公司可以考虑用这些创意降低电子显示面板的成本,或者根据价值指数确定成本降低的主要目标。减少部件数量、简化装配和不做超出顾客需要的产品工程设计有可能会降低成本。最后,测试和实施创意是价值工程范畴的最后一项活动。评估有前景的创意,以确保它们在技术上可行并能为顾客所接受。

表 8-8 厨房帮手公司咖啡壶:降低成本的电子显示面板设计创意

面板部件	降低成本方面的创意
电源	降低电耗——在目前的设计下该电耗远远超过了所需
弹性回路	取消弹性回路。改用线路板
印刷电路板	对电路板的参数进行标准化。采用大批量生产的零件
计时器	与印刷电路板整合在一起
中央处理芯片	用标准的 8088 芯片取代定制设计
加热器连接装置	重新为电路板布设电路板,与加热器进行连接

应用目标成本法应注意的问题

虽然目标成本法具有某些明显的优点,但有研究表明,目标成本法在实践中存在潜在的问题,特别是在为了满足目标成本而忽视对公司整体目标的其他要素的关注时。[①] 下面是几个例子。

1. 缺乏对目标成本概念的理解。对于西方的很多人来说,目标成本并非一个主流观念。由于缺乏对目标成本优势的理解,很多高级管理者对目标成本思想持拒绝态度。

---

① M. Sakurai, "Past and Future of Japanese Management Accounting," *Journal of Cost Management*, (Fall 1995):1-14; and Y. Kato, G. Boer, and C. W. Chow, "Target Costing: An Integrated Management Process," *Journal of Cost Management* (Spring 1995):39-51.

实例

目标成本法和 M 型奔驰汽车

20 世纪 90 年代初期,奔驰汽车公司想开发一条新的 SUVs 生产线,即 M 型奔驰汽车生产线。该生产线于 1997 年在亚拉巴马州土斯卡鲁沙(Tuscaloosa)的工厂投产。奔驰公司决定在成本发生之前运用目标成本帮助定义成本。在投产之前,奔驰公司依靠有关顾客、设计、产品和市场的大量调研确定安全、舒适、经济和款式是顾客关心的 4 个关键特征。工程师确定汽车的关键部件是底盘、传动装置、电力系统和其他系统。

奔驰公司运用类似厨房帮手公司咖啡壶案例中讨论的方法确定了顾客需求和工程部件之间的关系。下面的例子说明 M 型奔驰汽车最后的价值指数是怎样的。价值指数表明底盘和空调都是可以改进的,而传动装置、电力系统和其他系统成本都可能降低。

部件或功能	边界成本(占总成本百分比)/%	相对重要性/%	价值指数	隐含行动
底盘	20	33	1.65	提高
传动装置	25	20	0.80	降低成本
空调	5	7	1.40	提高
电力系统	7	6	0.86	降低成本
其他系统	43	35	0.81	降低成本

资料来源:Professor Thomas L. Albright,"Use of Target Costing in Developing the Mercedes-Benz M Class"(亚拉巴马州立大学课堂陈述)。

2. 难以实行有效协作。协作和信任危机可能导致实施目标成本过程中的重大困境。为了保证时间进度和降低成本,企业通常会给转包商和供应商施加过大的压力,这将导致转包商的疏远和合作关系的最终破裂。当组织的其他成员没有成本意识时,设计工程师会变得烦躁不安,他们认为自己为了从产品成本中节省每一分钱付出了太多的努力,而组织的其他部门(行政、营销、分销)却在浪费资金。因此,许多组织必须完善目标成本得以成功实施的协作、信任和合作水平。

3. 使员工过于疲惫。许多日本公司的员工在目标成本的持续压力下感到心力交瘁,工作效率急剧下降。设计工程师是这方面"受害最深"的人。

4. 过长的开发时间。虽然目标成本可以实现,但为降低成本需要反复实施价值工程,从而延长开发时间,最终导致产品上市时间延迟。对某些类型的产品,延迟 6 个月上市可能比小额成本超支耗费更多。

有些公司可能认识到能够对这些因素进行管理,那些有兴趣应用目标成本法的公司在试图应用这种方法降低成本前应充分考虑这些因素。必须认真考虑 MACS 设计中的行为因素,特别是对员工进行激励而不是让其筋疲力尽(我们将在第9章更详细地讨论这些问题)。尽管有这些批评,目标成本法在产品生命周期的关键阶段(研发和设计阶段)能为工程和管理人员提供降低产品成本的最好手段。

日本 Kobe 大学为此作过一次调查,收回的问卷表明,100%的运输设备制造商、75%的精密设备制造商、88%的电子制造商和83%的机器制造商声称自己在应用目标成本法。① 这些公司的成本改善法和JIT制造系统的回报率持续下降,正在寻找新的机会,通过致力于研发和设计阶段可以实现的成本节约来降低制造成本和服务成本。②

在美国,目标成本法被视为一种管理方法,而不仅仅是一种成本控制的方法,更是一种利润计划和成本管理综合的方法。波音公司、得州仪器公司、伊士曼—柯达公司和戴姆勒—克莱斯勒公司等公司在公司业务中成功地应用了目标成本法。③

8.3 盈亏平衡时间:新产品开发的综合指标

新产品开发需要组织内多个部门的共同努力(营销、工程、财务、运营、销售和服务)。在很多公司,上述各部门的工作并未得到良好的协调,每一个部门独自完成自己的工作:从一个或多个部门接到待加工的工作,进行自己的工作,然后将完成的工作交给下一个部门。这种各自为政、以部门为单位的作业方式会造成各部门间的推诿,从而导致延误、提高了成本,并且经常出错。

产品开发延误这一问题尤为严重,因为某种产品推向市场延迟6个月就有可能让公司付出高达产品整个生命周期内的利润的35%,这比超出项目的研发预算10%造成的损失还要巨大。正如我们在前面所描述的,目标成本法可以有效地降低产品的完全生命周期成本。但是与所有的基于成本的方法一样,它并未反映与为顾客和股东创造价值有关的所有经济因素。试图管理无形资产(如新产品渠道)的公司尤其需要非财务指标,这正是我们在第2章所介绍的平衡计分卡的动力所在。

数十年前,惠普公司的工程师为了促进和衡量在产品开发周期中的跨职能整合的效果,发明了一种用于产品开发流程的综合指标,这一指标被称为**盈亏平衡时间**(breakeven time,BET)。④ BET测量的是从项目开始到产品推向市场并且所赚取的利润足以弥补开发阶段的初始投资的时间长度(见图8-5)。BET用一个指标反映了有效的产品开发流程中的三个关键要素。第一,公司要在研发和设计阶段实现盈亏平衡,其在产品开发过程

---

① Kato et al. , "Target Costing".

② R. Cooper and R. Salgmulder, *Target Costing and Value Engineering* (Portland, OR: Productivity Press, 1997).

③ J. Dutton and M. Ferguson, "Target Costing at Texas Instruments," *Journal of Cost Management* (Fall 1996):33-38.

④ Charles H. House and Raymond L. Price, "The Return Map: Tracking Product Teams," *Harvard Business Review* (January-February 1991): 92-100; also Marvin L. Patterson, "Designing Metrics," Chapter 3 in *Accelerating Innovation: Improving the Process of Product Development* (New York: Van Nostrand Reinhold, 1993).

中的投资必须能够收回。因此，BET 要求对设计和开发流程中的所有成本进行追踪。①它为提高产品开发流程的速度和降低产品开发流程的成本提供了激励。第二，BET 强调赢利能力。它鼓励营销经理、生产工人和设计工程师们联手开发能够满足实际顾客需求的产品，包括以具有竞争力的价格通过高效的销售渠道提供产品，而且生产成本应当能够保证公司赚取足以弥补产品开发投资成本的利润。第三，BET 是用时间来计价的：它鼓励先于竞争对手推出新产品，从而保证更快地实现更高的销量来偿还产品开发投资。

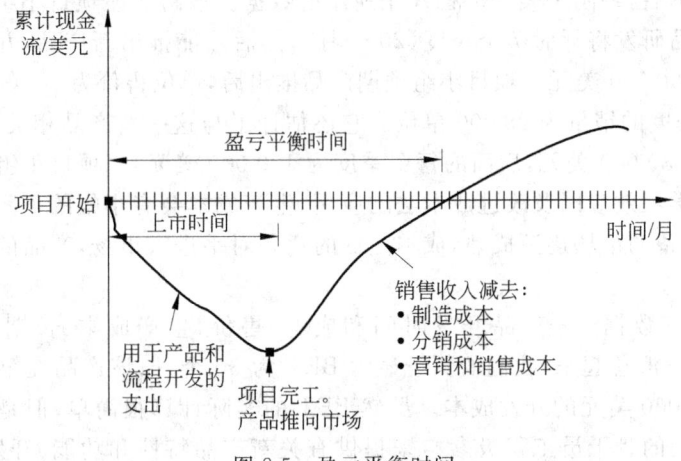

图 8-5　盈亏平衡时间

除了 BET 指标的技术层面（我们将在后面介绍）以外，成功地改善综合指标可以鼓励组织内跨职能的合作和整合。它可以将来自不同领域的人们在每一个产品开发项目开始之初聚在一起，估计完成各自任务所需的时间和资金，以及他们的努力在整个项目取得成功中的作用。这一指标能够促进项目中来自多种职能部门的人们之间的讨论和决策制定，因为人们可以得到有关项目、顾客和竞争对手的更多的信息。

盈亏平衡时间图（见图 8-5）将累计利润标注在 y 轴或称纵轴上，将所花费的时间标注在 x 轴或称横轴上。最开始的时候，公司将资金花费在市场调研和制定新产品的技术规格（如新产品的性能、目标成本和价格、拟议的生产技术和流程的可行性、初步项目方案）上。在项目之初的这些初始成本导致项目的利润曲线向下弯曲，因为在该点项目是不赢利的。如果项目获批进行进一步的研发，那么会发生更多的成本，用于产品开发、价值工程、原型研制、测试以及设计调整，从而研制出与生产流程相匹配的可行的产品。当公司决定生产、销售和运送产品时，研发和设计阶段就结束了。

随着生产阶段产量不断提高，将实现销售，并且如图 8-5 中所假设的，如果销售收入超过产品的生产、营销、销售和分销成本，那么累计赢利能力曲线最终将向上弯曲。最后，公司希望产品推出后的头几年所赚取的利润可以偿还前端营销调研以及所有的研发和设计成本。BET 测量的是弥补这些初始成本需要多长时间。当然，其目标并不仅仅是

---

① 出于财务报告的目的，研发成本在每一个报告期间（财政年度的季度）计入费用，因此很多公司都没有在一个账户中对研发和设计阶段所需的多个期间的一个项目的总支出进行累积。

达到盈亏平衡,而是要凭借推出新产品来赚取丰厚的利润。为了便于分析,惠普公司的工程师们发现将焦点放在实现项目的盈亏平衡所需的时间上可以在营销、工程、生产、财务、销售、物流和服务等部门的员工之间促进有效的、彼此合作的对话。①

我们用一个简单的例子来说明。我们先来看一下表 8-9 框 A 中 Greyson 技术公司推出一种新的数字通信设备的数据。该项目的跨职能项目小组在充分讨论了新产品的技术规格、预计的研发和设计时间、可能的售价、生产成本、销售率以及增量营销、分销、销售和服务成本后,编制了表 8-9 框 A 中所示的数据。该跨职能项目小组预期市场调研及接下来的产品研发将耗时 7 个季度(20 个月),然后才能推出新产品,并且在这一期间的总开支为 1 090 000 美元。项目小组预期产品推出后,单位售价为 20 美元,单位成本为 12 美元,第一季度的销量为 25 000 单位。它还估计了与这一新产品相关的 MSDA 成本(第一个季度为 80 000 美元,后面的每个季度为 120 000 美元)。项目小组预计在生产的头几个月由于学习效应以及改进成本法的应用,生产成本会有小幅的下降。项目小组还预测,随着该设备的市场逐渐成熟,成本更低的竞争对手进入市场,产品的售价和边际利润将开始降低。

将上述所有数据——产品开发时间和成本、售价、生产成本、长期内的销量以及 MSDA 成本——汇总起来,我们的例子显示 BET 为 30 个月;该产品在第 3 年的第二个季度收回 1 090 000 美元的开发成本。虽然 BET 的实际计算很简单,但是其计算过程要求来自多个部门的骨干员工积极参与来提供有关新产品特性和功能、开发时间和成本、预期的售价和销售量以及在产品的有用的生命周期内的预期生产成本和 MSDA 成本。

凭借 BET 指标,产品开发小组可以对产品开发流程中的关键参数进行敏感性分析。很多公司在财务状况出现困难时都会降低对于新产品开发的投入。但是这么做会推迟产品上市的时间;在这个被推迟了的时间,产品很可能成为追随者而不是领导者;因此,产品的售价可能降低,销售量可能也更少。按季度编制的财务报告反映了对研发和设计的支出减少所带来的好处,却并未反映产品推迟一两年上市所造成的未来在收入和利润方面的损失。有了类似 BET 这样的指标,Greyson 技术公司的管理者可能会意识到现在降低研发和设计支出将对今后的现金流造成更为严重的影响。

我们接下来再看表 8-9 框 B 中给出的另一番景象:产品开发小组在研发和设计阶段加大支出力度以加快产品开发速度。例如,他们计划在第 1 年第 3 季度和第 2 年第 2 季度之间将每季度的支出增加 50 000 美元,提高到 250 000 美元。由于更高、更密集的支出,Greyson 技术公司得以提前 3 个月将产品推向市场。这使得产品能够比竞争对手更快地上市,在竞争对手推出具有类似功能的产品之前有更长的领先时间。因此,初始的售价将提升 10%,第一阶段的销售量也更多。尽管在框 B 给出的场景中研发和设计的总支出更高,Greyson 技术公司却在第 3 年第 1 季度就达到了盈亏平衡,比框 A 中给出的场景提前了 5 个月。此外,除了盈亏平衡时间外,因为凭借新技术最先上市的优势,框 B 中给出的场景的可持续利润也高出很多。

---

① 正如惠普公司所引入并且在这里介绍的,BET 指标并不说明货币的时间价值。对于大多数研发项目,要在多年内进行 BET 测量,这么做过于简化了。一个简单的扩展法是利用净现值法(本书中不作讨论)来计算折现后的盈亏平衡时间指标,它通常会比本章所介绍的未折现的指标长。

表 8-9 Greyson 技术公司的新产品引入

框 A

	Y1, Q1	Y1, Q2	Y1, Q3	Y1, Q4	Y2, Q1	Y2, Q2	Y2, Q3	Y2, Q4	Y3, Q1	Y3, Q2	Y3, Q3	Y3, Q4
市场调研*	(100)	(50)					(60)					
产品开发*		(80)	(200)	(200)	(200)	(200)						
售价							20	20	20	19	19	18
单位成本							12	11	10	10	10	10
毛利/单位							8	9	10	9	9	8
销量*							25	40	50	50	50	50
贡献							200	360	500	450	450	400
MSDA 费用*							80	100	120	120	120	120
产品利润							120	260	380	330	330	280
季度损益*	(100)	(130)	(200)	(200)	(200)	(200)	60	260	380	330	330	280
累计损益*	(100)	(230)	(430)	(630)	(830)	(1 030)	(970)	(710)	(330)	—	330	610

框 B

	Y1, Q1	Y1, Q2	Y1, Q3	Y1, Q4	Y2, Q1	Y2, Q2	Y2, Q3	Y2, Q4	Y3, Q1	Y3, Q2	Y3, Q3	Y3, Q4
市场调研*	(100)	(50)				(250)						
产品开发*		(100)	(250)	(250)	(250)							
售价						22	22	22	22	20	20	20
单位成本						12	11	10	10	10	10	10
毛利/单位						10	11	12	12	10	10	10
销量*						30	40	50	50	50	50	50
贡献						300	440	600	600	500	500	500
MSDA 费用*						80	100	120	120	120	120	120
产品利润						220	340	480	480	380	380	380
季度损益*	(100)	(150)	(250)	(250)	(250)	(30)	340	480	480	380	380	380
累计损益*	(100)	(250)	(50)	(750)	(1 000)	(1 030)	(690)	(210)	270	650	1 030	1 410

* 以千为单位

其他需要考虑的场景中可能包括创新功能不太强的产品,其开发时间较短、费用较低,但是市场份额也较低,而且售价较低,BET 较长。相反,在项目开始时,产品开发小组也可以争论试图满足营销调研中了解到的高标准的技术规格导致的时间更长、费用更高的产品开发流程的后果。

BET 指标并非决策制定工具。不过,它的确为跨职能产品开发小组提供了一个手段,可以据此开展富有成果的讨论,并在新产品建议的时间、成本和功能性以及产品的预期销售量和售价、生产成本及其他组织成本之间进行权衡。

8.4 平衡计分卡的创新指标

BET 指标是在管理公司的完全生命周期成本时使用非财务指标来辅助目标成本等财务指标的一个很好的例子。在进一步探讨其他**创新的非财务指标**(nonfinancial measures of innovation)之前,我们先来介绍公司用来激励和评估其创新和产品开发流程的成功的其他财务指标。3M 等公司的战略是不停地推出新产品,它们利用过去 24 个月内推出的产品的销售收入所占百分比来衡量自己在这方面做得是否成功。还有一个测量新产品成功与否的财务指标是新推出的产品的毛利率。那些仅依赖类似来自新产品的收入所占百分比这样的单一的创新指标的公司有可能发现,工程师们会开始推出仅仅是现有产品线的扩展的所谓新产品。例如,激光打印机刚推出时是一个重要的新产品平台。然而该产品添加了更多新设计性能的 2.0、3.0 和 4.0 版本从根本上说只是对最初的产品平台创新的改良。新的版本替代了(有些人会说是蚕食了)现有的版本,因此新产品的销售收入将上升。但是随着时间的推移,公司的产品将变得陈旧,被竞争对手所仿效,最终产品价格和毛利率都将下滑。

真正具有创新性的新产品,例如亚马逊的 Kindle 电子书阅读器和苹果的 iPad,会带来远远高于现有产品的毛利率。因此,要评估新产品推介是否成功,一个颇具吸引力的财务指标是新产品的毛利率。一种革命性的产品的 1.0 版本的毛利率将很高,而 10 年后该产品的 9.0 版本的毛利率将与其所替代的版本的毛利率持平或者是更低。

然而,财务指标自身并不能推动公司在新产品开发方面的成功。公司,尤其是那些遵循创新和产品领先战略的公司,需要利用非财务指标来激励和评估自己的创新活动。下面我们介绍有可能出现在公司的平衡计分卡的流程视角以评估其创新流程的效果和效率的几个目标和指标。

市场调研和新产品创意的提出

市场调研和创意阶段的一些典型的目标和指标为:

提出新创意的目标	指　　标
预测未来的顾客需求	• 与目标顾客相处,了解他们未来的机遇和需求的时间 • 根据顾客提供的信息推出的新的项目的数量
发现和提出新的、更为有效的或者是更为安全的产品/服务	• 供开发的新项目或新概念的数量 • 提出的新的价值增值服务的数量

设计、开发和推出新产品

新产品和服务的创意被接受之后,我们可以想到各种用来指导研发和设计阶段的目标和指标。

管理研发和设计流程的目标	指标
开发具有卓越性能的创新性的新产品	• 产品在项目渠道中的潜在价值 • 基于渠道中的产品原型的顾客反馈和销售收入预测 • 专利的数量;专利被引用的数量①
缩短产品开发周期	• 按时交付的项目的数量 • 项目在开发流程的开发、测试和推出阶段平均花费的时间 • 研发和设计总时间:从创意到市场
管理开发周期成本	• 在每一个开发阶段的实际项目支出与预算项目支出
新产品投入大规模生产	• 新产品的制造成本:实际成本与目标成本 • 新产品失败的次数或者说是顾客退货的次数 • 产品担保与现场服务成本 • 顾客对于所推出的新产品的满意度或投诉

新产品开发流程是组织要实施的最为重要的一个流程,它可以帮助组织避免在无差异产品和服务上的极为激烈的价格竞争。然而很多公司的管理会计系统却仅仅关注运营和生产成本,对于创新流程却并不重视。其结果就是,它们的创新流程耗时更久、成本更高,开发的产品的价格过于高昂。本章我们介绍了用来提高创新流程的效果和效率的新的管理会计工具,如目标成本法和非财务指标。

实例

生命周期收入:电影业的情况

本章我们介绍了生命周期成本法。这个问题的另一面则是生命周期收入。我们可以电影业为例来了解生命周期收入。

2008 年,全球消费者以各种形式观看美国电影支出了超过 500 亿美元。直到 20 世纪 70 年代初,美国的消费者欣赏一部电影的方式还很有限:他们可以在影片上映期间观看、在影展或电影怀旧展观看,或者是在影院放映结束很久以后通过美国的三大电视网(ABC、NBC 和 CBS)中的某一个观看。在那段时期,电影公司的收入主要来源于院线放映、国际销售和电视网。

---

① 专利及专利被引用的数量在 B. Lev, *Intangibles: Management, Measurement, and Reporting* (Washington, DC: Brookings Institution Press, 2001):57-61 中被作为调研结果的一个重要指标。

如今，随着内容提供系统不断发展，消费者的观影选择以及电影公司的收入来源得到了极大的丰富。由于电影公司从各种各样的来源获得收入，新的技术使得电影业在动荡的年代仍然能够赢利。尽管如此，一部电影的票房收入仍然是衡量其成功程度的唯一最为重要的指标，也是评估电影业趋势的一个关键手段。

为了获得最高的电视许可收入，电影公司将影片的发行分为一个个被称为"展映窗口"的时间段，如下表所示。

电影的展映窗口

来源	窗口
国内院线（电影院）	最早的院线放映为2周到6个月
家庭录像（录像带/DVD）	在向收费点播授权之前只有6周的排他性窗口
收费点播	在向高端付费频道授权之前有2~6周的排他性窗口
高端付费频道（付费电视）	在向电视网和有线电视授权之前有最长为18个月的排他性窗口
电视网（免费）或有线电视	在向辛迪加授权之前有长达12~18个月的时间
辛迪加	在电视网或有线电视上可放映60个月

注：在上述发行渠道和窗口中省略了海外销售、旅馆和飞机上放映、校园展映、视频游戏、电影周边产品和主题公园。海外销售通常在美国国内最早的院线放映开始后进行。在每一个地区都针对不同的渠道规定了不同的窗口。根据大片改编的视频游戏有时候能够赚到与票房收入相当的收入。

国内院线。2008年，美国的整个票房收入达到了创纪录的98亿美元。然而，虽然这一数字很令人振奋，但是实际上去电影院观看电影的人所占的百分比却出现了下滑。票房收入达到这一历史高度主要应归功于电影票价格的大幅提高。2008年，电影盗版，尤其是非法的网络下载使得电影公司的收入减少了超过61亿美元。

面对光顾电影院的影迷数量的减少、来自其他娱乐形式的竞争以及内容的被盗版，大型电影公司正在不断寻找新的收入来源。目前，除了电影院的票房收入外，电影公司最主要的收入来源包括家庭录像，电视网、卫星电视和有线电视，国际发行，互联网，移动设备。

家庭录像。20世纪70年代中期，VHS格式的家庭录像带作为院线放映后获利丰厚的选择方式的发展从根本上改变了电影业的经济格局和市场实践。1997年，第一部DVD机在美国销售。DVD迅速成为行业的标准，如今新影片的VHS录像带已经不再生产了。2008年，DVD的销售收入达162亿美元，DVD租赁的收入则为75亿美元。然而，DVD的销售却开始出现下滑。基于2008年下滑9%这一数据，预计2009年DVD销售收入将下降8%。DVD销售收入下降的原因包括DVD的价格过高、经济的低迷以及DVD租赁网站的风靡。

行业分析师认为，一旦蓝光播放器和蓝光硬碟的价格出现大幅下降，DVD将被蓝光硬碟所取代（不过蓝光的市场渗透速度远远慢于人们的预期）。有些人认为所有的物理碟片都将被淘汰，消费者将直接通过互联网来源（如Netflix和iTunes）获得流媒体或者是通过卫星来观赏影片。

正如上表所显示的，在最早的院线放映（持续2周到6个月）之后，下一个窗口就是家庭录像，其获得的有保证的排他期最高为6周。Paul Kagan & Assoiates的高级分析师拉里·格布兰特（Larry Gerbrandt）说，家庭录像租赁市场上一个鲜为人知的秘密是录像租赁公司的利润主要来自逾期罚金。

收费点播（PPV）。下一个窗口是收费点播（PPV）。有线电视和卫星电视的用户可以直接向从所有的主要电影公司获取影片放映许可的联合企业付费点播电影。刚开始，这一窗口是在院线放映大约7个月后才开放，以避免与录像租赁形成竞争。但是当20世纪90年代末电影公司开始发行DVD而且备受欢迎之后，由于有线电视和卫星电视供应商纷纷抱怨自己拿到影片许可的时间过晚，无法与DVD相抗衡，这一窗口不得不提前了。尽管有人认为PPV可以提供可观的现金流，然而美国的六大电影公司来自PPV的收入始终表现平平。

高端付费频道。第四个窗口是高端付费频道，它开始于电影在院线上映后1年。三大付费电视频道是HBO、Showtime和Starz。这个窗口持续的时间最长为18个月。在一年内播放某家大型电影公司的影片的许可费是根据影片在美国国内票房的表现决定的，大片的许可费可能高达2 000万～2 500万美元，不过大多数影片的许可费大约为700万美元。

电视网或有线电视。第五个窗口是电视网或免费电视。这个窗口持续的时间为12～18个月。电视网和有线电视台彼此竞争播放某部电影的权利。一般来说，一部影片的许可费介于300万美元和1 500万美元之间，具体取决于影片的票房情况以及播放的次数。20世纪40年代电视诞生之时，好莱坞的电影公司最初将其视为威胁而不是机遇。然而，随着时间的推移，电影公司发现将影片授权给电视台是非常有利可图的。2005年，美国的六大电影公司通过将自己制作的电影和电视剧集授权电视网和电视台赚取了大约177亿美元的收入。

辛迪加电视台。最后一个窗口是辛迪加电视台。辛迪加电视台是指地方电视台可以投标争取电影的放映权，并且最多可以放映5年。在最大的电视市场上，电影公司可能就一部大片的辛迪加电视权收取高达500万美元的费用。

国际发行。20世纪60年代以来，国际票房占了美国几大电影公司来自电影院市场的总收入的将近一半。在国际上，美国电影的市场仍在不断增长。据估计，2008年海外的消费者花费近180亿美元观看美国电影（全球票房收入为280亿美元，其中包括近100亿美元的美国国内票房收入）。美国最大的海外电影市场是英国、日本、德国、法国、西班牙以及澳大利亚/新西兰。当然，180亿美元的票房收入并不是都进了美国电影公司的腰包，发行商拿走了大约50%的票房收入。

电视放映权在海外同样利润丰厚。电影公司通常以打包的形式将6～10部电影卖给海外电视网。电影公司按照自己的标准将许可费在这些影片之间进行分配。2003年，海外电视放映权的收入大约为17.6亿美元，其中一半来自传统的电视台和电视网，另一半来自收费电视。

20世纪80年代晚期随着有线电视和录像的发展，海外非院线市场也得到了发展。20世纪90年代，海外家庭录像市场超过海外院线市场，成为好莱坞电影公司最大的海外收入来源。据估计，到2011年，美国影片的海外收入将增加到416亿美元。

互联网和移动技术。正如历史所证明的，新技术可能带来迄今尚未有过的最为丰厚的收入来源。新技术(如智能手机)在市场上渗透的速度是制约新产品(如可下载电影)的扩散速度的因素。好莱坞注意到了文件共享是如何对音乐产业造成近乎毁灭性的打击的,因此已经做好了迎接类似威胁的准备。基于它们与电视和家庭录像的经历,电影业正在试图确定一个新的赢利模型来发掘互联网作为新的收入来源的潜力。

电影公司最为关注的问题是保护版权。电影公司担心影片一旦在网络上以数字形式发布,自己就会丧失对其后续使用和传播的所有控制权。为了保持对在线内容的控制,电影公司正在与计算机行业携手研制硬盘的拷贝保护技术。例如,微软公司已经开发了一个数字权力管理系统,在没有签名的软件运行时阻止DVD限制性内容的播放以避免没有签名的软件读取DVD的内容。DVD租赁公司和电影公司已经制定了一个新的商业模式,不过数字下载和按需录像(VOD)要想成为重要的收入来源还需假以时日。Netflix和Blockbuster通过与数字视频录制服务商TiVo联手,正在开发数字娱乐服务,据称可以让消费者在线订购电影,然后可以将电影下载到他们的TiVo设备上,画面和音质完全能够比拟DVD。沃特·迪斯尼最近加入了新闻集团(News Group)和环球电影公司(Universal Studios)的阵营,向Hulu.com提供资金和内容支持。沃特·迪斯尼不仅会提供归档的电视节目,而且会从自己的电影宝库中选取影片。Hulu.com与内容伙伴按照收入共享的方式经营。

消费者如今已经可以直接将电影下载到自己的iPod、iPhone和其他移动设备上了。据估计,截至2011年,这些所谓的智能手机的数量将在全球达到26亿部。不难想象,如果能够采取适当的商业模式,电影下载具有成为电影公司丰厚收入来源的潜力。作出预测并不容易,但是有人估计在今后几年,美国和西欧的网络电影下载收入有可能达到13亿美元。

资料来源:Adapted from S. Mark Young, James J. Gong, and Wim A. Van der Stede, "The Business of Making Money with Movies," *Strategy Finance* (February 2010):35-40.

8.5 环境成本法

我们已经为完全生命周期传播(TLCC)开发了管理会计工具来帮助管理前端产品开发循环以及中长期生产和运作阶段。但是所有的好东西都是有尽头的,公司必须面对产品生命结束后的成本问题。在今天的商业环境中,环境改善保护、改良和管理已成为商业活动需要考虑的重要方面。**环境成本法**(environmental costing)涉及选择在处理环境问题上与需求方的理念和实践相一致的供应商,处理生产过程中的报废产品,以及将售后服务与处置问题纳入管理会计系统。

控制环境成本

第5章介绍的作业成本法可以很容易地应用于环境成本的测量、管理和减少。第一,识别产生环境成本的作业。第二,分配与这些流程相关的组织成本。第三,将这些成本分配给造成环境问题或者是从与环境保护或环境补救(remediation)相关的流程中受益的产品、分销渠道和消费者。不进行测量就无法管理,因此通过测量并让管理者和员工意识到与其设计、生产、分销和消费活动相关的环境成本,可以提高其控制和降低成本的能力。

在环境成本法中应用作业成本法时,首先要从一般间接费用池中扣除与环境有关的所有成本。然后利用作业成本法将这些成本直接追踪到产品和服务。例如,类似污染控制设备、原材料和能源的应用等成本可以被直接追踪给产品。此外,一些隐藏的、不那么有形的成本和好处,如排污控制设备的资本成本、监控和检测成本以及产品赔偿金,也可以被追踪到从这些支出中受益的产品。从间接费用中扣除环境成本并将其准确地分配给具体的产品可以极大地降低对产品成本核算的扭曲,并且可以引起人们对于降低具体的产品与环境相关的成本的进一步的关注。

作业成本法也适用于产品生命周期的最终阶段。在欧洲这尤其重要,因为欧洲的环境立法迫使越来越多的公司承担起在产品生命的最终阶段进行"回收"和处理的责任,并且大力改善生产设施用地的状况。希望尽最大可能降低产品回收、循环利用和场地清理成本的公司需要在生产和流程设计阶段就认识到环境成本并认真予以考虑,因为此时是其影响最大的时候。综合性的作业成本模型有助于识别并避免和削弱与环境损害相关的所有活动和资源总成本。现有的环境成本必须被正确地分配给当前产品和过去的产品。如果在眼下的生产成本中忽视未来的处置、循环利用和补救成本,那么将低估眼下产品的生产成本总额。

环境成本可以分为显性的和隐性的两类。显性成本包括改进技术和流程的直接成本、清理和处置成本、运行设备的许可成本、政府机构征收的罚款和环保费用。隐性成本通常与监控环境的基础设施密切相关。这些成本通常包括管理和法律咨询、员工的教育和培训以及发生环境灾难时企业的商誉损失。

日本东芝公司引入了环境会计概念,为公司的环境管理行动提供信息。图8-6展示了日本东芝公司的一个模型。该模型使用了一个评估内部和外部收益、环境风险和竞争优势的结构,反映了环境成本和环境收益的平衡关系。2009财政年度,东芝公司的环境成本总额比2008财政年度降低了10.5%。① 图8-7显示了东芝公司半导体部门的预期环境影响。图8-8则给出了索尼集团在生产中的能源和资源消耗的类似总结。

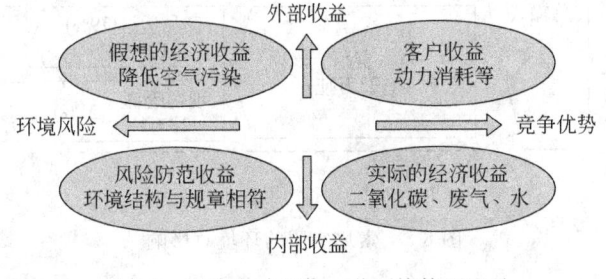

图 8-6　环境会计用作一种环境管理工具

---

① 这一信息来自东芝公司的网站:http://www.toshiba.co.jp/env/en/management/account.htm。

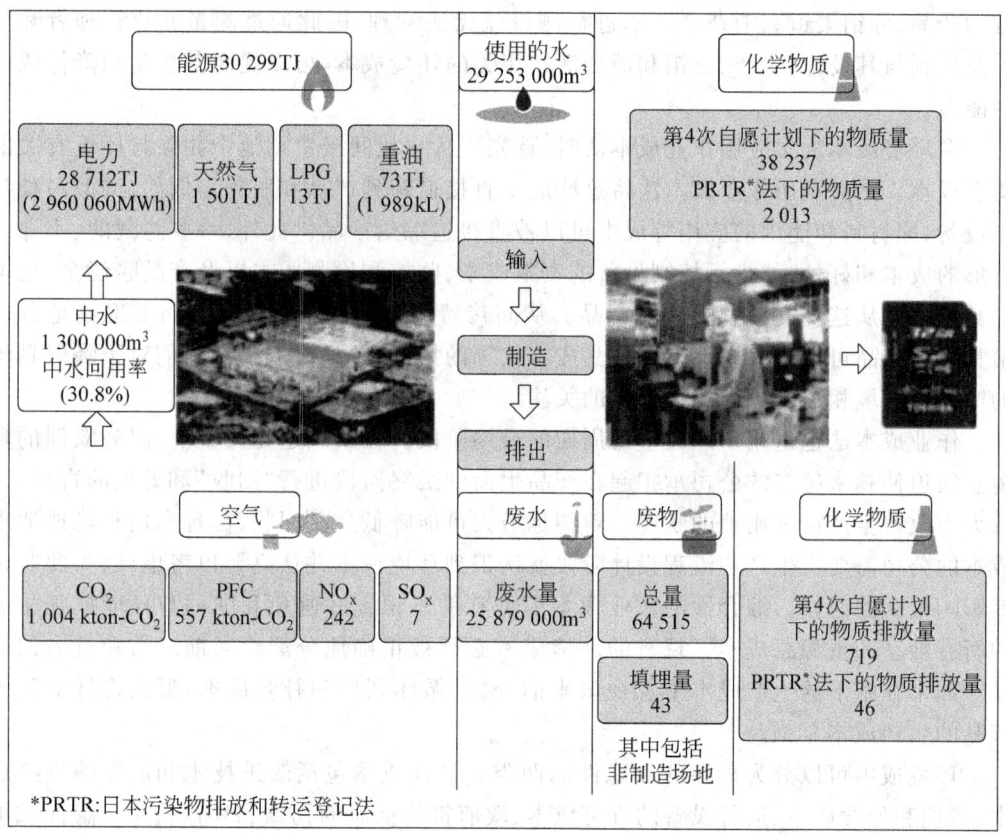

图 8-7 东芝公司半导体部门的环境影响总结

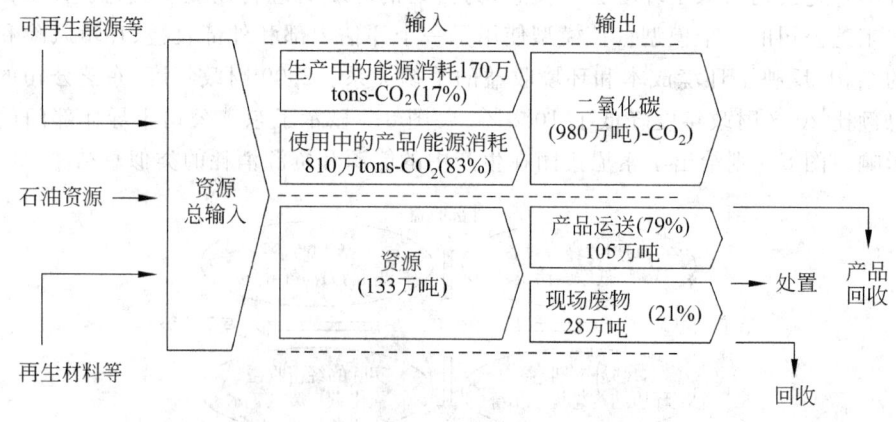

图 8-8 索尼集团的环境总影响

实例

思科公司的回收和循环利用项目

思科公司采取了一个回收和循环利用项目来降低与追踪、存储和管理多余的或过时的思科网络系统和 IT 资产相关的成本。这个项目使得客户和合作伙伴可以将思科产品运回思科公司,由思科公司负责按照现有的和未来的规章制度的要求以环境安全的方式进行循环利用。

Dimension Data 是一家知名的服务提供商,也是思科产品的价值转售商。Dimension Data 的一位经理评论说:"很多公司在发标时都要询问与废旧产品回收相关的环保政策。通过与思科公司努力合作,来重新利用或循环利用到了生命周期尽头的产品,我们可以……与(回收)法定要求相符。我们有最大化地利用这一项目的环境责任和社会责任。"

思科公司与回收企业合作以确保符合最高标准,并实施对设施以及下游熔炉和处理设备的审计。通过这种方式,思科公司确保送给回收企业的废旧产品中仅有 0.5% 要被送到垃圾填埋场,这一比例远远低于任何法律规定的标准。

资料来源:Cisco website, retrieved August 21, 2010, from http://www.cisco.com/web/about/ac227/ac228/ac231/docs/DimensionDataCS.pdf.

施乐公司在其 2009 年报告"实施可持续创新和开发,让世界更环保"中详细介绍了它在降低能源的完全生命周期消耗、固体废弃物和有害气体排放方面的做法和测量方式。这一成功在很大程度上得益于研发和设计阶段制定的决策。例如:

施乐公司的工程师在最新设计的可以在打印机整个生命周期使用的打印头上应用了发光二极管(LED)技术,从而将睡眠模式的能源消耗减少到不足 2W。与以往的类似型号相比,Xerox Work Center 7435 的总能源消耗减少了 30%。

这些都是很好的例子,能够说明管理会计系统帮助公司及其利益相关者更加了解公司的总体环境影响以及公司的工程师和管理者为了减少公司的"环境脚印"可以在产品生命周期的早期采取的行动的日益增加的重要性。

实例

科学进步和环境成本的降低:地下水中的铬

在危险废弃物堆积场地的地下水中发现的化学物质铬-6 的毒性,由于朱莉娅·罗伯茨所饰演的环保先锋艾琳·布劳克维奇(Erin Brockavich)而引起了公众的关注。铬是一种无味、坚硬的灰色金属,它能呈现很高的光泽度。这种金属抗腐蚀性极强,常用于生产钢铁和减震器等汽车零件的防护层。在自然界中没有天然的铬,铬是其他化合物之间相互作用的产物。铬和水相互作用,就会变成铬-6。

伊利诺伊大学 Urbana-Champaign 分校的地质学家发明了一种新方法,该方法可以确定可疑致癌物质自然地分解成较低毒性物质的速率。该成果有助于工程师评估什么时候应该进行大规模的废物清除活动,进而给决策者提供更加精确的信息,据以评估环境成本和完全生命周期成本。

资料来源:Adapted from Julie Foster, "Knowing When to Get the Chrome Out," *BusinessWeek* (March 25, 2002): 43.

8.6 本章小结

我们将完全生命周期成本法的概念表述为在整个价值链上累积产品成本的一种方法,从设计和开发到生产,再到残余物和处置。我们介绍了新的管理会计工具,这些工具能够帮助管理者测量和管理产品的完全生命周期成本,包括目标成本法、类似收支相抵时间这样的研发和设计绩效指标以及环境成本法。目标成本法和环境成本法都必须始于价值链的研发和设计阶段,以保证工程师和管理者可以在产品的整个生命周期中控制和降低成本,同时仍然能够实现期望的客户绩效和特色。

作业

思考题

8-1 什么是完全生命周期成本法?为什么说它很重要?

8-2 在制造业,完全生命周期成本法的3个主要阶段是什么?

8-3 约束成本与实际成本的差别是什么?

8-4 完全生命周期成本法的研发和设计阶段的3个子阶段是什么?

8-5 完全生命周期成本法的售后服务和处置阶段通常会经历的3个子阶段是什么?

8-6 什么是目标成本法?

8-7 达到目标成本需要满足的两个基本因素是什么?

8-8 什么是质量功能配置矩阵?它与目标成本价值系数的计算有何联系?

8-9 什么是价值工程?

8-10 在产品的完全生命周期的哪个阶段最可能应用目标成本法?

8-11 在目标成本法中,跨职能团队和供应链管理起什么作用?

8-12 产品开发流程的收支相抵时间(BET)指标测量的是什么?

8-13 BET 指标将哪3个关键要素联系起来了?

8-14 人们重视 BET 指标改善,最有可能带来哪些有利的行为后果?

8-15 解释为什么将来自新产品的收入所占百分比作为绩效指标有可能无法刺激高度创新的产品的推出?

8-16 公司可能用来激励实现预期的未来顾客需求的一些非财务指标是什么?

8-17 公司可能用来激励实现缩短一系列产品的开发周期的一些非财务指标是什么?

8-18 环境成本法中包括哪些活动?

8-19 给出显性和隐性的环境成本的一些例子。

练习题

8-20 **完全生命周期成本法** 阐述完全生命周期成本法与传统成本法的区别。

8-21 **完全生命周期成本法的优点** 阐述在成本核算时应用完全生命周期成本法的优点。

8-22 **传统成本会计法的核心问题** 在产品完全生命周期的成本管理中,传统会计法的核心问题是什么?其弊端是什么?

8-23 **约束成本和实际成本** 回顾图 8-2 所揭示的一种产品的完全生命周期里约束成本与实际成本之间的关系。解释该图的含义及其对管理成本有何启发。

8-24 **售后服务和处置阶段** 产品的售后服务和处置阶段从何时开始?何时结束?

8-25 **目标成本法** 阐述目标成本法与传统成本降低方法的区别。

8-26 **价值工程** 价值工程与目标成本法的关系是什么?

8-27 **目标成本法的赢利性指标** 在目标成本法下,为了增加目标边际利润,使用最广泛的赢利性指标是什么?

8-28 **实施目标成本法** 从行为学的角度看,实施目标成本系统时有可能遇到哪些问题?

8-29 **为目标成本系统设定标杆** 作为一名经理,你被要求对另一个组织的目标成本系统设定标杆,你会收集哪些方面的信息?为什么?

8-30 **目标成本等式** 用等式表示目标成本法的关系。该等式与另外两个用来进行成本削减的传统的公式有何区别?为什么这一区别很明显?

8-31 **目标成本的计算** 参考本章厨房帮手公司咖啡壶的案例。假设表 8-3 和表 8-4 中的数据不变,工程师为如表 8-5 所示的质量功能配置矩阵计算出以下相关系数。

顾客需求	部件或功能					
	酿造器	卡拉夫瓶	咖啡保温器	储水器	加热器	控制面板
意大利式浓咖啡	0.7				0.3	
易于清洁	0.5	0.1		0.4		
外观漂亮		0.1		0.5		0.4
6 杯容量		0.5		0.5		
按时自动启动						1
加工各种咖啡豆	0.1					0.9
保温			0.2	0.8		
自动关闭						1

要求：

（1）绘制一张类似表 8-6 的表格用于表示各顾客需求部件的百分比贡献率。

（2）绘制一张类似表 8-7 的价值指数表。哪些部件可以用作成本降低的备选项目？

8-32 新产品开发的盈亏平衡时间 参见描述 Greyson 技术公司推出新的数字通信设备的表 8-9。假设 Greyson 技术公司减少了框 A 中对产品开发的季度支出，从而将新产品的上市推迟了 2 个季度，届时产品的售价和销量均低于原计划。特别的，有下列假设。

	Y1, Q1	Y1, Q2	Y1, Q3	Y1, Q4	Y2, Q1	Y2, Q2	Y2, Q3	Y2, Q4	Y3, Q1
市场调研/千美元	(100)	(50)							
产品开发/千美元		(80)	(150)	(150)	(150)	(150)	(150)	(150)	(60)
	Y3, Q1	Y3, Q2	Y3, Q3	Y3, Q4	Y4, Q1	Y4, Q2	Y4, Q3	Y4, Q4	
售价/美元	19	18	18	17	17	16	15	15	
销量/千台	25	35	45	50	50	50	40	30	

要求：

假设每单位成本仍然为 10 美元，MSDA 成本仍然为每季度 120 000 美元。确定在框 A 的初始假设与新的假设下的盈亏平衡时间指标的差异。

8-33 新产品开发的盈亏平衡时间 参见描述 Greyson 技术公司推出新的数字通信设备的表 8-9。假设 Greyson 技术公司减少了框 A 中对产品开发的季度支出，从而将新产品的上市推迟了 2 个季度，届时产品的售价和销量均低于原计划。特别的，有下列假设。

	Y1, Q1	Y1, Q2	Y1, Q3	Y1, Q4	Y2, Q1	Y2, Q2	Y2, Q3	Y2, Q4	Y3, Q1
市场调研/千美元	(100)	(50)							
产品开发/千美元		(80)	(150)	(150)	(150)	(150)	(150)	(150)	(60)
	Y3, Q1	Y3, Q2	Y3, Q3	Y3, Q4	Y4, Q1	Y4, Q2	Y4, Q3	Y4, Q4	
售价/美元	18	17	17	16	15	15	15	15	
销量/千台	20	30	40	45	45	35	30	20	

继 Y4，Q4 之后，竞争性价格预计将保持为 15 美元，最高销量将为 20 000 个。

要求：

假设每单位成本仍然为 10 美元，MSDA 成本仍然为每季度 120 000 美元。确定新的假设下的盈亏平衡时间指标。

8-34 环境成本的作业成本法 企业可以如何应用环境成本法来控制和降低环境成本？

综合题

8-35 目标成本计算 一家大型汽车制造商利用目标成本法得出了下列信息。

顾客看重的功能排序

功 能	重要性
安全性	140
舒适性和便利性	120
经济性	40
外观	60
性能	<u>140</u>
总计	500

各功能组的目标成本

功能组	目标成本
底盘	1 400
传动装置	280
空调	100
电力系统	700
其他功能组	<u>4 520</u>
总计	7 000

质量功能配置矩阵

性 能	功 能 组				
	底盘	传动装置	空调	电力系统	其他功能组
安全性	0.3	0.1		0.1	0.5
舒适性和便利性	0.3		0.1	0.1	0.5
经济性	0.2	0.2	0.1	0.1	0.4
外观	0.1				0.9
性能	0.3	0.2		0.1	0.4

要求：

(1) 参照表 8-6 的格式编制一张反映每一功能组对于顾客要求的性能的百分比贡献的表。

(2) 参照表 8-7 的格式，编制一张价值指数表。

(3) 哪些功能组适宜进行成本削减？

8-36 完全生命周期成本法 考虑下面的情形：你的上级走过来对你说，"我不理解为什么每一个人在谈到产品成本核算时都会谈及完全生命周期成本法。到目前为止，我认为这种新方法是在浪费时间和精力。我认为我们应该坚持我们所熟悉的东西，在产品成本核算中继续采用传统方法"。

要求：

写一份备忘录反驳上级的观点。在备忘录中阐述采用完全生命周期成本法的好处。

8-37 完全生命周期成本法和传统成本法 格雷格里·格兰特（Gregorie Grant）是一位传统的制造经理，他唯一感兴趣的是产品在制造阶段的管理成本。他认为既然传统的会计方法将注意力集中在这个阶段,他就不应该关注研发和设计阶段,因为该阶段与他所负责的制造阶段是不相关的。

要求:

写一篇文章讨论格雷格里·格兰特的观点。组织中的哪些结构和职能类型的变化可能有助于格雷格里改变自己的传统观点?

8-38 目标成本法:单位成本 Calcutron 公司正在考虑引进一种新型的计算器以完善其科学计算器产品线。这种计算器的目标价格是 75 美元,预期年销量是 50 万个。公司的目标销售回报率是 15%。

要求:

计算计算器的单位目标成本。

8-39 目标成本法:销售回报率 卡尔默公司(Caremore, Inc.)是一家位于华盛顿州西雅图市的器械制造商。公司总裁史黛西·佑(Stacy Yoo)正在评估公司的一位产品线经理比尔·曼恩(Bill Mann)是否完成了 45% 的公司目标销售回报率。史黛西从新的目标成本系统中获得了有关比尔业绩的数据:销量 30 万套,平均销售单价 500 美元,总费用 0.9 亿美元。

要求:

计算比尔的销售回报率,并确定是否达到了公司的目标。比尔的业绩如何?请解释。

8-40 目标成本法:实施中的问题 赛托尔公司(Centaur Corporation)的经理皮埃尔·雷布兰克(Pierre LeBlanc)正在考虑在公司内实施目标成本法的问题。有几位经理私下向他表达了他们对在公司内实施目标成本法的顾虑。

要求:

作为目标成本法的专家,你被请来讨论并提出克服这些顾虑的建议。写一份备忘录讨论经理们对目标成本法的共同顾虑。在备忘录中要陈述如何消除这些顾虑。

8-41 传统成本降低方法和目标成本法 美国的传统成本降低方法与日本的目标成本法有明显的不同。

要求:

讨论在两种系统下,成本降低过程的相同点和不同点。你的答案应尽量详细。

8-42 目标成本法的标杆设定 作为一名管理者,你对目标成本法的实施很感兴趣。你可以从三种途径获取最有用的信息:第一是引进外部顾问;第二是不依靠外部支持,在公司内部开发一种系统;第三是和其他企业共同实施标杆基准项目。

要求:

评价上述三种方法,指出其优缺点。在什么条件下,你才会决定学习目标成本法?请给出解释。

8-43 目标成本法和传统的成本降低方法 根据本章内容,目标成本法和传统的成本降低方法在研究成本、售价和边际利润方面有明显的区别。

要求:

写一篇文章,用适当的符号和等式说明目标成本法和传统的成本降低法之间的差异。除了等式以外,还要说明得出成本的途径有何不同。

8-44　目标成本法和服务组织　假设你是某家大银行的经理。听说了管理会计中的目标成本法以后,你正在考虑该方法是否适用于银行业。你尤其希望通过对其他公司的标杆基准来获取更多的信息。

要求:

目标成本法在银行业适用吗?哪些产品或服务可以应用目标成本法?

案例

8-45　环境成本法、作业成本法　埃文斯公司(Bevans Co.)生产 X 和 Y 两种产品。公司生产 X 产品已经很多年了,从未产生过任何有害的废弃物。最近,埃文斯公司开发了产品 Y,它在很多方面优于产品 X,但是在生产过程中会产生一种有毒的废弃物。由于这种有害的废弃物,埃文斯公司现在必须面对有毒废弃物的处置、政府的环境报告和监控以及安全操作程序。

埃文斯公司使用基于机器小时的成本动因将制造费用分配给两种产品。出于对产品成本准确性的关心,主计长乔尔·邓普西(Joel Dempsey)对制造费用进行了一次作业成本分析,其中包括对于与产品 Y 产生的有毒废物的分析。最终的成本信息以及机器小时和单位水平如下表所示。

美元

	X 产品	Y 产品
直接成本(材料加人工)	9 000 000	4 000 000
环境维持成本	—	14 000 000
非环境维持成本	22 000 000	29 000 000
总机器小时	10 000 000	6 000 000
总产量	100 000 000	40 000 000

要求:

(1) 用基于机器小时分配制造费用的现行成本动因率计算产品 X 和产品 Y 的单位成本。

(2) 根据表中给出的数据,用作业成本法分别计算产品 X 和产品 Y 的单位成本。

(3) 解释用两种成本核算方法得出的每种产品的成本差异(需要计算每单位产品的单位水平的支持成本、批次水平的支持成本、产品水平的支持成本和业务维持成本)。

(4) 埃文斯公司一直以产品成本的 1.5 倍作为售价销售产品 X 和产品 Y,而计算成本时是以基于机器小时的成本动因率分配制造费用的。计算产品的售价并向公司管理层提出通过改变售价和改进生产降低成本来改变公司的赢利状况方面的建议。

8-46　显性和隐性的环境成本　回顾案例 7-57 所描述的维克洗衣店的环境成本。

要求:

(1) 确定帕特·波利所列的成本中哪些是显性环境成本,哪些是隐性环境成本。

(2) 帕特·波利是否还要确定其他环境成本?

(3) 写一份备忘录,向波利解释作业成本法能如何帮助他控制和降低公司的环境成本。

8-47 目标成本　奔驰汽车完全作业工具(AAV)[①]

介绍

20世纪90年代初期开始的经济衰退期间,梅赛德斯—奔驰汽车公司(Mercedes-Benz,MB)致力于解决产品开发、成本效率和材料购买问题,以适应不断变化的市场。1993年,这些问题导致数十年以来最糟糕的销售下滑,这家豪华汽车制造商有史以来第一次出现亏损。从那时起,公司对核心业务进行了合理化,降低了部件和系统的复杂性,并与供应商建立了即时工程项目。

在寻求额外市场份额、新伙伴和新产品领域的过程中,公司着手开发一系列新产品。新产品包括1993年C型汽车、1995年E型汽车、1996年新款SLK和1997年A型汽车、M型多功能汽车。M型多功能汽车可谓当时最大、最前卫的奔驰汽车。1993年4月,公司宣布将在美国建立第一家汽车制造厂。这个决定反映了公司的全球战略以及公司希望更加贴近顾客和市场的愿望。

梅赛德斯—奔驰汽车公司美国国际部利用职能团队设计汽车和产品系统,各职能团队由来自公司各分部(营销、开发、采购、生产和控制)的代表组成。部件组装流程用于组装多功能汽车(AAV)。一级供应商提供控制系统,而不提供单个部件或部件,每年可生产大约65 000辆汽车。

多功能汽车项目的各个阶段

多功能汽车从概念到产品下线所需时间相对较短。第一阶段,即概念阶段始于1992年。这个阶段形成董事会批准的可行性研究报告。董事会批准可行性研究报告以后,1993年开始了项目实施阶段。1997年项目进入第三个阶段,即产品生产阶段。各个阶段的关键因素描述如下。

概念阶段,1992—1993年

项目团队成员将现有的产品生产线与市场各运营商进行对比,目的是为新汽车寻找新的机会。通过分析,发现了迅速增长的运动型汽车市场存在巨大的商机,这个市场由吉普汽车公司(Jeep)、福特汽车公司和通用汽车公司控制着。公司开展市场研究的目的是估计全球范围内具有奔驰公司特征的高端多功能汽车潜在的销售机会。成本概算包括原材料成本、人工成本、管理费用和一次性开发项目成本。以10年为期限,对项目进行现金流量分析,具体采用了净现值法(NPV)。该项目经过了董事会批准。在考虑风险和收益的情况下,通过计算设定条件下的数据,就净现值进行敏感性分析。例如,风险因素包括货币汇率波动,由于顾客用多功能汽车替代奔驰汽车的其他产品导致的销售水平的变化,以及实际产品和制造成本与设计的差异。

根据概念阶段的经济可行性研究,董事会批准了项目并着手寻找潜在的制造场地。对位于德国、其他欧洲国家和美国的潜在场地进行了评估。与公司全球化战略相一致,将工厂建在美国的决定性因素是期望与运动型汽车的主要市场更加贴近。

[①] Institute of Management Accountants, *Cases from Management Accounting Practice*, Volume 15. Adapted with permission.

项目实施阶段，1993—1996 年

公司召开定期顾客学术会议审查产品原型和解释新的汽车概念。这些学术会议形成有关拟议中的汽车如何为潜在的顾客和新闻媒体所接受的重要信息。要求顾客对诸如安全性、舒适度、经济性和外观等各种重要特征的重要性进行排序。按照职能团队将工程师们组织起来，来提供具有这些重要特征的产品的系统。然而，公司不愿意降低内部部件标准，即使最初顾客期望可能低于奔驰汽车的标准。例如，许多汽车专家认为奔驰汽车产品良好的控制得益于制造世界上最好的汽车底盘。因此，奔驰汽车生产线上的每一种产品都要满足严格的控制标准，即使这些标准可能超过一些产品的顾客期望。公司并不采用目标成本法生产汽车家族中最低价位的汽车。公司的战略目标是生产比竞争车型略微昂贵的产品。然而，附加成本必须为顾客提供能够感知的更高价值。

在整个项目实施阶段，汽车（和汽车的目标成本）因为不断变化的动态环境而处于调整之中。例如，市场青睐系列豪华型终端产品，而奔驰多功能汽车尚处于研制阶段。另外，碰撞测试结果一直在影响多功能汽车设计。因此，奔驰汽车发现，一种有效的做法是将设计和测试组成员置于项目其他功能实地场所附近，以促进快速交流和决策制定。奔驰汽车不时开发一些新技术产品，如汽车侧翼空气包。包括奔驰汽车生产线的新特点在内的决策都是由公司层级的决策机构制定的，因为经验表明顾客对一种车型的反应能够影响整个汽车品牌。

生产阶段，1997 年

通过每年更新的净现值分析对项目实施监控。另外，每年编制 3 年期的项目计划（包括损益表），并将其报告给德国公司总部。每月召开部门会议讨论成本问题，将实际成本执行情况与成本估计流程开发的成本标准进行对比。因此，会计系统充当了一种控制机制，目的是确保实际成本与目标成本（或标准成本）相符合。

目标成本法和多功能汽车

实现多功能汽车目标成本的过程从估计各功能组现有成本开始。接着，各功能组的部件通过其相关成本来识别。通过将估计的现有成本与各功能组的目标成本进行比较设置成本降低目标。这些功能组包括：车门、侧边和顶棚、电力系统、减震器、传动系统、座椅、加热系统、驾驶座和汽车前端。再次，为每个部件建立成本降低目标。作为标杆基准流程的一部分，公司购买并拆卸了竞争对手的汽车以了解其成本和制造流程。

多功能汽车制造流程依靠高附加值系统供应商。例如，全部驾驶座作为一个整体从一个系统供应商那里购买。因此，系统供应商从项目开始就是开发流程的一个部分。公司希望供应商满足确定的成本目标。为了提高功能组的效率，在流程的开始阶段，召集供应商参与讨论。在项目的早期阶段，必须尽快做出决定。

目标成本流程由成本计划人员领导，他们是工程师，而不是会计师。他们能做出合理的成本估计，这些成本是供应商在提供各种系统时将发生的成本。另外，公司拥有大量的工艺装置，如加工金属片的冲模，供应商用它来加工部件。工艺装置成本实际上是计划阶段一次性成本的一部分。

设计指数支持目标成本作业

在概念形成阶段，奔驰汽车开发团队成员运用各种指数帮助他们为多功能汽车确定关键操作、设计和成本关系。① 为了构建指数，需要从顾客、供应商和他们自己的设计组收集各种信息。虽然奔驰汽车公司使用的实际数据种类要多得多，但是表1说明了用于确定顾客对多功能汽车概念反应数量的计算方法。例如，"重要性"显示的数据是根据一个潜在顾客问卷调查得出的，问卷调查中，询问顾客在考虑购买公司的产品时，是否把某一种特征看得极其重要。

表1 各种特征相对重要性等级评定

类别	重要性	相对百分比/%
安全性	32	41
舒适度	25	32
经济性	15	18
外观	7	9
合计	79	100

为了更好地理解成本的各种来源，功能组识别要与目标成本估计一起进行（公司也组织了各种职能团队，其作用是建立成本细目和制定成本规划）。表2显示了各功能组相对目标成本百分比计算结果。

表2 目标成本和功能组百分比

功能组	目标成本	占总额的百分比/%
底盘	×××	20
传动装置	×××	25
空调	××	5
电力系统	××	7
其他功能组	×××	43
合计	×××	100

表3概括了各功能组对表1确定的顾客需求贡献的大小。例如，作为多功能汽车特征之一，安全性是根据潜在顾客确定的；一些功能组对安全性特征的贡献大于其他功能组。公司的工程师确定底盘质量是安全性的一个重要因素（占总功能组贡献的50%）。

表3 功能组对顾客需求的贡献　　　　　　　　%

功能组	类别			
	安全性	舒适度	经济性	外观
底盘	50	30	10	10
传动装置	20	20	30	
空调		20		5

---

① 出于保守商业秘密的原因，所有的数字都做了改动，不过，表格仍然反映了AAV开发过程中所采用的实际流程。

续表

功能组	类别			
	安全性	舒适度	经济性	外观
电力系统	5		20	
其他功能组	25	30	40	85
总计	100	100	100	100

表4将表1中的类别加权百分比与表3中的功能组贡献结合在一起,从而得到一个重要指数,该指数衡量所有类别中各功能组的相对重要性。例如,潜在顾客衡量安全性、舒适度、经济性和外观等各分类特征的权数分别是0.41、0.32、0.18和0.09。表4的行表示各功能组对各分类特征的贡献。底盘指数的计算方法是用每一行的数字乘以相应的分类值并相加,即 $0.50\times0.41+0.30\times0.32+0.10\times0.18+0.10\times0.09=0.33$。

表4 各功能组重要性指数功能组分

功能组	类别				重要性指数
	安全性	舒适度	经济性	外观	
底盘	0.50	0.30	0.10	0.10	0.33
传动装置	0.20	0.20	0.30		0.20
空调		0.20		0.05	0.07
电力系统	0.05		0.20		0.06
其他功能组	0.25	0.30	0.40	0.85	0.35
总计	1.00	1.00	1.00	1.00	

如表5所示,目标成本指数的计算方法是用重要性指数除以功能组的目标成本百分比。公司的管理者们用诸如概念设计阶段等指数来理解功能组重要性及其与目标成本之间的关系。小于1的指数表示成本超过功能组的感知价值。因此,与顾客需求相应的成本降低比率也许在产品开发阶段的早期就可以识别和控制。项目实施阶段做出的选择在产品生产阶段大部分是不可更改的,因为多功能汽车80%的生产成本是由外部供应商提供的原材料和生产系统。

表5 目标成本指数

功能组	(A)重要性指数	(B)目标成本百分比	(C)A/B目标成本指数
底盘	0.33	0.20	1.65
传动装置	0.20	0.25	0.80
空调	0.07	0.05	1.40
电力系统	0.06	0.07	0.86
其他功能组	0.35	0.43	0.81
总计		1.00	

多功能汽车项目使用了一种最新的管理结构,其目的是为有效和迅速的产品开发提

供便利。精简后的组织在过去 4 年内生产了一款从概念到产品完全新式的汽车。以目标成本流程为关键管理因素,公司 1997 年生产了第一辆多功能汽车。

要求:

(1) 梅赛德斯—奔驰汽车公司在考虑开发多功能汽车时,面临的竞争性环境是什么?

(2) 公司针对正在发生变化的豪华汽车市场是如何做出反应的?

(3) 用库珀(Cooper)的成本、质量和功能图[①]讨论梅赛德斯—奔驰汽车将不得不与吉普汽车公司、福特汽车公司和通用汽车公司等其他汽车制造厂商展开竞争的因素。

(4) 多功能汽车项目是如何与奔驰汽车的市场占有战略相联系的?

(5) 解释为功能组或部件建立重要性指数的过程。这个指数是如何引导管理者们做出成本降低决策的?

(6) 奔驰汽车是如何将成本降低用于达成目标成本的?

(7) 奔驰汽车是如何在目标成本流程中考虑供应商的?

(8) 会计部门在目标成本流程中的作用是什么?

---

① Robin Cooper,*When Lean Enterprises Collide* (Boston:Harvard Business School Press,1995)。

第 9 章

管理会计与控制系统中的行为和组织问题

通过本章的学习,你应该能够:

1. 理解控制的含义。
2. 指出设计良好的管理会计与控制系统的特点。
3. 讨论管理会计与控制系统设计中关键的行为考虑因素。
4. 解释激励的人力资源管理模型。
5. 在决策中应用道德控制框架。
6. 讨论任务和结果的控制方法。
7. 理解平衡计分卡可以如何用于让员工接受公司和经营单位的目标。
8. 讨论管理会计系统中的激励行为和不正当的行为。
9. 讨论员工授权在管理会计与控制系统的设计中的重要性。
10. 认识到预算编制中的行为问题。
11. 讨论不同的激励机制与绩效之间的联系。

Advanced Cellular 国际公司

韦恩·捷戈尔斯基(Wayne Jagielski)刚被任命为一家大型手机生产企业的主计长。他4年前才从美国中西部的一所著名商学院获得战略和管理会计双学位,事业上发展得一帆风顺。在重返学校学习之前,韦恩曾是一名管理顾问。他最近的一份工作是在一家制造公司作高级管理人员。这份工作极富挑战性。尽管公司员工的士气非常低落,但他的业绩仍然相当不错。

鉴于自己具有管理顾问的经验,韦恩决定设计一种能生成相关信息并激发公司员工做出适当行为的管理会计与控制系统(MACS)。在一次管理层汇报会上,公司的一位高级副总裁埃迪·岳(Eddie Yueh)提醒他说,有几名经理及其手下的员工对他提议的MACS变更表示质疑。他们想了解新系统是怎样设计的,业绩评估方法是否会有所改变,以及他们的薪资计划是否会受到影响。至于新系统会怎样改变组织工作文化以及帮助组织实现战略,他们也没有把握。

韦恩听到这些议论时,意识到自己在设计方法上犯了一个严重的错误:他没有让足够多的关键人员参与系统设计。第一,他希望新系统的日常运作基础与公司的道德和文化规范相一致。第二,先前使用的系统只是很短视地依靠狭隘、短期的财务目标,他希望能够通过采用多样化的业绩评估指标鼓励员工开拓思路。他尤其希望营造一个能培养创造力的工作环境。第三,他希望确保员工受到激励,希望为公司工作。但他对此也怀有疑虑:他考虑过几个奖励优异业绩的薪资计划,但并未考虑让更多员工参与总体系统设计。他们是否会抵制自己提倡的变革?平衡计分卡方法能否提供一些重要的指导?

9.1 管理会计与控制系统

前面各章探讨了不同类型的成本管理系统,以及将其生成的信息应用到各种情况的决策中的方法。成本管理系统是一种主要以业绩评价系统为核心的更大的**管理会计与控制系统**(management accounting and control system,MACS)的一部分。本章将讨论MACS在帮助决策者判断组织水平、业务水平和经营水平的战略与目标能否达到等方面所起的作用。我们从表述控制的概念开始,描述一个设计良好的MACS的技术特征和行为特征。此外,我们还将讨论MACS可以如何用于对行为的激励,如何处理道德问题以及MACS设计不佳时可能造成的功能失常以及如何应用激励。

"控制"的含义

从广义上讲,管理会计与控制系统生成和使用信息,以帮助决策者评估一个组织是否达到其目标。在管理会计与控制系统中,控制一词是指组织用来指导和激励所有员工努力实现组织目标的一种程序、工具、业绩指标和系统。一个系统如果能够引导组织实现预期的战略目标,则称其是处于控制中的;反之,则称其是失控的。

为了使控制过程有意义和可信赖,组织必须有足够的知识和能力在意识到将要失控时及时进行修正。否则控制毫无意义。如第1章所述,使组织处于受控状态的过程包括4个阶段。

1. 计划(plan)——由确定组织目标、选择实现目标的手段和挑选评价目标完成情况的指标等部分组成。
2. 执行(do)——实施计划。
3. 核验(check)——测量并评估系统现行业绩水平;将实时检测反馈的信息与计划水平比较,发现问题并及时提出改进措施。
4. 行动(act)——采取适当的措施使系统重回可控状态。

不论一个组织是生产视频游戏、从事环保事业还是提供航空客运服务,基本的控制过程都是相同的。主要的区别表现在每个组织最终采用的最适合自己的业绩评价体系。接下来我们将讨论在开发管理会计与控制系统时,设计者应考虑的技术和行为特征。

9.2 设计良好的管理会计与控制系统的特点

技术方面的考虑因素

技术方面的考虑因素可以分为两类：(1)所生成信息的相关性；(2)系统的范畴。信息相关性可以用4个特征来度量。

1. 准确性。如本书所讨论的，由于不准确的信息会误导决策者，因而它对决策来说是无关的或无用的。设计者必须在充分权衡成本和收益的基础上，开发一种能产生尽可能准确信息的系统。例如，采用直接跟踪产品生产过程的系统，可以得到更准确的产品成本。

2. 及时性。迟到的准确信息对决策也没有多少用处。MACS的设计应保证业绩考评的结果能最便捷地反馈给适当的单位。快速发展的高速计算机、局域网和其他技术使得实时提供反馈的方法在大多数系统中是可能的。

3. 一致性。设计者构造的MACS必须提供一致性的框架使之能跨单位、跨部门应用。一致性意味着使用的语言和产生管理会计信息的技术方法与组织的其他部分不会产生冲突。例如，如果两个部门的成本核算系统不同，跨部门的业绩比较将是很困难的。如果组织的一个部门采用作业成本法，而另一个部门，特别是目标和职能与前者类似的部门采用分批法分配制造费用，那么这个系统就不符合一致性准则。如果部门之间对同样的费用采用不同的分类法，例如，一个部门将员工的福利费划为直接人工，而另一个部门将福利费划为间接人工，同样会引起混乱。

4. 灵活性。MACS的设计者必须允许员工以灵活的方式使用从系统中获得的信息，从而在决策时可以尽量满足客户的需要。如果不具有灵活性，那么员工在进行决策时，其主动性会受到限制而无法做出最佳选择，特别是在不同的岗位有不同类型的生产经营作业时。例如，某公司位于帕沙迪纳的一个部门从事产品开发工作，位于蒙特利尔的另一个部门负责产品装配。每个部门在做决策时可能有不同的数据需求和成本动因，管理新产品开发的业绩评价所涉及的要素与总装配部门提高生产效率的业绩评价所涉及的要素有很大的不同。一个设计良好的MACS应该包容每个部门各自独特的需要。否则，由该系统提供的信息可能是不准确的，而且会导致错误的决策并引起各部门与高级管理层之间的混乱。

MACS的范畴必须具有综合性，涵盖组织全部价值链的所有作业。例如，从历史上看，许多MACS在计量和评估业绩时只考虑价值链的一个方面——实际生产过程或完全生产过程。此时，与产品和服务相关的设计、供应和完工后的作业全部被忽略了。没有一套完整的信息，管理者所做的决策将会受到限制。

行为方面的考虑因素

因为人的兴趣和动机可能有很大差异，控制系统的一个重要作用就是激励员工，使其行为与组织需要相一致。

本章后面的内容将转向管理会计与控制系统设计的第二个特点。在设计MACS时应当考虑4个重要的行为特征：

（1）在管理会计与控制系统设计中植入组织的行为道德准则；
（2）使用短期和长期、定量和定性的综合评估指标（或平衡计分卡方法）；
（3）授权员工参与管理会计与控制系统的设计；
（4）开发一种适当的激励系统来奖励业绩。

韦恩·捷戈尔斯基在本章开头遇到的困境反映了一个困扰很多大公司的问题。尽管很多经理希望以对公司最有利的方式行事，但他们在进行管理会计与控制系统的设计和实施时，往往没有考虑员工行为的意义和后果。除非他们充分重视这些因素，否则目标一致性将无法实现，激励效果会很差，员工甚至可能被鼓励从事降低组织业绩的行为。

尽管如此，请注意，管理会计与控制系统具有4个特征并非出于偶然。在管理会计与控制系统中体现了这4个特征的公司，对于管理的作用常常会形成一种观点，即所谓的人力资源管理中的激励模型。我们稍后会讨论这种观点的发展过程，然后详细讨论4种行为特征。

9.3　人力资源管理中的激励模型

20世纪初，最早尝试理解管理作用的一个学派是**科学管理学派**（scientific management school）。构成其理论的哲学基础是，大多数员工认为工作是令人厌恶的，个体很少关心决策和工作中的创造性，金钱才是员工业绩背后的驱动力。管理层认为，员工应该遵循高度细节化、规范化的程序，员工行为必须受到监控，并通过时间和动作研究来加以严格控制。

在关于**激励**（motivation）的管理观点发展中的另一个重要步骤是**人际关系运动**（human relations movement）。该运动认为，在从事简单重复性任务的同时，员工还有更多的需求，而财务补偿仅仅是员工需求的一个方面。员工希望在工作中获得尊重，享有一定的决策权，因为他们感觉自己为组织做出了贡献。人际关系运动促进了采取措施来提高员工士气、工作满意度和改善员工工作生涯的总体质量。

当前最流行的激励观点也许是**人力资源激励模型**（human resources model of motivation, HRMM）。在日本管理实践的巨大影响下，这种观点以积极改进员工的工作生活质量为基础，提倡高度的员工责任感和员工参与工作决策。这个模型核心的假设是：组织在一个充满信仰的系统下运营，这些信仰包括价值观、目的性和组织发展方向等。员工认为工作是有趣味的，他们渴望参与开发项目、制定决策和实现目标等工作环节。个人同时受到经济和非经济手段的激励。该模型同时假设，员工对于自身工作掌握了足够的知识和信息，这些知识和信息的运用会提高工作业绩，从总体上使组织获益。个体被认为是具有高度创造性、道德观念和责任心的，他们渴望有机会为组织带来改变。

我们将人力资源模型作为讨论管理会计与控制系统中4个行为因素的基础。下面我们将讨论组织的行为道德准则。

9.4 组织的行为道德准则和管理会计与控制系统

边界系统是一套与可接受行为相关的标准。在很多边界系统的内部是一系列道德准则,因此一个设计良好的管理会计与控制系统应该植入组织的行为道德准则,以此来引导和影响组织行为和决策活动。伦理学是致力于探索行为和道德判断标准的学科。一个植入了行为道德准则的管理会计与控制系统能够为面临道德困境的决策者提供指导。近期发生在美国企业界的各种丑闻,极大地增加了重新强调道德判断和决策制定的必要性。

管理会计师在管理会计与控制系统设计中通常扮演重要的角色。他们的行为决策既由组织的行为道德准则引导,也受职业联盟的道德标准的影响。在系统设计中植入道德框架是非常重要的,因为它会影响所有使用者的行为。核心使用群体(经理们)和管理会计与控制系统有很大的相互影响。通常,经理们承受巨大的工作压力,某些情况下还不得不屈从于更有影响力的组织成员而放弃自己的价值判断。这些压力包括:

(1)要求为迎合特定个体或群体而粉饰信息;
(2)要求伪造报告或试验结果;
(3)要求提供机密信息;
(4)强迫忽视或放任有问题的或不道德的活动。

为了在管理会计与控制系统设计中植入行为道德准则,并帮助经理们有效处理上述情况,系统设计者必须确保做到以下几点:

(1)组织已经制定、实行并向所有员工传达了一套全面的道德准则。通常由第1章介绍过的信仰体系来完成。
(2)所有员工理解组织的行为道德准则和约束行为的边界系统。如第1章所述,边界系统用于明确哪些行为是合适的,哪些行为是不被组织接受的。
(3)确保系统获得员工信任,能够检测并报告偏离组织行为道德准则的情况。

避免道德困境

大多数组织通过发展一套自身的行为道德准则来解决道德问题,避免道德困境。虽然对行为道德准则没有统一的规范,但以下5类体现了道德判断的大致类别:法律准则、社会规范、职业资格(如注册管理会计师)、组织或群体规范以及个人规范。

上述层次是按权威性降序排列的。例如,一项法律禁止的行为,对于社会、职业、组织和个人而言也都是不可接受的。一项行为可能被法律和社会所接受,如战略性地低估产品成本,但对于职业规范而言是不可接受的,从而也不能被组织和员工所接受。由于每个类似的准则等级分类都会有一些"灰色地带",因此它只能为理解和处理道德问题提供一般性的指导。

这个行为道德准则等级对决策有一系列的约束。在这个体系下,当一种价值体系与更基础的体系发生偏离时,就会产生道德冲突。例如,当一项产品的缺陷可能对消费者造成危害,而公司的道德则仅仅是遵照法律的书面规定时,问题就产生了。因为更广泛的社会期望是,组织应该积极地确认并披露产品缺陷。个体决策者面对这类情况时就会陷入道德困境,因为在产品缺陷还没有造成现实的伤害以前,组织的行为道德准则是对其置之不理。在这种情形下,更广泛的社会期望则意味着只要有持续的问题的证据,就有必要予以披露。

解决道德冲突

阐述并支持一套明确的行为道德准则的组织能够创造一个减少道德冲突产生的环境。避免含糊和误会的一个方法是保持行为道德准则权威的等级顺序,即不被法律和社会接受的行为,也不被组织道德所接受。因为绝大多数职业道德准则反映了更广泛的道德要求,如忠诚、谨慎和能力,所以与职业道德相抵触的组织道德会在处理与公众的关系时制造麻烦。

另一个能够减少道德冲突的关键因素是总裁和其他高级管理人员的行事方式。如果他们塑造了行为模范,其他成员就会纷纷仿效。而上梁不正的组织很难指望它的下梁不歪。

在一些情况下,当组织制定了一套正式的行为道德准则时,有可能会出现随之而来的道德冲突。实践中最常见的矛盾往往发生在:法律规范与组织规范之间,组织规范与社会普遍规范之间,个人规范与职业、组织规范之间。这些矛盾往往是由在引入组织规范之前被个人规范和社会规范所接受的行为在引入组织规范之后变得不可接受而造成的。

个人价值观与组织价值观的矛盾 人们在进入一个组织时,是带着个人的价值观的。如果组织的行为道德准则严于个人准则,就会产生矛盾。但是,如果通过雇用合同,遵循组织行为道德准则就成为强制性的,则有可能让员工遵守更加严格的行为道德准则从而降低了道德冲突。另一个可能的且更加合意的结果是,员工自动提高自身的道德标准,不与组织的道德标准相抵触。

一个棘手的问题是,员工的道德观可能禁止某些被法律、社会、职业和组织所接受的行为。当组织需要这类行为时,就会产生矛盾。例如,员工的宗教信仰可能反对在宗教日从事任何形式的商业活动。要为组织服务,员工就必须从事他自身所反对的活动。员工此时面临个人选择。不幸的是,除了选择休息来避免宗教日工作外,员工几乎没有其他制度上的支持。这样的规定可能有效,但员工也可能选择不再为该组织服务,这取决于员工最看重的是什么。实践中,面临道德冲突的员工必须用文件证明这些事件和争议,记录牵涉的有关各方,从而为诉讼做好准备。

实例

在高尔夫球场上作弊意味着做其他事情也会作弊吗?

将近10年前,喜达屋酒店与度假村集团(Starwood Hotels and Resorts)委托进行了一项调查,了解企业高级管理人员在高尔夫球场是否并未做到完全诚实。调查的结果显示,82%的人承认在高尔夫球场上或多或少有过作弊行为。由《今日美国》对十几名首席执行官进行的另一项非正式研究显示,这些首席执行官在打高尔夫球时,有时候也不遵守场上规则,这在某种程度上是因为他们看到了球友的违规行为。

这些行为会有什么后果吗?位于得克萨斯州福特沃斯的尖峰国家银行(Summit National Bank)的前总裁杰夫·哈普(Jeff Harp)说,他看见首席执行官们在高尔夫球场上作弊后,将拒绝给他们提供贷款。因为他处在一个需要认真评估诚实度的行业,他认为如果一个人会在高尔夫球场上作弊,也就可能在贷款申请过程中作弊。甚至,也许还会有更大的社会问题。

肯·西格尔(Ken Siegel)是某组织的心理学专家,25年来他一直参加经理面试。他说,那些有欺骗和说谎经历的经理们否认欺骗和说谎也许会迷惑自己和他人。"他们失去了辨别诚实和不诚实的能力。"西格尔说,"谎言越说越大,我们到处都可以看到谎言正在被戳穿,如泰科和安然。"

2009年,杜克大学(Duke University)也开展了一项研究。这项针对17 000名高尔夫球手的调查发现了4种作弊行为:故意说低某个球洞的分数;为了掩饰谎言将球稍微移动位置;谎称第一个球找不到了,放置第二个球;将球踢到更好的位置。

撰写过大量关于高尔夫球文章的作家大卫·赖尼茨基(David Rynecki)认为,高尔夫球是一项"18个洞的人品测试",从中可以了解球友的很多品行。这不仅包括他们是否有作弊行为,还包括他们对于这项运动的热情有多高,以及他们是否与你以及你的公司相契合。上面提到的杜克大学的研究的执笔人之一丹·艾瑞里(Dan Ariely)说:"首先,我认为在高尔夫球场上作弊恰恰是我们对于日常任务的看法的一个很好的写照。我认为,人们可以在最后一次击球失败后补击一次或者是可以在高尔夫球场上作弊的事实,告诉我们在商业界有很多可能被钻漏洞的地方。我所担心的是,我们一旦作出了不道德的行为,即使是稍微对规则进行一些扭曲或者是抄些近路,这种违规的倾向会愈演愈烈,最终会影响我们对于实际经营中应遵循的理念。"

如果听说很多"《财富》500强"企业的首席执行官在高尔夫球场上作过弊,你会感到吃惊吗?

这是值得深思的事情。

资料来源:Adapted from Del Jones,"Cheating at Golf Is Par for the Course for CEOs," *Salt Lake City Tribune* (June 30,2002); David Rynecki,"An 18-Hole Character Test," *BusinessWeek* (May 28,2007); 92-95; and behavioral economist,Dan Ariely,quoted from http://marketplace.publicradio.org/display/web/2009/10/06/pm-ariely-golf-q.

组织声明的价值观和实际价值观的矛盾 有时,员工会发现经理甚至高层经理从事不道德行为,如管理欺诈。这类矛盾是最难解决的,因为组织没有遵循自己宣称的道德体系,而员工被迫选择是将消息公之于众,还是保持沉默。这时,员工通过扮演孤独而不受欢迎的告密者角色,来引起人们对问题的关注。然而很多时候,员工选择违背对组织的忠诚,来保全个人的诚实和正直。

研究这类问题的专家建议,首先,员工应该清楚,在组织实践的行为道德准则和个人道德观之间的确存在矛盾;其次,通过与上级交流,员工应该明确该矛盾是习以为常,还是只是与一小部分员工的行为之间的矛盾。在一个确认的矛盾面前,个人有下面几种选择。

(1) 向上级指出偏差,并拒绝从事不道德行为。这可能招致解雇或组织内变相的制裁。

(2) 向上级指出偏差,并从事不道德行为。这样做的理由是错误的,但是员工相信可以使其免受组织内合法的制裁。

(3) 如果组织内有仲裁者,向仲裁者汇报偏差。

(4) 与组织内有威望的领导者合作,解决规定与实践的偏差。

(5) 走出组织,公开解决问题。

(6) 走出组织,匿名解决问题。

(7) 辞职并公开解决问题。

(8) 辞职并保持沉默。

(9) 什么也不做,希望问题会自行消失。

尽管大部分专家建议采用第 4 种方法,但是本章并不能一一讨论每种方法的效果,更不能指出一些特殊情况使任何方法都变得适宜。如果组织严肃对待自身规定的行为道德准则,就应该有一套道德控制系统,来保证并证实组织规定的行为道德准则与实际遵循的准则是一致的。这种控制系统应该包含一种方法,使员工可以指出规定准则与实践准则的偏差,而不必心怀被报复的恐惧。例如,一些组织依靠舞弊调查官员,另一些依靠内部审计或外部审计。那些在出现偏差的情况下不为员工提供类似保护系统的组织,不是轻视组织行为道德准则,就是职业道德控制系统出了问题。

有效的道德控制系统的要素

为了促进道德决策的制定,管理层应该实施一套道德控制系统。这个职业道德控制系统应该包含下列要素。

(1) 以实际操作中的术语编写组织的价值和道德准则声明,并附以例子说明,使员工可以将声明与自己的工作联系起来。

(2) 明确阐述每个职位的道德责任,并将员工的职业道德表现明确列为业绩审查的一部分。

(3) 培训员工,使其掌握足够的知识来识别可能遇到的道德困境并学会如何处理它们。

(4) 高层管理者希望组织成员遵循组织道德规范,这意味着管理者必须做到:

- 提供一份违反组织道德准则的后果的声明;
- 确定一套及时、严格、标准统一的处理违反组织准则的方法;
- 利用每一次机会为道德决策提供具体的支持;

- 提供一个秘密交流渠道，使员工可以直接向总裁、首席运营官、人力资源总监或其他董事会成员报告，而不必担心遭到报复。

（5）确保员工可以制定道德决策，或报告违反道德准则的行为，而不必担心组织内上级、下属或同级的报复。这通常通过组织内有权调查投诉的仲裁人来保证，该仲裁人不受级别限制，为报告者保密。

（6）对组织职业道德控制系统的效率不断进行内部审计。

制定道德决策的步骤

正规培训只是改进道德决策过程的一部分。在收集所有决策相关事实和评估其他替代方法以后，决策者可以排除道德上不可行的办法。表9-1是一种排除不可行办法的决策模型。

表9-1 解决道德问题的决策模型

1. **确定事实——什么、谁、何处、何时、怎样**
   如果可能的话，我们已经知道什么，需要知道什么会有助于我们定义问题？
2. **定义道德问题**
   - 列出重要利益相关者
   - 定义道德问题
   确定道德问题，例如，权利冲突、披露义务的限制等。
3. **确定重要原则、准则、价值观**
   确定关键原则，如正直、质量、对人的尊重、社会利益和成本。
4. **确定替代办法**
   列出主要的替代办法，包含那些可能做出妥协的办法，或者决定是否做某事。
5. **比较价值观与替代办法**
   决定是否存在一项原则或价值，或者是两者的结合，其具有最大的强制性，使得替代方法十分明确。例如，纠正一个几乎一定会造成生命危险的缺陷。
6. **评估顺序**
   确定主要替代方法短期和长期的优缺点。常见的关注短期损益的短视行为需要结合长期因素共同评估。
7. **做出决策**
   用你的原则和价值观进行排序和权衡，选择最适合的方法。

总之，组织的道德准则是管理会计与控制系统设计不可或缺的一部分。系统的设计者和使用者都应牢记这一点，并纠正任何或明或暗地偏离组织道德准则的行为。

动机与目标一致性

除了培养道德的行为和决策以外，管理会计与控制系统设计的另一个关键问题是如何激励"适当的"工作行为。设计工作和特定任务时，系统设计者应该考虑以下三个维度的激励：

（1）方向，或员工关注的任务；
（2）强度，或员工倾注的努力程度；
（3）持续性，或员工从事一项任务或工作的时间。

与个人激励理论一致,关注激励问题是组织和员工确定目标统一的关键步骤。这个目标统一的状态称为**目标一致性**(goal congruence)。目标一致性体现在员工出色完成本职工作的同时,帮助组织实现了目标;同时员工还能实现个人的目标,如升职、获得奖金或以其他方式获得职业发展等。

在一个很少有冲突的环境里,雇主与员工目标一致,雇主仅需要依靠**员工自我管理**(employee self-control)这一概念,即员工自觉监管规范自身行为,并尽最大努力工作。然而,即使目标一致,不同类型的工作也需要不同水平的技术性、精密度、责任心、首创性和不确定性。在大多数情况下,管理者尽力建立一些无须定期亲自控制的系统。人们希望,如果这些系统设计良好,管理者就有更多的时间关注其他的事情。这称为**诊断控制系统**(diagnostic control systems),即控制组织结果并纠正偏离预定业绩标准偏差的反馈系统。关于该系统本质的争议通常较少,该系统倾向于在日常运作中发挥作用。

然而,如果战略不确定性在很大程度上构成威胁,或者存在可以改变组织经营假设的机遇,管理者将不得不花费大量时间监控决策的执行和下属的活动。这称为**交互控制系统**(interactive control system)。[①] 与诊断控制系统不同,交互控制系统迫使所有组织成员就系统数据和拟采取的行动展开对话。

任务和结果控制的方法

诊断系统和交互系统的核心是两种常用的控制方法:任务控制和结果控制。

任务控制　任务控制(task control)是指寻求控制人行为的方法的过程,以保证工作以预先规定的方式完成。任务控制可分为两类:预防性控制和监督。预防性控制是指由于精密度或材料特性的要求,采取严格的控制措施。例如,硅晶片生产或采用金等贵重金属作材料的精密操作,通常会实施严格控制,或者由机器或计算机生产。这并不意味着机器不会出错,而是机器出错的可能性一般比人工低。显然,越需要判断力的工作,越难建立预防性控制系统。

监督(monitoring)是指在员工从事某项任务时检查其工作或行为。监督可以通过使用监听装置和现场监视来实现。例如,我们都有过类似的不太愉快的经历,被电话录音告知以下与某公司代表的谈话"可能会被监听以保证质量控制"。由于监听或监督是随机的,员工无法得知哪次谈话会被监听,所以会始终保持职业性的态度。监督也可以通过现场监视来实现,例如,摄像机或"电子眼"可以用来观察赌场上每个庄家的行为。

然而,监督有可能带来负面的效果。一些员工认为监督会带来不必要的压力,损害雇主与员工之间的信任。

[①] See R. Simons, *Levers of Control* (Boston: Harvard Business School Press, 1995).

实例

工作场所的监督

过去10年,安装电子绩效监控系统对员工在工作场所的一举一动进行观察的组织的数量一直稳步上升。据估计,美国劳动大军中超过1/4的人受到这类系统的监督。此外,66%的雇主对上网进行监管,而且对电子邮件和电话的监管也呈上升势头。这种Orwellian"大哥哥"概念得到了企业的支持,但是员工们对此则颇有微词。

企业认为这类系统的好处是能够提高生产率和工作质量,降低人工监督成本,克服绩效评估中的主观问题,有助于保护企业的信息和财产。

正如你所能料想到的,员工们并不欢迎这类系统,认为自己的隐私被侵犯了,自己所在的组织并不信任自己,降低了自己的工作尊严,毫无必要地增加了工作场所的压力和紧张情绪。

既然这些监控系统看起来仍会发挥作用,组织可以如何减轻这些系统对于员工产生的负面影响呢?第一,应当向全体员工解释采用这类系统的原因。第二,员工应当可以参与系统的设计和实施。第三,监控应当仅限于与绩效相关的活动,而不能涉及其他活动(如午休或茶歇)。第四,组织不应仅仅依靠监控数据来评估员工的绩效。第五,管理层应当随时准备对系统设计作出调整。

资料来源:American Management Association, 2007 *Electronic Monitoring and Surveillance Survey*, retrieved from http://www.amanet.org/research/2008.

任务控制在以下情况下是最适用的:

(1) 法律要求必须遵循特定的规定或条款以保护公众安全时,如处方药和飞机关键部位的生产、核电厂的运营等。

(2) 员工掌握流动资产或其他贵重资产时,降低出现诱惑和欺诈的可能。

(3) 组织可以控制自身环境,同时降低不确定性和对人为判断的需求时。在这些情况下,组织可以规定员工必须遵循的特定规则和条款。

结果控制 与直接监督和控制任务不同,结果控制侧重于以规定的目标结果来衡量员工业绩。为了使**结果控制**(results control)有效,组织必须有明确规定的目标,并以适当的方式将目标传达给员工,设计与目标相一致的评估标准。例如,销售人员通常以一段特定时间内的销量作为评估基础。组织先确定销售目标,再将员工实际的结果与之相比。又如,某部门主管先设定一个具体的财务目标,再设法改进部门的财务状况。

某些情况下,任务控制和结果控制是先后使用的。如前所述,销售人员的电话经常会被监听以控制员工行为;同时,这些销售人员通常还有每周要求达到的最低销售限额。

对大型长途货运公司而言，情况尤其如此。

在以下情况下结果控制最有效：

(1) 组织成员理解组织目标和自身对该目标的贡献。

(2) 组织成员掌握应对环境变化的知识和技术，能够采取正确行动，做出合理决策。

(3) 业绩评估系统以员工贡献程度评价员工，激励员工采取使个人和组织利益最大化的决策和行为。

结果控制系统的中心任务是确定一套全面反映组织多重目标和任务的业绩评估系统。我们将在下一节讨论这个问题。

 ## 9.5　使用综合业绩评价指标：平衡计分卡方法

使用综合业绩评价指标的必要性：与目标不一致的行为

俗话说，"被评估的事总能达成"，这意味着组织和个人的业绩评估方式向员工和利益相关者传递了组织追求什么目标的信号。如果组织不慎重选择业绩评估标准，就可能出现与组织目标不一致的行为。例如，设想一家公司的业绩评估体系，其中只以"送货及时性"一个标准来评价供应商，那么"及时性"很可能会成为供应商的员工唯一关注的指标。由于这个评估体系没有考虑商品的质量，供货商很可能以牺牲质量来保证及时交货。他们还可能安排过长的交货期来保证不会逾期。上述任何一种行为长期而言对组织和供货商都是有害的。

百货公司的管理者们注意到，当以销量作为销售人员的报酬指标时，他们就会只关注卖出尽可能多的贵重商品。起初，销售人员可能发现他们的销量上升了。但是，随着争夺客户的竞争越来越激烈，当销售人员为了争夺顾客或销售商品而发生争执时，就会形成一个充满敌意的工作环境。以销量为唯一激励工具的另一个后果是，销售的其他功能如调整商品线、调整存货等被削弱。同时，客户也可能退回那些过度购买的商品。

不正当的行为

有时，员工会由于过于追求单一目标而做出不正当的行为。从业绩测评的角度看，**不正当的行为**(dysfunctional behavior)是指员工故意操纵或者是伪造业绩测评结果。例如，某家公司唯一的业绩标准是员工是否达到销售定额。如果一名员工因为担心被解雇，同时没有其他方式来显示自己的能力，就有可能进行**业绩指标博弈**（gaming the performance indicator）。举个例子，销售人员可能要求他的同事将销售记录借给自己。或者，他会要求自己的朋友到商场购物，然后在30天后要求退货。最糟的情况是，销售人员可能故意进行**数据伪造**（data falsification），使销售记录对自己有利。数据伪造被认为是违法的，最近会计行业不乏会计人员从事这类活动造成的可怕后果。

另一种不正当的行为是**平滑收益**（smoothing），这是**盈余管理**（earnings management）的一种。盈余管理活动是指个人加速和递延预先计划安排的业绩数据，而组织的真实业绩并没有改变。例如，一位经理面临完成业绩目标，如净收益或投资回报率,可能会决定将当期发生的费用递延至未来期间。同样,经理也许尝试将未来收入计入当期以增加净收入。从长远来看,这类行为导致相同的财务成果,但是,组织付出的代价是无法准确地衡量给定期间的绩效。过度使用平滑会计收益方法可能会导致不适当的业绩评价标准,或者无法设计良好的报酬系统。

除了通过明确的边界系统让员工知道什么是适宜的和不适宜的行为之外,组织还可以通过业绩评价系统鼓励组织需要的员工行为。一个方法是综合使用业绩评价指标,反映组织环境的复杂性和员工贡献的类型。在当今很多制造业和服务业的环境中,员工和管理者受到交叉培训,以适应多种任务。例如,包括丰田、戴姆勒—克莱斯勒、日产、通用汽车、福特、本田和宝马在内的所有大型汽车制造商都将员工组成自我管理团队,从头至尾跟踪一件产品的生产。因此,组织有可能设计一套综合标准来评价实际完成的任务。使用综合评价系统还可以使员工意识到工作的多维性,避免对单一目标的过度专注而忽略工作的其他方面。

使用平衡计分卡将员工与企业目标和业务单元目标捆绑在一起

除了使用综合业绩评价外,管理会计与控制系统设计者还必须拓宽他们关于业绩评价标准的观点。例如,最近几年,经理们开始意识到诸如质量、上市速度、周期、灵活度、复杂性、革新和产量等指标的必要性。过去,一些指标如质量,是生产工程师的事情,而另一些如快速抢占市场或弹性则根本无法考核。

管理者还应牢记其他一些新的组织机构方面的现实。面对越来越大的竞争压力,很多组织由传统的多层级结构,即所谓"金字塔"型组织,转变为层级较少的扁平型组织。例如,通用电气公司大幅减少了结构等级。随着各个职能部门如工程设计、制造、会计、财务和营销部门之间的障碍的减少,员工越来越多地参与跨职能部门团队。

另一个显著的变化是业务流程重组的使用。设计者根据组织成员所希望的组织愿景、产品样式和组织运作方式从根本上再造组织流程。这种方法与对现有产品和流程做小修小补有显著不同。而且,流程再造设计带来了革新的成本效益,从而产生新的信息要求和评价标准。因此,新的业绩评价标准必须考虑组织整体的业绩评价和跨职能部门的流程评价标准,而非仅仅考虑单一部门的效率和耗费。

传统管理会计的业绩评价集中在定量的财务指标上,如成本和利润,而不关注定量的非财务指标和定性指标。定量、非财务指标包含产出、生产周期、计划执行情况、缺陷数量、市场份额和客户保持等。定性变量包含产品或服务形象、对住院职工的关怀程度和公司声誉等。很多定性变量尽管比定量变量主观,但目前都可以用行为科学中的心理测量方法来评估。例如,客户满意度是一个定性变量,但现在可以使用心理测量等级来量化。显然,对于任何一个组织而言,诸如客户满意度、员工士气等变量对其短期和长期的成功都起着关键的作用。

变革管理

正如第2章所述,有时候为了与组织新的战略相匹配,必须对MACS进行重新设计。特别的,也可能制定了新的平衡计分卡战略地图对新的战略进行传播和提供支持。研究显示,对组织进行重大变革的唯一最为重要的因素是获得高级管理层的支持,通常是来自 CEO 和其他高级管理人员的支持。变革流程通常要依靠一位肩负推动流程这一使命的发起人。最成功的发起人是那些具有高超的创业和沟通技能,对组织充满热忱并具有实现变革的资源的人。发起人通常负责一个由具有各种技能的多样化的员工组成的实施小组,这些员工分别代表组织中的各个重要部门,如系统、会计、金融、营销、人力资源和战略。

设计人员经常会遇到的一种组织现象是员工对于变革的抵制。各个层面的员工都可能觉得受到了新的变化的威胁。其中最为严重的威胁是有可能丢掉工作或者是被调到新的工作岗位,现有工作岗位的工作量或责任增加,工作场所环境发生变化,薪酬发生变化或者只是不确定性和焦虑所造成的威胁。

9.6 授权员工参与管理会计与控制系统设计

授权员工参与管理会计与控制系统设计必须包含两个要素:允许员工参与决策,保证员工理解正在使用和生成的信息。

参与决策制定

组织很少会意识到自己最重要的财产是雇用的员工。鼓励员工参与管理对组织有两个好处。

第一,研究显示,参与决策的员工表现出更高的士气和工作满意度。很多情况下,提高的士气使员工感到对工作拥有某些自主权和控制权,从而使产量提高。

第二,除了在高度自动化生产的行业,仍然是人(而非机器)对工作关键部分掌握重要信息,并且对于如何更好地完成工作、提高产量、改进流程有更多的知识和更好的理解。例如,ANZAC 公司悉尼分公司的员工比墨尔本总部的员工更清楚分公司是如何运作的。因此,管理会计与控制系统的设计者尤其应该考虑让悉尼分公司的员工参与系统设计。同样的概念也适用于部门内部。流水线的操作者通常比经理更了解他们工作的流水线。研究显示,地方分部与总部的交流、上级和下级的交流能够使总部中心管理者收集到他们无法直接获取的信息。

进行培训以理解信息

向员工授权的第二个要素是,确保员工理解他们使用和评估业绩评价的信息。很多高层管理者曾认为,只有管理者才需要了解管理会计与控制系统提供的信息。近来,很多管理者明确感到,任何层级的员工都应该理解组织的评价指标及其评定方式,以便促使他们采取能提高业绩的适当行动。例如,如果员工不理解他们的行为会如何影响生产周期(一项产品或服务从开始生产/提供到结束所需的时间)这个变量,他们就不知道如何采取行动改善生产周期这个指标的执行情况。又如,如果一个工厂的员工采取流水线不需要的行为或偷懒,他所在小组的生产周期指标就会受到影响。类似的,在服务行业或者组织员工与顾客打交道时,受理过程的耽搁也会使生产周期延长。

设想一家本想提升其公众形象的航空公司。它的一些航班不时地让乘客填写一些满意度调查表。如果一些航班的服务人员没有受过关于自己的行为(如态度粗鲁或怠慢乘客)会如何影响乘客满意度的教育,航空公司在客户满意度这个关键指标上的表现就要大打折扣。对于其他很多服务型组织而言,类似的情况也会发生。餐馆和百货公司的服务水平也往往不尽如人意。例如,让餐厅服务生同时照顾太多桌的客户,他们会忘记每桌的要求;如果他们有令人不愉快的个人习惯或者笨手笨脚,客户会记住这些负面经历,从而不再光顾。设想一家百货公司,它的售货员可能非常粗鲁或者傲慢,或者客户总是找不到人为自己服务。客户会被这种经历激怒,从而发誓再也不来这家商店购物。

除非餐馆老板和百货公司经理们教育员工,让他们懂得他们的行为会怎样影响客户对服务质量的印象和未来的业务,否则他们提高客户满意度的努力就会付诸东流。研究表明,向其他人抱怨产品问题的人数平均是向其他人推荐满意产品的人数的5倍。因此,生产劣质产品或提供劣质服务的组织,其声誉会很快被败坏。一般来说,面对客户的员工提供的低质的、不称职的服务往往是低水平管理、低质培训、低质教育的反映,而不是由于员工自身不称职。

管理会计与控制系统要运行良好,员工的培训必须跟上系统和评价指标的变化。如果没有持续更新的员工教育,公司很难在国际竞争中领先或立足。培训不足问题在美国很突出。例如,一些研究报告指出,美国员工接受的培训平均是日本员工的1/10。因此,如果不给员工提供必要的培训,管理层就不该抱怨员工缺乏国际竞争力。总之,不断接受教育应该成为员工根深蒂固的观念。大力孕育这样一种环境的组织被称为学习型组织。

 ## 9.7 预算编制的行为方面

管理会计与控制系统设计从行为学的角度得到充分研究的一个领域是预算编制过程。我们将在第10章讨论预算编制的技术问题,本章主要介绍行为方面的问题。

大多数组织都会用预算来反映自己战略的财务内容。预算编制过程往往是一个长期的过程,而且有时候可能还非常艰巨。由于在整个预算编制过程中涉及人的因素,预算的编制往往不能以一种平稳的、无摩擦的方式进行。人们如何试图影响预算,反过来,预算又是如何影响人的行为的?这些问题使得一些社会科学家对预算编制过程中人的问题开展了广泛的研究。

无论你是要编制一份家庭预算,还是为一个小企业编制预算,抑或是为一家大型跨国公司编制预算,你都应该明白,人们用预算交流的方式在本质上是相同的。本节主要讨论预算编制过程中的两个相互关联的行为方面的问题。

(1) 设计预算过程。预算应当如何决定?谁应该参与预算编制过程?预算应被设定为什么难度才会对人们的积极性和业绩产生最积极的影响?

(2) 影响预算过程。人们是如何试图影响或操纵预算以达到自己的目的的?

设计预算过程

计划者用来准备总预算和支持性计划的数据从何而来？预算应当如何确定？谁应当参与预算编制过程？三种最常用的预算编制方法是指令性、参与式和协商式。

指令性预算编制 指令性预算编制（authoritative budgeting）是指上级简单地告诉下属预算是多少。这种方法的优点是预算编制过程直接、效率高——由于看问题的角度单一，它允许上级安排预算并在组织的各单位间进行总体协调。那些希望自上而下地安排预算的管理者在个性上常有控制和专制的倾向。

这种方法的一个缺点是上级对预算内适当的指标水平并没有下属清楚。在这种方法下，上级将指标传达给下属，而那些对来年的新目标充满想法和希望的下属则可能感到沮丧和消沉。另一个问题是由于预算编制过程缺少员工的参与，使得员工对预算目标缺乏积极性和责任感。更严重的是，如果上级设定了一个较高的目标而只在资源支出方面提供较少的预算，员工的积极性会明显降低，个人乃至整个组织很可能无法实现目标。

研究表明，最富有激励作用的预算是那些严密的预算，也就是说，预算中的目标被认为是具有挑战性的而又是可以达到的。最近，波音和通用电气等大公司开始采用一种被称为扩张目标的预算编制方法。过去，这两家公司采用的都是增量法，即将前一年的目标稍微提高一些。扩张目标则比前一年的目标有显著的提高，并且在下一个预算周期往往要求目标有较大的提高。扩张性预算编制是指组织用当前的预算尽量实现更高的目标。这种方法的基本原理是扩张目标使组织达到自己的极限。这种理论认为，只有采用这种方法企业才能全面重新评估自己提供产品和服务的方式。尽管有些员工渴望这种环境，但工作的节奏和实现扩张目标的难度，也可能会使很多人感到沮丧并最终迫使他们辞职。而且，虽然员工可能在短期内能够努力实现扩张目标，他们仍无法在接下来的每个周期始终保持如此高的努力程度。组织需要保证他们所提供的资源和计划使员工相信扩张目标是可以实现的。

参与式预算编制 参与式预算编制（participative budgeting）是一种运用合作方式制定决策的预算编制方法，旨在得出各方都赞同的预算目标。这种方法允许员工参与决策，从而使他们有机会运用个人的或特有的信息参与制定目标，商议预算水平。参与预算编制对员工来说有很多好处，如对于编制的预算会产生更强的责任感，并因此有更强的积极性来实现目标及将成本限定在预算以内。

对于参与式预算编制的研究表明，员工通常会产生更大的工作满足感和更高的士气，这是由于他们可以更为主动地控制自己的工作。有些情况下，使用这种方法也会实现更高的业绩。员工参与对管理层而言提供了另一个好处，因为它通常促使下属披露自己的私人信息，以及他们工作进展方面的情况，或者加入那些可能有利于改善现有程序的新方法。通过参与讨论预算，下属间接地披露了这些信息及他们对于管理层的期望。这些信息可以被编入计划进程中。

协商式预算编制 协商式预算编制（consultative budgeting）是指管理者要求下属讨论他们对于预算的构想，但并不共同决策。管理者征求下属的意见，然后独自完成最终预算的编制。对于很多大型机构而言，要求完全的职工参与是不现实的，而咨询他们的意见则成为一种替代性的好方法。协商式预算编制可以变形，即下属认为自己的意见会直接用于预算编制，而他们的管理者实际上根本没有考虑过他们的意见。这一过程被称为假参与，如果下属发现自己的管理者不诚实，则会产生负面的影响。

影响预算过程

很明显，预算编制过程既不是简单的，也不是机械的。它强调资源分配、组织目标以及人员激励和业绩表现的相互结合和作用。在大型组织中，与在家里一样，预算代表个人经过协商以后所得的结果。有些人会尽最大努力提高预算，因为他们相信预算是权力和控制力的象征。

尽管预算是用于计划、协调和资源分配的一种工具，它也能评估业绩和最终控制并影响行为。而且，很多管理者的薪酬激励与预算和组织目标的实现直接挂钩。当薪酬激励与预算联系在一起时，有些管理者就有可能做出对组织来说会造成负面影响的行为。这就是我们通常所说的预算编制博弈，即管理者通过操纵信息和目标实现个人尽可能高的奖金收入。一种常见的管理者进行预算编制博弈的方式是通过参与决策过程进行的。

参与为员工提供了影响预算的机会，而这种影响实际上可能并不一定是为了组织最好的利益。例如，下属也许会要求超过他们实现预算目标所需的分配。这就会导致组织作为一个整体的资源的不合理分配。另一种风险是下属可能会扭曲信息，宣称他们并不如表面看上去那么有实际效果和高效率，从而降低管理层对他们工作业绩的期望值。下属也许会在业绩中要求额外的缓冲，以防工作环境发生对资源产生不利影响或削弱他们完成预算目标的能力的不可预见的变化。如果下属在这类谈判中取得成功，他们将会发现实现或超越预算目标非常容易。因此遭受损失的则是组织，因为它未能获得最准确的信息去处理并最终改进操作管理。上述所有行为——要求超出必需的资源分配和扭曲业绩信息都可归入预算宽松的情形中。

我们假设一位经理正担心某个供应商不愿意以历史预算价格提供原材料。这位经理可能决定增加为购买原材料而留出的备用金，这就会在分项预算中形成一个宽松的地带。这种要求会导致为这一目标安排过量的资源，因而其他目标只能获得较少的资源。其他扭曲来自要求资源的暂时增加，因为由此确定的产品标准成本将是不准确的。而且，下属也很担心标准或预算难以实现，如果他们的奖金是以预算的实现为依据的，他们也许会倾向于选择更容易实现的预算。为了解决这种制定较低目标的问题，管理层可以设计一套激励系统，使取得更高的目标能够获得更高的奖金。

预算编制博弈永远无法消除，虽然有些组织设计了旨在降低预算宽松数量的改进方法。例如，使用一个循环的程序来计算预算，设定相当长的时间跨度，如一年之久。下级管理者可以先提出一个最初的预算方案，这一方案经高级管理层修改之后交还下级管理者做进一步的修改和完善。这种修改和完善往往要求以非常细致的方式详细说明所列示的每一项预算的合理解释。这一过程要反复多次，直到高级管理层确认下级管理者的预算方案中的宽松领域已经被尽可能消除了。进行这一过程的另一个好处是随着时间的推移，各方在预算上达成一致，每个人都对这一预算有很强的责任感。这种责任感建立了每个人对实现来年目标的信心。

9.8 建立奖励业绩的适当的激励系统

管理会计与控制系统设计的最后一个行为考虑是选择最适合的奖励系统来进一步激励员工。我们首先讨论内在报酬和外在报酬,然后集中讨论组织使用的多种财务奖励系统。目前存在大量的人员激励理论,包括期望理论、代理理论和目标理论。每个理论都强调激励的不同方面。因为有关这些理论的争论非常广泛,读者必须决定自己赞成哪种激励方法。[①]

组织同时使用内在报酬和外在报酬激励员工。**内在报酬**(intrinsic rewards)是指那些来源于员工内心的、同时反映了员工的工作满意度以及工作所提供的发展机会的奖励。在一些情况下,内在报酬反映了组织的性质和工作的性质。例如,儿童日间照料中心的志愿者工作没有金钱报酬,但它给志愿者带来帮助小孩学习的成就感。即使是有报酬的工作,管理者们最艰巨的任务之一,仍是创造合适的组织环境与文化,使员工在工作中发掘到内在报酬。组织同时希望能够通过招聘,找到适合组织特定职务的人。由于内在报酬获得的方式,制造业的会计信息对其没有影响。

外在报酬(extrinsic rewards)是指基于业绩评价的任何一种报酬,由一个人给予另一个人,作为其出色完成工作的奖励。常见的外在报酬的例子有宴请、消费、现金奖金、股票奖金、新闻报道和奖章等。外在报酬使员工确信自己比组织内的其他成员更加出色。很多人相信,外在报酬也强化了这样一种观念,工资是员工最低努力的报酬,而指望员工付出额外努力则必须给予额外的报酬。

选择内在报酬或外在报酬

很多研究员工报酬的专家认为,组织并没有充分利用内在报酬。他们宣称,如果有适当的领导才能,内在报酬的效果会等于甚至强于外在报酬。内在报酬和外在报酬的影响力一直是管理艺术的一个热门话题。有些人认为,以高薪作为工作动力的员工在完成任务时反而没有那些以成就感为动力的员工做得好。另一些人补充到,对于很多任务、员工和报酬来说的确如此,而且这个现象在创造性工作中最为突出。一些员工根本不认为薪水是一项激励。这个论点的基本观点是,过分关注外在报酬反而会降低激励系统的影响力,设计组织和工作时应该为员工寻找自己的内在报酬留下空间。

这个话题仍然没有定论,但有一点是肯定的:绝大部分组织忽略了而且仍然继续忽略内在报酬在激励中的作用,盲目地认为只有金钱奖励才能激励员工。很多人相信,外在的金钱报酬是刺激优秀业绩既必要又充分的手段。然而,系统研究和许多事例都证明,外在金钱报酬不一定能创造有效的组织,业绩报酬不一定有效。究竟非物质的外在和内在报酬是否比物质的内在和外在报酬更有效,至今仍没有定论。总之,在绝大多数

---

① Readers are referred to S. E. ,Bonner,and G. B. Sprinkle,"The Effects of Monetary Incentives on Effort and Task Performance:Theories,Evidence,and a Framework for Research," *Accounting*,*Organizations*,*and Society* (May/July 2002):303-345.

组织中,物质和非物质的内在报酬和外在报酬发挥着不同的作用。

除了内在报酬和外在报酬的争论外,有些人认为,任何形式的激励补偿系统都是不可接受的。他们提出,在复杂竞争的世界里,组织必须出色才能生存。所以,出色和忠诚的表现对所有组织成员而言都是必需的,是雇用合同的一部分,不应以此来要求额外报酬。

与之相反,很多组织都依靠外在金钱报酬激励业绩。由于员工经常与社会其他成员进行比较来判断自己的工作是否出色,外在金钱报酬就是评价工作相对出色程度很好的可见指标。这些组织很大程度上以管理会计系统提供的信息和指标作为报酬系统的依据。在本节的余下部分,我们重点关注组织常用的外在报酬手段。

基于业绩的外在报酬

激励补偿(incentive compensation)计划又称**业绩报酬系统**(pay-for-performance systems),是基于评价指标的结果提供外在金钱报酬的报酬系统。业绩报酬系统按是否达到或超过某些指标给予报酬。因此,组织需要业绩评价系统能够提供相关且可靠的业绩信息。报酬可以基于绝对业绩、相对于某些计划的业绩或相对于某些对比团队的业绩。衡量绝对业绩的指标包括:

(1) 满足质量标准的产品数量(如计件工资制);

(2) 组织成果(如利润水平、组织平衡计分卡上的客户和员工满意度指标、质量和新产品成功上市率);

(3) 组织的股价表现(如股票期权计划)。

基于相对业绩的报酬包括:

(1) 超过业绩目标水平的能力(如奖励在预算内完成目标的经理,或奖励超过业绩标准的生产小组);

(2) 奖金总额(如组织公布利润减去股东固定收益后的奖金收益总额);

(3) 超过具有可比性的团队平均业绩水平的程度。

在偶然的情况下,组织的报酬政策也会受政府规定的影响。例如,从1994年开始,大多数美国组织在计算应税收入时不得将员工工资超过100万美元的部分列为费用。这必然导致:①降低员工工资和额外福利(如公司配车和俱乐部会员资格)的使用;②提高基于业绩的变动报酬支出。

有效业绩评价与报酬系统

要想达到预期的激励效果,评价系统应该具有下面6个特点。

1. 员工必须理解他们的工作和报酬系统,相信该系统能评价他们在组织中可控制的贡献。这个特点保证报酬系统在员工心目中是公平的、可预测的。如果员工不理解他们的工作,不知道如何提高业绩,建立在业绩评价上的报酬系统就是无效的。在这种情况下,员工认为努力与业绩和最终结果没有关系。类似的,如果报酬系统过于复杂,员工无法将可见的业绩进步与最终结果的变化联系起来,报酬系统也会失去激励作用。而且,如果报酬系统衡量的不是员工的可控行为,使员工认为努力也改变不了业绩评价的话,报酬系统也不会有激励效果。确定并发展努力程度、业绩、最终结果三者之间的关系，确保员工理解这种关系，是管理者的一个关键任务。因此，业绩评价系统是员工关注的核心，也是激励补偿系统的核心。如果业绩评价指标与组织目标一致，员工为提高业绩达到个人目标而做的决策最终就会帮助组织实现目标。

2. 与第一个特点相关，业绩评价系统设计者必须仔细选择是评价员工的投入还是产出。总体而言，当业绩评价系统的监督和奖励有助于组织成果的员工产出时，员工与组织利益达到最大的一致性。然而，产出常常受环境、条件等不可控因素的影响，所评价结果与员工努力程度的相关性就会降低，从而降低报酬系统的激励效果。当不容易进行结果评价时，组织一般会选择监督和奖励员工投入（如员工钻研、技能表现和工作时间等）。例如，在一些制造企业，员工可以通过夜校学习来提高技能。当学完课程、掌握了新技能以后，工资水平会提高一个档次。怎样选择综合业绩评价指标，决定指标究竟是基于投入、产出，还是基于两者的综合体，是业绩评价系统和补偿系统设计中最棘手的一个任务。

3. 业绩评价系统监督、奖励的行为包含的要素应该反映组织的关键成功要素。这个特点保证了业绩系统是相关的，激励的行为有助于组织成功。而且，业绩评价系统必须考虑业绩的所有方面，员工才不会为系统衡量的因素而牺牲系统忽略的因素。这也是在平衡计分卡中以一套平衡的、综合的指标衡量和奖励员工的原因所在。例如，如果主管只告诉接线生工作数量（如每个班次中处理的求助数量）很重要，接线生就会为了处理尽可能多的电话而丢掉质量和礼貌。

4. 报酬系统必须设定员工接受的、清晰的业绩评价标准。标准有助于员工理解他们的技能和努力创造的结果是不是业绩评价系统关注和披露的对象。这个特点决定员工是否相信业绩系统的公正。如果评价指标含糊不清，业绩与结果之间关系不明确，业绩报酬系统的激励作用就会降低。

5. 评价系统必须有标准化的衡量口径，能够精确衡量业绩。这个特点保证系统明确确定了业绩与结果之间的关系。

6. 当员工协作决策和协作活动时，系统应该奖励团队业绩而非个体业绩。很多组织现在相信，员工必须在团队中有效工作，个体才能有效率。这些组织正在用团队业绩评价奖励来取代个体业绩评价奖励。

在大多数组织，薪水并不仅仅是用来留住员工的，它还是激励员工为组织最大利益工作的手段之一。因此，组织在考虑整个激励问题时必须考虑薪水问题。

顺利实施激励补偿的条件

并非所有组织都适用激励补偿系统。集权化组织的大部分重要经营决定在公司总部做出。这样的组织就不适合让一线员工使用激励补偿系统，因为组织内的这些员工应该遵循公司规章，没有决策权力。事实上，补偿系统在这些组织里更应被称为执行系统，因为员工只有遵守公司规章和标准做法才能继续被雇用。管理会计的任务就是设计内部控制系统，进行内部审计，以确认员工的确遵循了公司准则和程序。

在员工有权力和技能应对环境、参与决策的组织里，激励补偿系统能够发挥最大的作用。我们已经讨论了那些面对不断变化的环境的组织,在这些组织设立标准化的经营程序来应对处于变化中的环境既不现实,又不可能。这样的组织适合用激励补偿系统来激励员工识别环境变化,运用相应的技能和知识,制定体现组织目标的决策。

当组织授权员工参与决策时,可以用激励补偿系统来激发适当的决策行为。在这些组织,控制的重点不在于告诉人们做什么,而在于让员工运用所掌握的技能和权力尽最大努力帮助组织达成目标。

激励补偿与员工责任

激励补偿系统必须主要关注员工能够控制或影响的成果。设想在一个激励补偿计划中,生产工人的业绩奖励取决于销售部门是否达成目标,而生产工人仅应对产品所耗资源和质量负责,那么以销售目标完成情况奖励生产工人就会打消他们的积极性,因为控制销售水平的是销售部门,而不是生产部门。

员工的激励补偿应该反映他们在组织中责任的性质。从事计划、协调和控制日常活动的员工的奖励,应该基于他们有效管理这些活动、在短期内正确利用资源的能力。他们的奖励应该与短期可控业绩指标挂钩,如效率、满足客户对质量和服务的要求的能力等。从事长期目标筹划如建新工厂或获取重要的固定设备等活动的员工,奖励应该基于他们的战略决策为组织带来的长期成长或经营改进。他们的奖励应该与组织完成规定目标的业绩情况挂钩。在某些情况下,组织奖励也可以用与其他类似组织的业绩比较作为依据。综合奖励的短期与长期成果应与我们在第 2 章介绍过的平衡计分卡的目标一致。

奖励成果

设计有效激励补偿系统的另一个考虑是衡量业绩的方式。激励补偿联系的是奖励员工产出,而非员工投入。而且,基于结果进行奖励这一点,要求组织成员理解激励原则并为组织目标做出贡献。

但是,在三种情况下可以基于投入进行奖励:
- 无法始终如一地衡量结果时;
- 结果受员工不可控因素影响时;
- 衡量结果过于昂贵时。

基于投入的补偿,衡量的是时间、知识和员工在工作中运用的技能水平,并假定未被测量的结果与这些投入有关。很多组织采用某种基于知识的报酬体系。这类报酬以员工培训和工作资格确定回报率,可以通过在职培训来提高等级。员工补偿是工作小时数(时间投入)和每小时产量(该技能水平应该达到的产量)综合影响的结果。组织使用基于知识的报酬体系来激励员工持续提高工作技能,从而提高基本工资水平。

管理激励补偿计划

大量证据表明,一些组织错误地运用了激励补偿计划,尤其是对高层管理者。很多有影响的商业杂志上刊登了大量文章,质疑管理者特别是美国公司的管理者获得了与其平庸业绩相比较来说过高的报酬。

一些专家在争论薪酬制度是否激励目标追求行为、是否有效，也就是说薪酬制度是不是有必要。有研究显示，管理者薪酬与股东财富之间成正相关关系。也有研究认为两者之间没有联系，甚至是有负面联系。直到最近，股东价值在下降，而管理者薪酬却越来越高。有些人认为，对公司来说，继续实施管理者薪酬与公司业绩不相关的薪酬制度是不适当的。

尽管经济数据显示，管理者薪酬与公司业绩之间存在某种联系，许多专业人士都认为薪酬过高并不代表好的业绩。公平性问题已经浮出水面。调查表明，平均来说，美国的首席执行官的薪酬是低薪酬员工的300倍。而在日本，这个比例是30倍。这些问题的提出反映了普通人感受到的组织中激励薪酬制度作用的不公平程度。

激励补偿计划的类型

最常见的激励补偿系统是现金分红、利润分成、收益分成、股票期权、业绩股份、股票增值权、参与分红单位和员工持股计划（一般称为ESOPs）。这些不同的方案为管理会计系统的设计提出了不同的要求。

我们可以把补偿系统归为两大类：①依据内部目标，始终由组织的管理会计系统支持的计划；②依据组织股价表现的计划。

管理会计关注第一类计划——根据组织的管理会计系统监督和报告的业绩情况进行奖励的计划。绝大多数参与财务激励计划的员工非常看重这类计划。这些员工感兴趣和关心的是反映和公布业绩评价指标的业绩评价制度，这些业绩评价制度常用来计算和分配财务奖励。很多从事实际工作的管理会计师发现，用财务奖励的业绩指标是争议最大的部分。因此，管理会计在决定采用财务奖励业绩指标时应非常谨慎。

组织使用与股票有关的其他许多形式的激励补偿计划，包括业绩股份、股票增值权、分红单位以及员工持股计划，这些都超出了管理会计的范畴。当股票价格上涨的时候，这些方案给参与者提供了激励报酬。这些方案的深层含义是激励员工从事能够增加组织市场价值的活动，以使其行动与组织的长远利益相一致。因此，所有这些方案都假定股票市场将以提升股票价格的形式识别组织的异常活动。

现金分红　现金分红(cash bonus)方案又称为一揽子奖励、业绩奖励和价值支付，是根据某些被考核的业绩来支付现金。这种奖金是一次性奖励，不会成为员工日后基础工资的一部分。

现金分红可以固定在某一金额，当被考评的业绩超过评价指标就发放，也可以按目标产量的一定比例发放。它可以基于个体或团体业绩，也可以支付给个体或团体。

例如，20世纪80年代晚期，通用汽车公司降低了随物价升高自动调高的工资，而代之以业绩报酬系统，根据管理者的成果进行奖励。管理者将员工分为4组：高业绩者(最好的10%)、良好业绩者(接下来的25%)、平均业绩者(再接下来的55%)和低业绩者(最后的10%)。监管者根据这些分组发放奖金，根据业绩评价体现工资差异。

利润分成　利润分成(profit sharing)是按照某个经营单位公布利润的一定百分比支付的现金分红。利润分成是团体激励补偿计划，重点在于短期业绩。

所有利润分成计划都会规定可用于分配的组织公布利润的比例、分配公式、有资格参与该计划的员工和每个员工分配份额的计算公式。

很多利润分配计划基于剩余利润,现在称为经济附加值。在这些计划中,公布利润要减去股东对组织投资的一定比例(如15%)。这种分配保障了股东要求的资本回报。剩余部分按一定比例在员工和股东之间分配,如40%归员工,60%归股东。计划还会规定可分配给员工的利润的上限。最后,利润分配计划确定怎样对每个有资格的员工进行分配。一些计划采用平均分配;另一些则根据个人业绩目标的完成情况分配。

实例

UNIBANCO——平衡计分卡在补偿计划中的应用

Unibanco是巴西第五大银行,在私营银行中排名第三,其总资产超过230亿美元。2000年,Unibanco开始了平衡计分卡项目,开发了一个公司的计分卡,并为4个主要的营业部门——保险和养老金、零售、批发以及资产(财富)管理——制定了平衡计分卡。2001年间,公司的高级管理人员发起了一项沟通活动,向所有27 000名员工宣传新的战略以及管理该战略的方法。公司聘请巴西因为乘帆船周游世界而名声大噪的Schürmann一家在银行的各个营业网点向2 000名管理人员进行演讲,内容是"我们是如何同舟共济的",说明每一位船员都必须清楚自己在帮助帆船成功到达目的地的过程中应该发挥的作用。在公司的内部网站、内部电视网、内部月刊以及发送给每位管理人员的个人电子邮件中都充斥着关于Painel de Gestao(管理小组)和相关指标的广告和文章。成功的帆船活动让员工形象地理解了平衡计分卡概念,并让每一个人都意识到自己的日常活动对于公司战略的成败的影响。几年后,2004年,Unibanco发起了2-10-20运动:目标是在公司成立80周年的2006年实现收入达到20亿美元、权益资本达到100亿美元、权益资本回报率达到20%。沟通计划在各种场所(包括电梯的显示屏)推广2-10-20口号。

人们受到鼓励来谈论自己的行动对于成功的结果的贡献。每月一期的内部杂志选登最佳事迹来表彰在关键绩效指标方面表现最为出色的个人和团队。每一年,Unibanco都会颁发总裁奖来表彰实现了某个战略主题的突破性结果的活动。

2002年,Unibanco对一项人事管理工具进行了调整,即在每一位员工及其上司之间的管理协议。修订后的管理协议的第一页描述了业务单位及Unibanco的战略主题。接下来由员工与上司根据所在业务单位及Unibanco的战略主题共同编写自己的个人管理协议。管理协议中涵盖了与业务单位及公司的战略主题明确相关的4个平衡计分卡视角的员工目标。例如,营销部门的一位帮助制定发展新客户的方案的员工,其财务目标可能就与所发展的新客户的估计生命周期价值有关。一位工作成果将被其他部门所利用的员工将会把给其他部门提供的价值视为客户目标。Unibanco 在每一位员工的评估和薪酬计划中应用管理协议。对于管理协议中的学习和成长视角，人力资源部门帮助员工确定他们实现管理协议其他 3 个视角的目标所需的能力——知识、技能和行为。

Unibanco 原来的薪酬方案基于每个部门的财务表现进行薪酬总额的分配。Unibanco 通过增加两个变动支付因素对这个方案进行了调整。它首先根据部门的平衡计分卡中的领先（非财务）指标在薪酬总额中增加（或减去）一个百分比；然后根据公司的绩效增加或减去另一个百分比。公司增加了公司分红元素，从而促使员工考虑公司的整体表现，而不仅仅是他们所在部门的表现。

1999—2004 年，Unibanco 的员工"对于公司使命和愿景的了解"从 72% 增加到了 83%。每股盈余从 1999 年的 5.57 增加到了 2004 年的 9.45，而且预期今后几年仍将持续大幅增长（从而达到 2-10-20 目标）。

资料来源：R. Kaplan and D. Norton, *The Execution Premium: Linking Strategy to Operations for Competitive Advantage* (Boston: Harvard Business School Press, 2008).

在这种业绩补偿法下，员工得到一个反映他们当年特定目标完成情况的分数。员工分数除以所有员工得分，就是个人在利润分成总额中应占的份额。一些利润分成计划按照基本工资或薪水比例把利润分配给每个员工，因为这些系统设计者相信这种分配反映了员工在组织中的贡献。

利润分成计划需要组织会计系统的一些支持，尤其需要管理会计系统的支持。第一，组织必须具有计算利润的系统。这个过程通常由一位外部审计人员进行监督和证明。第二，当以所有者投资额为基础对分配资金进行扣除时，管理会计系统必须提供一种投入资金的测定方法。第三，如果利润分成是基于某种业绩评价水平（如一个反映员工达到一系列目标的能力的综合分数），则需要管理会计系统提供业绩评价指标和最终评价分数。

收益分成 收益分成（gain sharing）是以某个业绩目标函数作为可分配总额的现金奖金分配计划。例如，某个部门的员工业绩超过业绩目标时，得到一笔奖金。收益分成是一种团体激励，而业绩报酬系统则是个体激励。这种形式的特殊之处就在于，它以组织业绩决定奖金分配，通常应用到组织内的一组员工身上，如一个部门或一家商店。系统有确定奖励分配的公式和一个基期，用于以后各期业绩比较。除非组织流程和技术发生重大变化，这个基期不会轻易改变。当团体业绩超过基期业绩时，收益分成计划就形成一笔奖金。

收益分成鼓励团队精神和决策参与。它要求员工有能力参与而且组织也鼓励员工参与。下列公司有效地运用了收益分成计划。

- 赫曼·米勒公司（Herman Miller Company），这家经常被评为美国十佳管理公司的家具生产商，多年来一直使用收益分成计划。该公司还运用了一项员工参与战略来支持和加强收益分成计划的激励作用。

- 格鲁曼公司(Grumman Corporation)为耐用车项目的全体人员建立了一套业绩奖励方案,该方案是与格鲁曼公司的质量规划相联系的。员工关注与返工、废料和超额保养成本有关的流程。公司从业绩改进节约的资金中拿出一半,平均分配给参与项目的所有员工。

三种最常用的收益分成计划是**改进分享**(improshare)、**斯坎伦计划**(Scanlon plan)和**拉克计划**(Rucker plan)。

1. 改进分享 (生产力增进分享)比较给定产量下的目标人工成本和实际人工成本(直接人工效率变动)的差额,决定奖金总额。该计划确定差额如何在股东与员工之间分配,以及分配给每个员工的数额。

2. 斯坎伦计划 基于以下公式,使用基期数据。

$$基期比率 = 工资成本/生产的产品或服务的价值$$

例如,如果基期的工资成本是2 500万美元,预计产品或服务价值是8 600万美元,则基期比率为0.29(2 500万美元/8 600万美元)。只要人工成本除以产品或服务价值的比率低于基期比率,就将当期的人工成本节约额加入奖励基金。因此,接着上面的例子,如果某期实际工资成本为2 800万美元,生产的产品或服务价值应为1.05亿美元,则加入奖励基金的金额为:

$$\begin{aligned}加入奖励基金的金额 &= 本期产品价值 \times 基期比率 - 实际人工成本\\ &= 105\,000\,000 \times 0.29 - 28\,000\,000\\ &= 2\,450\,000(美元)\end{aligned}$$

当人工成本超过基期比率时,有的组织会从奖励基金中扣除差额。所有奖励基金会定期(通常一年一次)在公司与员工之间按工厂比率分配,比率通常为50%/50%。

3. 拉克计划 基于以下公式,使用某个代表期的数据。

$$拉克标准 = 工资成本/产品价值$$

产品价值按照"销售净额-存货变动-原材料消耗"计算。与斯坎伦计划相同,拉克计划的设想也是在工资成本与产品价值之间确定一个基本关系,然后奖励那些业绩有所提高的员工。效率体现在降低工资成本对产品价值的比率。当实际成本低于拉克标准时,员工就会获得奖金。

收益分成计划必须反映合理的业绩水平才能起作用。你也许知道,服从同一计划的管理者和员工对于公平常常有完全不同的理解。管理者通常选用较为严格的标准和目标,而员工的希望则刚好相反。这个计划要求管理者、管理会计师和员工共同参与确定作为计划尺度的业绩水平。很多管理会计师只是乐于充当管理者与员工之间的诚实的经纪人角色。

设计收益分成计划的人从一开始就相信,每月一次甚至每周一次的业绩奖励是最有利的。它提供快速的反馈,同时奖励的额外激励作用也能促进组织希望的行为。由于迅速的反馈可以增强奖励的激励效果,因此当记录和收集人工成本的要求同时增加了成本和管理会计系统的潜在错误时,短期循环的反馈可以增加组织的管理会计系统的严密性。

既然收益分成计划是一种团体奖励,那么就可能产生一个相关的问题:某些团队成员可能没有完成自己的分内工作，而是基于团队其他成员的工作获得奖励。例如，学生经常抱怨小组项目，尤其是当他们自己不能选择小组时。因为小组中常常有人偷懒或能力不够。和员工一样，学生们通常对于惩罚或揭发同伴感到不安。早期收益分成计划的提倡者们注意到了这个现象，发现要使收益分成计划发挥效果，组织文化必须培养团体内部的凝聚力以及团体之间、管理者之间的凝聚力。

另外，组织文化对收益分成计划的潜能有显著影响。这些计划依靠员工的参与和投入。因此，一个尊重员工、鼓励参与、积极支持员工学习和创新的组织文化，可以增强收益分成计划的激励潜能。

最后，像所有激励计划一样，当收益分成计划很容易理解和监控时，它能够发挥最大的作用。这个特点的简单测试方法是员工能否计算出自己的奖金。另外，该计划应该被视为公平的、直接受员工业绩影响的以及有助于提高团队精神的。

管理会计系统在收益分成计划中起重要作用，为分享计划提供业绩评价指标。大多数收益分成计划关注的是管理会计中的人工成本、实际人工与标准人工成本水平差异等部分。因此，业绩评价的关键问题在于准确、始终如一地衡量人工成本，以及有能力建立一套员工认为公平的成本标准。

股票期权和其他与股票相关的补偿计划 从研究补偿计划的专家们发表的评论来看，**股票期权**(stock options)是最广为人知的被误用和被诟病的激励补偿方法。股票期权是以被称为期权价格的指定价格买入一定单位的组织股票的权利。

期权定价的常见做法是将期权价格定为组织发行期权时股票市价的105%。这种方法是为了激励获得股票期权的员工为组织长远利益而努力工作，提高公司价值，使股票市价超过期权价格。因为这个原因，补偿系统设计者通常只给高层管理者发放股票期权，他们相信这部分人对提高公司价值起着最大的作用。另一些人则认为，从事经营的普通员工通过完成短期经营计划，对组织流程改进也起着显著而持续的作用。这将会提高组织竞争力，最终提高组织价值。

批评股票期权的人认为，组织在授予高层管理者股票期权方面显得过于慷慨。例如，组织有可能以略高于甚至低于股票市价的价格向高层管理者发行大量的股票期权。但这只是一个使用方面的问题，并非股票期权本身的缺陷。一些批评者还认为，股票价格升高通常反映了市场大势，与组织的业绩并无太大关系。因此，很多激励补偿专家提倡，应该通过将组织股价表现与可比的股票价格表现相对比，得出股票期权价格。在这种情况下，只有组织股价升幅大于可比股票时，股票期权才是有价值的。由于管理会计师经常参与依靠外部基准的研究和系统，所以企业有时会把为相对股票期权计划确立合适的业绩标准的任务交给包括管理会计师在内的团队。

一般而言，员工持股计划假定员工拥有一部分所有权后会更加努力。Avis租车公司运用员工持股计划增进激励，提高了销售额和边际利润。20世纪80年代到90年代早期，华尔街投资机构所罗门兄弟公司(Salomon Brothers)为业绩优异的员工提供丰厚的奖金。例如，一位债券经纪人1990年得到了2 300万美元的奖金。作为对此事的回应，所罗门兄弟公司最大的股东、《福布斯》杂志评选的1993年全美首富、时任临时主席的沃伦·巴菲特指出，他希望员工通过持股获利，而不是基于所有者的投资搭便车。为了协调公司员工与所有者之间的利益,获得良好的业绩表现,巴菲特通过公司补偿委员会执行了一项激励计划,以公司股票支付不高于半数的员工报酬,股票低于市价发行给员工,5年内不得买卖。然而,巴菲特忽略了设计补偿计划的一个重要考虑,即其他投资银行是如何补偿他们的员工的。一部分人支持巴菲特计划的合理性,但很多员工还是离开了公司,加入补偿办法与所罗门兄弟公司以前做法类似的公司。这些人的离职加速了一场危机,最终导致了这一新计划的流产。

9.9 Advanced Cellular 国际公司案例的尾声及本章小结

在本章的开篇案例中,韦恩·捷戈尔斯基认为自己在新管理会计与控制系统的设计中没有充分考虑员工意见。他在思索自己是否需要考虑其他行为方面的因素并将其纳入管理范畴。本章概述了一个设计良好的管理会计与控制系统包含的4个关键行为特征。4个特征的相关选择在很大程度上取决于与组织人力资源的激励模型的相容程度。理解这些特征将有助于韦恩设计新的管理会计与控制系统。

第一个是在管理会计与控制系统设计中嵌入组织的行为道德准则。一个设计良好的管理会计与控制系统的核心是组织的行为道德准则。行为道德准则可以帮助组织处理道德困境、员工与组织价值观的差异以及组织规定道德与实际道德的差异。一个有效的道德控制系统的要素与一个清晰的决策模型是分不开的,决策模型可用于解决道德问题。

组织用很多时间寻找激励员工的方法。一种是把员工目标与组织目标统一起来。然而,即使目标已经统一了,组织也不能总是依靠员工自我管理来实现业绩目标。在很多情况下,组织必须设立任务和结果控制系统。任务控制采取预防性控制措施或依靠监督,而结果控制注重将实际结果与预计结果进行比较。开发并使用一套适宜的业绩评价指标直接与第二个行为特点相关,需要综合使用短期和长期、定性和定量的业绩评价指标。这就是平衡计分卡方法。即使是在控制非常完善的系统下,也经常会有员工做出与目标不一致的行为,我们在预算编制的背景下对此进行了探讨。控制系统设计的一个最具有挑战性的方面是找出减轻这些问题的方法。

第三个特点是授权员工参与决策和管理会计与控制系统的设计。这个特点体现了人是组织最重要的资产。让员工在参与中发表意见有两个方面的好处:第一,决策参与可以提高员工士气、决策忠诚度和工作满意度;第二,通过员工参与,组织可以从最了解工作和流程的员工那里收集信息。这些信息增强了管理者的洞察力,而这是不能依靠粗略的检查工作获得的。员工参与的另一个重要方面是保证员工持续获得他们使用和评估的信息。例如,如果不清楚自己的行为是如何转变为业绩评价结果的,员工就会由于得不到指导而做出对组织不利的行为。

组织同时使用内在报酬和外在报酬来激励员工。然而,内在报酬来自员工内部,可能仅仅是因为该员工喜欢他的工作。因此组织应雇用适合某项工作的员工,让他感受到内在激励。但是,即使内在报酬是存在的,很多组织仍然依靠外在报酬,如财务奖励等。

第四个特点是开发一套适宜的激励系统来奖励业绩。本章我们讨论了一个有效的业绩评价系统的特征和奖励结果的方法,如现金分红、收益分成和股票期权等。

最后,本章给出了与预算相关的行为和组织问题方面的一些例子。预算是管理和控制系统的一个重要组成部分。因为预算是由人制定和执行的,我们必须考虑预算和预算编制对人的影响,以及人是如何影响预算和预算编制过程的。研究表明,参与预算编制过程的人如果认为自己对目标和标准的建立做出了贡献,他们就会增加对预算的认可程度。研究也发现,在激发业绩方面,扩张目标(目标是困难的,但可实现)是最有效果的。

注册管理会计师必须遵守的 4 个行为道德要求是什么?

 作业

思考题

9-1　在管理会计与控制系统中,控制指的是什么?
9-2　维持对组织的控制涉及哪 4 个步骤?
9-3　管理会计与控制系统的设计者必须考虑哪两个宽泛的技术问题?
9-4　管理会计与控制系统的设计者在处理系统信息的相关性时应当考虑哪 4 个主要因素?
9-5　管理会计与控制系统设计的 4 个主要行为因素是什么?
9-6　科学管理中的激励观点是什么?
9-7　人际关系运动中的激励观点是什么?
9-8　人力资源模型中的激励观点是什么?
9-9　发生道德冲突时,人们有哪些选择?
9-10　什么是道德控制系统?它有哪些关键要素?
9-11　激励的 3 个关键维度是什么?
9-12　什么是目标一致性?
9-13　诊断分析控制系统与交互式控制系统有何不同?
9-14　任务控制与结果控制有何不同?
9-15　列举并解释两类任务控制。
9-16　选择列举 3 种制造型组织的定量财务业绩评价指标。
9-17　选择列举 3 种服务型组织的定量财务业绩评价指标。
9-18　选择列举 3 种制造型组织的定量非财务业绩评价指标。
9-19　选择列举 3 种服务型组织的定量非财务业绩评价指标。
9-20　列举 3 种定性业绩评价指标。
9-21　什么是业绩指标博弈?
9-22　什么是数据伪造?
9-23　对组织进行大的变革时,唯一最重要的考虑因素是什么?

第9章 管理会计与控制系统中的行为和组织问题

9-24 举例说明什么是盈余管理或收益平滑。
9-25 员工授权的两个基本要素是什么？
9-26 预算编制中两种相关的行为方面的问题是什么？
9-27 编制预算的三种最常用的方法是什么？
9-28 与目标相联系的最有激励作用的预算方式是什么？
9-29 什么是扩张目标？
9-30 什么是预算松弛？
9-31 什么是内在报酬？
9-32 什么是外在报酬？
9-33 什么是激励补偿？
9-34 有效的业绩评价系统的6个特点是什么？
9-35 什么类型的组织最适合使用激励补偿？为什么？
9-36 什么是现金红利？
9-37 什么是利润分成？
9-38 什么是收益分成？
9-39 什么是股票期权计划？

练习题

9-40 **实现目标** 埃尼公司(Eni Corporation)在其使命陈述中有下面一句话："我们的使命是为了股东、消费者、员工和社会的利益而不断提高公司的价值。"请说明埃尼公司的每个利益集团如何理解使命中的"公司的价值"，以及根据每个集团的解释，如何进行衡量。

9-41 **满足MACS设计中的相关性** 阐明MACS设计者在评价整个系统的信息相关性时需要考虑的4个因素，并分别解释每个因素的重要性。

9-42 **激励的管理方法** 科学管理学派、人际关系运动学派和人力资源学派在人力激励方面的观点有何不同？

9-43 **管理会计与控制系统的特征：道德框架** 列举并描述道德考虑的等级次序。

9-44 **道德冲突** 当个人价值观与组织价值观发生矛盾时，个人应该怎么做？

9-45 **道德冲突** 当组织声明的价值观与实际的价值观发生矛盾时，个人应该怎么做？个人面临哪些选择？你认为为什么会存在这种冲突？

9-46 **选择一种控制方法** 设想任何一种需要控制的情境。解释你为何认为在你设想的这个情境里任务控制或结果控制更适用。不要使用本书中的例子。

9-47 **管理会计与控制系统的特征：多重业绩评价指标** 采用多重业绩评价指标的好处是什么？

9-48 **理解业绩评价** 让员工明白什么业绩将被评价、怎样评价以及员工奖励如何与业绩评价挂钩这些问题为什么很重要？

9-49 **可控业绩** 为什么业绩评价系统和奖励应该关注员工可控的业绩？

9-50　**对工作进行业绩评价设计**　在一家通过电话接受客户订货的公司,你会怎样分别评价公司总裁、负责设计订货系统的中层经理以及处理订货的普通员工的业绩?他们的业绩评价系统有哪些相同点和不同点?

9-51　**管理会计与控制系统的特征:奖励**　奖励与业绩挂钩可以提高目标一致性吗?解释你的观点。

9-52　**非目标一致性行为**　数据伪造和博弈行为有什么特点?

9-53　**非目标一致性行为**　列举一些业绩指标博弈。

9-54　**非目标一致性行为**　你能设想一些适合组织的博弈行为吗?

9-55　**管理会计与控制系统的特征:参与**　参与组织决策对个体的好处是什么?让个人参与组织决策对组织的好处是什么?

9-56　**设计预算的方法**　在预算编制过程中参与法与咨询法的区别是什么?

9-57　**预算松弛**　从员工和高级管理层的角度,在预算中预留松弛的赞成和反对意见各是什么?

9-58　**预算编制博弈**　什么是预算编制博弈?员工为什么会做出这种行为?

9-59　**内在报酬和外在报酬的性质**　你认为人们看重内在报酬吗?举一种你会看重的内在报酬并解释原因。外在报酬为何重要?如果你只看重外在报酬,解释原因。

9-60　**选择奖励对象**　解释为何人们会依据结果/产出、投入或知识基础进行奖励。

9-61　**选择奖励水平**　你为一家咨询公司工作,目前的任务是确定某家企业的总裁的报酬在绝对额上以及相对于其他可比公司的总裁的报酬是否过高。你会怎样完成这项任务?

9-62　**使用现金分红**　组织何时应使用现金分红?

9-63　**使用利润分成**　组织何时应使用利润分成?

9-64　**使用收益分成**　组织何时应使用收益分成?

9-65　**使用股票期权**　组织何时应使用股票期权?

9-66　**奖励团队业绩**　某个新车设计团队由产品设计者、工程师、生产者、订货代理商、营销人员和会计组成,你会如何奖励这个团队?某人的任务是设计一种更好的汽车碰撞保护措施,你如何奖励他?这两种情况有何类似之处?有何不同?

综合题

9-67　**管理会计与控制系统设计中的激励问题**　解释为何理解人力激励问题对管理会计与控制系统设计而言是非常重要的。

9-68　**管理会计与控制系统设计的行为因素**　列举管理会计与控制系统设计的4个关键行为因素,分别解释每个因素的重要性和好处。

9-69　**高尔夫球场上的道德与业界的道德的关系**　参见正文中的"在高尔夫球场上作弊意味着做其他事情也会作弊吗?"实例。讨论为什么人们可能认为在高尔夫球场上作弊是心安理得的,在高尔夫球场上作弊的人是否在业界也可能作弊。

9-70　**道德问题**　假设你是一家参与政府合同竞标的制造企业的首席执行官。在这种情况下,出价最低的公司将获得合同。你的公司已经出价并准备向政府提交,此时你突然收到一封匿名信，告诉你竞争者更低的出价。如果公司失去这笔合同，会有工人被迫下岗，利润将受很大影响。这时你面临哪几种可能的选择？可能的后果分别是什么？你会怎样做？

9-71 道德问题 在从旧式管理会计系统向新的作业成本管理系统转换的数据收集过程中，你看到一份经理报告的时间分配表。你知道该经理提供的数据完全是伪造的。见到该经理后，她说伪造数据是因为担心如果照实报告时间分配情况，就会被发现业绩不佳，从而被调职。她乞求你不要告诉任何人，因为她需要花时间照顾常年生病的父母，还需要工作报酬来支付父母的医药费。你应该采取什么行动？请解释。

9-72 道德问题 你是在公司主计长办公室工作的一名管理会计师。雷克·科赫（Rick Koch）是公司的一位高级管理者。他在停车场叫住你，让你帮他一个忙。他让你在公司的主机上伪造他所在部门的一些数据记录。他威胁说，你如果不照做将被公司开除。你会怎么做？请解释。

9-73 控制方法 举出下列每种控制方法都适用的两种场景或工作。指出你认为该场景的什么特点决定了每种控制方法的适用性。
(1) 预防性控制；
(2) 监督；
(3) 结果控制。

9-74 管理会计与控制系统的特征：信息的种类 在什么情况下，定性的和定量的业绩评价指标都可用于评价员工、工作小组和部门的业绩？用例子来支持你的答案。

9-75 评价系统业绩 假设你是一家生产广告用塑料制品的企业的工厂经理。客户选择产品颜色和质量，决定印刷内容。你的工作是确保产品按客户的要求完成。行业的竞争很残酷，依靠的是低价格、高质量和优质服务竞争。最近，你采用了一套适时制造体系。给定你所在组织的特点，你将如何评价这套系统的业绩？

9-76 管理会计与控制系统设计的特征：参与和教育 解释参与决策和教育员工理解信息如何有助于加强对于员工参与管理会计与控制系统设计的授权。

9-77 制定预算的方法 梅根·艾嫔诺沙（Megan Espanoza）是一家名为火星公司（Mars, Inc.）的大型信用卡公司的威尔斯分部的一名经理，她最近收到一份关于来年预算编制过程的备忘录。该过程将以下列方法进行。梅根和其他部门经理每人提交一份关于他们的营业计划和财务情况的预算。管理层对这些预算进行研究并最终决定各部门的预算。

要求：
(1) 这种预算编制方法的名称是什么？
(2) 这种方法的优缺点是什么？请解释。

9-78 设计预算的方法 预算通常是以指令性、参与式、协商式三种方法之一进行编制的。

要求：
写一篇短文，说明什么情况下使用三种方法之一最为适当。如果你不同意某一种方法，请给出合理解释。

9-79 预算编制：激励问题 曼依电子公司(Manoil Electronics)生产电子零件并销售给电器商店。公司主计长正在编制年度报告并要求销售部门进行销售预测。所有销售人员都被要求在各自负责区域内对公司的10种主要产品进行销售预测。

市场营销部门得到的工资和佣金基于超过目标水平的销量。你已经发现销售经理利用销售预测制定目标水平，从而决定佣金。具体地说，销售经理将销量预测提高10%，其结果就是销售最高水平。如果销量低于这一水平，则没有佣金。如果超过这一水平，则以不同比例支付佣金。

要求：

(1) 如果销售人员清楚自己的预测与销售目标水平的关系，这对他们将会产生哪种刺激？

(2) 依靠这些预测制定公司的预算，最有可能出现的结果是什么？

(3) 如果你是公司的主计长，并同时负责薪酬支付和预算编制，在这种情况下，你会怎么做？

9-80 预算松弛 麦克·希尔兹(Mike Shields)与他的一个朋友在孟菲斯的一家饭店共进晚餐。他的朋友伍迪·布鲁克斯(Woody Brooks)是当地一家速递公司的经理，他告诉麦克，他一直以来都在扩大他的部门完成预算目标所需要的资源，他还告诉麦克，他每年都能实现预算目标。当麦克问他为什么这么做时，伍迪回答说："这是一个狗咬狗的世界。如果我想成功并往上爬，我就要把事情做好。拥有额外的资源对此大有帮助。"

要求：

写一篇文章讨论伍迪关于预算的观点。他的做法正当吗？请解释。

9-81 管理会计与控制系统设计的特征：奖励 将个人业绩与报酬挂钩有哪些优缺点？

9-82 设计奖励结构 回答下面两个有关组织单位的问题：

什么行为应该受到奖励？

以下组织适用什么样的激励系统？

(1) 交响乐团

(2) 政府福利办公室

(3) 航空公司投诉服务台

(4) 核电厂的控制室

(5) 篮球队

9-83 设计补偿计划 假设你是一家房屋清洁公司的老板/经理，手下有30名员工，分成3个工作小组。工作小组被派到客户家中，根据客户要求从事各种清洁工作。

你的员工经验不足，每小时工资为9美元，这代表了不熟练工的普遍工资水平。公司的员工流失率比较高。一般来说，你最好的员工只要找到更好的工作，就会立即离职。留下来的员工都是在别处找不到工作的、态度很差的人。

对客户的收费是每个小组每小时40美元。如果一个小组工作1.5小时，报酬为60美元。

你希望在组织中设计一个激励系统，利用它来激励优秀员工留在公司，鞭策业绩不佳者改进或离开公司。你会开发什么样的系统？如果系统需要依赖一些评价指标，说明你将怎样得到这些指标。

9-84 激励预期业绩 DMT 生物工程公司是一家生物工程研发公司，该公司为科研人员设计所需的产品。公司由一个行政部门、一个实验室和一个生产新设计样品的工厂组成。公司的主要成本是研究人员的薪水，这笔支出数额巨大。

过去，在 DMT 生物工程公司从事研究工作的科学家依据科研资历获得奖励。薪水基于受教育水平和在学术刊物上发表的论文数目。在最近一次董事会会议上，一名外部董事对公司研发活动提出了如下批评：

> 我们无疑拥有行业内受过最优良训练的科学家。他们所受教育和创造力的证据是他们发表的论文数目。然而，知识和创造力没有转换为公司的专利发明和销售额的提高。我们公司有最大的研发团队，但却只有最低的新产品推出率。由于奖励依据的是发表文章数，这些研发人员因而过于关注基础研究。我们需要他们将更多的兴趣放在具有商业潜力的发明上。我们不是大学实验室，而是追求利润的企业。

要求：

（1）假设这名董事所说的是事实，你会认为这是一个问题吗？

（2）董事会要求 DMT 生物工程公司的总裁提高新产品推出率，增加用于新产品研发的时间。总裁应该如何完成这个任务？

9-85 赫斯特·赛拉尼斯公司的利润分成计划 赫斯特·赛拉尼斯公司（Hoechst Celanese）是一家制药公司，使用利润分成计划即赫斯特·赛拉尼斯业绩分享计划激励员工。为使该计划具有操作性，赫斯特·赛拉尼斯公司执行董事会设立了一个目标营业收入。这个目标根据公司业务计划和经济预期表现来确定。业绩分享计划还使用另外两个关键值：营业收入初始值和期间营业收入目标。1994 年的目标如下：

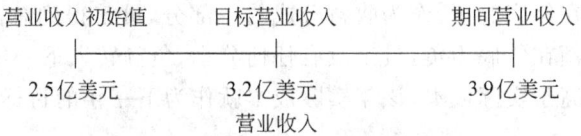

计划如下：如果营业收入低于初始值，则没有利润分成。如果营业收入位于初始值与目标之间，分配比例为初始的 1‰加上目标支付的 4‰。例如，如果营业收入是 2.85 亿美元，则利润分成比例是 2.5‰。

利润分成比例 = 1‰ + 3‰ × (285 − 250) / (320 − 250) = 2.5‰

利润分成总额 = 2.5‰ × 285 000 000 = 7 125 000（美元）

如果营业收入位于初始值和期间目标之间，分配比例为目标支付的 4‰加上期间支付部分的 7‰。例如，如果营业收入是 3.5 亿美元，利润分成比例是 5.29‰，则利润分成总额是 1 850 万美元。

利润分成比例 = 4‰ + 3‰ × (350 − 320) / (390 − 320) = 5.285 71‰

利润分成总额 = 5.285 71‰ × 350 000 000 = 18 500 000（美元）

如果营业收入等于或超过期间目标,利润分成总额为 2 730 万美元:

利润分成总额 = 7% × 390 000 000 = 27 300 000(美元)

要求:

(1) 列举并解释你认为赫斯特·赛拉尼斯业绩分享计划中的可取之处。

(2) 列举并解释你认为赫斯特·赛拉尼斯业绩分享计划中的不可取之处。

(3) 1994 年的营业收入是 3.32 亿美元。计算利润分成总额。

(4) 1995 年业绩分享计划的相关参数是:初始收入——4.2 亿美元;目标收入——4.9 亿美元;期间收入——5.6 亿美元。你认为逐年提高参数应如何操作?

9-86 利润分成 彼得伯勒医疗设备公司(Peterborough Medical Devices)生产医疗设备。该公司的利润分成计划表述如下。公司可供分配的利润分成总额是下面两项中的较低者:

(1) 税前净利润超过目标利润部分的 40%。目标利润是净资产的 18%。

(2) 700 万美元。

员工根据薪水在公司薪水总额中所占的比例分享利润。

要求:

(1) 如果公司利润为 4 500 万美元,净资产为 1 亿美元,利润分成总额应为多少?

(2) 假设玛格·沃森(Marg Watson)的薪水是 68 000 美元,公司薪水总额是 2 500 万美元,玛格的利润分成比例是多少?

(3) 你认为这个利润分成计划的优点是什么?

(4) 你认为这个利润分成计划的缺点是什么?

9-87 收益分成 樱花食品公司(Sakura Snack Company)是一家生产休闲食品的公司。生产工人按如下方法享受收益分成计划:根据完成产量,公司确定一个目标人工成本。如果实际人工成本低于目标成本,差额将被计入每年累计的奖金总额。如果实际人工成本高于目标成本,差额将从每年累计的奖金总额中扣除。

如果奖金总额在年底为正,作为收益分成的一部分,员工得到总额的一半,奖金额调回零。如果奖金总额在年底为负,员工没有任何分享,负额转入下一年的累计额中。

如果目标成本高于实际成本,该年实际成本就作为下一年的目标成本。

要求:

(1) 假设业绩目标水平是根据以下人工消耗标准制定的:一袋 A 小食品消耗 0.20 工时;一袋 B 麦片消耗 0.15 工时;一袋 C 小食品消耗 0.25 工时;一袋 D 小食品消耗 0.10 工时。

去年 A、B、C、D 小食品的产量分别为 200 000 袋、220 000 袋、130 000 袋和 240 000 袋。公司共消耗 110 000 工时,平均人工成本为每小时 16 美元。在该收益分成计划下,员工可分得多少奖金?

(2) 你认为这个利润分成计划的优点是什么?

(3) 你认为这个利润分成计划的缺点是什么?

9-88 斯坎伦计划 诺克斯公司(Knox Company)是一家生产清洁剂、空气清新剂和洗涤剂等消费品的公司。在最近一个季度,公司的产品价值为 5 000 万美元,人工成本为 300 万美元。公司决定采用斯坎伦计划,并用该季度数据确定基期比率。

每季度运用公式计算差额,并将差额计入奖金总额。第四季度末,奖金以 35%/65% 的比例在员工与公司之间分配。

下表是计划运行第一年的产品和成本数据。

美元

季度	产品价值	工资成本
1	45 000 000	2 475 000
2	60 000 000	3 480 000
3	55 000 000	3 575 000
4	48 000 000	2 832 000

要求:
(1) 年终分配给员工的奖金是多少?
(2) 斯坎伦计划对工资成本做了什么假设?
(3) 应该使用什么公式来确定每个员工的分配额?
(4) 管理者建议用历年最低比率调整基期比率,你认为这是个好主意吗?

9-89 选择奖励对象 20 世纪 70 年代末期,摩托车制造商哈利─戴维森公司(Harley-Davidson)处于亏损和破产边缘。管理层相信,原因之一是生产率太低,因此责成中层经理提高生产率。生产工人被告知重点是按时生产和运输摩托车。公司根据按时发货的情况评价中层经理的业绩。

要求:
(1) 面临上升的成本和下降的生产率时,想要加速生产的原因是什么?
(2) 中层经理为适应业绩评价而将生产率作为生产流程的重点,会促成生产工人的什么行为?
(3) 这种业绩评价系统会带来什么麻烦?
(4) 你会如何对这个系统进行修正?

9-90 管理会计与控制系统设计的特征:参与和强迫 丹佛·杰克公司(Denver Jack's)是一家大型玩具生产商。公司有 100 名受过高级培训、技术熟练的员工,他们分布在 6 条产品线上,包括玩具士兵和玩偶等。每条产品线在不同的城市或州生产。丹佛·杰克决定所有的产品线决策都由他自己负责,包括淘汰哪些产品。每条产品线的经理都认为他正在犯错误。

要求:
丹佛·杰克的方法有何优缺点?

9-91 评价补偿计划 博·蒙德公司(Beau Monde, Inc.)是一家保健品和美容品的生产分销商,近期公布了补偿计划的以下内容。

我们的补偿哲学建立在两个简单原则之上:①我们奖励业绩;②股东先于管理层获得收益。

博·蒙德公司的管理层补偿计划包含三个要素:基本工资、奖金和股票奖励。坦诚地说,我们认为,如果有诚意,基本工资和股票奖励的潜在价值是吸引人才的必要支出——固定成本。其他激励,如年度现金分红和股价上涨的收益分成是我们支付的业绩动因——变动成本。

第一个要素是基本工资。我们的哲学是将工资固定在中等竞争力水平。也就是说,我们的工资支付足以吸引和留住公司所需人才。

管理层补偿计划的第二个要素是奖金计划。这个计划基于目标管理。每年,补偿委员会为集团、部门和重要经理制定目标和业绩评价指标。年终时,根据这些目标进行业绩评价,发放奖金。

第三个要素是股票激励,即限售股和股票期权。

我们的限售股计划非常直接。股票期权每年根据市价确定。期权跨期生效,期限为2~6年,鼓励管理层长期持有公司股票。

1998年,我们开始实行一项创新的股票激励计划,称为"股票期权交换方案"。根据该方案,经理可以用其他类型的补偿交换股票期权,如放弃年度奖金和限售股来购买期权。期权价格由独立的投资银行确定。

我们的补偿委员会全部由外部独立董事组成。没有关联董事,即相互在对方的公司担任董事。补偿委员会使用独立外部顾问,确保委员会的建议对所有股东都公平。

要求:
评价该激励补偿计划。

9-92 工资与佣金的组合 布尔维尔时装店(Belleville Fashions)出售高档女装、男装和童装。时装店有11名正式员工和12名兼职员工。迄今为止,所有销售人员都领取固定工资,并享有利润分成计划支付的相当于工资5%的分红。最近,经理和老板宣布,以后的所有补偿将基于销售佣金。初始佣金率是使原有工资水平等于新补偿系统下的工资的比率。利润分成计划将被终止。

要求:
(1) 你对这一变化有何评价?
(2) 描述当老板宣布这项新计划时可能从销售人员那里听到的反应。
(3) 你认为确定佣金率的方法是正确的吗?
(4) 描述你认为在新系统下将出现的情况。

9-93 薪水和工作责任 玛丽·约翰斯顿(Marie Johnston)是政府失业保险部门的经理。她的工资依据的是她管理的人员数目和工作时间。

要求:
(1) 你对这一补偿计划有何评价?这个计划为玛丽提供了哪些激励?
(2) 你会建议实施什么样的业绩评价和奖励系统?

9-94 分配奖金总额 在利润分成计划中,奖金积累的分配有下列4种方法:
(1) 根据每个人的薪水分配;
(2) 每个人平均分配;

(3) 根据每个人在组织中的职位分配(职位高者分得多);
(4) 根据每个人完成的业绩目标情况分配。

要求:
(1) 提出每种方法的两个支持理由。
(2) 提出每种方法的两个反对理由。
(3) 选择你认为最好的方法,用一篇不超过 200 字的文章来支持你的观点。

案例

9-95 管理会计与控制系统设计的特征:信息的类型 周公司(Chow Company)是香港的一家保险公司。公司雇用 55 名员工处理保险理赔业务。理赔量非常大,每名员工的工作都很繁忙。如果理赔单有误,必须由检查者进行修改。朱蒂·乔伊(Judy Choy)是部门的高级经理,在看了数据后,认为处理的理赔数量还可以提高。她要求经理伍安妮(Anne Wu)激励理赔员提高工作速度。同时,她又相信员工已经达到效率极限,提高速度会增加错误。

要求:
(1) 伍安妮应该如何处理这种情况?
(2) 该组织使用什么样的业绩评价指标?
(3) 该组织应该使用什么样的业绩评价指标?

9-96 道德控制系统 2002 年 12 月《时代周刊》将辛西亚·库珀(Cynthia Cooper)、科琳·罗利(Coleen Rowley)和谢伦·沃特金斯(Sherron Watkins)评为年度人物。辛西亚·库珀是世通公司(WorldCom)的内部审计副总裁。她曾向公司的审计委员会披露,公司错误地将数十亿美元计入资本性支出,而没有正确地计入当期费用。科林·罗利是联邦调查局的律师,她写了长达 13 页的备忘录详细描述了联邦调查局的种种弊端。谢伦·沃特金斯是安然公司的副总裁,她告诉安然公司的董事长肯尼思·雷(Kenneth Lay)自己对公司的财务报告感到忧心忡忡。根据《时代周刊》的年度人物文章和其他文章,选择与会计有关的两个案例(世通和安然)之一,回答下列问题。

要求:
(1) 库珀和沃特金斯是如何意识到他们所在公司的财务报告问题的?
(2) 库珀和沃特金斯选择的是本章正文中所列的 9 个选项(或其他变量)中的哪一个? 公众是如何得知他们所关注的事情的?
(3) 如果放弃道德判断或她们的忧虑,库珀和沃特金斯会面临什么压力? 如果库珀和沃特金斯放弃对事件的关注,谁将从中获益?
(4) 有关世通或安然的道德准则、道德准则宣传和违背道德准则报告系统的文章披露了什么信息?
(5) 在库珀和沃特金斯决定报告发现问题的过程中,个人道德标准起了什么作用?
(6) 库珀和沃特金斯因为报告发现的问题将面临什么后果?

(7) 如果你处于库珀和沃特金斯的位置,你会怎么做?

9-97　与平衡计分卡和目标实现难度相联系的报酬问题　讨论案例 2-48。

9-98　用来评估和奖励业绩的多重业绩指标;主观评估　花旗银行:业绩评估[①]

花旗银行加利福尼亚分行的行长弗里茨·西格斯(Frits Seegers)正在与管理团队开会,对加利福尼亚各支行行长进行绩效评估并决定其奖金分配。接下来要进行的是詹姆斯·麦加伦(James McGaran)的绩效评估。对詹姆斯·麦加伦的评估让弗里茨感到不安。麦加伦是洛杉矶地区最为重要的支行的行长。他取得的财务业绩是骄人的。一年前,凭借这一业绩,他能获得"良好"评级并拿到全额奖金。然而,花旗银行加利福尼亚分行去年引入了新的绩效计分卡来强调实现分行战略目标的一系列指标的重要性。在新引入的指标中包括顾客满意度指标。不幸的是,詹姆斯·麦加伦在顾客满意度方面的得分是"不合格"。

弗里茨看了看地区经理丽莎·约翰逊(Lisa Johnson),她是詹姆斯·麦加伦的顶头上司。弗里茨看过了丽莎对詹姆斯充满溢美之词的评价。不过,丽莎希望先与弗里茨讨论一下,再给出最终的建议。她知道詹姆斯的情况会受到分行内很多支行行长的关注。

金融区支行情况介绍

詹姆斯·麦加伦是洛杉矶地区 31 个支行中最为重要的一家支行的行长。他所在的支行位于洛杉矶的金融区,有 15 名员工,营业收入为 600 万美元,毛利为 43 万美元。支行的顾客群非常分散。个人顾客中既有在金融区工作的有着复杂零售银行业需求的人,也有只求便利对个人银行业务不太了解的人。企业客户则是一些要求享受高标准服务、由知识渊博的员工来满足自己的金融需求的复杂的买家。该支行的客户中也不乏其他地区最为常见的"家庭小作坊",但是比例则低得多。支行面临的竞争非常激烈。美洲银行和富国银行这两大竞争对手都在离支行不到一个街区的地方设有分支机构。

詹姆斯是 1985 年作为支行行长助理加入花旗银行的。他 1977 年就开始在银行业工作了。1986 年,加入花旗银行不到 1 年,詹姆斯就被提拔为一家小型支行的行长。他的职业生涯发展得一帆风顺,1992 年出任金融区支行行长。每一年,他在金融区支行的表现都超出了人们的预期。他连续 4 年取得了骄人的财务业绩。1996 年分行扩展了绩效指标,加入了非财务指标。此时,可以明显地看到,詹姆斯所在支行的顾客满意度情况并不像财务业绩那么令人满意。

詹姆斯向洛杉矶地区经理丽莎·约翰逊汇报。丽莎在花旗银行供职很多年了。她是 1978 年在芝加哥加入花旗银行的,1988 年年初调到加利福尼亚工作。她负责的地区是分行最大的,而且包括此前分别被管理的两个区域。丽莎是一位喜欢亲力亲为的管理者,她将大量时间用在各个支行为支行行长们提供帮助,从而对各个支行的大事小情都了如指掌。

[①] Copyright © 1997 President and Fellows of Harvard College. Harvard Business School Case 9-198-048. 本案例是博士生安东尼奥·达维拉(Antonio Davila)和罗伯特·西蒙斯(Robert Simons)教授出于课堂讨论的目的编写的,并不用于说明其管理的效率。本案例经哈佛商学院授权使用。

新的绩效计分卡

花旗银行在加利福尼亚市场上属于补缺者。它在加利福尼亚只有80家支行,而其最大的竞争对手则有400家支行。花旗银行在加利福尼亚的战略是通过为顾客提供高水平的服务和关系金融来赢利。根据顾客的喜好,服务既可以面对面(在支行)提供,也可以远程提供。顾客的服务期望值随其净财富而增加,他们为银行带来的赢利能力也随其净财富而增加。这些顾客要求享受高水平的服务,得到个性化的关注并且有足够多的金融产品可以选择。花旗银行提供非常广泛的服务,包括遍布大街小巷的ATM机、24小时银行和家庭银行。

财务指标在过去一直主导着花旗银行的绩效评估。但是分行的高级管理者们终于意识到这些指标不能有效地传递分行的高标准服务战略。弗里茨·西格斯希望分行的员工能够开阔自己的业务视野,将工作重心放在对于分行的长期成功举足轻重的那些维度上。

为了说明非财务指标作为战略实施中主导指标的重要地位,加利福尼亚分行开发了一个绩效计分卡。它用反映分行战略的重要竞争性维度的新的指标来充实现有的财务指标。最初的版本于1995年经过了预测试。1996年第一季度开始,绩效计分卡的目标和绩效数据成为战略实施和绩效评估的核心管理工具。

分行的绩效计分卡是围绕6类指标建立的,这6类指标是财务、战略实施、顾客满意度、控制、人和标准。

财务指标是从日常的会计系统中得到的,主要关注总收入和毛利是否达到了目标。

战略实施指标衡量的是相对于分行的战略,来自各类目标顾客群的收入情况。

顾客满意度则是通过对上一个月曾经光顾过支行的大约25名顾客进行电话回访来衡量的。顾客满意度的分数是根据受访者针对有关支行服务以及类似24小时电话银行和ATM服务等其他花旗银行的服务的问题给出的答案得出的。顾客调查是由一家独立的调研企业在分行的关系满意度部门的指导下进行的。鉴于分行目前着重将顾客服务作为关键差异指标,弗里茨·西格斯认为顾客满意度对于分行的长期发展是至关重要的。他将顾客满意度视为未来财务绩效的主导指标。如果顾客满意度发生恶化,那么财务绩效出现恶化将是早晚都会发生的事情。

控制指标反映的是内部审计人员对于支行的内部控制流程的评估。要想拿到奖金,支行的得分至少得是合格(从1到5的分数中得4分)。如果得分低于4分,那么支行的业务将被认为是有风险的,不满足对有效控制的最低要求。

人和标准是由支行行长的上司主观确定的衡量其称职与否的指标。"人"这一指标衡量的是支行行长在发掘下属、与下属进行沟通、鼓励开展地区性培训计划以及以身作则等方面的努力。标准则包括对于支行行长参与社区、行业团体活动以及遵守业务规范的评估。

计分卡的每一个组成部分都单独按照"不合格""合格"和"良好"三大类计分标准打分。对于财务、战略实施、顾客满意度和控制等能够定量测量的指标,事先规定三大类计分标准的评判标准。然而,与人和环境相关的计分则缺乏适当的客观指标:在这些情况下,绩效由支行行长的上司进行主观评价。

此外，支行行长的上司要对计分卡的6个组成部分进行总体打分，并给出支行行长的总评分。

绩效和激励

绩效计划过程是10月份启动的，期间经过了弗里茨与地区经理的磋商。在这一初始阶段的最后，针对下一年的分行和各个地区制定了绩效计分卡目标。这些目标在组织内是自上而下推动的。地区经理与支行行长协商确定下一年的财务目标和战略实施目标。在这一过程的最后，各个支行行长的目标被加总起来以确保其超过或至少是等于地区的目标。

顾客满意度和控制目标对于分行内的所有支行都是相同的。1996年，顾客满意度目标是至少达到80分。

财务、战略实施、顾客满意度和控制目标组成了事后绩效评估中的定量基础。每一个季度，地区经理都将收到支行上报的信息，其中包括上述每一个指标的具体数字以及与季度目标的对比。这一信息再加上地区经理在人和标准方面的主观评分，就成为支行行长的季度和年度评估的基础。

年底绩效评估是由弗里茨·西格斯带领的团队共同决定的。该团队由包括丽莎·约翰逊在内的地区经理以及人力资源、质量和财务等部门的经理组成。弗里茨认为由团队共同对每一位支行行长进行绩效评估有助于确保分行内部绩效评估的一致性。这个团队现在正要决定詹姆斯本年度的绩效评估结果。

除了与年度评估相关联的其他激励因素外，支行行长的奖金与他的绩效计分卡最终得分是挂钩的。"不合格"将得不到奖金。"合格"的奖金最高为基本工资的15%（对于工资处于最低档的支行行长，奖金有可能达到20%）。"良好"的奖金有可能高达30%。支行行长的计分卡中所有组成部分均为"合格"或以上时，才有可能得到"良好"。

金融区支行的绩效

弗里茨翻阅着詹姆斯·麦加伦1996年的绩效评估表格。他的财务业绩非常出色——超过了目标的20%。用丽莎·约翰逊的话说，詹姆斯的支行"创造了最高的收入，对于分行利润的贡献大于其他任何支行"。他的战略实施得分位于"合格"到"良好"之间，丽莎有三个季度都给了他"良好"。詹姆斯在控制计分卡中的得分是"良好"，丽莎·约翰逊给了他自己权限内的最高分数。

然而，詹姆斯的顾客满意度得分是"不合格"。如果得分介于74和79之间，支行将得到"合格"的分数。如果顾客满意度超过80或者在过去两个季度均无下滑且分数提高了6分，同时得分超过市场平均（77），那么支行将得到"良好"的分数。

丽莎和弗里茨知道如果严格贯彻绩效评估的新政策，詹姆斯当年最多算是"合格"。但是詹姆斯领导的支行是分行内最大、任务最艰巨的。他面对的是挑剔的客户和异常激烈的竞争。要管理如此分散的指标是很困难的，而且顾客满意度指标有时候很难与实实在在的财务绩效相匹配。詹姆斯曾经与丽莎讨论过他对于顾客满意度调查的准确性的担心。顾客不仅给他的支行打分，而且给类似ATM等支行行长无法控制的花旗银行提供的其他服务打分。因此，很有可能这些由花旗银行统一提供的服务无法让詹姆斯的支行的高端顾客感到满意。

虽然有这些顾虑,詹姆斯在过去一个季度仍花费大力气来提升顾客满意度得分。他对手下的员工做了一些调整以提高分数。支行现在专门让一名员工负责接待进入支行的顾客,帮助其解决可能遇到的一切问题。詹姆斯还经常召开支行会议,帮助支行员工将注意力放在提升顾客满意度上。

詹姆斯非常看重自己的得分。对于他来说,得到"良好"的评价事关荣誉,而且可以证明自己有能力成功地经营分行内最不好经营的支行。当年的两个季度中,他的得分仅仅是"合格",这使他感到非常沮丧。他所在的支行处境艰难,而且他的财务绩效是全分行最好的。他认为虽然顾客满意度方面的表现有些不尽如人意,但自己的努力应当换来"良好"的评价。

弗里茨看了詹姆斯1996年每个季度的计分卡。他的财务业绩很出色,但是只有在最后一个季度他才将顾客满意度提升到一个可以接受的水平。如果绩效评估团队给詹姆斯"良好"的评价,那么人们有可能认为分行并不真的重视非财务指标。1996年的所有季度,詹姆斯在顾客满意度方面的得分都"不合格",如果这一指标真的很重要,那么他就不应该得到"良好"的评价。然而,鉴于他在其他维度上的出色表现,他有资格获得"良好"的评价。对于很多其他支行行长来说,詹姆斯是一个参照点。

弗里茨将总评计分卡拿在手中,转身面对丽莎·约翰逊说:"丽莎,我看过你的评语,也看了詹姆斯的季度计分卡。现在要做的就是在这份总评计分卡的6个框中打钩,然后决定詹姆斯的绩效总分……你有什么建议?"

要求:
(1) 花旗银行为什么要引入绩效计分卡?花旗银行期望绩效计分卡带来哪些好处?
(2) 在绩效计分卡中暗含哪些因果联系?
(3) 从用来评估和奖励绩效的指标来看,哪些特点是受欢迎的?结合你所给出的特点讨论绩效计分卡的指标。
(4) 假设你是丽莎·约翰逊。完成对詹姆斯的绩效评估,并解释你对6个维度给出的评分以及总评结果的理由。

第 10 章

利用预算进行规划和协调

通过本章的学习,你应该能够：

1. 解释预算和预算编制在组织中的基本作用。
2. 说明预算编制过程中每个组成部分的重要性。
3. 解释经营预算和财务预算的不同类型及其相互关系。
4. 描述组织怎样有效地运用和理解预算。
5. 进行假设分析和敏感性分析——预算编制者所使用的预算编制工具。
6. 计算和理解管理会计师使用的共同差异分析。
7. 认识预算在服务业和非营利组织中的作用。
8. 了解针对传统预算方法和"超预算"方法的批评。

加利福尼亚州州长为应对预算赤字计划"大幅削减预算"

确定加利福尼亚州的预算似乎一年比一年困难了。2010 年 8 月,各大报纸的头条都在报道加利福尼亚州州长阿诺德·施瓦辛格(Arnold Schwarzenegger)将通过"大幅削减预算"来消除在 2011 年 6 月之前该州面临的 186 亿美元的预算赤字。

施瓦辛格 5 月 14 日提出了修订后的预算方案,他声明自己不打算依靠提高税收为加利福尼亚州提供资金支持。这个预算方案的主要问题在于收入所得税的降幅为 36 亿美元,比预期减少了 26%。

施瓦辛格的最新预算方案将对年初提出的计划进行调整以减轻税收下降造成的影响。1 月,加利福尼亚州州长施瓦辛格发表声明指出,加利福尼亚州有可能被迫削减整个福利计划,包括最主要的一项,即为贫困线以下的家庭提供现金和就业帮助。施瓦辛格提议召开的紧急会议期间所制定的法案的确将赤字减少了 14 亿美元。

2010 年 9 月,民主党提出了一系列提案,通过对州内的石油开采征收 10% 遣散税每年可以获得高达 29 亿美元的收入。这可以在一定程度上缓解 2009 年为促进就业通过的公司税减税带来的压力。2009—2010 年,加利福尼亚州的州长和立法者一直在艰难地应对失业率上升所造成的收入下降,不得不随之不停地修改预算。

财务方面的压力使得加利福尼亚州成为美国各州中信用评级最低的一个州。

 ## 10.1 确定与生产能力相关的资源和弹性资源

到目前为止,我们已经讨论了与长期决策和短期决策相关的资源问题。那些随着生产作业水平变化而变化的成本称为可变成本,而那些不随生产作业水平变化而变化的成本称为固定成本或与生产能力相关的成本。在短期决策中,与生产能力相关的成本被看作给定的。因此,对于企业来说,在短期主要应该考虑的成本是可变成本,因为只有它们才是可控的。

本章讨论**预算编制过程**(budgeting process),这决定了大多数可变成本的计划水平。第5章结合作业成本法(ABC)介绍了中期能力资源的预测和计划。特别的,在Madison乳品公司冰激凌工厂的例子中,企业的主计长利用时间驱动的ABC模型来理解不同的产品是如何以不同的数量利用工厂的资源的。这为我们提供了进行流程改善和重新定价以提高销售额和利润的可能性。凭借ABC模型,主计长可以准确预测实现计划的销售额和生产增长所需的人员和设备资源。预算也包括自主性支出,如机器维修、研发、广告和员工培训。这些弹性成本不能提高公司生产能力,但是能通过提升公司潜力对公司战略提供支持。例如,系统维护增加了机器可靠性,降低了机器的生命周期成本。成功的研发通过开发新产品,增加了组织的未来赢利潜力。广告投入通过使产品对顾客更具吸引力来增加赢利潜力。员工培训可以提升员工能力,使他们能够在自己的岗位上更好地扮演预期的角色。一旦被批准,自主性支出预算就被确定下来了,也就是说,自主性支出不随生产或者服务量的变化而变化。

 ## 10.2 预算编制过程

预算的作用和预算编制

很多家庭会编制财务计划来指导自己在一段时期内分配资源。这种计划通常反映了支出的优先顺序和需求。计划可能包括一些具体的项目,如抵押贷款、公共事业费、财产税以及一些基本用品如食物和衣服。家庭预算通常是父母、儿女以及其他人讨论、协商的结果,反映了他们的需要和目标。例如,排除了在食物、衣服、医疗、保险及居家等必需的日常花费之后剩下来的钱可以用来储蓄,也可用于其他用途:母亲可能想用剩余的可支配收入去度假旅行,而父亲则可能想用这笔钱粉刷房子。还是在这个家庭,十几岁的孩子可能想让家长资助买一辆二手汽车。家庭预算不仅是一种计划工具,它还可以通过对每个预算项目进行限额来控制家庭成员的行为。离开预算,家庭就无法知道自己花了多少钱。这样一来,家庭就很可能陷入非预期的负债和严重的财务危机。

预算对于一个组织中的商业部门的经理来说同样起着相似的计划与控制作用,并且

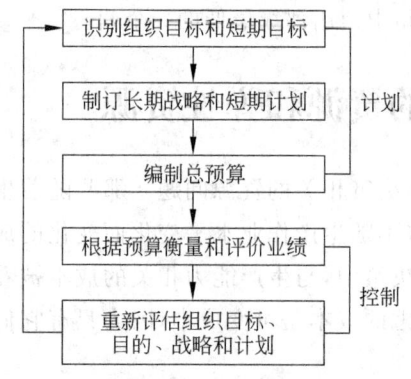

图 10-1 计划和控制以及预算的作用

是管理会计系统设计和操作部分的中心环节。图 10-1 说明了预算的核心作用以及计划与控制的相互联系。要注意每个功能(计划有 3 个功能,控制有 2 个功能)之间的区别和联系。

与家庭的情形相似,在组织中,预算可以从数量上说明怎样基于计划作业和短期目标向各下属部门分配财务资源。例如,一位银行经理可能希望增加在当地的市场份额,这样他就需要一笔比前一年多的支出预算以增加在当地的广告投入、完善对员工的培训计划以改善服务、重新装修办公大楼以增加对顾客的吸引力。

请牢记:预算是对能够揭示一个财务计划是否达到了组织目标的资金流入和流出的定量的表达。预算编制则是进行预算的过程。

预算同时提供了一种向组织成员传达组织短期目标的交流方式。要求组织各部门经理编制预算能够达到两个目的:①反映部门经理对组织目标的理解程度,这样他们才能据以安排自己的活动并按照组织目标安排优先顺序;②可以纠正组织的高层计划制订者对组织目标的错误理解。例如,假设一个组织将质量看作其成功的重要因素并希望加强质量意识。如果下属部门提供的预算没有用于员工质量培训的支出,那么上级计划制订者就会意识到质量培训的重要性并没有被很好地传达下去。

预算编制还可以协调组织中的很多作业。例如,预算可以显示销售水平对进货、生产、管理活动以及所需员工数量的影响。因此,预算是促使组织作业协调一致并且有助于发现协调性问题的一种工具。在这种意义上,预算是一种工具,它促进了企业各种活动的协调,并帮助企业的决策者分析和确认企业的协作问题。假设销售部门计划大幅提高销量,但是决策者在对比了销售计划和制造能力之后,可能会发现制造水平不能达到预期的销售水平。功能强大的台式计算机和软件对预算的协调作用大有帮助,因为通过它们,计划制订者可以很容易地模拟不同的决策对组织的财务、人力资源和有形资产的影响。模拟分析(简单地说就是假设分析)帮助经理们通过展现相互依赖的各种决策的结果以从众多的备选方案中进行选择。

在考虑经营中遇到的问题的相互关系时,使用预算能够帮助预见潜在的问题并可以作为一种工具协助解决这些问题。例如,像罐头厂这样进行季节性生产的组织必须在罐装季节支出大量现金用于存货,然后在当年逐渐将存货卖出并收回现金。预算编制就反映了这一循环(见图 10-2),并且提供了相关信息以帮助组织为这一循环中最初的存货积累所需的资金作计划。如果预算方案显示组织的销售潜力超过了制造潜力,那么组织就可以设计一个方案来扩大生产规模或减少预计的销量。由于组织通常要花几

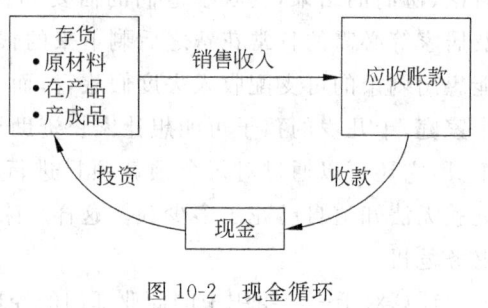

图 10-2 现金循环

个月甚至几年的时间来扩大生产能力,因此预见问题的能力是很重要的。

预算编制的要素

预算编制通常涉及预测不同时间段内对以下 4 种资源的需求。

1. 产生变动成本的弹性资源。这些资源可以在短期内获取或处置,如家具厂使用的木材、胶水和油漆,或者一家汽车装配厂基于对需要装配的汽车的估计,需要获取的轮胎数。

2. 产生固定成本的中期生产能力资源。例如,预计需要租用的仓库面积,合同一般规定按季度、半年或一年租用。

3. 可在中长期内提高组织战略潜力的资源。这些资源是自主性支出,包括研发、员工培训、生产能力资源维护、广告和促销。这些自主性支出不提供生产能力,也不随组织活动水平而发生变动。

4. 产生固定成本的长期生产能力资源。例如,为计算机芯片生产商制造的一台新设施可能需要花费几年时间计划和建造,使用期限可能超过 10 年。

下一节将讨论组织中预算编制的整体框架。我们首先从预算编制的过程开始直至总预算的完成。总预算由下面两种主要预算组成。

(1) 经营预算(operating budgets),主要针对销售、进货及生产等类活动。

(2) 财务预算(financial budgets),例如资产负债表、损益表和现金流量表,用来识别经营预算所罗列的各种活动的期望财务成果。

预算编制中的行为因素考虑

正如我们在第 9 章所探讨的,了解参与预算编制过程的人员的行为问题及人们某些时候对预算耍的小把戏是非常重要的。

对预算耍的小把戏隐含在预算编制过程中。预算编制者从最了解业绩潜力的经理或者员工那里获取信息,如销售、生产潜力和成本。这些信息体现在预算中,用来评价实际绩效。这就构成了管理者误报和歪曲信息的动机。

例如,生产设备的操作人员为了确保更低的预算或者产出标准,可能低估机器的生产潜力,因此使得事后根据预算对实际绩效的评价看起来更令人满意。一名销售经理可能低估一个区域的销售潜力,以期降低销售的目标值。

为了避免管理者误报信息的可能,许多学习预算编制的学生建议事后不要用管理者提供的信息来评价其绩效。本章的后面将继续探讨预算编制中行为因素考虑的问题。

预算要素

图 10-3 总结了预算编制过程中很多不同的组成部分。其中,从预计的财务结果(框 11 和框 12)说明了组织预算估计的财务成果将怎样影响组织的计划和目标。虚线显示计划制订者将预计的财务结果与组织的财务目标进行反复对比的过程。如果最初的预算是不可行的(因为组织没有能力生产或者销售产出的计划水平)或是不合理的(因为计划不

能产生目标利润水平),那么计划制订者会重复预算循环来制定一系列新的决策,直到预算的结果是可行的、合理的。

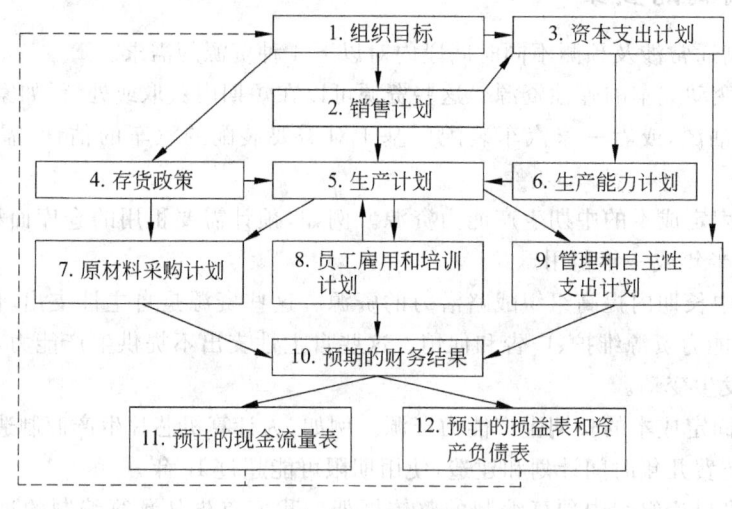

图 10-3 总预算

预算编制过程描述了预算期的采购、生产、销售和后勤活动。预算制定者会选择任意长度的预算期,但是通常选 1 年以便与组织的外部报告周期一致。下面的讨论中都假定 1 年的预算期。

图 10-3 中的总预算包括两个输出集:①经营人员用来指导经营的计划或经营预算[销售计划(框 2)、资本支出计划(框 3)、生产计划(框 5)、生产能力计划(框 6)、原材料采购计划(框 7)、员工雇用和培训计划(框 8)以及管理和自主性支出计划(框 9)];②预期的财务结果(框 10、框 11 和框 12)。计划制订者经常通过下面 3 种形式来反映预期的财务结果或财务预算:

(1) 预计的现金流量表;
(2) 预计的资产负债表;
(3) 预计的损益表。

预计的资产负债表和预计的损益表统称为预计的财务报表。

经营预算

经营预算一般包括下面 6 个营业计划(如图 10-3 所示):

(1) 销售计划(框 2)说明了每种产品的预计的销售水平;
(2) 资本支出计划(框 3)确定了为达到作业目标而必须进行的长期资本投资,如建筑物或机器设备;
(3) 生产计划(框 5)为所有必需的生产活动制订计划;
(4) 原材料采购计划(框 7)为所有必需的原材料采购活动制订计划;
(5) 员工雇用和培训计划(框 8)侧重说明为实现组织目标需要雇用或解雇的员工人数及相应的雇用和培训的政策;

(6) 管理和自主性支出计划(框9)包括管理费用、员工安置费用、研发费用和广告费用。

经营预算说明了计划期间内对所有销售、资本支出、生产制造、进货、员工管理及管理活动的预期资源要求。经营人员在计划期间内使用这些计划来指导并协调不同的作业水平。同时,经营人员通过日常经营活动获得数据用于制定未来的经营预算。

财务预算

计划制订者运用预计的资产负债表和损益表来评估投资、生产和销售计划的财务成果。

财务分析师通过下面两种途径使用预计的现金流量表:
(1) 计划企业出现现金盈余的时间,以便进行短期投资而不是在短期内持有现金。
(2) 计划如何解决现金短缺问题。

10.3 预算编制过程示例

预算的编制过程有时候是费时且令人沮丧的。有些组织花了数万小时,历经数月编制如上所述的总预算文件。我们将通过一个简单但包括了很多预算编制元素的练习来演示一个完整的预算编制过程。

牛津彩绘艺术公司浮标分部

牛津彩绘艺术公司(Oxford Tole Art)出售由其所有者盖尔·福斯特(Gael Foster)自己绘制的木质或金属质地的精美物品。这些小手工艺品既有仿古的也有现代的,而且每一件都是独一无二的,是盖尔亲手制作的。两年前,盖尔希望扩大生产规模便引进了一条新的生产线进行大批量生产。新的产品是绘制了不同图案的两种捕鱼浮标:一种是外形像圣诞老人的浮标,称为桑塔;另一种是以爱尔兰渔夫为原型的浮标,称为丹尼。盖尔为新产品成立了一个新的经营单位——牛津彩绘艺术公司浮标分部(以下简称牛津彩绘艺术公司),还为这个新部门制订了计划并雇用了经理阿普里尔·程(April Cheung)负责新部门的日常经营活动。

盖尔向当地渔夫以每个2.25美元的价格购买使用过的浮标,生产过程就这样开始了。然后,手工艺者们用沙子除去浮标上原有的旧颜色和碎片并在上面涂一层底漆。底漆干了之后,手工艺者们在浮标上面用手绘出桑塔或是丹尼。等手绘的图案干了以后,在上面涂一层捕鱼专用的清漆。等清漆干了之后,制作好的浮标将被包装并装入一种专门设计的邮递包裹中直接送到顾客手中。

牛津彩绘艺术公司拥有两种类型的客户,即零售客户和经销商。零售的订单是邮寄的,而且价款是预付的。单位零售价(包括包装费和运费)为80美元。如果供大于求,盖尔将以55美元的单价卖给经销商。因为经销商可以从其他供应商那里买到类似的产品,所以盖尔会失去那些不能及时供货的订单。

向经销商的销售是有折扣的,并且规定经销商在30天内支付全部价款。但是,向经销商销售得到的通常是应收账款。一般只有30%的经销商在销售后一个月内支付价款;45%的经销商在销售后第2个月内支付,20%的经销商在销售后第3个月内支付,而5%的经销商则根本就不付款。

牛津彩绘艺术公司雇用当地的手工艺者绘制浮标。根据当地的劳动力市场状况,牛津彩绘艺术公司必须至少雇用员工3个月。这些手工艺者每个月至少工作160小时,每月的固定工资是2 000美元。公司的经理从1月1日起,会在每个季度的开始制定雇用员工的决策。制作每个浮标从用沙子打磨、上底漆、绘制到包装的时间总共为0.8工时。

每个浮标的绘制成本为3.15美元。其他制造费用,包括砂纸、刷子、清漆等共计2.75美元/个。包装材料的成本为1.95美元/个,运输成本为7.50美元/个。

牛津彩绘艺术公司在当地的工业园区租了厂房进行生产。一年期的租赁条款规定每个季度提前支付租金。牛津彩绘艺术公司可以根据不同的销售能力租用不同规模的厂房:对于日生产能力分别为600个、800个、1 000个和1 200个的厂房,每个季度的租金分别为3 600美元、4 800美元、6 000美元和7 200美元。所有的生产都是根据订单进行的,并且生产所需资源也是按需求量购买的。

厂房类型	厂房的生产能力(浮标的数量)	季度租金/美元
A	600	3 600
B	800	4 800
C	1 000	6 000
D	1 200	7 200

每年的保险费、取暖费、照明费和营业税共为20 000美元,每年的广告支出为40 000美元。牛津彩绘艺术公司的经理阿普里尔·程的年薪为30 000美元,主要负责监督经营工作、管理原材料采购、处理订单和作账。

所有的经营费用是每月平均发生并分期支付的。

表10-1给出了2010年已经实现的10月、11月和12月的销售情况,以及2011年各月的预计需求量。根据该预测,盖尔和阿普里尔决定在2011年租用一个生产能力为800个的厂房并在第一季度雇用两名、第二季度雇用两名、第三季度雇用一名、第四季度雇用三名手工艺者。

盖尔打算每半年从公司提取20 000美元,一年共计40 000美元当作自己作为所有者和计划者的报酬。并且,她希望将公司的现金存入单独的账户并保证最低的现金余额为5 000美元(见表10-2)。她已经和银行商定了50 000美元的信贷额度为公司的短期资金需求提供现金。在每个月的月初,银行以1%的利率收取上月信贷的利息费用。同时,银行对账户中超过5 000美元的部分以0.6%的利率支付利息。银行在每月的第一天根据上个月的账户余额支付利息。

表 10-1　牛津彩绘艺术公司：2010—2011 年预计的需求量

月份	需求		
	零售客户	经销商	总计
2010 年 10 月*	275	510	785
2010 年 11 月*	420	425	845
2010 年 12 月*	675	175	850
2011 年 1 月	100	375	475
2011 年 2 月	105	400	505
2011 年 3 月	95	425	520
2011 年 4 月	115	350	465
2011 年 5 月	75	300	350
2011 年 6 月	60	250	310
2011 年 7 月	50	300	350
2011 年 8 月	55	325	380
2011 年 9 月	75	300	375
2011 年 10 月	150	300	450
2011 年 11 月	290	350	640
2011 年 12 月	350	400	750

*实际值

表 10-2　牛津彩绘艺术公司：2011 年 1 月预计的资产负债表　　　　　　　　　　美元

现金	5 000	所有者权益	34 948
应收账款	29 948		
资产总计	34 948	负债和所有者权益总计	34 948

需求预测

　　一个组织的目标为评估预算编制过程提供了着眼点和整体框架（见图 10-3 中的框 1）。例如，牛津彩绘艺术公司的目标是生产高质量的产品并扩大生产规模。为了评估计划是否可以接受，盖尔对比了预测计划所产生的财务成果与组织的财务目标。

　　如图 10-3 所示，预算编制过程受需求预测（即在某个销售价格上对销售需求的预测）的影响很显著。组织可以通过很多途径进行需求预测。有些组织利用外部专家或组织内部销售人员提供的细致的市场调查，也有些组织利用统计学模型通过对组织趋势的分析、对整个经济中经济活动的预测以及对以往销售情况与经济活动的关系的分析来进行需求预测，还有些组织简单地假设需求将会按照以往的需求水平再乘上某一个比率而增大或是减小。

　　无论用什么方法进行需求预测，组织必须为每个关键商品或服务部门制订一个销售计划（见图 10-3 中的框 2）。销售计划为其他获得生产必需的要素（如劳动力、原材料、生产能力和现金）的计划提供基础。生产计划与销售计划高度相关，因此，很多组织通过计算机制定预算从而使计划者能够预先了解销售计划的变化对生产计划的影响。

在预算中选择详细的数据涉及对预算约束中相关产品需求的决策。预算中的数据越详细,预算在组织生产过程中发现潜在瓶颈和问题的能力就越强。然而,对组织中每一项生产所涉及的数以千计的产品做出非常详细的预测和计划,其代价是相当昂贵的,计算起来也很困难。因此,很多组织根据生产决策者的判断在详细预测的需求与详细计划的成本和实用性之间进行权衡。生产决策者通过将产品分成几个产品组,使每组产品的需求与组织的资源联系起来,从而简化计划内容。由于牛津彩绘艺术公司只有一种基本产品,即只有两种图案的浮标,所以它的预算可以制定得详细而全面。有多种产品和服务的组织则可能选择将预算制定得更为概括,如以生产线为标准,而不是基于不同的仓储单位。

生产计划

计划制订者根据已经完成的销售计划和组织的存货政策以及生产能力制订生产计划(见图 10-3 框 5)。生产计划显示了年度预算中每段时间内将要进行的生产,其中的"每段时间"可以是一天、一周也可以是一个月,长短取决于采购、制造、销售和分配部门管理人员的信息需求。

计划制订者通过存货政策(见图 10-3 框 4)和销售计划(见图 10-3 框 2)来编制生产计划(见图 10-3 框 5)。因此,存货政策是非常重要的,而且在生产计划的制订过程中起着不可替代的作用。一些组织把在产品作为存货并且试图令存货的数量永远处于一个预先估计的水平或一个目标水平。这种存货政策反映了组织的定量生产战略,它要求组织拥有高技术员工和先进的设备,并生产一种产品。该战略的不足是缺乏灵活性。高技术的员工不可能在所有岗位都很出色,因此他们必须在自己熟悉的岗位上工作。同样,先进的设备也必须被充分地使用才能与其价值相符。在这样的组织里,每月的销售减少了存货的数量,而每月的生产计划会使实际的存货水平维持在预测的目标水平。

其他组织的存货政策则是根据下一个预算时间段的计划销量进行生产。组织向适时存货系统发展,即为满足下一个时间段的需求而进行生产,并以此作为向全面适时存货系统过渡的中间阶段。每个时间段变得越来越短,直至成为适时存货系统。在这种方式下,存货的目标即为下周或下个月的销售水平,计划生产量是满足存货目标的生产数量。要实施适时存货政策,就需要员工、设备和原料供应可以随机应变,同时还需要一个精心设计的生产过程。在运用该战略的组织中,需求直接决定生产计划,也就是说,每个时间段的生产等于下一个时间段的销量。牛津彩绘艺术公司使用的就是这样的存货政策(见图 10-3 框 4)。

编制支出计划

决策者一旦选择了一个可行的生产计划,就可以尝试资源的投入了。采购小组通过编制一个原材料采购计划来获得原材料和生产计划所需的资源(见图 10-3 框 7)。原材料采购计划是由组织的作业循环和供应商的生产计划决定的。这些计划使供应商知道所供应原料的数量和发货时间。因为销售和生产计划在一年中会发生变化,所以组织及其供应商也必须能够迅速地调整基于经营期间所获得的信息的计划。例如，一家时尚用品生产商可能发现需求远超过期望和供给，从而不得不向材料供应商订购更多的原材料。从某一个角度看，预算计划的阶段性生产和购买计划与每个阶段期间是相关的。例如，一家大型汽车装配厂的生产进度表协议在开始生产 8 周前签订，这样可以给供应商和生产商充分的时间准备原材料并安排生产进度。

人事与生产小组负责编制员工雇用和培训计划（见图 10-3 框 8）。该计划从员工被组织所需要的日期之前开始，以便制订雇用和培训计划从而保证员工的实际能力。该计划既有扩张型的，也有紧缩型的。在紧缩型的情况下，组织可以通过再教育计划将员工调到组织的其他部门或者制订相应的计划将员工解职。如果员工失去工作，那么组织的解职计划将对其进行再培训并帮助其重新找到工作。因为解聘员工涉及道德、伦理以及法律方面的问题，而且可能带来较高的解聘成本，所以除非实在没有其他办法，很多组织会试图避免这种做法。

组织内的其他决策者负责编制管理性和自主性的支出计划，该计划包括在研发、广告以及培训方面的费用支出（见图 10-3 框 9）。自主性支出计划为生产和销售计划提供基本的支持。之所以称为"自主性"是因为实际的生产和销售水平并不决定支出。组织内的高级经理负责决定自主性支出的金额。而金额一旦确定，自主性支出在某一预算期就是固定的，因为这笔支出不受产量和其他因素的影响。

例如，假设某家快餐店计划生产 3 000 个汉堡包，并且假设快餐店知道所需原料的数量，因为汉堡包生产的数量与所需的肉类、调味品及包装的数量之间存在物质上或生产上的联系。然而，在售出的汉堡包的数量与广告及员工培训等自主性支出之间不存在直接的联系。

总之，组织应该享有的权利就是批准为进行生产能力扩张而制订的资本支出计划（见图 10-3 框 3）。因为资本支出项目涉及的时间跨度通常比经营预算长，所以是一个长期的计划过程而不是由经营预算的一年循环来决定资本的支出计划。对原材料、劳动力和所需资源的资本支出计划是基于对组织在生产计划中必须完成的生产量的预测而编制的。随着计划的展开，时间将揭示实际的生产要求以及相关的购买要求，生产决策者负责制订详细的生产计划。

选择生产能力水平

在牛津彩绘艺术公司，以下三种资源是由每月的生产能力决定的。

1. 组织可以在短期获得的弹性资源，如油漆和包装。如果供应商不供应这些资源或者是提供了不可接受的产品，那么生产将陷入混乱。这并不是牛津彩绘艺术公司所特有的问题，很多组织都会遇到类似的问题。像沃尔玛这样的企业在发展与供应商的关系上投入了大量的时间和金钱，以便获得零缺陷的原料并且能在需要时才购买。

2. 组织在中期必须获得的生产能力资源，如手工艺者。牛津彩绘艺术公司计划在 7 月 1 日到 9 月 30 日之间雇用一名手工艺者。因为每名手工艺者每月工作 160 小时且完成每个浮标需要 0.8 小时，因此在 7 月 1 日到 9 月 30 日之间的中期作业决策的生产能力为 200(160/0.8)个。

3. 组织在长期必须获得的生产能力资源,如厂房。盖尔打算租用一个生产能力为 800 个的厂房。盖尔只需要承诺相对较短的租期。其他组织可能会用 10 年或更长的时间获得一个长期的生产能力,这些组织的成本只有当生产能力可以使用同样长的时间时才能收回。考虑一下石油公司开办一个提炼厂所需的时间或者市政部门建一所医院所需的时间。生产能力资源是昂贵的,而且被称为"约束性"的,这是因为无论设备是否投入使用,生产能力资源都是一样的,而且生产水平和固定成本在短期都是无法改变的。因此,生产能力资源为组织带来了风险。

如表 10-3 所示,资源的性质决定了它是短期、中期还是长期的。很多组织为了选择一个通过对短期、中期和长期的生产能力进行权衡而减少对资源的浪费的生产计划而花费了不少心思。例如,一家银行的服务区域的大小和数量代表了其长期决策提供的生产能力。组织对长期生产能力的选择反映了组织对长期增长趋势的估计。对于牛津彩绘艺术公司来说,其生产能力为租用厂房所得,生产能力在时间上的表现是租赁合同规定的一年。如果牛津彩绘艺术公司正在建立这种能力,时间能力应当由计划和购建设备的时间来定义。

表 10-3 生产能力类型和约定时间

项 目	所需生产能力类型	例 子
短期所需的弹性资源(几周内)	使用现有生产能力	原材料、物资和临时人工
中期所需的资源(几周至 6 个月)	总的目标生产能力在给定时间内可实现组织间转换	员工、多用途的设备和特别的原材料
长期所需的资源(6 个月以上)	特定的生产能力根据组织的使用情况而定制	建筑物和特殊用途的设备

银行雇用的正式员工的数量决定了长期可利用的生产能力。例如,如果计划是获得随着销售增长而增长的能力,那么中期生产能力决策将落实需要中期能力限制的其他要素。这包括规定人员的数量和银行设备以便银行运用其生产长期能力。中期生产能力决策显示了为实施中期生产能力的时间长度或者实施紧缩的中期生产能力所需的一段更短的时间。对于牛津彩绘艺术公司的手工艺者来说,其合同期限为 3 个月。

银行的兼职员工和临时员工的数量决定了其日常的生产能力。这种短期生产能力决策反映的是银行可能每天、每周、每月或每年都会面对的循环需求。短期生产能力决策反映了建立短期生产能力所需的时间。对于牛津彩绘艺术公司来说,就是供应商要求的送货时间,该时间被假设为即时的。然而,如果牛津彩绘艺术公司必须通过订货并需要等待供应商,那么制订计划以便在等待供应商送货的短期内(如几个小时)不会停产就非常重要。在这种情况下,供应商提供长期生产能力来满足短期生产能力的需要。

组织运用各种手段来计划生产能力水平。牛津彩绘艺术公司使用的步骤是先选择一个厂房的生产能力(600,800,1 000 或 1 200),然后根据已知的预计需求量、已选择的厂房生产能力和预计利润的最高水平来雇用每个季度需要的手工艺者。

我们可以将牛津彩绘艺术公司中耗费资源的作业分为 3 种,它们也适用于所有的组织。

1. 在短期为了满足资源需求而引发资源消耗的作业。对于牛津彩绘艺术公司来说，该短期作业包括采购、生产准备、绘制、包装和运送浮标。为获得短期作业的资源而花费的支出与生产水平的变化直接相关，因为其存货政策是根据订单生产。

2. 为获得中期生产能力的作业。对于牛津彩绘艺术公司来说，该作业是指每个季度对绘制能力的获得，即雇用手工艺者来绘制浮标。

3. 为获得长期要求的生产能力的作业。对于牛津彩绘艺术公司来说，该作业包括每年对厂房生产能力、广告费、经理人选和薪金以及保险和取暖等支出的选择。

计划制订者对作业进行分类是因为他们在计划，预算，控制短期、中期、长期支出时的做法是不同的。分析师通过效果和效率的双重标准来评价短期作业：我们是否可以利用尽可能少的资源最有效率地完成任务？我们实现了设置的目标吗？并且考虑以下问题：

(1) 从顾客的角度看，支出对于增加产品价值是必需的吗？
(2) 组织可否通过该作业加强管理？
(3) 如果改变当前的作业方式，顾客是否会更满意？

分析人员同样通过效果和效率的双重标准来评价中期和长期作业，并且考虑以下问题：

(1) 是否可以获得花费更低的其他合适的生产能力？
(2) 该作业是达到组织目标的最佳选择吗？
(3) 怎样改进生产能力决策以使该能力花费更少、更灵活？

选择生产能力计划——签订合约以获得中、长期的生产能力，决定了企业必须面对的中期和长期的支出。选择生产计划也就是选择短期作业的水平，将短期支出固定在总预算概括的水平。

处理不可行的生产计划

尽管牛津彩绘艺术公司的计划和生产之间的联系很简单，然而公司的计划编制过程仍然反映了计划制订者如何利用预计的需求对作业水平做出计划并提供要求的生产能力。如果计划制订者发现暂定的生产计划由于受到资源或能力的限制是不可行的，就必须设法提供更高的生产能力或者降低计划的生产水平。例如，如果劳动力市场短缺，牛津彩绘艺术公司只能在1月到6月雇用两名手工艺者，那么盖尔就必须改变自己的生产能力和生产计划以适应这种条件的约束。

说明生产计划

表10-4概括了牛津彩绘艺术公司2011年的生产计划。决定计划编制的因素有三个：①需求，即人们在某个价格愿意购买的数量；②既定的生产能力水平；③产量。

牛津彩绘艺术公司接到订单后再组织生产，因此产量是需求和生产能力中的较低者。我们可以用公式表示如下：

$$产量 = \min(总需求, 生产能力)$$

就牛津彩绘艺术公司而言，等式为：

$$生产能力 = \min(厂房生产能力, 绘制能力, 物资供应能力)$$
$$总需求 = 零售客户的需求 + 经销商的需求$$

表 10-4 牛津彩绘艺术公司：2011 年需求、生产能力和销售数据   个

	1月	2月	3月	4月	5月	6月	7月	8月	9月	10月	11月	12月
零售需求	100	105	95	115	75	60	50	55	75	150	290	350
经销商需求	375	400	425	350	300	250	300	325	300	300	350	400
总需求	475	505	520	465	375	310	350	380	375	450	640	750
厂房能力	800	800	800	800	800	800	800	800	800	800	800	800
绘制能力	400	400	400	400	400	200	200	200	200	600	600	600
生产能力	400	400	400	400	400	200	200	200	200	600	600	600
生产并销售的总量	400	400	400	400	375	310	200	200	200	450	600	600
生产和销售给零售客户的数量	100	105	95	115	75	60	50	55	75	150	290	350
生产和销售给经销商的数量	300	295	305	285	300	250	150	145	125	300	310	250

在牛津彩绘艺术公司的案例中，生产能力是长期生产能力（厂房的生产能力）、中期生产能力（由雇用的手工艺者提供的绘制能力）和短期生产能力（短期内获得原料供应的能力）中的最低者。例如，8月，零售客户需求是 55 个，经销商需求是 325 个，共计 380 个。厂房的生产能力为 800 个，绘制能力为 200 个。因此，生产能力，即厂房生产能力和绘制能力的较低者，为 200 个。预计的 200 个产销量是总需求（380 个）和生产能力（200 个）中的较低者。

财务计划

一旦计划制订者完成了生产计划、员工计划和生产能力计划，他们就可以为暂定的经营计划编制财务计划。牛津彩绘艺术公司依据表 10-4 制订的生产计划而产生的财务成果显示在下列各表中。

- 表 10-5 给出了预计的生产和销售计划带来的现金流量。
- 表 10-6 和表 10-7 分别给出了预计的生产和销售计划所带来的资产负债表和损益表（这些都是图 10-3 中框 11 和框 12 的例子）。

计划制订者使用预计的资产负债表作为在预算期间对经营和财务决策的整体评价，而使用损益表作为对计划作业的赢利性的整体估计。为了使该例子简单清楚，我们忽略了税收。税收是每个组织实际进行预算编制和现金流预测的一个组成部分。

理解现金流量表

表 10-5 所示的现金流量表由以下三部分组成：
(1) 来自零售现金销售和应收经销商账款的现金流入；
(2) 由在短期内获得和消费的弹性资源（浮标、油漆、其他物资、包装和运输）以及在中期和长期内获得的生产能力相关资源（手工艺者、租用的厂房、经理的薪金、其他店内费用、利息支出和广告成本）组成的现金流出；
(3) 财务经营成果。

每个月的现金流量公式如下：

$$现金流入 - 现金流出 = 净现金流$$

表 10-5 牛津彩绘艺术公司 2011 年现金流预测

美元

项目	1月	2月	3月	4月	5月	6月	7月	8月	9月	10月	11月	12月
现金流入												
零售	8 000	8 400	7 600	9 200	6 000	4 800	4 000	4 400	6 000	12 000	23 200	28 000
经销商收款												
1个月	2 887	4 950	4 868	5 033	4 703	4 950	4 125	2 475	2 392	2 062	4 950	5 115
2个月	10 519	4 331	7 425	7 301	7 549	7 054	7 425	6 188	3 713	3 589	3 094	7 425
3个月	5 610	4 675	1 925	3 300	3 245	3 355	3 135	3 300	2 750	1 650	1 595	1 375
现金流入总计	27 016	22 356	21 818	24 834	21 497	20 159	18 685	16 363	14 855	19 301	32 839	41 915
现金流出												
弹性资源:												
浮标	900	900	900	900	844	698	450	450	450	1 013	1 350	1 350
油漆成本	1 260	1 260	1 260	1 260	1 181	977	630	630	630	1 418	1 890	1 890
其他物资成本	1 100	1 100	1 100	1 100	1 031	853	550	550	550	1 238	1 650	1 650
包装成本	780	780	780	780	731	605	390	390	390	878	1 170	1 170
运输成本	3 000	3 000	3 000	3 000	2 813	2 325	1 500	1 500	1 500	3 375	4 500	4 500
约束资源:												
手工艺者的工资	4 000	4 000	4 000	4 000	4 000	4 000	2 000	2 000	2 000	6 000	6 000	6 000
厂房租金	4 800	0	0	4 800	0	0	4 800	0	0	4 800	0	0
管理人员的工资	2 500	2 500	2 500	2 500	2 500	2 500	2 500	2 500	2 500	2 500	2 500	2 500
其他店内成本	1 667	1 667	1 667	1 667	1 667	1 667	1 667	1 667	1 667	1 667	1 667	1 667
广告成本	3 333	3 333	3 333	3 333	3 333	3 333	3 333	3 333	3 333	3 333	3 333	3 333
利息支付	0	163	127	95	81	48	17	208	177	160	231	145
现金流出总计	23 340	18 703	18 667	23 435	18 181	17 006	17 837	13 228	13 197	26 382	24 291	24 205
本月的净经营现金流	3 676	3 653	3 151	1 399	3 316	3 153	848	3 135	1 658	(7 081)	8 548	17 710
融资活动:												
提取现金	5 000	5 000	5 000	5 000	5 000	5 000	5 000	5 000	5 000	5 000	5 000	5 000
期初现金	(20 000)	0	0	0	0	0	(20 000)	0	0	0	0	0
可用现金	(11 324)	8 653	8 151	6 399	8 315	8 155	(14 152)	8 134	6 658	(2 079)	13 548	22 710
期初借款	0	16 324	12 671	9 520	8 121	4 806	1 652	20 803	17 669	16 010	23 089	14 541
本期借款	16 324	0	0	0	0	0	19 152	0	0	7 079	0	0
本期还款	0	3 653	3 151	1 399	3 315	3 155	0	3 134	1 658	0	8 548	14 541
期末贷款	16 324	12 671	9 520	8 121	4 806	1 652	20 803	17 669	16 010	23 089	14 541	0
期末现金	5 000	5 000	5 000	5 000	5 000	5 000	5 000	5 000	5 000	5 000	5 000	8 168

表 10-6　牛津彩绘艺术公司预计的 2011 年 12 月 31 日资产负债表　　美元

现金	8 168		
应收账款	27 445	所有者权益	35 613
资产总计	35 613	负债和所有者权益总计	35 613

表 10-7　牛津彩绘艺术公司预计的 2011 年 12 月 31 日损益表　　美元

收入		279 134
弹性资源成本		
浮标	10 204	
油漆	14 285	
其他物资	12 471	
包装	8 843	
运输	34 013	79 816
边际贡献		199 318
约束资源成本		
手工艺者的工资	48 000	
厂房租金	19 200	
其他店内成本	20 000	
管理人员的工资	30 000	117 200
其他成本		
广告	40 000	
利息支付	1 452	41 452
净收入		40 666

例如,1月末的现金数量为:

$$净现金流 + 外部现金 + 财务经营成果 = 月末现金$$
$$3\,676 + 5\,000 + [-20\,000 + 16\,324] = 5\,000$$

为了说明牛津彩绘艺术公司现金流量表中的数据,我们以 7 月份的数据为例。

现金流入部分　让我们回忆一下牛津彩绘艺术公司的现金流入情况:

(1) 以每单位 80 美元的零售价格支付的零售订单;

(2) 以 55 美元且有折扣的单价面向经销商的销售,以一种有代表性的收款模式入账,即有 30% 在第一个月收回,45% 在第二个月收回,20% 在第三个月收回,5% 无法收回。

因此,7 月份牛津彩绘艺术公司总共可以收回:① 7 月份的所有零售销售;② 6 月份 30% 的经销商销售;③ 5 月份 45% 的经销商销售;④ 4 月份 20% 的经销商销售。表 10-8 给出了 7 月份的收款情况。

表 10-8　牛津彩绘艺术公司：2011 年 7 月现金收入总结　　　　　　　　美元

项　目	计　算
7 月份零售销售额（参见表 10-4）	50×80＝4 000
6 月份经销商销售额的 30%*	30%×250×55＝4 125
5 月份经销商销售额的 45%	45%×300×55＝7 425
4 月份经销商销售额的 20%	20%×285×55＝3 135
总计	18 685

*销售额＝销量×单价（55 美元/个）

现金流出部分　表 10-9 给出了 7 月份的现金流出量。下面的公式用于计算短期内获得的弹性资源的支出：

$$现金流出＝购买的数量×弹性资源的单位价格$$

对于与生产能力相关的资源，即在中期或长期获得的资源，可以使用以下公式：

$$现金流出＝每月与生产能力相关资源的支出$$

表 10-9　牛津彩绘艺术公司：2011 年 7 月现金流出计算

项　目	金额/美元	公　式	计　算
弹性资源：			
浮标成本	450	7 月生产量×每个浮标的价格	200×2.25 美元
油漆成本	630	7 月生产量×每个浮标的油漆成本	200×3.15 美元
其他物资成本	550	7 月生产量×每个浮标的其他供应成本	200×2.75 美元
包装成本	390	7 月生产量×每个浮标的包装成本	200×1.95 美元
运输成本	1 500	7 月生产量×每个浮标的运输成本	200×7.50 美元
约束资源：			
手工艺者的工资	2 000	7 月雇用的油漆工的人数×月工资	1×2 000 美元
厂房租金	4 800	能力单位×每单位的能力成本	800×6 美元
管理人员的工资	2 500	年薪÷12	30 000 美元÷12
其他店内成本	1 667	年度其他成本÷12	20 000 美元÷12
利息支付	17	6 月末的贷款余额×1%	1 652 美元×1%
广告成本	3 333	年度广告支出÷12	40 000 美元÷12

融资部分　现金流量表的融资经营部分反映了非普通经营活动的交易对现金的影响。该部分包括发行或者减持股票或债券，以及买卖资本性资产的结果。表 10-10 给出了与 7 月份现金流量表数据相关的融资部分的普遍形式。现金流量表的融资部分计算如下：

$$本期现金流量＋期初余额＋/－本期变化＝期末余额$$

大多数组织的现金主要来源和用途是：①经营；②来自非正式组织的所有者的投资或支出；③与发行或减持股票相关的长期融资活动；④短期融资活动。

短期融资事项通常包括从金融机构获得信贷额度。该信贷额度可以是有担保的，也可以是无担保的。信贷额度使组织可以在任何时候借到一定的借款。如果组织将某种

表 10-10 现金流量表的融资部分　　　　　美元

	净营业现金流	848
＋	期初现金	15 000
±	投资或者收回现金*	(20 000)
±	用于发行或回购股票和债券的现金	0
＝	短期融资前的可用现金	(14 152)
±	短期融资提供或使用的现金	19 152
＝	期末现金	5 000

* 在牛津彩绘艺术公司的私人部门的情况下,这是指使用者的资本交易。

资产抵押给金融机构,而且该金融机构在组织违反了信贷相关规定时可以获得上述资产,则为有担保的信贷额度。金融机构给信贷额度限制了一个上限,并且借款者(牛津彩绘艺术公司)根据借款余额每期支付利息,如每月支付。参见表 10-5 中期末贷款一行,注意牛津彩绘艺术公司当年的信贷额度在 0 和 23 089 美元之间变化,并且一直低于盖尔与银行商定的 50 000 美元的上限。

牛津彩绘艺术公司在表 10-5 中使用的现金流量表的融资部分的形式与在表 10-10 中使用的不同。牛津彩绘艺术公司的现金流量表的融资部分给出了信贷额度余额的信息。很多组织都在现金流量表中给出了信贷额度的信息,这是因为财务报表的读者应当知道可能制约经营的限制因素。

运用财务计划

表 10-5 所示的牛津彩绘艺术公司的现金流量表给出了一些有用的信息。首先,它包括一个短期的财务计划,该计划说明如果事情的发展如预期的那样,那么由于盖尔将要提走 40 000 美元,牛津彩绘艺术公司的现金余额在当年只能缓慢地增长。因此,公司会更多地使用信贷额度,一年 12 个月中有 11 个月都要从银行借款。

组织可以通过向银行借款、发行债券和出售股权等方式从外部筹资。现金流量的预测有助于组织了解是否及何时需要外部融资。现金流量的预测还显示了预计的现金短缺是暂时性的、周期性的,还是长期性的。如果是暂时性的,可以通过信贷额度来满足;如果是长期性的,则需要从银行获得长期贷款,或者需要当前所有者进一步投资或吸纳新的所有者的投资才能满足资金需求。根据现金流量预测给出的信息,组织可以通过对外部融资进行合理的安排使资金的长期成本降到最低。

预计的损益表和资产负债表为牛津彩绘艺术公司的经营效率做出了总体的评估。如果盖尔认为预计的结果是无法接受的,她就必须对产生这些结果的过程做些改变。例如,如果员工对生产中的任意一种要素如颜料、劳动力或生产能力的使用比其竞争对手多,那么盖尔就需要调整程序从而使资源的使用与竞争对手相比具有优势。

假设阿普里尔已经研究了在初始预算方案中预计的财务结果,并认为 14.6% 的销售毛利率(表 10-7,40 666/279 134)太低了。阿普里尔得出这个结论是因为牛津彩绘艺术公司所处的是竞争对手可以在短期内推出更具吸引力的产品从而获利的手工制造行业。在认识到销售毛利率过低之后,阿普里尔就可以制定一份营销方案来提高牛津彩绘艺术公司的成本/收入业绩。

使用预计的结果

与生产计划、员工雇用计划、资本支出计划和原材料采购计划一样,经营预算为预测未来时期内的作业水平提供了一个框架。计划制订者同时运用经营预算来检验生产计划的可行性。随着实际生产的进行,生产及经营计划将基于生产合同做出更加准确的预测。因此,计划制订者使用预算信息可以实现下列目标。

1. 识别所需的大量资源。这有助于编制计划从而适当地运用所需资源。例如,阿普里尔可以利用作业预测来计划组织何时需要雇用并培训临时工。

2. 找出潜在的问题。这有助于避免问题的发生或者系统地处理问题。例如,阿普里尔可以利用营业现金流量表来了解公司何时需要从银行获得短期融资。这有助于她与银行的借款官员进行谈判,以获得能满足牛津彩绘艺术公司需求的有竞争力的信贷额度。预计的现金流量表还可以显示浮标分部何时能够产生现金,盖尔可以将其投资于其他领域。

3. 比较预计的营业和财务成果。我们将预计的营业和财务成果与竞争对手的进行比较,并以此作为对组织经营过程的效率的总体评价。例如,牛津彩绘艺术公司的预计成本与实际成本之间的差异将使组织知道计划是否不切实际或者存在缺陷。这意味着组织需要改进计划、提高管理水平或两者皆有。

10.4 假设分析

第3章讨论的本量利分析考虑了收入、成本和利润如何随着生产和销售的产品数量的变动而变动。但这种分析假设产品的组合不会改变。而由于强大的台式计算机和电子制表系统的应用,使我们可以考虑产品组合(以及更多),因此管理者可以评估各种备选战略。

如果计划制订者用计算机进行预算编制工作,他们就可以通过预算编制框架来了解各种市场营销、生产和销售战略的效果。我们再回到牛津彩绘艺术公司的例子中,阿普里尔可以考虑提高价格、开通零售渠道或者实行不同的雇用战略。这些替代建议都可以在假设分析中进行检验。

阿普里尔可能会问:"假如我将零售产品的价格降低5%而将销量提高10%,结果会怎样?是否值得这样做?"结论是牛津彩绘艺术公司的利润会从40 666美元降到39 103美元(修正过的利润是通过在初始的预算数据电子表格中插入新的价格和需求时间表得到的)。因此,这次建议的调整是不理想的。

阿普里尔可能还会问:"假如我开通新的零售渠道,新渠道每年的成本为40 000美元

(包括所有的成本)而零售销售将增长50%,而且新渠道的订单由速递员送给顾客,那么结果会怎样呢?"此时,盖尔仍将利用原有的运输能力,1年4个季度雇用的手工艺者分别为3名、2名、2名和4名,同时预期的利润将增加到56 553美元。

总预算中要求的结构和信息可以非常方便地为假设分析提供基础。(使用编制牛津彩绘艺术公司现金流预测表所用到的电子表格可以在几秒之内解答阿普里尔的问题。)

评价备选的决策方案

假设阿普里尔正在考虑租用一种机器来自动用沙子打磨浮标并上底漆。该机器的生产能力是每月1 300个浮标,并且可以使浮标的绘制时间从每个浮标0.8小时降低至0.5小时,但也将使每年的店内成本从20 000美元增至35 000美元。每个浮标的绘制时间的减少将使牛津彩绘艺术公司减少任意生产水平所需的手工艺者的人数。

表10-11显示了根据租用打磨和上底漆的机器进行修正后的预计的损益表。租用机器将使预计的净收入从最初的40 666美元增至57 490美元,增加了16 824美元,即41%。

表 10-11 牛津彩绘艺术公司:预计2011年12月31日的损益表　　美元

项　目	金　　额	
收入		326 943
弹性资源成本		
浮标	12 263	
油漆	17 168	
其他物资	14 988	
包装	10 628	
运输	40 875	95 920
边际贡献		231 023
约束资源成本		
手工艺者的工资	48 000	
厂房租金	19 200	
其他店内成本	35 000	
管理人员的工资	30 000	132 200
其他成本		
广告	40 000	
利息支付	1 332	41 332
净收入		57 490

敏感性分析

假设分析的好处仅仅体现在其所使用的模型上。该模型必须是完整的,必须准确地反映关系,而且必须使用合理的估计。如果模型是完整的,并准确地反映了生产能力、成本和收入之间的相互关系,那么剩下的问题就是所使用数据是否正确了。计划制订者通过改变估计中的重要变量来检测计划的模型。例如,假设一台机器是制约生产的因素,那么这台机器的生产力(每小时产出)就是生产计划的重要估计变量。生产决策者可以通过将在计划预算中使用的生产力的估计值提高或降低10%或20%来检测在生产计划中对该机器的生产力的估计错误。

如果对生产计划中估计值的错误的预测对该计划具有重大的影响,我们称该模型对这个因素来说是敏感的。如果某个不利因素对结果数据(如利润)的影响很大,那么计划制订者可能会希望投入时间和资源来提高估计的准确性。例如,假设一家公司的生产能力只允许接受两份订单中的一份。订单1的预期收入为1 000 000美元,预期成本为750 000美元。订单2的收入为800 000美元,成本为600 000美元。基于以上信息,拥有预期利润250 000美元的订单1似乎比预期利润为200 000美元的订单2更有前景。但是注意,与订单1相关的利润是不确定的,而订单2的利润是确定的。假定经过进一步调查,计划者预计与订单1相关的成本介于720 000~780 000美元之间。这并不影响决策,因为即使订单1的实际成本达到了上限,利润仍然是220 000美元,超过订单2的200 000美元。然而,如果订单1的相关成本介于680 000~820 000美元之间,那么特定情况下(成本超过800 000美元时)计划者就会希望自己当初选择了订单2。这就是敏感性分析的一个例子。

敏感性分析(sensitivity analysis)是指有选择地改变计划或者预算的重要估计变量,以决定在什么变化范围内选择某一方案。在上面的例子中,如果订单1的成本小于等于800 000美元,则选择订单1。敏感性分析使计划制订者可以找出那些对决策非常重要的估计变量。例如,牛津彩绘艺术公司对每个产品所需的劳动力就是其编制预算时的一个重要的参数。由于这个参数是与生产力直接相关的重要资源,所以其微小的变化都会使利润数据发生巨大的变化。如果牛津彩绘艺术公司能够制订一个计划或者重新设计产品使用于制作每个浮标的时间减少10%,即从每个浮标0.8小时减为0.72小时,那么预计的利润将从40 666美元上升到53 229美元——31%的升幅。这让阿普里尔意识到,设计并实施一个可以充分利用员工工作效率的生产流程是在商战中取胜的关键。

10.5 比较实际情况与计划结果

为了理解计划的结果,如生产和财务结果,组织通常采用差异分析将总预算中预计或期望的结果与实际结果进行比较。

差异分析

预算是为特定时期准备的,以便管理者能够比较特定时期的实际结果与计划结果。**差异分析**(variance analysis)有很多种形式,并且可以通过复杂的计量方式来表达结果。但是,如图10-4所示,差异分析的原理很简单:用实际收入或者实际成本与目标

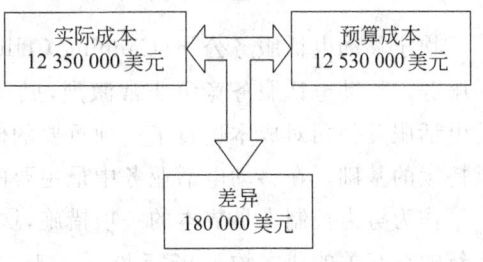

图10-4 比较实际成本和预算成本确定的差异

收入或者目标成本比较,确定它们的差异。例如,会计人员会计算制造航行器的人工成本并与计划的人工成本进行比较。一个差异代表与预算或者计划的偏离。对引起变化的原因和变化的大小的疑问,会促使人们进行调查以确定原因,并找到纠正这种差异的方法。

预算或者计划成本来自三个来源:
(1) 由工业工程师确定的标准,例如基于汽车车门的设计要求估计的钢铁成本。
(2) 前期的业绩表现,例如上个预算期每扇车门的平均钢材成本。
(3) 竞争对手的业绩水平,通常称为基准或者基于业内最好的水平,例如行业中最有效率的竞争对手生产的相类似的车门的钢材成本。

差异分析中用于计算弹性资源的财务数字等于价格和数量的乘积。

$$\text{计划或预算数} = \text{每单位标准价格} \times \text{预算数量}$$
$$\text{实际数量} = \text{每单位实际价格} \times \text{实际数量}$$

差异分析通过评价标准价格和实际价格与预算数量和实际数量的差异,解释了计划成本和预算成本的差异。会计人员分别获得价格和数量,因为大多数组织中一个部门或者分部负责一种资源采购(因此确定了实际价格),而另一个部门使用这种资源(因此确定了数量)。

差异是属于监控结果的控制系统一部分的一种信号,因此差异传递了经营没有按照计划进行的信号。监督人员把差异作为一种全面的核查,判断负责日常经营的管理者是否尽职。比较从事相似任务的其他组织业绩时,差异体现了经营人员采用的控制系统的效率。

基本差异分析

差异分析帮助管理者理解实际成本与预算成本的不同即差异的原因。如果管理者了解到针对某些工作采取某些措施有助于降低这些工作的实际成本,那么今后他们在类似的工作中重复这些措施就能进一步节约成本。如果管理者能够识别导致实际成本高于预算成本的因素,他们就能够采取必要的措施以避免这些因素的发生。而且,如果管理者知道成本变动相对稳定,那么他们在未来的工作中就能够随时更新成本信息。

接下来,我们研究一个说明差异的本质和作用的例子。

坎宁移动电话服务公司

坎宁移动电话服务公司(Canning Cellular Services,CCS)在全美范围内提供移动电话服务。移动电话服务竞争非常激烈,成本是保证获利的一个主要因素。因此,坎宁移动电话服务公司对成本进行了一项重要的研究来了解成本行为的本质,并为削减成本提供持续的基础。在移动电话业务中最主要的两项成本是设备成本和人员成本。

作为努力控制人员成本的一项措施,坎宁移动电话服务公司用欧元表示的与联系一名新顾客有关的成本约为 95.5 欧元。表 10-12 显示了这一研究结果,表中区分了三种相关成本——直接材料成本、直接人工成本和支持成本。

表 10-12　坎宁移动电话服务公司：每增加一个新顾客的总成本

	单位	每单位成本/欧元	总成本/欧元
直接材料			
欢迎礼包	1.00	25.00	25.00
直接人工			
销售人员	0.50	25.00	12.50
技术人员	0.25	40.00	10.00
支持成本			
数据处理	0.20	15.00	3.00
系统启动	0.15	300.00	45.00
每增加一个新顾客的总成本			95.50

直接材料成本主要是指提供给每一名新顾客的欢迎礼包。这个礼包涵盖了坎宁移动电话服务公司提供的各种移动电话服务的范围和性质。

直接人工成本由两部分组成。一部分是销售人员的成本，这些人的工作是向顾客介绍各种服务并签订销售合同。一般来说，每位销售人员在每名新顾客身上花 0.5 小时，他们的报酬是 25 欧元/小时。另一部分是技术人员的成本。技术人员通过联系控制中心开通新的移动电话，并且提供电话的电子序列号，以及姓名、地址和付款细节等与顾客相关的信息。每名顾客需要花 0.25 小时，技术人员的报酬是 40 欧元/小时。

支持成本由两部分组成。一部分是数据处理人员的成本，他们将与顾客相关的信息录入坎宁移动电话服务公司的顾客数据库。这一信息用于产品的计费和广告。录入每位顾客的信息平均需要 0.20 小时，数据处理人员的报酬是每小时 15 欧元。另一部分是系统启动成本，包括用来支持新顾客进入系统并使用系统中的计算和数据处理系统的成本。启动过程平均需要 0.15 小时的计算机使用时间。计算机的时间成本估计为 300 欧元/小时。

在上述成本估算的基础上，假设 2006 财政年度将增加 100 万名新顾客，坎宁移动电话服务公司为下一年作了成本估算，见表 10-13。

表 10-13　坎宁移动电话服务公司：总预算

	每个顾客使用的单位	每单位成本/欧元	总成本/欧元
直接材料			
欢迎礼包	1.00	25.00	25 000 000
直接人工			
销售人员	0.50	25.00	12 500 000
技术人员	0.25	40.00	10 000 000
支持成本			
数据处理	0.20	15.00	3 000 000
系统启动	0.15	300.00	45 000 000
每增加一个新顾客的总成本			95 500 000

这个文件归纳了预算成本、估计成本、目标成本或预计成本等各种成本，这些被统称为总预算。95 500 000 欧元的预算成本基于下列因素：

(1) 计划的作业量,本例中是 100 万名顾客;
(2) 每个预算项目的标准用量;
(3) 每个预算项目的单位标准成本。

如果这些项目中的任何一项与预期量不一样,那么实际的总成本就会与总预算不一样。

一阶差异

2011 年结束后的几周,公司主计长向负责新顾客的经理提交了一份总结(见表 10-14)。表中列出了不同成本项目的一阶差异。第一个项目的一阶差异就是该项目实际运算成本与总预算成本之间的差别。通常来说,我们从实际成本中减去总预算成本就得到了该差异。因此,如果实际成本比预计成本少,那么该差异就是有利的,用 F 表示;如果差异是不利的,则用 U 来表示。在这个例子中,销售人员的一阶成本差异是不利的,为 2 350 000 欧元。

表 10-14 坎宁移动电话服务公司:一阶差异总结　　　　　　　　欧元

	总预算	实际成本	差异
直接材料			
欢迎礼包	25 000 000	29 700 000	4 700 000
直接人工			
销售人员	12 500 000	14 850 000	2 350 000
技术人员	10 000 000	10 890 000	890 000
支持成本			
数据处理	3 000 000	3 960 000	960 000
系统启动	45 000 000	42 900 000	(2 100 000)
每增加一个新顾客的总成本	95 500 000	102 300 000	6 800 000

负责新顾客的经理沙伦·麦肯兹(Sharon Mackenzie)看到这份报告时吃了一惊,因为她已经让她的下属采取了一些与员工培训和设备改进有关的重要措施来降低成本。但成本非但没有降低,反而增加了 6 800 000 欧元,这个数字是相当惊人的。表中并没有提供任何可以帮助她搞清楚哪里出了问题的解释。因此,沙伦要求下属解释清楚为什么在成本削减行动实施之后成本仍然没有降低。

分解差异

根据沙伦的要求,财务部门准备了表 10-15。坎宁移动电话服务公司的主计长弗雷德·梁(Fred Liang)向沙伦解释说,表 10-15 运用**弹性预算**(flexible budget)的概念进行预测以便使总预算中的预测根据预计的和实际的数量之间的差异得到修正。因此,弹性预算体现了基于实际数量而不是总预算下的预测数量的成本目标。弗雷德让沙伦参考表 10-15,该表提供了弹性预算计算的细节。总预算和弹性预算中的成本差别被称为**计划差异**(planning variance),因为它反映了计划与实际产量之间的差别。计划差异被完全地暴露了出来,因为计划作业量没有完全实现。因此,由于增加了 110 万名新顾客,而不是预计的 100 万名顾客,预算成本现在是 105 050 000 欧元。

表 10-15　坎宁移动电话服务公司：总预算、弹性预算、实际结果总结　　　　欧元

	主预算 1 000 000			弹性预算 1 100 000			实际预算 1 100 000		
	U/C	成本/欧元	总计/欧元	U/C	成本/欧元	总计/欧元	U/C	成本/欧元	总计/欧元
直接材料：									
欢迎礼包	1.00	25.00	25 000 000	1.00	25.00	27 500 000	1.00	27.00	29 700 000
直接人工：									
销售人员	0.50	25.00	12 500 000	0.50	25.00	13 750 000	0.45	30.00	14 850 000
技术人员	0.25	40.00	10 000 000	0.25	40.00	11 000 000	0.22	45.00	10 890 000
支持性成本：									
数据处理	0.20	15.00	3 000 000	0.20	15.00	3 300 000	0.24	15.00	3 960 000
系统激活	0.15	300.00	45 000 000	0.15	300.00	49 500 000	0.12	325.00	42 900 000
与客户相关的总成本			95 500 000			105 050 000			102 300 000

沙伦立刻指出了表 10-15 中值得注意的三点：

（1）顾客数量超过了被用来预测成本的数量；

（2）预算的 5 个项目中有 4 项的单位成本超过了被用来进行预测的标准量；

（3）两个人工项目和两个支持成本其中之一的单位使用成本较低，反映了沙伦要求进行程序改进之后的结果。另外一种支持项目的单位使用较高，这是因为沙伦在年中采用了一种更为复杂的形式，要求录入更多关于新顾客的资料。

沙伦要求财务部门将各种由于价格和用量的不同而产生的影响分开列示。

计划和弹性预算差异

财务部门根据沙伦的要求在表 10-16 中提供了更多的信息。弗雷德解释说，弹性预算和实际结果之间的差别——**弹性预算差异**（flexible budget variances）——反映了它与根据已经取得的作业量来调整的成本目标之间的差异。他进一步解释说，决定削减成本的作业是否成功应当成为人们关注的焦点。由于总弹性预算差异是 2 750 000 欧元（这是一个有利的差异），总成本比基于已经取得的作业水平的目标成本要低得多。弗雷德向沙伦指出计划差异和弹性预算差异称为二阶差异，它们合在一起构成了一阶差异。

表 10-16　坎宁移动电话服务公司：二阶差异总结　　　　欧元

	主预算	计划差异	弹性预算	弹性预算差异	实际预算
直接材料：					
欢迎礼包	2 500 000	2 500 000	27 500 000	2 200 000	29 700 000
直接人工：					
销售人员	1 250 000	1 250 000	13 750 000	1 100 000	14 850 000
技术人员	1 000 000	1 000 000	11 000 000	（110 000）	10 890 000
支持性成本：					
数据处理	300 000	300 000	3 300 000	660 000	3 960 000
系统激活	4 500 000	4 500 000	49 500 000	（6 600 000）	42 900 000
与客户相关的总成本	9 550 000	9 550 000	105 050 000	（2 750 000）	102 300 000

沙伦对此感到非常满意,但她仍然担心。她向弗雷德指出,这些弹性预算差异,既包括使用差异(计划和实际的每单位产量使用率之间的差异)又包括成本差异(每单位不同成本项目的价格或者成本之间的差异)。沙伦要求弗雷德准备一份强调使用差异和价格差异的递增效应的表格。

材料和人工的用量与价格差异

直接材料和直接人工差异可以进一步分解成两种:**效率差异**(efficiency variances),又称**数量差异**(quantity variances);**费率差异**(rate variances),又称**价格差异**(price variances)。我们可以把它们称为**三阶差异**(third-level variances),因为它们解释了二阶差异的弹性预算构成。在表10-16中,直接材料的用量等于实际产量(110万)乘以实际利用率,这里的实际利用率是1,得出直接材料的实际利用为110万。弹性预算额等于实际产量(110万)乘以计划或目标使用率,这里为1,得出直接材料的计划和目标使用量为110万。

材料数量和价格差异 材料数量差异可以通过下面的公式来确定:

$$用量差异 = (AQ - SQ) \cdot SP$$
$$= (1\,100\,000 - 1\,100\,000) \times 25$$
$$= 0$$

其中,AQ=材料的实际用量
SQ=材料的估计或标准用量
SP=材料的估计价格或标准价格

直接材料价格差异可以通过以下公式计算:

$$价格差异 = (AP - SP) \cdot AQ$$
$$= (27 - 25) \times 1\,100\,000$$
$$= 2\,200\,000(欧元)(U)$$

其中,AP=实际材料价格
SP=预计材料价格
AQ=实际材料使用量

我们已经将欢迎礼包(这个例子中的直接材料)的总差异分解成了一个材料数量差异和一个材料价格差异。如果我们将这两个二阶差异相加(0欧元+2 200 000欧元U),我们就可以得到直接材料的总差异(2 200 000欧元U)。分解差异的一般结果可以通过将材料数量差异和价格差异的代数公式相加来证明。分解后的差异总量如下。

$$分解差异总量 = 数量差异 + 价格差异$$
$$= [(AQ - SQ) \cdot SP] + [(AP - SP) \cdot AQ]$$
$$= (AQ \cdot SP) - (SQ \cdot SP) + (AP \cdot AQ) - (SP \cdot AQ)$$
$$= (AP \cdot AQ) - (SQ \cdot SP)$$
$$= 实际成本 - 预算成本$$
$$= 总差异$$

这个差异及其分解,对于沙伦这位最终对这些成本负责的经理来说意味着什么呢?它们告诉沙伦,材料的用量与客户的数量是一致的,不多也不少。同时,沙伦了解到每单位27欧元的成本超出了25欧元的目标成本。增加的成本也许反映了计划的欢迎礼包的变化,也可能是供应商提高了价格。鉴于差异较大(2欧元或计划成本的8%),沙伦决定找出原因。然而,应当强调的是,作为一名优秀的经理,她可能已经意识到差异的存在,差异分析的作用只是确定其大小。

材料数量和价格差异:一个概括性的方法 许多人发现使用差异分析图表法可以使差异计算更容易。为了使用图表法,我们需要定义另一个变量,材料的实际购买数量 PQ。增加的这个变量可以使我们处理购买的原材料数量不同于使用量的情况。下面是我们将在图10-5中看到的术语。

总成本:原材料的实际成本 = 购买数量(PQ) × 实际价格(AP)
价格调整的成本:使用标准价格计算的原材料成本 = 购买数量(PQ) × 标准价格(SP)
价格调整的数量:使用标准价格计算的原材料成本 = 使用数量(AQ) × 标准价格(SP)
弹性预算成本:使用标准数量的原材料成本 = 标准数量(SQ) × 标准价格(SP)

其中,价格调整成本等价于价格调整数量。

图10-5给出的是关于弹性预算材料差异的图表,而图10-6则给出了表示这些差异的另一种方法。

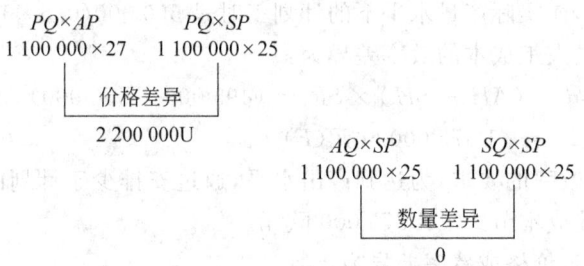

图10-5 材料弹性预算差异分析

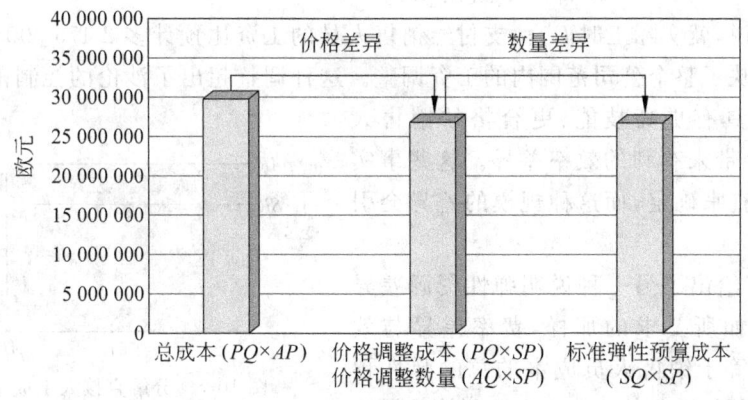

图10-6 弹性预算材料差异示意图

直接人工成本的效率差异和费率差异 人工成本差异的决定方式与材料数量差异和价格差异类似。公式如下：

$$效率差异 = (AH - SH) \times SR$$
$$工资率差异 = (AR - SR) \times AH$$

其中，AH＝实际直接人工工时数

AR＝实际工资率

SH＝给定产出量下最大的直接人工工时数

SR＝标准工资率

注意，对于材料差异经常使用的术语是价格差异和数量差异，而对于可比的人工差异，常用的术语是费率差异和效率差异。

总成本差异计算如下。

$$\begin{aligned}效率差异 + 费率差异 &= (AH - SH) \times SR + (AR - SR) \times AH \\ &= (AH \times SR) - (SH \times SR) + (AR \times AH) - (SR \times AH) \\ &= (AR \times AH) - (SR \times SH) \\ &= 实际成本 - 预算成本 \\ &= 总成本差异\end{aligned}$$

我们可以计算销售人员的效率差异和费率差异。销售人员的总工时是 495 000（0.45×1 100 000），而实际产量水平下的计划工时是 550 000（0.5×1 100 000）。

因此，销售人员人工成本的效率差异为：

$$\begin{aligned}效率差异 &= (AH - SH) \times SR = (495\,000 - 550\,000) \times 25\,欧元 \\ &= -1\,375\,000\,欧元(F)\end{aligned}$$

按照沙伦提高效率的要求，为达到产出水平，通过安排少于计划的销售人员工时，减少了工资的支付，使成本节约了 1 375 000 欧元。

销售人员的人工价格或费率差异为：

$$\begin{aligned}费率差异 &= (AR - SR) \times AH = (30\,欧元 - 25\,欧元) \times 495\,000 \\ &= 2\,475\,000\,欧元(U)\end{aligned}$$

换句话说，就实际工时而言，支付给销售人员的工资比预计多 2 475 000 欧元。这一增长或许反映了整个公司范围内的工资调整。这种调整超出了沙伦的控制范围；或许是因为雇用了具有更高技能、更合格的销售人员，这些人会带来有利的效率差异。这些事实可以通过调查来确定，而这种规模的差异会引发调查。

图 10-7 给出了另一种说明弹性资源差异的方法。正如所要求的那样，费率差异与效率差异相加等于销售人员成本的总的弹性预算差异。销售人员成本的总的弹性预算差异＝−1 375 000 欧元＋2 475 000 欧元＝1 100 000 欧元(U)。

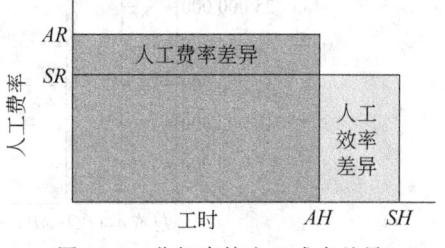

图 10-7 分解直接人工成本差异

直接人工成本的效率差异和费率差异：一个概括性的方法 下面是用差异图表方法

分析直接人工成本的弹性预算差异时使用的术语。

总成本：直接人工的实际成本 ＝ 实际人工工时（AH）× 实际人工费率（AR）

价格调整数量：使用标准价格的直接人工数量成本 ＝ 实际人工工时（AH）
× 标准人工费率（SR）

弹性预算成本：标准人工数量的成本 ＝ 标准人工工时（SH）× 标准人工费率（SR）

图 10-8 是弹性预算人工差异图，而图 10-9 则采用另一种方法说明了这种差异。

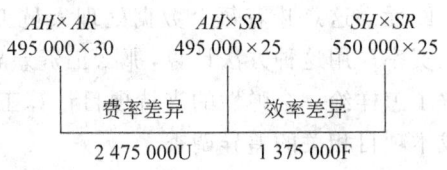

图 10-8　直接人工弹性预算差异分析

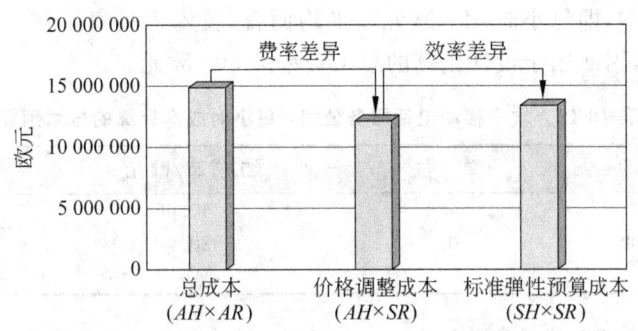

图 10-9　弹性预算人工差异示意图

支持作业成本差异的详细分析　我们已经对直接材料和直接人工成本进行了分解，那么支持成本是一种什么情况呢？支持成本可以反映弹性的或者说固定成本。固定成本可能在一定时期不会改变，但与其相关的分配可能会波动。工程师们可能会出差、学习、休假、辞职或者被别人顶替。因此，根据与生产能力相关的资源来控制支出差异是可能的，也是必要的，即使你无法监控由于已使用或未使用的生产能力的变化而产生的效率差异。

那么弹性支持成本的情况又是如何呢？这些支持成本反映了与产量相联系的无形的经营活动，而这些活动并不是提供给顾客的产品或服务的一部分。例如，一家工厂的间接支持成本可能是付给生产该产品的员工的工资。

在坎宁移动电话服务公司，支持成本包含两方面的内容。第一，它们反映了将每一名新客户的数据添加到坎宁移动电话服务公司的客户档案时，设备和人员的成本。第二，它们反映了每一名客户使用计算机数据系统时，设备和人员的成本。

沙伦的调查表明，数据处理人员的成本由两部分构成：工资率以及使用系统时发生的系统使用费。这些成本构成归纳在表 10-17 中。

表 10-17　坎宁移动电话服务公司：每小时的员工预算成本

	单　位	工资/欧元	总量/欧元
员工工资	1	10.00	10.00
计算机使用时间	0.1	50.00	5.00
每小时总成本			15.00

　　数据处理人员的实际小时工资是10欧元，并且他们每工作1小时，数据库使用时间是0.1小时，使用费是50欧元。这意味着每个数据处理人员工作1小时的总成本为15欧元。如果每小时的总工资率采用这种方法计算，那么工资差异就会反映用于计算这些工资率的构成成本。理解了怎样给一个弹性的支持项目计算工资率之后，我们就可以运用成本分析进行与支持成本项目相关的差异调查。

　　根据与系统启动成本相关的差异，沙伦指示弗雷德进行来源分析。表10-18的计算包括两个部分。第一部分反映了支付给技术人员的工资，即每小时40欧元。第二部分是系统的使用成本，即每小时520欧元。平均而言，技术人员每工作1小时使用系统的时间是0.5小时，因此用于设计预算的总工资率为300欧元。

表 10-18　坎宁移动电话服务公司：每小时成本计算的技术预算

	单　位	工资率/欧元	总额/欧元
技术人员	1	40.00	40.00
计算机使用时间	0.5	520.00	260.00
每小时总成本			300.00

　　调查结果显示的实际使用费如表10-19所示。注意到实际的工资率与预算的工资率的差异有三方面的原因：第一，付给技术人员的工资比预算的工资高15欧元；第二，技术人员每工作1小时使用计算机系统的时间低于预算；第三，计算机每小时使用成本高于预算。

表 10-19　坎宁移动电话服务公司：实际每小时成本计算

	单　位	工资率/欧元	总额/欧元
技术人员	1	55.00	55.00
计算机使用时间	0.45	600.00	270.00
每小时总成本			325.00

　　弗雷德根据这些因素以及表10-15中的数据，得出了表10-20中列出的信息，这些信息解释了系统启动支持成本的总弹性预算。

表 10-20　坎宁移动电话服务公司：系统启动支持成本中弹性预算差异的分析

由于额外人工的使用	[(1 100 000×0.12×1)－(1 100 000×0.15×1)]×40 欧元＝1 320 000 欧元 F
由于额外人工的工资	(1 100 000×0.12×1)×(55 欧元－40 欧元)＝1 980 000 欧元 U
由于计算机的额外使用	[(1 100 000×0.12×0.45)－(1 100 000×0.15×0.5)]×520 欧元＝12 012 000 欧元 F
由于额外进入系统的费用	1 100 000×0.12×0.45×(600 欧元－520 欧元)＝4 752 000 欧元 U

销售差异

我们研究了管理会计师如何把成本差异分解成不同的成分,从而向管理层传递说明那些成本成分偏离计划或者目标值的信号。那么收入呢?为了说明进行差异分析的一种常用方法,我们以丹尼百吉饼谷物公司(Danny's Bagel Barn)为例。

丹尼公司销售三种百吉饼:普通型、高级型和豪华型,价格分别是 0.40 美元、0.55 美元和 0.70 美元。表 10-21 说明了丹尼公司 7 月份的销售预算。

表 10-21 丹尼百吉饼谷物公司 7 月的计划销量

	产 品						
	普通型		高级型		豪华型		总额/美元
	数据	百分比/%	数据	百分比/%	数据	百分比/%	
单价/美元	0.40		0.55		0.70		
销量	10 000	50.00	6 000	30.00	4 000	20.00	20 000
总额/美元	4 000		3 300		2 800		10 100

7 月份,丹尼百吉饼谷物公司经历了来自玛吉百吉饼工厂(Maggie's Bagel Factory)在普通型和高级型两种百吉饼产品上的激烈的销售竞争。丹尼百吉饼谷物公司对这两种产品实施了降价。然而降价后丹尼百吉饼谷物公司的普通型百吉饼销量仍低于计划销量。但是降价后高级型百吉饼的销量则高于计划销量。表 10-22 总结了 7 月份的结果。

表 10-22 丹尼百吉饼谷物公司 7 月的实际销量

	产 品						
	普通型		高级型		豪华型		总额/美元
	数据	百分比/%	数据	百分比/%	数据	百分比/%	
单价/美元	0.35		0.50		0.80		
销量	9 000	42.86	7 000	33.33	5 000	23.81	21 000
总额/美元	3 150		3 500		4 000		10 650

丹尼百吉饼谷物公司注意到收入比计划多 550 美元(10 650-10 100),同时想要了解价格变化和数量变化对计划和实际结果之间的差异的具体影响。

管理会计师分两步协调实际的和计划的销售收入差异。第一步是分离销售数量差异的影响;第二步是分离销售价格差异的影响。

销售数量影响 在生产多种产品的企业,与数量相关的收入差异由两个方面产生。

1. 因为混合(每种产品的销量占总销量的百分比)与计划不同。这称为销售混合差异,对于每种产品,销售混合差异计算如下。

所有产品的实际总销量×(产品实际销售混合百分比-产品计划销售混合百分比)
×产品每单位计划收入

下面是每种产品的销售混合差异。

普通型百吉饼：21 000×(0.428 6－0.500 0)×0.40＝－600 美元(U)(注意现在我们考虑的是收入,因此负号代表不利差异)。这意味着由于普通型百吉饼的销量低于总销量的计划百分比,所以该产品造成了 600 美元的收入损失。

高级型百吉饼：21 000×(0.333 3－0.300 0)×0.55＝385(F)。这意味着由于高级百吉饼的销量超过总销量的计划百分比,所以该产品获得了 385 美元的收入。

豪华型百吉饼：21 000×(0.238 1－0.200 0)×0.70＝560(F)。这意味着由于豪华型百吉饼的销量超过总销量的计划百分比,所以该产品获得了 560 美元的收入。

2. 因为销量与计划的销量不同。这称为销售数量差异,对于每种产品,销售数量差异计算如下。

(所有产品实际总销量－所有产品计划总销量)×产品计划销售混合百分比
×产品每单位计划收入

下面是每种产品的销售数量差异。

普通型百吉饼：(21 000－20 000)×0.500 0×0.40＝200(F)。这意味着由于销量的总体增加,如果普通型百吉饼的销售混合百分比与计划一致,那么该产品将实现 200 美元的销售收入增加。

高级型百吉饼：(21 000－20 000)×0.300 0×0.55＝165(F)。这意味着由于销量的总体增加,如果高级型百吉饼的销售混合百分比与计划一致,那么该产品将实现 165 美元的销售收入增加。

豪华型百吉饼：(21 000－20 000)×0.200 0×0.70＝140(F)。这意味着由于销量的总体增加,如果豪华型百吉饼的销售混合百分比与计划一致,那么该产品将实现 140 美元的销售收入增加。

销售价格影响　销售数量和销售混合差异解释了由数量引起的计划收入与实际收入的差异。下面我们要研究的是实际销售价格与计划销售价格的差异对收入的影响。这就是**售价差异**(sales price variance)。

对于每种产品,销售价格差异计算如下。

实际销量×(每单位实际价格－每单位计划价格)

各产品的销售价格差异计算如下。

普通型百吉饼：9 000×(0.35－0.40)＝－450(U)。这意味着由于丹尼百吉饼谷物公司不能按照每单位 0.40 美元的计划价格销售普通型百吉饼,导致 9 000 单位销量损失了 450 美元收入。

高级型百吉饼：7 000×(0.50－0.55)＝－350(U)。这意味着由于丹尼百吉饼谷物公司不能按照每单位 0.55 美元的计划价格销售高级型百吉饼,导致 7 000 单位销量损失了 350 美元收入。

豪华型百吉饼：5 000×(0.80－0.70)＝500(F)。这意味着由于丹尼百吉饼谷物公司按照超过每单位 0.70 美元计划价格的价格销售豪华型百吉饼,所以 5 000 单位销量赢得了 500 美元收入。

表 10-23 概括了丹尼百吉饼谷物公司 7 月份经营的销售差异。注意，总差异等于实际收入与计划收入之差(10 650－10 100)。

表 10-23　丹尼百吉饼谷物公司销售差异总结　　　　　　　　　　　　　　美元

	产　品			
	普通型	高级型	豪华型	总计
价格差异	(450)	(350)	500	(300)
销售混合差异	(600)	385	560	345
销售数量差异	200	165	140	505
总计	(850)	200	1 200	550

10.6　预算编制在服务业和非营利组织中的作用

迄今为止，我们已经讨论了预算编制在制造业中的作用。在自然资源企业、服务型企业和非营利组织，如慈善组织和政府机构，预算编制的作用稍有不同但大致类似。在制造型企业，预算编制通过协调和规范责任及相互关系并传达预期计划来帮助非制造型组织完成计划功能。表 10-24 概述了在制造型企业、自然资源企业，服务型企业和非营利组织中预算编制过程的要点。

表 10-24　不同组织中的预算编制要点

组织类型	预算编制过程中的要点
制造型企业	销售和制造活动
自然资源	企业销售，资源的可利用性和获取
服务型企业	销售活动和人员需求
非营利组织	提高收入和控制成本

在自然资源部门，关键在于自然资源的可利用性与需求之间的平衡，如矿产、渔业和林业资源。因为自然资源的供应通常会限制销售，因而需要合理有效地利用资源基础，使资源的供应适应潜在的需求。

在服务部门，关键是平衡需求与组织提供服务的能力，而这是由组织内部的技术水平和组合程度决定的。尽管服务部门经常通过机器将产品运送给顾客，但大多数操作仍需要以人工方式进行；也就是说，它们要在人的指令下运行。因此，在服务部门，通常是人而不是机器制约着生产能力。在服务型企业的计划中，一个关键的问题是考虑当销量增长时将有技术能力的新员工安排到位所需的时间。制订计划对于高技术组织非常重要，如咨询业，因为其员工的工作能力是非常昂贵的，而当需求低于员工所能提供的服务水平时，这些服务是不能被储存的。

在非营利组织中，预算编制的传统要点是平衡税收或捐赠收入与支出需求。政府部门将计划的现金支出或开支计划称为拨款。拨款对一个政府部门的开支进行了限定。全世界的政府都面临在不增加税收的前提下减少赤字的与日俱增的压力。因此，很多政府都在寻求各种途径来消除不必要的支出并使必要的支出变得更有效率,而不是仅仅保证政府机构的开支不超过其限额。作为计划编制过程的一部分,这些部门必须确定支出的优先顺序,并提高为选民服务的效率。

10.7 定期预算和滚动预算

本章所介绍的基本预算编制过程包括许多组织的设计决策,例如预算过程的周期长短、基本的预算开支假设以及高级管理层的控制程度。

牛津彩绘艺术公司的预算编制过程是根据每年或称**定期预算**(periodic budget)循环方式进行的。公司的使用者盖尔定期为每一个计划周期编制预算。尽管计划者在这一期间的任何时候都可能对预算进行更新或修订,但定期预算编制仍通常是在每一个预算周期进行的。

在编制**滚动预算**(continuous budget)时,每过去一个预算周期(通常是一个月或一个季度),计划者从整个计划中将该预算周期去掉,并代之以一个未来的预算周期。因此,如果牛津彩绘艺术公司以一年为周期采用滚动预算编制法,每过去一个月阿普里尔将从预算周期的开始去掉一个月,然后在预算周期的最后加上一个月。例如,2011年2月末,阿普里尔将把当年的2月从预算中去掉,同时加上2012年2月的预算。

在滚动预算中,预算周期的长度反映了组织所面临的竞争程度、技术要求以及科技进步等。预算周期必须足够长以便组织能够预测重要的环境变化并适应它们,但同时又要足够短以保证期末的预期是合理的和实际的。定期预算法的支持者认为,滚动预算法花费了太多的时间和精力,而定期预算法实际上能以更低的成本提供相同的收益。滚动预算法的支持者则争辩说,这种方法能保证组织的计划、评估和思维的长期战略性,而不是仅仅关注一年一度编制预算时的情形。

10.8 自主性支出的控制

组织通常采用下面三种方法完成自主性支出中的研发费用等项目的编制:
(1) 增量预算法;
(2) 零基预算法;
(3) 项目融资法。
每种方法都有不同于另外两种方法的优点。

增量预算法

增量预算法(incremental budgeting)是以自主性项目前一个周期的支出水平为基础编制该项目本周期的预算。如果自主性项目的总预算增长10%,那么每个自主性项目都可以增长10%。这个基本模型是可以变化的,例如,如果所有自主性项目的支出可以增长10%,那么每个自主性项目支出可以增长5%,剩下的5%根据项目的优势和需求分配,从而使现有项目的高绩效水平得以扩展,或者投资于一个有发展前景的新项目。

有些人对增量法提出批评,因为它并不要求组织对自主性支出的目标给出适当的理由。当组织情况发生变化时,增量法不能削减开支,对于那些能带来重要收益的自主性项目也没有提供相应支持的机制。

零基预算法

零基预算法(zero-based budgeting,ZBB)要求自主性支出的提案者持续地说明每项支出的理由(请注意零基预算法不适合工程成本预算,因为它与生产同比例变化)。对于每一个计划期间来说,每一个预算项目的起始点都是零。

零基预算法兴起的部分原因是为了挑战杂乱无序的增量法,因为增量法几乎不需要考虑预算方法,从而导致对资源的错误分配。零基预算法兴起的另一部分原因是挑战曾盛行一时的工程法,该方法目前仍有生命力并拒绝退出实践舞台。这就好像那些为了某种特殊目的而设立的政府部门,在目标已经实现或没有存在意义的情况下仍然没有解散。

在零基预算法下,计划者将组织的稀缺资源分配给他们认为能最好地实现组织目标的开销计划。尽管看上去是合乎逻辑的,但零基预算法对规划自主性支出其实是有争议的。这种方法最初只是被用于评估政府开支。在追求利润的组织里,零基预算法也适用于自主性支出,如研发费用、广告和员工培训等。

传统上,零基预算法的思想并不适用于工程成本(与作业水平是有确定关系的短期成本)。通过衡量和使用施工作业消耗的资源数量报告及前面描述的成本差异来控制工程成本。然而,当与流程再造法相结合时,零基预算法甚至对于工程成本也是有效的。例如,对一种产品或工作程序进行流程再造需要形成关于产品完成方式或工作程序在现有条件下独立工作的方式的观点。因此,将零基预算法作为提供新产品或新的工作流程的成本的基线是可行的。

项目融资法

零基法的批评者抱怨说这种方法的成本过于高昂,因为它需要大量的工时来准备。这些批评者建议对零基法和增量法这两个极端方法采取一种折中的办法,以减少二者的缺陷。这种办法称为**项目融资法**(project funding),即对自主性支出确定时间水平或规定"日落"条款。不确定寿命的计划有时被称为方案,应持续地进行检查以保证它们符合既定的目标。

自主性支出的支持者陈述了他们对于项目建议的要求,包括项目存续期以及在整个寿命周期中每一时期所需的成本。计划者不应批准那些没有确定时间或数量的项目的自主性支出。如果计划者批准某个项目,就意味着他们同意提供计划所要求的支持。延长或修改项目的要求必须单独获得批准。规定"日落"条款的好处在于它能够达到在满足零基法所要求的完备的观察和持续给出合理解释而造成的高成本与增量法的较低的成本间的平衡。

10.9　预算编制过程的管理

应当由谁来管理和监督预算过程？很多组织利用预算小组来协调预算编制过程。预算小组由组织的预算主管领导，有时候是由主计长或首席财务官领导。预算小组通常向预算委员会汇报。预算委员会通常包括首席执行官、首席运营官和高级副总裁。预算委员会的组成说明了预算作为反映并联结组织的战略和目标的计划文件的作用。利用预算委员会的风险在于它可能使其他员工认为预算编制只是高级管理层的事。高级管理层必须采取措施以确保受到预算影响的组织成员不会将预算及预算编制过程视为超出其控制或责任范围的事情。

对传统预算模型的批判与"超预算"方法

本章我们介绍了传统的预算模型。传统方法是20世纪20年代出于成本控制的目的而提出的。随着组织不断发展，变得日益复杂，高级管理层越来越多地依靠预算编制过程来控制多个部门、多样化的产品线和新技术的复杂性，并激励管理人员实现具体的目标。如今大型组织的预算编制过程往往长达一年之久，涉及上千人并且要耗费大量的时间和资源。

批评者们认为传统的预算编制过程被放任得太久了。当市场状况稳定、竞争和持续创新的需要并不像今天这么强烈，消费者也不像现在这么予取予求时，传统模型是能够发挥作用的。批评者们声称传统的预算编制过程是一种拖组织和管理者的后腿的过时的仪式，使得它们无法面对不断变化的环境作出反应。它反映了组织的一种自上而下的方法，这与保持灵活性和针对不断变化的组织环境作出调整的需求是不相符的。此外，它强调的是控制（如满足目标预算），而不是帮助组织实现战略目标。资源分配受管理当局而不是企业战略的驱动，也就是说，驱动传统预算编制的是组织中的政治力量而不是战略需求。

为此，以杰里米·霍普（Jeremy Hope）和罗宾·弗雷泽（Robin Fraser）[①]等人为代表的批评者提出了"超预算"方法。超预算方法与传统的预算编制方法在两个方面存在根本差异。首先，传统的预算是基于将管理者与事先确定的行动联结起来的固定的年度计划。在超预算方法下，则是基于与同僚、竞争对手和关键的全球杠杆基准的富有挑战性的目标来制定标靶。管理者仔细审查这些标靶并在必要时予以修订。因为这些目标代表了与竞争直接联系在一起的指标而不是内部的人造的目标，管理者更有动力实现这些目标。其次，超预算模型提供了更为分权化的管理方式。管理者对于自己的团队负有更大的责任，因为目标与他们的一举一动有着更为直接的联系，因此他们不再只是依靠传统的层级结构和中央集权的管理。这使得每一个人都更有责任感，也更有动力。虽然超预算方法的支持理由很充分，但是很多组织要想转而采用这一方法却面临重重困难，因

[①] J. Hope and R. Fraser, *Beyond Budgeting: How Managers Can Break Free from the Annual Performance Trap*(Boston: Harvard Business School Press, 2003).

为它不仅要求思维的重大转变,而且要求整个组织运转的方式也有根本性的转变。

 10.10　尾声:加利福尼亚州预算危机

2010年9月24日,加利福尼亚州州长阿诺德·施瓦辛格和州立法者达成一致,决定结束191亿美元的赤字,为加利福尼亚州确定预算。这份协议打破了2010年7月1日开始的为期3个月的僵局,其长度已经创了加利福尼亚州历史之最。协议是州长与参议院及州议会的民主党和共和党首领经过长达5个小时的艰难磋商后得出的。参议院的临时主席达雷尔·斯坦伯格(Darrell Steinberg)如释重负地从会议室走了出来。他简单地说:"我们达成了全面的协定。新的预算安排既没有像民主党希望的增税,也没有像共和党希望的削弱福利体系。"已经有学者预测在下一轮预算周期中争执会更加激烈。正如我们可以从这个例子中看到的,预算编制过程的技术层面远比政治和人的行为的影响容易管理。

 10.11　本章小结

本章讨论了组织如何通过预算来计划在预算期间(通常为1年)要完成的事项——针对各项目分配资源,监督实现财务目标的过程。

我们发现存在两种预算方式:描述组织在预算期内计划从事的各种作业活动(例如,雇用员工、采购机器和原材料、生产和分配)的经营预算;描述这些计划作业活动的预计财务结果(特别是现金流和预期利润)的财务预算。

预算编制是准备预算的过程,允许组织评价计划是否可行、是否有潜力实现组织目标。如果使用适当,预算编制能够为实现组织目标而协调作业活动,同时使组织成员融入预算编制过程,从而增加组织成员实现预算目标的意愿。

牛津彩绘艺术公司浮标分部提供了一个预算编制示例,展示了组织如何编制可变成本(如原材料和油漆)以及短期和长期固定成本(如油漆工人和生产设备)的预算。

本章讨论了假设分析。这种基本的操作方法研究当关键假设因素(如员工生产率、原材料成本或价格)变动时,既定活动与财务成果变化情况的模型工具。我们可以看到,假设分析允许决策者决定计划对基本假设的敏感性,这决定了节约计划或增加投资计划的准确性。

本章还讨论了差异分析。它涉及比较实际结果与计划结果的差异,当认为差异很显著时,则调查差异原因。从这个意义上看,差异就像一种警告信号,它显示某些人没有按照预期工作,但是不知道为什么。

本章还以牛津彩绘艺术公司为例讨论了几种不同于传统的预算编制方法的方法。定期预算编制包括针对每个预算期制定一份预算,滚动预算编制则每个月向前滚动这份预算。因此,例如,今年1月份过去后,就要在预算中增加明年1月份的预算。预算期间就这样持续下去。

政府部门经常使用的预算编制方法是增量预算。运用这种方法时,当年的预算是基于对上一年预算的增量调整。例如,要求每个预算单位增加10%的销售或者降低5%的成本。大多数学习预算编制的学生认为这个方法很实用但是缺乏效果,因为它不能识别组织中不同单位面对的不同机会。例如,一个部门的产品可能面临成熟而衰退的市场,维持销量都很困难,根本无法保证销售的增加;而另一个部门的产品则处于一个迅速扩大的市场,增加销售相对容易。要求这两个部门都增加10%的销售没有考虑它们面临的不同市场。

管理人员监督和评价自主性支出(如广告、研发和员工培训)的方法不同于那些与采购、生产和分配作业紧密联系的作业和产出很容易衡量的一般性支出的方法。因为衡量自主性支出的结果非常困难(例如,如何衡量广告对利润的影响),会计人员通常制定与销售相关的预算,进而控制自主性支出。例如,研发支出为销售的5%。正如我们看到的,这种控制方法不能评价支出是否有回报。会计人员还在继续寻找衡量自主性支出所产生收益的方法。

最后,本章讨论了一些关于传统预算编制的抱怨和解决方案。其中包括组织经常盲目地准备预算,然后把绩效与预算绩效联系起来。有些人认为,这种方法制约了组织的弹性和创新(实现预算目标比将资金用于另一个项目的变革要容易得多)。总之,大多数组织继续利用预算编制方法来计划、分配资源和协调组织作业。预算编制存在一些需要继续改进的众所周知的缺陷,例如本章提到的传统预算编制模式。

作业

思考题

10-1 什么是预算?

10-2 与生产能力相关的资源与弹性资源的区别在哪里?

10-3 一个学生正在制订学期开销计划。这属于预算编制吗?为什么?

10-4 为组织制定的预算与家庭预算有何区别?

10-5 什么是生产计划?举一个快递公司的例子。

10-6 经营预算和财务预算的区别是什么?

10-7 劳动力雇用和培训计划是否比一所大学或是地方政府雇用临时工从事非技术性工作更重要?为什么?

10-8 需求预测和销售计划的关系是什么?

10-9 什么是需求预测?为什么它与预算编制有关?

10-10 员工培训计划是否属于自主性支出?为什么?

10-11 资本支出计划的作用是什么?

10-12 请举一个生产能力相关支出的例子。

10-13 大学自助餐厅的食品成本是可变成本还是与生产能力相关的固定成本?请解释。

10-14 原材料总是一种弹性资源吗?为什么?

10-15 什么是信贷额度？它对小型组织有怎样的帮助？

10-16 预算信息的三种广泛应用是什么？

10-17 假设分析和敏感性分析的相同点和不同点是什么？

10-18 什么是差异？汽车仪表板上用于指示油压过低的警告灯与差异有何相似之处？

10-19 实际和预计成本之间差异产生的原因分析对管理者有何帮助？

10-20 什么是弹性预算？

10-21 什么是一阶差异分析、二阶差异分析和三阶差异分析？

10-22 为什么把弹性预算差异分解为价格差异和数量差异是有用的？

10-23 "如果参与工作的有丰富经验的工人多于计划的劳动力标准，那么劳动效率差异可能是有利的，而劳动率差异可能是不利的。"你同意这种观点吗？请解释。

10-24 购买和使用便宜的、质量差的原材料对原材料和人工差异的价格和数量（效率）可能有何影响？

10-25 协调实际销售收入和计划销售收入差异要采取哪两个步骤？

10-26 什么是拨款？举一个学校中的例子。

10-27 什么是定期预算？

10-28 你正在计划新学年的开销。假设本年的开销为上一年的102%。你使用的是哪种预算编制方法？

10-29 你愿意捐款给值得捐赠的组织。然而，你坚信每一项捐款要求都要用其自身的特点去评价。如果你某年一分钱也不捐也不会感觉有什么不妥。你使用的是哪种预算编制方法？

10-30 对传统预算模型的批评有哪些？

10-31 超预算法与传统预算方法的两个主要差别是什么？

练习题

10-32 **预算编制信息** 假设一家公司销售处方药品。它的销售人员到医院拜访医生，努力说服他们开这种药给患者。公司还面向药房销售。销售人员的业绩是以他们所负责的区域内的销售额为基础进行评估的。他们的收入是基本工资加上销量超过计划销售额的奖金。为了对营业活动进行计划，公司需要编制总销售预算。公司应从哪里收集这方面的信息？

10-33 **预算编制和计划** 有些人认为预算主要是用于计划而非控制管理。你认为他们的意思是什么？你是否同意这种观点？请解释。

10-34 **预算编制：大学里的资源类型** 在一所大学里，找出一种你认为在短期是可控的成本并解释原因。找出一种你认为在中期是可控的成本并解释原因。找出一种你认为在长期是可控的成本并解释原因。这种成本结构对于这所大学改变学生需求和录取弹性来说意味着什么？

10-35 **财务预算** 许多经理认为试算财务报表是总预算编制过程中形成的最重要

的产物。请解释这种看法的理由。

10-36 咨询公司：资源的类型 预算编制要求组织找出尽可能多的资源以保证它能在制订计划时配置相应的资源。举例说明为什么对于一家向客户提供咨询服务的公司来说这是有价值的。

10-37 罐头公司：预算编制过程 预算编制要求组织找出潜在的问题，从而在制订计划时避免出现这些问题或是能够系统地解决这些问题。举例说明预算编制在一家收购蔬菜制成罐头的公司可以如何起到这一作用。

10-38 财务预算：现金流 对大多数组织而言，每月现金流入、流出的预算是整个预算过程的一个重要部分。在编制现金预算的过程中，组织必须根据赊销来预测现金流入量。假设为了应付预计的现金短缺，组织决定加快赊销账款的收回。这样做对组织会产生什么影响？

10-39 机械车间：比较财务和经营结果 预算编制要求组织就设定的财务和经营结果与竞争对手进行比较，以总体检验组织经营流程的效率。解释对于一个从事机械加工的机械车间为什么这是有价值的？

10-40 商业企业采购预算 博因顿公司（Boynton Company）销售各种垃圾桶。公司估计4月份将销售40 000个BLX垃圾桶。公司预期4月1日BLX的库存为6 000个，希望4月30日的BLX库存为5 000个。博因顿公司的预算中将在4月份购买多少个BLX？

10-41 制造企业的生产和采购预算 格林公司（Glynn Company）正在编制预算以确定今年第一季度零部件G12的产量以及为生产G12所需采购的树脂的数量。公司希望在每个月月底的库存为下一个月G12的销量的25%。格林公司拥有非常稳定的树脂供应渠道，因此希望每个月月底仅库存下一个月生产所需树脂10%的量。每一个G12需要半磅树脂。G12 1月、2月和3月的预计销量分别为50 000个、60 000个和54 000个。

要求：

(1) 格林公司的预算中，1月和2月将生产多少个零部件G12？

(2) 格林公司的预算中，1月和2月将采购多少磅树脂？

10-42 假设分析 杰瑞公司（Jeren Company）正在考虑用新机器取代现有的切割机，以降低赤字率。两种机器的相关信息如下。

美元

成本项目	现有机器	新机器
每月固定成本	32 000	40 000
每单位可变成本	44	40
每单位销售价格	55	55

要求：

(1) 确定使两种机器的成本相同的以单位数量计算的销售水平。

(2) 确定使新机器能达到10%的销售利润率(利润除以销售额)的以美元计算的销售水平。

10-43 敏感性分析 敏感性分析是所有预算编制活动的重要组成部分。在编制总预算时,你认为哪种估计是最重要的?为什么?

10-44 敏感性分析:成本削减 一所面临赤字的大学将削减各院系8%的资源分配。你认为这是一种正确的编制预算方法吗?为什么?

10-45 差异分析,原材料和人工 下面是曼德勒公司(Mandalay Company)可获得的信息。

实际原材料:	以2.50美元的价格购买12 000磅;已使用10 500磅
直接人工:	1 800小时,12美元/小时
产量:	500
标准原材料:	20磅/单位,2.20美元/磅
直接人工:	工资率为每小时10美元,每单位4小时

要求:
(1) 根据所购买的原材料数量计算原材料价格差异。
(2) 计算原材料数量差异。
(3) 计算直接人工费率差异。
(4) 计算直接人工效率差异。

10-46 差异分析,原材料和人工 菲欧特公司(Pharout Company)采用标准成本系统。工作822是制造500单位的产品P521。公司生产每单位产品P521的标准如下。

	数 量	价 格
直接材料	5盎司	2美元/盎司
直接人工	2小时	10美元/小时

这项工作需要2 800盎司的原材料,价值5 880美元。工作中产生的不利的人工费率差异为250美元,而有利的人工效率差异为100美元。

要求:
(1) 根据实际使用的材料数量确定工作822的直接材料价格差异。
(2) 根据实际使用的材料数量确定工作822的直接材料数量差异。
(3) 根据实际使用的材料数量确定工作822的直接人工工时。
(4) 确定工作822中的实际人工成本。

10-47 差异分析,材料和人工 工作Y 703中每单位产品的标准需求是:5磅原材料,100美元/磅;0.5小时的直接人工,12美元/小时。生产9 000件这种产品实际使用了40 000磅原材料,每磅花费为 .97美元。总共使用了5 000小时直接人工,总价值60 000美元。

要求:
(1) 确定工作Y 703中材料的价格差异。
(2) 确定工作Y 703中材料的数量差异。

(3) 假设该工作所需的原材料是从一个新的供应商那里购买的。你建议继续向该供应商采购吗?为什么?

(4) 确定工作 Y 703 中直接人工的费率差异。

(5) 确定工作 Y 703 中直接人工的效率差异。

10-48　材料的标准成本与实际成本　产品 P13 的生产流水线需要 1 单位的 X 元素、2 单位的 Y 元素、3 单位的 Z 元素。工作 J372 生产 220 件产品 P13。下面是按照各元素给出的有关该产品材料差异的信息。

	元素		
	X	Y	Z
价格差异	160U	120F	192U
数量差异	168U	100U	84F

相对于标准价格来说,X,Y,Z 三种要素每单位的实际价格分别略高于 0.30 美元、略低于 0.20 美元和略高于 0.50 美元。

要求:

(1) 确定单位产品消耗的每种元素的数量。

(2) 确定每单位元素的标准价格。

10-49　总预算和弹性预算　某组织计划以 25 000 件为一个批次生产某种产品,计划产量为 1 000 000 件,实际产量为 1 125 000 件。计划的批次数量(总预算)为多少?批次的弹性预算数量又是多少?

综合题

10-50　经营预算:生产计划　鲍德斯制造公司(Borders Manufacturing)正在将销售和生产计划作为总预算编制过程的一部分。下面是来年每月发生的预计销量。

鲍德斯制造公司预计月度销量

月份	销量	月份	销量
1	8 742	8	2 768
2	9 415	9	2 768
3	7 120	10	2 283
4	8 181	11	1 542
5	7 942	12	1 980
6	9 681	1	8 725
7	2 511		

每月的产量等于当月销量的一半加上预计的下月销量的一半。为鲍德斯制造公司编制来年的生产计划。

10-51　经营预算:劳动力雇用和生产计划　米拉·韦斯特种植公司(Mira Vista Planters)为大型造纸公司提供重新绿化服务。每个月每签订 1 万棵树的种植合约就要雇一名植树人。新员工在有需求的当月第一天被雇用。每名员工被正式雇用之前都要接受为期1周的评估和培训，此后才能正式工作，因此员工在被雇用的当月的4周中仅工作3周。参加培训的每5名预备员工中将有3人被认为是适合雇用的。当工作减少时，员工会在当月的第一天被解雇。每名被解雇的员工会得到相当于1周工资的辞退费（平均为400美元），而无论解雇行为会持续多久。被解雇员工不可避免地会流失，因此必须对新雇用人员进行培训。

公司收到了如下所示的来年的植树合同。每月的合同是在接受或反对的基础上订立的，即如果接受了该月的合同，就必须足额完成。部分完成是不被允许的。每种一棵树的收入为0.20美元。

米拉·韦斯特种植公司每月的植树合同

月份	植树量/棵	月份	植树量/棵
1	8 692	7	1 286 700
2	5 765	8	895 449
3	8 134	9	733 094
4	34 400	10	203 525
5	558 729	11	29 410
6	832 251	12	9 827

为来年编制一份劳动力计划，并针对每个月回答下列问题：

（1）你认为公司应该接受还是拒绝提议的种植合同？

（2）应雇用多少人进行培训（请注意在受训的1周内，该员工是不能参与工作的，而且5名受训员工中只有3人最终可以被雇用）？

（3）有多少人会被辞退？假设公司在1月1日有2名经过培训的员工。

10-52　经营预算：劳动力雇用计划　斯特斯菲尔德汽车旅馆（Strathfield Motel）正在制订下一个旅游季节的营业计划。这家旅馆有60个房间，下表显示了每季12周旅游季节的期望日出租平均数。

斯特斯菲尔德汽车旅馆每日出租量平均数

周	平均出租量	周	平均出租量
1	46	7	55
2	48	8	55
3	54	9	50
4	60	10	45
5	60	11	37
6	60	12	30

这家旅馆以每周为基准雇用工人，每个工人每天可以清扫15个房间，员工必须以每人每周400美元的工资签订一周的合同。因为旅馆处于一个中等城市，这里有充足的受过培训的人员可供短期雇用。

这家旅馆自己并没有床单、毛巾等用具，而是从附近城市的租赁公司租用。租赁合同必须以4周为一个周期确定一次,而且要租用固定数量的床单、毛巾,因此这家旅馆必须为12周的旅游季节签订3份合同。合同规定每个房间每晚毛巾等用具的租金为3美元。

要求:

按下列要求编制一份旅馆的周预算:

(1) 需雇用的清洁工人人数;

(2) 要租赁的床单和毛巾数量。

10-53 财务预算:费用预算 在学年中,康宝树学校(Homebush School)乐队在许多场合举办演出活动。因为只有一部分旅行费用可由音乐会入场费弥补,乐队要通过洗车等方式在当地社区筹集资金以支付日常开支。

为了预测来年的开支,乐队经理预计了每学年从9月到次年5月要举办的演出次数。经理估计每次演出的住宿费用为900美元、食物费用为480美元、租车费用为600美元、其他费用为200美元。

下表列示了预计来年要举办的演出场次分布。

康宝树学校乐队计划举办的演出

月份	计划举办的演出次数	月份	计划举办的演出次数
9	3	2	4
10	4	3	2
11	5	4	5
12	8	5	7
1	3		

编制一份月度计划以预测乐队的旅行费用。

10-54 财务预算:现金流 沃辛顿公司(Worthington Company)从事现金销售(总销售额的20%)、信用卡销售(占总销售额的50%)和赊销(占销售额的30%)。信用卡销售是扣除3%的信用卡手续费后在销售的第二个月收回的。也就是说,如果销售额为100美元,那么信用卡公司收取3美元手续费,沃辛顿公司得到97美元,贷款销售的回收方式是销售后第一个月收回40%,第二个月50%,第三个月8%,有2%将永远无法收回。

下表给出了下一年度的预计销售额。

沃辛顿公司预计销售额

月份	销售额/美元	月份	销售额/美元
1	12 369 348	7	21 747 839
2	15 936 293	8	14 908 534
3	13 294 309	9	11 984 398
4	19 373 689	10	18 894 535
5	20 957 566	11	21 983 545
6	18 874 717	12	20 408 367

编制每月来自上述销售的现金流量表。

10-55 经营预算:原料采购计划 梅斯菲尔德乳品公司(Masefield Dairy)正在编制

第 3 季度(7 月、8 月和 9 月)的冰激凌产品预算。该公司生产 5 种品牌的冰激凌,每一种使用不同的混合原料。公司的供应商只有在提前两个月获得通知的情况下才能准时将原料送到。下表给出了各品牌冰激凌单位需求的每种原料的数量。

梅斯菲尔德乳品公司需要的原料

原料	产品				
	A	B	C	D	E
原料 1	1	2	1	1	1
原料 2	2	0	3	1	4
原料 3	0	1	2	4	0
原料 4	1	3	0	2	2
原料 5	0	2	1	0	2
原料 6	3	1	2	0	1

下表给出了第 3 季度每月每种产品的预计销量。

梅斯菲尔德乳品公司预计销量

产品	7 月	8 月	9 月
A	194 675	162 033	129 857
B	104 856	98 375	76 495
C	209 855	194 575	170 654
D	97 576	75 766	55 966
E	47 867	39 575	20 958

编制各种冰激凌原料每月的采购预算。

10-56 财务预算:工资和费用预算 纳撒尼尔汽修店(Nathaniel's Motor Shop)主要从事各种汽车发动机的维修工作。该店的主要成本是修理技工的工资。汽修店雇用了 9 名修理技工,每人每周工作 40 小时,工资为 750 美元。每天工作 8 小时,一周工作 5 天。员工实际每天工作 7 小时,另外 1 小时是休息时间。他们都有较高的技术水平,是店主所珍视的员工,因此无论是否有任务,他们都可以获得薪水。他们超时工作 1 小时或不足 1 小时都能得到 30 美元的额外收入。

在汽修行业,估计在这种汽修店每机器小时的实际工作中,员工将消耗 25 美元的可变支持材料,如润滑油、工具配件和电力。

汽修店预计今后 10 周的工作情况如下。

纳撒尼尔汽车公司预计工作时间

周	工作小时	周	工作小时
1	255	6	280
2	330	7	260
3	300	8	300
4	285	9	340
5	325	10	355

编制技工工资和可变支持成本的周预算。

10-57 财务预算：现金流出 乡村俱乐部公路养护公司（Country Club Road Nurseries）从事种植和销售业务。种植业务在每年1月到10月比较活跃。1月是盆栽设备的准备期。盆栽和播种工作在2月完成。3月和4月对这些植物进行培育、浇水和施肥。5月和6月是销售高峰时期。7月到9月这三个月是上门为顾客提供建议并解决问题的高峰期。10月，设备和房屋将被封存过冬。11月和12月，正式员工将享受带薪假期，公司暂停营业。

公司雇有15名正式员工，并根据季节需要最多雇用20名兼职工人。正式员工每月工作160小时，工资为2 700美元。

兼职员工的每小时工资是10美元。因为公司依靠当地学生做兼职工作，所以随时能够雇用受过培训的人。全职员工和兼职员工的工作时间比例是：1月，5∶1；2月，5∶1；3月，3∶1；4月，3∶1；5月，1∶1；6月，1∶1；7月，1∶1；8月，1∶1；9月，2∶1；10月，4∶1。因为兼职员工主要从事搬运和销售活动，所以他们的工作几乎不产生额外的费用。

除工资以外的与经营有关的固定成本每月约为55 000美元。经营中的成本动因是全职员工从事的工作。这些成本动因与全职员工的工作时间成比例。可变成本则取决于季节并反映了该季节员工的普遍工作情况。每个员工每小时的平均可变成本是：1月15美元；2月15美元；3月15美元；4月15美元；5月5美元；6月5美元；7月20美元；8月20美元；9月20美元；10月10美元。这些可变成本包括支持材料（如电力和水）以及直接材料（如土壤和盆罐）。假设所有费用都在发生的当月支付。

根据上述信息，确定来年的现金流出。

10-58 预算现金流和损益表 TEE公司是一家仅销售一种产品的商业企业。9月，TEE公司收集了如下信息，并准备为10月编制预算。单价32美元时预期的销量为40 000单位。商品采购成本预计为每单位20美元。预计销售和管理费用为350 000美元，其中20 000美元是折旧。10月1日的现金余额预计为40 000美元。

TEE公司预计每个月的销售收入在销售当月可以收回70%，其余30%将在销售次月收回。预计9月的销售收入为1 000 000美元。TEE公司在采购当月支付20%的货款，在采购次月支付其余80%的货款。预计9月的采购额为880 000美元，采购成本为每单位20美元。其他所有零星开支都是用现金支付的。

要求：

（1）TEE公司计划在10月采购38 000单位的商品。为TEE公司编制10月的现金预算或者是预计的现金流量表。

（2）为TEE公司编制截至10月31日的月度预算损益表（出于外部报告的目的）。

10-59 总预算 亚当斯公司（Adams Company）是一家只出售一种产品的商业企业，估计12月将以60美元的单价销售12 000单位的产品。公司为12月的预算准备了如下所示的其他信息：

12月1日存货	2 000 单位
12月31日预计存货	3 000 单位
单位存货的采购成本	40 美元
销售和管理费用	200 000 美元
12月1日现金余额	30 000 美元
11月销售额	600 000 美元

公司预计60%的货款在当月收回,其余40%的货款在销售的次月收回。
- 200 000美元的销售和管理费用包括40 000美元的折旧。
- 公司在购买当月支付一半的商品采购费用,其余一半在购买的次月支付。预计11月商品采购费用是340 000美元。
- 其他零星开支用现金支付。

要求:

(1) 亚当斯公司12月的预算中需要采购多少单位存货?采购存货的预算金额是多少?

(2) 为亚当斯公司编制一份12月的预计损益表。

(3) 为亚当斯公司编制一份12月的预计现金流量表。

10-60 经营预算:员工雇用计划 沙迪赛德保险公司(Shadyside Insurance Company)为客户提供一项医疗保险计划。客户公司的员工提交医疗费用的报销申请。保险公司处理这些申请,检查其是否符合赔偿政策、索赔者是否已达到所涵盖的界限,计算所有抵扣项,并签发一张支票给索赔人作为报销款。

在申请处理部门有3类员工:主管、高级员工和初级员工。主管的工资为每年42 000美元,高级员工的工资为每年37 000美元,而初级员工的工资为每年32 000美元。每年每处理150 000件申请,公司计划雇用1名主管、2名高级员工和6名初级员工。

去年,公司处理了200万件医疗费用报销申请,雇用了14名主管、30名高级员工和83名初级员工。

要求:

(1) 计算与申请处理人员相关的超支成本或节约成本。

(2) 你如何解释这一结果?如果要你对员工的申请处理效率做出判断,你还需要什么信息?

10-61 预算利润,假设分析 蒙特罗制造公司(Monteiro Manufacturing)生产和销售折叠伞,公司2011年的简要损益表如下。

公司的预算委员会预计2012年会有如下变化:
- 销量增长30%;
- 每把伞的原材料成本增长20%;
- 每把伞的直接人工增长15%;
- 每把伞的间接可变成本增长10%;
- 与生产能力相关的间接成本增长5%;

损益项目		金 额	美元
销售收入(200 000 把)			1 000 000
销售成本			600 000
毛利			400 000
销售费用	150 000		
管理费用	100 000		250 000
净利润(税前)			150 000

- 由于销量增长而带来销售费用上升8%;
- 管理费用上涨6%,这反映了预计工资和供货价格水平将上升。

仅由销售增加引起的管理费用变动被视为不重要的。

由于存货量基本保持不变,预算委员会认为在编制预算时,存货价值的变动可以被忽略。2011年生产一把成品伞的成本构成是:原材料、直接人工和制造费用的比例为3∶2∶1。2011年,40 000美元制造支持成本被归为与生产能力相关的成本。2012年仍将采用相同的生产方法和信用政策。

要求:

(1) 计算2012年公司为获得200 000美元的预算收益,产品的销售单价应是多少。

(2) 公司的销售经理不愿提高售价,他想知道在原价格的基础上为了获得200 000美元的预算利润必须出售多少把伞。计算为获得200 000美元的利润在原价格基础上的销量。

(3) 公司的一名董事认为估计的销量增长前景有些过于乐观,他想知道如果采取(1)中的销售价格,而销量仅增长10%,年利润大约是多少。计算这种情形下的预算利润。

10-62 盈亏平衡分析,假设分析 赫谢尔糖果公司(Herschel Candy Company)只生产一种产品——杏仁巧克力,售价为每块0.40美元。每块巧克力的变动成本(糖、巧克力、杏仁、包装纸和人工)为0.25美元。每月的固定成本为60 000美元。上个月,这种产品的销量为10万块。然而,公司总裁并不满足这个业绩,正在考虑采取下列措施来增加公司赢利:

(1) 增加广告支出;
(2) 提高产品原料质量,同时提高售价;
(3) 提高售价但不改变原料。

要求:

(1) 销售经理相信密集的广告宣传可以使销量增加一倍。如果公司总裁的目标是使本月净利润比上月提高50%,那么为使销量增加一倍,最多可以在广告上投入多少资金?

(2) 假设公司采取提高原料质量的策略,那么每块巧克力的可变成本将上涨0.30美元。销售价格必须相应增加多少才能保证盈亏平衡?

(3) 假设公司决定将单位售价提升0.50美元而不改变原料或增加广告支出。计算在这种情况下,要实现与上月相同的利润,需要销售的数量。

10-63 盈亏平衡点，假设分析 普瑞米尔产品公司（Premier Products, Inc.）正在考虑用一台更快的机器取代现有的机器，以生产更可靠的产品并在更短的时间里满足客户的订单。这个变动预计会提高售价和固定成本，但不会提高可变成本。

美元

成本项目	旧机器	新机器
每月固定成本	120 000	250 000
每单位可变成本	14	14
每单位售价	18	20

要求：
(1) 计算两台机器的盈亏平衡点的销量。
(2) 计算使用新机器可达到 10% 的销售利润率（利润占销售额的 10%）的销量。
(3) 计算使用两台机器的利润相同的销售水平。
(4) 哪台机器的亏损风险较低？请解释。
(5) 计算使两台机器销售利润率相同的销量。

10-64 假设分析 天纳克公司（Tenneco, Inc.）生产三种网球拍：标准型、豪华型和专业型。

2011 年的销售和成本资料如下：

项 目	标准型	豪华型	专业型
销量/单位	100 000	50 000	50 000
每单位售价/美元	30	40	50
每单位可变制造成本/美元	17	20	25

固定的制造支持成本为 800 000 美元，固定的销售和管理成本为 400 000 美元。公司支付给销售代表的佣金相当于售出的球拍价格的 10%。

要求：
(1) 如果豪华型球拍的价格降低 10%，其销量预计将增加 30%，但由于降价后一些潜在的标准型球拍购买者可能转而购买豪华型，所以会导致标准型球拍的销量下降 5%。这项决策将对公司的利润产生什么影响？
(2) 假设公司决定增加 50 000 美元的广告费用，而不是降低豪华型球拍的价格。预计这将使三种球拍的销量各提高 2%。这项决策是否可行？
(3) 销售佣金的规定促使销售人员努力推销价格更高的产品。这合乎公司的最大利益吗？

10-65 盈亏平衡点，假设分析 下列信息是托瑞西克公司（Torasic Company）2011 年 6 月的预算损益表：

	美元
损益项目	金 额
销售收入(1 200 单位×250 美元)	300 000
可变成本	150 000
毛利	150 000
固定成本	200 000
净亏损	(50 000)

要求：

(1) 确定使公司达到盈亏平衡点的销量和价格。

(2) 销售经理认为每月增加 22 500 美元的广告支出将大幅提升销量。广告支出的增加必须带来多少销量增长才能证明这笔支出是合理的？

(3) 销售经理相信在每月增加 22 500 美元广告支出的同时将售价降低 10% 可以使销量增加一倍。计算采取这一措施后的净利润(或损失)。

10-66 盈亏平衡点，假设分析 航空花生公司(Air Peanut)生产袋装烤花生并销售给航空公司，每 100 袋花生的价格和成本如下。

		美元
价格与成本	金 额	备 注
销售价格	35.00	预计年销量=11 535 700 袋
可变成本		
原料	16.00	
直接人工	7.00	
制造费用	4.00	
销售费用	1.60	
每 100 袋可变成本	28.60	
年固定成本		
制造费用	192 000	
销售和管理费用	276 000	
总固定成本	468 000	

要求：

(1) 确定航空花生公司的盈亏平衡点。

(2) 公司要销售多少袋花生才能赚到 156 000 美元？

(3) 公司预计下一年度直接人工成本将上升 5%，如果售价不变，公司要销售多少产品才能保持盈亏平衡？

(4) 如果公司直接人工费用上升 5%，为保持同样的毛利率，售价必须为多少？

10-67 计划和弹性预算差异 唐氏公司(Tang Company)4 月份的生产绩效报告包括如下所示的信息。针对表中的项目编制一份弹性预算，并计算每个项目的弹性预算的成本差异和计划成本差异。指出每个项目的差异是有利的还是不利的。

	实际值	主预算
数量	80 000	90 000
制造成本/美元		
直接材料成本/美元	550 000	630 000
直接人工成本/美元	225 000	247 500
固定的制造支持成本/美元	400 000	420 000
总计/美元	1 175 000	1 297 500

10-68 差异分析 沙尔丹哈体育用品公司(Saldanha Sports Company)位于南卡罗来纳州萨德伯里的工厂在足球生产方面有如下标准。

标准:	
每个足球所用的材料(皮革)	0.25 码
每码材料的价格	16 美元
每个足球所需的直接人工工时	0.20 小时
每个直接人工每小时的工资率	10 美元/小时
可变支持成本率	15 美元/小时

10 月份的实际结果
  使用了 13 000 码原材料,价值 205 150 美元
  按 9.50 美元/小时支付了 8 240 小时的直接人工
  发生了 131 840 美元的可变支持成本
  生产了 40 000 个足球

要求:
确定 10 月份的差异:
(1) 直接材料总成本差异;
(2) 直接人工总成本差异;
(3) 总变动支持成本差异;
(4) 直接材料价格差异;
(5) 直接材料数量差异;
(6) 直接人工费率差异;
(7) 直接人工效率差异;
(8) 变动支持费率差异;
(9) 变动支持效率差异。

10-69 差异分析 英格哈特电子公司(Englehart Electronics Company)设在威斯康星州密尔沃基的北极星工厂为 C93 部件设置了如下标准。

标准:	
材料	2 单位材料 B
材料价格	材料 B:10 美元/单位
直接人工	1 小时

		续表
工资率		直接人工：10 美元/小时
可变支持成本率		直接人工：25 美元/小时
5 月份的实际结果		
使用了 4 200 单位材料 B，9.75 美元/单位		
支付了 2 000 小时直接人工，11 美元/小时		
发生的可变支持成本为 48 000 美元		
生产了 2 000 单位的 C93 部件		

要求：

确定 5 月份：

（1）直接材料总成本差异；

（2）直接人工总成本差异；

（3）总可变支持成本差异；

（4）直接材料价格差异；

（5）直接材料数量差异；

（6）直接人工费率差异；

（7）直接人工效率差异；

（8）变动支持费率差异；

（9）变动支持效率差异。

10-70 标准和实际成本 下面两种工作会生产两种不同的产品，填充(a)到(h)的缺失项目。

项目	工作 321	工作 322
生产数量	200	(e)
每单位的标准		
材料数量	5 磅	(f)
材料价格	2 美元/磅	3 美元/磅
人工工时/小时	2	3
人工工资率/（美元/小时）	15	12
实际消耗		
材料数量	(a)	1 000 磅
材料成本	2 000 美元	(g)
人工工时	(b)	(h)
人工成本	(c)	5 800 美元
差异		
材料数量	(d)	100 美元 F
材料价格	50 美元 U	500 美元 U
人工工时	100 美元 F	60 美元 U
人工工资率	60 美元 U	200 美元 F

10-71 差异分析，材料和人工 里雅斯特玩具公司（Trieste Toy Company）只生产

一种产品——机器人兰格(Ranger)。公司采用标准成本体系,对机器人兰格有如下标准。

	标准数量	标准价格	标准成本
直接材料	3.0磅	12美元/磅	36美元
直接人工	1.2小时	15美元/小时	18美元

11月份,公司报告了下列作业:

(1) 公司生产了6 000个玩具。

(2) 使用21 000磅材料,成本为241 500美元。

(3) 公司雇用了40名员工生产机器人兰格。工人平均工作了160小时,平均工资是16美元/小时。

公司管理者希望确定与机器人兰格生产相关的作业效率。

要求:

(1) 计算直接材料价格差异和直接材料数量差异。

(2) 直接材料从一家新供应商处购买,新供应商希望签订长期购买合同。你建议公司签订这种合同吗?请解释。

(3) 对于生产机器人兰格雇用的直接人工,计算直接人工费率差异和直接人工效率差异。

(4) 过去,40名生产机器人兰格的员工中有16名熟练工人和24名非熟练助手。11月公司试着用了20名熟练工人和20名非熟练助手。你建议公司继续这种新的人工组合吗?请解释。

10-72 差异分析,医院(摘自 CMA,1989年6月) 山景医院(Mountain View Hospital)采用了一套标准成本核算系统来评估和控制护理工作。医院使用美国政府为医疗保险偿还而开发的诊断分类系统(DRGs)作为标准成本系统中的产出指标。一个DRG就是一项对患者进行分类的计划。它把医院看作一个产品多元化的公司,患者的治疗过程按照患者的治疗数量和种类进行分类。山景医院开发了一种为每个DRG分类治疗的标准护理时间体系,同时假定在一个时间段内,护理时间随着DRG治疗数量的变化而变化。

位于医院4楼的护理部使用4类DRG。这个部门的护士包括注册护士(RNs)、注册实习护士(LPNs)和助手。标准护理时间和工资率如下。

4楼护理部的标准时间

DRG 类别	注册护士	注册实习护士	助手
1	6	4	5
2	26	16	10
3	10	5	4
4	12	7	10

	标准小时工资率/(美元/小时)
注册护士	12
注册实习护士	8
助手	6

4 楼护理部 5 月的运营结果如下。

	患者的实际人数
DRG1	250
DRG2	90
DRG3	240
DRG4	140
	720

	注册护士	注册实习护士	助手
实际工时/小时	8 150	4 300	4 400
实际工资/美元	100 245	35 260	25 300
实际小时工资/(美元/小时)	12.30	8.20	5.75

山景医院的会计师为 4 楼护理部 5 月份的标准时间作了如下计算。

DRG 分类	患者人数/人	标准时间/DRG			总的标准时间		
		注册护士	注册实习护士	助手	注册护士	注册实习护士	助手
1	250	6	4	5	1 500	1 000	1 250
2	90	26	16	10	2 340	1 440	900
3	240	10	5	4	2 400	1 200	960
4	140	12	7	10	1 680	980	1 400
					7 920	4 620	4 510

医院通过人工分类(注册护士、注册实习护士和助手)计算每个报告期的人工差异。这种差异被护士长和医院管理层用来评价护理工作的绩效。

要求：

计算 5 月份山景医院 4 楼护理部的总的人工差异,指出各类护理工作中下列差异的大小：

(1) 人工效率；

(2) 工资差异。

10-73 差异分析 位于科罗拉多州丹佛市的美国阿萨伊公司(Asahi USA,Inc.)是一家制造专业工具的日本公司的子公司。美国阿萨伊公司采用的是标准成本系统。下面列出了公司的一种产品 KJ79 工具的标准。生产这种工具需要特殊的含铬钢铁作为直接材料。

	标准数量	标准价格	标准成本/美元
直接材料	8 磅	18 美元/磅	144
直接人工	2.5 小时	8 美元/小时	20
			164

11 月份,美国阿萨伊公司开始生产并制成了 KJX86,生产了 1 900 件 KJ79 工具。它以 270 750 美元的总成本购买并使用了 14 250 磅含铬钢铁。总的直接人工工资为 37 800 美元。KJX86 的生产共需 5 000 直接工时。

要求:

(1) 对于 KJX86 的生产工作,计算下列差异,并指出它们是有利的还是不利的:

① 直接材料成本差异;

② 直接材料使用差异;

③ 直接人工工资差异;

④ 直接人工效率差异。

(2) 给出这些差异的合理解释。

10-74 差异分析 极品面包店销售几种松饼和烤饼,同时出售胡萝卜面包卷心球。2 月份的计划价格和销售数量如下。

2 月份的计划销量

	松饼	烤饼	胡萝卜面包	总计
单价/美元	1.35	1.75	2.75	
销量/个	1 600	3 400	1 000	6 000
销售收入/美元	2 160	5 950	2 750	10 860

2 月份实际结果如下。

2 月份的实际销量

	松饼	烤饼	胡萝卜面包	总计
单价/美元	1.55	1.60	3.25	
销量/个	1 400	4 500	1 300	7 200
销售收入/美元	2 170	7 200	4 225	13 595

店主想知道价格和销量的变化在计划与实际销售收入之间 2 735 美元的差异中的影响。

要求:

(1) 计算每种产品线的销售组合差异,解释每种差异的含义。

(2) 计算每种产品线的销售数量差异,解释每种差异的含义。

(3) 计算每种产品线的销售价格差异,解释每种差异的含义。

10-75 差异和激励 讨论财务控制中关注差异对人们行为可能产生的影响。

案例

10-76 多种产品的预算编制、盈亏平衡点和假设分析 （改编自 CPA，1993 年 5 月刊） 下面是罗斯特制造公司(Rust Manufacturing) 2011 年 12 月 31 日的预算信息。

预算项目	产品 Ace	产品 Bell	总成本/美元
预算销量/单位	200 000	100 000	
每单位产品售价/美元	40	20	
每单位直接材料成本/美元	8	3	
每单位直接工时/小时	2	1	
折旧			200 000
租金			130 000
其他制造成本			500 000
销售成本			180 000
管理成本			40 000

同时给出了下列信息：

（1）公司期初没有存货。计划产量与销量相同。
（2）直接人工成本为 5 美元/小时。
（3）折旧和租赁成本在一定产量水平内为固定成本。如果产品超过现有生产能力，则会因需要额外的机器和厂房而发生追加成本。
（4）公司将折旧归因于机器使用量，而将租金归因于厂房。预算使用情况如下。

%

折旧项目	机器	厂房
Ace	70	30
Bell	60	40

（5）其他制造支持成本包括可变成本(等于直接人工的 10%)以及各种固定成本。尽管支持成本会因某种产品停产而避免发生，但各种固定的制造支持成本并不取决于生产水平。其他制造支持成本根据预算直接人工的一定比例在 Ace 和 Bell 两种产品间分配。
（6）公司的销售和管理成本在中期是固定的。
（7）公司根据两种产品销量分配销售成本。
（8）公司根据销售收入分配管理成本。

要求：

（1）编制一张表，将 Ace 和 Bell 两种产品分两栏列示，显示 2011 年 12 月 31 日的预计销售额、可变成本、毛利、固定成本和税前营业利润。
（2）计算 Ace 和 Bell 两种产品的每单位毛利和税前营业利润。
（3）计算每种产品的销量和产量降低 10% 对税前营业利润的影响。
（4）上述分析方法会出什么问题？

10-77 工时的投入与消耗 斯蒂尔麦克斯公司(Steelmax, Inc.)在芝加哥的大都市区销售办公家具。为了更好地服务于企业客户,斯蒂尔麦克斯公司最近推出了新的当天服务措施。每天下午2点前接到的订单均将在当天送货。

斯蒂尔麦克斯公司雇用了5名工人,他们每天工作8小时来运送办公家具。每次送货平均耗时30分钟。如果在某些日子里,客户订单的数量超过了送货能力,工人们会被要求加班以确保所有的客户订单都能在当天送货。正常工资是12美元/小时。加班工资除了正常工资外,还包括50%的加班费。

斯蒂尔麦克斯公司的管理层注意到在过去3个月间,客户订单的数量在不同的日子里有明显的波动,如下表所示。

每周的具体日子	平均订单数
周一	65
周二	70
周三	80
周四	85
周五	95

斯蒂尔麦克斯公司决定采取更为灵活的聘用方案。它将周一和周二的送货工人人数减少到4个,将周五的送货工人人数增加到6个。

要求:

(1) 计算在旧的聘用方案下,当每日的客户订单数量分别为70个、80个和90个时,每日的送货总成本和单位送货成本。

(2) 分别计算在新的聘用方案和旧的聘用方案下,每周的每一个具体日子中,预期的每日送货总成本、每一个客户订单的预期送货成本。在新的富有弹性的聘用方案下,每周预计可节省多少成本?

10-78 预算编制:全局性问题 贾德复制品公司(Judd's Reproductions)生产古董桌椅的复制品并通过三种渠道销售。生产线由两种款式的桌子、三种款式的橱柜和两种款式的椅子组成。尽管客户经常要求公司的所有者兼经理贾德·莫利纳里(Judd Molinari)生产其他产品,但他并不打算拓展生产线。

公司的计划部门为每个财政年度编制总预算,公司的财政年度与日历年度一致。现在是2011年12月,计划者正在编制2012年的总预算。

椅子、桌子和橱柜的单价分别为200美元、900美元和1 800美元,客户可以:①通过支付现金享受5%的折扣;②通过信用卡支付(信用卡公司将提取销售收入的3%作为手续费,并免除销售发生次月的销售差额的费用);③赊销(只限出口时)。现金、信用卡和出口销售的比例分别为25%、35%和40%。对出口商的赊销方式下,公司在销售的次月收回30%的账款,第3个月收回50%的账款,第4个月收回17%的账款,其余3%将无法收回。公司在销售当月对现金折扣费用、信用卡手续费和坏账进行确认。

公司共有40名员工,在下列部门工作:15名在管理、销售和运输部门;2名在制造监管部门(主管和1名进度表编制者);9名在制造装配和组装部门(木工);14名在制造、磨光和其他部门（助手、清洁工和维护人员）。

木匠制作和组装一把椅子、一张桌子和一个橱柜分别需要 0.4 小时、2.5 小时和 6 小时。生产人事部门对生产进行管理，使得每个木匠每小时的工作需要 1.5 小时的帮工。因此，生产计划者使每个木匠获得的帮工比率维持在 1.5 小时。公司支付给木匠和帮工的工资分别为 24 美元/小时和 14 美元/小时（包括所有的福利）。

公司保证无论实际完成了多少小时的工作，每月都至少支付 172 小时的员工工资。当员工没有做自己的日常工作时，他们会从事维修、培训、社区服务和客户关系等活动。公司按周支付员工的工资。如果员工当月的工作时间少于或等于 172 小时，公司按每小时工资率乘以 172 来支付工资。如果员工当月的工作时间超过 172 小时，超出部分将按照普通工资率的 150% 计算。如果当月计划超时工作的时间超过现有员工总正常工作时间的 5%，生产计划者将雇用更多的员工。公司的政策是不解雇员工。雇用工作在每月的第一天完成。

公司租用一间改装过的仓库作为厂房，租金为每年 600 000 美元。公司每年 1 月 1 日起按季度支付租金。公司每月还支付其他与生产能力相关的成本，其中包括生产监督人员的工资，每年 480 000 美元，按月平均支付。

公司的资本投资政策是每年 1 月和 7 月为每名当月在职的木匠购买价值 5 000 美元的机械和设备。公司在年底对机械和设备账户提取 10% 的折旧。通过对成本动因的统计研究确定供给、可变制造成本和维护成本随木匠工时而变动，分别为每小时 5 美元、20 美元和 15 美元。

生产椅子、桌子和橱柜的木料分别需要 1、8 和 15 单位，每单位木料成本是 30 美元，公司的存货政策是保证当月要销售的数量。两家供应商为公司提供所需的原料和其他用料。公司在收到账单时支付所有原料、其他用料、可变制造成本和维护项目成本。

每年的管理人员工资、与生产能力相关的销售成本和计划广告支出分别为 300 000 美元、360 000 美元和 600 000 美元。公司将这些成本按月分摊。包装和运输椅子、桌子和橱柜的成本分别为 15 美元、65 美元和 135 美元。可变销售成本为商品标价的 6%。公司在包装、运输和可变销售成本发生时支付。

为了利用信贷额度，公司必须保证账户余额不低于 50 000 美元。所有与信贷额度有关的交易都要在每月第一天进行。银行对公司的信贷额度交易余额每年收取 10% 的利息。公司在每月的第一天为当日超过上月月底的贷款余额按比例支付利息。每月第一天，银行对公司现金账户上月末超过 50 000 美元的账户余额按 3% 的年利率支付利息。

2011 年 10 月和 11 月实现的销售以及 12 月的预期销售如下：

贾德复制品公司 2011 年销售量　　　　　　　　　　　　个

项目	10 月	11 月	12 月
椅子	900	975	950
桌子	175	188	201
橱柜	90	102	95

销售人员预测 2012 年的市场需求为：椅子，1 000 加上 0～50 间的任意数，再加上上月椅子销量的 15%；桌子，200 加上 0～20 间的任意数再加上上月销量的 15%；橱柜，100 加上 0～10 间的任意数再加上上月销量的 15%。根据这一预测结果，公司得出了如下所示的需求预测和销售计划。

贾德复制品公司 2012 年的预计销售量　　　　　　　　　　　　　　　　　个

月份	椅子	桌子	橱柜
1	1 020	200	109
2	1 191	237	120
3	1 179	243	119
4	1 195	250	126
5	1 200	252	122
6	1 204	255	125
7	1 194	242	123
8	1 199	253	121
9	1 222	243	127
10	1 219	248	126
11	1 207	244	126
12	1 192	255	119

计划者预计公司 2012 年 1 月 1 日公司的资产负债表如下所示。

贾德复制品公司 2012 年 1 月 1 日的预计资产负债表　　　　　　　　　　美元

现金	50 000	银行贷款	0
应收账款	575 008		
机械设备（账面净值）	360 000	股东权益	985 008
合计	985 008	总计	985 008

要求：

(1) 编制截至 2012 年 12 月 31 日的销售预测、员工计划、生产计划、现金流量表、试算损益表和 2012 年 12 月 31 日的试算资产负债表。

(2) 公司的主计长非常关注坏账水平。如果公司坚持要求出口商以现金方式支付货款并给予现金折扣，销售部门估计出口商的总销量 2012 年会下降 5%（2011 年不会受到影响）。根据这一变化对赢利的影响，该措施是否可行？（将预计销量近似为最接近的整数。）

(3) 忽略(2)中的变化回到初始例子中的数据，销售部门考虑将广告预算从 600 000 美元提高到 900 000 美元，并将售价下调 5%，这将使 2012 年的销量提高 30%（2011 年销量不变）。根据这一变化对赢利的影响，该措施是否可行？（将预计销量近似为最接近的整数。）

(4) 除了赢利性以外还有其他标准可用来评价(2)、(3)两题中变化的可行性吗？如果有，是什么标准？为什么它很重要？如果没有，为什么赢利性是唯一的相关标准？

10-79 差异分析和成本分析 彼得伯勒食品公司(Peterborough Food)生产多种谷物类的早餐食品。公司生产的克拉纳拉(granola)产品占据了最重要的产品线中的两条。

因为生产克拉纳拉的工序非常复杂,生产该产品的区域与其他部门分隔开来,形成了一个单独的成本中心。表10-25给出了最近一个季度该成本中心的作业活动和成本数据。表中的计划数据反映了该季度的总预算目标。工厂会计师预测,随着生产线1的产品产量的增加,生产线1的相关人工成本及其他与产量相关的成本将分别增加20 000美元和100 000美元。工厂会计师同时指出,生产线2的产量降低之后,需要几个季度才能反映产品水平成本的降低。

工厂会计师认为,因为产量的净增长,与人工有关的业务维持成本和其他业务维持成本应该分别增加0美元和140 000美元。

要求:

为克拉纳拉生产线成本中心编写一份二阶差异和三阶差异分析报告。根据你的分析,将成本分别归入与单位有关的成本、与批次有关的成本、产品维持成本和业务维持成本。

10-80 预算编制:激励问题 内特·扬格(Nate Young)是一所商学院的院长。他所在大学面临严峻的财务压力,校长要求所有院系节省开支,内特想知道自己对此应做何反应。

学校的营运资金主要有3个来源:①学费(占60%);②政府拨款(占25%);③捐赠收入(占15%)。现金流入学校的总营运资金中,由大学校长、3名副校长和9名学院院长组成的管理委员会负责对各学院的资金分配。学校规章要求学校必须以预算平衡方式运营。

资金的初始分配包括:①无法避免的固定成本,主要是任期内的教职工的雇用成本;②与支持项目相关的固定成本,如人员成本、建筑维护和其他运营成本。资金的余额分配给自主性活动,如奖学金、项目的变更和增加以及体育项目等。

各学院的院长会比较各自的资金水平。比较的基础是用学校的总支出除以全日制学生的数量,从而得到每名学生的平均成本。然后用每名学生的平均成本乘以全日制学生的数量得出各个学院的目标资金量。平均来看,商学院实际得到的资金是其目标资金量的70%,在所有学院中排名倒数第二位(最低为艺术学院)。

由于固定成本和管理成本迅速增长,分配给自主性活动的资金与历史水平相比下降了10%。今年预计收入甚至不能保证预计的固定成本。为应对这一局面,校长要求所有学院的院长尽可能降低支出水平。

很多学院的院长都对校长的要求持怀疑态度。这些人的特点是花钱大手大脚,无视节约的要求,从其他活动中节省或筹措资金以应付预算亏空的要求。很多学院的院长认为自己学院的牺牲和缩减预算只会使更多的资金分配给那些并未努力缩减预算的学院。然后学校会要求他们进一步缩减预算来弥补其他学院未缩减的成本。然而,他们也认为如果对校长最初的成本削减要求不予理睬,将导致学校对各个学院采取任意的预算削减。

表 10-25 彼得伯勒食品公司:克拉纳拉产品线

	生产线 1		生产线 2		生产线 1		生产线 2		总计	
	计划	实际	计划	实际	计划 总计	实际 总计	计划 总计	实际 总计	计划 总计	实际 总计
箱数	945 000	1 200 000	1 175 000	945 000						
批次数	189	200	235	210						
每个批次的单位	5 000	6 000	5 000	4 500						
与单位有关的成本:										
材料										
每箱的克重/g	500	515	350	375						
每克的成本/美元	0.003 0	0.002 7	0.005 0	0.005 5	1 417 500	1 668 600	2 056 250	1 949 062	3 473 750	3 617 662
包装										
每箱的单位	1.000 0	1.060 0	1.000 0	1.040 5						
每单位的成本/美元	0.045 0	0.042 0	0.038 0	0.041 0	42 525	53 424	44 650	40 314	87 175	93 738
人工										
每箱的工时	0.013	0.011	0.009	0.010						
每工时的成本/美元	18.00	18.25	18.00	18.25	221 130	240 900	190 350	172 463	411 480	413 363
与批次相关的成本:										
材料										
每批次/美元	1 200	1 325	1 525	1 495	226 800	265 000	358 375	313 950	585 175	578 950
人工										
每批次的工时	12	11	16	18						
每工时的成本/美元	18.00	18.25	18.00	18.25	40 824	40 150	67 680	68 985	108 504	109 135
产品支持性成本										
人工					256 000	287 000	305 000	323 000	561 000	610 000
其他					2 054 000	2 123 000	1 927 000	2 005 000	3 981 000	4 128 000
业务支持性成本										
人工									145 000	152 000
其他									4 560 000	4 740 000
总成本					4 258 779	4 678 074	4 949 305	4 872 774	13 913 084	14 442 849

针对这种情况,内特在考虑怎么做。他知道通过稍微扩大班级规模,雇用一些兼职人员及停开一些很难吸引学生的选修课,他可以从 11 000 000 美元的预算中减少 800 000 美元。然而,考虑到历史上学院所能得到的实际资金与目标资金的比例,以及作出这些变动将对学院学生和教职工带来的困难,内特怀疑商学院是否应作出额外的牺牲。

内特知道他有几种选择:

(1) 什么也不做,向学校表明与其他学院相比商学院在成本管理方面已经很有效果了,现在是其他学院削减成本的时候了。

(2) 按他想到的方法逐年削减成本,而且如果其他学院未实施相应的成本削减,则停止实施这些措施。

(3) 单方面削减成本,并告诉学校管理层,商学院的预算可以减少 800 000 美元。

要求:

如果你是内特,你会怎么做?请解释。你的解释应包含各学院削减成本动机的分析,这些学院历史上处于利用其他采取合作态度的学院带来的好处的环境下。

第 11 章

财务控制

通过本章的学习,你应该能够:

1. 了解并能够解释财务控制的性质和范围以及它在组织内部和外部扮演的重要角色。
2. 理解组织分散决策权的原因、由此产生的激励和控制问题,以及组织解决这些控制和激励问题的方法。
3. 理解组织使用责任中心的原因、适用于不同场合的责任中心的类型、评估责任中心绩效的方法的局限以及高级管理层用来评估责任中心绩效的各种指标。
4. 能够设计和解释评估每种责任中心的绩效的指标。
5. 理解公司为什么采用转移价格以及组织所采用的转移价格的类型。
6. 能够决定和计算给定环境下的转移价格。
7. 了解用来评估经济绩效的投资回报以及经济附加值方法的性质和范围,能够计算投资回报和剩余收入衡量指标。

Adrian's Home Services

Adrian's Home Services(AHS)为居民提供暖气、空调、管道和电气服务。由于出色的高品质服务,AHS 的业务兴隆。事实上,AHS 经常由于现有的能力无法满足需求而不得不放弃某些业务。表 11-1 给出了最近几年 AHS 的税前部门财务报告。

表 11-1 Adrian's Home Services:税前部门财务报告 美元

	暖气	空调	管道	电气	未分配	公司总计
销售收入	1 546 000	2 344 670	5 340 000	3 423 000		12 653 670
销货成本	870 000	1 384 000	3 245 000	2 198 000		7 697 000
毛利	676 000	960 670	2 095 000	1 225 000		4 956 670
销售和管理费用	134 500	456 000	1 324 500	654 000	2 980 000	5 549 000
利润	541 500	504 670	770 500	571 000		(592 330)
资产	876 000	958 000	2 176 000	1 127 000	547 000	5 684 000
股东权益						2 875 000

考虑到AHS的良好声誉以及对于AHS的服务的大量需求，AHS的大股东兼总经理阿德里安·罗斯（Adrian Rose）对于公司的赢利能力并不满意，想要知道如何才能得到改善。

11.1　财务控制环境

财务控制意味着什么？**财务控制**（financial control）包括使用基于财务信息的方法来评估组织与管理绩效。关注的对象可能是一件产品、一条生产线、一个组织部门、一个分部或者整个组织。关注财务结果的财务控制与平衡计分卡一样，将结果与其诱因联系在一起。对于一个营利组织，财务控制关注的是利润动因，如组织使用资产的效率以及某个销售水平的控制成本。对于一个非营利组织，财务控制关注的是组织最有效地使用资源完成服务目标的能力。

因此，财务控制在第1章所介绍的计划-执行-检查-行动循环中发挥重要作用。财务控制总结了经营的财务结果并与计划的结果进行对比。其目的在于识别未能实现既定计划的原因并进行相应的调整。

在第2章中，我们探讨了平衡计分卡作为一种量化战略以及在组织中逐级落实该战略的重要作用。平衡计分卡的动因效果结构反映了管理层对于可以实现组织目标的动因的评估。对于营利组织，这些目标始终是财务性的，包括投资回报率、每股盈余、市场份额增长和赢利增长等。

由于外部的利益相关者，如投资者、分析人员和债权人传统上都依靠财务绩效指标来衡量组织的潜力，组织开发了评估绩效和实现改善目标的财务指标。平衡计分卡的观点认为，财务指标不能识别什么环节出了问题，但是提供了出现问题的信号，或者至少提示期望没有得到满足，应当予以关注。例如，利润下降可能反映销量下滑，销量下滑可能反映了客户对低劣的产品和服务质量或过高的价格不满意。财务指标可以反映利润和销量下降的事实，但未说明原因，探讨原因是第2章讨论的非财务指标的任务。

财务控制是第9章讨论过的组织控制这一广泛的主题的一部分。本书之所以把财务控制单独列出来介绍，是因为它的使用和使用方法在经济生活中很流行。

11.2　财务控制

第10章介绍了差异分析，这是财务控制中最古老也是应用最广泛的方法。本章将重点关注财务控制更广泛的内容，包括对组织单位和整个组织的评估。

当管理者使用财务控制工具评估组织单位时，如评估一种产品或一条产品线的赢利能力，其结果信息往往仅限内部使用。管理者，尤其是20世纪20年代通用汽车公司的管理者开发了**内部财务控制**（internal financial control）来帮助在大型组织中散布制定决策的信息。

外部分析人员开发了财务控制的工具来评估组织各个方面的绩效，如偿付能力、效率和赢利能力。因为财务指标反映了外部是如何看待组织的，这些外部财务控制工具可供管理层使用和评估。

11.3 分权的动机

分权(decentralization)是把决策权分派到一线的决策者。它基于两个原因：第一，随着组织规模的扩大，集权型的决策和核心决策变得越来越困难；第二，随着组织规模的扩大和分散，收集和传递组织信息变得越来越困难。因此，分权是组织为了更快、更有效地对外部环境的重要变化作出反应的自然发展结果。分权是20世纪初出现的现象，它引发了企业内部财务控制的发展和应用。

由于迅速收集信息并传递给中央决策者非常困难，大多数高度中央集权的组织无法针对环境作出快速、有效的反应，因此集权最适用于那些环境比较稳定的组织。行业观察者认为，电力、石油、电信、快餐、金融机构和自然资源企业是面对稳定环境的组织。稳定的环境是指在公司总部和运营客户部门或运营生产部门之间没有大的信息差异，企业需要适应的环境没有变化。因此，没有必要对变化的环境作出快速反应，或者把决策权授予地方经理，企业可以为自己所熟知的环境开发一套标准运营程序，让员工去实施。

实例

美国奔驰公司的标准运营程序

奔驰公司在亚拉巴马州塔斯卡卢萨(Tuscaloosa)兴建SUV生产厂时，实施了一个标准流程的生产系统。这个标准流程规定了工人完成每项任务时必须遵循的详细方法。不允许有任何变化，这有效地避免了工人的任何自由发挥。

在这些组织中，技术和客户的要求能够被很好地了解，并且生产线大多由价格和质量作为最重要的属性的商品组成。当价格是关键因素时，成本控制同样重要。为了达到这一目的，组织往往会制定处理程序的标准来保证：①他们正在使用最有效率的技术和惯例来降低成本和提高质量的稳定性；②没有偏离最佳的操作方式。

例如，麦当劳几乎把标准处理程序的运用发展成为一门科学。它的餐馆布置、产品设计、原材料搭配以及规定的加工程序都旨在保持低成本和高质量。麦当劳并不需要在准备食物或是添加新品种方面有创造性的厨师，它需要的是通过遵守标准的程序来提高质量的稳定性和降低成本的厨师。为了应对日益激烈的竞争压力和原本的垄断行业向竞争开放的挑战，很多机构，甚至是一度被认为面临一成不变的环境的公共事业、邮件投递以及金融机构，正在改变组织方式和运作方式。这是非常有必要的，因为它们必须在一个技术、顾客偏好以及竞争战略不断变化的世界中迅速作出反应。麦当劳是一个很好的例子，随着健康关注意识的提高，2003—2005年麦当劳面临历史上首次连锁店亏损和餐馆停业的困扰，麦当劳因此对菜单做了重大的改变，并引入了24小时营业的餐馆。

过去，银行采用僵化且专制的管理系统来保护财产并满足常规的要求。虽然这种系统有助于实现一些目标，但在很多情况下并不能有效处理与客户的关系。提供高质量的客户服务意味着夜间仍营业，安装自动提款机以提供24小时服务，提供在线银行以便客户可以通过电话或者个人计算机进入，提供信用卡和借记卡等新产品和服务，对汽车贷款、信贷额度和抵押贷款等客户要求作出迅速的反应。

具有适应能力通常要求组织的高级管理层推广授权或分权使组织中更多的人负起责任。分权允许积极性高的、受过良好教育的组织成员确定变化中的客户需求，赋予一线员工针对变化的环境做出计划的权力和责任。

分权可以分为很多层次。有些组织限制了高层和中层管理人员的决策权。其他一些组织把重要的决策权分配给从事客户管理或者服务客户的管理人员。分权的程度反映了组织对员工的信任程度、员工的技能和受训水平、分权的风险以及员工作出正确决策的能力，也反映了组织需要一线员工作出快速的、正确的决策。

总之，在分权方式下，控制从任务控制（告诉人们做什么）转到结果控制（告诉人们运用他们的技能、知识和创造力来实现组织的目标）。在财务控制中使用财务术语来衡量这些结果。例如，一名生产主管会被要求改进生产过程以降低成本。

实例

麦当劳快餐公司评估绩效

为了保证一致性，麦当劳针对每个餐馆实行SQC（服务、质量和清洁程度）评分法。如果一家餐馆达不到一定分数会将要求停止营业。用于餐馆绩效评估的SQC标准关注的是业绩水平以及与标准生产过程的符合程度。这些标准包括招呼顾客的方式、顾客排队时间、设备清洁度以及产品准备是否符合规范。

11.4 责任中心和评估单位绩效

责任中心是由一名经理负责的一个组织单位。它的例子包括酒店连锁集团的一家酒店、生产计算机控制元件的生产线中的一个工作平台、处理供应商付款投诉的一个数据处理小组、保险公司的一个索赔处理部门、邮件订货业务的一个运输部门。

责任中心就像一个小型企业,它的经理被要求管理这个小型企业以实现更大范围的组织的目标。经理和主管为责任中心制定目标。这个目标使员工专注于一项工作,因此应当具体化、可衡量。他们还应当促进更大范围内的组织的长期利益并努力使各个责任中心的活动彼此协调。接下来探讨这种出于财务目的的协调是如何实现的。

责任中心的协调

一个组织要想获得成功,其责任单位的活动必须协调。假设我们将一个快餐店的经营活动分为三个部门:点餐、准备食物和送餐。如果这些部门中的任何两个之间的沟通不充分,就会出现混乱和顾客的不满意。不幸的是,在大的组织中,销售、制造和客户服务经常出现衔接问题,从而导致业绩低下。这种协调的必要,说明了组织在企业资源规划系统中的利益,不仅应关注组织活动的整合,而且应关注组织与供应商和客户的联系。

类似联邦快递公司这样的邮件和包裹递送企业在美国各地都设有分中心,在那里通过卡车来接收和运送邮件。运往其他目的地的货物被送到位于孟菲斯的联邦快递中心进行分拣。邮递业成功的秘诀非常简单,包括两个因素:①礼貌待客,及时无误地兑现承诺;②控制成本。获得成功的唯一方法就是保证系统的各个方面都有效地运作并实现上述两个关键的业绩要素。

假设某个快递公司的管理层决定将每一个分中心都看作一个责任中心,那么公司应该如何评价每一个分中心的经理和员工的业绩呢?

实例

协调的高成本

很多组织在企业资源规划(ERP)系统上投入了大量资金。这个复杂而尖端的计算机系统是用来协调组织各单位的活动的。ERP 的目标是使订单、计划、生产、运输的过程变得畅通,使顾客获得更好的服务。一些分析人员认为在一个价值 4 亿美金的系统中,ERP 的成本为 1 500 万美元。但并非所有的 ERP 都能成功实施。2001 年,加拿大销售连锁企业索贝公司(Sobey's)宣布由于失败的 ERP 系统,损失了 6 000 万美元。

第一,公司可以衡量每个分中心的效率。为了关注效率,它可以衡量每条线路、每名员工、每辆卡车、每小时或每个班次收到、分拣或递送的包裹的数量。为了关注效率和顾客满意度,它可能为了生产率而只考虑那些符合顾客要求的发货,例如,及时接收包裹并及时将完好无损的包裹投递到正确的地点。

第二，在邮递业务这样高度整合的经营活动中，组织履行对顾客的服务承诺的能力反映了各项工作相互协调的程度。组织应当衡量每个部门对于组织履行顾客承诺的能力都有哪些贡献。在邮递业务中，分中心与总站之间的相互作用有下面两个重要因素。

（1）分中心在规定期限内完成任务的时间比例。也就是说，卡车和集装箱在被要求开走时是否已经装运完毕并驶离中心（通常称为准确率）。

（2）当分中心被要求对包裹进行分拣时，包裹被投往错误地点或经由错误路线投递的数量（通常称为差错率）。

第三，公司必须更详细地评估对顾客的服务。例如，可以通过以下内容进行衡量：

（1）分中心运营小组收到的投诉的数量（或者运送包裹的投诉比例）；

（2）运营小组对投诉作出反应所需的平均时间；

（3）公司客服部门收到的低质量服务或者不礼貌服务的投诉的数量；

（4）顾客满意度。

一般来说，控制责任中心的活动要求衡量业绩中的非财务要素，如带来长期财务结果的质量和服务。关键是选择正确的非财务指标能预测并解释财务成果。例如，增加员工培训会提高本期的质量，从而会提高顾客的满意度，进而增加今后各期的收入和利润。关注创新和员工士气等绩效的非财务指标可以激励管理者避免为了短期的绩效收益牺牲长期的绩效。例如，如果我们只关注短期的财务绩效，那么管理者就可能会削减研发开支，以及用于购买设备、改善产品质量和顾客服务、员工培训的支出，从而损害长期获利能力。因此，我们必须谨慎地将财务结果作为业绩衡量指标，并依靠非财务结果来识别财务结果的原因和动因。

责任中心和财务控制

组织使用财务控制来综合衡量企业的运营控制系统的运行效果。当组织使用单一的指标对运营情况进行总体评价时，它们经常使用收入、成本、利润或投资回报等财务指标，因为这些指标是股东们用来评估公司的整体绩效的。

实例

联邦快递公司的非财务绩效指标：服务质量指标

联邦快递公司基于9个关键客户需求开发了一种名为服务质量指标（SQI）的衡量方法。每个指标都被赋予权重，说明未满足该需求对顾客造成的影响的严重性。这9个需求及其权重如下所示。

失败的服务	惩罚数
丢失包裹	50
划痕	30
损坏包裹	10
收取时迟到	10
未解决的抱怨	3
丢失递送单据	3
投递延误,非当日送达	3
投递延误,当日送达	1
需要修改发票	1

联邦快递公司每周就上述项目进行打分,并在组织内分发。高级管理者的奖金与这些分数挂钩。

责任中心类型

为责任中心准备的会计报表反映了责任中心经理控制收入、成本、利润或投资回报的程度。准备会计汇总报表时,会计师将责任中心分成四个类型:成本中心、收入中心、利润中心和投资中心。

成本中心 成本中心(cost centers)是员工控制成本但并不控制收入或投资水平的责任中心。事实上,服务过程中的每一个步骤(如干洗店的清洗部门或银行的支票清算部门)或是制造业的每一个车间(如锯木场的锯木车间或钢铁厂的制钢车间)都被视为成本中心。

组织通过比较所完成的工作量和类型的实际成本与目标成本,来评估成本中心员工的业绩。因此,成本标准和差异在成本中心的报告中显得尤为重要。此外,由于标准和差异被用来评估业绩,所以确定标准和解释差异的过程对于员工具有深远的行为方面的影响,尤其是在错误地表述业绩潜力和绩效结果方面。

- **其他成本控制方法** 当一个组织单元的产品组合和产出水平恒定时,就有可能将当前的成本水平与前期的成本水平进行比较来不断地改进成本。当产品组合或产出水平变化时,各期间的成本比较可能会有误导性。在这种情况下,不同期间的成本水平没有可比性,然而,当环境允许的时候,组织通常能够绘制成本水平图并找出下降的成本趋势。该趋势预示着在产生成本的过程中增加的效率。

- **处理成本控制中心的其他事项** 许多组织经常犯这样一个错误,即仅仅根据控制和降低成本的能力来评估成本控制中心。联邦快递公司的例子形象地表明了质量、反应时间、满足生产进度安排的能力、员工的激励水平、员工的安全以及对于组织道德和环境义务的重视也是衡量一个成本控制中心业绩的关键指标。如果管理层在评价成本中心的业绩时只关注成本控制能力,成本中心的员工就有可能忽视质量和顾客服务等对业绩的不可量化的贡献。因此,在评价成本中心时不应仅局限于中心的成本控制情况。

收入中心　收入中心(revenue centers)是其成员控制收入的中心,但是它并不控制所销售的产品或提高的服务的生产成本和获取成本,也不能控制责任中心的投资规模。百货公司中的一个部门、全国性企业或跨国公司中的一个地区销售部门以及大型连锁餐饮集团中的一家餐饮店就是一些典型的例子。

有些收入中心控制价格、存货的数量和促销活动。在这些中心,收入将量化大部分增值活动的价值,并且在广义上显示了各种活动的执行情况。

我们以一家大型炼油厂下属的加油及汽修服务站为例。服务站经理并不控制燃料、房屋折价、电力和暖气成本、设备以及工资水平等成本,但是他可以通过时间安排和人员决策对总劳动力成本施加一定的影响。汽油销售和维修服务的状况决定了其他的成本。服务站的经理也不控制支付给员工的工资,这些由公司总部控制,而公司的营销人员则控制了所有产品的定价和促销活动。在这个服务站,最大的可控项目是顾客服务,这使得该服务站的汽油销售和维修服务有别于其他服务站,这也有助于确定服务站的销售水平。

收入中心法仅根据所创造的收入来评价责任中心。然而,大多数收入中心都有销售和营销成本,并对这些成本有不同程度的控制力。因此,在这种情况下通常采取的方式是把责任中心可追溯的成本,如工资、广告费用和销售成本从销售收入中扣除以确定中心的净收入。

收入中心法的批评者认为,把对业绩的评估建立在收入上可能产生难以预料的结果。例如,销售人员的奖励如果完全基于销售情况会产生:①鼓动拓宽产品线,这反过来会产生过量的存货管理成本;②提供过多的定制服务。只重视收入通常会使组织成员扩大会增加成本的活动来获得更高的收入水平。

利润中心　利润中心(profit centers)是经理和其他员工控制收入以及他们所提供的产品和服务的成本的责任中心。利润中心就像一个独立的企业,只有一点不同,即在企业中是由高级管理层而不是责任中心的经理来控制责任中心的管理水平。例如,折扣连锁集团中的一家商店的经理有责任进行产品定价、选择产品、采购和促销,但是不负责商店的投资水平,这样的商店就满足作为一个利润中心的条件。

连锁经营的大部分单元,无论是商店、汽车旅馆还是饭店都被视为利润中心。然而,某家公司下属的快餐店(如汉堡王),或者是一个公司下属的酒店(如假日酒店)是否符合利润中心的条件仍存有疑问。因为公司总部负责制定大部分采购、运作、定价和促销决策。然而,由于这些单位的规模都很大,因此可以通过控制人工成本、食物浪费和设施使用时间使成本发生变化。基于员工对财产管理的差异,收入也会有很大的区别。因此,虽然这些组织不满足利润中心的条件,但是地区差异对收入和成本的影响经常使它们足以成为利润中心。

尽管许多公司的管理层控制各部门的多方面运作,但是许多组织仍然把各部门视为利润中心。这些利润中心报告的利润是反映了公司和部门业绩的广泛指标。如果部门业绩很差,则可以反映不利的条件:①在组织中没有能控制的人;②公司决策失误;③部门决策失误。因此,组织不能仅仅依靠利润中心的收益来评估其业绩。相反,详细的业绩评估应该包括部门可以控制的质量、原材料的使用(收益)、人工的使用(收益)和服务措施。

投资中心 投资中心(investment centers)是经理和其他人员控制收入、成本以及投资水平的责任中心。投资中心就像一个独立的企业。投资中心最好的例子就是通用电气公司。

由于通用电气公司的各个部门相当分散,高级管理层使用投资中心的方法来评估这些部门。例如,GE Infrastructure 下设的部门包括 Energy, Technology Infrastructure, GE Capital, Home & Business Solutions 和 NBC Universal。而 NBC Universal 下面又有电视网、电影、电视台、娱乐有线、电视制作、体育和奥运会以及主题公园。这些的确很分散,需要用投资回报来评估。

实例

2010年通用电气公司的投资中心

通用电气公司有5个经营单位,每个单位都包括很多与成长有关的部门。下面给出了反映其业务单位及下设的次级业务单位的组织结构图。

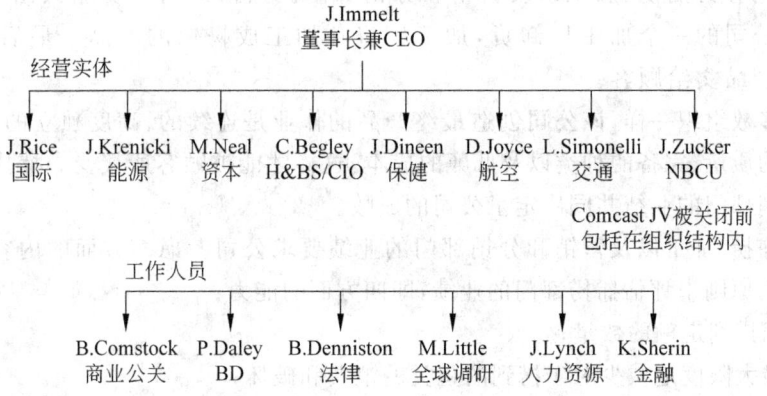

表11-2总结了各种责任中心的特征。

表 11-2　责任中心总结

要　素	责任中心类型			
	成本中心	收入中心	利润中心	投资中心
由中心管理层控制的要素	成本	收入	成本、收入	成本、收入以及对投资的显著控制
不受中心管理层控制的要素	收入,对存货和固定资产的投资	成本,对存货和固定资产的投资	对存货和固定资产的投资	
由会计系统衡量的要素	与某项预算有关的成本	与某项预算有关的收入	与某项预算有关的利润	与某项预算有关的投资回报
不由会计系统衡量的要素	除成本之外的其他关系经营成败的因素	除收入之外的其他关系经营成败的因素	除利润之外的其他关系经营成败的因素	除投资回报之外的其他关系经营成败的因素

责任中心的评价

使用可控性原则来评价责任中心　控制能力的概念是对责任中心进行分类的基础。**可控性原则**(controllability principle)是指责任中心经理应该只负责责任中心人员可控制的收入、成本或投资。责任中心控制之外的收入、成本和投资不应该包括在责任中心的业绩评价之中。例如,对一条生产线的经理的评估,应当基于所使用的人工和工时,而不是人工成本和机器成本,因为工资率和机器成本是由组织中的其他部门负责的。尽管可控性原则看上去很有吸引力、很公平,但实施起来有一定难度,经常会产生误导。

在运用可控性原则时一个非常重要的问题是,在许多组织中收入和成本是不能分割的。我们以一个被分成三个责任中心的一体化程度很高的渔业公司的经营为例。该公司分为捕捞、加工以及营销和分销部门。捕捞部门负责船只出海捕鱼。船回港后由公司的一个加工厂卸货,加工厂将鱼加工成畅销的产品。最后,营销和分销部门把产品卖给顾客。

与大多数组织一样,该公司创造最终产品的作业是连续的、高度独立的。产品必须具有很好的质量、完备的种类以及低廉的成本,这样才能被顾客所接受。捕捞、加工以及营销和分销部门的业绩共同决定了公司的成败。

评估捕捞、加工以及营销和分销部门的业绩要求公司考虑多方面的内容。例如,通过运用下列原则来评估捕捞部门的业绩,即四方面的能力:

(1) 捕捞到定额的数量;

(2) 最大限度地减少对于捞到的鱼类的浪费和破坏;

(3) 最大限度地减少设备故障;

(4) 控制轮船操作成本。

对加工部门也可以使用类似的方法,营销和分销部门的评价则是基于其满足装运安排以及增加市场份额的能力。

作为业绩评价过程的一部分,该公司也许还要准备有关捕捞、加工和销售业绩的会计汇总以支持财务控制系统。承担这项工作的管理会计师很快将面临一个难题：如何将这些实际高度相关的业务中心作为形式上独立的部门进行会计处理。例如，捕捞业的成本很容易确定，然而它的收入应该如何确定？捕捞部门并不控制销量或者价格，因为它的任务就是捕鱼、维持原材料和产品的质量，并完成与加工以及营销和分销部门共同制订的工作计划。

如果公司把捕捞部门看作一个成本中心，那么反映了成本中心常用开支来源的公司管理层的直接组织成本又该如何分配呢？而很多重要方面，如维持质量、捕捞到足够的鱼以及将规定种类的鱼在需要的时候送到加工部门又该如何确定呢？捕捞部门是否应该被要求承担诸如人员、计划、管理等总部的成本？如果是，这些服务的成本份额应当如何决定呢？

我们可能会得出这样的结论：加工部门应当被看作成本中心，但是营销和分销部门通过营销努力可能对销售产生最直接的影响，那它应当被看作什么呢？这个部门控制什么样的成本？它不控制捕捞和加工的成本。营销和分销部门能控制的唯一成本就是在这个高度一体化的渔业公司中占总成本不到10%的营销和分销成本。捕捞部门通过捕鱼和维持产品质量的能力，而加工部门通过生产高质量产品的能力，这两个部门在决定公司销售水平方面同样有重要的影响。然而有些人并不认为可控性原则是业绩评价的最佳方法。

- **用业绩评价影响或评估决策**　有些人认为控制能力在选择业绩指标方面并不是一个可信的条件。相反，他们认为业绩指标的选择应该决定决策行为。

我们以一家在成本不断上升的情况下需要确定业绩指标的乳品公司为例。因为在不同产品的最终成本中占60%~90%的原材料成本是由市场决定的，因此应当不在各种产品经理的控制范围之内，所以人们认为经理们的评估应当取决于他们控制已使用的原材料的质量而不是成本。

然而，乳品公司的高级管理层宣布，公司计划根据经理们控制总成本的能力来评估他们的业绩。经理们很快发现，控制原材料成本的一个方法是签订长期的固定价格的原材料合同。这些合同使得原材料成本很快下降。此外，公司还可以预测未来几个季度的产品成本，从而可以实现较低的成本以及计划和产品定价的稳定性。

这个例子说明，即使经理不能完全控制成本，他们也能采取措施影响最终的产品成本。当更多的成本，甚至是收入被包含在业绩指标中时，经理就会有更大的动力采取行动来影响成本或收入。

使用部门毛利报表　如果一个组织将责任中心作为利润中心，就会产生许多问题，这些问题主要是关于确认控制销售和成本的责任的。特别是，它意味着要决定如何分配联合收入和联合成本的责任。因此，就像我们现在正在考虑的会计师为责任中心准备的报表的形式一样，我们应当记住，在这些报表的背后，有很多的假设和限制。

尽管责任中心的核算遇到了一些问题，由于利润指标是如此普遍和综合，以至于组织更倾向于将许多部门看作利润中心。因为大多数组织都进行一体化的经营，利润中心核算系统设计者的第一个问题是要解决不同利润中心之间的相互关系。

为了解决这个问题，我们以厄尔汽车公司（Earl's Motors）的活动为例。该公司提供全方位汽车服务，由 5 个责任中心组成：新车销售部、旧车销售部、汽车改装部、服务部和租赁部。每一个责任中心都有一名经理对该部门的利润负责。责任中心经理用如表 11-5 所示的形式向公司提交季度报告。

表 11-3 是一个被分为不同责任中心的组织常用的**部门毛利报表**（segment margin report）的形式。每一个利润中心都占用一栏，对利润中心有所贡献的收入是每一栏的第一项。从收入中扣除变动成本以决定边际贡献率，它是由经营活动做出的用于弥补与产量不成比例的成本的贡献（见表 11-3 中的"其他成本"）。这些成本的例子是每个利润中心自用的设备和建筑物。

表 11-3　厄尔汽车公司 2011 年 7 月 1 日至 9 月 30 日的季度部门毛利报告　　美元

项目	新车销售部	旧车销售部	汽车改装部	服务部	租赁部	总计
收入	976 350	1 235 570	445 280	685 210	635 240	3 977 650
变动成本	764 790	954 850	235 450	427 400	517 360	2 899 850
边际贡献	211 560	280 720	209 830	257 810	117 880	1 077 800
其他成本	75 190	58 970	126 480	185 280	46 830	492 750
部门毛利	**136 370**	**221 750**	**83 350**	**72 530**	**71 050**	**585 050**
已分配的可避免成本	69 870	74 650	64 540	65 290	22 490	296 840
利润	66 500	147 100	18 810	7 240	48 560	288 210
未分配成本						325 000
经销商利润						(36 790)

接下来，从每个中心的边际贡献率中扣除固定成本以决定各自的部门毛利，这是每个责任中心的业绩指标。部门毛利衡量了对于部门利润和其他直接成本的可控制的贡献。可以避免的成本包括公司的管理成本，如与人员相关的成本和设备的约束成本。如果一个部门被取消了，那么这些成本是可以避免的，同时组织也可以有时间通过出售多余的设备或者减少管理人员的数量来调整生产能力水平。从部门毛利中减去可避免的成本以计算其收入。最后，上述 5 个利润中心的收入减去公司的未分配成本（有时称为停工成本），即无论是否运营都会发生的管理成本和间接费用就得到了商品特许经销商的利润。

- **评估部门毛利报告**　我们从厄尔汽车公司的部门毛利报表中可以了解什么呢？首先，我们可以知道，根据传统的权责发生制报告，这个季度的亏损额为 36 790 美元。这一亏损额可能反映或预测了一个长期的问题，也许这个季度就是每年的低谷，其造成的亏损将由其他三个季度弥补。这个季度也许发生了不成比例的约束成本，该成本在接下来的几个季度可能会降低。

实例

财务报表业务部门报告

很多国家都制定了外部报告标准,要求组织对重要的业务部门的财务结果进行报告。下面给出了本田汽车公司截至 2010 年 3 月底的年度财务报表中的部门报告。本田汽车公司的业务部门信息是遵照日本《证券交易所法》(Securities and Exchange Law)中的部级条例编制的。

				百万日元			
	摩托车业务	汽车业务	金融服务	动力产品和其他业务	部门总计	调节项	合并
销售额及其他经营收入净额:							
外部顾客	1 558 696	9 489 391	533 553	421 194	12 002 834		12 002 834
部门之间	—	—	15 499	21 571	37 070	(37 070)	—
总计	1 558 696	9 489 391	549 052	442 765	12 039 904	(37 070)	12 002 834
销售成本,销售和行政费用以及研发费用	1 407 409	8 827 726	431 254	420 406	11 086 795	(37 070)	11 049 725
部门利润	151 287	661 665	117 798	22 359	953 109		953 109

- **部门毛利报表告诉了读者什么?** 我们在阅读厄尔汽车公司每个责任中心的报告时,就会发现它们都显示了正的收入。每个责任中心的边际贡献是在与产量不成比例的成本之前通过制造或服务过程增加的价值。

一个部门的毛利代表了该部门倒闭之后对公司收入的直接不利影响。部门的利润是预测在固定生产能力被重新部署或出售后,责任中心的停业对组织产生的长期影响。例如,租赁部的经营活动停止之后,直接的影响就是厄尔汽车公司的利润会减少 117 880 美元。然而在一段时间之后,也许是一年或者是几年,当生产能力得到了调整之后,停止这项经营活动的预计影响是公司利润减少了 48 560 美元。部门毛利和收入之间的差别反映了公司的持续经营成本在短期内是约束性的,但当它们所反映的设施得到调整后,这些成本在长期内又是可以减少的。

- **数字是好是坏?** 组织运用不同的方法来评价部门毛利数字的好坏。下面是常用的比较信息的来源:

(1) 过去的业绩。与过去的业绩相比,这一阶段的业绩是否合理?
(2) 类似的组织。与同类组织相比业绩如何?

评价包括比较绝对数额,如成本和收入水平,也包括比较相对数额,如每个项目的收入百分比。例如,在评价厄尔汽车公司的业绩时,服务部的经理可能会注意到可变成本大概是收入的62%。这与过去可变成本与收入之间的关系相比是有利的。然而,通过加入提供在规模类似的社区中的经销商的可比信息的产业组织,厄尔汽车公司却发现汽车经销商的平均可变成本仅为58%。这说明厄尔汽车公司需要调查为什么它的可变成本高于行业平均水平。管理层应当对报表中的所有成本项目都进行类似的评估。

- **细心解读部门毛利报告** 部门毛利报表似乎是财务控制的一种直接且有趣的方式。然而应当对部门毛利报表进行仔细的解读,因为它们反映了掩盖许多问题的假设。

第一,与所有财务控制方法一样,部门毛利代表了对于组织的每一个单位的业绩的总体评价。应当考虑与一些关键的成功因素相关的其他层面,如质量与服务。例如,公司可以通过顾客调查为每一个部门设立顾客满意度指标,也可以为每个部门计算显示错误的质量数据或者对工资水平进行再评价。

第二,部门毛利报表包括许多武断的数字,因为它们是基于对收入和成本分配的主观假定的,而在其中可能存在与法律的冲突(会计师通常把这些武断的数字称为软数字)。在每一栏下的相应的数字因而变得不容易被责任中心的经理控制,而且更容易受分配成本时所用的假定的影响。尽管部门毛利被假定为是可控制的,经理仍有可能无法完全控制参与计算的成本,而且经理几乎无法控制计算部门收入时用到的分配成本。例如,在精炼厂,管理者在试图将原油蒸馏等部门的昂贵流程所产生的成本分配给其产出(挥发油、馏出油、天然气、汽油和残渣)的时候,就遇到了与各部门共同使用的设备有关的问题(见图11-1)。

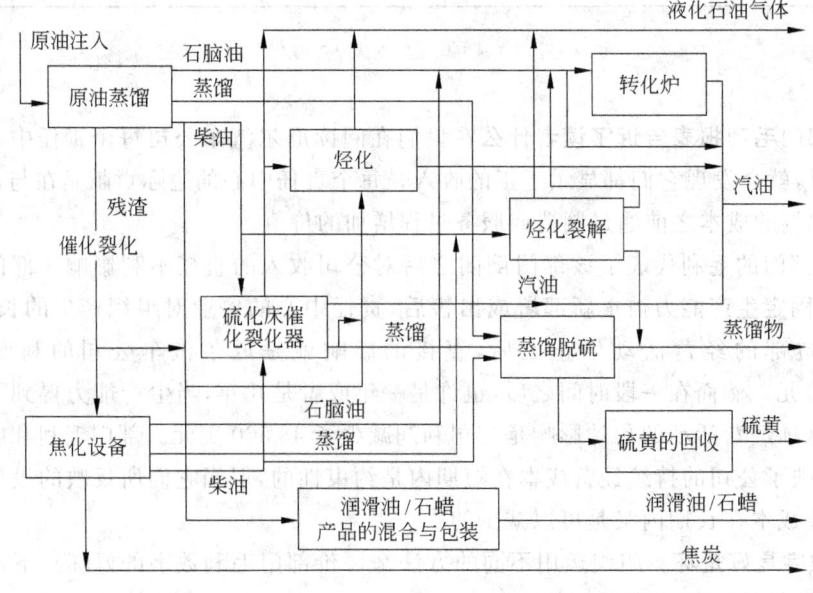

图11-1　一家典型的美孚公司美国炼油厂的运营流程

第三,也许是最重要的,收入数字反映的重要假设和分配有时会造成误导。这些假定与转移定价问题有关,而转移定价问题侧重于组织的收入如何在对收入有所贡献的所有责任中心之间进行分配。

- **支持财务控制的成本分配** 尽管在衡量责任中心业绩时有很多困难,很多组织仍然想编制责任中心损益表。事实上,尽管收入和成本分配原则是武断的,只要所选用的原则是公平的且适合长期采用就可以了。组织需要设计并编制责任中心损益表,以便将每个中心上报收入的计算中所包含的自主性成分分离出来(表11-4给出了一种可选择的形式)。

表 11-4 雪莉烤吧责任中心损益表:基于收益的间接成本分配　　　　　美元

	餐 厅	台球室	酒 吧	总 计
部门收入	354 243	32 167	187 426	573 836
减:部门成本	243 987	12 965	127 859	384 811
部门毛利	110 256	19 202	59 567	189 025
减:已分配成本	87 791	15 289	47 430	150 510
部门利润	22 465	3 913	12 137	38 515

表 11-4 的格式可以帮助我们确定中心直接控制的东西。它将利润计算中的收入和可变成本与其他成本(即被分配的间接成本或共同成本)分开显示。与共同收入的分配一样,间接成本或共同成本的分配也可能造成极大的扭曲,从而误导决策。

我们以雪莉烤吧(Shirley's Grill and Bar)的经营为例。它有三个经营部门:餐厅、台球室和酒吧(见表 11-4)。餐厅 110 256 美元的部门毛利包括出售食品的总收入、食品的总成本、厨房和服务员的总成本以及与厨房和就餐区相关的设备的总成本。这些收入和成本与餐厅的经营直接相关。分配到餐厅经营中的 87 791 美元间接成本包括房屋折旧和税收以及广告和特许权使用费。

总的来说,餐厅的会计师可以在很多作业基础中选择分配间接成本的方法,例如责任中心直接成本、占地面积和员工数量。假设雪莉烤吧决定根据由部门毛利衡量的预期收益来按比例分配间接成本,而部门毛利则是由已分配成本所反映的生产能力提供的。很多人相信按利润的比例来分配间接成本是公平的。这是评估间接成本分配方式的一条广泛采用的标准。

表 11-4 中的部门收入看起来可能很简单、很合理,但是正如所有包含间接收入分配结果的情况,需要对这些数字进行仔细的解读。假设一项成本分析显示了下面一些内容:

(1) 总间接成本中有很大比例反映了房屋的折旧;
(2) 基于占地面积分配的建筑成本被视为对建筑成本最合理的处理方式;
(3) 餐厅、台球室和酒吧的占地面积分别占总面积的 40%、25% 和 35%。

基于占地面积的成本分配产生了表 11-5 中的结果。这些可供选择的结果有什么意义吗?一方面,我们可能会认为,基于占地面积的间接成本分配提供了更有意义的经济结果,因为占地面积分配反映了折旧——这是间接成本的主要组成部分,而它的主要动因就是占地面积。另一方面,即使占地面积短期内是间接成本的动因,经过修正的结果可能说明不了什么重要问题,因为被分配的折旧成本可能是在短期内无法避免的约束成本。

基于占地面积的分配可能表明台球室每平方英尺占地所获得的利润是最低的,雪莉烤吧应当降低台球经营的范围以增加吧台和餐厅的营业面积。然而,这个结论未必可行。因为如果没有台球的经营来吸引消费者,吧台的销售额可能会减半。责任中心损益表如何反映这一点?不可能。有了这条补充信息,就可以确定台球经营的经济效果。传统的部门毛利表是捕捉不到这些行动相互影响的信息的。

表 11-5 雪莉烤吧责任中心损益表:基于占地面积的间接成本分配   美元

	餐厅	台球室	酒吧	总计
部门收入	354 243	32 167	187 426	573 836
减:部门成本	243 987	12 965	127 859	384 811
部门毛利	110 256	19 202	59 567	189 025
减:已分配成本	60 204	37 627	52 679	150 510
部门利润	50 052	(18 425)	6 888	38 515

这个事实使我们认识到,对责任中心损益表的解释必须非常慎重,应该合理怀疑,这其中可能包括随意的和有问题的收入、成本分配,经常会掩盖责任中心之间的相互关系。

11.5 转移定价

转移定价是组织用来在责任中心之间分配共同收益的一套规则的总称。为了简便起见,下面我们将把国内转移定价简称为转移定价。当公司的各个责任中心之间高度相关时,转移定价可能带有强制性。图 11-2 表明了厄尔汽车公司各责任中心之间可能存在的各种相互作用关系。

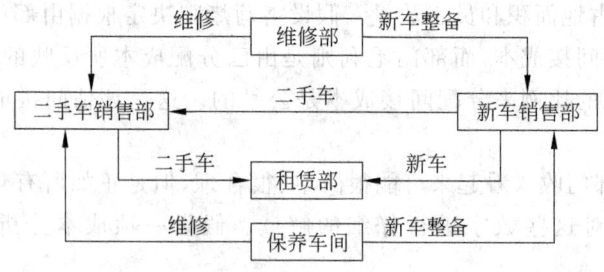

图 11-2 厄尔汽车公司:转移定价相互关系

要了解像厄尔汽车公司这样的简单的企业在收入分配中遇到的问题和困难,让我们来看一下消费者购买新车时所进行的活动。新车销售部出售了一辆新车,同时购入了一辆二手车。然后,厄尔汽车公司必须把二手车调到二手车销售部,在那里二手车经过维修后再出售或者在外部的批发市场上出售。

在新车销售部与二手车销售部之间转移的二手车的价值,对于两个部门的利润确定是非常重要的。新车销售部希望二手车的价值越高越好,因为这可以提高其报表上的收入;二手车销售部则希望价值越低越好,因为这可以降低其报表上的成本。

同样的方法适用于同一组织任何两个部门之间的产品和服务转移。确定内部转移的价值的原则会将公司的总收入分配到各利润中心,并且将因此影响每个中心上报的利润。

转移定价的方式

转移定价有4种主要方法:基于市场的转移价格;基于成本的转移价格;通过谈判确定的转移价格;通过行政确定的转移价格。

我们有必要回忆一下转移定价的相关性和目的取决于转移定价是否对组织决策者有影响。转移定价有不同的形式,然而使用转移定价的目的永远是激励决策者从组织的最大利益出发开展活动。会计师必须时刻牢记生成管理会计数字的根本目的,是激励与管理者的计划、决策和资源分配活动有关的合乎要求的行为,而不是提供一份符合某些会计标准的、令人赏心悦目的会计报表。

基于市场的转移价格　如果存在中间(转移)产品或服务的外部市场,那么**基于市场的转移价格**(market-based transfer prices)是确定责任中心之间的转移价格的最好方法。市场价格提供了对转移产品或服务,以及每个利润中心在交易时对组织所做贡献的独立的评价。例如,销售部门将产品对外销售而不是进行内部转移。同样,采购部门可以从外部采购货物而不是接受内部的转移。

实例

国际转移定价

在欧盟现有的税收体系下,跨国公司的国外子公司必须假装是独立的公司。它必须说明母公司给予自己的一切东西——零部件、资金、专业技能——就好像是在市场上客观进行的买卖一样。然而,在公司各个部门之间的"转移价格"所隐含的意思却是武断的、可以操纵的。位于美国迈阿密的一家咨询企业Trade Research Institute 2002年进行的一项研究发现,美国企业买一个塑料桶支出了973美元,买一个钳子花了4 896美元。通过向设在国外的分支机构支付或者是收取超额的费用,公司可以将位于某个国家的损益转移到另一个国家。

不幸的是,这种价格被良好定义的竞争市场是很少见的。让我们来看一下厄尔汽车公司。经销商们在价格公开并且组织良好的市场上出售旧车。可以参考这一信息对一辆旧车进行评估。一辆旧车的批发价格取决于它的车况。此外,旧车的价格还取决于它的外观。这是一个主观的评估。因此,对一辆旧车进行客观的批发价格评估并不是件容易的事情。

一些经销商通过要求旧车销售部的经理给正在交易的旧车进行估价,来避免这个问题。这个估价就形成了转移价格。因为人们经常针对危机和不确定性索取安全边际,所以旧车销售部的经理经常压低旧车的价格,从而提供一种安全边际,用以弥补在出售前可能发生的维修成本。然而,如果价格过低,新车销售部的经理就会抱怨这影响了新车销售部的销售能力。因此,可以允许新车销售部的经理将旧车卖给其他旧车经销商来寻求更高的价格。这就使得转移价格能更好地反映市场的力量。

基于成本的转移价格 当内部转移的货物或服务并没有一个定义好的市场价格时,另一种选择就是基于成本来考虑价格。一些常用的转移价格是可变成本、可变成本加成、完全成本和完全成本加成。在这里,使用加成的目的是为未经分配的公司成本和支持产品生产的投资提供一个回报。

例如,假设一种产品的单位可变制造成本为 5 美元,其分摊的固定制造成本为 3 美元。我们还假设该产品的目标加成为 10%。基于转移定价原理,我们可能得出以下计算结果:

美元

可变成本	5.00
可变成本加成	5.50
完全成本	8.00
完全成本加成	8.80

恰当的**基于成本的转移价格**(cost-based transfer prices)的选择的指导标准与其他任何转移价格的选择是一样的,也就是说,它能否有效地激励利润中心的经理做出使组织利益最大化的决策?

这类转移价格的支持者们都有自己的理由来支持他们的观点。然而经济学家们强调任何基于边际成本(假设该成本可计算出来)以外的成本的转移价格会导致组织成员选择一个次优的交易标准,从而造成整个组织的经济损失。举例来说,如果转移价格比边际成本高,供应单位希望销售更多的产品,而买入部门则希望购买更少的产品。因为供求必须平衡,并且没有哪个组织部门会被强迫买入或卖出超过其预期的产品量。因此,订购并且提供的产品量通常少于实际提供并且需要的量。然而,这里的悖论在于,如果供应部门将边际成本作为转移成本,并且边际成本随产量的递增而降低,那么边际成本将低于平均成本,从而供应部门会一直亏损。

使用基于成本的转移价格,还存在其他问题。基于成本的转移定价方法并不促进用转移定价机制支持部门收入的计算这一目标。另外,组织部门更倾向于被视为利润中心而不是成本中心,因为人们认为利润中心享有更高的声誉。

以实际成本为基础的转移定价并不能激励供应部门控制成本,因为供应商总是能够掩盖其成本。这在政府承包合同和基础设施管理中是个突出的问题,因为其价格或费率经常是以实际成本为基础的。解决方法之一是把标准成本用作转移定价。在这种方法下，一个中心的实际成本与确定的标准成本之间的差别就可以作为衡量部门经营效率的标准。

运用基于成本的转移价格假定组织可以通过一种合理的、精确的方式计算产品成本。第 4 章、第 5 章和第 6 章说明编制和运作精确的成本系统是一个很大的挑战。如果人们认为组织是出于转移定价的目的而采用一套不精确的成本系统，他们就很有可能抱怨，甚至变得沮丧。

基于成本的转移定价方法的最后一个问题是它在经营受到生产能力制约时不能提供适当的经济指导。组织在以最大生产能力进行经营时，生产决策应当反映生产能力最能获利的使用方法而不仅仅是成本的考虑。在这种情况下，转移定价应当是边际成本和生产能力机会成本的总和。其中，机会成本反映了生产能力的最佳使用方式的利润。

一种有趣的转移定价法是所谓的双重转移价格法，其中接受部门仅承担生产该产品的可变成本，而供应部门则获得该产品的可实现净值（等于产品的最终销售价格减进一步加工的可变成本）。例如，假设法伊夫公司生产一种产品，产品在分部 1 投产，在分部 2 完工。分部 1 的单位变动成本是 5 美元，分部 2 的单位变动成本是 3 美元，产品售价为 20 美元。当半成品从分部 1 转移到分部 2 的时候，转移价格为 5 美元。分部 1 收到的转移价格为 17 美元。这种转移定价法可以产生某种期望效应，也就是说，让边际成本对购买部门的决策产生影响。同时，保证销售分部可以在转移商品和服务上获得一个估算利润。

另一种基于成本的有趣的转移定价法，要求购买部门承担可变目标成本，另外再加上供应部门的所有约束成本的分摊额。这个分摊额应当反映购买部门所拥有的供应部门生产能力的份额。例如，如果服务部获得一定的服务能力，并且预期其 10% 的能力将供应新车销售部，那么无论当期为新车销售部提供的实际服务量是多少，新车销售部都将承担服务部 10% 的与生产能力相关的成本。在这种情况下，服务部的净收入就是其实际成本与相应目标成本之差。

基于成本的转移定价方法带来了复杂的业绩指标、公平性和行为问题，这些问题将在以下的章节更彻底地进行讨论。

通过谈判确定的转移定价 在没有市场价格时，有些组织允许作为供需双方的责任中心通过谈判来确定转移价格。**通过谈判确定转移价格**（negotiated transfer prices）反映了责任中心具有可控性的内在本质，因为每个部门最终要对通过谈判确定的转移价格负责。然而，通过谈判确定转移价格进而确定生产决策，反映的可能是双方的谈判技能，而不是经济因素。

通过谈判确定转移价格也存在一些问题，因为这种双边谈判导致供给方希望价格高于最优价，需求方希望价格低于最优价。当实际的转移价格与最优价不一致时，组织作为一个整体将受到损害，因为在两个部门之间转移的数量低于最优量。

通过行政确定转移价格 仲裁者或经理应用政策确定**行政性转移价格**（administered transfer prices），例如，比市场价低 10% 或在全部成本的基础上加 5%。当某种交易经常发生时，组织通常会应用行政手段确定转移价格。然而，这样的价格既没有像基于市场价格或成本的转移定价那样反映纯经济考虑,也没有像经过谈判的转移定价那样反映可信度的考虑。表 11-6 总结了转移定价的 4 种主要方法。

表 11-6 转移定价方法总结

方　法	基于市场	基于成本	通 过 谈 判	通过行政命令
采取的措施	市场价格	产品成本	直接谈判	运用规则
优点	如果存在市场价格,那么它一定是客观的,并且具有适当的经济意义。	由于成本核算经常用于会计系统,所以比较容易实行。	反映了在成本中心控制下的可信度及可控性。	很容易实行,并且避免了在转移价格关系中双方的矛盾冲突。
缺点	市场可能不存在,或者由于商品难以分类,从而导致价格难以确定。	由于存在多种可能的成本类型,并且除边际成本外,其他成本不能提供准确的经济信号。	可能导致不能带来最大经济利益的决定。	可能违背责任方法的精神。

基于公平考虑的转移定价

行政性转移价格通常以成本为基础,也就是说,转移价格是成本加成或市价减成。因此,转移价格具有某种市场价格的机能。然而行政性转移价格有时是基于公平性考虑的。这种考虑始终是围绕对于总收入或总成本的合理分布来定义的。

例如,有三个责任中心的经理需要使用仓库。每位经理都进行了调查以确定能满足责任中心需要的单个仓库成本。成本如下:经理 A 为 300 万美元;经理 B 为 600 万美元;经理 C 为 500 万美元。一位开发商建议经理们将他们需要的仓库整合成一个大的仓库,这个仓库只需要 1 100 万美元,从而可以节约 300 万美元。问题是各个部门如何分配仓库的使用成本。

有一种选择方法,有时被称为相对成本法,就是每位经理都承担与自己的选择机会成比例的那部分仓库成本。这会带来如下的成本分配:

  经理 A 承担的份额＝11 000 000×3 000 000/14 000 000＝2 357 143(美元)
  经理 B 承担的份额＝11 000 000×6 000 000/14 000 000＝4 714 286(美元)
  经理 C 承担的份额＝11 000 000×5 000 000/14 000 000＝3 928 571(美元)

从对称的意义上来说,这个计算过程是公平的。各方受到公平对待,其分配反映了每个部门使用仓库的比例。另外一种体现了偿付能力的公平原则的方案是基于每位经理从仓库使用中的获利进行成本分配。还有一种反映公平分配原则的方案是给每位经理分配仓库成本的 1/3。成本分配的每一种方案都从不同角度反映了公平性。

回到厄尔汽车公司的例子。公司可能要求汽车改装部以市场价格的 80% 的水平与新车销售部和旧车销售部交易。这似乎是合理的,可能反映了解决基于市场和基于成本的转移定价的问题时所使用的一种实际的方法,但是这个原则是武断的,因此提供了在汽车改装部与那些和它交易的其他部门之间的收入和成本的武断分配。这种转移定价必然会在责任中心中产生交叉补贴。补贴会使对责任中心的利润的正常经济解读受到影响,而且如果某些责任中心的成员认为这些规则不公平,则会对激励造成不利影响。

11.6 投资中心资产的分配和评估

当公司用投资中心来评价责任中心的业绩时,会遇到与利润中心相同的各种问题,以及投资中心特有的一些新问题。这些新问题是关于如何确定和评价每个投资中心所使用的资产。这个问题至今仍没有明确的答案。

在确定一个责任中心所使用资产的水平时,管理会计师必须对下列责任进行分配:①共同使用的资产,如现金、房屋和设备;②共同创造的资产,如应收账款。决策者将组织的资产分派给投资中心时,必须确定资产的价值。应当使用哪些成本呢?是历史成本、净现值、替代成本还是可变现价值?上述各种成本选择方案都有自己的理论基础(读者可参考高级成本会计教材作进一步的了解)。

经营部门间收入、成本和资产分配的最终结果是计算各部门的投资回报率。要考虑这个问题,我们需要考虑杜邦公司。杜邦公司是最早使用投资回报率准则并从中获利最大的公司,而投资回报率是组织评价投资中心绩效时最常用的方法。

11.7 投资回报率的效率和生产率要素

伴随着杜邦公司19世纪末期飞速增长而来的最大的挑战之一,是要寻找一种方法来处理由不同作业和经营引起的复杂的结构。当时,大多数组织都是单一的产品经营。这些组织通过考虑销售利润率和生产能力利用率对组织的投资水平进行评估。然而,作为一个多元化的公司,杜邦公司率先系统地采用了投资回报率的方法来评估不同经营领域的赢利能力。杜邦公司实施财务控制的方法见图11-3。杜邦公司实际用来总结经营

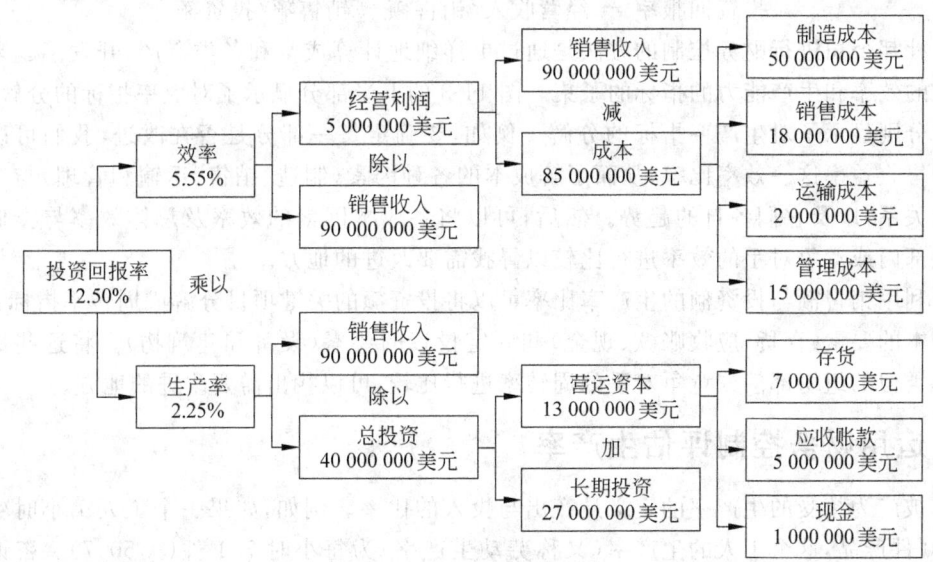

图11-3 杜邦公司的投资回报率控制系统

活动的表格非常详细,包括每月都更新的 350 张大图表,这些图表在总部大楼的一间大型图表室中永久展示。

投资回报率(return on investment)是经营收益和投资额的比率,这是被最广泛引用和使用的财务比率之一,其中对于收入和投资存在不同的定义。

$$投资回报率 = 收入/投资$$

$$投资回报率(ROI) = 收入/投资$$

$$投资回报率 = 收入/销售额 \times 销售额/投资$$

收益占销售额的比率(又称销售收益率或销售毛利)是衡量效率的指标。效率是指在给定的销售水平下控制成本的能力。销售额占投资额的比率(通常称为资产周转率)是衡量生产率的指标。生产率是指在给定的投资水平下创造销售业绩的能力。

股东往往会计算企业的投资回报率来了解权益资本回报率。他们有可能将这一比率分解为如下所示的各个组成部分:

$$权益资本回报率(ROE) = 净收入/销售额 \times 销售额/资产 \times 资产/权益资本$$

销售额占资产的比率(通常称为资产周转率)衡量的是**生产率**(productivity):它反映了在给定的资产水平下实现销售的能力。资产占权益资本的比率是衡量财务杠杆的指标。

在评估运营经理的绩效时通常会省去资产对权益资本的比率,从而使得权益资本回报率这一衡量指标变为资产回报率的衡量指标。

$$资产回报率(ROA) = 净收入/销售额 \times 销售额/资产$$

在评价投资中心的经理对于自己所控制的投资中心的资本的投资回报率时,有可能使用收入或投资的其他定义。杜邦公司的财务控制系统侧重投资回报率并将该指标分解为两个要素:评价效率的收益指标;评价生产率的周转指标。下面的公式说明了这一概念:

$$投资回报率 = 经营收入/投资额$$

$$投资回报率 = 经营收入/销售额 \times 销售额/投资额$$

杜邦公司进行财务控制的方法是通过更详细地计算成本和各类资产,开发了越来越详细的效率和生产能力的指标的子集。图 11-3 的上半部分显示了对效率指标的分解,下半部分则显示了对生产率指标的分解。例如,要确定每一部分是否在改进,我们可以考察销售收益率这一效率比率,从而了解成本的各种因素(制造、销售、运输和管理)与销售额的关系,以及它们各自的趋势。然后,可以将各成本因素的效率及总体效率与类似的组织部门或竞争对手的效率进行比较以寻找需要改进的地方。

利用销售额与投资额的生产率比率可以将投资额的关键项目分解成周转率指标:流动资本的要素(存货、应收账款、现金)和固定投资的要素(设备和建筑物)。将这些周转率与类似的组织部门或竞争对手的周转率进行比较,可以找出需要改进的地方。

运用财务控制评估生产率

被广为接受的生产率的定义是产出与投入的比率。例如,如果一个工人 7 小时生产了 50 件产品,这个工人的生产率(又称劳动生产率)为每小时 7.1 件(=50/7)。咨询公司、会计师事务所、医院和贸易组织等劳动密集型产业对劳动生产率进行严格的管理,因因为劳动成本在总成本中占很大的比例。

组织针对生产中的所有要素(包括人、原材料和设备)制定生产率标准。例如在渔业中畅销的最终产品的重量与未加工鱼的重量的比率为30%。最终产品的原材料占原材料总量的比率称为原材料生产率或产出。大多数自然资源产业中的组织都非常关注原材料生产率,因为原材料成本占总成本的比例很高。例如,美国韦尔顿钢铁公司(Weirton Steel)曾经预计其原材料产出率每增长一个百分点,经营成本就会减少470万美元。这是组织运用原材料产出率等财务控制数字来了解基本的制造活动的运行状况的一个实际例子。

最后,很多进行持续的工序活动的组织(如造纸厂)对机器的生产率进行控制。机器的投资代表了对生产率投资的大部分固定成本,其收益取决于这项生产率的利用。同样,机器生产率等指标为组织提供了将生产结果与财务成果联系起来的一种有效的方法。

对投资回报率方法的质疑

尽管投资回报率这种财务控制方法很受欢迎,仍有一些人提出了批评。有些批评者认为任何财务措施的单独使用对于有效控制来说范围都过于狭隘了。他们指出,最有效的控制方法是管理和评估组织的关键成功因素,如质量、服务以及员工的知识和技能。

实例

咨询公司的劳动生产率

咨询公司认真地追逐和管理劳动力成本,因为劳动力成本不仅是其主要的成本,而且这些成本是可以控制的。咨询公司经常使用的一个测量指标是账单工时占支付工时的比率。这个指标之所以能够有效地测量生产率,是因为它用产出指标(账单工时)除以投入指标(支付工时)。在这方面有很多变异,但是它们的目的都是一样的:有效地利用资源来实现组织的财务目标。

实例

航空业中生产率的管理

租用付款和飞机折旧等飞机成本在航空业是主要的成本。因此,航空公司非常重视被航空业称为上座率的用来衡量生产率的指标。上座率等于航班的乘客数(参见下表中的乘客一栏)除以航班上的座位数(参见下表中的座位一栏)。这个指标的问题在于它可以通过大幅增加折扣得到极大的提升。为此,航空业很重视每位乘客飞行里程平均收入。下面是从法国航空公司/KLM 集团 2010 年 5 月 9 日财务更新表中截取的一部分。"每 RPK 单位收入"是指每位乘客公里飞行里程的平均收入(欧元),"每 ASK 单位收入"是指每个座位的公里飞行里程的平均收入(欧元)。仔细阅读表中最后两栏的数字。每个座位的公里飞行里程的平均成本超过了每个座位的公里飞行里程的平均收入,这对于航空公司来说显然是不利的。

	截至 3 月 31 日的整个年度		
	2010 年	2009 年	变化率/%
乘客(RPK 百万人)	202 455	209 060	(3.20)
座位(ASK 百万个)	251 012	262 356	(4.30)
上座率/%	80.70	79.70	1.0pt
乘客收入总额/百万欧元	16 267	18 832	(13.60)
计划内乘客业务的收入/欧元	15 489	17 937	(13.60)
每 RPK 单位收入/欧元	7.65	8.58	(10.80)
每 ASK 单位收入/欧元	6.17	6.84	(9.70)
每 ASK 单位成本/欧元	6.46	6.78	(4.60)

另一些人承认财务指标的必要性,但指出投资回报率指标存在缺陷。他们指出,追求利益最大化的组织应当在利润降低的时候持续投资,直到资产的边际成本等于投资的边际回报。然而不幸的是,以投资回报率为基础的财务控制并没有产生这样的结果。

我们以一位被基于投资回报率进行评估的经理为例。假设目前的投资回报率为 15%,这位经理计划进行一项投资回报率为 12% 的投资。他有可能会放弃这一投资机会,因为这项投资会降低部门投资的总回报,从而与组织的利益最大化原则相矛盾。如果组织的资产成本为 10%,那么经理很可能会接受这项投资,因为预期收益率高于投资的资本成本率。

运用剩余收益

人们针对投资回报率的上述批评作出的反应是创造了另一个投资原则。剩余收益等于报告的会计收入减去得来该收入的投资的经济成本。例如,如果某部门的收入是 1 350 万美元而该部门使用了 1 亿美元的资本,占平均成本的 10%,则可以通过以下方法计算剩余收入:

$$剩余收入 = 收入 - 资本成本 = 13\,500\,000 - 100\,000\,000 \times 10\%$$
$$= 3\,500\,000(美元)$$

与投资回报率一样,剩余收入评估与被要求用来获得收益的投资水平有关的收益。

但与投资回报率不同的是,剩余收入不会促使经理们放弃那些超出资本成本预期的投资。在剩余收入原则下,经理们可以采取任何必要的措施来尽可能地增大经济附加值。例如,上面提到的例子,当资本成本为 10% 时,经理面临的一个投资机会的预计回报为 12%。如果该项目要求投资 1 亿美元,则接受该项目会产生剩余收入,预期收益是 200 万美元。因此如果用剩余收入来评估,经理就会接受这个投资机会。

咨询顾问斯特恩·斯图尔特(Stern Stewart)开发了一种被称为**经济附加值**(economic value added,EVA®)的所有权工具,这是对剩余收入概念的升华。经济附加值对于报告的收入和资产水平进行修正,很多人认为保守的财务公认会计原则得出的近期结果会造成有偏见的结果。例如,公认会计原则要求将研发成本计入当期成本;但是在计算股东价值分析收入时,研发成本需要资本化并且在一段时间内(如 5 年)摊销。如上所述将公认会计原则下计算的收入调整为股东价值附加值收入的目的是使得出的收入额能更好地反映组织的长期获利能力。

组织可以使用经济附加值来根据自己所要求的投资水平识别对组织回报做出贡献的产品或者是生产线。这些组织运用作业成本法分析将资产和成本分配给单个的产品、服务或顾客。这使得它们能够计算产品、生产线或顾客的经济附加值。

组织还可以运用经济附加值来评估经营战略。桂格公司是一家食品制造商。1992 年 6 月,它通过运用经济附加值做出了停止进行中转运输的决定。在食品行业中,中转运输是指通过促销的方法从顾客那里获得在两三个月内提供食品的订单。中转运输每季度都达到了生产的顶峰。相反,销售则需要大量的资产,包括存货本身、仓库以及配送中心。顾客用较高的价格支付由于存货周期引起的存货的较高成本。《财富》杂志上的一篇文章[①]预测说,中转运输占在制造商和顾客之间进行周转运输的货物的开支的 1 000 亿美元中的 750 亿美元。并且,美国消费者每年花在杂货上的开支是 4 000 亿美元,而维持这个杂货还要加上 200 亿美元。

实例

组织出于不同的原因采用经济附加值

SPX 公司为汽车业提供特殊维修工具和原始设备的零部件。SPX 公司在 1995 年的年度报告中列出了采用股东价值分析的下列原因:
- 它一视同仁地对待股东和管理层的利益,从而鼓励 SPX 公司的员工像主人翁一样思考和行动。
- 它易于理解和实施。

---

① Patricia Seller,"The Dumbest Marketing Ploy," *Fortune*(October 5,1992):88-94.

- 它与改善经营方面的努力是契合的,因为成功离不开经济增加值的持续改善。
- 与其他所有经营绩效指标相比,它更为接近市场价值。
- 它通过经济附加值改善目标与投资者的期望直接联系在一起。
- 它通过使用奖金银行和事先确定的改善目标,将重点放在长期绩效上。
- 它为绩效衡量、决策支持、薪酬和沟通提供了共同的语言。

上面第6点中提到的奖金银行的概念尤其有趣。在绩效超出经济增加值目标的年份中,奖金总额的2/3将被存入奖金银行中,仅当在后续的年度中管理者实现了经济附加值目标时才可以发放。如果绩效没有达到目标,那么奖金为负数,将从奖金银行中扣除。奖金银行将名义上的短期绩效指标和奖励转换成了更为长期的指标。

经济附加值分析表明虽然销售水平可能因与中转运输相关价格的丧失而降低,公司与其贸易伙伴通过放弃较高的存货水平和必需的仓库可获得更高的收益。同样,超过生产极限生产食品降低了所需的生产率水平。桂格公司通过以效率和循环次数而不是年终销售额作为发放奖金的基础,激励经理们放弃中转运输。

经济附加值在组织中变得日益重要的指标是被任命来处理组织中实现经济附加值的人员的级别。例如,1995年,奥林公司(Olin Corporation)的新任总裁兼首席执行官在上任时担任公司的经济附加值领导团队的负责人。经济附加值的结果为我们提供了可以应用在组织各个层面的财务控制的有趣视角。然而,应当谨慎地对待这些问题。与投资回报率的计算一样,要想成为一种有效的激励和评估工具,经济附加值分析要求按照分析的重点把资产、收入和成本分配给部门、生产线、产品或顾客。这是一个复杂的过程,并且可能会出现问题。然而,许多组织相信,这些问题可以得到解决,而且经济附加值分析所提供的视角是值得为之付出努力的。

11.8 财务控制的效用

尽管财务控制被广泛地运用,许多人仍然怀疑它的真实性和有效性。他们批评说,在关于组织兑现对股东的承诺方面,财务的信息是过时的并且是高度概括的。同时,这个信息既没有衡量财务成果的动力,也没有衡量组织在兑现其对股东承诺方面做得是好是坏,而这一点正是衡量未来财务业绩的一个主要指标。

财务控制也许不是有效的控制计分卡,下面给出了三个原因。

1. 首先,它强调无法衡量组织其他重要特征的财务指标,如产品质量、开发产品的速度、客户服务、为员工提供能激励他们工作环境的能力以及组织履行其法律和社会责任的程度。因为这些因素对于组织的长期成功来说是至关重要的,所以它们也应当得到衡量和监控。支持者则指出财务控制指标仅仅是组织如何达到其财务业绩目标的总结果。财务控制的缺点使得我们要采用平衡计分卡(在第2章介绍过)。我们知道,平衡计分卡运用一系列的非财务的业绩指标——顾客要求、流程特点、学习和成长来解释并预测财务结果。因此,平衡计分卡提供了一种管理财务结果的手段。在组织将注意力完全集中在财务结果上时,它并不是一种可能的方式,因为财务结果是对于发生了什么而不是为什么发生的综合评价。

2. 财务控制衡量了在一些关键的成功因素上达到的总体业绩水平的财务影响,它忽略了在个别关键因素上取得的业绩。因此,许多人相信财务控制在如何增进一些对成功至关重要的要素方面的业绩没有什么作用。有人批评说,财务成果最多只是作为一个泛泛的指标,来表明组织在成功的要素方面对任务的管理水平。支持者则指出,有效的控制应当从衡量和管理可以带来财务回报的要素或程序开始,而不是从衡量财务回报本身开始。第 2 章介绍的平衡计分卡通过重视财务结果(如投资回报率)和产生财务结果的过程业绩指标(如员工技能、知识和满意度,顾客满意度,循环次数,改进和创新的速度以及质量)解决了这个问题。

3. 财务控制通常定位于短期的利润业绩。它很少强调长期的改善或是趋势分析,主要考察一个组织或一个责任中心在一年或一个季度的表现。这是由于滥用了财务控制的结果而不是财务控制本身固有的缺陷。过分强调短期财务成果会使人疲于奔命,而并没有带来多大的效果。它造成了一种管理短期财务成果的氛围,这种氛围压抑了能够带来长期成功的各级管理人员和员工的创新能力。这在培训、设备采购和流程改造方面的投资中尤为明显。公共组织私有化的一个重要原因就是它给管理高层提供了控制长期结果的一个机会,而不是被迫不恰当地关注由财务分析人员提出的短期数据。

最为基本的问题在于财务会计模型假设当期支出的所有后果都在期末财务指标中反映出来了。对于经营资源的支出来说,是可以如此假设的,但是当公司为了改善"无形资产"(如顾客关系、流程质量和可靠性、新产品、员工能力和激励以及数据库和信息)而支出时,它就行不通了。相应的支出被记录下来了,但是大多数好处要在未来才能显现。因此财务小结无法准确地衡量当期创造的价值(因为一些或者说很多好处要到未来才会显现)。反过来也是一样。公司有可能削减无形资产的支出。当期的财务结果由于支出的下降将得到改善,但是价值方面的损失(客户流失、流程中断、新产品匮乏,当然,员工的士气也会低落)要到未来才会看得到。平衡计分卡在这方面显然可以发挥重大作用,它能够追踪未来的财务绩效的驱动力,使我们有可能在当期反映对于无形资产的投资。

总的来说,我们应当如何解读财务控制的方方面面呢?财务控制在控制过程中是一个重要的工具,如果使用得当,财务结果可以在很大程度上帮助我们评估组织的长期生存能力并找出需要改进的地方。这个工具必须在其他工具的支持下发挥作用,因为它仅仅是对业绩的一个总结。

财务控制并不试图衡量对组织的股东和组织的长期成功来说至关重要的其他方面的业绩。然而,它提供了确定组织的战略和决定能否提供可接受的财务回报的一种总体评价。组织也可以运用财务控制来比较一个部门与另一个部门的结果。这个财务标杆基准指标说明了组织的经营系统是否足以传达理想的结果,该系统旨在管理、评估和提升关键的成功因素的绩效。

11.9 尾声：Adrian's Home Services

阿德里安请 AHS 的高级分析师帕特·鲁比诺夫(Pat Rubinoff)研究一下表 11-1，找出提高赢利能力的办法。经过一番调查研究，帕特向阿德里安介绍了下列有助于更好地了解 AHS 的业务活动的赢利能力的观察结果。

1. 表 11-1 中包括的一项资产是阿德里安以每年 1 美元的租金从 AHS 租赁的一处住宅。帕特认为这一账面价值为 250 000 美元的物业应当从 AHS 的暖气部门的资产基础中移除。维护该住宅的成本大约为 65 000 美元，它包含在 AHS 的未分配成本中。与该房屋有关的所有事项及相关成本都有记录，并且被视为 AHS 的酬劳的一部分。帕特建议将该物业从业务报表中移除，相应地将其成本从未分配成本中移除。

2. AHS 每年向各种社区慈善事业捐助 400 000 美元。这些捐款被平均分配给 4 个业务领域，并被包括在每个业务部门的销售和管理成本中。帕特建议从每个经营单位的成本中减去 100 000 美元。

3. 未分配的销售和管理费用中包括一笔 500 000 美元的庭外和解费，这是赔偿给一位在 AHS 的水泥罐车倾翻事故中受伤的人的。帕特认为这笔款项应当从表 11-1 中移除以反映持续的利润潜力，因为如今 AHS 已经投保了覆盖类似事故的保险，而且肇事的水泥罐车也被锁在了安全的地方。

4. 帕特最后观察到暖气部门的资产基础中包括与燃油加热服务相关的 250 000 美元的闲置资产，这项服务暖气部门目前已经不再提供了。帕特认为这些资产可以按照账面价值出售。

表 11-7 反映了帕特所建议的调整的结果以及调整后的财务比率。

表 11-7　Adrian's Home Services：再分析和杜邦分析　　　　　　　　　　　　　　　　美元

	暖气	空调	管道	电气	未分配	公司总计
销售收入	1 546 000	2 344 670	5 340 000	3 423 000		12 653 670
销货成本	870 000	1 384 000	3 245 000	2 198 000		7 697 000
毛利	676 000	960 670	2 095 000	1 225 000		4 956 670
销售和管理费用	34 500	356 000	1 224 500	554 000	2 480 000	4 649 000
利润	641 500	604 670	870 500	671 000		307 670
资产	626 000	958 000	2 176 000	1 127 000	297 000	5 184 000
股东权益						2 875 000
利润比销售额/%	41.49	25.79	16.30	19.60		2.43
销售收入比资产	2.47	2.45	2.45	3.04		2.44
ROA/%	102.48	63.12	40.00	59.34		5.93
资产比权益资本						1.80
ROE/%						10.70

认真分析表 11-7 之后，帕特就毛利数据得出了一些重要的结论。在所有的 4 个业务部门，利润与销售收入的比例大约都比行业标准低 5%。帕特将这归结为支撑 AHS 高品

质声誉的较高的人工和材料成本。考虑到需求经常超过 AHS 的生产能力，帕特建议阿德里安将价格整体提高 7% 以使得利润与销售收入的比例更为接近行业标准。表 11-8 总结了价格提高 7% 预计将得到的结果。

帕特在研究 4 个业务部门的销售收入与资产的比例时发现，只有电气部门与行业标准存在明显差距，远远低于行业 4.00 的平均水平。经过一番调查之后，帕特发现电气部门的业务中存在需要对资产进行大量投资的低利润率板块。帕特建议放弃这部分业务。这么做会损失毛利率为 25% 的大约 500 000 美元的销售收入。放弃这部分业务之后，电气部门可以按照账面价值出售 200 000 美元的资产。因此，销售收入、销货成本和资产的减少将分别为 500 000 美元、375 000 美元[500 000×(1-0.25)]、200 000 美元。表 11-9 给出了最终的结果。

表 11-8　Adrian's Home Services：价格提升和杜邦分析

	暖气	空调	管道	电气	未分配	公司总计
销售收入/美元	1 654 220	2 508 797	5 713 800	3 662 610		13 539 427
销货成本/美元	870 000	1 384 000	3 245 000	2 198 000		7 697 000
毛利/美元	784 220	1 124 797	2 468 800	1 464 610		5 842 427
销售和管理费用/美元	34 500	356 000	1 224 500	554 000	2 480 000	4 649 000
利润/美元	749 720	768 797	1 244 300	910 610		1 193 427
资产/美元	626 000	958 000	2 176 000	1 127 000	297 000	5 184 000
股东权益/美元						2 875 000
利润比销售额/%	45.32	30.64	21.78	24.86		8.81
销售收入比资产	2.64	2.62	2.63	3.25		2.61
ROA/%	119.76	80.25	57.18	80.80		23.02
资产比权益资本						1.80
ROE/%						41.51

表 11-9　Adrian's Home Services：放弃电气部门的部分业务后的结果

	暖气	空调	管道	电气	未分配	公司总计
销售收入/美元	1 654 220	2 508 797	5 713 800	3 162 610		13 039 427
销货成本/美元	870 000	1 384 000	3 245 000	1 823 000		7 322 000
毛利/美元	784 220	1 124 797	2 468 800	1 339 610		5 717 427
销售和管理费用/美元	34 500	356 000	1 224 500	554 000	2 480 000	4 649 000
利润/美元	749 720	768 797	1 244 300	785 610		1 068 427
资产/美元	626 000	958 000	2 176 000	927 000	297 000	4 984 000
股东权益/美元						2 875 000
利润比销售额/%	45.32	30.64	21.78	24.84		8.19
销售收入比资产	2.64	2.62	2.63	3.41		2.62
ROA/%	119.76	80.25	57.18	84.75		21.44
资产比权益资本						1.73
ROE/%						37.16

阿德里安对这一分析结果感到震惊,打算采纳帕特的建议,并且对于未来的财务结果充满憧憬。

11.10 本章小结

本章探讨了财务控制的范围和性质,这种方法通过依靠内部和外部的财务信息来评价经营和管理。

企业利用财务控制信息来评价流程和组织部门完成预期目标的情况。第 10 章介绍了企业如何利用预算和差异分析来评估各经营部门和流程的绩效。本章考虑了各类责任中心以及财务信息在评估组织部门的绩效中的作用。在评估一个组织部门的利润贡献时,企业使用转移价格在各个利润贡献部门之间分配收入。

作业

思考题

11-1 什么是财务控制?
11-2 内部财务控制与外部财务控制有何区别?
11-3 什么是分权?
11-4 在分权组织中,控制指的是什么?
11-5 什么是责任中心?
11-6 什么是成本中心?
11-7 在收入中心中指定的责任是什么?
11-8 组织什么时候应当使用利润中心?
11-9 什么是投资中心?
11-10 可控性原则有哪些要求?
11-11 责任中心之间如何发生相互作用?
11-12 部门毛利指的是什么?
11-13 什么是会计中的软数字?
11-14 什么是转移价格?
11-15 确定转移价格的四个基础是什么?
11-16 为什么组织要将收入分配到各责任中心?
11-17 为什么组织要将成本分配到各责任中心?
11-18 什么是投资回报率?
11-19 效率(营业利润与销售收入的比率)是如何影响投资回报率的?
11-20 生产率(销售收入与投资额的比率)是如何影响投资回报率的?
11-21 剩余收入是如何计算的?

11-22 经济附加值与剩余收入有何区别？

11-23 举出具体的例子来说明企业是如何利用经济附加值来评估自己对于产品线或部门的投资的，或者是如何利用经济附加值来评估经营战略的。

11-24 仅依靠财务控制只能得到无效率的控制计分卡的三个原因是什么？

练习题

11-25 **分权中的问题**　分权在组织中造成了哪些控制问题？

11-26 **大学的责任中心**　举出一个大学的责任中心的例子。

11-27 **成本中心**　举出一个作为成本中心的责任中心的例子。

11-28 **收入中心**　举出一个作为收入中心的责任中心的例子。

11-29 **投资中心**　基于你对一个大型连锁百货商店管理水平的认识，你是否同意将其经销渠道视为投资中心？在经销渠道中的维修部门呢？在商店中的一个单独部门呢？

11-30 **跨国公司与投资中心**　许多跨国公司在它们经营的国家和地区设立了完全控制的子公司，这些子公司是投资中心吗？

11-31 **责任中心**　说出快餐店的三个责任中心，并解释它们是如何相互作用的。

11-32 **可控性**　根据你的理解，以下哪项因素是一家电影院的经理可以控制的——成本、收入、利润和投资？

11-33 **计算部门收入**　一家经营家居服务的公司提供装修、暖气、空调和管道服务。假设你正在计算装修部门的收入，在计算的时候，你会遇到什么样的问题？

11-34 **可控性和评估**　假设你是某健身中心的一家连锁店的经理。举出一项你可以控制的成本，再举出一项你无法控制的成本。为什么在这种背景下，区分可控成本和不可控成本是重要的？

11-35 **可控性和激励**　举出采用可控性原则会产生激励效果的情形，再举出停止采用可控性原则会产生激励效果的情形。

11-36 **转移价格选择的后果**　McCann公司有两个部门：部门C和部门D。部门C生产并向部门D出售零件C82，同时也向外部市场以50美元的单价出售该零件。部门C的生产能力是每年生产400 000个C82。部门C的固定成本是每年5 000 000美元，其单位可变成本如下所示。

	美元
直接材料	20
直接人工	12
可变间接费用	8

零件C82是部门D所生产的唯一产品的关键部件。部门D每年销售200 000个产品，单价为120美元。部门D的固定成本是每年4 000 000美元，除零件C82的成本以外，其单位可变成本如下所示。

		美元
直接材料		10
直接人工		25
可变间接费用		10

要求：

假设外部市场对于部门C的需求目前是每年150 000个。如果部门D不再从部门C采购，而是从外部市场以50美元的单价购买所需的200 000个C82零件，那么McCann公司的收入将下降多少？你建议转移定价应为多少才能促使两个部门都希望部门D从部门C采购零件C82而不是从外部市场采购？

11-37 国内和国际转移定价 组织想要通过使用一套转移定价系统来支持国际转移定价并通过另一套国内转移定价系统来达到激励的目标。你为什么认为组织不能使用两套转移定价系统：一套是出于国际税收的目的；另一套是出于激励的目的。给出一个原因。

11-38 选择转移价格 在一家砍伐树木并将原木加工成木材或者用来造纸的组织中，如何选择原木的转移定价？

11-39 选择转移价格 在一家渔业产品公司，捕捞部门负责捕捞并将鱼送往加工部门，加工部门将加工好的鱼送往销售部门卖给顾客。你如何确定捕捞部门和加工部门，以及加工部门和销售部门之间合适的转移价格？

11-40 运用基于市场的转移价格 在运用以市场为基础的转移价格时，主要的优势和主要的障碍分别是什么？

11-41 软数字 为什么会计人员会有软数字的说法？

11-42 分配成本 一家商店分为4个部门：汽车产品、家居产品、油漆和家具。你如何分配诸如各部门折旧这样的房屋成本？

11-43 投资回报问题 格林公司（Green Company）收集了以下三个部门的信息：

		美元
部门	投资的历史成本	部门经营利润
X	560 000	66 500
Y	532 000	64 400
Z	350 000	43 120

要求：

（1）假设资本成本为10%，计算每个部门的投资回报率和剩余收入。

（2）假设每个部门的净投资账面价值是历史成本的一半。使用净投资账面价值作为投资值，计算资本成本为10%时每个部门的投资回报率和剩余收入。

（3）评价（1）和（2）下各部门的排序。

（4）如果部门经理按照部门的投资回报率和剩余收入得到奖励，他们每年会寻找投资新的、成本更高的设备吗？

11-44 投资回报率 埃塔公司(Eta Company)希望了解公司三个部门的销售边际、资产周转率和投资回报率。三个部门的信息如下。

美元

部门	投资部门	运营收入	销售收入
E	575 000	75 000	500 000
F	700 000	91 000	542 000
G	1 000 000	176 000	763 000

要求：
(1) 计算每个部门的投资回报率、销售边际和资产周转率。
(2) 根据(1)的计算结果评价三个部门的排名。
(3) 假设所需的投资回报率为8%，计算每个部门的剩余收入。

11-45 投资回报率的改变 部门Q目前的周转率是2，销售收益率为0.8。该部门正在考虑开展一项促销活动，它可以将目前的销售收益率提高20%，但是周转率会因而降低20%。

要求：
(1) 如果部门Q开展了这项促销活动，那么投资回报率会增加或降低百分之多少？
(2) 如果部门Q开展了这项促销活动，那么要想实现投资回报率增加10%的目标，销售收益率需要提高百分之多少？

11-46 投资回报率和剩余收入 VI部门的投资额为1 400 000美元，一些相关信息如下。

美元

部门销售收入	900 000
减：部门费用	480 000
部门收入	420 000

VI部门所在公司的资本成本是10%。

要求：
(1) VI部门的投资回报率是多少？
(2) VI部门的剩余收入是多少？

11-47 投资回报率的特征 营利组织都有至少获得最低投资回报的要求。一些公司依靠很高的利润与销售收入的比率。其他公司则依靠很高的销售收入与投资额的比率。举出这两类公司的例子，并解释这个特点对公司来说意味着什么。

11-48 生产率 举例说明为什么在计算生产率的时候使用产品数量而不是产品价值会引起误导。

11-49 计算剩余收入 一家企业的投资者要求在税后保持8%的投资回报率。该企业上报的投资额为2 000万美元，其税后收入为100万美元。该企业的剩余收入是多少?

11-50 多产品公司的剩余收入 基于对经营的分析,一家生产运动产品的公司得出其来自高尔夫、滑雪、网球和足球产品的收入分别为 350 万美元、780 万美元、260 万美元和 170 万美元。会计师认为这些产品的投资水平分别为 3 500 万美元、5 000 万美元、4 500 万美元和 2 300 万美元。运用剩余收入分析评价每种产品的业绩,假定该组织要求 10% 的投资回报率。

综合题

11-51 选择责任中心类型 针对下列每个部门,确定其最合适的责任中心形式是成本中心、利润中心还是投资中心,并说明你做出这种选择的理由。
(1) 医院里的实验室
(2) 百货商店中的餐厅
(3) 保险公司中的计算机服务部门
(4) 工厂中的维修部门
(5) 邮件递送公司中的客户服务部门
(6) 大城市中为进行配送而储藏商品的仓库
(7) 一家多种经营集团中的出版公司

11-52 将共同成本分配给成本中心 如果你决定将一个工厂分为若干成本中心,你如何把工厂建筑的折旧费分配给每一个责任中心?

11-53 运用可控性原则 可控性原则是被普遍接受并长期使用的观点之一,它认为组织单位和个人应当只对自己控制的事物负责。

要求:
(1) 对于你选择的任何一项工作,举例说明你被期望控制的事物和不应该控制的事物。
(2) 你能否举一个你为无法控制的项目负责而促使你采取了可取的行动的例子?

11-54 部门毛利 下面给出了派瑞根公司(Paragon Company)三条产品线的信息:

美元

	产品线		
	1	2	3
收入	7 160 000	1 900 000	4 200 000
销售收入中变动成本所占比例/%	60	50	40
其他成本	859 200	237 500	693 000
被分配的可避免成本	349 000	156 000	698 000
被分配的不可避免成本	570 800	206 500	24 000

要求:
(1) 为派瑞根公司编写一份部门毛利报表。

(2) 说明为什么在解释一个公司部门上报的部门毛利时必须非常谨慎。

11-55　放弃不赢利的部门　在网上搜索"关闭业绩不佳的商店"或者类似的关键词来找到一个公司关闭其不赢利的商店或其他部门的例子。解释该公司关闭不赢利部门，提高其他部门赢利性时考虑的因素。

11-56　转移价格和部门自主权　假设你是某个政府部门的主计长。某个被审计部门的经理认为审计组为其审计服务索取的转移价格不合理。这位经理说："如果我必须支付这些审计服务的费用，我应该被允许从外面的公司购买这样的服务，它们索要的审计服务费更低廉。"如果要求你来调解这个争端，你会怎么做？

11-57　转移价格和外部机会　迪西拉托电子公司(Deseronto Electronics)生产计算机主板。公司分为生产部门和程序调试部门。生产部门生产主板，而程序调试部门则按照顾客的不同要求进行调试。

每个主板的平均总成本在生产部门和程序调试部门分别为 450 美元和 150 美元。主板的平均销售价格为 700 美元。公司已动用全部生产能力组织生产，增加产量是不可行的。

在过去，两个部门的经理协商确定转移价格，平均转移价格为 500 美元左右，从而每块主板使生产部门获利 50 美元，而程序调试部门获利 100 美元。每位经理都根据其部门上报的利润获得相应的奖金。

生产部门的经理卡伦·巴顿(Karen Barton)声称不愿再向程序调试部门提供主板。科拉电子公司(Koala Electronics)的高级采购经理萨姆·德雷珀(Sam Draper)表示愿意以每块 650 美元的价格购买卡伦所在部门生产的所有主板，并愿意签订长期合同。卡伦·巴顿表示由于在内部销售的基础上销售成本和分配成本较低，她愿意以每块 625 美元的价格向程序调试部门提供主板。程序调试部门的经理尼尔·威尔逊(Neil Wilson)拒绝了这一提议，因为这样的转移价格将使程序调试部门蒙受损失。

尼尔向总经理香农·麦克唐纳(Shannon McDonald)求助，要求禁止卡伦对外销售主板。尼尔指出，初步调查显示，他无法以低于每块 640 美元的价格从外部购买主板。因此，允许卡伦对外销售主板将会使尼尔所在的部门遭受重大的打击。

要求：
(1) 你会建议采取什么样的转移价格？为什么？
(2) 你对程序调试部门有何建议？

11-58　投资回报率　FX 公司零件部门的经理米歇尔·拉缇瑞兹(Michelle Gutierrez)正在考虑其部门的一项新投资。部门现有投资额为 4 000 000 美元，经营收入为 600 000 美元。这项新投资为 500 000 美元，符合公司战略，预期明年能增加营业收入 50 000 美元，满足公司总部的可接受的回报水平。

要求：
(1) 零件部门目前的投资回报率是多少？
(2) 如果米歇尔·拉缇瑞兹接受这项新投资，该部门的投资回报率是多少？
(3) 假设米歇尔·拉缇瑞兹的收入由薪水与相当于部门投资回报率一定比例的奖金组成，那么米歇尔·拉缇瑞兹的收入会因为接受这项新投资而增加还是减少？

(4) 为 FX 公司管理层提一些建议，从而更好地将绩效考核和薪金与公司目标挂钩。

11-59 投资回报率和剩余收入 纽伯格飞人公司（Newburg Flyers）在纽伯格市中心的一栋建筑物里开了一家体育用品特许经营店。这栋建筑物建于 1940 年，成本为 500 万美元，已经计提完折旧，在公司的资产负债表上的名义价值为 1 美元。大楼的地皮是以 1 万美元的价格在 1935 年购买、1940 年建造的，在资产负债表上的价值也是 1 万美元。这个特许经营店作为公司仅有的另一项主要投资在 1940 年花费了 10 万美元。当前建筑物的估价是 20 万美元，地皮的估价是 2 000 万美元。这反映了这栋建筑物被拆除而代之以办公室和购物中心之后的财产净值。特许经营店的当前价值是 5 000 万美元。

要求：

(1) 如果公司每年的收入大约为 300 万美元，那么利用净账面价值和历史成本作为投资衡量指标得出的投资回报率是多少？（税收忽略不计）

(2) 假定资本成本为 15%，如果公司每年的收入大约为 300 万美元，那么利用净账面价值和历史成本作为投资衡量指标得出的剩余收入是多少？（税收忽略不计）

11-60 计算经济附加值的问题 一家银行正在考虑用经济附加值分析来确定需要改进或取消的服务。银行在计算向顾客提供的服务的经济附加值时，会遇到什么样的问题？

11-61 评估经济附加值的潜力 一家快餐连锁店的老板决定用经济附加值来评价每家分店经理的业绩，你认为这种想法怎么样？

11-62 使用剩余收入 在分析剩余收入之后，一家修建游泳池的公司的老板决定关闭当年剩余收入为负数的生产部门。这种做法是否合适？

11-63 组织和个人目标的冲突 史瑞森科纳造纸公司（Strathcona Paper）根据经理所管理的资产的投资回报率来奖励他们。投资回报率越高，奖金就越高。公司使用账面净值来评估计算投资回报率时所用到的资产。公司的税后资金成本估计为 12%，税率是 35%。

后勤部门的经理面临更换老化的卡车队的机会。后勤部门目前的税后净收入是 700 万美元。目前的投资是 5 000 万美元。不考虑新卡车的投资，目前的税后净收入及投资要求保持在现有水平。

这个投资机会要求将以价值 5 000 万美元的新卡车队取代账面净值约为 10 万美元的现有卡车队。现有卡车仍可再用 5 年，无残值。新卡车可以使用 5 年，无残值，并且相对于保留现有卡车队，每年大约可以增加 1 600 万美元与维护旧车相关的现金流入（通过增加收入和降低运营成本）。如果购买新卡车，从会计和税收的角度都将采用直线折旧法。

要求：

(1) 从公司的角度来看，应该实施这项投资吗？用净现值计算来支持你的结论。

(2) 从经理的角度来看，应该实施这项投资吗？

(3) 如果经理的奖励是基于经济附加值，经理会愿意实施这项投资吗？请说明理由。

11-64 战略和控制 许多人相信，在成功的组织中，控制的重点反映了企业的战略重点。对于下面每一个组织，你认为其财务控制系统评估的三个最重要的项目是什么？为什么？对于每一个组织，其财务控制系统未评价的关键信息是什么？

(1) 面向订购者提供有线电视服务的公司
(2) 交响乐团
(3) 销售罐装汤的企业
(4) 负责为客户找工作的政府机构
(5) 审计事务所
(6) 销售高档时装的公司

11-65 有机组织和机械组织 研究人员基于各种组织定义了两种极端的形式。有机组织是高度分权的,并且几乎没有什么规章制度。很多人认为软件公司属于有机组织。机械组织是高度集权的,并且有许多规章来规范其行为。很多人认为政府机构属于机械组织。

你同意上面列举的例子吗？请举出这些组织类型的例子,并给出理由。

11-66 小组和个人冲突 请举例说明一种组织。在这种组织中重要的是各职能部门紧密合作来促进组织的全面成功。说明在这种组织中只根据个人业绩进行评价的衡量方法是如何产生问题的。

11-67 协调部门活动 多年来,汽车公司在职能上是高度分权的。这一高度分权最明显的影响在各部门必须一起工作解决问题时显现出来。在对新汽车进行设计时要求高度整合的指令。

传统的汽车设计的方法是让营销部门确定一个概念,这反映了汽车公司在职能上的高度分权。设计部门根据营销部门的想法设计汽车,同时也要考虑工程上的要求和设计部门的审美观点。采购部门确定和购买实施设计和进一步调整所需要的部件。最后,生产部门修改设计方案来反映生产过程的性质和能力。这一过程耗时 4 年,并且生产的汽车与原始设计相去甚远。

问题出在了哪里？这个过程可以如何改进？

11-68 财务控制的选择 百宁堂家居用品公司(Bennington Home Products)出售家居用品。公司从世界各地的供应商那里购买产品,进行再销售。他们对产品进行分类,如地板清洁产品、厨房产品、工具和纸制品。公司通过设在各国的地区办事处和仓库向全世界出售产品。由于文化和品位的不同,在各国销售的产品线和具体的产品也有很大差异。

地区办事处有行政人员进行运作管理,接受订单并负责日常的行政工作,还有销售人员在各个国家直接向商店进行销售。地区办事处被视为投资中心,因为它们负责收入、成本和投资水平。地区办事处对新产品提出建议。

总办事处管理地区办事处,并将地区办事处接到的订单转给供应商。总办事处这样做是基于三点原因:第一,人们相信由一个办公室发出订单可以避免订单的重复;第二,人们相信由一个办事处为所有的地区办事处发出订单可以使组织在处理与供应商的关系时更加强有力;第三,人们相信一个办事处能够发展寻找独特的革新性新产品的供应商并与其谈判的专业能力。

要求:
(1) 请描述一个适合地区水平的财务控制系统。

(2) 请描述一个适合总公司办事处的财务控制系统。

(3) 解释为什么这几种财务控制系统应该或不应该相互配合。

11-69 为不可控制的事件分配责任 一些人和组织认为,对于可控制或不可控制事件的讨论从某种意义上来说有些偏题了,因为它会引起相互指责并使人们彼此推卸责任。这些人认为,比起确定可接受或不可接受的事件的责任,解决问题显得更为重要。

要求:

(1) 你如何看待这些争论?

(2) 如果一个组织偏离了评估和奖励可控制的业绩,你认为组织结构会发生什么变化?

11-70 新产品机会和转移定价 普利维纳制造公司(Plevna Manufacturing)生产并销售小型活动预制房。它包括所有可以用来组装房屋的部件。

普利维纳公司由两个部门组成:生产部门和销售部门。每个部门的业绩评定都以其上报的利润为基础。生产部门与销售部门之间的转移价格为可变成本再加上10%,总共为3.3万美元。每个活动房的销售价格为4万美元,销售和分配成本大约为5 000美元。

在普利维纳公司,总成本不随着产量成比例变化,每年的总成本为200万美元——生产部门为150万美元,销售部门为50万美元。目前,生产部门在生产能力下运作,这是由生产部门的机器能力决定的。每个房屋需要10小时的机器小时,并且总的生产时间为每年5 000小时。公司每年生产并销售500间活动房。在可预见的将来,提高公司的生产能力并不是一个可行的方法。

公司的销售人员威利·斯科特(Willie Scott)最近接待了很多希望购买可建在休闲地区的小屋的顾客。对现有的活动房稍加修改即可造出这种小屋。修改的过程从完成活动房后开始。生产部门需要花费额外的材料、3 000美元的人工成本和3小时的机器工时把现有的活动房改造成小屋。威利建议公司按这两类产品把销售部门分成两组。新的部门结构对现有的管理、人员或销售成本没有影响。

要求:

假设新的部门已经成立了,讨论在这种情况下应如何选择转移价格。你会对这两种产品的转移价格提出什么样的建议?为什么?(如果你认为转移价格应该在一定的范围内浮动,请给出这个范围)

11-71 与投资收益率相关的决策 假设你是一家干洗连锁店的主计长。你现在需要计算每个分店的投资收益率。

A分店坐落在市中心,它上报的净利润为13万美元。在以10万美元的价格买下该店所在的地皮时,这个地方还是非常偏僻的。从那时起,由于城市的扩张,这个地方逐渐成了居民核心区。这家分店附近尚未开发的土地价值200万美元。分店的建筑物和设备的净现值为40万美元。其替代成本为120万美元。如果将建筑物、设备和地皮按现状卖掉,将得到150万美元。如果出于商业发展的目的,拆除建筑物和设备将耗费25万美元。

要求:

(1) 这项投资的收益率是多少?

(2) 你会如何决定是继续经营,还是将它出售或是拆除后出售地皮？

案例

11-72 部门分析、投入和作业资源的消耗 Shellie's Lawn and Gardening 从事各种草坪和花园维护作业,包括割草、树木和灌木修剪、施肥以及除虫。与所在城市的其他草坪和花园维护企业不同,Shellie's Lawn and Gardening 还提供庭院景观设计和种植服务。谢莉(Shellie)很开心自己的设计专长有如此多的需求。然而,虽然在过去几年销售额持续增长,但是利润却不断下滑,这使得她感到忧心忡忡。为了搞清楚利润下滑的原因,谢莉编制了如下所示的产品线损益表。

Shellie's Lawn and Gardening 产品线损益表　　　　　　　　　美元

	割草	景观设计	其他维护作业	总计
收入	287 500	218 750	312 500	818 750
直接成本	156 250	70 000	181 250	407 500
已分摊成本	131 679	100 191	143 130	375 000
利润	(429)	48 559	(11 880)	36 250

割草业务包括修剪草坪和进行边缘美化,该业务的顾客通常按季节签订合约,根据需要修剪和美化的草坪面积支付一笔固定的费用。景观设计业务包括设计花园和草坪的景观以及将设计方案付诸实施。其他维护作业包括树丛剪枝和喷洒化学药剂。每种业务的直接成本是材料成本和从事该项业务的人员的工资。剩下的成本主要包括设备成本,也包括办公成本。经过一番思考之后,谢莉决定按照收入来分摊剩下的 375 000 美元的成本,其理由是收入是衡量设备使用的指标。

要求:

(1) 根据上面的产品线损益表,谢莉可能将重点放在哪种业务上？可能带来的结果是什么？

对于分摊成本的进一步分析得到了如下表所示的信息。一般业务费用为 50 000 美元,其余 325 000 美元则属于设备成本。卡车是在各个业务之间平均分配使用的,但是其他设备则仅在某些部门使用。

	成本/美元	实际能力/小时	每小时成本动因率/美元	所用时间/小时
卡车及相关成本	50 000	800	62.50	600
割草设备	37 500	1 500	25.00	1 200
景观设计设备	150 000	400	375.00	400
其他维护设备	87 500	700	125.00	500
	325 000			

(2) 对于表中给出的每一类设备,计算基于所用小时数分摊给 Shellie's Lawn and Gardening 的服务订单的成本,同时计算未使用能力所占用的成本。

(3) 编制一份新的产品线损益表,每个产品线占据一栏,公司的总额占据一栏。对于每一个产品线,要包括已使用设备能力的成本以及可以唯一归集到该产品线的未使用能力的成本。

(4) 根据你新编制的产品线损益表,你会给谢莉提供什么建议?这个建议与你在(1)中给出的答案相比有何差异?

11-73 选择组织结构　假设你是一家大型快递公司负责整体运营的高级经理,你的公司在全国各地有106家地区办事处以及处于本国地理中心的总部。公司的经营范围严格限制在国内,不接受国际快递业务。

总部每天将包裹送达每一个办事处。早晨将包裹装上卡车并在中午之前交到顾客手中,然后在下午晚些时候运回新的包裹,晚上送到总部,在那里进行分拣,以便第二天发运。

公司的每一家地区办事处都被视为一个投资中心,每月都必须准备单独的损益表。每一家办事处提取其接收包裹收入的30%,以及递送包裹收入的30%,剩下的40%的收入归总部所有。每一家办事处都自行承担成本。各办事处与总部之间运送包裹发生的费用由总部承担。每个包裹的收入取决于它的大小和服务类型(有两种类型的服务:一种是隔夜送达的快件;另一种是视距离远近需要1～7天的地面运输方式),而不是运送距离。

所有的顾客服务都是通过设在总部的一个中心服务部门进行的。顾客可以通过免费热线电话与该服务中心取得联系。通常电话都是关于取包裹、查询过期包裹以及询问收费信息。公司投资购买了一个复杂且昂贵的包裹跟踪设备,它通过扫描每一个包裹上的条形码来监控包裹的递送过程。包裹在被收集、运到办事处、运离办事处、到达总部、运离总部、到达目的地、运离目的地以及送到顾客手上的时候,条形码都会被扫描一次。扫描的信息在地区和总部的计算机中相互传递。

工作人员的主要任务是管理(会计、文秘和行政)、营销(销售人员)、递送包裹(负责取送包裹的人员及其使用的设备)和操作(各办事处中负责分拣包裹的人员和设备)。

公司非常重视客户服务。如果某份包裹的递送没有达到公司对顾客的服务承诺,其收入将不属于负责取件和送件的办事处。

公司所有员工的工资和奖金都取决于每个办事处的经济附加值。这个体制引发了很多争论,主要是关于收入的分配原则、现存系统的不公平以及总部收入分配是否合理等。服务问题主要是由过期包裹引起的。地区办事处认为大多数服务问题是由于总部的分拣失误造成了包裹的错误投递。

要求:

(1) 该公司是否适合建立投资中心?解释你的理由。

(2) 假设公司决定保持目前的组织形式,你会如何对它进行完善?

(3) 假设公司决定放弃投资中心的方案,你会建议采取哪种业绩评估方案?

11-74 计算目标和组织责任　巴登(Baden)是一座拥有45万名居民的城市。巴登公共设施委员会是该市的一个重要组织,负责为巴登市的住户和企业提供水电服务。巴登公共设施委员会根据上报的利润对经理进行评估和奖励。

巴登公共设施委员会从一家距市区几百英里的私营的水力发电站买电,然后卖给市民。巴登公共设施委员会负责买电、售电、收费和客户服务。城市中电线的维护和架设是由巴登维修中心负责的。巴登公共设施委员会则为此支付一定的费用。

多年来,维修中心与巴登公共设施委员会之间出现了很多争执。这些争执通常涉及两个问题:顾客对维修电线不及时的抱怨;巴登公共设施委员会对维修中心收费过高的抱怨。然而,最近出现了更加严重的问题。

7月12日上午10:30左右,一名在娱乐中心工作的员工注意到一根电线看上去似乎破损了,他在午饭时(大约12:15)向维修中心报告了这一问题。这份报告在下午13:15被放在了维修主管的办公桌上,直到14:05主管吃完午饭才被发现。他打电话给巴登公共设施委员会的派遣办公室,要求巴登公共设施委员会允许他对这一问题展开调查并开始维修。14:25维修的要求被放在了巴登公共设施委员会客服经理的办公桌上,等候审批。客服经理16:00开会回来才看到这份文件。他批准了该文件,并给下属留了一份备忘录,要求他打电话。而16:50一位办事员误以为是要打电话去例行维护,因此给巴登维修中心的派遣员打了电话。第二天下午15:50一辆维修车被派去进行维修。维修人员在现场发现,电线确实已经损坏,并且如果在公园里玩耍的儿童触摸到电线会当场死亡。

这个事件一直被隐瞒下来没有报道,直到《巴登记事报》的一位记者接到了关于这一事件的匿名短信,他们证实了这一事件确实发生过,并将它作为官僚作风的一个典型例子在报纸的头版上刊登了出来。公众愤怒了,要求市长立即对此做出解释。市长则要求经理给出答复。经理所谓"每个人都是按照程序办事的"的回应引起了公众更大的愤怒。

要求:
(1)在巴登市目前的组织结构下,这种情况是不可避免的吗?给出理由。
(2)在目前的组织结构下,这种情况应该如何避免?
(3)事情发生后,你如何处理这一情况?
(4)改变组织结构是否有助于防范类似事件的发生?

译 后 记

本书由四位著名管理会计学家编著,特别是哈佛大学商学院的卡普兰教授应该说是大师级的学者,他是作业成本法和平衡计分卡的开创人之一。用作者们的话来说,本书是仅有的详细解释如何针对可持续的价值创造来使用测量和管理系统的管理会计教材。

本版项对于上一版做了大量修订,从篇幅上看缩减了1/4,删去了如今通常在其他课程中讲述的资本预算法和财务比例分析这两部分内容。为了适应教学需要和管理会计领域的发展,本版对其他各章节也做了大刀阔斧的修订,具体可参见本书的前言。

刘曙光主持翻译了第2章、第5章、第7—第11章,陈静主持翻译了第1章、第3章、第4章和第6章。参与本书翻译工作的还有王雪涛、王敏、王琛、王虹、王健、王凯、王琪、董翔、曾毅祥、潘泽山、孙磊、李大钧、李勇、李秀芳、潘丽、吴瑞、吴楠、周雅楠、张磊、汤建君、张宁乐、周建业、梁新宇、孙磊、潘泽山、郭琦、谭芳、高海波、李伟光、陈峰、杨君、陈松。全书的校订、统稿由刘曙光完成。

由于译者水平有限,文中错误和不当之处在所难免,恳请读者批评指正。

译 者

2011 年 8 月

教师服务

感谢您选用清华大学出版社的教材！为了更好地服务教学，我们为授课教师提供本书的教学辅助资源，以及本学科重点教材信息。请您扫码获取。

》 教辅获取

本书教辅资源，授课教师扫码获取

》 样书赠送

会计学类重点教材，教师扫码获取样书

 清华大学出版社

E-mail: tupfuwu@163.com
电话：010-83470332 / 83470142
地址：北京市海淀区双清路学研大厦 B 座 509

网址：http://www.tup.com.cn/
传真：8610-83470107
邮编：100084

郑重声明

高等教育出版社依法对本书享有专有出版权。任何未经许可的复制、销售行为均违反《中华人民共和国著作权法》，其行为人将承担相应的民事责任和行政责任；构成犯罪的，将被依法追究刑事责任。为了维护市场秩序，保护读者的合法权益，避免读者误用盗版书造成不良后果，我社将配合行政执法部门和司法机关对违法犯罪的单位和个人进行严厉打击。社会各界人士如发现上述侵权行为，希望及时举报，本社将奖励举报有功人员。

反盗版举报电话 (010) 58581999 58582371

反盗版举报邮箱 dd@hep.com.cn

通信地址 北京市西城区德外大街4号 高等教育出版社法律事务部

邮政编码 100120